Josef F. Justen

Reinkarnation und Karma im Lichte wahren Christentums

Der Sinn der wiederholten Erdenleben und wie das Schicksal waltet

Wir haben es mit einer Frage zu tun,
die den Menschen in seinem Innersten bewegt,
denn es geht um Leben und Tod,
um die Entstehung unseres Lebens,
um das Schicksal in dieser Welt,
um unsere Existenz vor und nach diesem Dasein,
um die Deutung von Leid und Schuld,
um den Sinn des ganzen Kosmos.

Gerhard Adler[1]

Denn eigentlich liegt erst
hinter all den Geheimnissen der Welt
das Geheimnis des Karma
für den Menschen.

Rudolf Steiner[2]

Josef F. Justen

Reinkarnation
und
Karma
im Lichte wahren Christentums

Der Sinn der wiederholten Erdenleben
und wie das Schicksal waltet

Bibliografische Information der Deutschen Nationalbibliothek:
Die Deutsche Nationalbibliothek verzeichnet diese Publikation
in der Deutschen Nationalbibliografie; detaillierte bibliografische
Daten sind im Internet über dnb.dnb.de abrufbar.

Herstellung und Verlag:
BoD – Books on Demand, Norderstedt

ISBN: 978-3-7597-3414-3

Inhaltsverzeichnis

Vorwort

In den letzten Jahren wurden in Deutschland verschiedene Befragungen erhoben, mit denen man herausfinden wollte, wie es bei den Bürgern mit dem Glauben an ein Leben nach dem Tod bestellt ist. Die Ergebnisse der jeweiligen Umfragen fielen ziemlich einheitlich aus: Etwa ein Drittel der Deutschen ist davon überzeugt, dass es *kein* Leben nach dem Tod gebe. Etwa ein Drittel hält ein nachtodliches Leben zumindest für möglich, nur ungefähr ein Drittel glaubt fest daran. Selbst unter den gläubigen Katholiken sind es lediglich etwas mehr als 50 Prozent, die von einem Leben nach dem Tod *überzeugt* sind.

Befragungen in anderen *westlichen* Ländern würden gewiss zu einem vergleichbaren Resultat führen.

Diese Umfrageergebnisse wären noch vor 100 Jahren völlig anders ausgefallen.

In dieser Zeit *glaubten* die weitaus meisten Menschen noch fest daran, dass ihre Existenz nach dem Tod eine Fortsetzung finden werde. Diesen Glauben stützten sie auf die Lehren der Kirchen. Natürlich wurden sie von den Kirchen im Ungewissen gehalten, was sie nach dem Tod *genau* erwarten würde. Allerdings konnten sie den kirchlichen Lehren entnehmen, dass es ihnen nach dem Tod zumindest nicht schlecht ergehen würde, sofern sie ein anständiges und gottgefälliges Leben geführt haben. Die Hoffnung auf ein Leben im ›Himmel‹ sorgte dafür, dass sie den Tod nicht fürchteten.

Das änderte sich *spätestens* ab den 1950er Jahren. Seitdem hat der Glaube an alles, was geistiger Natur ist und sich der sinnlichen Wahrnehmung entzieht, mehr und mehr abgenommen. Das fehlende oder zumindest mangelnde Verständnis für alles Geistige, das in der heutigen Zeit vorherrschend ist, ist eine Folge davon, dass sich der *»Materialismus«* mittlerweile über alle Lebensbereiche ergossen hat. Das Credo des Materialismus lautet, dass alle Gedanken und Ideen Erscheinungsformen der Materie seien.

Diesen Materialismus, der gerade in unseren Tagen seine abscheulichsten Blüten treibt, kann man in gewissem Sinne als die schlimmste Krankheit der gesamten Menschheitsgeschichte bezeichnen. Ein Großteil der Menschheit hat sich mit dieser Ideologie, dieser Weltanschauung infiziert. Solche Menschen, also *»Materialisten«*, glauben nur an das, was sie mit ihren üblichen physischen Sinnen sowie den sie verstärkenden Instrumenten und Messgeräten wahrnehmen, beobachten und studieren können. Sie glauben nur an die Materie. Alle Weltenerscheinungen betrachten sie somit zwangsläufig als das zufällige Resultat eines ›kosmischen Würfelspiels ohne Spieler‹. Für geistige Welten und Wesen ist in ihren Theorien und Modellen kein Platz. Damit gleichen sie einem Blindgeborenen, der Licht und Farben für eine Illusion hält! Die Tatsache, dass es Hellseher, also Menschen gibt, die über die Gabe verfügen, Geistiges wahrzunehmen und zu studieren, halten sie für Phantasterei.

Ein ›waschechter‹ Materialist ist natürlich auch immer Atheist – es sei denn, er stellt sich Gott als eine *physische* Wesenheit, die irgendwo in den Weiten des Universums residiert, vor. Dass diese Gottesvorstellung nicht von allzu weit hergeholt ist, karikiert eine Ihnen vielleicht bekannte Anekdote. Ein Astronaut prahlt: »Ich bin schon zigmal im Weltraum gewesen und habe nicht einen einzigen Engel, geschweige denn Gott gesehen.« Sein Freund, ein Gehirnchirurg, entgegnet: »Ich habe schon viele Tausend Gehirne operiert und noch nie einen Gedanken gesehen!«

Selbstverständlich kann man ein göttliches Wesen genauso wenig mit *physischen* Augen sehen wie man einen Gedanken, der ebenfalls etwas Geistiges repräsentiert, sehen kann. Schon die Tatsache, dass kaum einer bestreiten dürfte, dass es Gedanken gibt, zeigt, wie unsinnig es ist, nur dasjenige für existent zu halten, was man mit seinen Augen sehen oder mit seinen Ohren hören kann. Natürlich glaubt jeder vernünftige Mensch an die Naturgesetze. Aber auch diese Gesetze kann man nicht sinnlich wahrnehmen. Das, was man wahrnehmen kann, sind ihre Wirkungen, ihre Offenbarungen.

Als eine zwangsläufige Folge dieser materialistischen Gesinnung nimmt die Anzahl der Menschen stetig zu, die davon ausgehen, dass die menschliche Existenz mit dem Tode ein unwiderrufliches Ende fände.

Somit ist es – um auf das Kernthema dieses Buches zu kommen – auch völlig nachvollziehbar, dass die Mehrheit unserer Landsleute nicht an die Reinkarnation, also daran, dass ein Mensch nicht nur einmal, sondern mehrere Male den irdischen Schauplatz betritt, glaubt. Wenn jemand nicht an ein Leben nach dem Tod glaubt, so wäre es ja paradox, von der Reinkarnation auszugehen. Gemäß verschiedener Meinungsumfragen aus den letzten Jahren glauben rund 70 Prozent der Deutschen *nicht* an die Wiedergeburt.

Auch wenn die Anzahl unserer namentlich jüngeren Mitmenschen, die an die Reinkarnation glauben oder sie wenigstens für möglich halten, in den letzten Jahren etwas zugenommen hat, muss man sehen, dass viele damit etwas sonderbare Vorstellungen verknüpfen, wie sie zum Teil auch heute noch in fernöstlichen Religionen bzw. Philosophien, in denen die Reinkarnationslehre schon seit Jahrtausenden fest verankert ist, vertreten werden. Hierzu gehören die absurden Ansichten, dass ein Mensch auch als Tier oder gar als Pflanze oder aber auf einem anderen Planeten wiedergeboren werden könne. Auch sind manche der irrigen Ansicht, dass die Notwendigkeit, sich in einem fleischlichen Leib zu verkörpern, endlos sei, was im krassen Widerspruch zu den biblischen Offenbarungen steht.

Viele Zeitgenossen, welche die Reinkarnationsidee zwar nicht rigoros ablehnen, aber sich nicht näher damit befassen, vertreten die Ansicht, dass es unwichtig sei, etwas darüber zu wissen, was in ihren möglichen früheren Leben geschehen sei. Das sei schließlich vorbei und nicht mehr zu ändern. Außerdem habe es keinen Einfluss auf ihr heutiges Leben. Das ist aber – wie wir in diesem Buch noch zeigen werden – ein großer Irrtum!

Nie war es so dringend notwendig wie heute, dass mehr und mehr Menschen sich von den materialistischen Indoktrinationen, die längst auch an unseren Schulen betrieben werden, sowie den kirchlichen Dogmen emanzipieren und sich mit den spirituellen Lehren, wie man sie insbesondere aus der anthroposophisch orientierten Geisteswissenschaft gewinnen kann, befassen. Zu den wichtigsten und grundlegendsten geistigen Tatsachen gehören das *Reinkarnationsgesetz* und das ganz eng damit verknüpfte *Karmagesetz*. Es ist heute von fundamentaler Bedeutung, dass wir uns mit diesen Wahrheiten vertraut machen. Wer diese Gesetze nicht kennt, kann nicht nur viele andere geistige Tatsachen nicht begreifen, sondern er kann im Grunde sein *eigenes* Leben nicht verstehen.

Wie wir noch sehen werden, stehen die Reinkarnations- und die Karmalehre nicht im Widerspruch zu einem *richtig verstandenen* Christentum. Vielmehr machen sie die christlichen Lehren erst so recht verständlich.

Wir wollen in diesem Buch alles Wesentliche zusammentragen, was eine wohlverstandene Reinkarnationslehre ausmacht. Da die Reinkarnation nicht ohne das Karmagesetz verstanden werden kann, werden wir uns auch darüber klare Vorstellungen verschaffen.

Die Darstellungen in den meisten Büchern, die in den letzten Jahren und Jahrzehnten von sogenannten »Reinkarnationsforschern« geschrieben wurden und zum Teil eine große Verbreitung gefunden haben, beruhen ausschließlich auf Indizien (☞ Kapitel 4), Vermutungen und Spekulationen, was hier gar nicht kritisiert oder kleingeredet werden soll. Wir beziehen uns bei unseren Ausführungen im Gegensatz dazu auf die Ergebnisse, die ganz besondere Menschen, die man als »Hellseher«, »Geistesseher« oder »Eingeweihte« (☞ Kapitel 5, S. 92ff.) bezeichnet, aufgrund *konkreter* auf geistigem Schauen basierenden Forschungen, die höchsten wissenschaftlichen Ansprüchen genügen, gewonnen und den Menschen offenbart haben. Dabei werden wir uns zwar nicht ausschließlich, aber doch ganz wesentlich auf die äußerst umfangreichen Erkenntnisse, die wir dem großen Eingeweihten und Geistesseher Dr. *Rudolf Steiner* (1861 bis 1925), den wir im Anhang (☞ S. 378ff.) etwas näher vorstellen werden, beziehen. Es gibt gewiss keinen zweiten Menschen, der die Gesetze der Reinkarnation und des Karma durch *eigenes geistiges Schauen* so umfassend, vielschichtig und detailliert erforscht und beschrieben hat wie dieser große Geisteslehrer.

Wenngleich sich alle folgenden Darstellungen ganz wesentlich auf das große Geistesgut der anthroposophisch orientierten Geisteswissenschaft Rudolf Steiners stützen, so sind dennoch keinerlei anthroposophische oder sonstige Vorkenntnisse vonnöten. Wir waren insbesondere bemüht, mit einem Minimum an anthroposophischen Fachausdrücken auszukommen.

Dieses Buch wendet sich in erster Linie an Leser, die sich noch nicht – zumindest nicht intensiv – mit den großen kosmischen Gesetzen, dem Reinkarnations- und Karmagesetz, vertraut gemacht haben. Es dürfte aber auch allen, die sich schon näher mit diesen befasst haben, noch etliche neue Aspekte und Denkanstöße liefern.

Der Verfasser möchte den Leser ermutigen, den Gedankengängen, die in diesem Buch angestellt, und den Darstellungen, die hier gegeben werden sollen, durchaus kritisch, aber vorurteilsfrei zu folgen. Da die Darstellungen dieses Buches sachlich *weitgehend* aufeinander aufbauen, ist zu empfehlen, die einzelnen Kapitel und Abschnitte in der gegebenen Reihenfolge zu lesen.

Anmerkungen:

Dieses Buch kann als eine *ganz erheblich* ergänzte und erweiterte Neuauflage unseres Büchleins *»Man lebt nicht nur einmal – Sinn und Notwendigkeit der Reinkarnation und des Karmagesetzes«* aufgefasst werden.

Viele Themen, die in dem vorliegenden Buch behandelt werden, finden sich auch in unseren Werken *»Die spirituelle Seite des Todes – Reinkarnation und Christentum, Leben nach dem Tod und Sinn des Lebens«* und *»Das Götterprojekt Mensch – Entstehung, Wesen und Ziel des Menschen – Einführung in die grundlegenden Erkenntnisse der Anthroposophie Rudolf Steiners«*, in denen der Schwerpunkt allerdings auf anderen Themen liegt.

Die Darstellungen über Reinkarnation und Karma sind in dem vorliegenden Buch *weit* umfangreicher und detaillierter als in unseren anderen Büchern.

»Die zahlreichen im Text eingebetteten Original-Zitate aus Büchern und Vorträgen Rudolf Steiners sind in einer anderen Schriftart gedruckt, um auf den ersten Blick als solche erkannt zu werden.«

»Zitate von anderen Persönlichkeiten, Bibelverse und dergleichen sind kursiv gedruckt.«

Alle älteren Zitate in diesem Buch sind an die heute gültige Rechtschreibung angepasst.

****

Eine Bemerkung ist uns noch sehr wichtig:

Wenn in diesem Buch die Ideologie des Materialismus äußerst kritisch gesehen wird, so ist damit kein Werturteil über die Menschen, die sich – sei es bewusst, halbbewusst oder unbewusst – dieser Weltanschauung verschrieben haben, verbunden. Die meisten Materialisten sind hochanständige, sympathische Menschen und durchaus wertvolle Mitglieder der Gesellschaft.

Kapitel 1

Einführung

Unsterblichkeit –
Ungeborenheit;
erst wer beides versteht,
versteht die Ewigkeit.
Rudolf Steiner[1]

In diesem einleitenden Kapitel wollen wir uns den beiden zentralen Begriffen dieses Buches annähern. Es soll hier nur ganz grob und ohne schon ins Detail gehen zu wollen skizziert werden, was man unter »Reinkarnation« und dem in engster Weise damit zusammenhängenden Begriff »Karma« versteht.

1.1 Was versteht man unter »Reinkarnation«?

Nahezu jeder Mensch stellt sich irgendwann einmal die Frage nach dem Sinn des menschlichen Lebens. Man möchte die Entstehung und das Ziel des Menschenwesens und den Sinn seines eigenen Lebens ergründen.

In diesem Zusammenhang drängen sich viele Fragen auf:

- Wie lange gibt es dieses Wesen, zu dem ich *»Ich«* sage – also mein *»Ich-Wesen«* – schon?
- Hat meine Existenz erst mit meiner Geburt bzw. der Empfängnis begonnen, oder war ich schon vorher da?
- Endet meine Existenz mit meinem Tod, oder wird sie diesen überdauern?
- Werde ich womöglich eines fernen Tages erneut auf der Erde geboren?
- Was ist eigentlich der Sinn meines Daseins?

Diese Fragen führen unmittelbar in den Kern der *Reinkarnationslehre*.

Betrachten wir zunächst den Begriff »Inkarnation«, den man mit »Fleischwerdung« übersetzen kann. Hierunter versteht man, dass sich ein Mensch in einem physischen, also fleischlichen Leib verkörpert, wie das bei der Geburt bzw. Empfängnis der Fall ist. Auch das *gesamte* darauf folgende Erdenleben wird mit diesem Terminus bezeichnet. Üblicherweise spricht man hier von der »Seele« des Menschen, die in einen physischen Leib einzieht und anschließend in diesem lebt. Wenngleich dieser Begriff – wie wir in Kapitel 7 (☞ S.133ff.) noch sehen werden – in diesem Zusammenhang genau genommen nicht ganz korrekt ist, werden wir zunächst daran festhalten. Das Gegenteil von »Inkarnation« ist »Exkarnation«. Damit ist gemeint, dass die Seele den Leib wieder verlässt, wie das beim Eintritt des Todes der Fall ist.

Entsprechend bedeutet *»Reinkarnation«* – was mit »Wieder-Fleischwerdung« oder auch »Wiederverkörperung« übersetzt werden kann – eine *wiederholte* Inkarnation, also eine wiederholte oder erneute Geburt. Daher wird auch oftmals der Begriff *»Wiedergeburt«* verwandt. Diese Termini sind aber streng genommen etwas ungenau, da sie keine Aussage darüber machen, ob sich ein Mensch nur ein einziges Mal oder viele Male wiederverkörpert. Aus diesem Grund sprach Rudolf Steiner meistens von den *»wiederholten Erdenleben«* bzw. von dem *»Gesetz der wiederholten Erdenleben«*. Gemeint ist damit, dass ein Menschenwesen nicht nur ein einziges Mal als körperlicher bzw. verkörperter Mensch den irdischen Schauplatz betritt, dass er nicht nur einmal geboren wird, sondern *viele* Male.

In manchen Kreisen – insbesondere in fernöstlichen Traditionen – spricht man auch von »Seelenwanderung«. Diesen Begriff halten wir nicht für sehr geeignet, da er suggerieren *könnte*, dass die Seele von einem Erdenleben sofort ins nächste ›wandert‹, dass also ein Erdendasein *unmittelbar* dem vorausgegangenen folgt. Vielmehr ist es so, dass ein Menschenwesen zwischen zwei Verkörperungen, also zwischen zwei Erdenleben, für lange Zeit, die sich im Durchschnitt nach Jahrhunderten bemisst, als rein ›geistig-seelisches Wesen‹ in ›geistigen Sphären‹ weilt, in denen es zunächst sein abgelegtes Leben aufarbeitet und dann sein neues vorbereitet (☞ Kapitel 11, S. 297ff.).

... ...

Erdenleben (0 bis maximal etwa 100 Jahre)

Leben in geistigen Welten (wenige Jahre bis mehrere Jahrhunderte)

Wie wir an späterer Stelle noch erörtern werden, ist dieser ›Inkarnationskreislauf‹ *nicht* endlos. Er hat in urferner Vergangenheit begonnen und wird schon in einigen tausend Jahren enden.

Der Mathematiker und Anthroposoph Axel Burkart bezeichnet in seinen Vorträgen[2] die Menschen plakativ, aber durchaus treffend als »Terranauten« und zieht damit einen Vergleich zu Astronauten. Wenn ein Astronaut sich anschickt, seinen Heimatplaneten zu verlassen, um mit einem Raumfahrzeug ins Weltall aufzusteigen, wo er dann ganz bestimmte Aufgaben zu erfüllen hat, zieht er sich einen Astronautenanzug an, ohne den er außerhalb der Erde nicht leben könnte. Entsprechend bekleidet sich der Mensch mit einem ›Terranautenanzug‹, einem physischen Körper, wenn er seine wahre Heimat, die geistige Welt, verlässt und ins erneute Erdenleben hinuntersteigt, in dem er auch ganz bestimmte Aufgaben zu erfüllen hat. Ohne diesen Körper könnte er auf der Erde nicht leben.

Der Begriff »Erde« muss hier betont werden. Diese mit ihren Naturreichen sowie das gesamte Sonnensystem mit allen Planeten und Naturgesetzen ist ganz nach Maßgabe des Menschen geschaffen. Die Erde ist der einzige Weltenkörper im unermesslich riesigen Universum, auf dem der Mensch, wenn er sich verkörpert hat, leben kann. Ohne die Erde gäbe es keinen Menschen, und ohne den Menschen gäbe es keine Erde![3]

Der Tod, den viele so fürchten, ist ein großes Geschenk der göttlichen Weltenordnung. Würde der Mensch nicht sterben, so würde er sich immer mehr von allem Geistigen entfernen und entfremden. So aber wird uns allen nach jeweils durchschnittlich 70, 80 Jahren die Gnade zuteil, wieder in unsere eigentliche Heimat, die geistige Welt, zurückkehren zu können, wo wir uns während eines langen Zeitraums das geistige Rüstzeug für unsere nächste Inkarnation erwerben können.

Wenn man von einem »Menschen« spricht, so muss man zwischen *»Individualität«* und *»Persönlichkeit«* unterscheiden. Jedes vor Urzeiten von den Schöpfermächten geschaffenes geistiges Menschenwesen bzw. jede menschliche Seele stellt etwas Einzigartiges, Einmaliges und Individuelles dar. Jeder Seele ist es bestimmt, ewig zu existieren. Diese Seele, die durch viele Erdenleben geht, stellt die menschliche *»Individualität«* dar. Der sichtbare Mensch, der auf der Erde umhergeht, der diese Seele bekleidet und von dieser belebt und durchpulst wird, ist die *»Persönlichkeit«*. Eine Individualität, eine menschliche Seele, geht also durch viele Persönlichkeiten hindurch. Das, was stirbt und verschwindet, ist die Persönlichkeit. Es stirbt eines Tages der Hans Müller aus München. Aber die Seele, die den Leib dieser Persönlichkeit bewohnt hat, lebt zunächst in der geistigen Welt weiter, um sich dann später wieder in einem anderen menschlichen Leib zu verkörpern, der eine andere Persönlichkeit darstellt. Dieser Hans Müller hat in seiner vorigen Inkarnation vielleicht vor – sagen wir – vierhundert Jahren in einem arabischen Land gelebt. Dort wandelte er möglicherweise als die Persönlichkeit Fatima Al Mosa umher. In der Zukunft wird er vielleicht als Harry O'Neill in Irland geboren werden.

1.2 Was versteht man unter »Karma«?

Jeder von uns kennt sehr erfreuliche, aber auch sehr unangenehme, vielleicht sogar niederschmetternde Erlebnisse und Erfahrungen. Auch wundern wir uns möglicherweise, wie es dazu kam, dass wir unserem besten Freund oder unserem Ehepartner auf so sonderbaren Wegen erstmals begegnet sind. Dann fragen wir uns vielleicht, warum uns unser Nachbar oder Arbeitskollege immer wieder Probleme bereitet. Des Weiteren verstehen wir oftmals nicht so recht, warum wir uns gerade für diesen oder jenen Beruf oder einen bestimmten Arbeitgeber entschieden haben. Auch fragen wir uns vielleicht, warum beispielsweise unser Sohn oder unsere Tochter schon im Kindesalter ein ganz erstaunliches Talent aufwies, das die Eltern und Großeltern nicht besaßen.

Hier stellen sich unweigerlich Fragen wie:

- Handelt es sich hierbei um ›Zufälle‹ oder einfach um Glück oder Pech?
- Sind wir womöglich Marionetten an den Fäden eines großen ›kosmischen Würfelspielers‹, oder haben diese Ereignisse ganz wesenhaft *mit uns* zu tun?
- Sind diese Geschehnisse vielleicht die Folge unseres Verhaltens oder unserer Taten aus einer urfernen Vergangenheit?
- Haben wir uns diese Dinge vor unserer Geburt womöglich selbst ausgesucht?
- Wozu bin ich hier eigentlich angetreten?

Um Antworten auf diese Fragen zu finden, müssen wir das *Karmagesetz* heranziehen.

Was versteht man eigentlich unter *»Karma«*? Manche setzen dieses Wort mit »Schicksal«, andere mit »Schuld« gleich. »Karma« kommt aus dem Sanskrit und kann am treffendsten mit »Tun« oder »Machen« übersetzt werden. Wichtig und richtig ist, dass Karma sowohl mit »Schicksal« als auch mit »Schuld« als auch mit »Tun« bzw. »Machen« zu tun hat. Karma ist das große *»kosmische Gesetz von Ursache und Wirkung«*. Es äußert sich in bestimmten Wirkungen, die uns Menschen widerfahren und deren Ursachen in unseren Taten oder Verhaltensweisen aus einem früheren Leben liegen.

In jedem Menschenleben treten Schicksalsfälle ein, **»die sich nicht darstellen als Wirkungen von Ursachen des einzelnen Lebenslaufes, sondern die aus einem anderen Bewusstsein heraus verursacht sind, nämlich aus einem solchen Bewusstsein, das jenseits der Geburt liegt und das unser Leben fortsetzt in frühere Zeiten, als diejenigen sind, die erst seit unserer Geburt abgelaufen sind. Wenn wir diesen Gedanken genau fassen, werden wir sagen: Wir haben zunächst ein Bewusstsein, das sich ausdehnt über die Zeit zwischen Geburt und Tod und welches wir das Bewusstsein der Einzelpersönlichkeit nennen wollen, und wir wollen als Einzelpersönlichkeit dasjenige bezeichnen, was zwischen Geburt und Tod verläuft. Sodann sehen wir, wie ein Bewusstsein wirken kann über Geburt und Tod hinaus, von dem der Mensch in seinem gewöhnlichen Bewusstsein nichts weiß, das aber gerade so wirken kann wie dieses gewöhnliche Bewusstsein. [...]**

Wenn dagegen der Mensch irgendwohin getrieben wird, wo er einen Schmerz erleiden kann, um etwas auszugleichen, um ein besserer Mensch zu werden, so kommt das auch aus dem Menschen; nur kommt es nicht aus dem Einzelpersönlichkeitsbewusstsein, son-

dem aus einem umfassenderen Bewusstsein, das mitumfasst die Zeit zwischen Tod und neuer Geburt. Dasjenige Wesen im Menschen, welches von diesem Bewusstsein umfasst wird, wollen wir die ›Individualität‹ des Menschen nennen; und dieses Bewusstsein, das also fortwährend unterbrochen wird durch das Persönlichkeitsbewusstsein, wollen wir das ›individuelle Bewusstsein‹ nennen, im Gegensatz zum Einzelpersönlichkeitsbewusstsein. So sehen wir Karma wirksam in Bezug auf die Individualität des Menschen.«[4]

Das Karmagesetz besagt, dass *nichts* von dem, was wir im Erdendasein erleben, zufällig geschieht. Wir sind es gewohnt, von einem »Zufall« zu sprechen, wenn sich etwas ereignet, für das es keine Ursache zu geben *scheint*. Im Kosmos geschieht aber niemals etwas, für das keine Ursache existiert! Einen »Zufall« im landläufigen Sinne gibt es nicht! Wenn uns etwas *zufällt*, so gibt es dafür immer eine Ursache, die meistens im Geistigen zu finden ist und sich uns nicht oder nur schemenhaft offenbart. Wir können sie allenfalls erahnen. *Vieles* von dem, was auf uns zukommt – unabhängig davon, ob wir es als erfreulich oder unerfreulich empfinden –, ist eine logische und gesetzmäßige Folge unseres Verhaltens oder unserer Taten aus einem früheren Erdenleben.

Wenn ein Mensch durch die Geburt ins physische Dasein schreitet, so betritt er den irdischen Schauplatz *nicht* als ein ›unbeschriebenes Blatt‹. Vielmehr bringt er alle seine Erfahrungsschätze, die er in seinen früheren Inkarnationen gewonnen hat, sowie sein ganz individuelles Karma bzw. Schicksal mit. Dieses Schicksal hat er in seinem vorigen Leben selbst zubereitet und in seinem vorgeburtlichen Leben in der geistigen Welt weitgehend selbst gewählt! In dieser Zeit war er noch ungleich weiser, als er es im Erdenleben jemals sein könnte. Wenn der Mensch wieder im Erdensein ist, wirkt in seiner Seele der Drang, dieses selbst gewählte Schicksal zu leben bzw. zu erfüllen.

»Eine Wesenheit, die einmal tätig war, steht in der Folge eben nicht mehr isoliert da; sie hat ihr Selbst in ihre Taten gelegt. Und alles, was sie wird, ist fortan verknüpft mit dem, was aus den Taten wird. Diese Verknüpfung einer Wesenheit mit den Ergebnissen ihrer Taten ist das die ganze Welt beherrschende Gesetz vom Karma. Die Schicksal gewordene Tätigkeit ist Karma.«[5]

Man darf die Karmalehre keinesfalls im Sinne der deterministischen Prädestinationslehre missverstehen, wie sie von dem Kirchenlehrer Augustinus von Hippo (354 bis 430) eingeführt und auch später noch von dem Reformator Johannes Calvin (1509 bis 1564) vertreten wurde, die *nicht* mit der Entscheidungsfreiheit des Menschen rechnet und somit davon ausgeht, dass *alles* im Leben vorherbestimmt sei.

Das Reinkarnations- und das Karmagesetz gehören zu den wichtigsten geistigen Gesetzen, ohne die man viele geistige Wahrheiten – insbesondere auch dasjenige, was der Mensch im Leben zwischen Tod und neuer Geburt in den übersinnlichen Welten erlebt, erfährt und durchzumachen hat – nicht verstehen könnte. Überhaupt wäre es unmöglich, den Sinn seines eigenen Lebens mit all seinen Höhen und Tiefen zu begreifen, wenn man diese Tatsachen außer Acht ließe. Es ist von eminenter Bedeutung, dass sich jeder Mensch mit diesen Lehren vertraut macht.

»Es wird gar nicht lange dauern, bis die Menschen das Karmagesetz als Selbstverständlichkeit einsehen werden. Die Menschen werden hereingeboren in die Verhältnisse, in die sie gehören.«[6]

Kapitel 2

Der Glaube an die Reinkarnation – früher und heute

Die Ursache aller Dinge ist der Geist.
Er bringt einen Körper hervor,
durch den er seine Wunder vollführt.
Ist der Körper zerstört,
schafft sich der Geist einen neuen Körper,
der ähnliche oder höhere Eigenschaften hat.
Paracelsus[1]

Die Zeitgenossen in der europäisch-amerikanischen Welt, welche die Lehre von den wiederholten Erdenleben ablehnen oder gar für einen Unsinn halten, sind immer noch in der Mehrheit. Viele von ihnen vertreten die Meinung, dass die Reinkarnationsidee ausschließlich in der buddhistischen und hinduistischen Religion eine gewisse Tradition habe und dass sie erstmals vor einigen Jahrzehnten von einigen Esoterikern ins Abendland importiert worden sei.

Wir wollen uns in diesem Kapitel die Frage vorlegen, ob das den Tatsachen entspricht. Ist diese Idee im Okzident wirklich neu? Glaubte die große Mehrheit der Menschen in der westlichen Welt in früheren Epochen auch nicht an die Reinkarnation? Wie war es überhaupt in früheren Zeiten – unabhängig von der Hemissphäre – um das Wissen von den wiederholten Erdenleben bestellt?

2.1 In urferner Vergangenheit bis etwa 3101 vor Christus

Bis noch vor etwa 5.000 Jahren – also bis gegen Ende der urpersischen Kulturepoche (☞ Anhang A.2, Tabelle 6, S. 387) – waren die Menschen noch absolut davon *überzeugt*, dass jeder Mensch viele Male den irdischen Schauplatz betritt, dass er sich also viele Male auf der Erde verkörpert. Hierbei handelte es sich nicht etwa nur um einen frommen Wunsch oder einen naiven Glauben, sondern um eine ganz klare *Erkenntnis*, die sie durch *eigene Anschauung* gewinnen konnten. Je weiter wir in der Zeit zurückgehen, desto klarer war für die Menschen diese Erkenntnis.

Woher nahmen die Menschen diese Gewissheit? Nun, während es *heute* nur eine vergleichsweise kleine Schar von Menschen gibt, die *hellsichtig* ist, war die Gabe, in übersinnliche Welten schauen sowie geistige Geschehnisse wahrnehmen zu können, in dieser fernen Vergangenheit eine ganz natürliche Fähigkeit, über die *alle* Menschen verfügten. Für sie waren die geistigen Welten und Wesen (☞ Kapitel 6, S. 119ff.) mindestens genauso real wie es die Erdenwelt und die Erdenmenschen waren. Die Menschen konnten also genau wissen, was die geistig-göttliche Welt von ihnen erwartete. Als »gut« konnten sie alles erkennen, was die geistigen Wesen, die ›guten Götter‹, wollten oder ihnen auftrugen. Sie lebten viel mehr im Bewusstsein der geistigen als der irdischen Welt.

Somit wäre es den Menschen dieser Zeit noch absolut absurd erschienen, wenn jemand nicht nur gesagt hätte, es gäbe kein Leben *nach dem Tod*, sondern auch wenn er die Meinung vertreten hätte, es gäbe kein Leben *vor der Geburt*. Die damaligen Menschen wären gar nicht erst auf die Idee gekommen, den Tod als einen *radikalen* Übergang von einer Daseinsform in eine andere und schon gar nicht als ein Ende ihrer Existenz aufzufassen. Sie hatten noch ein deutliches Bewusstsein, dass sie vor ihrer Geburt aus einer geistigen Welt herabgestiegen waren, in die sie nach dem Tod wieder hinaufsteigen werden. Das vorgeburtliche, das irdische und das nachtodliche Dasein war für sie *ein* großer *gemeinsamer* Lebensstrom. Ihnen war bewusst, dass sie sowohl bei ihrer Geburt als auch bei Eintritt des Todes lediglich den Schauplatz bzw. das Feld ihres Wirkens wechselten.

Also, in sehr frühen Zeiten der Menschheitsentwicklung hatten die Menschen noch ein durchaus lebendiges *Wissen* von der Reinkarnation. Sie hatten sogar konkrete Erinnerungen an ihre früheren Erdenleben.

Dass der Gedanke der Wiederverkörperung ein sehr alter ist und schon den alten Indern, die etwa sechs bis acht Jahrtausende vor unserer Zeitrechnung lebten, geläufig war, lässt sich nicht nur durch hellseherische Forschung herausfinden, sondern auch aus schriftlichen Dokumenten nachweisen. In den ältesten hinduistischen Schriften, den *»Veden«*, wird die Reinkarnation noch nicht thematisiert. Allerdings findet man die Lehre von Reinkarnation und Karma in den *»Upanishaden«*, die erst viel später – nämlich ab etwa 800 v. Chr. – aufgeschriebenen wurden. Das möglicherweise älteste Dokument, das von diesen Lehren zeugt, ist die *»Brihadaranyaka Upanishad«*.

2.2 In der Zeit von etwa 3101 bis etwa 1860 vor Christus

Etwa im Jahre 3101 vor Christus kam es zu einem ganz wichtigen Einschlag. Es begann ein neues Zeitalter, das 5.000 Jahre dauern sollte und das in der orientalischen Philosophie *»Kali Yuga«* (»Finsteres Zeitalter«) genannt wird.

Von nun an nahm die Fähigkeit, hellsichtig in die übersinnlichen Welten schauen zu können, mehr und mehr ab. Somit ging auch der unmittelbare Zusammenhang mit der göttlich-geistigen Welt allmählich verloren.

»Dann kam aber ein anderes Zeitalter, ein Zeitalter, in dem auch dieses Vertrautsein mit der geistigen Welt aufhört, wo sozusagen sich die Tore zuschließen gegenüber der geistigen Welt. Der Blick der Menschen wurde da immer mehr und mehr beschränkt auf die äußere sinnliche Welt und den Verstand, der die Eindrücke der Sinne verarbeitet, so dass die Menschen über die geistige Welt nur noch nachdenken konnten. Das ist die niedrigste Art, etwas über die geistige Welt zu wissen. Das, was die Menschen jetzt noch wirklich wussten aus ihrem eigenen Erleben heraus, das ist die sinnlich-physische Welt. Wollten die Menschen etwas wissen über die geistige Welt, so mussten sie dies durch ihr Nachdenken erreichen. Es ist das diejenige Zeit, wo der Mensch am ungeistigsten wurde und deshalb auch sich am meisten in der Sinnenwelt festlegte und festsetzte. Das war aber notwendig, um sein Selbstbewusstsein nach und nach bis zur höchsten Höhe entfalten zu können. Denn nur durch den groben Widerstand der äußeren Welt konnte der Mensch lernen, sich von der Welt zu unterscheiden und als Eigenwesenheit sich selber zu empfinden. Dieses letztere Zeitalter nennt man auch Kali Yuga oder das finstere Zeitalter.«[2]

Die einstmalige hellseherische Fähigkeit und die Vertrautheit mit der geistigen Welt mussten die Menschen nach und nach verlieren, um sich von der Führung der ›Götter‹, derer sie einstmals bedurften, zu emanzipieren. Nur so konnten sie ihr Erdenleben mehr und mehr ergreifen lernen und zu selbständig denkenden und frei handelnden Geschöpfen werden.

Nachdem sich die Erinnerung an das, was sie früher in der geistigen Welt wahrgenommen und erlebt hatten, langsam verflüchtigte, mussten die Menschen jetzt etwas Neues lernen. Um eine gewisse Verbindung mit der geistigen Welt noch aufrechterhalten zu können, mussten sie in den folgenden Jahrhunderten, die noch über den in diesem Abschnitt betrachteten Zeitraum deutlich hinausreichen, lernen, dieses Geistige *in ihrem Ich* (☞ Kapitel 7, S. 139ff.), das sich langsam individualisierte, zu erleben. **»Da sehen wir, dass tatsächlich unsere Seelen mit jeder neuen Verkörperung in immer neue Verhältnisse hineinkommen, in denen immer Neues gelernt werden kann. Was wir im Kali Yuga gewinnen können, das ist, uns in unserem Ich-Bewusstsein zu festigen. Vorher war das nicht möglich, denn da musste man eben erst das Ich in sich aufnehmen. Wenn nun Seelen versäumt haben, in einer Inkarnation dasjenige aufzunehmen, was gerade dieses Zeitalter gibt, dann ist es sehr schwer, in andern Zeiten das nachzuholen. Sie müssen dann lange Zeit warten, bis es möglich wird, doch in einer gewissen Beziehung das Versäumte nachzuholen, aber wir dürfen uns darauf durchaus nicht verlassen.**

Das also wollen wir vor unsere Seele rücken, dass während der Kali Yuga-Epoche [die erst im Jahre 1899 endete] **etwas sehr Wesentliches geschehen ist, indem sozusagen die Tore zugemacht worden sind gegenüber der geistigen Welt. Das war auch jenes Zeitalter, in dem der Täufer Johannes wirkte und in dem wirkte der Christus. Für diese Zeit, die ja schon 3100 Jahre hatte hingehen sehen von dem finsteren Zeitalter, war wesentlich, dass die Menschen alle schon mehrere Male, wenigstens ein- bis zweimal dagewesen waren in diesem finsteren Zeitalter. Das Ich-Bewusstsein hatte sich gefestigt, die Erinnerung an die**

geistige Welt hatte sich verflüchtigt, und die Menschen mussten lernen, wenn sie nicht den Zusammenhang mit der geistigen Welt vollständig verlieren wollten, dieses Geistige in ihrem Ich zu erleben. Sie mussten ihr Ich so entwickeln, dass dieses Ich in seinem Inneren wenigstens gewiss sein konnte, dass es eine geistige Welt gibt und dass der Mensch dieser geistigen Welt angehört, und dass es höhere geistige Wesenheiten gibt. Das Ich musste sich fähig machen, eine innere Empfindungsmöglichkeit, Glaubensmöglichkeit an die geistige Welt zu haben.«[3]

Wenngleich bei der großen Masse der Menschheit nach dem Jahre 3101 vor Christus die persönliche übersinnliche Anschauung von der Reinkarnation verloren ging, so blieb die Erkenntnis, dass es sich dabei um eine Wahrheit handelt, noch lange Zeit erhalten. Dafür sorgten im Wesentlichen die großen *Eingeweihten* bzw. *Initiierten* (☞ Kapitel 5, S. 92ff.), die als Lehrer der Menschen auftraten.

Man findet den Gedanken der Reinkarnation in der einen oder anderen Form in allen Kulturen der vorchristlichen Zeit. So kannten ihn etwa die alten Perser, die Ägypter und die frühen Griechen. In allen Mysterienstätten des Altertums wurde die Wiederverkörperung gelehrt.[4]

2.3 Ab etwa 1860 vor Christus bis zum Beginn unserer Zeitrechnung

Ab etwa 1860 vor Christus endete die gut tausendjährige Epoche, in der die Wiederverkörperung wenigstens noch als eine reale *Erkenntnis* vorhanden war. Es begann jetzt eine Zeit, in welcher der Reinkarnationsgedanke nur noch als ein immer dumpfer werdendes, mehr instinktives Gefühl wirkte, bis er schließlich bei der Mehrheit der Menschheit ganz im Dunkel des Unterbewusstseins verschwand. **»In vorchristlichen Zeiten ist die Reinkarnation als Gefühl vorhanden gewesen, denn eine Erkenntnis war sie nur vor dem Jahre 1860 vor dem Christentum; nach dem Jahre 1860 war sie im ganzen Ägypten, in vorderasiatischen, römischen Zeiten nur ein instinktives Gefühl.«**[5]

Dennoch gab es auch in den folgenden knapp zwei Jahrtausenden durchaus Menschen, denen der Gedanke einer Wiederverkörperung nicht fremd war. Davon legen nicht zuletzt viele Sagen aus den germanischen und nordischen Gebieten Zeugnis ab. Vielen Hebräern war die Lehre von den wiederholten Erdenleben ebenfalls bekannt, wenngleich sie von den meisten nicht mehr als Wahrheit anerkannt und in ihrem ganzen Ausmaß erfasst wurde.

Zu den Verfechtern der Reinkarnationsidee dieser Epoche gehörten auch einige der großen antiken griechischen Philosophen. Der berühmte Mathematiker und Philosoph Pythagoras (570 bis nach 510 v. Chr.) sagte: *»Nimmer vergehet die Seele, vielmehr die frühere Wohnung tauscht sie mit neuem Sitz und lebt und wirkt in diesem. Alles wechselt, doch nichts geht unter.«*[6]

Bei dem nicht minder berühmten Platon (427 bis 347 v. Chr.) finden wir in seinem in Dialogform verfassten Werk *»Phaidon«*, in dem es um die Unsterblichkeit der Seele geht, etwa: *»Ich bin überzeugt, dass es wahrlich so etwas wie ein nächstes Leben gibt und dass die Lebenden aus dem Bereich der Toten kommen.«*[7]

2.4 In den ersten nachchristlichen Jahrhunderten bis ins 18. Jahrhundert

Spätestens in den ersten nachchristlichen Jahrhunderten nahm die Bedeutung der Reinkarnationslehre im Abendland mehr und mehr ab. Bei den weitaus meisten Menschen war diese Erkenntnis *völlig* ins Unterbewusstsein getaucht. Die Lehre von den wiederholten Erdenleben hat im Christentum zu keinem Zeitpunkt eine tragende Rolle gespielt. In der Dogmengeschichte ist von ihr nirgends die Rede.

Dass zumindest noch einige Gelehrte in dieser Zeit diese Lehre vertraten, kann man den Schriften der Gnostiker und der ersten Kirchenväter entnehmen. Von dem berühmten Schriftsteller und Kirchenlehrer Origines (um 185 bis 254) ist überliefert, dass er ganz eindeutig und unmissverständlich die Überzeugung von der *Präexistenz* der menschlichen Seele, die ja eine notwendige Voraussetzung für den Reinkarnationsgedanken ist, vertrat. Origines war noch der festen Überzeugung, dass die menschliche Seele aus einer geistigen Welt herabsteigt, wenn sie sich in einem Erdenleib verkörpert. Aus seiner Schrift *»De principiis«* (»von den Grundsätzen«) geht hervor, dass er nicht nur von der Reinkarnation wusste, sondern auch schon den Karmagedanken fassen konnte. In dieser Schrift heißt es: *»Wenn man wissen will, weshalb die menschliche Seele das eine Mal dem Guten gehorcht, das andere Mal dem Bösen, so hat man die Ursache in einem Leben zu suchen, das dem jetzigen voranging. Jeder von uns eilt der Vollkommenheit durch eine Aufeinanderfolge von Lebensläufen zu. Wir sind gebunden, stets neue und stets bessere Lebensläufe zu führen, sei es auf Erden, sei es in anderen Welten. Unsere Hingabe an Gott, die uns von allem Übel reinigt, bedeutet das Ende unserer Wiedergeburt.«*[8]

Origines war bewusst, dass die wiederholten Erdenleben letztlich die Vervollkommnung der Seele zum Ziel haben, was wir an späterer Stelle ausführlich erörtern werden (☞ Kapitel 6, S. 129ff. und Kapitel 8, S. 158ff.). Er gewann sehr viele Anhänger, die auch noch Jahrhunderte nach seinem Tod an seinen Lehren festhielten. Vermutlich nahm die Schar seiner Anhänger solche Ausmaße an, dass die Kirche sich genötigt sah, die Lehren dieses großen Denkers auf dem zweiten Konzil zu Konstantinopel im Jahre 553 zu verurteilen. Hier wurden viele Lehren, von denen die meisten auf ihn zurückgingen, mit dem *Kirchenbann* belegt. Einer dieser Bannsprüche lautete: *»Wenn einer die erdichtete Präexistenz der Seelen und ihre daraus folgende phantastische Wiederherstellung vertritt – so sei er im Bann.«*[9]

Auch dem großen Kirchenvater und Kirchenlehrer Hieronymus (347 bis 420), dessen großartige Leistung es war, im Auftrage seines Bischofs die Urtexte der Bibel aus der alten hebräischen, aramäischen bzw. griechischen Sprache ins Lateinische zu übersetzen, wodurch die »Vulgata« entstand, war der Reinkarnationsgedanke ganz offensichtlich vertraut. So schrieb er in seinen Briefen (*»Epistulae«*): *»Alle körperlosen und unsichtbaren Geschöpfe [...] nehmen Körper an je nach Art der Orte, zu denen sie herabsinken; zum Beispiel erst aus Äther, dann aus Luft, und wenn sie in die Nähe der Erde kommen, umgeben sie sich mit noch dichteren Körpern, um schließlich an menschliches Fleisch gefesselt zu werden. [...] Dabei wechselt der Mensch seinen Körper ebenso oft, wie er seinen Wohnsitz beim Abstieg vom Himmel zur Erde wechselt.«*[10]

Im gesamten Mittelalter spielte das Reinkarnationsthema im Abendland ebenfalls keine nennenswerte Rolle, was gewiss nicht zuletzt daran lag, dass die Wiederverkörperung von der Kirche als ketzerisch erklärt wurde, dass sie die Reinkarnationslehre nicht nur abschaffte, sondern sogar verdammte. Aus dieser Zeit sind nur wenige Dokumente erhalten, in denen der Reinkarnationsgedanke aufgegriffen wurde. Bekannt ist, dass diese Lehre von den von der Kirche als »Ketzergruppen« diffamierten Gnostikern, Manichäern, Tempelrittern und Rosenkreuzern gepflegt wurde. In diesen esoterischen Kreisen war überhaupt ein tiefes Wissen über spirituelle Wahrheiten vorhanden.

Dennoch gab es auch in dieser Epoche einige Geistesgrößen, die sich eindeutig zu der Wiederverkörperungsidee bekannten. So ist etwa von dem berühmten Schweizer Arzt, Astrologen und Philosophen Paracelsus (1493 bis 1541) eine Aussage überliefert, die ganz deutlich zeigt, dass er von den wiederholten Erdenleben überzeugt war: *»Die Ursache aller Dinge ist der Geist. Er bringt einen Körper hervor, durch den er seine Wunder vollführt. Ist der Körper zerstört, schafft sich der Geist einen neuen Körper, der ähnliche oder höhere Eigenschaften hat.«*[1]

Der italienische Mönch, Dichter, Astronom und Philosoph Giordano Bruno (1548 bis 1600) hat mit seiner Menschenbetrachtung die Wiederverkörperung des Seelischen als sein Glaubensbekenntnis ausgesprochen.[11] Als er im Jahre 1592 vor dem Inquisitionsgericht in Venedig gefragt wurde, ob er an seinem Glauben, die Seelen können von einem Körper in einen anderen übergehen, festhalte, antwortete er: *»Ich habe immer für wahr gehalten und halte für wahr, dass die Seelen selbständig subsistierende Substanzen sind, d. h. die vernünftigen Seelen, und dass solche, katholisch geredet, nicht von einem Körper in einen anderen übergehen, sondern entweder in das Paradies oder ins Fegefeuer oder in die Hölle kommen.*

Aber andererseits habe ich philosophisch die Lehre behandelt und auch verteidigt, dass, da die Seele ohne den Körper bestehen und in einem Körper existieren kann, sie in derselben Weise, wie sie in einem Körper sein kann, auch von einem Körper in einen anderen Körper übergehen kann, was, wenn es wahr ist, doch wenigstens wahrscheinlich ist nach der Meinung des Pythagoras.«[12]

Es war nicht zuletzt dieses Bekenntnis Brunos, aufgrund dessen er sieben Jahre lang in einem Kerker in Rom gefangen gehalten, gefoltert und schließlich auf dem Scheiterhaufen öffentlich verbrannt wurde.

Dass in dieser Zeit nur sehr wenige Menschen ein Wissen oder zumindest eine Ahnung von den wiederholten Erdenleben hatten, liegt daran, dass es in den besagten Jahrhunderten notwendig war, dass die Menschen diese Weltentatsache vergessen *mussten*! Die Gründe werden wir an späterer Stelle erläutern (☞ Kapitel 3, S. 45ff.).

2.5 Im späten 18. und frühen 19. Jahrhundert

Erst wieder in der Zeit des deutschen Idealismus traten insbesondere einige große Dichter und Denker auf, in deren Seelen eine *Ahnung* von dieser Weltentatsache aufleuchtete, über die sie zumindest zarte Andeutungen machten.

Hier ist allen voran an Gotthold Ephraim Lessing (1729 bis 1781), aber auch an Johann Gottfried Herder (1744 bis 1803), Jean Paul (1763 bis 1825), Friedrich Schiller (1759 bis 1805), Friedrich Hölderlin (1770 bis 1843), Heinrich Heine (1797 bis 1856) und Johann Wolfgang von Goethe (1749 bis 1832) zu denken. Die Zeit war allerdings noch nicht reif, dass die Reinkarnationsidee – selbst von den wenigen Menschen, die hellsichtig waren – gedanklich *klar* ergriffen und zu einer Lehre ausgebaut werden konnte.

Lessing war der wohl größte Verfechter des Reinkarnationsgedankens im 18. Jahrhundert. Im Jahre 1778 machte er eine interessante Bemerkung: *»Ist es denn schon ausgemacht, dass meine Seele nur einmal ein Mensch ist? Ist es denn schlechterdings so ganz unsinnig, dass ich auf meinem Wege der Vervollkommnung wohl durch mehr als eine Hülle der Menschheit hindurch müsste? Vielleicht wäre auf diese Wanderung der Seele durch verschiedene menschliche Körper ein ganz neues eigenes System zu gründen? Vielleicht wäre dieses neue System kein anderes als das älteste...«*[13]

Er vermochte es sogar bereits noch deutlicher, als es bei Origines der Fall war, den *Entwicklungsgedanken* des Menschen und der Menschheit, der – wie wir noch sehen werden (☞ Kapitel 8, S. 158ff.) – den wesentlichen Grund bzw. Sinn des Reinkarnationsgesetzes darstellt, zu erfassen. In seinem Werk *»Die Erziehung des Menschengeschlechts«*, das er in seinen reifsten Jahren schrieb, zeigte er auf, dass das ganze menschliche Leben gar keinen Sinn machen würde, dass es gar nicht erklärbar wäre, wenn man *nicht* von den wiederholten Erdenleben ausgehen würde. Die Stimmung bei Lessing ist eine sehr positive. Dr. Rudolf Frieling (1901 bis 1986), Mitbegründer und Priester der *»Christengemeinschaft«*, schreibt: *»Er ist mit seinem Dasein einverstanden und erlebt freudvoll dessen Entwicklungsmöglichkeiten. Er kennt die Freude des Werdens, des Lernens, der ein einziges Dasein nicht genugtut.«*[14]

Werfen wir den Blick auf Zitate weiterer berühmter Persönlichkeiten aus dem späten 18. und frühen 19. Jahrhundert, die zeigen, dass ihnen die Reinkarnation nicht nur bekannt war, sondern dass sie von ihr sogar überzeugt waren.

Am Tage des Begräbnisses des Dichters Christoph Martin Wieland (1733 bis 1813) am 25. Januar 1813 in Weimar richtete der Theologe Johannes Daniel Falk (1768 bis 1826) an Goethe die Frage, was Wieland seiner Meinung nach nun – nach seinem Tod – täte. Darauf antwortete Goethe: *»Was nun die persönliche Fortdauer unserer Seele nach dem Tod betrifft, so ist es damit auf meinem Wege also beschaffen: Sie steht keineswegs mit den vieljährigen Beobachtungen, die ich über die Beschaffenheit unserer und aller Wesen in der Natur angestellt, im Widerspruch; im Gegenteil, sie geht sogar aus derselben mit neuer Beweiskraft hervor. [...] Ich würde mich also wenig wundern, dass ich es sogar meinen Ansichten völlig gemäß finden müsste, wenn ich diesem Wieland als einer Weltmonade, als einem Stern erster Größe, nach Jahrtausenden wieder begegnete. [...] Ich bin gewiss schon tausendmal hier gewesen und hoffe noch tausendmal wiederzukommen.«*[15]

Der französische Philosoph und Schriftsteller François-Marie Arouet, besser bekannt als Voltaire (1694 bis 1778), der zu den meistgelesenen und einflussreichsten Autoren seiner Zeit gehörte, sagte: *»Die Lehre von der Wiederverkörperung ist weder widersinnig noch nichtssagend. Zweimal geboren zu werden ist nicht wunderbarer als einmal. Auferstehung ist das Eins und Alles der Natur.«*[16]

Dass Friedrich der Große (1712 bis 1786) von 1772 bis zu seinem Tod im Jahre 1786 König von Preußen war, dürfte vielen bekannt sein. Weniger bekannt ist, dass er zu den führenden Denkern des späten 18. Jahrhunderts gehörte. Zeitlebens beschäftigte er sich mit dem Mysterium des Todes. Seine hinterlassenen Werke füllen mehr als dreißig Bände. Dort findet sich die folgende Aussage, die er kurz vor seinem Tod notierte. *»Ich fühle nun, dass es mit meinem irdischen Leben bald aus sein wird. Da ich aber überzeugt bin, dass nichts, was einmal in der Natur existiert, wieder vernichtet werden kann, so weiß ich gewiss, dass der edlere Teil von mir darum nicht aufhören wird zu leben. Zwar werde ich wohl im künftigen Leben nicht König sein, aber desto besser: Ich werde doch ein tätiges Leben führen und noch dazu ein mit weniger Undank verknüpftes.«*[17]

Der deutsche Philosoph Arthur Schopenhauer (1788 bis 1860) schrieb in seinem Werk *»Parerga und Paralipomena«*: *»Wenn mich ein Asiate früge, was Europa ist, so müsste ich ihm antworten: Es ist der Weltteil, der gänzlich von dem unerhörten und unglaublichen Wahn besessen ist, dass die Geburt des Menschen sein absoluter Anfang, und er aus dem Nichts hervorgegangen sei.«*[18]

Auch der berühmte deutsche Komponist, Schriftsteller, Theaterregisseur und Dirigent Richard Wagner (1813 bis 1883) konnte mit der Reinkarnationsidee einen Sinn verbinden: *»Reinkarnation und Karma bilden einen wundervollen, ganz unvergleichlichen Weltmythos, gegen den wohl jedes andere Dogma kleinlich und borniert erscheinen muss.«*[16]

2.6 Im späten 19. und frühen 20. Jahrhundert

Im Jahre 1899 endete das Kali Yuga. Der dichte und nahezu undurchdringliche ›Schleier‹, der sich 5.000 Jahre lang zwischen die geistige Welt und die Erdenwelt gelegt hatte, begann wieder durchsichtiger zu werden.

Die Zeit wurde nun reif, dass die Reinkarnations- und Karmaidee gedanklich klar und geisteswissenschaftlich exakt erfasst und zu einer umfassenden Lehre ausgebaut werden konnten. Zunächst waren es insbesondere die Theosophen um Helena Petrowna Blavatsky, geb. Hahn (1831 bis 1891), die schon einige Jahre vor Ablauf des finsteren Zeitalters darüber schrieben, sprachen und lehrten.

Dann begann um 1900 die gewaltige Schaffensphase des großen Eingeweihten und Geisteslehrers Dr. Rudolf Steiner, der diese Weltentatsachen in einer äußerst umfassenden Weise durch geistiges Schauen (☞ Kapitel 5, S. 96ff.) erforschte und der Öffentlichkeit in einigen Büchern und in Hunderten von Vorträgen zugänglich machte. Das Bewusstsein für die Reinkarnation wieder zu erwecken, war eine – wenn nicht sogar die zentrale – Lebensaufgabe, die sich Rudolf Steiner vornahm. **»Soweit die** [Geisteswissenschaft] **sich wirklich ausbreiten wird und eine Wiedergabe okkulter Erkenntnisse sein wird, wird sie sich zunächst bemühen, die großen Wahrheiten von Reinkarnation und Karma über die ganze Erde hin zu verbreiten. Denn diese Wahrheiten werden zunächst das Schicksal haben, dass auch die religiösen Vorurteile, welche über die Erde hin verbreitet sind, sozusagen die Segel vor ihnen streichen.**

Ein weiteres Ideal würde allerdings dieses sein, wenn durch die [Geisteswissenschaft] **wirklich jenes Friedenswerk in der Menschheit geleistet werden könnte, wodurch in Bezug auf die höheren Gebiete okkulter Erkenntnis Einheit und Harmonie zustande zu bringen wäre. Das kann als ein Ideal aufgefasst werden. Aber es ist ein schwieriges Ideal. Schon wenn man bedenkt, wie innig der Mensch heute noch verwoben ist in seinen religiösen Vorurteilen, seinen religiösen Vormeinungen mit dem, was er begriffen hat, worin er erzogen ist, so wird man begreifen, wie schwierig es ist, in der** [Geisteswissenschaft] **etwas zu geben, was nicht gefärbt ist durch religiöse Vorurteile, sondern was ein so treues Bild der okkulten Erkenntnisse ist, als es überhaupt gegeben werden kann.«**[19]

Allerdings war es genauso wie im Zeitalter des Idealismus, als erst wieder allmählich eine Ahnung von diesen Gesetzen aufkeimte, dass die Mehrheit der Menschen davon keine Kenntnis bekam oder damit nichts anfangen konnte. Es waren vorwiegend die Gebildeten, namentlich Dichter, Schriftsteller, Künstler und Philosophen, die von dieser Lehre Kunde erhielten und sich damit befassten. In diesen Kreisen wurde häufig über die vielfältigen Aspekte und Auswirkungen der Reinkarnationsidee diskutiert. So bekannten sich nun viele große Geister zu dieser Lehre. Manche äußerten ihre Überzeugung im Gespräch mit Mitmenschen, manche schrieben davon in Briefen oder in ihr Tagebuch, manche kleideten sie in einen Roman oder ein Gedicht.

Der deutsch-schweizerische Schriftsteller, Dichter und Maler Hermann Hesse (1877 bis 1962) schrieb in einem Brief an die Schriftstellerin Lisa Wenger: *»An etwas wie eine Seelenwanderung glaube auch ich, ich halte das eigentlich für selbstverständlich, sobald man anfängt zu denken. Dieser Glaube hat manches Beruhigende, aber er enthält auch die Erkenntnis, dass alles, was wir erleben, von uns selbst gewollt und herbeigerufen ist, und dann gibt es keine Ausflüchte und keinen Trost mehr gegen das bittere Schicksal, als sich damit einverstanden zu erklären und ›ja‹ dazu zu sagen, und das ist immer schwer.«*[20] Hesse war offensichtlich auch die Tatsache bekannt, dass jeder Mensch sein Schicksal, das ihn in seinem irdischen Dasein ereilt, nicht nur selbst herbeigerufen, sondern sogar selbst gewollt hat. Damit erfasste er einen ganz wesentlichen Aspekt des Karmagesetzes.

Der deutsche Dramatiker Gerhart Hauptmann (1862 bis 1946) schrieb in seinem Tagebuch: *»Wie kommen Menschen dazu, durch Worte gegebene Darstellungen von Dingen zu verstehen, die sie selbst nie erlebt haben? Man muss an unendlich viele Vorleben dabei unbedingt denken. – Ich zum Beispiel: Wie kann ich so stark fühlen, wie ein reuiger Mörder fühlt? Ich brauche mir nur vorzustellen, wie alt er ist, welcher Art und welchen Ursprungs seine Tat, und ich fühle, was er fühlen muss. Also: Der übrigens keineswegs neue Gedanke erschließt sich mir vom Erlebnis aus, dass nämlich der Richter, der Henker und der Gehenkte ihre Plätze wechseln und dass du aus Erinnerung früherer Leben alle in dir hast.«*[21]

In seinem Werk *»Mein Recht auf Leben«* schrieb der deutsche Philosoph Heinrich Spitta (1849 bis 1929): *»Zeiten folgen auf Zeiten, was bedeutet das? [...] Da denke ich mir nun, dass ich nach meinem Tode werde wiedergeboren werden zu einem neuen irdischen Leben; meine Seele, der Inbegriff des Geistigen an mir, wird einen neuen irdischen Leib erhalten, den ich zu führen habe, bis auch er wieder aufgelöst wird in jene Bestandteile, von denen er genommen ist, und wiederum wird meine Seele einen neuen Leib empfangen, bis endlich, endlich alles erfüllt ist, was ich soll. [...] Ich werde nicht notwendig haben noch einmal zu betonen, dass es sich hier gar nicht um irgendeine wunderliche Metaphysik handelt, die ich auf verbotenen Umwegen einzuschmuggeln vorhabe, es handelt sich lediglich um einen vernünftigen Glauben, den ich mir zu eigen mache, weil er mir die kräftige Hilfe für die Durchführung meines sittlichen Lebens zu bieten scheint.«*[22]

Der englische Erzähler und Dramatiker William Sommerset Maugham (1874 bis 1965) schrieb in seinem Werk *»Auf Messers Schneide«*: *»Ist dir aufgefallen, dass die Seelen-*

wanderung eine unmittelbare Erklärung und Rechtfertigung des Bösen in der Welt bietet? Wenn das Schlechte, unter dem wir leiden, das Ergebnis unserer Sünden ist, die wir in unserem vergangenen Leben begangen haben, so können wir es mit Ergebung und mit Hoffnung ertragen, dass unsere zukünftigen Leben weniger leidvoll sein werden, wenn wir im jetzigen nach Tugend streben.«[23]

Der belgische Schriftsteller Maurice Maeterlink (1862 bis 1949) schrieb in seinem Werk *»Vom Tode«*: *»Nie gab es einen Glauben, der schöner, gerechter, reiner, moralischer, fruchtbarer, tröstlicher und in gewissem Sinne wahrscheinlicher ist, als der Wiederverkörperungsglaube.«*[24]

Der österreichische Arzt und Schriftsteller Arthur Schnitzler (1862 bis 1931) ließ in seinem Drama *»Der einsame Weg«* Johanna die Worte sagen: *»Ich für meinen Teil kann mir alles andere eher vorstellen als dies: dass ich nun zum ersten Male auf der Welt sein sollte. Und es gibt Augenblicke, in denen ich mich ganz deutlich an allerlei erinnere.«*[25]

Wilhelm Busch (1832 bis 1908), einer der einflussreichsten humoristischen Dichter und Zeichner Deutschlands, drückte es seinem Naturell entsprechend kurz und knackig aus: *»Jede Geburt ist Wiedergeburt.«*[16]

Der deutsche Philologe, Philosoph und Schriftsteller Friedrich Nietzsche (1844 bis 1900) formulierte seinen Glauben an die Reinkarnation mit der folgenden Maxime: *»Lebe so, wie wenn Du nochmals leben könntest – dies ist Deine Pflicht. Denn Du wirst in jedem Falle nochmals leben!«*[16]

Der deutsche Dichter und Schriftsteller Christian Morgenstern (1871 bis 1914), der mit Rudolf Steiner gut bekannt und mit der Anthroposophie sehr vertraut war, schrieb in seinem Werk *»Mensch Wanderer«*:

»Wie oft wohl bin ich schon gewandelt
auf diesem Erdball des Leids,
wie oft wohl hab' ich umgewandelt
den Stoff, die Form des Lebenskleids?
Wie oft mag ich schon sein gegangen
durch diese Welt, aus dieser Welt,
um ewig wieder anzufangen,
von frischem Hoffnungstrieb geschwellt?
Es steigt empor, es sinkt die Welle –
so leben wir auch ohne Ruh';
unmöglich, dass sie aufwärts schnelle
und nicht zurück – dem Grunde zu.«[26]

Der österreichische Dichter Franz Werfel (1890 bis 1945) schrieb in seinem Jugendgedicht *»Der Weltfreund«*:

> *»Ich trage viel in mir:*
> *Vergangenheit früherer Leben,*
> *Verschüttete Gegenden,*
> *Mit leichten Spuren von Sternenstrahlen.*
> *Oft bin ich nicht an der Oberfläche,*
> *Hinabgetaucht in fremdeigene Gegenden bin ich.*
> *Ich habe Heimweh.*
> *O Reste, Überbleibsel, o vergangene Vergangenheit!«*[27]

Der US-amerikanische Erfinder und Pionier des Automobilbaus Henry Ford (1863 bis 1947) war schon als junger Mann von der Reinkarnation überzeugt. *»Ich bin von der Reinkarnation überzeugt, seit ich 26 Jahre alt war. Was einige für eine besondere Gabe oder ein Talent zu halten scheinen, das ist nach meiner Ansicht die Frucht langer, in vielen Leben erworbener Erfahrung. Wir alle werden viele Male wiedergeboren, leben viele Leben, sammeln Erfahrungen und entwickeln uns weiter. Die scheinbar intuitive Gabe ist in Wirklichkeit das Produkt langer Erfahrung aus mehreren Reinkarnationen.«*[16]

Carl Gustav Jung (1875 bis 1961), Schweizer Psychiater und Begründer der analytischen Psychologie, vermochte es offensichtlich, die Karmaidee zu fassen: *»Ich könnte mir gut vorstellen, dass ich in früheren Jahrhunderten gelebt habe und dort an Fragen gestoßen bin, die ich noch nicht beantworten konnte: dass ich wiedergeboren werden musste, weil ich die mir gestellte Aufgabe nicht erfüllt hatte. Wenn ich sterbe, werden – so stelle ich es mir vor – meine Taten nachfolgen. Ich werde das mitbringen, was ich getan habe.«*[16]

Die Liste der Geistesgrößen und namhaften Persönlichkeiten aus der ersten Hälfte des 20. Jahrhunderts, die ihrer Überzeugung von der Reinkarnationslehre Ausdruck verliehen haben, könnte noch lange fortgesetzt werden.

2.7 Seit dem letzten Drittel des 20. Jahrhunderts

Selbst bis weit ins 20. Jahrhundert hinein erreichte die Idee der wiederholten Erdenleben vorwiegend diejenigen Menschen, die man der gehobenen Bildungsschicht zurechnen kann. Somit war es in dieser Zeit immer noch so, dass die weitaus meisten Menschen in der europäisch-amerikanischen Welt mit den Begriffen »Reinkarnation« und »Karma« nichts verbinden konnten, falls sie diese überhaupt schon einmal gehört haben sollten.

Das änderte sich fast schlagartig Ende der 1960er Jahre, als die ersten von Esoterikern, Parapsychologen und medial veranlagten Zeitgenossen geschriebenen *populärwissenschaftlichen* Bücher zu diesem Thema erschienen, die eine rasante Verbreitung fanden. Heute gibt es unzählige Werke, die diese Thematik aufgreifen und zum Teil in sehr seriöser, zum Teil aber auch in eher seichter und oberflächlicher Weise darstellen. Sie werden heute nur noch wenige Menschen finden, die noch nie etwas von der Reinkarnation gehört haben. In fast allen Bevölkerungsschichten ist die Wiederverkörperung bei denjenigen Zeitgenossen, die sich zumindest *ein wenig* damit auseinandergesetzt haben, zu einem Thema geworden, über das man seine persönliche Meinung gebildet hat. Es gibt heute überzeugte Anhänger und erbitterte Gegner dieser Lehre. Wie schon erwähnt ist es immer noch eine Minderheit, welche keinen Zweifel an der Lehre von den wiederholten Erdenleben hat. Allerdings kursieren unter ihnen teilweise sehr absurde Ideen wie etwa die, dass ein Mensch auch als Tier wiedergeboren werden könnte.

Es ist eine unbestreitbare Tatsache, dass heute ungleich mehr Menschen an ein wie auch immer geartetes Leben nach dem Tod als an die Reinkarnation glauben. Dass ein Mensch, der die Reinkarnation für eine Weltentatsache hält, auch von einem Leben nach dem Tod überzeugt ist, liegt auf der Hand. Es gibt aber unzählige Zeitgenossen, die glauben, dass der Mensch nach dem Tod weiterlebt, die aber die Wiederverkörperung für Wunschdenken, Märchen oder gar Schlimmeres halten. So kann man heute als Begründung dafür, dass man sich doch etwas gönnen, dass man das Leben genießen solle, immer wieder den Satz hören: »Man lebt nur einmal!«

Die Tatsache, dass heute immer noch viele unserer Mitmenschen das Gesetz der wiederholten Erdenleben nicht annehmen können oder wollen, liegt im Wesentlichen daran, dass es zwei gewaltige Gegenströmungen gibt.

Auf der einen Seite ist es die Ideologie des Materialismus, die sich mehr und mehr ausbreitet. Im Grunde sind alle heutigen Wissenschaften materialistisch gefärbt. In dieser Weltanschauung ist kein Platz für irgendetwas, was sich der sinnlichen Anschauung nicht erschließt. Alles, was übersinnlicher, also geistiger Natur ist, wird als ein längst überwundener Aberglaube abgetan und verspottet.

Auf der anderen Seite ist es das konfessionelle Christentum, das in seiner dogmatischen Verbohrtheit die Lehre von der Reinkarnation immer noch als Irrlehre bezeichnet.

Dabei ist es heute – wie bereits erwähnt – von unermesslicher Bedeutung, dass die Menschen diese Lehren annehmen können und verstehen lernen. Die Gesetze der Reinkarnation und des Karma gehören zu den fundamentalen spirituellen Wahrheiten, ohne die man im Grunde den Sinn der ganzen menschlichen Existenz nicht verstehen kann. Wir müssen uns bewusst machen, was den Menschen früherer Jahrtausende aufgrund ihrer Hellsichtigkeit klar war: Das vorgeburtliche, das irdische und das nachtodliche

Dasein ein und derselben menschlichen Individualität als ein *geistiges Wesen* bildet *einen* großen *gemeinsamen* Lebensstrom.

Wer waren denn eigentlich diese Menschen früherer Jahrtausende? Das waren keine anderen als diejenigen, die sich heute wieder verkörpert haben, also *wir*! *Wir alle* lebten einmal in einer urfernen Vergangenheit, in der uns dasjenige völlig klar war, was wir uns heute erst wieder mühsam als Erkenntnis erringen müssen. Selbstverständlich haben wir uns auch in den darauf folgenden Jahrtausenden viele Male inkarniert.

»Jetzt aber kommt die Zeit, wo die Anschauung von dem Menschen als einem geistigen Wesen, das eine Entwickelung durchmacht zwischen dem Tode und einer neuen Geburt, ein lebendiges Gefühl, eine lebendige Empfindung wird, wo man in der Vorstellung leben muss von der überirdischen Bedeutung der Menschenseelen. Denn ohne diese Vorstellung wird die Kultur der Erde ertötet. Man wird nicht eine praktische Tätigkeit entfalten können in der Zukunft, ohne dass man aufblicken kann zu der geistigen Bedeutung der Tatsache, dass jeder Mensch ein geistiges Wesen ist. Und man wird hinzufügen müssen, so paradox das dem heutigen Menschen noch erscheint – paradox weniger der Theorie nach, denn ich will nicht theoretisieren, aber parallelisieren, dem Gefühle nach, es ist aber doch so –, dass man wird lernen müssen, nicht nur sich zu sagen: Wir freuen uns als Eltern, dass uns ein Kind geboren wird, wir freuen uns über diesen Zuwachs unserer Familie, weil uns dieses Kind geboren wird –, sondern man wird sagen müssen: Nein, wir sind bloß das Werkzeug dafür, dass eine geistige Individualität, die wartet, auf der Erde ihr Dasein fortzusetzen, durch uns Gelegenheit dazu findet!«[28]

Kapitel 3

Welche Argumente *scheinen* gegen die Reinkarnationslehre zu sprechen und wie können diese entkräftet werden?

> *Es ist schwieriger,*
> *eine vorgefasste Meinung zu zertrümmern*
> *als ein Atom.*
>
> **Albert Einstein**

Es muss gewiss nicht mehr betont werden, dass materialistisch gestimmte Zeitgenossen Gedanken an ein Leben nach dem Tod oder gar an die Reinkarnation strikt ablehnen. Wie schaut es aber bei solchen aus, die spirituell oder religiös gesinnt sind, die also zumindest an ein Leben nach dem Tod glauben? Auch in diesen Kreisen will man vielfach von den wiederholten Erdenleben nichts wissen. Immerhin haben viele von ihnen diesen Gedanken zumindest schon einmal bewegt, um ihn dann wieder aus unterschiedlichen Gründen zu verwerfen.

Bevor wir uns in späteren Kapiteln dieses Buches sehr ausführlich mit dem Reinkarnations- und dem Karmagesetz befassen werden, sollen erst einmal Argumente unter die Lupe genommen werden, die etliche Menschen, die sich – zumindest ein wenig – mit der Idee der wiederholten Erdenleben befasst haben, häufig als Belege dafür anführen, dass Reinkarnation und somit natürlich auch Karma keine Weltentatsachen seien. Wir werden uns hier ausschließlich um solche Argumente kümmern, die man als *objektiv* oder zumindest einigermaßen objektiv bezeichnen kann.

Natürlich darf nicht übersehen werden, dass es auch eine ganze Reihe von *subjektiven* Gründen geben kann, warum ein bestimmter Mensch nichts von der Reinkarnationslehre wissen will. Etliche Zeitgenossen neigen dazu, dasjenige zu glauben, was ihnen sympathisch ist, und dasjenige abzulehnen, was ihnen unsympathisch ist. Wenn beispielsweise jemand ein schweres, mühseliges Leben führt und dieses schon ein wenig überdrüssig geworden ist, oder wenn er viel Not und Elend, vielleicht sogar einen Krieg mitmachen musste, so kann ihm der Gedanke, dass er Ähnliches vielleicht noch einmal durchmachen muss, nicht gerade angenehm sein. Da erscheint die Verheißung auf einen ewigen Aufenthalt in himmlischen Sphären doch sehr viel verlockender zu sein. Selbst Menschen, die mit ihrem Leben rundherum zufrieden sind, möchten sich nicht gern vorstellen, nochmals die Unbeholfenheit des Kleinkindalters durchleben, erneut zur Schule gehen zu müssen, usw. Viele Menschen, insbesondere wenn sie schon ein gewisses Alter erreicht haben, tun sich zudem schwer, sich mit neuen Gedanken auseinanderzusetzen, die so ganz im Gegensatz zu allem stehen, was sie bisher geglaubt und für richtig gehalten haben.

Wenn man von den eher wenigen Menschen absieht, die durch ein äußerst mühseliges und verdrießliches Leben oder durch schlimme Schicksalsschläge derart verzweifelt sind, dass sie sich nichts anderes als ihre ›ewige Ruhe‹ wünschen, so möchte doch wohl jeder, dass seine Existenz nicht durch den Tod beendet wird, sondern dass sie in einer anderen Form nach dem Tod weitergeführt werden kann. Dieser Wunsch entspringt doch dem ganz ›natürlichen‹ Egoismus. Der Gedanke der *Unsterblichkeit* ist wohl den weitaus meisten sympathisch. Die Möglichkeit, dass sie aber schon einmal auf der Erde gelebt haben könnten, interessiert viele gar nicht. Dieser Gedanke ist nicht sonderlich anziehend. Vielleicht sagt man sich, das sei ohnehin vorbei und habe keine Auswirkungen mehr auf das heutige Leben. Dass sich im Bewusstsein der meisten Menschen ein »ewiges« Leben nur in eine Richtung auszudehnen scheint, sieht man daran, dass es zwar den Begriff »Unsterblichkeit«, nicht aber einen Begriff »Ungeborensein« oder »Ungeborenheit« gibt.

Die weitgehend *objektiven* Argumente, um die es im Folgenden geht, sind sicherlich – auch für jemanden, der von der Reinkarnationslehre überzeugt ist – bis zu einem gewissen Grad nachvollziehbar. Auch ein Verfechter dieser Lehre hat sich möglicherweise einmal über diese Argumente, die ja im Grunde genommen nur *Meinungen* sind, Rechenschaft ablegen müssen. Daher soll auch zugleich gezeigt werden, wie diese entkräftet werden können.

3.1 Im konfessionellen Christentum wird die Reinkarnation nicht gelehrt.

Meinung:

> Alles, was mit dem Thema »Tod« zu tun hat, ist Sache der Kirchen. Sie haben uns das zu lehren, was in diesem Zusammenhang richtig ist. Da sie die Reinkarnationslehre ablehnen, muss man sie wohl für falsch erachten.

Die wohl meisten modernen Menschen werden jeden Verdacht, autoritätsgläubig zu sein, strikt von sich weisen. Vielmehr werden sie behaupten, sich über alle wichtigen Themen gründlich und vielseitig zu informieren, um sich schließlich eine eigene fundierte Meinung bilden zu können.

Dass das aber bei der Mehrheit unserer Mitmenschen nicht den Tatsachen entspricht, ist spätestens in der sogenannten »Corona-Krise« deutlich geworden. Etliche haben die Narrative der Politiker und der von ihnen als kompetent ausgewiesenen Experten, die über die Systemmedien verbreitet wurden, ungeprüft übernommen. Sie haben sich von der Panikmache, dass es sich bei dem SARS-CoV-2-Virus um ein ›Killervirus‹ handele, der zu vielen Millionen Todesopfern führen werde, anstecken lassen und die völlig überzogenen und zum Teil sinnlosen Maßnahmen, die einen gewaltigen Einschnitt in die Freiheit jedes Einzelnen mit sich brachten, klaglos akzeptiert und sogar begrüßt. Es wurde immer propagiert: »*Die* Wissenschaft sagt...«. Damit wurde suggeriert, alle Wissenschaftler wären sich einig. Das war aber nie der Fall. Ein Diskurs, der in jeder Wissenschaft unabdingbar ist, kam nie zustande. Denjenigen, die eine andere Meinung vertraten, wurde nicht nur keine Bühne gegeben, sie wurden sogar diffamiert und zum Teil strafrechtlich verfolgt. Eine Formulierung wie »*die* Wissenschaft« ist im Übrigen genauso unsinnig wie etwa »*die* Religion«. Viele Menschen haben sich so, ohne es zu bemerken, manipulieren lassen und sind den Autoritäten gefolgt.

Es sind aber nicht nur Politiker und insbesondere Wissenschaftler, die viele Zeitgenossen als Autoritäten anerkennen und denen sie alles unreflektiert abnehmen, ohne sich dessen so recht bewusst zu sein. Obwohl in der Gegenwart nicht einmal mehr halb so viele Menschen in Mitteleuropa regelmäßig oder überhaupt in die Kirche gehen wie noch vor 50 Jahren, so sind bei vielen – namentlich älteren – Menschen die kirchlichen Indoktrinationen, denen sie früher ausgesetzt waren, noch tief im Unterbewusstsein verwurzelt. Etliche verfahren noch immer nach dem alten Motto: Alles, was das Leben angeht, ist Sache des Staates bzw. der Wissenschaft, und alles, was den Tod betrifft, ist Sache der Kirche. Die Reinkarnationslehre wird von dem heutigen konfessionellen Christentum rundherum abgelehnt. Im Katechismus der katholischen Kirche heißt es unmissverständlich: *»Der Tod ist das Ende der irdischen Pilgerschaft des Menschen, [...] Wenn unser einmaliger irdischer Lebenslauf erfüllt ist, kehren wir nicht mehr zurück, um noch weitere Male auf Erden zu leben. [...] Nach dem Tod gibt es keine ›Reinkarnation‹.«*[1]

Die Verfasser dieses Glaubenssatzes berufen sich dabei auf die Bibel, die nach ihrer Auffassung keine Hinweise auf die Reinkarnation gäbe. Inwieweit diese These richtig ist, werden wir im nächsten Abschnitt noch zu erörtern haben. Viele werden diese kirchliche Lehrmeinung erst gar nicht hinterfragen, weil sie sich – meistens unbewusst – der kirchlichen Autorität unterwerfen. Etliche unserer Mitmenschen vertreten die sonderbare Meinung: »Die Pfarrer und Theologen werden schon wissen, was richtig und was falsch ist. Schließlich haben sie jahrelang studiert.« Viele ›brave‹ Katholiken merken offensichtlich gar nicht, dass ihnen durch die kirchlichen Lehrmeinungen und Dogmen ein Denkverbot erteilt wird, oder sie nehmen es billigend in Kauf, weil es sie in ihrer Bequemlichkeit und Denkfaulheit unterstützt.

Dass die Kirchenvertreter sich bei ihren Lehren ganz wesentlich auf die Heilige Schrift stützen, ist absolut verständlich. Nicht verständlich ist, dass sie alle anderen Quellen, denen man auch göttlich-geistige Wahrheiten entnehmen kann, verwerfen. Die Kirchen gehen davon aus, dass die göttlich-geistige Welt sich *ausschließlich* bis vor etwa 2.000 Jahren den Menschen geoffenbart hätte. Somit rechnen sie im Wesentlichen nur mit den Offenbarungen, die Moses, den alten Propheten sowie den Evangelisten zuteil wurden. Nur diese Persönlichkeiten halten sie für autorisiert, göttlich-geistige Wahrheiten zu verbreiten. Die kirchlichen Lehren basieren vorwiegend darauf, wie die Kirchenväter der ersten nachchristlichen Jahrhunderte diese Texte übersetzt und ausgelegt haben. Diesen Status haben sie eingefroren. Lediglich wurden einige geringfügige Änderungen oder Ergänzungen durch den einen oder anderen Konzilsbeschluss vorgenommen. Alles, was seitdem durch die sogenannten »Neuoffenbarungen«, wie sie in erster Linie in den letzten Jahrhunderten durch hohe Eingeweihte, allen voran Rudolf Steiner, in die Welt gekommen sind, ignorieren sie und lehnen sie auf das Schärfste ab. Stellen Sie sich vor, unsere Wissenschaften würden genauso verfahren! Dann würde zum Beispiel ein heutiger Astronom sagen: »Das, was die großen Astronomen bis vor gut 500 Jahren erforscht und veröffentlicht haben, war uneingeschränkt richtig. Die Erde ist eine Scheibe, und die Sonne dreht sich um die Erde. Mehr kann man über diese Dinge nicht wissen. Es gibt seitdem nichts mehr, was noch erforscht werden könnte. Alles, was Astronomen in neuerer Zeit gesagt haben, kann nur falsch sein.« Jedem Kirchenvertreter käme das absolut paradox vor, obwohl diese prinzipiell ebenso verfahren.

Der wesentliche Grund dafür, dass die Kirchen Neuoffenbarungen verwerfen, ist, dass sie die übersinnlichen Wahrnehmungsmöglichkeiten eines Geistessehers, die wir in Kapitel 5 (☞ S. 96ff.) beschreiben werden, nicht verstehen wollen oder können. Damit verleugnen sie aber viele Passagen der Bibel, in denen die Schreiber etwas schildern, was sie auf eben diese Weise wahrzunehmen vermochten. Außerdem vertritt die katholische Kirche die Auffassung, dass sie die einzige von Gott legitimierte Autorität sei, geistige Wahrheiten zu formulieren und zu verkünden.

Es soll hier gar nicht einmal daran gezweifelt werden, dass die Kirchen und ihre Vertreter in der heutigen Zeit nur gute und redliche Gründe zu haben *glauben*, um die Reinkarnationslehre abzulehnen. Dennoch fällt es schwer, sich eines Gedankens zu erwehren: Eine wohlverstandene Reinkarnationslehre würde die Machtposition der Kirchen erheblich untergraben. Sie könnten dann ihren Gläubigen nicht mehr – wie es noch bis vor einigen Jahrzehnten gang und gäbe war und sicherlich auch in der heutigen Zeit noch nicht völlig überwunden ist – mit *ewigen* Höllenstrafen drohen und vorschreiben, was sie zu tun und zu lassen haben, um diesen zu entgehen.

Es ist im Übrigen nicht damit zu rechnen, dass die katholische Kirche jemals ihr Dogma, es gäbe keine Reinkarnation, aufhebt. Auf dem Ersten Vatikanischen Konzil im Jahre 1870 hat sie sich dadurch, dass Papst Pius IX. das »Infallibilitätsdogma« (»Unfehlbarkeitsdogma«) verkündet hat, in ein fatales Dilemma extremer Inflexibilität gebracht.

In der Definition dieses Dogmas heißt es: *»Wenn der Römische Papst in höchster Lehrgewalt (ex cathedra) spricht, das heißt: wenn er seines Amtes als Hirt und Lehrer aller Christen waltend in höchster apostolischer Amtsgewalt endgültig entscheidet,* *eine Lehre über Glauben oder Sitten sei von der ganzen Kirche festzuhalten, so besitzt er aufgrund des göttlichen Beistandes, der ihm im heiligen Petrus verheißen ist, jene Unfehlbarkeit, mit der der göttliche Erlöser seine Kirche bei endgültigen Entscheidungen in Glaubens- und Sittenlehren ausgerüstet haben wollte. Diese endgültigen Entscheidungen des Römischen Papstes sind daher aus sich und nicht aufgrund der Zustimmung der Kirche unabänderlich. Wenn sich jemand — was Gott verhüte — herausnehmen sollte, dieser unserer endgültigen Entscheidung zu widersprechen, so sei er ausgeschlossen.«*[2]

Demzufolge ist die kirchliche Lehrverkündigung frei von Irrtümern. Diese unfehlbare Verkündigung bezieht sich auf die Gesamtheit der Bischöfe und insbesondere auf den Papst. Das heißt, alles was die Kirche zu spirituellen bzw. theologischen Themen lehrt – wie man es etwa ihrem Katechismus entnehmen kann – ist über jeden Irrtum erhaben. Zwar droht denjenigen, die den kirchlichen Lehren und Entscheidungen widersprechen, nicht mehr der Scheiterhaufen, aber sie werden aus der ›heiligen‹ Kirche ausgeschlossen.

»Dieses Dogma der Infallibilität – das ist nun das Wichtige – wird von vielen Menschen akzeptiert, angenommen. Derjenige, der nun ein wirklicher Christ ist, kann sich überlegen: Wie ist es mit diesem Dogma der Infallibilität? – Er kann sich zum Beispiel die Frage vorlegen: Was würden die ersten Kirchenväter, die noch näher dem ursprünglichen Sinne des Christentums gestanden haben, zu dem Dogma der Infallibilität gesagt haben?

Sie würden es eine Gotteslästerung genannt haben! Und damit würde man im christlichen Sinne wohl auch die Sache treffen können. Damit würde man aber hingedeutet haben auf ein außerordentlich wirksames okkultes Mittel, nämlich durch etwas im eminentesten Sinne Widerchristliches Glauben zu erwecken. Aber dieser Glaube ist ein wichtiger okkulter Impuls nach einer bestimmten Seite hin, um loszukommen von der normalen christlichen Entwickelung.«[3]

Das Infallibilitätsdogma erinnert ein wenig an den spaßigen und absolut paradoxen Spruch, den man an den Wänden vieler Büros finden kann:

§ 1: Der Chef hat immer Recht.

§ 2: Sollte der Chef einmal nicht Recht haben, so tritt automatisch § 1 in Kraft.

Die Kirche befindet sich heute in einer Zwickmühle. Würde sie ein Dogma oder einen Lehrsatz – beispielsweise den oben angeführten Lehrsatz, in dem die Reinkarnation verworfen wird – aufheben, so würde sie implizit das Unfehlbarkeitsdogma ad absurdum führen. Aufheben kann sie letzteres aber eigentlich nicht, da in diesem Fall alle Lehr- und Glaubenssätze in Frage gestellt werden müssten! Das gesamte Lehrgebäude der katholischen Kirche drohte einzustürzen.

Rudolf Steiner wies auf den wesentlichen Grund hin, warum die Kirche sich genötigt sah, das Unfehlbarkeitsdogma zu verkünden: **»Ich habe es öfter dargestellt, wie ein Geisterkampf, der vorher in den geistigen Welten stattgefunden hat, eingeflossen ist in die irdische Ordnung, in die Michael-Ordnung. Seit jener Zeit sind besondere Gelegenheiten gegeben, dass Spirituelles von den Menschen, die das wollen, aufgenommen werde. Man glaube nur nicht, dass die Eingeweihten der katholischen Kirche solche Dinge nicht wissen! Sie kennen sie natürlich; aber sie richten ihre Dämme dagegen auf. Und gerade im Zusammenhang mit der Tatsache, dass das spirituelle Leben von den geistigen Welten aus ganz besonders gefördert wird vom Jahre 1879 an, hat voraussehend die römisch-katholische Kirche das Infallibilitätsdogma aufgerichtet, um einen Damm aufzubauen gegen etwaigen Einfluss irgendwelcher neuer spiritueller Wahrheiten.«**[4]

Es soll nicht unerwähnt bleiben, dass das konfessionelle Christentum wenig mit dem *wahren* Christentum zu tun hat. Man ist nicht dadurch Christ, dass man sich einer christlichen Kirche anschließt, sondern vielmehr dadurch, dass man weiß und anerkennt, dass vor 2.000 Jahren **»mit dem Mysterium von Golgatha etwas Reales geschehen ist [...] und dass der Christus für alle Menschen gestorben ist.«**[5] Christi Taten stellen *objektive Tatsachen* dar, die *allen* Menschen zum Segen gereichen. Seine unermessliche Liebe und Gnade ergießt sich über die gesamte Menschheit. Das wahre Christentum ist kein Bekenntnis, das nur für ein bestimmtes Volk da ist, wie etwa der Hinduismus. Das Christentum hat sich notwendigerweise über den ganzen Erdball verbreitet, weil es im eminentesten Sinne *alle* Menschen angeht. Christus ist nicht nur für ein bestimmtes Volk, einen bestimmten Erdteil oder ein bestimmtes Zeitalter gekommen. Christ sein heißt aber nicht, anderen Menschen in missionarischem Eifer ein Bekenntnis einzuimpfen, sondern das Christliche, den Christus, in allen Menschenseelen aufzufinden. Das Christus-Prinzip und die objektiven Taten Christi kann jeder Mensch unabhängig von seinem religiösen Bekenntnis anerkennen. So wie die physische Sonne im Erdenleben allen Menschen scheint, so kann sich jeder mit dem Christus-Impuls verbinden. Wenn ein Mitglied einer nicht-christlichen Religion diese Anerkennung etwa mit dem Argument, in seinen heiligen Schriften stehe nichts über Christus, ablehnen würde, so wäre es das Gleiche, wie wenn er den »Satz von Pythagoras« nicht anerkennen würde, weil dieser in seinen heiligen Büchern und Schriften nicht zu finden ist.

Übrigens, wenn in diesem Buch des Öfteren vom konfessionellen Christentum oder von den großen christlichen Kirchen die Rede ist, so ist dabei *nicht* an die *»Christengemeinschaft«* (*»Bewegung für religiöse Erneuerung«*) gedacht. In dieser Kirche, die im Jahre 1922 von dem vormals evangelischen Pfarrer Dr. Friedrich Rittelmeyer (1872 bis 1938) gegründet wurde, werden die Erkenntnisse der anthroposophisch orientierten Geisteswissenschaft – insbesondere auch die Reinkarnation – voll anerkannt. Sie verzichtet allerdings bewusst auf Dogmen und lässt ihre Mitglieder völlig frei, welche Erkenntnisse sie anzunehmen bereit sind.

3.2 In der Bibel gibt es keine Hinweise auf die Reinkarnation.

Meinung:

> In der Bibel lassen sich keine eindeutigen Hinweise darauf finden, dass der Mensch wiedergeboren wird. Wenn die Reinkarnation eine Wahrheit wäre, so wäre in der Bibel in aller Deutlichkeit auf sie hingewiesen worden.

Dieses Argument tragen insbesondere diejenigen Zeitgenossen vor, die immer noch die Bibel für die *einzige* authentische Quelle halten, der man geistig-göttliche Wahrheiten entnehmen kann. Wie bereits erwähnt stellen sich insbesondere die großen christlichen Kirchen auf diesen Standpunkt.

Es soll in keiner Weise daran gezweifelt werden, dass in der Heiligen Schrift die allerhöchsten göttlich-geistigen Wahrheiten hineingeheimnisst sind. Allerdings ist es in vielen Fällen alles andere als einfach, ihr diese Geheimnisse zu entlocken und diese mit Verständnis zu durchdringen. Die Bibel ist von einer schier unendlichen Tiefe, die nach und nach ergründet werden will. Wie tief man auch immer in sie eingedrungen sein mag, hält sie immer noch neue Aspekte und Erkenntnisse bereit. Das gestand selbst Martin Luther: *»Ich hab' nun 28 Jahre, seit ich Doktor geworden bin, stetig in der Bibel gelesen und daraus geprediget, doch bin ich ihrer nicht mächtig und finde noch alle Tage etwas Neues drinnen.«*

Es ist durchaus richtig, dass es in der Bibel kaum Stellen gibt, die man als *eindeutigen* und *unwiderlegbaren* Hinweis auf die Reinkarnation betrachten kann. Somit soll den Theologen und Kirchenvertretern auch gar kein Vorwurf gemacht werden, wenn sie behaupten, in der Bibel keine klaren Belege für das Reinkarnationsgesetz zu finden. Allerdings kann man sich nicht des Eindruckes erwehren, dass sie diese Belege nicht finden, weil sie erst gar nicht nach ihnen suchen oder weil sie bei ihrer Suche Scheuklappen tragen.

Trotz der Schwierigkeit, die Bibel heute richtig verstehen zu können, soll zunächst einmal auf zwei Stellen im Alten Testament hingewiesen werden, die zeigen, dass schon den alten Hebräern der Reinkarnationsgedanke nicht fremd gewesen zu sein scheint. In Psalm 90 heißt es: *»Der Du die Menschen lässest sterben und sprichst: Kommt wieder, Menschenkinder! Denn tausend Jahre sind vor Dir wie der Tag, der gestern vergangen ist, und wie eine Nachtwache.«*[6]

Im letzten der Prophetenbücher finden wir einen deutlicheren und greifbareren Hinweis: *»Siehe, ich will euch senden den Propheten Elia, ehe denn da komme der große und schreckliche Tag des Herrn. Und er wird das Herz der Väter zu den Söhnen und das Herz der Söhne zu ihren Vätern umkehren lassen, damit ich nicht komme und das Land mit dem Bann schlage.«*[7]

Könnte das etwa nicht besagen, dass man die Vorstellung hatte, der Elias könne *wiedergeboren* werden? Es wird häufig eingeworfen, Elias könne gar nicht wiedergeboren werden, weil er nicht gestorben wäre. Man verweist auf das Alte Testament, wo es heißt, Elias sei *»in den Himmel entrückt«*[8] worden, was dann so ausgelegt wird, dass er, ohne seinen physischen Leib abzulegen, was ja beim Tod zwangsläufig eintreten muss, zu Gott in den Himmel aufgenommen worden wäre. Wie auch immer diese ›Entrückung‹ zu verstehen ist, kann man doch wohl nicht ernsthaft annehmen, dass bei Elias, und möglicherweise nur bei ihm, die kosmischen Gesetze aufgehoben worden wären! Selbst wenn dem so sein sollte, wie kann ein physischer Leib in einer geistigen Welt (Himmel) existieren?

Wenn man im obigen Vers liest, wie die Mission des ›Nachfolgers‹ Elias, der gesendet werden sollte, beschrieben wird, so erinnert diese an diejenige, die Johannes der Täufer als Wegbereiter des Christus zu erfüllen hatte. Johannes war begnadet, zu erkennen, dass es nur noch eine ganz kurze Zeit dauern werde, bis der verheißene Messias, der Christus, auf die Erde hinabsteigen werde. Die meisten Menschen der damaligen Zeit, die ihr ganzes Sinnen und Bestreben fast ausschließlich auf die materielle Welt richteten, sollten von diesem welthistorischen Ereignis Kunde erhalten. So hatte Johannes durch seine Predigten und durch die Taufe am Jordan seine Schüler auf das große Ereignis, das Erscheinen des Christus in der Erdenwelt, vorbereitet. Dieses Gefühl, diese Empfindung hatte er in ihnen erweckt. Dadurch konnten zumindest einige erkennen, dass der Geist heranrückt, der später der Christus genannt wurde. Im Prolog des Johannes-Evangeliums heißt es: *»Es wurde ein Mensch von Gott gesandt; sein Name war Johannes. Dieser kam, um Zeugnis abzulegen. Er sollte von dem Lichte zeugen, damit in allen der Glaube erwache.«*[9]

Johannes taufte bekanntlich auch den Jesus von Nazareth. Bei diesem Geschehnis handelte es sich allerdings um etwas völlig anderes! Was ist bei dieser Taufe nun genau geschehen? Der Evangelist Lukas vernahm die Stimme des göttlichen Vaters aus den Höhen, welcher eines der größten christlichen Mysterien offenbarte, was im heutigen konfessionellen Christentum kaum noch verstanden wird: *»Mein Sohn bist du. Heute habe ich dich gezeuget.«*[10]

Der Jesus von Nazareth, über den man in den Evangelien abgesehen von seiner Geburt und frühen Kindheit nichts finden kann, war jetzt in seinem 30. Lebensjahr. Die leiblichen Hüllen (☞ Kapitel 7, S. 133ff.) dieses außergewöhnlichen und hochentwickelten *Menschen* waren jetzt so reif, so vollendet, so veredelt, dass sie zu einem tragfähigen Gefäß für den hohen und über alle Maßen erhabenen Christus-Geist geworden waren. Der Christus konnte aus geistigen Höhen herabsteigen und sich in dieses Gefäß hineinsenken. Von nun an haben wir also den *Christus-Jesus* oder *Jesus Christus* vor uns, der Christus-Geist in der Leiblichkeit des Jesus von Nazareth. Dieser Christus-Jesus wandelte und wirkte von da an drei Jahre auf der Erde bis zum Mysterium von Golgatha.

Um nicht missverstanden zu werden, muss noch gesagt werden, dass dieses Ereignis, das im Jahre 30 unserer Zeitrechnung geschah, *nichts* mit einer Wiedergeburt, also Reinkarnation zu tun hat. Der Christus hat an diesem welthistorischen Tag zum ersten und einzigen Mal einen menschlichen Leib bezogen. Der Geist bzw. das Ich (☞ Kapitel 7, S. 139ff.) des Jesus ging in die geistige Welt, wie das beim Tod eines Menschen der Fall ist. Sie kennen gewiss die Redewendung »über den Jordan gehen«. In der ursprünglichen Bedeutung ist damit der Vorgang des Sterbens gemeint. Jetzt konnte der Christus-Geist bzw. das Christus-Ich den Leib des Jesus beziehen. Bei einem solchen Geschehnis, das nur äußerst selten vorkommt, spricht man von »Inkorporation«, also »Einkörperung«. Der göttliche Sohn wird nie wieder in *fleischlicher* Gestalt auf der Erde erscheinen.

Es ist wirklich erschütternd, dass dieses Mysterium im konfessionellen Christentum nicht mehr verstanden wird. Die Kirchen – nicht nur die katholische – haben den Christus und das Verständnis für ihn längst verloren. Sie verstehen – wenn überhaupt – nur den Menschen Jesus, den sie gern als ›schlichten Mann von Nazareth‹ bezeichnen. Man berücksichtigt nur die körperliche Hülle, den physischen Leib, der natürlich bei Jesus und Christus-Jesus derselbe ist. Das Wesentliche, den Geist bzw. das Ich, vermögen sie nicht zu erfassen. Das zeigt, wie materialistisch die Kirchenvertreter gesinnt sind. Somit ist es sogar konsequent, dass sie Jesus und Christus gleichsetzen, dass sie diese beiden Wesen nicht zu unterscheiden vermögen.

Eigentlich grenzt es an Etikettenschwindel, dass sie sich »Christen« nennen oder als »christliche Kirchen« bezeichnen. Im Grunde müssten sie sich *»Jesusten«*, *»Jesten«* oder ähnlich nennen.

Schauen wir nun, ob es auch im Neuen Testament Anhaltspunkte oder gar Belege für die Reinkarnation gibt. Dort finden sich zunächst einmal einige Stellen, die deutlich machen, dass den Zeitgenossen Jesu der Gedanke der Wiederverkörperung ebenfalls nicht fremd war. Bei allen vier Evangelisten[11] können Sie nachlesen, dass Jesus von vielen für einen der alten Propheten, etwa für Elias oder Jeremias, gehalten wurde. Bei Matthäus heißt es beispielsweise: *»Als Jesus in das Gebiet von Cäsarea Philippi zog, fragte er seine Jünger: Was sagen die Menschen, wer der Menschensohn sei? Sie erwiderten: Die einen sagen: Johannes, der Täufer, andere: Elias, andere: Jeremias oder sonst einer der Propheten.«*[12]

Es ist ganz offensichtlich, dass man im Volk mit der Möglichkeit rechnete, dass einer dieser längst verstorbenen Propheten abermals in Menschengestalt auf der Erde erscheinen könnte. Die Menschen glaubten oder vermuteten also, Jesus wäre der *wiedergeborene* Elias oder Jeremias.

Gegner der Reinkarnationslehre interpretieren diese Bibelverse natürlich anders. Sie sagen, die Juden hätten damit zum Ausdruck bringen wollen, Jesus wäre in dem Geiste bzw. in der Gesinnung dieser alten Propheten erschienen oder er wäre von diesen inspiriert worden.

Dass die Zeitgenossen des Christus-Jesus die Reinkarnation offensichtlich für möglich gehalten haben, kann ihm zweifelsohne nicht verborgen geblieben sein. Falls diese Lehre nicht der Wahrheit entspräche, hätte Er dann nicht mit Nachdruck darauf verweisen müssen? Hätte Er dann nicht deutlich gesagt, dass eine Wiederverkörperung keine Weltentatsache sei? Das tut der Herr aber nicht, Er weist ganz im Gegenteil zwei Mal ganz vorsichtig auf das Gesetz der Reinkarnation hin.

Im Johannes-Evangelium wird eine Begebenheit geschildert, die auch wieder zu zeigen scheint, dass die Gesetze der Reinkarnation und des Karma den Juden zumindest bekannt waren. Es geht um die Heilung des Blindgeborenen. Seine Jünger fragen Jesus: *»Meister, wer hat gesündigt, dieser oder seine Eltern, dass er blind geboren ist?«*[13]

Was könnte es für einen Sinn haben, dass die Jünger fragen, ob der Blindgeborene selbst gesündigt hat, wenn sie es nicht für möglich gehalten hätten, dass dieser schon einmal verkörpert war. Wo hätte er, der ja blind geboren wurde, sündigen können, wenn nicht in einem früheren Leben? Den Jüngern war also klar, dass ein Schicksal wie eine Blindheit nicht zufällig oder aus einer göttlichen Laune heraus auftritt. Sie wussten, dass es dafür einen konkreten Grund geben musste, dass es dazu eine Ursache geben musste, die in einer begangenen Sünde bzw. einem Fehlverhalten liegt. Die Antwort des Herrn *»Weder dieser hat gesündigt noch seine Eltern [...]«* wird von Gegnern der Reinkarnationslehre so aufgefasst, dass Er damit eindeutig sagen wollte, dass es so etwas wie Reinkarnation und Karma nicht gäbe. Dieser Schluss ist aber nicht nachvollziehbar. Wenn Jesus Christus sagt »Weder *dieser* hat gesündigt [...]«, räumt Er doch wohl eher die Möglichkeit ein, dass die Tatsache seiner Blindheit eine karmische Folge eines früheren Lebens sein *könnte*. Hätte der Gottessohn klarstellen wollen, dass es keine Reinkarnation gäbe, so hätte Er sinngemäß doch in etwa sagen müssen: »Wie, wo und wann könnte dieser gesündigt haben! Er wurde doch schon blind geboren!«

Man muss die angeführten Passagen wohl zumindest als ein starkes Indiz dafür werten, dass den Zeitgenossen Jesu der Reinkarnations- und auch der Karmagedanke nicht unbekannt waren. Man könnte vielleicht noch weitergehen und schließen, dass sie sogar davon überzeugt waren, dass die Menschen sich wieder verkörpern. Jesus Christus hat dieser Lehre nicht widersprochen.

Im Evangelium nach Matthäus[14] finden wir eine Schilderung, in der Christus-Jesus sogar *ganz eindeutig* von der Wiederverkörperung sprach. Es geht um die sogenannte »Verklärungsszene«. Er nahm Petrus, Jakobus und Johannes mit auf einen ›hohen Berg‹. Es ist ja an mehreren Stellen der Evangelien – denken Sie etwa an die »Bergpredigt«, von der Matthäus in den Kapiteln 5 bis 7 berichtet – davon die Rede, dass Jesus *»auf einen (hohen) Berg stieg«*. Bei dieser Formulierung handelt es sich um einen technischen Ausdruck, der im Okkultismus früherer Zeiten durchaus bekannt war. Damit ist gemeint, dass der Herr diejenigen, die er ›mit auf den Berg nahm‹, in besonders tiefe esoterische Weltengeheimnisse einweihte. Nachdem also Christus-Jesus mit den drei Jüngern auf ›den Berg gestiegen war‹, wurden die Jünger begnadet, mit ihren Seelenaugen gewaltige Imaginationen (☞ Kapitel 5, S. 97f.) wahrzunehmen. Der Gottessohn wurde vor ihnen ›verklärt‹, also verwandelt, das heißt Er wurde ins Licht des Erkennbaren gerückt, Er erschien in seiner wahren ›Geistgestalt‹. Neben ihm erschienen Moses und Elias, ebenfalls in ihrer Geistgestalt. Damit zeigte sich der Christus den drei Jüngern wie vorausgespiegelt in seiner verherrlichten Gestalt, in der Er später nach seiner Auferstehung zu schauen war. Es fand also eine Überwindung von Zeit und Raum statt.

Diese drei Jünger sollten eine noch höhere Erkenntnis durch ihren Meister erhalten. Sie sollten insbesondere die Überzeugung gewinnen, dass es sich bei dem Christus wirklich um das lebendige, Fleisch gewordene Wort handelte. **»Deshalb zeigt er sich in seiner Geistigkeit, in jener Geistigkeit, welche erhaben ist über Raum und Zeit; in jener Geistigkeit, für welche es kein Vorher und kein Nachher gibt, in der alles Gegenwart ist. Auch das Vergangene ist Gegenwart. Da ist das Vergangene wesenhaft, als Elias und Moses neben der Gegenwart des Jesus erschienen. Und jetzt glauben die Jünger an den Gottesgeist.«**[15]

Später, nachdem diese Imaginationen vorüber waren, fragen die drei Jünger: *»Was sagen denn die Schriftgelehrten, Elia müsse zuvor kommen?«* Der Herr antwortete: *»Doch ich sage euch: Es ist Elia schon gekommen, und sie haben ihn nicht erkannt, sondern haben an ihm getan, was sie wollten.«*

Dann heißt es: *»Da verstanden die Jünger, dass er von Johannes dem Täufer zu ihnen geredet hatte.«*

Mit der Aussage »[sie] *haben an ihm getan, was sie wollten«* deutete der Herr auf die Enthauptung des Täufers hin. Dadurch verstanden die drei Jünger, wen Er meinte.

Christus-Jesus sagt also in *unmissverständlicher* Deutlichkeit, dass Johannes der Täufer der wiedergeborene Elias war![16] Das ist wohl die einzige Bibelstelle, bei der man schon übel herumdeuteln müsste, um sie nicht als klaren Beleg dafür aufzufassen, dass der Täufer der wiedergeborene Elias war und dass somit die Reinkarnation eine Weltentatsache ist. Diese Wahrheit verkündet der Gottessohn nicht einmal *allen* seiner Jünger, sondern nur den Dreien, die Er wohl als einzige für hinreichend reif hielt, diese Erkenntnis fassen und vertragen zu können.[17] **»In ein Mysterium sind wir geführt. Drei Jünger hat der Christus nur für würdig gehalten, dieses Mysterium zu erfahren. Und welches ist dieses Mysterium? Mitgeteilt hat er, dass der Johannes der reinkarnierte Elias ist. Die Wiederverkörperung wurde zu allen Zeiten gelehrt innerhalb der Mysterientempel. Und keine andere als diese okkulte theosophische Lehre hat der Christus seinen vertrauten Jüngern mitgeteilt.«**[18]

3.2.1 Das notwendige Vergessen der Reinkarnation

Der Christus, der bei der Taufe am Jordan in die leiblichen Hüllen des Jesus von Nazareth einzog und dann drei Jahre als Christus-Jesus oder Jesus Christus auf der Erde wandelte und wirkte, hat der Reinkarnation nicht widersprochen. Er hat diese Lehre aber auch nicht in aller Deutlichkeit verbreitet. Lediglich den drei auserkorenen Jüngern sagte Er, dass Johannes der Täufer der wiedergeborene Elias war.

Nun könnte man ja fragen, warum Jesus Christus die Reinkarnation nicht so unmissverständlich *lehrte*, dass *jeder* ihre Gültigkeit einsehen konnte. Wenn Sie die Reden und auch die Gleichnisse des Herrn, von denen die Evangelien berichten, heranziehen, werden Sie feststellen, dass Er bei seinen Lehren sehr stark in Abhängigkeit von seinen Zuhörern differenzierte. Er sprach über sehr viel intimere Wahrheiten, wenn Er im Kreise seiner Jünger war, bei denen Er davon ausgehen konnte, dass sie diese verstehen und vertragen konnten. Vieles von dem, was Er nur seinen Jüngern anvertraute, hätte das Volk nicht nur nicht verstehen können, sondern es wäre möglicherweise sogar schädlich für die meisten Menschen gewesen.

Es ist ein okkultes Gesetz, dass bestimmte geistige Wahrheiten nur einigen, dazu besonders vorbereiteten Menschen mitgeteilt werden dürfen. Solche Wahrheiten dürfen der großen Masse der Menschheit erst sehr viel später offenbart werden, wenn sie die dazu nötige Reife erworben hat. Die Wahrheit, dass Johannes der Täufer der wiedergeborene Elias ist, verkündet der Herr nicht einmal *allen* seiner Jünger, sondern nur den Dreien, die Er wohl als einzige schon für reif hielt, diese Erkenntnis fassen zu können. Er weist sie sogar ausdrücklich an, darüber vorerst mit keinem anderen zu reden. Er verbietet ihnen geradezu, diese Lehre zu verbreiten. In seinen Abschiedsreden sagt der Herr ja ganz deutlich, dass es noch vieles gäbe, was Er seinen Jüngern sagen könnte, dass sie dieses jetzt aber noch nicht ertragen könnten.[19] Dazu gehörte auch die Reinkarnationslehre.

Wenn man das soweit annehmen kann, stellt sich die Frage, warum die drei Jünger Stillschweigen bewahren sollten. Inwieweit hätte die Reinkarnationslehre für die Masse der Menschen – ja womöglich sogar für die übrigen Jünger – schädlich sein können?

Nun, es hätte die große Gefahr bestanden, dass die Menschen ihr Erdenleben nicht wichtig genug genommen hätten. Im alten Ägypten war das Gesetz der Reinkarnation noch ein allgemeines Wissensgut. So waren selbst die Sklaven davon überzeugt, wiedergeboren zu werden. Sie hatten die Hoffnung, in einem der späteren Leben angenehmere Bedingungen vorfinden oder sogar selbst einmal Herrscher sein zu können.[20] Diese Überzeugung ließ sie alle Mühen und Plagen ertragen. Darum war ihnen dieses eine Leben nicht so wichtig. Hätten die Jünger also die Lehre im Volk verbreitet, so hätte die Gefahr bestanden, dass die Menschen sich vielleicht gesagt hätten, warum sollen wir dieses oder jenes erstreben, wenn wir dazu noch in vielen weiteren Leben Zeit haben.

Jedes einzelne Erdenleben ist aber von unschätzbarem Wert. Zum einen kann man in keiner anderen Sphäre die Erfahrungen machen, die man auf der Erde machen kann. Andererseits kann man das in einem Leben Versäumte nicht so ohne Weiteres in einem nächsten nachholen. *Jedes* Leben stellt etwas Einzigartiges dar. Daher durfte die Lehre von den wiederholten Erdenleben für lange Zeit nicht mehr zu den Menschen dringen. Die Menschen sollten sich ganz auf dieses *vermeintlich* einzige Leben konzentrieren. Daher war es auch gut, dass die katholische Kirche im 6. Jahrhundert diese Lehre entschieden ablehnte, wenngleich sie dafür wohl andere Motive hatte.

Etwa im Jahre 800 vor Christus brach also eine Zeit an, ab der die Menschen – zumindest die große Masse der Menschen – für viele Jahrhunderte die Reinkarnationslehre vergessen *mussten*. Jeder Mensch sollte in dieser Zeitspanne *wenigstens* ein Erdenleben durchlaufen, in dem er nichts von den wiederholten Erdenleben wissen durfte. Er sollte glauben, dass seine irdische Existenz mit diesem einen Leben erschöpft sei. Er sollte sich klarmachen, dass eine ganze Ewigkeit davon abhängt, was in diesem einen Leben geschieht, was er da leistet und wie er sich verhält. Dieses vermeintlich einzige Leben sollte also als äußerst wichtig und entscheidend angesehen werden. **»Die Menschen sollten aber nun lernen, festen Boden unter den Füßen zu gewinnen, darum sollte während einer Inkarnation die Reinkarnation unbekannt bleiben. Christus hat deshalb geradezu verboten, dass etwas von Reinkarnation gelehrt werden solle. Aber von 800 vor Christus bis ungefähr um 1800 nach Christus war der Zeitraum vergangen, da fast alle Menschen durch die eine Inkarnation hindurchgegangen waren, ohne von Reinkarnation etwas zu erfahren. Die großen Meister haben die Aufgabe, nicht immer gleich die ganze Wahrheit zu lehren, sondern nur das, was die Menschen brauchen.«**[21]

Nun kam es zur großen Mission des Weines, also des Alkohols. Dieser musste zu dem Zweck in die Welt kommen, dass die Menschen die Reinkarnation regelrecht vergaßen, dass sie sich ihr gedanklich und gefühlsmäßig nicht nähern konnten. **»Damit der Mensch sich dachte, die eine Inkarnation sei die einzige, dazu war notwendig, dass etwas das Gehirn [...] von der Erkenntnis der Reinkarnation abschnitt. Dazu wurde den Menschen der Wein gegeben. Früher war bei allem Tempelkultus nur das Wasser gebraucht worden. Dann wurde der Gebrauch des Weines eingeführt, und sogar ein göttliches Wesen, Bacchus, Dionysos, war der Repräsentant des Weines. Der tiefsteingeweihte Jünger, Johannes, enthüllt in seinem Evangelium, was der Wein für die innere Entwickelung bedeutet. Bei der Hochzeit von Kana in Galiläa wird das Wasser in Wein verwandelt. Durch den Wein wurde der Mensch so zubereitet, dass er die Reinkarnation nicht mehr verstand. Damals wurde das Opferwasser in Wein verwandelt, und wir sind jetzt wieder dabei, den Wein in Wasser zu verwandeln.«**[22]

Die Mission des Alkohols ist *heute* längst erfüllt. Der Alkoholgenuss verhindert, dass ein Mensch zu *eigenen* geistigen Schauungen, Erfahrungen und Erkenntnissen gelangen kann. Insbesondere ein Geistesschüler, also ein Mensch, der sich auf einen spirituellen Schulungsweg begegeben hat, der dazu führen kann, dass ihm eines Tages die »geistigen Wahrnehmungsorgane« (☞ Kapitel 5, S. 96ff.) geöffnet werden, die ihm erlauben, selbst in geistige Welten schauen zu können, muss sich jedes Tropfens Alkohol enthalten.

Also, die Zeiten, dass ein Mensch nicht von den wiederholten Erdenleben wissen darf, sind heute längst vorbei! Jeder von uns hat diese eine notwendige Inkarnation hinter sich, in der er nichts von den wiederholten Erdenleben erfahren durfte. In unserem materialistischen und geistlosen Zeitalter ist es notwendig, dass die Menschen wieder zu geistigen Erkenntnissen kommen. Dazu gehören insbesondere auch die Lehren über Reinkarnation und Karma. Die Gefahr, dass heute noch jemand sein Erdenleben nicht wichtig nimmt, sofern er die Reinkarnationslehre *richtig* versteht, kann wohl als sehr gering eingestuft werden.

Aber auch heute wäre es noch fatal, wenn jemand sich sagen würde, dass er noch viele Leben Zeit habe, ein anständiger Mensch zu werden. **»Wenn jemand den anderen Einwand erheben würde, dass viele sich sagen könnten: Ich habe spätere Erdenleben vor mir, da brauche ich erst in den späteren Leben ein ordentlicher Mensch zu werden; jetzt habe ich noch Zeit, jetzt kann ich noch ein unordentlicher Mensch sein, so wäre das ein Einwand, der auch theoretisch zu widerlegen ist. Um sich aber richtig zu ihm zu stellen, dazu gehört, dass man die praktischen Verhältnisse kennt. Man muss wissen, dass jemand, welcher der Ansicht wäre, er brauchte in seinem jetzigen Leben noch kein ordentlicher Mensch zu sein, er wolle dies erst im nächsten Leben werden, durch einen solchen Vorsatz in sein nächstes Leben hineingewirkt hat. Wenn er nicht jetzt beschließt, ein ordentlicher Mensch zu werden, so hat er eben auch für das nächste Leben nicht die nötigen Grundlagen dazu. Er benimmt sich also jetzt schon die Fähigkeit, um später ein ordentlicher Mensch zu sein; er schafft sich selbst die Kräfte dafür hinweg. So könnte wieder Stück für Stück über die berechtigten moralischen Einwände gesprochen werden.«**[23]

3.3 Die Reinkarnation widerspricht der Auferstehung am Jüngsten Tage.

<u>Meinung:</u>

> Die Bibel verheißt den Menschen, dass sie am »Jüngsten Tage« mit einem unsterblichen Leib ausgestattet werden. Wenn der Wiederverkörperungsgedanke richtig wäre, so würde ihnen aber immer wieder nur ein sterblicher Leib zukommen, den sie wie ein Kleidungsstück wechseln würden.

Ein solcher Einwand wird häufig von Menschen vorgetragen, die sich der kirchlichen Lehrmeinung verpflichtet fühlen und nun krampfhaft nach Argumenten suchen, welche die These, es gäbe keine Reinkarnation, untermauern könnten.

Dass ein Mensch bei jeder erneuten Inkarnation nur einen sterblichen Leib bekommt, ist natürlich richtig. Es ist zum einen aber nicht richtig, dass er *immer wieder* nur einen sterblichen Leib erhält, denn die Notwendigkeit der irdischen Verkörperungen wird – wie wir noch sehen werden (☞ Kapitel 8, S. 156ff.) – eines fernen Tages überwunden sein. Zum anderen bestreiten die Verfechter der wohlverstandenen Reinkarnationslehre ja *nicht*, dass der Mensch in ferner Zukunft sehr wohl diesen unsterblichen Leib erhalten wird. Letzteres gehört zum elementarsten christlichen Glaubensgut.

Die unterschiedlichen Standpunkte eines Christen, der die Reinkarnationslehre ablehnt, und eines, der sie vertritt, kann man, was diesen Punkt angeht, wie folgt skizzieren: Während ersterer davon ausgeht, dass jeder Mensch nur *einmal* einen sterblichen Leib tragen wird, bevor er seinen unsterblichen erhält, geht der andere davon aus, dass jeder Mensch *sehr häufig* einen sterblichen Leib tragen muss, bis er eines sehr fernen Tages reif ist, um mit dem unsterblichen bekleidet werden zu können. Es liegt somit eigentlich kein wirklicher Widerspruch vor.

3.4 In den Naturwissenschaften ist von der Reinkarnation keine Rede.

Meinung:

> Die Leistungen unserer Naturwissenschaftler sind beeindruckend und bewundernswert. Sie haben unsere Welt bis in ihre letzten Winkel weitgehend erforscht und erklärt. Sie haben den menschlichen Organismus und seine Funktionsweise fast zur Gänze offengelegt. Wenn es eine Wiederverkörperung gäbe, hätten sie das längst herausgefunden und darüber gelehrt.

Während die bisher erörterten Argumente oder Meinungen, die ein Beleg dafür seien, es gäbe keine Reinkarnation, insbesondere von solchen Zeitgenossen vorgetragen werden, die sich – zumeist ohne sich dessen bewusst zu sein – der Autorität der Kirche beugen, werden die folgenden von solchen ins Feld geführt, die sich der Autorität der Wissenschaft unterwerfen.

In der Tat sind die meisten modernen Menschen geneigt, dasjenige zu glauben und in ihren Wissensschatz aufzunehmen, was man als ›gesicherte Resultate‹ unserer offiziellen Wissenschaften, also etwa der Physik, der Chemie, der Biologie, der Geologie, der Astronomie, der Medizin bezeichnet. Sie glauben mit den Erkenntnissen und Lehren der Wissenschaften einen festen Boden zu haben, auf dem sie sicher stehen könnten. Wenn ein solcher Mensch ganz ehrlich zu sich sein sollte, so müsste er konsequenterweise seine religiösen Vorstellungen, die er sich durch die kirchlichen Lehren gebildet hat, verwerfen. Das, was unsere Naturwissenschaftler sagen, scheint in keiner Hinsicht mit dem zusammenzupassen, was die Theologen oder Kirchenvertreter lehren.

Wie könnte etwa ein Gott, der aus Himmelshöhen auf die Erde niederkam, von den Toten auferstand und wieder in den Himmel aufgefahren ist, mit modernem naturwissenschaftlichen Denken in Einklang gebracht werden! Wie könnte auf diese Art begründet werden, dass jedem Menschen ein ewiges Leben, also auch ein Leben nach seinem Tod, sowie die Auferstehung verheißen wird! Die soeben beschriebenen Ereignisse stellen aber den Mittelpunkt des christlichen Glaubens dar! Da man den Wissenschaften absolut *nichts* über geistige Welten, Wesen und Tatbestände – also insbesondere auch nicht über die Reinkarnation – entnehmen kann, fühlen sich viele genötigt, solche als Phantastereien anzusehen und abzutun.

Es soll zunächst einmal in keiner Weise bestritten werden, dass das, was unsere Wissenschaftler in den letzten zwei, drei Jahrhunderten geleistet, entdeckt und herausgefunden haben, höchste Bewunderung und Anerkennung verdient. Insbesondere die technologischen Errungenschaften der letzten Jahrzehnte sind so gigantisch und atemberaubend, dass wir Mühe haben, mit dieser Entwicklung Schritt zu halten.

Nun ist es aber keineswegs so, dass alle unsere heutigen wissenschaftlichen Erkenntnisse auf einem unumstößlich sicheren Fundament stünden, wie das vielleicht allgemein unterstellt werden mag. Die meisten Resultate, die unsere Wissenschaften liefern, basieren letztlich auf »Axiomen«, also auf grundlegenden Annahmen, auf Basisaussagen, die nicht verifizierbar sind, die man als elementar richtig unterstellt, also *glauben* muss. Ähnlich wie die katholische Kirche ihren Gläubigen ihre fundamentalen Lehrsätze als Dogmen vorsetzt, setzen die Wissenschaften uns ihre Axiome als Dogmen vor. Sollten sich eines Tages diese Axiome als falsch erweisen, so müsste man mit ihnen auch alle darauf fußenden Erkenntnisse revidieren. Gegen diese Vorgehensweise soll hier überhaupt kein Einwand erhoben werden. Um sich eine komplexe, kaum überschaubare Welt verständlich machen zu können, benötigt man ein Fundament, auf das man seine weiteren Erkenntnisse bauen kann. Man muss von irgendwelchen Voraussetzungen ausgehen, die mit hoher Wahrscheinlichkeit richtig zu sein scheinen. Sollte sich aber eines Tages das Fundament als unsicher oder gar brüchig herausstellen, so wird zwangsläufig das ganze Wissensgebäude einstürzen. Außerdem bringt jedes Axiomensystem von vornherein die große Einschränkung mit sich, dass man alle möglichen Gedanken und Ideen abweisen muss, die mit diesen Basisaussagen nicht verträglich sind. Es besteht also die große Gefahr, dass man eine durchaus richtige Idee nur deshalb verwirft, weil sie nicht zu einem – womöglich völlig falschen – Axiom passt.

Bis vor gut 500 Jahren basierten die wissenschaftlichen Lehren, die in dieser Zeit im Wesentlichen noch von der Kirche vertreten wurden, ganz entscheidend auf folgenden Axiomen bzw. Dogmen:

1. Die gesamte Welt mit der Erde und all ihren Wesen bis hin zum Menschen wurde von Gott in sechs Tagen – also in 144 Stunden – erschaffen.

2. Die Erde ist eine Scheibe.

3. Die Erde bildet den Mittelpunkt unseres planetarischen Systems. Die Sonne dreht sich um die Erde.

Wer sich damals öffentlich gegen diese Axiome bzw. Dogmen aussprach, musste dafür unter Umständen mit seinem Leben bezahlen. Heute lacht jedes Kind darüber, dass selbst die gescheitesten Menschen der damaligen Zeit so ›dumm‹ waren, die Erde für eine Scheibe zu halten. Es gibt allerdings selbst in unserer Zeit noch immer eine ganze Reihe fundamentalistischer Christen, Juden und Muslime, die Axiom 1 für eine unumstößliche Wahrheit halten.

Heute beherrschen andere *Dogmen* das wissenschaftliche Weltbild:

1. *Alles* ist Materie. Auch das sogenannte ›Geistig-Seelische‹ des Menschen entsteht aus der Materie, aus der Chemie und Physik seines Körpers. Folglich existiert nichts, was immaterieller, also geistiger Natur ist. Es gibt keine geistigen Welten, Wesen, Entitäten oder Instanzen. Es existiert nichts, das nicht mit den üblichen Sinnen, technischen Geräten und Messmethoden erforscht werden könnte.
2. Der Mensch hat sich im Laufe einer Millionen Jahre langen Evolution aus der Tierheit entwickelt. Sein unmittelbarer Vorfahre ist der Affe.
3. Die Entwicklung des Menschen ist *ausschließlich* eine Folge der Evolution. Hinter den Kräften der Evolution wirkt nur der Zufall.[24]

Vieles von dem, was die Wissenschaften heute lehren, sind Folgerungen bzw. Deduktionen aus diesen Axiomen. So ist etwa die heute in weiten Kreisen als gesicherte wissenschaftliche Erkenntnis geltende These, dass alle geistig-seelischen Betätigungen und Empfindungen eines Menschen letztlich auf Funktionen des Gehirns und des Nervensystems basierten, eine konsequente Folgerung aus Axiom 1. Das Gleiche gilt für die Theorie, dass alle individuellen intellektuellen und kreativen Fähigkeiten eines Menschen eine Frage seiner Gene wären. *Wäre* Axiom 1 richtig, so *wären* natürlich auch die daraus abgeleiteten Behauptungen richtig.

Die Physiologen haben in den vergangenen Jahrzehnten unfassbar viel über das physische Gehirn des Menschen und seine Funktionen erforscht und publiziert. So haben sie etwa längst herausgefunden, welche Partien des Gehirns benötigt werden, damit der Mensch bestimmte Verrichtungen machen kann. Sie kommen aber über das Mineralisch-Stoffliche nicht hinaus und vermögen es nicht, den Gedankenfaden, der ins Geistige führt, zu verfolgen. Da die Wissenschaftler gemäß Axiom 1 keine immaterielle Instanz im Menschen anerkennen, bleibt ihnen nichts anderes übrig, als die *Ursachen* für alle geistig-seelischen Tätigkeiten des Menschen in diese Areale des Gehirns oder ins Nervensystem zu verlegen. Diese vermeintliche Tatsache, die heute wissenschaftlicher Konsens ist, gilt für sie als unumstößlich bewiesen. Freilich bedarf der Mensch, solange er im Erdenleben weilt, des Gehirns mit all seinen Arealen und des Nervensystems. Aber diese sind lediglich die Werkzeuge der Seele bzw. des seelischen Erlebens – beispielsweise des Denkens.

Die Geistesseherin Judith von Halle schreibt dazu: *»Die Naturwissenschaft wird zwar das physische Gehirn als in die materielle Erscheinung getretenes Organ immer gründlicher erforschen können, wird jede Nervenzelle in ihrem stofflichen Aufbau und ihrer physiologischen Zuordnung auf den Grund gehen. Sie wird allerdings nicht die im Gehirn verborgenen, in der ganzen Erscheinung und Funktion des Denkapparats als zum Gehirn sich verfestigten übersinnlichen Schöpferkräfte und somit auch nicht die eigentlichen Kapazitäten des Denkens entdecken können, welche jenseits der physischen Funktion des Gehirns liegen. Denn das Gehirn ist letztlich allein für die physisch-sinnlichen Belange nützlich. Die Kapazitäten selbst oder Kräfte liegen aber jenseits der auf die Sinneswelt bezogenen Funktionen des Gehirn-Apparrats. [...] Da sich die Ausgestaltung, die einzelnen Funktionsbereiche und genauen Abläufe innerhalb des Gehirns aus dem lebendigen kosmischen Weltendasein heraus entwickelt haben, ist es nicht verwunderlich, dass die Naturwissenschaft im Vergleich zu anderen Bereichen des physischen Leibes gerade über das Gehirn letztlich recht wenig zu sagen weiß.«*[25]

Trotz zahlloser Gegenbeweise aus der Nahtod-Forschung gilt es heute immer noch als wissenschaftlich fundierte Erkenntnis, dass das menschliche Bewusstsein auf ein funktionierendes Gehirn angewiesen sei, dass es kein vom Gehirn unabhängiges Bewusstsein geben könne. Mit diesem Totschlagargument werden auch von vielen Wissenschaftlern die Erlebnisse der Menschen, die Todesnähe-Erfahrungen hatten, als Phantasien oder Halluzinationen abgetan. Dr. Eben Alexander, der sich als Neurochirurg in seiner wissenschaftlichen Praxis viele Jahre mit der Erforschung des menschlichen Gehirns und seiner Funktionen beschäftigt hatte, war, *bevor* ihn seine eigenen Nahtod-Erfahrungen eines Besseren belehrt haben, ebenfalls davon überzeugt, dass das Bewusstsein an das Gehirn gebunden sei und dass es kein Bewusstsein geben könne, wenn das Gehirn nicht mehr funktioniert. Das, was er dazu in seinem Buch *»Blick in die Ewigkeit – Die faszinierende Nahtoderfahrung eines Neurochirurgen«* schreibt, dürfte heute noch der Konsens unter den Gehirnforschern sein: *»Wenn man kein funktionierendes Gehirn hat, kann man nicht bewusst sein. Das liegt daran, dass das Gehirn die Maschine ist, die das Bewusstsein überhaupt erst erzeugt. Wenn diese Maschine ihre Funktion einstellt, kommt auch das Bewusstsein zum Erliegen. So ungemein kompliziert und mysteriös die tatsächliche Mechanik der im Gehirn ablaufenden Prozesse auch sein mag, im Prinzip ist es einfach: Wenn man den Stecker zieht, geht der Fernseher aus. Die Vorstellung ist zu Ende, wie sehr sie Ihnen auch gefallen haben mag. So oder ähnlich hätte ich es Ihnen erklärt, bevor mein eigenes Gehirn abstürzte.«*[26]

Wie so viele Mitmenschen der Gegenwart schlug sich Eben Alexander ganz auf die Seite der Wissenschaft, so dass er seinen Glauben an etwas Höheres, an etwas Göttlich-Geistiges immer mehr verlor. *»Auch wenn ich von meiner Erziehung her gern an*

Gott, den Himmel und ein Leben nach dem Tode glauben wollte, so war die Existenz dieser Dinge durch meine Jahrzehnte in der rein rationalen Welt der wissenschaftlichen Neurochirurgie zutiefst infrage gestellt worden. Die moderne Neurowissenschaft gestattet keinen Zweifel daran, dass das Gehirn das Bewusstsein hervorbringt – den Verstand, die Seele, den Geist oder wie immer Sie diesen unsichtbaren, immateriellen Teil von uns nennen wollen, der uns wirklich zu dem macht, was wir sind –, und ich war fest davon überzeugt, dass diese Lehrmeinung stimmte. [...] Wie das Meer, das den Strand permanent auswäscht, hatte mein wissenschaftliches Weltbild im Laufe der Zeit langsam, aber sicher meine Fähigkeit untergraben, an etwas Größeres zu glauben. Das beständige Bombardement an wissenschaftlichen Beweisen erweckte zunehmend den Eindruck, dass unsere Bedeutung im Universum gegen Null ging. Glaube wäre schön gewesen. Aber die Wissenschaft beschäftigt sich nicht mit dem, was schön wäre. [...]

Ich respektierte, dass sie [die Wissenschaft] *keinen Raum für Phantasie oder nachlässiges Denken ließ. Wenn sich eine Tatsache als greifbar und vertrauenswürdig erwies, wurde sie akzeptiert. Wenn nicht, wurde sie abgelehnt. Dieser Ansatz ließ sehr wenig Raum für die Seele und den Geist sowie für das Weiterexistieren einer Persönlichkeit, nachdem das Gehirn, das diese unterstützte, seine Arbeit eingestellt hatte. Und noch weniger Raum ließ er für das, wovon ich in der Kirche immer und immer wieder gehört hatte: für das ›ewige Leben‹.«*[27]

Die These, dass das Bewusstsein an das Gehirn gebunden ist und dass es somit bei einem Gehirn, das nicht mehr arbeitet, das also quasi tot ist, kein Bewusstsein geben könne, ist aber im Grunde nicht haltbar, wenn man weiß, dass viele Menschen, die Nahtod-Erfahrungen hatten, schildern, dass sie gewissermaßen außerhalb ihres Körpers, auf den sie von ›oben‹ schauten, waren und – obwohl sie bewusstlos und keine Gehirnaktivitäten mehr messbar waren – alles mitbekamen, was geschah. Sie hatten den Eindruck, über ihrem Körper zu schweben, den sie beispielsweise am Unfallort, auf dem Operationstisch oder im Krankenbett liegen sahen, und konnten genauestens wahrnehmen, was die Sanitäter bzw. Ärzte sowie die Umherstehenden machten und sprachen. Man spricht hier von *»autoskopischen Beobachtungen«* oder *»außerkörperlichen Wahrnehmungen«*.

Es ist ja unbestritten, dass alles, was die Naturwissenschaftler über das physische Gehirn des Menschen herausgefunden haben, durchaus richtig ist. Allerdings gehen sie dabei so vor wie jemand, der eine Computer-Applikation erklären möchte und dazu den Rechner bis in die kleinsten Bauteile zerlegt, ohne dabei das von einem Menschen erstellte Programm zu berücksichtigen.

Aufgrund der falschen Annahmen (Axiom 1), welche die Wissenschaftler als gesichert voraussetzen, können alle geistig-seelischen Tätigkeiten des Menschen *von ihnen* nicht im rechten Licht gesehen und nicht richtig beurteilt werden, weil sie deren Ursachen im physischen Leib suchen. Alles, was die Wissenschaftler über die Wesenheit des Menschen zu sagen haben, bezieht sich *ausschließlich* auf den physischen Leib – etwas überspitzt formuliert sogar nur auf den menschlichen Leichnam. Man geht davon aus, dass der Mensch nichts anderes ist als das, was man mit Augen sehen, mit Ohren hören, mit Händen greifen und mit Apparaten durchleuchten bzw. untersuchen kann. Somit ist es auch durchaus konsequent, dass es wissenschaftlicher Konsens ist, dass ein Mensch nichts weiter ist als ein Konglomerat von physisch-mineralischen Substanzen.

Wenn diese Wissenschaftler redlich wären, würden sie sinngemäß sagen: »An etwas Geistiges im Menschen und in der Welt, was wir nicht mit unseren Sinnen und Geräten erfassen können, glauben wir nicht. Damit wollen wir aber nicht seine zwar unwahrscheinliche, aber doch nicht ganz auszuschließende Existenz leugnen. Vielleicht fehlen uns ja nur die Möglichkeiten, Geistiges zu beobachten.«

Nur allzu leicht werden die obigen Axiome mit definitiven, wissenschaftlich *erwiesenen* Tatsachen verwechselt. Es muss nochmals betont werden, dass es sich hierbei um Grundaussagen handelt, die man als richtig unterstellen muss, an die man *glauben* muss. Nun werden es sicherlich die meisten Menschen unserer Zeit für unmöglich halten, dass auch diese Axiome eines Tages ad absurdum geführt werden könnten, ähnlich wie das etwa mit der Scheibentheorie der Erde der Fall war. Eine solche Vermutung lässt der Stolz eines heutigen, ach so aufgeklärten Menschen wohl nicht zu. Wenn man heute diese Axiome anzweifeln oder gar abstreiten sollte, so bräuchte man natürlich nicht mehr fürchten, hingerichtet zu werden. Heute wird man auf eine andere Art bestraft oder mundtot zu machen versucht, beispielsweise dadurch, dass man als Spinner, Phantast, Wissenschaftsleugner oder weltfremd abgestempelt wird. **»Heute denkt man, mit der Zuchtrute des Hohnes, mit der Zuchtrute der Verspottung oder, wie man es oftmals nennt, der Zuchtrute der Kritik, zu begegnen demjenigen, der versucht, aus den geisteswissenschaftlichen Erkenntnissen die Wahrheit zu sagen.«**[28]

Es gibt allerdings erste Anzeichen dafür, dass es eines Tages sehr wohl zu einem Meinungsumschwung kommen *könnte*. Schon heute existiert in der Quantenphysik die Materie nicht mehr. Also dasjenige, was eigentlich das einzig Existente sein sollte, gibt es für einige Wissenschaftler gar nicht!

Das Dogma, alles sei Materie, es gebe nichts Geistiges, hat uns letztlich in die Ideologie getrieben, die man als »Materialismus« bezeichnet. Es ist dies die gefährlichste und folgenschwerste Weltanschauung, die es jemals auf unserer Erde gegeben hat! Nicht Aids, nicht Krebs, sondern der Materialismus ist die große Krankheit unseres Zeitalters! Für einen Materialisten ist etwas Nicht-Materielles, also etwas Geistiges, genauso wenig existent wie es für einen Blindgeborenen Licht und Farben sind. Nur würde ein Blindgeborener wohl kaum die Existenz dieser Phänomene bestreiten! Unsere offiziellen Wissenschaften sind also nicht die geeigneten Juroren, die in der Lage wären zu entscheiden, wie es sich etwa mit geistigen Welten und Wesen, mit dem Leben nach dem Tod oder mit der Reinkarnation verhält. Diese Themen fallen nicht in ihr Kompetenzgebiet, das sie sich mit ihren selbst gegebenen Einschränkungen als ein sehr eng begrenztes vorgegeben haben. Da ein solcher Wissenschaftler also nur an die Materie glaubt und somit alles Geistige für nicht existent hält, wird er auch keinen Gedanken daran verschwenden, ›geistige Organe‹ (☞ Kapitel 5, S. 96ff.), mit denen man Geistiges wahrnehmen könnte, für etwas zu halten, das zumindest im Bereich des Möglichen liegt. Wie könnte es etwas geben, mit dem man etwas beobachten kann, was es seiner Meinung nach gar nicht gibt?!

Es sei noch kurz erwähnt, dass die Wissenschaftler nicht schon immer eine materialistische Weltanschauung hatten. Bis vor etwa knapp hundert Jahren waren die meisten noch durchaus spirituell gesinnt. So sagte etwa der berühmte deutsche Physiker, Begründer der Quantenphysik und Nobelpreisträger Max Planck (1858 bis 1947) in einem Vortrag: *»Und so sage ich nach meinen Erforschungen des Atoms dieses: Es gibt keine Materie an sich. Alle Materie entsteht und besteht nur durch eine Kraft, welche die Atomteilchen in Schwingung bringt und sie zum winzigsten Sonnensystem des Alls zusammenhält. Da es im ganzen Weltall aber weder eine intelligente Kraft noch eine ewige Kraft gibt – es ist der Menschheit nicht gelungen, das heißersehnte Perpetuum mobile zu erfinden – so müssen wir hinter dieser Kraft einen bewussten intelligenten Geist annehmen. Dieser Geist ist der Urgrund aller Materie. Nicht die sichtbare, aber vergängliche Materie ist das Reale, Wahre, Wirkliche – denn die Materie bestünde ohne den Geist überhaupt nicht –, sondern der unsichtbare, unsterbliche Geist ist das Wahre!*

Da es aber Geist an sich ebenfalls nicht geben kann, sondern jeder Geist einem Wesen zugehört, müssen wir zwingend Geistwesen annehmen. Da aber auch Geistwesen nicht aus sich selber sein können, sondern geschaffen werden müssen, so scheue ich mich nicht, diesen geheimnisvollen Schöpfer ebenso zu benennen, wie ihn alle Kulturvölker der Erde früherer Jahrtausende genannt haben: Gott! Damit kommt der Physiker, der sich mit der Materie zu befassen hat, vom Reiche des Stoffes in das Reich des Geistes.«[29]

Heute werden Sie nur noch sehr wenige Wissenschaftler finden, die Max Plancks Anschauung teilen. Und diese würden ihre Ansicht wohl kaum *öffentlich* vertreten, da sie ansonsten damit rechnen müssten, sich in Fachkreisen der Lächerlichkeit preiszugeben.

Was die Erforschung des Menschen mit seinen körperlichen Funktionen und seinen seelischen Eigenschaften angeht, so kommen in unserer Zeit viele Wissenschaftler, nicht darüber hinaus, in diesem nichts anderes als eine komplizierte ›Maschine‹, als einen komplizierten ›biologischen, emotionsbegabten Roboter‹, der von einer anderen, nicht ganz so komplizierten ›Maschine‹, dem Affen, abstamme, zu sehen. Dass diese Ansicht sich schon zumindest ins Unterbewusstsein vieler Menschen eingenistet hat, sieht man an zahlreichen Formulierungen, die sich in unsere Umgangssprache eingeschlichen haben. Wenn sich jemand etwas sonderbar verhält, so sagt man: »Du hast wohl eine Schraube locker!« oder »Du tickst nicht mehr richtig!« Wenn ein Mensch plötzlich ermüdet, hört man oft: »Mein Akku ist leer!«, »Ich muss erst wieder auftanken!« oder »Mir hat jemand den Stecker gezogen«. In Sportreportagen heißt es häufig: »Der Spieler oder die Mannschaft muss jetzt mehr Gas geben.« Wenn ein Sportler als »Maschine« bezeichnet wird, so gilt das sogar als ein großes Kompliment. Man möchte damit zum Ausdruck bringen, dass er über eine große Kampfkraft sowie eine derart außergewöhnliche Ausdauer verfügt, dass er niemals müde wird. So ist es auch nicht verwunderlich, dass die ›Maschine Mensch‹ wie ganz selbstverständlich an andere Maschinen bzw. Apparate angeschlossen wird, wenn es etwa um lebensverlängernde Maßnahmen oder um bestimmte Diagnoseverfahren geht.

Halten wir noch einmal fest: Alles, was die Wissenschaftler an der menschlichen Wesenheit zu erforschen und zu untersuchen vermögen, beschränkt sich *ausschließlich* auf das Materielle, das Stofflich-Mineralische, also auf dasjenige, was sich nach dem Tod vollständig auflöst und verschwindet. Dass der Mensch noch andere, feinstoffliche bzw. geistig-seelische Wesensglieder (☞ Kapitel 7, S. 133ff.) haben könnte, die sich ihren Forschungsmethoden entziehen, schließen sie aufgrund von Axiom 1 aus. Somit ist es nur konsequent, dass sie ein Leben nach dem Tod für unmöglich halten. Wie sollten sie da etwas über Reinkarnation aussagen können?!

Wir Menschen befinden uns heute regelrecht zwischen den Mühlsteinen zweier *völlig unterschiedlicher* dogmatischer Systeme, die uns zu zerreiben drohen: Auf der einen Seite sind es die Dogmen der großen christlichen Kirchen, namentlich der katholischen, auf der anderen Seite sind es die Dogmen unserer Wissenschaften. Das mag alles sehr deprimierend klingen. Wie könnte es einen Ausweg aus diesem Dilemma geben? Der Ausweg kann nur darin bestehen, dass wir uns mit geistigen, mit spirituellen Wahrheiten vertraut machen, dass wir uns mit entsprechenden Quellen – insbesondere der anthroposophisch orientierten Geisteswissenschaft – beschäftigen, die uns zu geistigen Erkenntnissen führen können. Dazu möchte auch dieses Buch einen kleinen Beitrag leisten. Wem es gelingen mag, auch nur die elementarsten geistigen Tatsachen als solche anzuerkennen, der wird den Materialismus schon bald als das erkennen, was er ist: eine hohle Fassade, ein Hirngespinst!

Man muss mit großer Befriedigung feststellen, dass es in den letzten Jahrzehnten immer mehr Menschen – auch in der europäisch-amerikanischen Welt – geworden sind, die einen ›spirituellen Weg‹ beschritten haben. Auch wenn viele von ihnen vielleicht noch nicht den ›richtigen Weg‹, sofern es einen solchen überhaupt geben sollte, gefunden haben, so können ihnen die Fangstricke des Materialismus nicht mehr gefährlich werden. Jeder spirituelle Weg ist beschwerlich und mühsam. Man darf kaum hoffen, dass man bereits in *einem einzigen* Erdenleben an sein Ziel gelangt.

Damit soll der Naturwissenschaft absolut nichts von ihrer grundsätzlichen Bedeutung und Berechtigung genommen werden. Sie kann aber nur dann zur vollen Blüte reifen, wenn sie sich von der Geisteswissenschaft befruchten und ergänzen lässt. **»Haben wir die Geisteswissenschaft, dann kann aus dieser Geisteswissenschaft gerade das Naturwissenschaftliche begriffen und ins rechte Licht gerückt werden. Niemals aber können die Gesetze der Geisteswissenschaft aus der Naturwissenschaft heraus irgendwie gefunden werden. Daher müsste es immer mehr und mehr geschehen, dass der menschlichen Seele ihre ganze geistige Nahrung entzogen würde, wenn sie darauf angewiesen bliebe, ›wissenschaftlich‹ nur das gelten zu lassen, was die Naturwissenschaft hervorbringt.«**[30]

3.5 Die Reinkarnation kann keiner beweisen.

Meinung:

> Wenn die Menschen wirklich mehrmals auf der Erde leben würden, so müssten diejenigen, die davon überzeugt sind oder es gar lehren, das auch beweisen können.

Diesen Einwand hört man sehr häufig. Er stellt für materialistisch gesinnte Gemüter, also für solche Menschen, denen die wissenschaftlichen Dogmen zum Glaubensinhalt geworden sind, das vermeintlich schwerste Geschütz dar, um ihren Standpunkt, die Reinkarnationslehre sei Wunschdenken oder ein Märchen, zu vertreten.

Im Grunde ist es ein ›Totschlagargument‹, ein Argument, das man ins Feld führt, wenn einem keine besseren einfallen. Freilich lässt sich die Reinkarnation nicht *beweisen*. Genauso wenig lässt sich *beweisen*, dass es ein Leben nach dem Tod gibt und dass es geistige Welten gibt. Nicht einmal die Existenz Gottes lässt sich *beweisen*. Man ist heute bei allen Behauptungen, die nicht jedem einleuchten müssen, schnell bei der Hand, einen Beweis zu fordern. Diese Skeptiker sagen, alles, was man nicht beweisen könne, sei nicht existent oder zumindest in höchstem Maße unwissenschaftlich. Als wissenschaftlich bezeichnen sie nur die Lehren der Wissenschaftler, die man alle zweifelsfrei beweisen könne. Möglicherweise erwarten diese Leute, dass man die Reinkarnation oder das Leben nach dem Tod auf eine ähnlich zwingend logische Art beweisen müsste, wie man mathematische Lehrsätze, etwa den »Satz des Pythagoras«, beweisen kann. Diese Art der eindeutigen Beweisführung, die bei einem verständigen und sachkundigen Menschen keine Zweifel übrig lässt, ist grundsätzlich nur in der Mathematik, vielleicht noch in einigen verwandten Disziplinen möglich, was an der ganz spezifischen Struktur dieser Wissenschaft liegt. Das meiste, was die anderen Wissenschaften lehren, ist nicht in dem Maße beweisbar, wie es für das Gebiet der Mathematik gilt.

Natürlich lassen sich viele wissenschaftliche Aussagen, namentlich solche der Physik, Chemie oder Biologie auf eine andere Art beweisen oder – wie man vielleicht besser sagen sollte – *nachweisen*, so dass man diese als absolut korrekt und gültig anerkennen kann. Es handelt sich dabei um solche Phänomene, die jeder Sachkundige jederzeit im Rahmen eines bestimmten Experiments, das immer unter gleichen Bedingungen und Voraussetzungen durchgeführt wird, auftreten lassen und beobachten kann. Aber selbst in diesen Fällen muss man gewisse Zweifel an der Aussagekraft der bewiesenen Phänomene anmelden, sofern sich das zugrundeliegende axiomatische Bezugssystem eines Tages doch als falsch erweisen sollte. Es gibt aber auch eine Fülle von Aussagen, die vielen als wissenschaftliche Tatsachen gelten, obwohl sie weder im formal-logischen Sinne bewiesen noch durch ein jederzeit wiederholbares Experiment nachgewiesen werden können. Man denke hierbei an den einen oder anderen astronomischen Tatbestand. Hier sind bestimmte Dinge in ganz offensichtlicher Weise weder im Experiment nachzubilden noch jederzeit am Firmament zu beobachten.

Um ein viel krasseres Beispiel zu wählen, sei an die Medizin bzw. Pharmazie gedacht. Viele medizinische Behauptungen, die heute den meisten als unumstößliche Tatsachen gelten, sind nach folgendem Muster gestrickt: »Die Einnahme des Medikamentes X beseitigt Symptom Y«. Nun ist es aber eher selten so, dass es den Medizinern gelungen wäre, wirklich zweifelsfrei *nachzuweisen*, wie das Medikament X im Organismus umgewandelt wird, wie es genau wirkt und warum es aufgrund dieser Wirkung zwangsläufig das Symptom Y beseitigen muss. Wenn es beispielsweise darum geht, die Wirksamkeit eines neuen Medikamentes zu erproben, das gegen bestimmte Beschwerden oder Symptome – sagen wir Bluthochdruck – entwickelt wurde, so geht man üblicherweise folgendermaßen vor: Man sucht eine bestimmte Anzahl von Personen, die Bluthochdruck haben und freiwillig, meistens gegen ein kleines Entgelt, an einer Studie teilnehmen wollen. Diese teilt man in zwei gleichgroße Gruppen. Denen der einen Gruppe verabreicht man über einen bestimmten Zeitraum das neue Medikament, denen der anderen gibt man ein Placebo. Wenn sich nun herausstellt, dass sich bei einem hohen Prozentsatz der ersten Gruppe der Blutdruck gesenkt hat, während er bei der Placebogruppe weitgehend unverändert hoch geblieben ist, so betrachtet man es als bewiesen, dass das neue Medikament wirksam ist. Viele medizinische Behauptungen sind lediglich solche, die sich aufgrund empirischer Untersuchungen, Studien oder Modellrechnungen ergeben haben, die also eigentlich nicht als erwiesen, sondern nur als *wahrscheinlich* oder *plausibel* gelten dürften.

Wie ungenau, fehleranfällig und manipulierbar Studien und Statistiken allerdings prinzipiell sein können, hat man in der Corona-Zeit sehen können. Gemäß einer Studie wurden die Vakzine eines bestimmten Herstellers mit 95-prozentiger Wahrscheinlichkeit als wirksam und sicher bezeichnet. Auf dieser Aussage basierte dann später das Narrativ, dass sich alle unbedingt impfen lassen sollten. Heute weiß man, dass die Studie ein völlig falsches Ergebnis produziert hat. Die Impfstoffe haben nicht nur nicht vor Ansteckung und Weitergabe des Virus geschützt, sondern bei Millionen Menschen schwere und schwerste Nebenwirkungen bis hin zum Tod hervorgerufen. Da fällt einem sofort das berühmte Zitat von Benjamin Disraeli ein: *»Es gibt drei Arten von Lügen: Lügen, infame Lügen und Statistiken.«*

Dennoch soll hier gegen empirische Versuchsreihen, sofern diese seriös und vor allem *ergebnisoffen* durchgeführt und im Falle medizinischer Studien nicht von einem Pharmakonzern finanziert werden, nichts eingewendet werden. Beachten Sie aber, dass man nicht so leichtgläubig wäre, wenn es um geistige Dinge geht.

Nun aber zurück zu der mangelnden Beweisbarkeit von Tatbeständen, die man nur durch hellsichtige Forschung in geistigen Sphären finden kann. Dass man solche nicht in einem formal-logischen Sinne beweisen kann, mag aufgrund obiger Ausführungen verständlich geworden sein, zumal das ja auch für die Erkenntnisse der meisten anderen Wissensgebiete gilt. Nun könnte jemand aber doch zumindest noch so etwas wie einen experimentellen Nachweis fordern. Er könnte sagen, wenn das stimmt, was die hellsichtigen Menschen sagen, wenn es also etwa wirklich geistige Welten und Wesen, ein Leben nach dem Tod, die Reinkarnation usw. geben sollte, so könnte man doch beispielsweise folgendes Experiment planen: Man bestelle zwei, drei oder auch mehr Menschen, die von sich behaupten, hellsichtig zu sein, und fordere sie auf, in der geistigen Welt etwas Bestimmtes zu beobachten und den Anwesenden anschließend das mitzuteilen, was sie da ›geschaut‹ oder ›gehört‹ haben. Wenn diese Berichte, die sie natürlich unabhängig voneinander geben müssten, dann übereinstimmen, wolle man ihnen und ihren Schilderungen glauben.

Eine solche Versuchsanordnung scheint auf den ersten Blick eine ganz vernünftige Idee zu sein. Doch warum würde ein solches Experiment nicht dazu führen können, dass anschließend alle Skeptiker überzeugt sein könnten? Die erste Schwierigkeit mag sich schon dadurch ergeben, dass nicht jeder Geistesseher in der Lage ist, seine Gabe zu jeder beliebig festgesetzten Zeit und unter von außen vorgegebenen Bedingungen zur Entfaltung zu bringen. Man würde ja von Astronomen auch nicht erwarten, dass sie an einem bewölkten Tag ihre Beobachtungen machen und darüber berichten. Dieses Problem mag vielleicht noch vernachlässigbar sein. Die viel größere Schwierigkeit, die sich bei einer solchen Vorgehensweise fast zwangsläufig ergeben würde, ist völlig anderer Natur: Die Beschreibungen der einzelnen Seher würden sich höchstwahrscheinlich mehr oder weniger unterschiedlich – vielleicht sogar widersprüchlich – anhören, obwohl jeder etwas schildert, was er *real* gesehen hat und was *realen Gegebenheiten* entspricht! Diese Tatsache lässt sich vielleicht am besten nachvollziehen, wenn wir ein vergleichendes Beispiel betrachten. Stellen Sie sich dazu eine kleine Ortschaft, ein Dorf oder eine Kleinstadt vor, die von einigen Hügeln umgeben ist. Nun postieren wir auf jeden dieser Hügel einen Menschen, der diese Ortschaft betrachten und anschließend das Gesehene beschreiben soll. Dass solche Schilderungen dann recht unterschiedlich ausfallen *müssen*, wird keinen verwundern. Je nachdem auf welchem Hügel der Beobachter stand, hatte er eine ganz andere Perspektive. Aus der einen Perspektive waren vielleicht einige Bauwerke verdeckt, so dass dieser Beobachter sie gar nicht sehen und somit natürlich auch nicht beschreiben konnte. Aus einer anderen Perspektive sah irgendein Objekt vielleicht viel größer aus als aus einem wiederum anderen Blickwinkel. So verhält es sich erst recht, wenn jemand in geistige Welten schaut. Auch hier gibt es verschiedene *Blickwinkel*. Meistens ist es sogar so, dass man irgendetwas Geistiges erst dann hinreichend beobachtet und verstanden hat, wenn man es aus allen möglichen Blickwinkeln angeschaut hat, wozu natürlich viel Zeit vonnöten sein kann. Aus jeder Perspektive, die man wählen kann, ergeben sich neue Gesichtspunkte, die dazu beitragen, das gesamte Phänomen abzurunden.

Hinzu kommt noch ein weiteres Problem: Alle Verhältnisse, Begebenheiten und Geschehnisse in den übersinnlichen Welten sind radikal verschieden von dem, was wir aus der Erdenwelt kennen. Die geistige Welt offenbart sich einem Menschen, der in ihr zu ›schauen‹ begabt ist, in *Bildern*, in Imaginationen (☞ Kapitel 5, S. 97f.). Vor dem ›geistigen Auge‹ eines solchen *hellsichtigen* Menschen breitet sich eine lebendige und bewegliche *Bilderwelt* aus, die im Grunde mit nichts vergleichbar ist, was wir aus unserer Sinneswelt kennen. Diese Bilderwelt stellt etwas *absolut Reales* dar. Nun bleiben demjenigen, der uns seine Beobachtungen aus geistigen Welten mitteilen möchte, zwei Möglichkeiten: Entweder schweigt er, weil er sich seiner Ohnmacht bewusst ist, das Geschaute in Worte einer Sprache zu gießen, oder aber er versucht, das, was er ganz real gesehen und beobachtet hat, in solche Worte und *vergleichende* Bilder zu kleiden, die man aus dem Erdendasein kennt und welche die tatsächlichen Begebenheiten zumindest *annähernd* widerspiegeln. Wenn er sich für die zweite Möglichkeit entscheidet, so besteht immer die Gefahr, dass bei den Empfängern seiner Mitteilungen Missverständnisse entstehen können. Stellen Sie sich vor, der hellsichtige Mensch nimmt ein Bild wahr, das beispielsweise einem Tier – sagen wir einer Schlange – aus der menschlichen Erfahrungswelt ähnelt. Wenn er nun bei seinen Schilderungen auch von einer »Schlange« spricht, so könnte der Eindruck entstehen, als gäbe es in den übersinnlichen Welten solche Tiere in der gleichen Art und Gestalt wie in der Sinneswelt. Nun ist nicht jeder, der begabt ist, in geistigen Welten zu schauen, auch imstande, die okkulte Bedeutung der Bilder zu kennen und den lebendigen Zusammenhang der unzähligen Bilder zu überblicken. Es ist für viele Geistesseher sehr schwierig, dasjenige, was sie ganz konkret beobachten, in geeignete Worte und vergleichende Bilder zu kleiden, die von einem anderen Menschen verstanden werden können. Also selbst dann, wenn die Versuchspersonen das gleiche Phänomen aus der gleichen Perspektive beobachten würden, dürften ihre Beschreibungen aufgrund der unterschiedlichen Art der Darstellungen möglicherweise widersprüchlich *erscheinen*.[31] Folglich kann ein solches Experiment keinen Sinn machen. Einen Skeptiker würde das Ergebnis niemals überzeugen.

Ein ganz konkretes und vielen Lesern sicher bekanntes Beispiel für diese Problematik stellen die vier Evangelien dar. Wenn man etwa zu einem *einigermaßen* vollständigen Bild über das Leben Jesu Christi kommen möchte, so muss man die Schilderungen *aller vier* Evangelisten, die diese Ereignisse aus ihrem hellseherischen Bewusstsein schauten, *zusammen* betrachten. Viele wichtige Begebenheiten wurden nur von einem oder zwei der Schreiber berichtet. Erst durch diese Gesamtbetrachtung der vier Evangelien kann man zu einem zumindest *halbwegs* vollständigen Bild dessen kommen, was sich vor 2.000 Jahren in Palästina ereignet hat. Auch hier standen die Evangelisten vor dem Problem, das im Geistigen Geschaute mit Worten einer Menschensprache auszudrücken.

Die Notwendigkeit eines Beweises oder Nachweises geistiger Tatsachen ist aus noch anderen Gründen häufig nicht nur nicht möglich, sondern sogar in gewisser Weise unsinnig. Im Grunde kann nichts von dem, was wir als *Tatsachen* erkennen, wirklich bewiesen werden. Wie will man beispielsweise einem anderen Menschen beweisen, dass wir gerade einen Baum, eine Pflanze oder ein Tier sehen?

Stellen Sie sich etwa vor, ein Mensch, der über gesunde Sinnesorgane verfügt, sollte beweisen, dass die Sonne jeden Morgen im Osten aufgeht, tagsüber Licht und Wärme spendet und schließlich abends wieder im Westen untergeht. Was könnte ein solcher Beweis – sofern er überhaupt geführt werden könnte – für einen Sinn machen? Dieser Mensch sowie alle anderen, welche die gleichen Voraussetzungen erfüllen, können schließlich Tag für Tag *selbst* diese Beobachtung machen. Etwas anders schaut die Sache aus, falls dieser Mensch den Lauf und die Wirkung der Sonne einem anderen, der nicht über die skizzierten Voraussetzungen verfügt, weil er etwa blind geboren wurde, beweisen sollte. In diesem Fall wäre es wohl nahezu unmöglich, ihm in einer wie auch immer gearteten formal-logischen Weise diesen Tatbestand beweisen zu wollen. Sie – und viele andere Menschen auch – können ihm aber von der Sonne, ihrem Lauf und ihrer Wirkung berichten. Sofern das in einer einleuchtenden und nachvollziehbaren Weise geschieht, kann der betreffende Mensch Ihre Schilderungen annehmen und verstehen. Er kann das, was Sie mitzuteilen haben, zunächst glauben, um es dann später – nach eigenem Nachsinnen – zu seinem Wissen zu machen. Ähnlich ergeht es uns doch auch, wenn es sich darum handelt, bestimmte wissenschaftliche Forschungsresultate aufzunehmen. Denken Sie etwa an solche Aussagen der Astronomie, in denen es um die Entfernung zwischen zwei Planeten geht. Als Nicht-Wissenschaftler fehlen uns doch in den meisten Fällen die Mittel und Möglichkeiten, das, was die Wissenschaftler erforschen und berichten, selbst zu überprüfen. Wir vertrauen aber im Allgemeinen ihrer Integrität sowie ihren Forschungs- und Messmethoden, so dass wir ihre Resultate in unseren *Wissen*schatz aufnehmen können, obwohl wir – streng genommen – ihnen nur *Glauben* schenken können.

Nun sind für einen Durchschnittsmenschen nur solche Tatsachen vorhanden, die er vermöge seiner physischen Sinne beobachten kann. Für einen Hellseher gehören dazu auch diejenigen, die er vermöge seiner *besonderen* Fähigkeiten wahrnehmen kann. Wie man sich die Wahrnehmungsmöglichkeiten eines mit Hellsichtigkeit begabten Menschen vorstellen kann, werden wir an späterer Stelle erläutern (☞ Kapitel 5, S. 96ff.).

Wenn solche Menschen, die in geistige Welten schauen und deren Wesen und Vorgänge beobachten und erforschen können, uns von ihren Forschungsresultaten in sach- und zeitgemäßer Weise berichten, so verhält sich das nicht anders, als wenn ein Astronom uns von seinen Entdeckungen und Forschungsergebnissen berichtet oder als wenn wir einem Blinden von der Sonne oder von Farben oder dergleichen erzählen. Einem solchen Hellseher käme das Ansinnen, das zu beweisen, was er berichtet, ähnlich sonderbar vor, wie wenn jemand Sie bitten würde zu beweisen, dass die Sonne im Osten auf- und im Westen untergeht. Schließlich hat er das, was er mitzuteilen hat, gewissermaßen real und lebhaft vor sich.

Nun könnte aber etwa ein Astronom einwenden, jemand, der an seinen Aussagen Zweifel hege, könne sich ja mit den entsprechenden wissenschaftlichen Methoden vertraut machen und dann die gleichen Messungen anstellen, die ihn gewiss zum gleichen Resultat führten. Das ist prinzipiell richtig, wenngleich da vermutlich ein langjähriges Studium vonnöten wäre. Ein anthroposophisch orientierter Hellseher wird aber sinngemäß das Gleiche sagen: »Wenn du mir nicht glaubst, versuche doch die gleichen seherischen Kräfte, die in *jedem* Menschen schlummern, in dir rege zu machen. Wenn du zunächst die Geisteswissenschaft studierst, dich zu einem hohen Maß an Moralität erziehst und wenn du schließlich bestimmte ›Übungen‹ und Meditationen machst, können diese Kräfte in dir eines Tages erweckt werden, so dass du das Gleiche beobachten und verstehen kannst wie ich heute schon.«

Es würde uns ach so gescheiten Menschen gut zu Gesicht stehen, wenn wir gewisse wissenschaftliche Behauptungen mit der gleichen gesunden Skepsis aufnähmen, wie wir Behauptungen von Geisteswissenschaftlern aufzunehmen pflegen und wenn wir den geisteswissenschaftlichen Lehren genauso aufgeschlossen und unvoreingenommen gegenüberstünden wie den naturwissenschaftlichen!

3.6 Die Menschen können sich nicht an frühere Leben erinnern.

Meinung:

> Wenn wir wirklich schon einmal gelebt haben sollten, müssten wir uns doch an frühere Leben erinnern können.

Es ist wohl unbestreitbar, dass sich die große Mehrheit der Menschen unserer Zeit im Allgemeinen nicht an ihre früheren Leben erinnern kann. Wenn ein Mensch wirklich schon einmal auf der Erde inkarniert war, so hat er sich zwischen der letzten und der jetzigen Verkörperung lange Zeit in der geistigen Welt aufgehalten. Auch daran hat er keinerlei Erinnerung mehr.

Der berühmte griechische Philosoph Platon schrieb in seinem Werk *»Der Staat«*, dass den Seelen kurz vor der erneuten Verkörperung der »Trunk des Vergessens« gereicht werde, so dass sie sich später nicht mehr an das erinnern können, wie und wo sie zuvor gelebt haben. Der Begriff »Vergessen« heißt im Griechischen »Lethe«. So spricht man in der griechischen Mythologie auch vom *»Fluss Lethe«*, den die Seele unmittelbar vor der erneuten Geburt bzw. Empfängnis durchqueren müsse. Zahlreiche Dichter und Schriftsteller griffen diesen Fluss in ihren Werken auf.

Die fehlende Erinnerung ist für viele Menschen, die ansonsten durchaus offen für spirituelle Themen und Ideen sind, die sich weder durch kirchliche noch durch wissenschaftliche Dogmen in ihrem Erkenntnisdrang einschränken lassen, ein starkes Indiz, das ihrer Ansicht nach gegen die Reinkarnationslehre zu sprechen scheint.

Es wäre aber sehr voreilig, aus dem fehlenden Erinnerungsvermögen an den letzten Aufenthalt in der geistigen Welt sowie an das letzte Erdenleben zu schließen, dass es diese nicht gegeben hätte. Diese *scheinbar* missliche Tatsache, diese fehlende Erinnerung darf man keineswegs als Indiz oder gar als Beweis dafür verwenden, dass es frühere Leben bzw. Aufenthalte in der geistigen Welt nicht gegeben hätte. Kein Mensch würde auf die Idee kommen zu behaupten, er sei niemals als Embryo bzw. Fötus etwa neun Monate lang im Leibe seiner Mutter gewesen, nur weil er an diese Zeit überhaupt keine Erinnerung mehr hat! Kein Mensch würde behaupten, er sei erst mit zwei oder drei Jahren auf die Welt gekommen, nur weil er sich an das, was sich in seinen ersten etwa zwei Lebensjahren abgespielt hat, nicht mehr erinnern kann! Kein Mensch würde sagen, während seines traumlosen Schlafes sei er tot oder nicht existent gewesen, nur weil er nach dem Aufwachen keine Erinnerung mehr an das hat, was er in dieser Zeit ›erlebt‹ hat! Als Argument dafür, dass man über das Erleben, Fühlen und Empfinden der Seele nach dem Tod nichts wissen könne, hört man häufig: »Es ist noch keiner zurückgekommen, der uns davon berichten könnte!« Über das einstmalige Erleben, Fühlen und Empfinden als Embryo im Leib seiner Mutter wird allerdings auch keiner berichten können.

Das ganz normale überschaubare menschliche Leben zeigt, dass man sich nicht an alle Phasen seiner Existenz erinnern kann. Im Leben eines Menschen setzt das uns bekannte Erinnerungsvermögen erst ab dem Zeitpunkt ein, wo dieser ein Empfinden dafür bekommt, dass er eine *eigenständige* menschliche Individualität ist. Das ist etwa die Zeit, in der er nicht mehr sagt »Maxi möchte ein Bonbon«, sondern »*Ich* möchte ein Bonbon«. Bei den meisten Menschen geschieht dieses wichtige Ereignis, das Aufleuchten des *Ich-Bewusstseins*, im Alter von ungefähr drei Jahren (☞ Kapitel 7, S. 139ff.).

Dass es bis vor gut 100 Jahren im Sinne der göttlichen Weltenordnung war, dass die Menschen die Reinkarnation vergessen mussten und sich so folglich auch nicht mehr an ihre früheren Inkarnationen erinnern konnten, haben wir bereits erörtert. Die Tatsache, dass sich die weitaus meisten Menschen *heute* noch nicht an ihre früheren Leben zu erinnern vermögen, ist nicht unbedingt als misslich anzusehen. Dieses Vergessen unserer früheren Biografien kann man *heute* vielleicht noch als eine gewisse Schutzfunktion betrachten. Wie sehr würde es uns schon belasten und regelrecht überfordern, wenn wir nur alle – insbesondere auch die unangenehmen – Erlebnisse unseres *jetzigen* Erdendaseins in unserem Bewusstsein tragen würden. Wie viel größer wäre dieses Problem erst, wenn wir auch noch Erinnerungen früherer Inkarnationen mit uns herumtragen müssten. Wie wir an späterer Stelle dieses Buches noch erläutern werden, ist es eine zwangsläufige Folge des Karmagesetzes, dass wir in einem Erdendasein wieder mit denjenigen Menschen zusammenkommen werden, mit denen wir bereits in früheren Erdenleben zu tun hatten. Somit werden wir auch wieder auf diejenigen Individualitäten treffen, denen wir oder die uns Übles angetan haben. Wie belastend wäre das für alle Beteiligten, wenn sie sich noch daran erinnern könnten, was da im letzten Leben passiert ist! Wie schwierig wäre es, zu einem solchen Menschen ein unvoreingenommenes Verhältnis pflegen zu können. Dass wir unsere früheren Lebensläufe vergessen haben, ist gewissermaßen als eine Gnade, die uns die geistige Welt zuteil werden lässt, zu werten.

Das meinte wohl auch Goethe, der im Jahre 1781 an Charlotte von Stein (1742 bis 1827) schrieb: *»Wie gut ist's, dass der Mensch sterbe, um die Eindrücke* [der Vergangenheit] *auszulöschen und gebadet wiederzukommen.«*[32]

Lessing formulierte es in seinem Werk *»Die Erziehung des Menschengeschlechts«* wie folgt: *»Sollte ich etwa nicht wiederkommen [...], weil ich vergesse, dass ich schon dagewesen? Wohl mir, dass ich vergesse! Die Erinnerung meiner vorigen Zustände* [Leben] *würde mir nur einen schlechten Gebrauch des gegenwärtigen zu machen erlauben. Und was ich auf jetzt vergessen muss, habe ich denn das auf ewig vergessen?«*[32]

Richard Specht (1870 bis 1932), der Biograf des berühmten österreichischen Komponisten Gustav Mahler (1860 bis 1911), schreibt von einer Begebenheit, bei der Mahler seine Ansicht zum Thema der fehlenden Erinnerung an frühere Erdenleben zum Ausdruck brachte: *»Bei alledem war Mahler vollkommen von der Lehre der ewigen Wiederkunft durchdrungen. Das erfuhr ich, gleichzeitig mit der gewalttätigen Heftigkeit seines Wesens, als ich das erste Mal* [Herbst 1895 in Hamburg] *an seinem Tisch saß. Ich weiß nicht, wie es kam und von welchem Ereignis irgendeiner noch lange nicht anbrechenden Zeit gesprochen wurde, dass ich mich zu der albern-scherzhaften Frivolität hinreißen ließ: ›Das interessiert mich nicht, denn dann bin ich schon längst nicht mehr da, und wenn ich wieder da bin, weiß ich doch nichts mehr von meinem früheren Leben‹, als ein lauter, klirrender Krach alle auffahren ließ.*

Mahler hatte auf den Tisch geschlagen, dass die Gläser hochsprangen, und schrie zu mir herüber: ›Wie kann ein Mensch Ihrer Art etwas so Leichtfertiges sagen! Wir kehren alle wieder, das ganze Leben hat nur Sinn durch diese Bestimmtheit, und es ist vollkommen gleichgültig, ob wir uns in einem späteren Stadium der Wiederkunft an ein früheres Leben erinnern. Denn es kommt nicht auf den Einzelnen und sein Erinnern und Behagen an, sondern auf den großen Zug zum Vollendeten, zu der Läuterung, die in jeder Inkarnation fortschreitet.‹«[33]

Selbstverständlich sind bei jedem Menschen die Erinnerungen an seine letzten Erdenleben *nicht* verschwunden. Sie stecken in den Seelentiefen – genauer im sogenannten »Ätherleib« (☞ Kapitel 7, S. 135ff.) – und können lediglich von einem Durchschnittsmenschen nicht abgerufen werden. Allenfalls kann – wie wir noch sehen werden – in besonderen Situationen eine hauchzarte Ahnung davon aufblitzen. Erst nach dem Tod werden die Erinnerungen an frühere Erdenleben frei.

****

Fassen wir noch einmal kurz zusammen:

Vor vielen Jahrtausenden war die Reinkarnation noch in nahezu allen Völkern eine klare *Erkenntnis*. Die Menschen wussten, dass sie vorher schon (mindestens) einmal auf der Erde gelebt haben und hatten daran auch gewisse konkrete Erinnerungen. Ab etwa 1860 vor Christus konnte die Idee der Wiederverkörperung nicht mehr gedanklich klar erfasst werden; sie wurde immer dumpfer. Dann wurde es notwendig, dass diese Idee ganz im Dunkel des Unterbewusstseins verschwand. Die Menschen sollten glauben, dass dieses vermeintlich einzige Leben für sie von entscheidender Bedeutung sei. Daher lehrte der Christus-Jesus auch die Reinkarnation nicht. Lediglich drei Jüngern vertraute er an, dass Johannes der Täufer der reinkarnierte Elias war. Laut Rudolf Steiner war sich Johannes selbst dieser Tatsache nicht bewusst. Das erklärt auch, dass er auf die Frage der Priester und Leviten, ob er Elias sei, antwortete: *»Bin ich nicht.«*[34]

Wie wir in Kapitel 8 (☞ 179ff.) noch erörtern werden, ist es in unserer Zeit aber von großer Wichtigkeit, dass die Menschen wieder von der Reinkarnation wissen und dass schon in naher Zukunft mehr und mehr Menschen erneut die Fähigkeit erlangen werden, sich an ihre früheren Inkarnationen zu erinnern. Wir müssen gewissermaßen die Vorbereitungen treffen, damit wir uns in unserer nächsten Inkarnation an die heutige erinnern können.

3.7 Die Bevölkerungsexplosion widerspricht der Reinkarnationslehre.

Meinung:

> Die heutige Bevölkerungsexplosion ist mit der Reinkarnationslehre nicht vereinbar. Wenn man diese Lehre als stimmig ansehen sollte, so müssten doch immer etwa gleich viele Menschen die Erde bewohnen.

Auch diese auf den ersten Blick schlüssig erscheinende Meinung kann leicht entkräftet werden.

Freilich ist es völlig richtig, dass die Weltbevölkerung im Laufe der Zeit drastisch zugenommen hat. Vor 100 Jahren lebten etwa 2,5 Milliarden Menschen auf der Erde. Heute sind es rund 8 Milliarden. Vor einigen Jahrhunderten konnte man – *gemäß offiziellen Statistiken* – die Bevölkerung der Erde noch in Millionen messen. Zahlen über die Weltbevölkerung aus früheren Jahrhunderten sind allerdings immer mit einer gewissen Vorsicht zu genießen, da zum einen bis vor zwei, drei Jahrhunderten noch keine flächendeckenden Erhebungen gemacht wurden und da zum anderen bei statistischen Vergleichsrechnungen nicht die ganze Erde, sondern nur ein Stück der Erde berücksichtigt wird.[35] Man denkt nicht daran, dass andere Teile der Erde früher sogar dichter bevölkert waren als heute. Also, auch in früheren Jahrtausenden lebten nicht gar so wenige Menschen auf der Erde, wie vielfach unterstellt wird. Insbesondere in China sowie in Nord- und Südamerika gab es schon in ältesten Zeiten eine hohe Bevölkerungsdichte.

Dennoch ist es unstrittig, dass die Weltbevölkerung kontinuierlich immer mehr gestiegen ist. Was könnte das für Gründe haben?

Zunächst einmal ist es so, dass unterschiedliche Menschenseelen zu unterschiedlichen Zeiten mit ihrer ersten Inkarnation begonnen haben. Es ist also nicht so, dass *alle* Seelen etwa zeitgleich ihr erstes Erdenleben angetreten hätten. Vielmehr gab es in gewisser Weise ›Vorläufer‹ und ›Nachzügler‹. Laut Rudolf Steiner differiert das Seelenalter der Menschen um 18 Millionen Jahre. Das bedeutet, dass sich einige Seelen erst 18 Millionen Jahre später *erstmals* auf der Erde inkarniert haben als diejenigen, die schon sehr früh herunterkamen.

Seit der Mitte des »atlantischen Zeitalters«, das auf der geologischen Zeitskala in etwa mit dem Känozoikum, dessen Beginn vor etwa 66 Millionen Jahren angesetzt wird, angefangen hat und vor rund 12.000 Jahren endete, sind keine ungeborenen Seelen mehr nachgerückt.[36] Seit damals ist also die Anzahl der Seelen bzw. der menschlichen Individualitäten konstant geblieben. Zu jedem Zeitpunkt ist ein Teil von ihnen auf der Erde verkörpert, während der andere, der größere Teil sich im Leben zwischen Tod und neuer Geburt befindet.

Die Tatsache, dass sich der letzte ›Seelenschub‹ erstmals vor etlichen Millionen Jahren inkarniert hat, ist aber für das Anwachsen der Weltbevölkerung nicht so ausschlaggebend. Entscheidend ist vielmehr, dass sich die Inkarnationsintervalle, also der zeitliche Abstand zwischen zwei aufeinanderfolgenden Inkarnationen, im Laufe der Jahrtausende und Jahrhunderte im Durchschnitt verkürzt haben. Während ein Mensch sich in früheren Zeiten durchschnittlich vielleicht erst nach ein oder zwei Jahrtausenden wiederverkörperte, kommt es in der heutigen Zeit durchaus vor, dass er schon vielleicht wenige Jahrhunderte, manchmal schon einige Jahrzehnte, in Extremfällen bereits wenige Jahre nach seinem letzten Tod wieder den irdischen Schauplatz betritt. Somit ›drängen‹ also immer mehr Seelen, sich in einem bestimmten Zeitraum zu verkörpern.

Für diese Tatsache gibt es im Wesentlichen zwei Gründe. Den ersten und wichtigeren werden wir an späterer Stelle dieses Buches beleuchten (☞ Kapitel 8, S. 164).

Ein zweiter Grund ist, dass ein Mensch, der ein krasser Materialist war und somit keinen Gedanken an etwas Geistiges bewegt hat, nach dem Tod in eine *für ihn* urfremde Sphäre kommt, in der es ihm kaum gelingt, bewusst und wach zu sein. Er ist gewissermaßen ein ›geistig Obdachloser‹. Ein solcher wird möglichst bald wieder eine Verkörperung anstreben. Er möchte schnell wieder in die Erdenwelt hinabsteigen, um wieder ›aufwachen‹ zu können, was ihm in vielen Fällen auch ermöglicht wird. Wenn man berücksichtigt, dass sich der Materialismus in den letzten gut 100 Jahren immer mehr verbreitet hat und es folglich immer mehr Materialisten gibt, wird verständlich, dass es eine sehr große Anzahl von Seelen gibt, die sich schon recht kurze Zeit nach ihrem Tod wieder inkarnieren, wodurch die Weltbevölkerung gerade in den letzten Jahrzehnten deutlich zugenommen hat und in der Zukunft gewiss noch weiter zunehmen wird.

****

Es gibt im Übrigen noch eine weitere Meinung, die viele Christen als Beleg dafür, dass die Karma- und somit implizit auch die Reinkarnationslehre nicht der Wahrheit entsprächen, vorbringen. Sie sagen, Christus habe alle Menschen erlöst und somit könne es nicht sein, dass sie sich durch das Abtragen ihres Karma selbst erlösen müssten.

Diese Meinung können wir erst in Kapitel 10 (☞ 283ff.) entkräften, nachdem wir uns näher mit dem Karmagesetz befasst haben werden.

Kapitel 4

Welche Indizien könnten für die Reinkarnationslehre sprechen?

Und wir wissen heute –
wie wenig wir wissen.
Niemals wurde eine Beobachtung gemacht,
ohne dass hundert Beobachtungen
außer Acht gelassen wurden.

Herbert George Wells

Nachdem es im vorigen Kapitel vielleicht gelungen sein mag, die üblichen Argumente, die gegen die Reinkarnationslehre zu sprechen *scheinen*, zu widerlegen, wollen wir nun einige Phänomene betrachten, die ein *Indiz* für die wiederholten Erdenleben sein *könnten*. Wohlgemerkt – wir sprechen hier nicht davon, dass diese Phänomene *unbedingt* etwas mit Reminiszenzen an tatsächliche frühere Leben zu tun haben müssen. Andererseits sind wir weit davon entfernt, diese als Phantastereien oder Halluzinationen abzutun. In einigen Fällen kann man kaum zu einer anderen Interpretation gelangen, als diese als reale Erinnerungen an zurückliegende Inkarnationen aufzufassen.

4.1 Unerklärliche Antipathie und Sympathie

Die Situation, die im Folgenden geschildert werden soll, haben Sie mit Sicherheit auch schon einige Male erlebt. Man kommt im privaten oder beruflichen Umfeld erstmals mit einem fremden Menschen zusammen, von dessen Existenz man zuvor nicht wusste. Noch bevor man dazu kommt, ihn zu begrüßen oder mit ihm zu reden, empfindet man diesem gegenüber eine abgrundtiefe Abneigung. Am liebsten würde man sich aus der Szene ›wegbeamen‹, damit ja kein Kontakt zustande kommen kann. Man kann die Antipathie fast körperlich spüren; es ist wie wenn zwei starke gleich gepolte Magnete aufeinanderprallen würden. Später versucht man dann mögliche Gründe für die zunächst nicht zu erklärende Abneigung zu finden. Man überlegt, ob dieser Mensch durch sein Aussehen, seine Kleidung, seinen Gang, seine Mimik oder Gestik einen vielleicht an einen unsympathischen *bekannten* Zeitgenossen erinnert, so dass man eventuell seine Antipathie, die eigentlich dem bekannten Menschen gilt, unbewusst auf den fremden projiziert haben könnte. In manchen Fällen mag man da fündig werden, in vielen aber nicht. Natürlich kann ebenso gut der umgekehrte Fall eintreten. Man fühlt sich von dem Menschen, den man definitiv zum ersten Male sieht, magisch angezogen. Man empfindet vom ersten Augenblick an eine starke Sympathie. Obwohl es eigentlich keine Gründe dafür gibt, tut man alles, um mit dem Fremden in Kontakt zu treten. Wir alle kennen doch den Ausspruch: »Liebe auf den ersten Blick«.

Lernt man dann diese Menschen später etwas besser kennen, ist es häufig so, dass man seinen ersten Eindruck, sein Gefühl der Antipathie oder Sympathie, nicht revidieren muss und auch nicht kann.

Wäre es bei solchen Phänomenen nicht zumindest *möglich*, dass man den ›Fremden‹ sehr wohl ›kennt‹, nämlich aus einem oder mehreren früheren Leben, in denen man mit ihm zu tun hatte?

4.2 Déjà-vu-Erlebnisse

Sie kennen gewiss den Begriff »Déjà vu«. Er kommt aus dem Französischen und bedeutet »schon gesehen«. Oftmals verwendet man diesen im Alltagsleben, wenn man beispielsweise an einem Tag ein und demselben Menschen, den man üblicherweise eher selten trifft, zweimal begegnet.

Das hat freilich nichts mit den echten »Déjà-vu-Erlebnissen«, von denen viele Zeitgenossen berichten, zu tun.

Ein typisches und häufig geschildertes Déjà-vu-Erlebnis liegt vor, wenn ein Mensch zum ersten Mal in seinem Leben einen Ort, eine fremde Stadt oder ein fremdes Land, das er nicht einmal aus Filmen, Büchern oder Erzählungen kennt, bereist und dabei den starken Eindruck empfindet, dass er diesen Ort schon kennt, dass er schon einmal dort gewesen ist. Oftmals sind solche Leute dann erstaunlich ortskundig; sie wissen genau, wo bestimmte alte Bauwerke stehen, welchen Weg man einschlagen muss, um zu einem bestimmten Ziel zu gelangen, usw. Hin und wieder erzählen sie sogar davon, dass sie ein tiefes Gefühl der Vertrautheit und Verbundenheit mit diesem Ort überkommen habe. Wäre es da nicht möglich, dass diese Vertrautheit daraus resultiert, dass diese Menschen in einem früheren Leben an diesem Ort gelebt haben?

Im Internet findet man etliche Berichte ganz konkreter und zum Teil sehr erstaunlicher Déjà-vu-Erlebnisse. So wird dort der Fall der 26-jährigen Inge Ammann (Pseudonym) geschildert, die mit ihrem Mann Urlaub machte, ohne einen Plan, wo es genau hingehen solle, zu haben.

Dann heißt es: *»Sie tourten durch Oberfranken und kamen in eine Stadt, die an der Straße nach Tschechien liegt und mit ›T‹ anfängt. Die Umgebung kam ihr bekannt vor,* *aber sie sagte dies ihrem Mann nicht. Als sie aber in eine Seitenstraße in einer bewaldeten Gegend einbogen, platzte es aus ihr heraus: ›Hier ist es, wo ich früher gelebt habe! Ich weiß genau, wo alles ist‹.*

Ihr Mann hielt an und fragte, ob sie verrückt geworden sei. An ihrem Gesichtsausdruck konnte er aber ablesen, dass sie es ganz ernst meinte. Sie versuchte, ihm ihre Gefühle zu erklären, die sie selbst noch nicht ganz begriff. Ihr war plötzlich klar geworden, dass sie vor dem 2. Weltkrieg ein Bauernmädchen mit Namen Maria D. war, hier gelebt hatte und sich an ein paar Einzelheiten erinnern konnte.

Sie wusste z. B. genau, wie das Dorf aussah und in welchem Haus sie und ihre Eltern einst gelebt hatten. Sie erinnerte sich auch, zwei Brüder gehabt zu haben. An ihren eigenen Tod im früheren Leben konnte sie sich aber nicht erinnern. Ihr Mann konnte damit überhaupt nichts anfangen und es gab Streit zwischen den Ehepartnern. Man einigte sich darauf nachzuprüfen, ob es wirklich eine Maria D. in Fleisch und Blut gegeben hat.

Als sie in das Dorf kamen, erkannte Inge Ammann jede Straße und jedes Haus. Änderungen fielen ihr auf. Der Straßenbelag der Hauptstraße war erneuert, es gab einige neue Häuser und andere waren leicht umgebaut worden. Sie führte ihren Mann wie eine Fremdenführerin und zeigte ihm ihr Geburtshaus aus dem früheren Leben.

Die beiden gingen nun in die Dorfkneipe, die völlig unverändert wirkte. Sie wollten den Wirt befragen, aber Frau Ammann brachte kein Wort heraus. Ihr Mann erkundigte sich schließlich nach dem Bauernhof, auf dem die D.'s gewohnt hatten. Der Wirt wirkte etwas benommen ob der seltsamen Frage von einem Fremden, erklärte aber dann, dass die Eltern von Maria gestorben seien, ein Bruder sei im Krieg gefallen und der andere betreibe jetzt den Bauernhof. Maria sei ein hübsches Mädchen gewesen, das unglücklich umgekommen sei. Maria war im Stall von einem Pferd, das nach hinten austrat, so getroffen worden, dass sie an dem Tritt starb.

Als dies erzählt wurde, erlebte Inge Ammann den ganzen Hergang noch einmal. Sie schrie und musste beruhigt werden. Danach floh das Ehepaar aus dem Dorf. Frau Ammann brauchte mehrere Wochen, um sich von dem Erlebnis zu erholen. Die beiden vermeiden seither ein Gespräch über dieses Ereignis.

Daher ist es verständlich, dass kein Gespräch mit dem noch lebenden Bauernsohn versucht wurde.«[1]

Auch einige berühmte Persönlichkeiten früherer Tage hatten – zumindest andeutungsweise – über eigene Déjà-vu-Erlebnisse geschrieben.

Goethe schrieb in einem Brief zu Beginn seiner italienischen Reise im Jahre 1786: *»Es ist mir auch jetzt nicht wirklich etwa zumute, als ob ich die Sachen zum ersten Mal sähe, sondern als ob ich sie wiedersähe.«*[2]

Der Journalist und Schriftsteller Otto Julius Bierbaum (1865 bis 1910) drückte es in *»Ich war einmal«* poetisch aus:

»Oft weiß ich ganz genau: Ich – war – einmal;
Ich habe schon einmal all dies gesehn;
Der Baum vor meinem Fenster rauschte mir
Ganz so wie jetzt vor tausend Jahren schon;
All dieser Schmerz, all diese Lust in mir
Ein Nochmal, Immerwieder, Spiegelung
Durch Raum und Zeit. – Wie sonderbar das ist.
Ein Fließen, Sinken, Untertauchen und
Ein neu Empor im gleichen Strome. Ich
Und immer wieder ich: Ich – war – einmal.«[3]

Etwas Ähnliches liegt auch vor, wenn man erstmals einer fremden Person begegnet und sogleich den Eindruck gewinnt, dass man diese schon lange kennt. Das hat nicht unbedingt mit Sympathie oder Antipathie zu tun. Man fühlt sich diesem Menschen einfach außerordentlich vertraut und irgendwie verbunden. Das Gefühl einer tiefen Vertrautheit kann sich freilich auch erst einstellen, nachdem man den betreffenden Menschen schon eine Zeit lang kennt. Dieses lässt sich jedenfalls nicht aus dem gegenwärtigen Erdenleben erklären. Einige ahnen, dass sie in einer ganz engen schicksalhaften Verbindung mit einem Mitmenschen stehen. Goethe vermutete sogar, dass er mit seiner engen Freundin Charlotte von Stein in einem früheren Leben verheiratet gewesen war.

Im April 1776 schrieb er an seinen Dichterfreund Christoph Martin Wieland über sie: *»Ich kann mir die Bedeutsamkeit, die Macht, die diese Frau über mich hat, anders nicht erklären als durch die Seelenwanderung. Ja, wir waren einst Mann und Weib! Nun wissen wir von uns – verhüllt, im Geisterduft. Ich habe keine Namen für uns – die Vergangenheit – die Zukunft – das All.«*[4]

Der deutsche Schriftsteller Carl Zuckmayer (1896 bis 1977) schrieb 1966 in seinem autobiografischen Werk *»Als wär's ein Stück von mir«*: *»Die einzige Heilkraft, die es dagegen gibt, der einzige Halt in diesem lockeren Treibsand, ist die Existenz der Freunde. Die alten, angestammten, von denen es auch über Jahrzehnte hinweg keine Entfremdung gibt, und solcher, die plötzlich da sind, als hätte man sie schon immer gekannt, als wäre man schon vor der Geburt, in einem früheren Leben, mit ihnen verbunden gewesen.«*[5]

Um eine besondere Art von Déjà-vu-Erlebnissen handelt es sich, wenn man in eine ganz bestimmte Situation gerät, in der man definitiv noch nie gesteckt hat. Das muss keinesfalls eine dramatische Situation sein. Für den Bruchteil einer Sekunde schießt einem der Gedanke durch den Kopf: »Das kennst du doch! Das hast du doch schon einmal erlebt!« Man weiß dann oft ganz genau, wie es weitergeht, wie die Sache ausgeht. Die Situation bekommt dann irgendwie einen merkwürdig irrealen Charakter.

Man gewinnt den Eindruck, als sähe man einen Film, an dem man selbst mitgewirkt hat. Dass es solche Erlebnisse gibt, wird keiner abstreiten.

Betrachten wir ein weiteres Phänomen, das auch in die Rubrik der Déjà-vu-Erlebnisse eingeordnet werden kann. Manche Menschen haben zu irgendeiner Sache oder irgendeinem Tier ein ganz merkwürdiges, außergewöhnliches, vielleicht sogar widersprüchliches Verhältnis. Dem Verfasser ist eine Frau persönlich bekannt, der das von frühester Kindheit an mit Pferden so erging. Einerseits fühlte sie sich in starkem Maße zu diesen Geschöpfen hingezogen; sie übten auf sie eine gewaltige Faszination aus. Andererseits hatte sie vor Pferden einen überzogenen Respekt, ja Angst, obwohl sie definitiv niemals von einem solchen Tier in irgendeiner Weise attackiert wurde. Nie wäre sie einem dieser Vierbeiner zu nahe getreten. Als diese Frau sich später von einem Reinkarnations-Therapeuten rückführen ließ, wurde ihr merkwürdiges Verhältnis aufgedeckt: In einem früheren Leben fiel sie von einem Pferd und kam dabei zu Tode. Über solche Rückführungen werden wir im übernächsten Abschnitt (☞ S. 73ff.) schreiben.

Dass Neurowissenschaftler materialistisch gefärbte Erklärungen anbieten, ist gewiss nicht überraschend. So wird von einigen die These vertreten, dass durch eine gestörte elektrische Aktivität des Gehirns ein Schaltkreis im Gehirn stimuliert werde, der dieses für Déjà-vu-Erlebnisse typische Gefühl von Vertrautheit auslöse.

Auch viele Psychologen machen es sich oft etwas leicht, indem sie sagen, dass der Betreffende in solchen Fällen Erinnerungen an vergleichbare, real erlebte Situationen aus dem Unterbewusstsein abrufe und diese mit der neuen Situation verknüpfe. Bis dahin ist ja gegen diese Einschätzung nichts einzuwenden. Allerdings geben sich die Psychologen dann häufig mit der Erklärung, alles entspringe dem Unterbewusstsein, zufrieden. Nur wie und woher kommen diese Erinnerungen in diesen inneren ›Informationsspeicher‹? Wäre es nicht wenigstens möglich, dass sie nicht aus diesem, sondern aus einem früheren Leben stammen?

Wir alle haben vermutlich durchaus häufig Déjà-vu-Erlebnisse. Allerdings werden diese uns nur in den seltensten Fällen bewusst, weil sie von der viel klareren sinnlichen Wahrnehmung überstrahlt werden. Diese Erlebnisse müssen aber keineswegs immer etwas mit früheren Leben zu tun haben. Rudolf Steiner räumte diese Möglichkeit zwar ein, sagte aber, dass es in den meisten Fällen eine ganz andere und im Grunde noch erstaunlichere Erklärung für diese Reminiszenzen gebe. Auf diese werden wir an späterer Stelle zu sprechen kommen (☞ Kapitel 11, S. 327).

4.3 Spontan-Erinnerungen an frühere Leben

Eng verwandt mit den Déjà-vu-Erlebnissen und nicht immer messerscharf davon zu trennen ist das Phänomen der »Spontan-Erinnerungen«, von dem insbesondere in den letzten Jahrzehnten sehr viel zu hören und zu lesen war.

Von solchen Reminiszenzen spricht man, wenn sich ein Mensch – in den meisten Fällen handelt es sich dabei um Kinder – spontan, oft ohne erkennbaren Anlass an ein früheres Leben erinnern kann. Prinzipiell lassen sich diese Phänomene auf folgenden Nenner bringen: Der sich Erinnernde beschreibt plötzlich konkrete Ereignisse, nennt Orte, Personen und sonstige Details, die er nachweislich nicht aus seinem jetzigen – zumeist noch sehr jungen – Leben kennen kann. Häufig ist es so, dass er sich mit der Persönlichkeit, die er im vorigen Leben verkörpert hat, mehr identifizieren kann als mit der jetzigen.

Allein in den letzten vier, fünf Jahrzehnten sind weltweit einige Tausend dieser Fälle registriert worden. Die meisten davon sind mit strengen wissenschaftlichen Methoden untersucht und protokolliert worden. Mit der Beschäftigung dieser Phänomene hat sich in erster Linie Ian Stevenson einen Namen gemacht. Der amerikanische Professor für Psychiatrie ist mit seinem Team rund 600 Fällen nachgegangen, über die er in seinem Buch *»Reinkarnation – Der Mensch im Wandel von Tod und Wiedergeburt«* ausführlich berichtet. Nach zahllosen Gesprächen mit den Betroffenen, strengen Untersuchungen und gewissenhaften Überprüfungen der Aussagen und Detailschilderungen gelangte er in den weitaus meisten Fällen zu der Überzeugung, dass die Informationen auf paranormalem Wege überliefert worden seien und dass es als sehr wahrscheinlich anzusehen sei, dass es sich um wirkliche Erinnerungen an frühere Leben handelt.

Auch im Internet kann man einige höchst beeindruckende Fälle solcher Spontan-Erinnerungen nachlesen. Im Februar 2015 sorgte ein Fall für Schlagzeilen, über den mehrere internationale Medien berichteten. Es ging um den 5-jährigen Luke Ruehlman aus dem US-Bundesstaat Ohio.

In dem Bericht heißt es: *»Der kleine Junge nannte eine Lieblingspuppe ständig ›Pam‹. Als ihn seine Mutter fragte, warum er ihr diesen Namen gegeben hatte, antwortete er laut ›Fox2Now‹:*

›Ich war Pam‹. Er erzählte ihr die Geschichte seines Todes aus seinem früheren Leben als Frau. ›Als ich dann wieder aufwachte, war ich ein Baby. Und du nanntest mich Luke‹, erklärte der 5-Jährige seiner Mama.

Das könnte doch auch nur eine erfundene Geschichte eines Kindes gewesen sein? Das dachte sich seine Mutter anfangs auch, bis er ihr schließlich unglaublich detailliert von seinem früheren Leben als Pam erzählte. In Chicago sei er schließlich bei einem Hausbrand ums Leben gekommen.

Diese Geschichte kann nicht noch skurriler werden? Oh doch! Als seine Mutter zu recherchieren begann, um der Sache auf den Grund zu gehen, stieß sie nämlich tatsächlich auf eine Pamela Robinson, die 1993 während eines Feuers im ›Paxton-Hotel‹ in Chicago ums Leben gekommen war.

Daraufhin zeigte sie ihrem Sohn mehrere Fotos von verschiedenen Frauen, eines davon war Pamela. Und er erkannte sie sofort!«[6]

4.4 Rückführungen in frühere Leben

Sie haben vermutlich schon davon gehört oder gelesen, dass es – zum größten Teil äußerst seriöse – Menschen gibt, sogenannte »Reinkarnations-Therapeuten«, die es verstehen, andere Menschen in ein früheres Leben ›zurückzuführen‹. Bis vor wenigen Jahrzehnten wurde diese »Rückführung« oder – wie man auch sagt – »Regression« fast ausschließlich mit Hilfe einer Hypnosetechnik durchgeführt. In neuerer Zeit vertraut man eher auf eine spezielle, recht anstrengende Atemtechnik des Rückzuführenden, die diesen in einen besonders ruhigen und entspannten Zustand versetzt, ohne dass das normale Tagesbewusstsein ausgeschaltet wird.

Um die Rückführungstherapie hat sich seit den späten 60er Jahren des letzten Jahrhunderts insbesondere der Münchener Thorwald Dethlefsen verdient gemacht. Auch er begann bei seiner Arbeit zunächst mit der Hypnosetechnik, die er aber später aufgab, weil er sie als unzulässigen Eingriff in die Freiheit des Patienten auffasste.

Solchen Rückführungen unterzieht man sich vorwiegend aus therapeutischen Gründen, weniger, um seine Neugier zu befriedigen. Viele Menschen werden von schwerwiegenden gesundheitlichen, meistens psychischen Problemen heimgesucht, deren Ursachen Ärzte oder Heilpraktiker nicht finden können. Diese Leiden sind meistens solche, deren Ursache irgendwo in den Tiefen der Seele vergraben ist. Es gibt viele dokumentierte Fälle, in denen diesen Menschen von Reinkarnations-Therapeuten geholfen werden konnte. Diese Therapeuten versetzen die Patienten durch die schon erwähnte Atem- oder Hypnosetechnik in einen besonders entspannten Zustand und versuchen, sie durch gezielte Fragen oder Aufforderungen zunächst in eine Situation des jetzigen Lebens zurückzuversetzen, in der etwas vorgefallen ist, was das Leiden verursacht haben könnte. Häufig sind aber die Auslöser nicht im gegenwärtigen Erdenleben zu finden, so dass der Therapeut den Patienten in ein früheres Leben zurückführt, um irgendwann – oft erst nach vielen Sitzungen – an die Ursachen heranzukommen.

Es ist wirklich so, dass derjenige, der sich einer Rückführung unterzieht, zuerst etwas vor seinem ›geistigen Auge‹ sieht, was wie ein Film erscheint. Er sieht Personen, Orte und Handlungen. Etwas später ›weiß‹ er dann, dass eine dieser Personen *er selbst* war. Ab diesem Zeitpunkt steckt er voll in dieser Person drin. Er weiß genau, um was es in dieser Szene geht, wer die anderen Personen sind, um welchen Ort und welche Zeit es sich handelt. Durch ganz gezieltes Einlenken ist es dem Therapeuten jederzeit möglich, den zeitlichen Rahmen zu variieren. Der Patient hat ab einem bestimmten Augenblick nicht mehr den Eindruck, als würde er nur einen Film sehen, in dem er selbst mitwirkt. Er ›erlebt‹ die Situationen erneut, was von sehr starken Gefühlsregungen begleitet sein kann. Zu diesem Thema gibt es heute eine Vielzahl an Büchern, die in eindrucksvoller Weise schildern, was einige Patienten und Therapeuten bei solchen Sitzungen, die früher manchmal unter Aufsicht neutraler Wissenschaftler durchgeführt und protokolliert worden sind, erlebt haben. Besonders beeindruckend sind die Fälle, in denen die Patienten während der Rückführung plötzlich in der Sprache redeten, die sie in dem Leben gesprochen haben, in dem sie sich gerade ›befanden‹. Das waren zumeist Sprachen, die sie in dieser Inkarnation nachweislich nie gelernt und gesprochen haben. In einigen Fällen handelte es sich dabei sogar um sehr alte, längst ausgestorbene Sprachen oder Dialekte, die erst von Sprachwissenschaftlern identifiziert werden konnten. Es muss wohl nicht erwähnt werden, dass die Patienten nach der Sitzung kein Wort dieser Sprachen mehr verstanden. Überhaupt ist es in vielen Fällen so, dass wirklich ausgeschlossen werden kann, dass der Rückzuführende das, was er ›sieht‹ und schildert, in diesem Leben schon einmal erlebt oder irgendwo gehört oder gesehen hat. Die Bilder steigen aus seinen Seelentiefen empor.

Es gibt sehr viele Zeitgenossen, die aufgrund solcher beeindruckender Schilderungen von Rückführungen die Reinkarnation für eine Tatsache halten. In der Tat gibt es viele seriös verbürgte Berichte von Rückführungen, bei denen man beim besten Willen zu keiner anderen Ansicht gelangen kann, als dass der Betreffende das, was er schildert, wirklich in einem früheren Leben erlebt hat. Es gibt aber auch eine ganze Reihe von Fällen, in denen klar ist, dass die dargestellten Erlebnisse nicht aus verflossenen Leben stammen, sondern aus irgendwelchen ›Seelengründen‹ abgerufen worden sind. So kommt es immer wieder vor, dass *mehrere* Patienten vorgeben, in einem früheren Leben als eine bekannte historische Persönlichkeit, etwa Cäsar, Alexander der Große oder Maria Magdalena, verkörpert gewesen zu sein. Aber selbst wenn Tausende solcher Schilderungen nicht aus einem früheren Leben stammen, so ist das ja noch lange kein Beweis dafür, dass *alle* Berichte nichts mit früheren Leben zu tun hätten.

Ein Reinkarnations-Therapeut legt im Übrigen überhaupt keinen Wert darauf, inwieweit es sich bei den Rückführungen um authentische Berichte handelt. Ihm geht es nur darum, die Ursache für das Leiden seiner Patienten herauszufinden. Dabei macht es für alle Beteiligten keinen Unterschied, ob diese Ursachen aus einem vergangenen Leben stammen oder ob sich in den Seelentiefen irgendetwas ›festgesetzt‹ hat, was seinen Grund in diesem Leben hat.

Für den Fall, dass Sie sich noch nicht näher mit Rückführungen befasst haben, wollen wir die Protokolle zweier inhaltlich zusammenhängender Rückführungssitzungen aus dem Buch *»Zeitreise durch meine früheren Erdenleben«*[7] anführen.

Um diese verstehen zu können, muss noch Folgendes vorausgeschickt werden:

Johanna, die Patientin, um die es hier geht, litt seit ihrer Kindheit an Panikattacken, die insbesondere dann auftraten, wenn sie sich in engen Räumen befand. Dabei hatte sie – ähnlich wie bei einem asthmatischen Anfall – das Gefühl, keine Luft zu bekommen. Nach wenigen Minuten ging es ihr dann meistens wieder besser. Ärzte und Psychotherapeuten konnten weder die Ursache für diese Attacken finden noch etwas zur Heilung beitragen.

Eines Tages empfahl ihr eine alte Schulfreundin, es mit einer Reinkarnationstherapie zu versuchen. Obwohl Johanna anfangs sehr skeptisch war, entschloss sie sich dann doch, dem Rat ihrer Freundin zu folgen und machte einen Termin mit einer Therapeutin, die hier Erika Kluge genannt wird, aus.

Zu ihren ersten beiden Sitzungen schreibt sie Folgendes:

1. Sitzung

Am vereinbarten Tag kam ich überpünktlich bei Frau Kluge an. Sie begrüßte mich sehr freundlich und bat mich gleich in das Sitzungszimmer. In diesem Raum befand sich eine große rote Liege, die sehr bequem aussah. Gegenüber stand ein Schreibtisch. An den Wänden hingen mehrere Bilder mit spirituellen Motiven. Die Fenstervorhänge waren zugezogen, so dass der Raum etwas abgedunkelt war. Im Hintergrund ertönte ganz leise und ruhige Musik.

Frau Kluge bat mich, auf der Couch Platz zu nehmen. Dann sagte sie: »Geht es Ihnen gut, und sind Sie bereit, sich der Therapie zu unterziehen?« Ich bejahte mit leicht mulmigem Gefühl.

Frau Kluge fuhr fort: »Die Sitzung wird folgendermaßen ablaufen: Sie legen sich auf die Couch und machen es sich so bequem wie möglich. Dann werden Sie einige Minuten tief ein- und wieder ausatmen, anfangs ganz langsam, dann etwas schneller. Ich werde den Rhythmus vorgeben. Anschließend werden Sie ganz entspannt sein. Dann werde ich Sie mit Fragen und Anweisungen durch die Sitzung führen. Sie schildern alles, was sie wahrnehmen. Wenn es Ihnen nicht behagt oder wenn Sie Angst verspüren, können wir jederzeit unterbrechen oder aufhören. Die Sitzung wird etwa eine Stunde dauern. Ich werde unseren Dialog auf meinem Laptop aufzeichnen und anschließend auf einen Stick kopieren, so dass Sie sich später daheim alles in Ruhe anhören können. Übrigens, während der Sitzung werde ich Sie mit ›Du‹ anreden. Wenn es Ihnen recht ist, können wir uns aber auch außerhalb der Sitzung duzen.« Ich war einverstanden. »Können wir anfangen? Bist du bereit?« Ich nickte.

Dann schloss ich die Augen und ließ meinen Atemrhythmus von Erika bestimmen. Dieses Atmungsritual war recht anstrengend und erschien mir endlos zu dauern.

Nach einer gefühlten Ewigkeit ging es endlich los. Erika begann mit ihrer Führung.

Gehe zurück durch Raum und Zeit, hinein in ein konkretes früheres Leben, ein Leben, in dem etwas vorgefallen ist, was die Ursache für deine heutigen Panikattacken sein könnte. Schau, was da auftaucht, wer du da bist, und sprich aus, was du siehst.

(Ich atme schwer, sehe aber keine Bilder.)

Lass dir Zeit und sprich, sobald du etwas siehst oder empfindest.

Ich glaube, ich bin in einem Kino. --- Ja, es ist ein Kino.

Was siehst du noch?

Der Saal ist völlig leer. --- Ich bin die einzige Person in dem riesigen Raum.

Wie siehst du aus? Beschreibe es.

Ich sehe mich nicht. --- Doch, jetzt kann ich mich sehen. Ich sehe genauso aus wie jetzt. Ich habe sogar die gleiche Kleidung an wie heute.

Was machst du in dem Kino?

Ich warte darauf, dass der Film beginnt.

Weißt du, um welchen Film es sich handelt?

Nein, keine Ahnung --- Aber es ist ein Film, der mir schon ein wenig Angst macht, obwohl ich ihn nicht kenne und auch nicht weiß, worum es geht.

Was passiert weiter?

Ich stehe hinter der letzten Sitzreihe. Ich fühle mich wie an der Wand festgenagelt. --- Mein Blick richtet sich auf die Leinwand. Die ist aber gar nicht zu sehen.

Warum kannst du sie nicht sehen?

Sie ist von einem dunklen, schweren Vorhang verdeckt.

Möchtest du den Vorhang öffnen.

Ich weiß nicht. --- Ich glaube, das kann oder darf ich nicht. --- Ich fühle mich unwohl. --- Am liebsten würde ich weggehen. --- Aber ich kann nicht!

Lass dir Zeit. --- Wie geht es weiter?

(Ich atme etwa eine Minute sehr schwer, und es tut sich zunächst nichts.)

Jetzt kommt ein Mann. Der versucht den Vorhang aufzuziehen.

Siehst du jetzt die Leinwand?

Nein, der Mann schafft es nicht.

Wie geht es weiter?

Jetzt kommt noch ein zweiter Mann. --- Die Männer versuchen gemeinsam, den schweren Vorhang aufzumachen.

Gelingt es ihnen?

Ja --- Ich kann jetzt die Filmleinwand sehen.

Beginnt der Film?

Ich höre schon Musik --- etwas traurige Musik.

Was fühlst du?

Ich habe ein wenig Angst. --- Ich weiß, dass der Film nur mir gilt. Er hat mit mir zu tun.

Siehst du schon Bilder?

Ja, aber ich habe jetzt nicht mehr den Eindruck, dass ich in einem Kino bin und einen Film sehe. Auch höre ich keine Musik mehr.

Was ist jetzt anders?

Ich bin mittendrin. Ich bin einer der Darsteller. --- Aber es ist kein Film. --- Es sind wohl eher Erinnerungen. Aber die Bilder sind kräftiger und gesättigter als die üblichen Erinnerungs- oder Vorstellungsbilder.

Was siehst du? Sprich es aus.

Ich sehe eine Straße in einer Großstadt. Es könnte Berlin sein, aber ich bin mir nicht sicher. Da ist ein Büchergeschäft. --- Vor dem Bücherladen steht ein Mädchen.

Bist du dieses Mädchen, oder bist du ganz woanders?

Ich bin mir nicht sicher.

Beobachtest du das Mädchen?

Ja --- Es steht ganz ruhig einfach so da und schaut sich im Schaufenster die Bücher an.

Schau, was du für einen Körper hast, schau an dir herab und spüre dich. Spüre, ob es dich hineinzieht in den Körper und das Leben dieses Mädchens.

Irgendwie kommt sie mir bekannt vor, aber ich glaube nicht, dass ich das bin. --- Nein, ich bin es nicht.

Beobachte die Situation weiter und lasse deutlich werden, wer du da bist.

Jetzt wird es deutlich. Ich stehe an einem geöffneten Fenster im ersten Stock eines Hauses an der gegenüberliegenden Straßenseite. --- Ich beobachte das Mädchen.

Bist du ein Mann oder eine Frau?

Ein Junge --- etwa dreizehn oder vierzehn Jahre alt

Was empfindest du, während du das Mädchen beobachtest?

Irgendwie tut mir das Mädchen leid. Ich fühle, dass Unheil auf sie zukommt, aber ich fühle mich so ohnmächtig zu helfen. --- Aber ich glaube, dieses Mädchen braucht meine Hilfe gar nicht. Sie macht einen sehr tapferen Eindruck.

Welches Unheil befürchtest du?

Ich weiß nicht. --- Es ist so ein Gefühl.

Gehe ein Stück in der Zeit voraus und schaue, was passiert.

(Ich atme wieder sehr schwer und verspüre Angst.)

Nein, ich kann jetzt nicht! --- Ich habe Angst vor dem, was da kommen könnte.

Gut, dann gehe in der Zeit ein wenig zurück. Welche Bilder tauchen da jetzt auf?

Ich bin wieder im Kino und sehe die Leinwand. --- Die Vorhänge werden wieder zugezogen.

Gut, dann löse dich von dieser Situation und bleibe noch ein paar Minuten ganz ruhig liegen.

Schon nach wenigen Sekunden öffnete ich die Augen und schnaufte noch einmal kräftig durch. Ich äußerte meine Enttäuschung, dass die Rückführung nicht viel gebracht hatte.

Erika sagte ganz behutsam: »So pessimistisch möchte ich das nicht ausdrücken. In dir stecken offensichtlich noch tiefe Ängste. Deine Seele weiß, dass du heute noch nicht bereit, noch nicht stark genug warst, mehr zu verkraften. Deshalb hat sie dir nicht mehr offenbart. Glaube mir, dass ist gut so! Vielleicht hat sich aber auch etwas in dir gesträubt, weil du Zweifel an der Wirksamkeit einer Rückführung hattest.«

Ich musste zugeben, dass ich schon ein wenig skeptisch war.

Dann meinte Erika: »Immerhin hast du doch ein paar Szenen aus einem möglicherweise früheren Leben gesehen und nachempfunden. Du siehst also, dass es funktioniert. Vielleicht sind ja jetzt deine Skepsis und deine unterbewussten Ängste gewichen, so dass wir es noch einmal versuchen könnten. Wir sollten mit der nächsten Sitzung nicht so lange warten. Ich könnte dir übermorgen einen Termin anbieten. Es ist natürlich deine Entscheidung.«

Ich überlegte eine Weile und sagte dann zu.

Am gleichen Abend erfasste mich daheim erneut eine besonders heftige Panikattacke mit schwerer Atemnot. Diese bekräftigte zusätzlich mein Vorhaben, mich noch einmal rückführen zu lassen.

Am übernächsten Tag fuhr ich wieder zur Therapeutin. Ich hatte mir fest vorgenommen, mit einer positiven Einstellung an die Sache heranzugehen.

2. Sitzung

Erika begrüßte mich mit den Worten: »Grüß dich, Johanna, du wirst sehen, heute wird deine Seele dir mehr preisgeben.«

Ich legte mich auf die Couch. Erika schloss die Vorhänge. Im Hintergrund klang ganz leise Musik. Dann erfolgte wieder das Atmungsritual.

Gehe zurück durch Raum und Zeit, hinein in dein früheres Leben, aus dem deine Seele dir schon beim letzten Mal einige Situationen offenbart hat. Schau, was da auftaucht, und sprich aus, was du siehst.

Ich bin wieder in dem Kino.

Schau dich genau an. Siehst du so aus wie heute?

Ja, ich bin Johanna. --- Es ist der heutige Tag.

Was siehst du noch?

Ich sehe die Leinwand.

Beginnt der Film?

Ja --- Nein, es ist kein Film.

Was ist es dann?

Ich sehe eine Situation, in der ich selbst drinstecke.

Wie schaust du aus? Wer bist du da?

Wieder der ungefähr dreizehnjährige Junge

Stehst du wieder am Fenster?

Ja

Siehst du wieder das Mädchen?

Ja, es steht auf der anderen Straßenseite.

Was macht das Mädchen?

Es unterhält sich mit einer Frau.

Bekommst du mit, über was sie reden?

Nein, die sind zu weit weg. --- Aber die Frau scheint Angst zu haben. --- Ich glaube, das Mädchen tröstet sie.

Hast du eine Ahnung, vor was die Frau Angst hat?

--- Die beiden tragen einen langen grauen Mantel, an dem ein Judenstern ange-

näht ist. --- Die Frau hat Angst, weil sie Jüdin ist.

Was haben die Juden zu befürchten?

Die Leute munkeln, dass alle Juden irgendwohin deportiert werden sollen. --- Einige Nachbarn sind schon abgeholt worden.

Warum hat das Mädchen keine Angst?

Ich weiß nicht. --- Ich glaube, sie ist einfach tapfer. --- Vielleicht gibt sie auch nichts auf die Gerüchte.

Bist du auch Jude?

Ja

Wie ist dein Name?

David --- nein, meine Eltern nennen mich Daniel. Ja, ich heiße Daniel.

Was machst du anschließend?

Ich gehe wieder in unsere Wohnung.

Wie schaut es in der Wohnung, in der du lebst, aus?

Ziemlich kahl und leer

Woher kommt das?

Irgendwelche Leute in Uniform, in braunen Uniformen mit Stiefeln, hohen Stiefeln, haben die schönsten und wertvollsten Möbel, alle Bücher und Gemälde und das Tafelsilber abgeholt. --- Sie haben uns einfach alles weggenommen, ohne zu fragen und ohne etwas dafür zu bezahlen.

Blende noch ein Stück zurück in der Zeit und gehe dahin, wo diese Möbel und Wertsachen noch in eurer Wohnung waren, und schau, was für ein Leben du da führst. Wer bist du da? Was tust du da?

Ich bin – wie gesagt – ein Schulbub und das einzige Kind meiner Eltern. Uns geht es sehr gut. Mein Vater arbeitet bei einer Bank. Wir sind einigermaßen vermögend.

Gehe wieder in die Situation, in der du am Fenster stehst. Wie geht es dann weiter? Was passiert an den folgenden Tagen?

Ich stehe fast den ganzen Tag am Fenster. --- Wir verlassen das Haus nur noch, wenn es unbedingt notwendig ist.

Warum bleibt ihr immer im Haus?

In vielen Geschäften und öffentlichen Einrichtungen sind Juden unerwünscht. ---

Viele Deutsche haben einen Hass auf uns Juden. --- Da wir alle den Judenstern tragen müssen, werden wir sogleich als solche erkannt.

Wie verhalten sich die Deutschen, wenn ihr ihnen auf der Straße begegnet?

Sehr unterschiedlich! --- Manche ganz normal, einige scheinen Mitleid mit uns zu haben. --- Es gibt aber auch etliche, die uns beschimpfen oder sogar anspucken.

Siehst du das Mädchen noch öfters?

Ja, hin und wieder, wenn ich aus dem Fenster schaue.

Hast du einmal versucht, sie anzusprechen?

Nein

Kennst du sie von irgendwoher?

Nein, ich sehe sie nur manchmal auf der Straße.

Gehe weiter in der Zeit und lasse deutlich werden, wie es mit dir und deinen Eltern weitergeht.

(Ich atme schwer. Aber es wollen zunächst keine Bilder kommen.)

Jetzt, jetzt kommen sie!

Wer kommt jetzt?

Die Männer in ihren abscheulichen Uniformen --- drei Männer --- Sie kommen, ohne anzuklopfen in unsere Wohnung und schreien rum.

Was schreien die Männer?

Schnell, schnell, packt eure sieben Sachen, wir bringen euch jetzt ins gelobte Land!

Was fühlst du?

Eine gewisse Erleichterung

Inwiefern fühlst du eine Erleichterung?

Wir haben ja gewusst, oder zumindest geahnt, früher oder später abgeholt zu werden. Meine Eltern hatten schon vor Tagen zwei Koffer mit dem Nötigsten gepackt. --- Dieses Warten, diese Ungewissheit war sehr, sehr schlimm. --- Jetzt ist es endlich so weit.

Wo bringen die Männer euch hin?

Sie verfrachten uns auf einen großen Lastkraftwagen, so eine Art Planwagen.

Sind in dem Wagen schon andere Leute?

Ja, etwa zehn.

Kennst du einige?

Ja, einige --- Es sind Nachbarn, alles Juden. --- Auch das Mädchen ist dabei. --- Sie lächelt mich an.

Wie geht es dann weiter? Wo bringen sie euch hin?

Die Fahrt dauert nicht lange. --- Dann kommen wir an und müssen aussteigen.

Wo seid ihr?

Auf einem Bahnsteig --- Ich glaube, es ist der Güterbahnhof.

Wie geht es weiter?

Da steht ein Zug, ein langer Zug mit vielen Waggons. Ich glaube, es sind Viehwaggons.

Müsst ihr in einen der Waggons einsteigen?

Ja, Männer in Uniformen treiben uns da rein. --- Sie schreien rum. Es geht ihnen nicht schnell genug.

Wie ist es in dem Waggon, in dem du bist?

Eng, sehr eng, weil da sehr viele Leute drin sind

Was nimmst du wahr?

Man kriegt kaum Luft. --- Es stinkt nach Urin.

Fährt der Zug jetzt los?

Ja, er fährt nicht sehr schnell. --- Die Fahrt dauert lange, mehrere Stunden.

Gehe weiter in der Zeit und schaue, wo ihr ankommt. Wie geht es dann weiter?

Sie treiben uns aus dem Waggon. --- Hunderte von Leuten stehen da jetzt rum. --- Die meisten sind Juden.

Wo seid ihr?

Ich weiß nicht. --- Es schaut aus wie ein Dorf, nein, wie eine Kaserne. --- Das Gelände ist umzäunt, soweit ich das erkennen kann.

Was fühlst du?

Ungewissheit und eine gespannte Erwartung --- keine Angst

(Mir laufen ein paar Tränen die Wangen hinunter.)

Möchtest du schildern, wie es weitergeht?

Ja! --- Da sind viele Männer mit Gewehren in Uniformen. Einige haben einen

Schäferhund an der Leine. --- Sie nehmen allen die Koffer weg.

Was sagen die Männer?

Sie sagen, dass alle zunächst desinfiziert werden müssen, weil wir voller Ungeziefer wären.

Wo bringen sie euch hin? Wie geht es weiter? Was nimmst du als nächstes wahr?

Ich bin in einem halbdunklen Raum. An der Decke sind Duschköpfe. Es ist so eine Art Gemeinschaftsdusche.

Sind noch andere Menschen in der Dusche?

Ja, ganz viele --- Alle sind nackt und eng aneinander gedrängt. Der Raum ist viel zu klein für die vielen Leute.

Was machen die Leute?

Manche weinen, manche fassen sich an den Händen oder umarmen sich, einige singen, andere beten. --- Ein Mann zitiert einen Psalm.

Nimm dein Gefühl wahr. Was spürst du?

Es ist alles so unwirklich. --- Ich könnte aber nicht sagen, dass ich Angst hätte. --- Irgendwie wünsche ich, dass bald alles vorbei ist. --- Ich glaube, allen ist klar, dass sie hier nicht mehr lebend rauskommen.

Wie geht es weiter?

Aus den Duschköpfen, nein, ich glaube eher aus Öffnungen in der Wand scheint Wasserdampf zu kommen. --- Es ist aber kein Dampf... --- Ich kann nicht mehr atmen! --- Ich verliere das Bewusstsein...

(Dieses Nacherleben war recht heftig. Ich konnte mich der Tränen nicht erwehren. Für einen Moment hatte es den Anschein, als würde ich eine heftige Panikattacke bekommen. Aber ich beruhigte mich schnell wieder.)

Gut, dann löse dich von dieser Situation und bleibe noch ein paar Minuten ganz ruhig liegen.

Nach etwa fünf Minuten öffnete ich die Augen und schnaufte noch einmal kräftig durch. Es dauerte eine ganze Weile, bis ich wieder so richtig im Hier und Jetzt angekommen war. Obwohl mir zu jedem Zeitpunkt klar war, dass ich bei Erika auf der Couch liege, steckte ich sehr tief in den Erlebnissen dieses möglichen früheren Lebens drin. Bisweilen war es fast so, als würde ich es noch einmal durchleben.

Als Erika merkte, dass ich wieder angekommen und ansprechbar war, fragte sie: »Sind dir irgendwelche Personen aus deinem geschilderten Leben in diesem Leben wiederbegegnet – zum Beispiel das kleine jüdische Mädchen?«

Erstaunlicherweise überraschte mich die Frage nicht, und ich antwortete: »Ich hatte mal kurz das Gefühl, dass das Mädchen im jetzigen Leben mein Sohn sein könnte. Ich habe diesen Gedanken aber wieder verworfen. Nein, ich glaube, dass keine der Personen in meinem gegenwärtigen Leben eine Rolle spielt.«

Da Erika an diesem Tage keinen weiteren Termin und noch etwas Zeit hatte, unterhielten wir uns noch ein knappes Stündchen.

Erika meinte: »Ich denke, der Fall ist recht eindeutig. Dein Tod in der Gaskammer ist die Ursache für deine Panikattacken in deinem gegenwärtigen Leben. Dieses fürchterliche Erlebnis ist in deiner Seele tief verwurzelt. Immer, wenn du im jetzigen Leben in eine Situation geraten bist, die eine gewisse Ähnlichkeit mit der damaligen aufwies, blitzte die unbewusste Erinnerung auf und löste einen Anfall aus. Da du die Ursache jetzt kennst, da du sie noch einmal angeschaut und gewissermaßen erneut durchlebt hast, ist es sehr gut möglich, dass die Anfälle nicht mehr auftreten werden.«

»Ja, hoffentlich«, sagte ich. »Jetzt wird mir auch klar, warum ich früher meistens einen Anfall in der Gemeinschaftsdusche des Schwimmbades oder in engen Räumen, in denen ich mit vielen anderen Menschen eng beisammen war, hatte.« Erika nickte zustimmend.

Natürlich war ich von den Bildern, die ich sehen durfte, von den Situationen, in denen ich tief drinsteckte, und insbesondere von den Emotionen, die ich hatte, tief ergriffen und beeindruckt. Aber irgendwie konnte ich noch nicht so recht glauben, dass es wirklich reale Erlebnisse aus einem früheren Leben waren. So fragte ich: »Kann man eigentlich davon ausgehen, dass alles, was ich gesehen, gefühlt und ausgesprochen habe, der Wahrheit entspricht? Bin ich wirklich in ein früheres Leben eingetaucht, oder waren das lediglich Phantasie- oder Zerrbilder?«

Erika antwortete: »Das ist eine berechtigte Frage! Zunächst einmal musst du wissen, dass es einem Rückführungstherapeuten nicht so wichtig ist, ob der Patient reale Erlebnisse früherer Inkarnationen wahrnimmt. Vielmehr kommt es ihm darauf an, die Ursache des Problems herauszufinden, was dann meistens zu einer Lösung bzw. Heilung führen kann. Selbstverständlich ist einiges von dem, was die Seele preisgibt, symbolisch. Besonders deutlich wurde das ja vorgestern bei dir, als du dich in einem Kinosaal wähntest und der Vorhang zu deinem Lebensfilm erst mit einiger Verzögerung aufging. Das war ein klares Indiz dafür, dass sich anfangs noch irgendetwas in dir sträubte, in dieses frühere Leben einzutauchen. Wenn in dir zu starke Ängste stecken oder wenn du das, was die Seele dir zeigen will, nicht ertragen könntest, wird sie es dir zu deinem eigenen Schutz nicht offenbaren. Du hattest ganz offensichtlich auch große Angst vor dem, was dich erwarten würde und konntest sie nicht ganz loslassen. Das wurde nicht zuletzt dadurch symbolisiert, dass zwei Männer nötig waren, um den schweren Vorhang aufzuziehen. Ab diesem Zeitpunkt hat deine Seele dich zumindest mit auf eine kurze Zeitreise genommen. Der Vorhang wurde geöffnet, und dir wurden ein paar Szenen deines früheren Lebens offengelegt. Also, symbolisch waren der Kinosaal, der Vorhang, die beiden Männer und die Leinwand. Heute hattest du keine so tiefen Ängste mehr. Zwar hast du dich noch kurz in einem Kino gewähnt und die Leinwand gesehen, aber dann wurde dir recht schnell vieles preisgegeben, im Grunde sogar alles, was zur Lösung deines Problems nötig war. Du warst bereit, dich auf die Zeitreise zu begeben.«

»Ja, aber alles, was ich dann wahrgenommen habe, könnten doch auch fiktive Geschehnisse oder Phantasiegeschichten gewesen sein, die ich nie selbst erlebt habe, oder? Etwas ähnliches wie das, was ich geschildert habe, habe ich gewiss schon einmal im Fernsehen gesehen«, warf ich ein.

»Im Prinzip schon. Aber selbst dann waren es Bilder, welche deine Seele für so wichtig hielt, dass sie dir diese zeigte. Auch ein erfahrener Therapeut kann nicht immer beurteilen, inwieweit das, was ein Patient sieht und schildert, Tatsachen entspricht. Aber man bekommt im Laufe der Zeit ein Gespür dafür, ob es sich um reale Begebenheiten aus früheren Leben handelt oder um Fiktionen. Bei dir hatte ich das ganz sichere Gefühl, dass du absolut real aus einem früheren Leben schilderst, zumal dich einige Erlebnisse emotional stark ergriffen haben. Hin und wieder hatte ich Patienten, die sich in einem früheren Leben – sagen wir im frühen Mittelalter – wähnten und dann Dinge schilderten, die historisch einfach nicht passen. Ein krasses Beispiel wäre, wenn jemand aus einem vermeintlich früheren Leben vor mehreren Hundert Jahren schildert und dann etwa sagt, er habe auf seine Uhr geschaut. Das könnte zwar eine große symbolische Bedeutung haben, hätte aber mit historischen Tatsachen nichts zu tun. [...]

Aber – wie gesagt – bei dir hatte ich ein gutes Gefühl. Ich bin mir ziemlich sicher, dass es authentisch war.«

Übrigens, seit dieser Rückführung hatte Johanna keine einzige Panikattacke mehr...

Kapitel 5

Übersinnliche Welten, Hellseher, Eingeweihte und übersinnliche Wahrnehmungen

> *Es schlummern in jedem Menschen Fähigkeiten,*
> *durch die er sich Erkenntnisse*
> *über höhere Welten erwerben kann.*
> *Der Mystiker, der Gnostiker, der Theosoph sprachen*
> *stets von einer Seelen- und einer Geisterwelt,*
> *die für sie ebenso vorhanden sind wie diejenige,*
> *die man mit physischen Augen sehen,*
> *mit physischen Händen betasten kann.*
>
> *Der Zuhörer darf sich in jedem Augenblicke sagen:*
> *wovon dieser spricht, kann ich auch erfahren,*
> *wenn ich gewisse Kräfte in mir entwickele,*
> *die heute noch in mir schlummern.*
>
> **Rudolf Steiner**[1]

Alles, was in diesem Buch über das Reinkarnations- und Karmagesetz, über bestimmte Stationen des Lebens nach dem Tod sowie frühere Erdenleben konkreter Individualitäten dargestellt wird, basiert nicht etwa auf spekulativen Erkenntnissen, die sich kluge Menschen auf ›gewöhnlichem‹ Wege – also etwa durch das Studium alter religiöser oder philosophischer Schriften, durch Auswertungen von Rückführungs-Protokollen oder medialer Botschaften sowie letztlich durch eigenes Nachdenken und Kombinieren – erarbeitet hätten.

Vielmehr beziehen wir uns auf die Ergebnisse und Erkenntnisse, die begnadete Menschen – allen voran Rudolf Steiner –, die man als *»Hellseher«*, *»Geistesseher«* oder kurz *»Seher«* bezeichnet, durch Schauungen und gewissenhafte Forschungen, die jeder *unvoreingenommenen* wissenschaftlichen Prüfung standhalten, gewonnen haben.

In diesem Kapitel wollen wir erörtern, wie bzw. auf welche Art und Weise ein solcher Mensch Geistiges wahrnehmen, beobachten und studieren kann.

Die Welten oder Sphären, in denen Geistesseher ihre Beobachtungen machen, sind ja andere als die uns bekannte Erdenwelt. Daher wollen wir zunächst diese übersinnlichen Welten kurz skizzieren.

5.1 Die übersinnlichen Welten

Uns Durchschnittsmenschen erschließt sich nur *eine* Welt, und zwar die Welt, in der wir während einer Verkörperung leben, also die *Erdenwelt.* Diese kann auch als *»physische Welt«*, *»physischer Plan«* oder *»materielle Welt«* bezeichnet werden. Zu ihr gehört nicht nur die Erde selbst, sondern das gesamte Universum. Da wir in dieser Welt vermöge unserer üblichen Sinnesorgane sowie sie verstärkender Instrumente wahrnehmen können, könnte man sie auch *»Sinneswelt«* oder *»Welt der sinnlichen Erscheinungen«* nennen. Diese Welt ist die einzige, die von einem Materialisten anerkannt wird. Die Existenz anderer Welten oder Sphären, die sich nicht den *üblichen* Sinnen offenbaren, verweisen Materialisten ins Reich der Phantasie. Damit gleichen sie einem Blindgeborenen, der Licht oder Farben für nicht existent hält. Die Möglichkeit, dass es Menschen gibt, die über höhere, geistige Organe verfügen, mit denen sie über den Tellerrand der physischen Welt hinausschauen können, halten materialistisch gesinnte Gemüter für Wahnvorstellungen.

Selbstverständlich gibt es noch zahlreiche religiös oder spirituell gestimmte Menschen, die zumindest noch an *eine* unsichtbare Welt glauben, die in den meisten Religionen als *»Himmel«* bezeichnet wird. Allerdings tun sich sehr viele mit der Vorstellung schwer, *wo* sich eine solche nicht sichtbare Welt befinden könnte, was gewiss daran liegt, dass sie es einfach nicht vermögen, etwas Geistiges gedanklich zu erfassen. Oft hört man: »Ja, ich glaube schon an einen Himmel. Andererseits – wo soll dieser sein? Das Weltall ist doch schon recht gut erforscht. Aber die Wissenschaftler, die das Universum schon weitgehend durchmessen haben, haben ihn noch nie entdeckt. Wo sollte da überhaupt noch Platz für einen Himmel sein?« Solche Fragen oder Ansichten zeigen deutlich, dass man sich vielfach auch den Himmel letztlich als eine materielle Sphäre vorstellt.

Wie man aus der Anthroposophie – aber auch aus okkulten Quellen – wissen kann, muss man neben der physischen Welt im Wesentlichen noch *drei weitere* Welten unterscheiden: die *»Ätherwelt«,* die *»Astral-«* oder *»Seelenwelt«* und die *»Geisteswelt«* oder *»geistige Welt«*, welche die Geistesseherin Judith von Halle auch als *»Welt der wahren Wirklichkeit«* bezeichnet. Allen gemein ist, dass sie mit physischen Sinnen oder Messinstrumenten nicht wahrnehmbar sind. Mit einem Oberbegriff werden diese Welten als *»übersinnliche Welten«* bezeichnet. Der Begriff »übersinnliche Welten« soll zum Ausdruck bringen, dass diese *über* oder *außerhalb* dessen liegen, was wir mit unseren *physischen* Sinnesorganen wahrnehmen können. Synonym werden auch die Bezeichnungen *»höhere Welten«* oder *»immaterielle Welten«* verwandt. Bisweilen werden *alle* übersinnlichen Welten auch zusammengefasst und mit dem Namen »geistige Welten« belegt. Das ist aber – zumindest streng genommen – nicht ganz korrekt, da ja im eigentlichen Sinne mit »geistiger Welt« eine bestimmte, nämlich die höchste der drei übersinnlichen Welten gemeint ist.

Es wäre ganz falsch, wenn man bei dem, was hier als »Welten« bezeichnet wird, an irgendwelche abgegrenzte Räumlichkeiten oder Orte denken würde. Der Begriff des dreidimensionalen Raumes, in dem wir uns so gut zurechtzufinden und sicher zu bewegen gelernt haben, hat nur in unserer physischen Welt eine Bedeutung. Daher könnte man diese auch *»Raumeswelt«* nennen. Die übersinnlichen Welten sind nicht-räumlich. Wenn man sagt, irgendein Wesen – zum Beispiel ein Engel oder ein verstorbener Mensch – *befinde* sich in einer übersinnlichen Welt, also etwa in der Astralwelt, so ist das so zu verstehen, dass dieses Wesen in einem »Bewusstseinszustand« ist, der ihm erlaubt, diese Welt als solche zu erkennen und in ihr wahrnehmen zu können.

Kommen wir noch einmal auf die Frage, wo denn ein Himmel im Weltall überhaupt Platz finden könnte, zurück: Unsere physische Welt wird von den höheren Welten durchzogen. Man muss sich *alle* Welten als miteinander verwoben denken. Die übersinnlichen Welten sind also *überall*. Die verschiedenen Welten durchdringen, durchziehen und durchströmen sich, etwa so wie sich in der Sinneswelt verschiedene Luftströme oder Flüssigkeiten durchdringen können. Daraus folgt, dass diese übersinnlichen Welten nicht fernab von unserer Welt sind, wie es insbesondere der in diesem Zusammenhang häufig benutzte Ausdruck »Jenseits« suggerieren könnte.

Dass die Geisteswelt, die in der Bibel meistens als »Himmel« oder »Gottesreich« bezeichnet wird, nicht in unerreichbarer Ferne liegt, wird auch im Neuen Testament angedeutet: *»Das Gottesreich kommt nicht äußerlich wahrnehmbar, noch wird man sagen können: siehe, hier ist es oder dort.«*[2]

Eben Alexander gewann nach seinen Nahtod-Erfahrungen dieselbe Auffassung; er schreibt in seinem schon erwähnten Buch: *»Die Welt aus Raum und Zeit, in der wir uns in diesem irdischen Bereich bewegen, ist eng und vielfältig mit diesen höheren Welten vernetzt. Mit anderen Worten: Diese Welten sind nicht völlig von uns abgesondert, weil alle Welten ein Teil derselben allumfassenden göttlichen Realität sind. Von diesen höheren Welten aus hat man Zugang zu jeder Zeit und jedem Ort in unserer Welt.«*[3]

Die geistig-seelischen Wesen, also auch die Verstorbenen, sind lediglich in einer Sphäre, die *jenseits* der Wahrnehmungsfähigkeit des heutigen Durchschnittsmenschen liegt. Auch wenn es die Bewusstseinsschwelle nicht überschreitet, so lebt im Grunde jeder Mensch, unabhängig davon, ob er ver- oder entkörpert ist, ständig in allen diesen Welten. Insbesondere während des Schlafes befinden wir uns in den höheren Welten. **»Wir sind im Grunde genommen immer schon in der höheren Welt drinnen, wir gehen im Schlaf unbewusst hinein, wir leben, während wir schlafen, in derselben Welt wie nach dem Tode.«**[4]

Das, was wir nachts in den übersinnlichen Welten erleben, wirft zumindest hin und wieder einen schwachen und matten Abglanz in bestimmte Träume. Manchmal können wir auch unmittelbar nach dem Aufwachen, noch bevor die äußere Welt wieder an uns herandringt, so etwas wie eine hauchzarte Empfindung oder Ahnung davon haben, dass wir soeben aus einer ganz anderen Sphäre erwacht sind. Ein bewusstes Erleben in diesen höheren Welten kann nur ein mit Hellsichtigkeit begabter oder ein verstorbener Mensch haben.

Alle Welten unterscheiden sich im Grunde nur dadurch, dass sie vermöge einer jeweils anderen Art von Organen erkennbar sind als die übrigen. Man könnte auch sagen, dass man zur Wahrnehmung der verschiedenen Welten ein jeweils anders geartetes Bewusstsein benötigt. Jeder Vergleich mit einer Situation aus unserem Erdendasein, den man zur besseren Veranschaulichung heranziehen könnte, kann nur sehr unzureichend sein. Dennoch soll der Versuch gewagt werden.

In gewisser Weise kann in unserer ganz normalen Sinneswelt doch von einer ›Welt‹ oder ›Sphäre‹ der für das Auge sichtbaren Dinge, von einer der Töne und Geräusche, von einer der Gerüche usw. gesprochen werden. Diese offenbaren sich jedem Menschen, der über die entsprechenden gesunden Organe verfügt. Nun käme auch keiner auf die Idee zu sagen, dass etwa die Welt der sichtbaren Gegenstände fernab von der Welt der Töne sei. Dass diese sich gegenseitig durchdringen und miteinander verwoben sind, wird schon dadurch klar, dass man Seh- und Hörwahrnehmungen gleichzeitig haben kann. Allerdings bleiben diese beiden Welten einem blind und taub geborenen Menschen finster und stumm. Für ihn scheinen sie nicht zu existieren, ähnlich wie für die meisten verkörperten Menschen die übersinnlichen Welten nicht zu existieren scheinen.

Wer glaubt, die übersinnlichen Welten wären etwas Nebulöses oder Schattenhaftes, wer glaubt, dass dasjenige, was wir in der Sinneswelt um uns haben, das Wahre, Wirkliche und Ursprüngliche wäre, gleicht jemandem, der vor einem Spiegel steht und den Ursprung des Spiegelbildes nicht vor dem Spiegel, sondern im oder hinter dem Spiegel sucht. Die Sinneswelt ist nur eine *Offenbarung*, deren Ursprung in höheren Welten liegt.

Wir wollen nun die drei übersinnlichen Welten mit ein paar Strichen skizzieren.

5.1.1 Die Ätherwelt

Die erste übersinnliche Welt, die uns in gewissem Sinne am nächsten ist, wird *»Ätherwelt«* genannt.

Angrenzend an unsere Erde, auf der wir wohnen, befindet sich der allgemeine Weltenäther, der sich uns *äußerlich* durch die himmelsblaue Farbe des Firmaments, aber auch durch Wolkenbildungen offenbart. Die Ätherwelt umgibt die Erde wie eine übersinnliche Atmosphäre. In ätherischen Abbildern erscheinen hier die Taten höherer geistiger Wesenheiten (☞ Kapitel 6, S. 119ff.), die als Weltgedanken im Weltenäther weben. Zusammen mit der aus den vier Elementen (Feuer, Luft, Wasser und Erde) aufgebauten physischen Welt bildet die Ätherwelt die *»physisch-ätherische Welt«*.

Die Ätherwelt ›betritt‹ der Mensch, sobald er die Schwelle des Todes überschritten hat. Besser gesagt – dann geht ihm das Bewusstsein für diese Daseinsebene auf. Im Normalfall wird der Verstorbene nur wenige Tage in dieser Welt verbleiben.

5.1.2 Die Astral- oder Seelenwelt

Die nächste der höheren Welten ist die *»Astralwelt«* oder *»Seelenwelt«*. Diese Welt wird auch *»Astralplan«* oder *»astrale Welt«* genannt.

Die Seelenwelt ist die Welt des Lebendig-Seelischen. Sie besteht ganz wesentlich aus lebendigen, lichterfüllten und alles durchdringenden Formen und Farben. Alles ist hier klangvoll und dynamisch, gleichzeitig weisheitsvoll geordnet.[5]

In der Astralwelt sind Gefühle wie Freude und Leid, Liebe und Hass, Begierden, Triebe usw. genau so real vorhanden wie in der physischen Welt materielle Gegenstände. Es gibt in der Seelenwelt nichts, was nicht selbst seelischer Natur wäre. Ein Wesen kann in dieser Welt absolut nichts tun, was in seiner Umgebung nicht sofort und ganz unmittelbar Freude, Lust, Schmerzen, Leid usw. auslösen würde. Es könnte – bildlich gesprochen – nicht einmal einen Finger krümmen, ohne dass andere Seelenwesen dadurch Sympathien oder Antipathien, Freude oder Schmerz empfinden würden. Die ›Materie‹ der *»astralen Wesenheiten«* ist das, was wir Fühlen nennen. **»Dort auf dem Astralplan ist das sichtbar, was für den Menschen zunächst nur fühlbar ist. Lust, Leid, Triebe sind da so wirklich vorhanden, wie auf dem physischen Plane die äußeren Gegenstände, ein Stuhl oder ein Tisch vorhanden sind. Das ist dort so vorhanden, dass ein Wesen, das uns als Lust erscheint, zunächst auf unser Gefühl wirkt, wenn sein Astralstoff noch ganz dünn ist.«**[6]

Die beiden Pole, zwischen denen sich die Seelenkräfte entfalten können, sind Sympathie und Antipathie. Im Erdenleben nehmen wir in unseren Gefühlen diese Kräfte nicht so wahr, wie sie wirklich sind, sondern nur als ein blasses Spiegelbild.

Jede Nacht sind wir während des Schlafes mit unserem Ich und unserem Astralleib (☞ Kapitel 7, S. 137ff.) in der astralen Welt. Allerdings überschreiten die Erlebnisse, die wir dort haben, nicht die Bewusstseinsschwelle.

In der Astralwelt kann man sieben verschiedene Regionen oder Sphären unterscheiden, auf die wir hier aber nicht detailliert eingehen wollen. Man könnte auch von »Seins-« oder »Erfahrungsebenen« sprechen, zu denen sich ein Verstorbener schrittweise hin entwickelt. Sobald er alle notwendigen Erfahrungen in einer dieser Regionen gemacht hat, hat er die Reife erworben, um die nächste zu erleben. Dabei wird er von Engelwesen verschiedener Reiche (☞ Kapitel 6, S. 119ff.) begleitet und unterstützt.

Die ersten vier Regionen der Seelenwelt die man auch als *»untere Seelenwelt«* bezeichnen kann, wurden von Rudolf Steiner mit dem Sanskritwort *»Kamaloka«* zusammengefasst, was mit »Ort der Begierden« übersetzt werden kann. Die oberen drei Regionen ergeben die *»obere«* oder *»höhere Seelenwelt«* .

In der Seelenwelt wird ein Verstorbener im Durchschnitt etliche Jahrzehnte verweilen. Hier geht es im Wesentlichen darum, sein letztes Erdenleben zu verarbeiten, seine Schlüsse daraus zu ziehen und sein zukünftiges Karma keimartig zu veranlagen.

Das, was ein Verstorbener im Kamaloka erleben kann und durchzumachen hat, werden wir in Kapitel 11 (☞ S. 309ff.) in einiger Ausführlichkeit erörtern, soweit es für das zentrale Thema dieses Buches erforderlich ist.

5.1.3 Die Geisteswelt

Die *»Geisteswelt«* oder *»geistige Welt«* ist die höchste der drei übersinnlichen Welten. In den meisten Religionen wird sie *»Himmel«* oder *»Himmelreich«* genannt. In fernöstlichen Traditionen ist die Bezeichnung *»Devachan«* üblich, was wörtlich übersetzt »Gottesgebiet« heißt. Auch Rudolf Steiner verwandte meistens diesen Begriff. In der Bibel ist meistens vom *»Reich Gottes«* bzw. *»Gottesreich«* die Rede.

Auch in der Geisteswelt kann man wieder sieben Regionen oder Sphären unterscheiden. Viele Menschen sind heute der Ansicht, es gäbe nur *einen* Himmel bzw. nur *eine* geistige oder übersinnliche Welt. Dass das aber nicht den Tatsachen entspricht, geht bereits aus der Bibel hervor, da hier in *korrekten* Übersetzungen sehr häufig die Pluralform vorkommt. Dem Apostel Paulus war selbstverständlich ebenfalls bekannt, dass es mehrere Himmel gibt. So schreibt er etwa: *»Ich weiß einen Menschen in Christus, vor vierzehn Jahren [...], dieser wurde in den dritten Himmel entrückt.«*[7] Es würde ja gar keinen Sinn machen, von einem »dritten Himmel« zu sprechen, wenn man nicht wenigstens die Existenz eines ersten und eines zweiten Himmels voraussetzen würde. Der Koran erwähnt in mehreren Suren explizit einen *siebten* Himmel.

Wir kennen doch auch den Ausspruch »im siebten Himmel sein« als eine Bezeichnung für ein Gefühl der allerhöchsten Glückseligkeit. Diesen kann man durchaus als Indiz dafür werten, dass die Menschen früherer Tage wussten oder zumindest ahnten, dass es sieben Himmel bzw. sieben Regionen in der Geisteswelt gibt.

Die unteren vier Regionen der Geisteswelt ergeben die *»untere«*, die drei höchsten die *»obere Geisteswelt«* (☞ Anhang A.2, Tabelle 4, S. 385).

Schon in der Astralwelt sind alle Verhältnisse radikal verschieden von dem, was wir aus der Sinneswelt kennen und gewohnt sind. Das gilt in noch höherem Maße für die geistige Welt. Für alles, was hier webt und west, für alles, was hier geschieht, gibt es kaum passende Worte einer Menschensprache. In der Geisteswelt befinden sich die Urbilder bzw. die schöpferischen Quellen für *alles* Geschaffene, also für alles Seelische, Lebendige, aber auch für alles Materielle. Auch die Geisteswelt darf man sich nicht fernab der Erdenwelt denken. **»Wir haben es nicht zu tun mit einer Welt, die an irgendeinem anderen Ort des Kosmos liegt, sondern mit einer Welt, welche uns überall umgibt, welche überall um uns vorhanden ist. An jedem Punkte unserer Welt ist zugleich diese geistige Welt vorhanden. Es ist kein Wandern in eine andere Welt, wenn wir von der geistigen Welt oder von Devachan sprechen, sondern es ist ein Aufschließen der Organe, ein Erreichen eines anderen Zustandes.«**[8]

In der Geisteswelt wird der Mensch in der Zeit zwischen Tod und neuer Geburt meistens bis zu ein paar Jahrhunderten verweilen. Hier geht es für ihn unter anderem darum, sein nächstes Erdenleben zu planen und vorzubereiten.

5.2 Hellseher und Eingeweihte

Wie bereits erläutert durchziehen und durchdringen sich die Erdenwelt und die übersinnlichen Welten. Alle übersinnlichen Welten sind somit *überall.* Daher ist es auch völlig richtig, wenn man sagt, dass die geistigen Wesen, wie etwa die Engel und natürlich auch die Seelen der Verstorbenen, immer in unserer Nähe, immer bei uns sind. Im Grunde befinden wir uns permanent in allen diesen Welten, wenngleich das unsere Bewusstseinsschwelle nicht überschreitet.

Dennoch ist es ja eine offenkundige Tatsache, dass die überwiegende Mehrheit der Menschen übersinnliche Welten und Wesen *nicht* wahrzunehmen vermag, was bei vielen dazu geführt hat, diese für nicht existent zu halten.

Wie bereits erwähnt war das in früheren Jahrtausenden anders. Die Hellsichtigkeit, also die Fähigkeit, geistige Welten und Wesen wahrnehmen zu können, war in ferner Vergangenheit noch eine ganz normale Gabe, die allen Menschen zu eigen war, die dann notwendigerweise zunächst allmählich verblassen und schließlich ganz verloren gehen musste, um von den Weisungen der Götter unabhängig und selbständige Wesen werden zu können.

Allerdings gab es auch in späterer Zeit, also in den letzten zwei, drei, vier Jahrtausenden einige Persönlichkeiten, die zumindest noch mit Resten dieses atavistischen Hellsehens begabt waren. Denken Sie etwa nur an die alten Propheten. Auch in den nachchristlichen Jahrhunderten sind immer wieder Menschen aufgetreten, die begnadet waren oder wurden, bis zu einem gewissen Grad in geistigen Welten wahrnehmen zu können. Die meisten sind noch heute einer breiten Öffentlichkeit durchaus bekannt. Viele von ihnen sind sogar von der katholischen Kirche heiliggesprochen worden, sofern ihre Schilderungen dem Weltbild und den Dogmen der Kirche nicht widersprachen.

Nachdem in unserer Zeit die Menschen ihre Selbständigkeit und ihre Unabhängigkeit von den Weisungen der geistigen Welt längst erreicht – vermutlich sogar überschritten – und ihre intellektuellen Fähigkeiten längst auf ein hinreichendes Niveau erhoben haben, ist es von großer Bedeutung, dass sie sich früher oder später wieder einen unmittelbaren, persönlichen Zugang zur geistigen Welt erwerben. Es muss also mehr und mehr Menschen geben, die zu einem *zeitgemäßen* Hellsehen fortschreiten. Es dürfte heute wohl bereits viele Tausend Menschen in der Welt geben, die hellsichtig sind und somit mit einem gewissen Recht als »Hellseher«, »Geistesseher« oder kurz »Seher« bezeichnet werden können.

Die Hellsichtigkeit darf gewiss als eine hohe Gabe betrachtet werden. Bei manchen hellsichtigen Menschen tritt diese Fähigkeit im Laufe des Lebens recht spontan auf. Zahlreiche Geistesseher bringen ihre Gabe, in übersinnlichen Welten wahrnehmen zu können, bereits ins Erdenleben mit. Diese vermögen dann schon im Kindesalter, geistige Wesen zu ›sehen‹, die für ihre Eltern, Geschwister, Freunde und Erzieher nicht zu existieren scheinen. Häufig werden ihre Wahrnehmungen und die darauf fußenden Erzählungen nicht ernst genommen. In gar nicht einmal so seltenen Fällen werden solche Kinder als psychisch krank abgestempelt. Ihre Gabe wird ihnen dann bisweilen durch die Verabreichung starker Psychopharmaka ›ausgetrieben‹. Es gehört schon viel Kraft dazu, sich diese Fähigkeit nicht ausreden und nicht nehmen zu lassen. Oftmals kommen sie mit dieser Problematik nur dadurch zurecht, dass sie sich über ihre übersinnlichen Schauungen und Erlebnisse in Schweigen hüllen.

Man darf aber nicht alle heutigen Hellseher in einen Topf werfen. Genau wie bei anderen Fähigkeiten, über die ein Mensch verfügen kann, verhält es sich auch hier so, dass diese Begabung bei unterschiedlichen Hellsehern unterschiedlich stark ausgeprägt sein kann. Schließlich tritt ja auch nicht jeder Sänger in der Mailänder Skala auf, und nicht jeder Fußballer spielt in der Nationalmannschaft.

Nicht jedem Hellseher ist es möglich, in allen Welten bzw. Sphären wahrnehmen zu können; vielen offenbaren sich nur die untersten. Außerdem gibt es durchaus Hellseher, die nicht immer unterscheiden können, ob sie Imaginationen von geistigen Realitäten wahrnehmen oder ob sich ihnen lediglich illusionäre bzw. halluzinatorische Bilder darbieten.

Auf einer noch deutlich höheren Stufe als die Hellseher stehen die sogenannten *»Eingeweihten«* oder *»Initiierten«*. In fernöstlichen Ländern werden sie auch als *»Erleuchtete«* bezeichnet. Eingeweihte hat es zu allen Zeiten der Menschheitsentwicklung in allen großen Kulturen gegeben. Diese konnten die Aufgabe übernehmen, geistige Führer ihres Volkes zu werden. Die zu dieser besonderen Mission für würdig befundenen Menschen mussten einen sehr langen Schulungsweg beschreiten, um schließlich von einem Meister, dem *»Hierophanten«*, die Einweihung, die es in verschiedenen Graden gibt, zu empfangen. In früheren Zeiten wurde das in den sogenannten *»Mysterienstät-*

ten« vollzogen. Diese Stätten wurden streng geheim gehalten. Die Art und Weise, wie diese Einweihungsprozedur vollzogen wurde, kann hier vernachlässigt werden. Ein Eingeweihter, der meistens von den übrigen Menschen nicht als solcher erkannt wird, ist – zumindest im Normalfall – nicht nur im hohen Grade hellsichtig, sondern er hat sich durch seinen langjährigen Schulungsweg sowie die eigentliche Einweihung auch ein profundes Wissen über geistige Wesen und Welten angeeignet, so dass er das, was er zu schauen vermag, weitgehend verstehen und in große Zusammenhänge bringen kann. Bei vielen Hellsehern sind diese Kenntnisse nicht vorhanden, was die große Gefahr birgt, dass sie ihre Schauungen falsch bewerten und einordnen oder im Extremfall gar nicht verstehen. Es liegt auf der Hand, dass es in der Gegenwart *deutlich* weniger Eingeweihte als Hellseher gibt. Um besonders tiefe geistige Schauungen – etwa solche, die in die fernste Zukunft deuten – haben und vor allem diese *verstehen* zu können, bedarf es unbedingt eines sehr hohen Einweihungsgrades.

Eingeweihte, die nahezu jeder kennt, waren die Propheten, von denen das Alte Testament berichtet, und die vier Evangelisten – allen voran Johannes, der Schreiber des Johannes-Evangeliums und der Geheimen Offenbarung. Somit kann man die Evangelien durchaus auch als »Einweihungsschriften« bezeichnen.

Freilich gab es auch in den nachchristlichen Jahrhunderten immer wieder Eingeweihte. Hier soll nur einer erwähnt werden, der als ein hoher christlicher Eingeweihter im 14. Jahrhundert lebte. Er ist heute unter dem Namen *»Gottesfreund aus dem Oberland«* bekannt. Als »Gottesfreund« wurde jemand bezeichnet, der Gott in seinem Innersten erleben konnte. Einige Historiker vermuten, dass es sich bei ihm um den 1317 in Basel geborenen Sohn eines reichen Kaufmanns handelte.

Eines Tages ging er, einer inneren Stimme folgend, in die Straßburger Kathedrale und hörte sich eine Predigt des bekannten Theologen und Mystikers Johannes Tauler (um 1300 bis 1361) an. Anschließend sagte er dem Prediger, dass die Predigt ihn kalt gelassen und dass er dabei nichts empfunden und erlebt habe. Tauler fragte ihn, was er verändern könne. Daraufhin gab der Gottesfreund ihm den Rat, ein Jahr lang nicht mehr zu predigen, sich in ein Kloster zurückzuziehen und innere Übungen zu machen.

Tauler befolgte diesen Rat. Er wurde in dem besagten Jahr esoterischer Schüler des Gottesfreundes, der ihm schließlich die Einweihung zuteil werden ließ.

Als Johannes Tauler ein Jahr später in Anwesenheit des Gottesfreundes in der Straßburger Kathedrale wieder eine Predigt hielt, war diese derart kraftvoll und geisterfüllt, dass vierzig Gläubige vor innerer Erschütterung wie tot zu Boden sanken. **»Johannes Tauler stellt in seinem Meisterbuch dar, dass er Gotteserkenntnis den Menschen mitteilte, aber er konnte das Leben noch nicht überfließen lassen; da kam der Gottesfreund und ließ Johannes Tauler seine Erleuchtung zuteil werden. Der Urquell selbst ging in ihm lebendig auf. Lange Zeit gab er alles Predigen auf und zog sich zurück mit dem Unbekannten aus dem Oberland, um sich in die Geistesverfassung zu bringen, in der dieses Geistesleben aufging, so dass er sich selbst zum Kanal der göttlichen Weisheit machte**

und diese durch ihn in andere überfloss. Seine Rede gewann an Feuer, er machte den größten Eindruck; die Leute wurden durch seine Worte verwandelt, wodurch die Menschen das Fünklein in sich angefacht fanden. Das Ersterben für alles, was lebt in der Außenwelt, das ist das Aufleben des neuen Menschen: das konnte Johannes Tauler jetzt bewirken durch die Kraft seines Wortes.«[9]

Auch für unser Zeitalter gibt es neue, moderne Einweihungswege, die prinzipiell von jedem Menschen beschritten werden können, wenngleich dazu ein sehr hohes Maß an sittlich-moralischer Reife, emotionaler Ausgeglichenheit, Willenskraft und Geduld vonnöten ist. Es ist gerade in unserer heutigen Zeit sehr wichtig, dass initiierte Persönlichkeiten über einen scharfen und wissenschaftlich geschulten Verstand verfügen und somit sehr wohl in der Lage sind, das Geistige, das sich ihnen offenbart, wirklich verstehen und beurteilen zu können.

Um den Unterschied zwischen einem Hellseher und einem Eingeweihten zu verdeutlichen, wollen wir einen einfachen und etwas plakativen Vergleich heranziehen.

Stellen Sie sich einen Menschen vor, der am Rande eines Meeres steht. Nehmen wir nun einmal hypothetisch an, dass die große Masse der Menschheit, zu der auch er gehört, nicht in der Lage ist, ins Meer einzutauchen. So wie die meisten Menschen nicht in der Lage sind, in die geistige Welt zu schauen, wäre er nicht imstande nachzuschauen, ob bzw. was sich unter dem Meeresspiegel verbirgt. Er sieht also nur die Wasseroberfläche. Er nimmt das Kräuseln und die Wellen, die das Meer aufwirft, wahr. An dem, was er sieht, kann er seine Beobachtungen anstellen und sich erfreuen. Das kann ihm genügen. Falls er Wissenschaftler ist, wird er allerlei Theorien bezüglich der Ursachen für das Kräuseln und das Spiel der Wellen begründen. Wenn er nicht materialistisch gesinnt ist, wird er vielleicht daran glauben, dass unter der Oberfläche irgendetwas, was er weder wahrnehmen noch begreifen kann, existiert. Vielleicht wird er sich erkundigen, was Menschen, die in der Lage sind, ins Meer einzutauchen, darüber berichten. Ist er aber Materialist, so wird er behaupten, dass unter der Meeresoberfläche nichts sei.

Einen hellsichtigen Menschen kann man nun vergleichen mit einem, der die Fähigkeit besitzt, ins Meer einzutauchen. Dort wird er dann mannigfaltige Dinge wahrnehmen. Je tiefer er zu tauchen in der Lage ist, desto mehr Einzelheiten wird er sehen und beobachten können. Er wird sie aber möglicherweise nicht verstehen und einordnen können. Er weiß vielleicht nicht, ob es sich um Gestein, Pflanzen, Fische oder sonstiges Getier handelt. Wenn ein Hellseher aber auch ein Eingeweihter ist, so wird er das, was er wahrnimmt und studiert, sehr wohl verstehen und in große Zusammenhänge einordnen können. Er lernt verstehen, um welche Lebewesen es sich handelt, wie sich diese fortpflanzen, was sie fressen usw. Wenn dieser nun anderen Menschen seine Forschungsergebnisse mitteilt, so können diese alles fast genauso gut verstehen, wie wenn sie diese Beobachtungen selbst gemacht hätten.

Der wohl höchste Eingeweihte, der in der neueren Zeit im Abendland aufgetreten ist, war Dr. Rudolf Steiner (☞ Anhang A.1, S. 378ff.), der Begründer der *»Anthroposophie«*. Das meiste, was in diesem Buch dargestellt wird, basiert ganz wesentlich auf seinen unglaublich umfassenden Erkenntnissen, die er aufgrund seines jahrzehntelangen geistigen Strebens und Forschens gewinnen konnte.

Wir werden aber auch die Erkenntnisse, die wir heutigen auf dem Boden der anthroposophisch orientierten Geisteswissenschaft forschenden Geistesseher wie etwa Judith von Halle und Dr. Iris Paxino verdanken, berücksichtigen.

5.3 Übersinnliche Wahrnehmungs- bzw. Erkenntnismöglichkeiten

Wir wollen uns zunächst die Frage vorlegen, *warum* wir Durchschnittsmenschen es nicht vermögen, in den höheren Welten konkret und real wahrzunehmen. Warum können wir Geistiges weder sehen noch hören?

Nun, die Antwort ist einfach – und vielleicht zunächst doch schwer verständlich: Wir Durchschnittsmenschen nehmen die geistige Welt – und natürlich auch die beiden übrigen Welten – nicht wahr, weil wir in ihnen *schlafen*. Diese vielleicht etwas sonderbar klingende Antwort ist im wortwörtlichen Sinne zu verstehen, wie man sich leicht klarmachen kann. Wenn wir nachts im Bette schlafen, so wird uns die Sinneswelt doch auch nicht bewusst. Sie scheint für uns in dieser Zeit nicht zu existieren. Wir nehmen nichts Physisches wahr; wir sehen, hören, fühlen, riechen und schmecken nichts. So wie wir nachts in der physischen Welt schlafen, so schlafen wir *permanent* in den übersinnlichen Welten. Wie für uns nachts die Sinneswelt nicht zu existieren scheint, so scheinen für uns die höheren Welten *grundsätzlich* nicht zu existieren, obwohl wir uns im Grunde immer in ihnen befinden. Die physische Welt nehmen wir erst wieder wahr, nachdem wir morgens aufgewacht sind. Dann wird sie uns wieder bewusst. Sie kann uns deshalb bewusst werden, weil wir über die dazu nötigen *physischen Sinnesorgane* verfügen. Diese Organe waren aber im Urbeginn noch undifferenziert und nicht so entwickelt, dass der Mensch durch sie Wahrnehmungen haben konnte. Erst durch die Einwirkungen des Lichtes und des Schalls konnten sich im Laufe der Zeit die Augen und Ohren zu solchen Organen entwickeln, die den Menschen befähigen, Sinnliches zu sehen bzw. zu hören.

Um in den übersinnlichen Welten – beispielsweise in der Geisteswelt – wirklich aufwachen zu können, brauchen wir andere Organe, »geistige Organe«. Diese Organe, »geistige Augen«, »geistige Ohren«, usw., werden in fernöstlichen Traditionen »Chakren« oder »Lotosblumen« genannt. Dass sich diese Organe den physischen, materiellen Forschungsmethoden unserer Wissenschaftler entziehen und somit von ihnen für nicht existent gehalten werden, muss wohl nicht erwähnt werden. Über diese Organe verfügt *jeder* Mensch. Bei jedem sind sie *keimartig* veranlagt. Sie sind bei der großen Mehrheit der Menschen allerdings noch nicht ›geöffnet‹, so dass man mit ihnen nicht wahrnehmen kann. Sie befinden sich quasi noch im Embryonalzustand – ähnlich wie das im Urbeginn mit unseren heutigen Sinnesorganen auch der Fall war. Erst nach dem Tod, wenn wir mit unserem physischen Leib die Sinnesorgane ablegen, wird uns diese Wahrnehmungsmöglichkeit erschlossen. Diese geistigen Organe *können* aber auch prinzipiell bei jedem Menschen zu Lebzeiten durch eine langjährige geistige Schulung geöffnet werden.

Wenn ein Hellseher geistig wahrnimmt, also geistige Welten und Wesen beobachtet, versetzt er sich, während er gewissermaßen ›außerhalb seines Körpers‹ ist, in einen anderen Bewusstseinszustand, der ihm eine *höhere* Wahrnehmungs- bzw. Erkenntnismöglichkeit eröffnet. Dann kommt noch etwas Entscheidendes hinzu: Der hellsichtige Mensch der heutigen Zeit muss in der Lage sein, während seiner geistigen Beobachtungen sein übliches »Ich-« oder »Tages-Bewusstsein« voll aufrechtzuerhalten, das ihm stets eine kritische Instanz sein muss.

Man muss drei Arten der übersinnlichen Wahrnehmung unterscheiden, und zwar: *»imaginative Wahrnehmung«*, *»inspirative Wahrnehmung«* und *»intuitive Wahrnehmung«*.

5.3.1 Die imaginative Wahrnehmung – Imaginationen

Einem Seher, der imaginativ wahrnimmt, offenbaren sich die übersinnlichen Welten namentlich die Äther- und Astralwelt, in *»Imaginationen«*. Vor seinem ›geistigen Auge‹ breitet sich eine lebendige und bewegliche *Bilderwelt* aus, die im Grunde mit nichts vergleichbar ist, was wir aus unserer Sinneswelt kennen. Diese Imaginationen zeigen aber nichts Nebulöses, Willkürliches oder gar Fiktives. Solche Imaginationen sind viel lebendiger und wirklichkeits-gesättigter als alles, was physische Augen sehen können. Sie sind Abbilder ganz realer und konkreter geistiger Tatsachen. Diese Imaginationen, die strikt von Halluzinationen, Visionen und Phantasiegebilden unterschieden werden müssen, sind Kundgebungen geistiger Wesen. **»Wenn der Beobachter höherer Welten einmal weiß, was wirklich Imagination ist, dann erhält er auch sehr bald die Empfindung, dass die Bilder der astralen Welt nicht bloße Bilder, sondern die Kundgebungen geistiger Wesenheiten sind. Er lernt erkennen, dass er die imaginativen Bilder ebenso auf geistige oder seelische Wesenheiten zu beziehen hat wie die sinnlichen Farben auf sinnliche Dinge oder Wesenheiten.«**[10]

Damit sich die Imaginationen entfalten können, muss sich das Bewusstsein vom Werkzeug des physischen Leibes lösen. Der Seher muss gewissermaßen ›außerhalb seines Körpers‹ sein. Die Kräfte, die ansonsten von dem Leib aufgebraucht werden, müssen ins Seelisch-Geistige gewendet werden. **»Dadurch, dass wir das Körperliche ausschalten,**

dringt der Geist, der sonst in unseren Handlungen zum Ausdruck kommt, herauf in die Seele und erfüllt diese mit dem, was sie sonst für das Körperliche verwenden muss. Der Geistesforscher weiß, dass er dasjenige dem Leibe entrücken muss, was sonst der Leib konsumiert. Für die imaginative Erkenntnis muss also das Leibliche ausgeschaltet werden.«[11]

Auf der imaginativen Wahrnehmung basieren alle höheren Wahrnehmungsmöglichkeiten bzw. Erkenntnisstufen. **»Es ist ganz unmöglich, wirkliche Fortschritte in Bezug auf das Vordringen in höhere Welten zu machen, ohne durch die Stufen der imaginativen Erkenntnis hindurchzugehen.«**[12]

Vielen Zeitgenossen – selbst denjenigen, die von der Existenz höherer Welten sowie einem Leben des Menschen nach dem Tod und vielleicht sogar von der Reinkarnation überzeugt sind – mag es nicht ganz leicht fallen, diese übersinnlichen Wahrnehmungs- bzw. Erkenntnismöglichkeiten als eine Wahrheit anzuerkennen. Vermutlich liegt das einfach daran, dass diese Fähigkeiten so weit entfernt von allem sind, was sie selbst kennen und erfahren können. Diese Skeptiker könnten allerdings unzählige Stellen der Bibel nicht richtig deuten, an denen Ereignisse geschildert werden, welche sich im Geistigen abgespielt haben und vom Schreiber imaginativ geschaut wurden. Man würde die Heilige Schrift gar nicht verstehen können, ja geradezu verleugnen, wenn man diese Tatsache nicht anerkennen würde. Viele Bibelleser bemerken allerdings nicht, dass es sich bei sehr vielen Schilderungen um die Darstellung von etwas Geistigem handelt, sondern fassen diese als etwas auf, was sich im *äußerlich* Sichtbaren, also in der Sinneswelt ereignet habe. Betrachten wir dazu nur ein Beispiel.

Im Zusammenhang mit der Taufe Jesu am Jordan schreibt der Evangelist Markus: *»Und sobald er aus dem Wasser heraufkam, sah Johannes die Himmel aufreißen und den Geist wie eine Taube auf ihn herabkommen.«*[13]

Viele neigen dazu, solche Sätze materialistisch auszulegen. So glauben sie, dass mit der Formulierung *»die Himmel aufreißen«* gemeint sei, dass die Wolken aufrissen. Vielmehr ist diese Formulierung aber so zu verstehen, dass sich der Schleier, der die Sinneswelt von den übersinnlichen Welten trennt, für Johannes öffnete, so dass dieser in die Geisteswelt schauen konnte. Weiterhin glauben viele, dass eine Taube, so wie wir sie aus der Erdenwelt kennen, herabgeschwebt sei. Dass Johannes nicht etwa eine wirkliche Taube sah, wird schon durch die Formulierung *»wie eine Taube«* deutlich. Das, was da als Geistiges vom Himmel herniederkam, nahm Johannes als imaginatives Bild wahr, das er mit Worten einer Menschensprache am ehesten und besten mit einer Taube vergleichen konnte.

Wie wir schon geschildert haben, ist der *Christus*-Geist bei der Taufe am Jordan in die leiblichen Hüllen des *Jesus von Nazareth* eingezogen. Der Christus konnte aus geistigen Höhen herabsteigen und sich in dieses Leibesgefäß hineinsenken.

5.3.2 Die inspirative Wahrnehmung – Inspirationen

Die nächste Wahrnehmungs- oder Erkenntnisstufe bezeichnet man als *»inspirative Wahrnehmung«*. Die Imaginationen werden jetzt gewissermaßen sprechend. In der *»Inspiration«* sprechen die Erlebnisse der höheren Welten ihre Bedeutung aus. **»Wie man die Imagination ein geistiges Schauen nennen kann, so die Inspiration ein geistiges Hören. Man muss allerdings bei diesem Ausdrucke ›Hören‹ sich darüber klar sein, dass damit ein Wahrnehmen gemeint ist, welches dem sinnlichen Hören in der physischen Welt noch viel ferner steht als das ›Schauen‹ in der imaginativen (astralen) Welt dem Sehen mit den physischen Augen.«**[14]

Um in der geistigen Welt wahrnehmen zu können, bedarf es der Inspiration.

Von der inspirativen Wahrnehmung ist in der Bibel ebenfalls häufig die Rede.

Wenn es etwa heißt: *»Als er das bei sich erwog, siehe, da erschien ihm ein Engel des Herrn im Traum und sprach: Joseph, Sohn Davids, scheue dich nicht, Maria, deine Frau, zu dir zu nehmen; denn das Kind, das sie erwartet, ist unter dem Walten des heiligen Geistes empfangen. Sie wird einen Sohn gebären, und du sollst ihm den Namen Jesus geben.«*[15]

oder *»Und ein Ruf ertönte aus den Himmeln: Du bist mein geliebter Sohn, in dir bin ich offenbart.«*[16]

oder *»Aber der Engel des Herrn redete zu Philippus und sprach: Steh auf und geh nach Süden auf die Straße, die von Jerusalem nach Gaza hinabführt und öde ist.«*[17], so ist das natürlich nicht so zu verstehen, dass die Worte Gottes bzw. des Engels an die physischen Ohren der Angesprochenen gedrungen wären. Da göttliche Wesen keinen physischen Leib und somit auch keine Sprechwerkzeuge haben, können sie sich nicht durch eine sinnliche Sprache ausdrücken.

Die ›Göttersprache‹ ist eine rein geistige Sprache oder – wie man vielleicht auch sagen könnte – eine Gedankensprache. Die in den obigen Versen der Heiligen Schrift angesprochenen Persönlichkeiten konnten die Worte durch Inspiration ›hören‹. Wenn ein anderer, der nicht inspirativ wahrnehmen kann, in der Nähe gewesen wäre, so hätte er nichts vernommen.

5.3.3 Die intuitive Wahrnehmung – Intuitionen

Die höchste Form der übersinnlichen Wahrnehmung, zu der sich nur wenige Hellseher zu erheben vermögen, wird *»intuitive Wahrnehmung«* genannt. Von den beiden ersten Wahrnehmungsstufen kann der Geistesseher zur *»Intuition«* aufsteigen. **»Und je weiter sich der geistige Beobachter in Bezug auf das verfeinert, was ihm schon für die Inspiration gedient hat, desto mehr vermag er sich der Intuition zu nähern.«**[18]

Diese Wahrnehmungsmöglichkeit ist so umfassend, dass der Seher, der intuitiv wahrzunehmen vermag, die Geschehnisse im Kosmos mit*erleben* kann. Er ›steckt‹ ganz in den geistigen Wesen ›drin‹ und kann sich mit ihnen quasi ›eins‹ fühlen. Der Geistesseher muss gewissermaßen aus sich selbst heraustreten und ganz selbstlos werden, um sich in eine andere Wesenheit hineinversetzen und mit ihr gewissermaßen verschmelzen zu können.

Rudolf Steiner sagte dazu einmal: **»Das Leben der Dinge in der Seele ist nun die Intuition. Es ist eben ganz wörtlich zu nehmen, wenn man von der Intuition sagt: man kriecht durch sie in alle Dinge hinein.«**[19]

Auch den ›wahren‹ Menschen – nicht den, der uns äußerlich gegenübersteht – kann man nur durch Intuition erkennen. Erst dann kann man wirklich wissen, was der Mensch eigentlich ist, nämlich ein geistig-seelisches Wesen.

Durch die intuitive Wahrnehmung bzw. Erkenntnis kann ein Geistesseher beispielsweise das Leben der Seele eines Verstorbenen bis in die höchsten Sphären der geistigen Welt verfolgen und gewissermaßen miterleben. Die Intuitionen entsprechen dem, was die Mystiker als die »Einswerdung mit Gott« anstrebten. Alles wird mit voller Gedankenklarheit und nicht bloß gefühlsmäßig erlebt.

****

Diese drei Wahrnehmungsmöglichkeiten bzw. Erkenntnisstufen stehen in unmittelbarer Beziehung zu den Lotosblumen bzw. Chakren. Wenn sich die zweiblättrige Lotosblume, das Stirnchakra, nach innen wendet, entsteht die Fähigkeit zur ganz normalen Wahrnehmung der sinnlichen Außenwelt. Wenden sich ihre »astralen Fangarme« – wie Rudolf Steiner sie nannte – nach außen, so entsteht die Imagination. Wendet sich die sechzehnblättrige Lotosblume nach innen, ermöglicht sie das Gefühl. Nach außen gewendet entsteht die Inspiration. Wenn sich die zwölfblättrige Lotosblume nach innen wendet, ermöglicht sie die Gedankenbildung. Nach außen gewendet führt sie zur Intuition.[20]

Im Leben zwischen Tod und neuer Geburt werden Imaginationen, Inspirationen und Intuitionen zur normalen Wahrnehmungsform des Menschen. Im ersten Drittel dieser langen Zeitspanne wird der Mensch vorwiegend imaginativ, im zweiten Drittel zusätzlich inspirativ und im letzten Drittel intuitiv wahrnehmen. Wenn man Nahtod-Berichte studiert, kann deutlich werden, dass auch den Menschen, die schon einmal ganz nah an der Todesschwelle standen, die imaginative und die inspirative Wahrnehmungsmöglichkeit eröffnet wurden.

5.3.4 Das ›Lesen‹ in der Akasha-Chronik

Wir kommen in diesem Abschnitt auf ein sehr spannendes Thema zu sprechen, das Sie vielleicht auch schon einmal bewegt haben.

Wenn man die Schöpfungsgeschichte in der Genesis, dem ersten Buch Mose, liest, so kommt einem doch unweigerlich die Frage: Wie bzw. woher konnte *Moses* eigentlich wissen, was sich in *urferner Vergangenheit* vor und bei der Entstehung der physischen Welt in der heutigen Form zugetragen hat? Wie konnte er die Vorgänge bis zum Schaffen des Erdenmenschen so genau beschreiben?

Der Schreiber der Genesis hat natürlich nicht über etwas berichtet, was irgendwo in irgendeiner Form in der *physischen* Welt wahrzunehmen war. Er wurde vielmehr mit der ›seherischen Gabe‹ begnadet, die es ihm ermöglichte, diese Geschehnisse in gewaltigen Imaginationen zu schauen. Er ›sah‹ also mit ›geistigen Augen‹ die majestätischen Geschehnisse in Bildern, solchen Bildern, die nicht mit Traumbildern oder Illusionen zu verwechseln sind, sondern solchen, die die tatsächlichen Vorgänge in sachgemäßer Weise wiedergaben. Moses sah in einer kurzen Geistesschau zusammengedrängt – sozusagen im Zeitraffer – Geschehnisse, die sich über unermesslich lange Zeiträume erstreckt haben. Diese ›sah‹ Moses in der sogenannten *»Akasha-Chronik«*, dem großen *»kosmischen Gedächtnis«* oder *»Weltengedächtnis«*.

Was hat man sich unter dieser ›Chronik‹ vorzustellen? »Akasha« kommt aus dem Sanskrit und kann mit »leuchtend« oder »strahlend« übersetzt werden. **»Der Akasha-Stoff steht zwischen der physischen und astralen Materie. Er ist die feinste physische Materie, die allerfeinste Materie, in welcher der Gedanke sich unmittelbar ausprägen kann.«**[21]

»Die ganze Erde war früher in einem viel feineren, dünneren ätherischen Zustande da. Akasha ist die feinste Form, in der vor Urzeiten sich alles im Ätherzustand befand, was jetzt als Festes, Flüssiges und so weiter auf der Erde uns entgegentritt. Der feste Granit unserer Urgebirge, alle Metalle, alle Salze, alle Kalkarten, alles was heute auf unserer Erde ist – auch alle pflanzlichen und tierischen Formen –, waren damals vorhanden in diesem feinen Akasha. Akasha ist die feinste Form der Materie.«[22]

Akasha ist eine der subtilsten Substanzen, die dem geistigen Streben eines hellsichtigen Menschen noch zugänglich ist. In diese Substanz ist alles ›eingeschrieben‹, was sich von Anbeginn der Weltentwicklung abgespielt hat.

Nichts von dem, was jemals im Kosmos geschehen ist, geht verloren. Alle Taten, Gedanken, Worte, Gefühle usw. prägen sich in die *»Akasha-Substanz«* ein. Hierbei ist nicht nur an die großen Taten und Gedanken der göttlich-geistigen Wesen, sondern auch an alle großen und kleinen Taten und Gedanken eines *jeden einzelnen Menschen* zu denken. Alle Taten, die der Mensch auf dem physischen Plan vollbringt, haben ihr geistiges Gegenbild, das sich in die Akasha-Chronik einschreibt. Da man in dieser kosmischen Substanz in gewisser Weise wie in einem lebendigen Geschichtsbuch lesen kann, spricht man von der *»Akasha-Chronik«*.

»Was ist Akasha-Chronik? Wir machen uns den besten Begriff davon, wenn wir uns klar sind, dass alles, was auf unserer Erde oder sonst auf der Welt geschieht, einen bleibenden Eindruck auf gewisse feine Essenzen macht, der für den Erkennenden, der eine Einweihung durchgemacht hat, aufzufinden ist. Es ist keine gewöhnliche Chronik, sondern eine Chronik, die man als eine lebendige bezeichnen könnte.

Nehmen wir an, ein Mensch lebte im ersten Jahrhundert nach Christo. Das, was er damals gedacht, gefühlt, gewollt hat, das, was in seine Taten übergegangen ist, ist nicht ausgelöscht, sondern es ist aufbewahrt in dieser feinen Essenz. Der Seher kann es ›sehen‹. Nicht etwa so, wie wenn es aufgeschrieben wäre in einem Geschichtsbuche, sondern so, wie es sich zugetragen hat. Wie man sich bewegt, was man getan, wie man zum Beispiel eine Reise gemacht hat, kann man sehen in diesen geistigen Bildern. Man kann auch die Willensimpulse, die Gefühle, die Gedanken sehen.

Doch wir dürfen uns nicht vorstellen, dass diese Bilder sich so ausnehmen, als wenn sie Abdrücke der physischen Persönlichkeiten hier wären; das ist nicht der Fall. Um ein einfaches Bild zu gebrauchen: Wenn man seine Hand bewegt, so ist der Wille des Menschen überall in den kleinsten Teilen der sich bewegenden Hand, und diese Willenskraft, die sich hier versteckt, die kann man sehen. Das, was jetzt geistig wirkt in uns und im Physischen ausgeflossen ist, das sieht man dort im Geistigen. Suchen wir zum Beispiel Cäsar auf. Wir können alles, was er unternommen hat, verfolgen.

Doch machen wir uns klar, dass wir mehr die Gedanken des Cäsar sehen können in der Akasha-Chronik. Wenn er sich vorgenommen hat, etwas zu tun, sieht man die ganze Folge von Willensentschlüssen bis zu dem Punkte, wo die Tat ausgeflossen ist ins Leben.«[23]

In der Akasha-Chronik ist nicht nur alles verzeichnet, was von Anbeginn der Welt bis heute geschehen ist, sondern auch dasjenige, was zukünftig zu geschehen hat. Natürlich kann hier nicht in Einzelheiten stehen, was etwa ein bestimmter Mensch in der Zukunft erleben wird. Das ist auch weitgehend offen, da es nicht zuletzt dem freien Willen des Menschen unterliegt. Aber die großen göttlichen Weltentwicklungsziele sind hier zumindest in ihren groben Zügen einverwoben. Auf diese Weise war es auch dem Evangelisten Johannes möglich, in seiner *»Geheimen Offenbarung«* zu schildern, was in ferner Zukunft geschehen wird.

Rudolf Steiner machte in einem seiner unzähligen Vorträge anhand eines Beispiels deutlich, wie man sich das ›Einschreiben‹ in diese Chronik vorstellen kann: **»Während ich hier spreche, ist dieser ganze Luftraum ausgefüllt mit Schallwellen. Denken Sie sich, diese Schallwellen könnten durch irgendein Mittel fixiert werden** [Anm. des Verfassers: was ja heute längst möglich ist], **dann würden Sie eine Aufzeichnung haben von alledem, was hier gesprochen wird. Ebenso wie das Wort, das ich hier spreche, einen Eindruck macht**

auf das Medium, auf das Mittel um uns herum, so machen es auch die anderen Äußerungen der Menschennatur, allerdings nicht auf die Luft, sondern auf die Akasha-Materie, in der sich nicht nur die gesprochenen Worte abdrücken, sondern alle Gedanken, Gefühle und Willensimpulse des Menschen.«[24]

Man könnte die Akasha-Chronik vielleicht anhand eines etwas trivialen und platten materiellen Vergleiches verdeutlichen. Stellen Sie sich eine gigantische Festplatte mit einer unbegrenzten Kapazität vor, auf der vertonte Filme über alles, was jemals auf der Erde geschehen ist, gespeichert sind. Nun könnte jeder, der über die entsprechende Technik und das Know-how verfügt, jederzeit einen gewünschten Film abrufen und anschauen.

Zu irdischen Lebzeiten ist es nur einem begnadeten Geistesseher möglich, in dieser ›Chronik‹ zu ›lesen‹. Diesen Vorgang könnte man etwas plakativ auch als ›geistige Zeitreise‹ bezeichnen. Nur auf diese Art kann ein solcher beispielsweise wissen, wie sich bestimmte Entwicklungen im Weltenprozess abgespielt haben oder in der Zukunft abspielen werden. Auf diese Weise war es Rudolf Steiner insbesondere auch möglich, frühere Erdenleben zahlreicher Individualitäten sowie die entsprechenden karmischen Zusammenhänge zu erforschen und ausführlich zu beschreiben (☞ auch Kapitel 9, S. 189f. und Kapitel 10, S. 232f.).

Übrigens, nach dem Tod lebt der Mensch gewissermaßen in dieser Akasha-Substanz, etwa so, wie wir hier auf der Erde innerhalb der uns umgebenden Atmosphäre leben. Während die Erinnerung an das Erdenleben im Leben zwischen Tod und neuer Geburt mehr und mehr schwindet, tauchen jetzt alle Ereignisse aus dem abgelegten Erdenleben so auf, dass sie sich dem Menschen in der Akasha-Chronik entgegenstellen, so dass er der gewöhnlichen Erinnerung nicht mehr bedarf.

Werfen wir einmal einen kurzen Blick auf die Entstehung der vier Evangelien. Viele Menschen gehen davon aus, dass die Evangelisten, also Matthäus, Markus, Lukas und Johannes, die Ereignisse, die vor 2.000 Jahren in Palästina – von der Geburt Jesu bis zur Himmelfahrt Christi – geschehen sind, nach bestem Wissen und Gewissen aus dem Gedächtnis heraus aufgeschrieben hätten.

Nachdem längst erwiesen ist, dass die Evangelien erst Jahrzehnte nach dem Kreuzestod des Erlösers verfasst worden sind, kommen verständlicherweise große Zweifel auf, ob es sich hierbei wirklich um authentische Berichte handeln könne. Man fragt sich: Wie konnten die Schreiber sich nach so vielen Jahren noch so exakt an alle Ereignisse und Begebenheiten, die ja zum Teil taggenau, bisweilen sogar auf die Stunde genau geschildert werden, erinnern? Wie konnten sie insbesondere noch den getreuen Wortlaut der vielen Reden des Erlösers wiedergeben? Hätten die Evangelisten tatsächlich aus ihrem gewöhnlichen Erinnerungsvermögen heraus die Schriften verfasst, müsste man in der Tat allergrößte Zweifel anmelden, was Aussagekraft und Authentizität der Texte betrifft. Im Grunde wären die Evangelien dann Legenden.

Natürlich haben die Evangelisten *nicht* aus ihrer normalen Erinnerung geschöpft. Sie waren – genau wie Moses – mit hellseherischen Fähigkeiten begabt, die es ihnen ermöglichten, die Geschehnisse von Palästina im Geistigen zu sehen und zu hören. Das, was sie auf diese Art – insbesondere in der Akasha-Chronik – wahrnehmen konnten, schrieben sie getreulich auf. Es entstanden die *Urtexte* der Evangelien.

Aus diesem großen Weltengedächtnis konnte Rudolf Steiner im Übrigen noch sehr viele Erkenntnisse über das gewinnen, was vor 2.000 Jahren in Palästina geschah. In den vier Evangelien ist nur ein Bruchteil dessen vorhanden, was in dieser Zeit passiert ist. Johannes schreibt am Ende seines Evangeliums ja selbst, dass alle Bücher der Welt nicht ausreichen würden, um alles aufschreiben zu können, was geschehen ist.[25] Insbesondere über die Kindheit und Jugend des Jesus von Nazareth kann man in den Evangelien kaum etwas finden. Lediglich bei Lukas[26] und bei Matthäus[27] wird kurz die Geburt Jesu geschildert. Zudem sind diese beiden Schilderungen sehr unterschiedlich, ja sie *erscheinen* geradezu widersprüchlich. Ansonsten gibt es nur noch eine Stelle, die vom jungen Jesus erzählt. Es ist die Tempelszene, in der der zwölfjährige Jesus, der von seinen Eltern drei Tage vermisst wurde, im Tempel inmitten der Schriftgelehrten sitzend wiedergefunden wurde.[28] Dann setzt die Berichterstattung über Jesus von Nazareth erst wieder ein, als er im Alter von 30 Jahren am Jordan getauft wurde und das Christus-Ich in sich aufnahm. Alle die vielen und wichtigen Begebenheiten aus Jesu Leben bis zu seinem dreißigsten Lebensjahr findet man nicht in der Bibel. Rudolf Steiner hat diese aus der Akasha-Chronik rekonstruiert. Erst durch die so gewonnenen Erkenntnisse kann man heute langsam ein Verständnis für die Wesenheit Jesu, die später zur Hülle des Christus wurde, gewinnen. Ein Leser, der hierzu Näheres erfahren möchte, sei auf unser Buch *»Das Götterprojekt Mensch«* hingewiesen (☞ S. 418).

Kapitel 6

Wie kann die Reinkarnationslehre erkenntnis-theoretisch hergeleitet und begründet werden?

Dreierlei bedingt den Lebenslauf eines Menschen
innerhalb von Geburt und Tod.
Und dreifach ist er dadurch abhängig von Faktoren,
die jenseits von Geburt und Tod liegen.
*Der **Leib** unterliegt dem Gesetz der **Vererbung**;*
*die **Seele** unterliegt dem selbstgeschaffenen **Schicksal**.*
Man nennt dieses von dem Menschen geschaffene Schicksal
*mit einem alten Ausdrucke sein **Karma**.*
*Und der **Geist** steht unter dem Gesetze*
*der **Wiederverkörperung**, der wiederholten Erdenleben.*

Rudolf Steiner[1]

Wir haben in Kapitel 3 erörtert, dass es nicht möglich ist, geistige Tatsachen so zu beweisen oder nachzuweisen, dass sie von jedem als gültig und wahr anerkannt werden müssten. Wir haben des Weiteren gesehen, dass das auch für viele Tatsachen gilt, die uns die Wissenschaften lehren. Dennoch sollte es möglich sein, auf erkenntnis-theoretischem Wege Argumente zu finden, welche die wiederholten Erdenleben fast zwingend notwendig erscheinen lassen. Machen wir uns also auf den Weg.

6.1 Wie kann man eine Erklärung für die unterschiedlichen Fähigkeiten, Begabungen und Talente der Menschen finden?

Wohl jeder irgendwie religiös gesinnte Zeitgenosse wird zugeben, dass der Mensch, so wie er auf der Erde wandelt, aus *mindestens* zwei ›Wesensgliedern‹ besteht. Zum einen besitzt der Mensch seinen *physischen* Körper, der aus Erdenstoffen aufgebaut und den Gesetzen der Physik und Chemie unterworfen ist. Dieser Körper, den jeder vermöge seiner üblichen Sinne wahrnehmen kann, ist von unseren Wissenschaftlern bis zu einem hohen Grad erforscht. Seinen Organismus und seine Funktionsweise können sie weitgehend erklären. Die besondere Gestalt dieses Körpers ist in hohem Maße vom Erbgut der Vorfahren abhängig. Dieser Leib ist sterblich. Nach dem

Tod seines Trägers löst er sich durch Verbrennung oder Verwesung auf und wird in die Erdsubstanz einverwoben.

Darüber hinaus besitzt jeder Mensch noch ein ›geistig-seelisches Wesensglied‹, das man als den »ewigen Wesenskern«, den »göttlichen Funken« oder – um einen im Christentum üblichen Ausdruck zu benutzen – als »Seele« oder auch »Geistseele« bezeichnen könnte (☞ Kapitel 7, S. 139ff.). Dieser Wesenskern ist immaterieller Natur und daher den physischen Sinnesorganen und den naturwissenschaftlichen Forschungsmethoden nicht zugänglich. Die Seele ist unsterblich. Sie überdauert den Tod des Menschen und den Verfall des physischen Körpers, um dann in andere Welten zu treten.

Bis zu diesem Punkt dürfte auch ein Vertreter der großen christlichen Kirchen, also einer, der die Reinkarnationslehre ablehnt, keine Einwände anmelden. Von Einwänden materialistisch gesinnter Wissenschaftler, die alles negieren, was geistig-seelischer Natur ist und geistig-seelische Betätigungen als Produkt irgendwelcher Gehirnfunktionen auffassen, sollten wir uns jetzt nicht mehr in die Irre führen lassen.

Nun ist ja nicht zu leugnen, dass zwei unterschiedliche Menschen, die man auf dem physischen Plan beobachten kann, recht verschieden voneinander sein können. Hierbei soll nicht so sehr an solche Unterschiede gedacht werden, die sich dem bloßen Auge des Betrachters offenbaren. Es geht also nicht darum, dass der eine klein, der andere groß gewachsen ist, dass der eine blaue, der andere braune Augen hat usw. Solche rein *körperlichen* Unterschiede sind ja weitgehend mit den unterschiedlichen Erbanlagen zu erklären. Sie stellen also kein Mysterium mehr dar. Denken Sie vielmehr an solche Unterschiede, die eher *geistig-seelischer* Art sind und die sich nicht zwingend notwendig auf unterschiedliche Vererbungsströme zurückführen lassen. Wie unterschiedlich sind die Menschen, wenn Sie etwa an intellektuelle Fähigkeiten, spezifische Begabungen und Talente, Temperamente, Neigungen und dergleichen denken.

Betrachten wir ein sehr extremes Beispiel: Nehmen Sie auf der einen Seite einen Menschen eines unzivilisierten Naturvolkes oder auch einen sehr einfältigen, schlichten Menschen aus unserem Kulturkreis und auf der anderen Seite eines der großen Genien wie etwa Johann Wolfgang von Goethe, Wolfgang Amadeus Mozart, Leonardo da Vinci, um nur einige zu nennen. Neben diesen jedem bekannten großen Persönlichkeiten der Menschheitsgeschichte kann man auch an die vielen »Wunderkinder« denken, die meistens schon sehr früh starben und nicht zuletzt daher nie in den Fokus einer breiten Öffentlichkeit getreten sind. In der einschlägigen Literatur und im Internet kann man zahlreiche Berichte über solche Persönlichkeiten nachlesen, deren Leistungen, zu denen sie schon in früher und frühester Kindheit fähig waren, mehr als erstaunlich und geradezu unfassbar sind. Hier sollen in aller Kürze nur zwei dieser Wunderkinder kurz vorgestellt werden.

Am 6. Februar 1721 wurde in Lübeck Christian Heineken geboren. Bereits mit wenigen Monaten konnte er komplizierte Sätze in Plattdeutsch und in Hochdeutsch, die er aufschnappte, fehlerfrei wiedergeben. Etwas Gehörtes vergaß er nie wieder, auch wenn es in Französisch oder Latein gesprochen war. Mit 14 Monaten kannte er das Alte Testament auswendig, einige Wochen später auch das Neue Testament sowie 200 Kirchenlieder. Der Wunderknabe wurde nur vier Jahre alt. Immanuel Kant hatte von ihm Kenntnis und bezeichnete ihn als »frühkluges Wunderkind von ephemerischer Existenz«.[2]

Nahezu zeitgleich, am 19. Januar 1721 kam Jean Philippe Baratier in Schwabach als Sohn eines reformierten Pfarrers zur Welt. Dieser konnte mit drei Jahren lesen und schreiben. Im Alter von acht Jahren beherrschte er mehrere Sprachen perfekt, darunter auch Latein, Griechisch, Arabisch, Hebräisch, Chaldäisch und Syrisch. Etwas später erwies er ungeahnte Fähigkeiten in der Religionsphilosophie, Mathematik und Astronomie. Mit 14 Jahren wurde er zum jüngsten Mitglied der Preußischen Akademie der Wissenschaften ernannt. Gleichzeitig begann er in Halle ein Jurastudium. Als 17-jähriger hielt er Vorlesungen an der Universität. Er starb mit 19 Jahren.[3]

Einige nahezu jedem bekannte Wissenschaftler erstaunten ebenfalls schon in frühester Kindheit mit ganz unglaublichen Leistungen, so dass man sie durchaus auch als Wunderkinder bezeichnen kann. Einer von ihnen war der im Jahre 1777 in Braunschweig geborene Carl Friedrich Gauß, der als der vielleicht größte Mathematiker seit der Antike gilt. Von ihm sind einige Begebenheiten überliefert, die von seiner Genialität zeugen, die schon in seiner Kindheit aufblitzte.

So entdeckte und korrigierte er im Alter von drei Jahren einen Fehler in der Lohnabrechnung seines Vaters. Zwei Jahre später war der junge Gauß so versiert in finanziellen Angelegenheiten, dass er regelmäßig die Buchführung seines Vaters überprüfte.

Das im Folgenden erwähnte Ereignis, mit dem er als Siebenjähriger in der Schule für großes Aufsehen sorgte, dürfte vielen Lesern bekannt sein. Der Mathematiklehrer gab den Schülern die Aufgabe, die ersten 100 natürlichen Zahlen zu addieren, also 1 + 2 + ... + 99 + 100 und ihm dann das Ergebnis zu nennen. So hoffte er bis zum Ende der Unterrichtsstunde seine Ruhe zu haben. Doch Gauß erkannte blitzschnell die Lösung, mit der er sich das aufwendige Addieren sparen konnte. Er bemerkte, dass es 50 Zahlenpaare gibt, deren Summe jeweils 101 ergibt: 1 und 100, 2 und 99, 3 und 98, ..., 50 und 51. Nun musste er nur noch 50 mit 101 multiplizieren, so dass er fast augenblicklich auf die korrekte Gesamtsumme von 5.050 kam. Daraus entstand dann die heute jedem Schüler bekannte »Gaußsche Summenformel« zur Addition der ersten n natürlichen Zahlen: $(n^2 + n) / 2$.

Aber auch in unserer heutigen Zeit gibt es etliche junge Menschen, die über höchst erstaunliche Fähigkeiten verfügen. Vielleicht haben Sie schon von der jungen Schweizerin Christina von Dreien gehört. Sie ist nicht nur in hohem Grade hellsichtig und medial begabt, sondern hält seit ihrem 17. Lebensjahr in voll besetzten Sälen Vorträge – sowohl über komplizierte spirituelle Themen als auch über Quantenphysik, Neurophysiologie und andere wissenschaftliche Themen. Mit großer Selbstverständlichkeit vermag sie es, sich an ihre früheren Erdenleben zu erinnern.

Wie kann man ein solches Genie erklären? Wie kann es möglich sein, dass etwa ein Mozart schon im Kindesalter ein virtuoser Pianist war und der Welt die großartigsten Kompositionen schenkte? Wie kann man eine Erklärung dafür finden, dass Gauß schon im Vorschulalter so gut mit den Zahlen und dem Rechnen vertraut war und mit sieben Jahren die nach ihm benannte Summenformel entdecken konnte? Wie ist es möglich, dass der 8-jährige Baratier etliche Sprachen fließend sprechen oder dass der 14 Monate alte Heineken die Bibel auswendig aufsagen konnte? Wie kann man erklären, dass ein Universaltalent schon mit 17 Jahren gestandene Wissenschaftler mit seinen Erkenntnissen und Denkansätzen in Erstaunen versetzt? Sofern man nicht gerade von einem nebulösen Zufallsprinzip oder einem Wunder ausgehen möchte, gibt es *drei* Ansätze, solche Phänomene zu erklären.

6.1.1 Die Lehre des Generatianismus

Im altchristlichen »Traduzianismus« wurde, namentlich durch Tertullian, die Meinung vertreten, dass die menschliche Seele durch die elterliche Zeugung entstehe. Man war der Auffassung, dass dem Menschen durch ein menschliches »Fortpflanzungsmittel materieller Art« die Seele aus der Seele der Eltern mitgegeben werde. Diese These wird »Generatianismus« genannt.[4] Somit wurde auch unterstellt, dass alle geistig-seelischen Fähigkeiten, die einen Menschen auszeichnen, von denen der Vorfahren abzuleiten seien, also ererbt würden. Leib und Seele wurden als eine *untrennbare* Einheit aufgefasst. Diese Lehre wurde von der katholischen Kirche mehrfach verurteilt. Im christlichen Glauben spielt diese Hypothese seit geraumer Zeit keine Rolle mehr. Allerdings wird sie in der heutigen Zeit noch von vielen Wissenschaftlern in etwas modifizierter Form vertreten. Die Modifikation besteht im Wesentlichen darin, dass sie die Seele nicht als eigenständiges Wesensglied, das immaterieller Natur ist, anzuerkennen bereit sind, sondern dass sie alle geistig-seelischen Fähigkeiten und Ausprägungen als etwas betrachten, das physischer Natur ist und letztlich etwa mit Funktionen des Gehirns oder des Nervensystems zu erklären sei. Ein Verfechter dieser Theorie führt also auch die genialen Fähigkeiten eines Goethe oder Mozart sowie die der vielen Wunderkinder auf Erbanlagen zurück, die sie ihren Vorfahren verdanken.

Wenn diese These unzweifelhaft richtig sein sollte, müsste man das doch im Einzelfall nachweisen können. Man müsste also zeigen können, dass etwa die Eltern, Großeltern oder Urgroßeltern von Goethe oder Mozart oder all der anderen großen Genien über ähnlich geniale Anlagen verfügt hätten. Vererben kann man doch wohl nur das, was man selbst besitzt. Man kann beispielsweise nicht erwarten, dass ein Kind später einmal eine große, stattliche Figur bekommt, wenn seine Vorfahren klein und zierlich waren. Wenn Sie nun die Biografien einiger Genien studieren, werden Sie feststellen, dass deren Vorfahren sehr häufig nicht einmal ansatzweise über diejenigen Fähigkeiten verfügten, die solche Genien in hohem Maße auszeichneten. Die Vorfahren vieler großer Musiker wiesen keine sonderliche musikalische Begabung auf. Auch die Eltern Goethes besaßen nicht die denkerischen und dichterischen Fähigkeiten, die ihn berühmt machten.

Nun könnte jemand die Musikerfamilie Bach als Gegenbeispiel anführen. Als »Familie Bach« wird ein weit verzweigtes Geschlecht bezeichnet, aus dem vom 16. bis zur Mitte des 19. Jahrhunderts zahlreiche männliche Stadtmusiker, Organisten und Komponisten hervorgingen. Auch wenn einer, nämlich Johann Sebastian Bach (1685 bis 1750), der als einer der besten und bedeutendsten Komponisten der Musikgeschichte gilt, die anderen dieses Geschlechts weit überragte, so wiesen doch alle eine mehr oder weniger große musikalische Begabung auf. Somit scheint das wohl ein Beweis dafür zu sein, dass sich ein solches Talent doch vererben kann.

Es soll ja gar nicht bestritten werden, dass eine *gewisse* Art der Vererbung sehr wohl vonnöten ist, damit sich etwa solche genialen Fähigkeiten manifestieren können. So ist zum Beispiel jemand, der mit einer großen musikalischen Begabung auf die Welt kommt, darauf angewiesen, dass er von seinen Vorfahren ein gutes Gehör – ein sogenanntes »musikalisches Ohr« – vererbt bekommt, damit er sein Talent ausleben kann. Ein Klaviervirtuose bedarf zusätzlich vielleicht noch der Vererbung besonders langer, zartgliedriger Finger.

Wie wir in Kapitel 11 (☞ S. 340ff.) noch sehen werden, wählt sich die Seele in ihrer vorgeburtlichen Zeit in der geistigen Welt ihre Eltern fürs nächste Erdenleben weitgehend selbst aus. Nun werden solche Seelen, die aus ihren irdischen Vorleben eine musikalische Begabung mitbringen, sich Eltern wählen, die ihnen das benötigte musikalische Ohr vererben können, damit sie ihr Talent ausleben können. Diese Seelen fühlen sich geradezu zu solchen Eltern hingetrieben. **»So verstehen wir es, dass, wenn in einer Familie sich der Bau des Ohres ebenso vererbt wie etwa die äußere Form der Nase, alle diejenigen Individualitäten sich zusammendrängen werden in diese Familie, die gerade lechzen – infolge ihrer früheren Inkarnation – nach dem Besitz eines musikalischen Ohres. Und so sehen wir, dass der Mensch in der Tat nicht ›zufällig‹ in irgendeiner Inkarnation ein musikalisches Ohr oder ähnliches geerbt hat, sondern dass er diese vererbten Merkmale gesucht hat, wirklich aufgesucht hat.«**[5]

Dass Talent nicht vererblich ist, stellte auch Goethe 1831 in seinen Gesprächen mit Eckermann fest, als er sagte: *»Das Talent ist freilich nicht erblich, allein es will eine tüchtige physische Unterlage.«*

Um zu untermauern, dass die Lehre des Generatianismus nicht haltbar ist, muss man nicht unbedingt auf so extreme Situationen verweisen, wie sie sich im Falle eines Genies ergeben. Wie unterschiedlich können etwa zwei Geschwister sein, was ihre geistig-seelischen Fähigkeiten angeht! Es kommt doch nur allzu oft vor, dass eines von zwei Geschwistern, die beide in derselben Umgebung aufgewachsen und von denselben Menschen erzogen und umsorgt worden sind, geistig sehr rege ist, in der Schule gut vorankommt, an allem, was die Welt bietet, reges Interesse zeigt, während das andere geradezu stumpfsinnig ist. Wenn wir auf uns selbst, unsere Eltern, Partner, Kinder oder Freunde schauen, werden wir bei fast allen gewisse Begabungen feststellen, die vielleicht nicht so spektakulär sind wie die eines Genies oder Wunderkindes, die aber doch höchst bemerkenswert und nicht so ohne Weiteres erklärbar sind und die bei ihren Vorfahren definitiv nicht vorhanden sind, also nicht auf dem Wege der Vererbung erworben sein können. Oftmals handelt es sich dabei um ganz *natürliche*, sozusagen angeborene Fähigkeiten, die nicht in einer Ausbildung oder einem Studium erworben wurden.

So hat einer vielleicht einen besonders ausgeprägten »grünen Daumen« und kann – ohne dass er es gelernt oder studiert hätte – mit Pflanzen so gut umgehen, dass auch die empfindlichsten unter ihnen bestens gedeihen.

Ein anderer kann aufgrund seiner Empathie und seines Einfühlungsvermögens beruhigend – möglicherweise sogar heilend – auf Tiere und Menschen wirken.

Ein Dritter hat ein so ausgezeichnetes handwerkliches Geschick, dass er die tollsten Gegenstände baut oder repariert, was sogar einem gelernten Fachmann zur Ehre gereichen würde.

Ein Vierter hat vielleicht eine Begabung, die leicht unterschätzt werden könnte. Er verfügt über eine derart starke physische Robustheit und Zähigkeit sowie über große Ausdauer und Willensstärke, dass er fast sein ganzes Leben lang im Hoch- oder Tiefbau oder gar in einem Bergwerk schuftet, ohne gleich zu klagen oder gar alles hinzuwerfen, wenn ihm immer wieder einmal alle Knochen wehtun.

Diese Liste könnte man fast endlos fortsetzen. Man muss gewiss nicht lange suchen, um in seiner eigenen Familie oder seinem Bekanntenkreis Menschen zu finden, die über ein ganz besonderes Talent verfügen, das ihre Eltern und Großeltern *nicht* aufweisen.

Das, was ein Mensch von seinen Vorfahren erben kann, sind im Grunde nur physische, körperliche Anlagen. Es ist von wenigen Ausnahmen abgesehen, auf die wir noch zu sprechen kommen werden (☞ Kapitel 7, S. 136), nur die gesamte physische Konstitution eines Menschen, die er – zumindest bis zu einem hohen Grad – von seinen Vorfahren auf dem Wege der Vererbung erhält. Anlagen und Fähigkeiten, die geistig-seelischer Natur sind, können nicht mit Vererbung erklärt werden. Die in unserer heutigen Zeit weit verbreitete These, *alles* sei eine Frage der Gene, entspringt einer ebenso bequemen wie falschen Denkrichtung. Auch die Meinung vieler Psychologen, dass bestimmte Fähigkeiten vom Umfeld oder der Umgebung abhängig seien, in denen die jeweilige Person aufgewachsen ist, kann in den meisten Fällen nicht als ausschlaggebende Erklärung in Betracht gezogen werden, wie das Beispiel mit den Geschwistern zeigt.

6.1.2 Die Lehre des Kreatianismus

Der Lehre des Generatianismus wurde von der katholischen Kirche die des »Kreatianismus« entgegengestellt. Sie stellt auch heute die lehramtliche Auffassung der Kirche dar.[48] Gemäß dieser Theorie erzeugt Gott jede einzelne Seele aus dem ›Nichts‹ und verbindet sie mit den *»durch die Zeugung verschmolzenen elterlichen Zellen«.*[6] Die Seele wird also gemäß dieser Lehre in den sich bildenden Leib eingefügt.

Im *»Katechismus der katholischen Kirche«* heißt es: *»Die Kirche lehrt, dass jede Geistseele unmittelbar von Gott geschaffen ist – sie wird nicht von den Eltern ›hervorgebracht‹ – und dass sie unsterblich ist: Sie geht nicht zugrunde, wenn sie sich im Tod vom Leibe trennt, und sie wird sich bei der Auferstehung von neuem mit dem Leib vereinen.«*[7]

Der Materialismus kommt im Grunde von der Kirche des Mittelalters. Wie wir bereits erwähnt haben, wurde der insbesondere von Origines vertretene Glaube an die Präexistenz der Seele, dass also eine menschliche Seele schon vor der Geburt in der geistigen Welt existiert, verboten. Die Kirche lehrt bis zum heutigen Tag, dass der Herrgott jede Seele im Zuge der menschlichen Zeugung neu erschaffe. Also können die Menschen, wenn sie die Laune zu einem Zeugungsakt haben, der dann zu einer Befruchtung führt, den Herrgott zu ihrem Diener machen, indem er eine Seele erzeugen muss. Man braucht nur ein wenig darüber nachzudenken, um erkennen zu können, wie absurd diese Vorstellung ist, die auch heute noch von den Kirchen vertreten wird! Auf solche Ungereimtheiten angesprochen geben Kirchenvertreter meistens Floskeln wie »Gottes Wege sind unerforschlich!« zur Antwort.

Der amerikanische Autor James Morgan Pryse (1859 bis 1942) drückte die Fragwürdigkeit dieser These wie folgt aus: *»Das Seltsame dieser Theorie wird sofort offensichtlich, weil sich natürlich darin, dass sterbliche Körper die zeitlichen Wohnungen für unsterbliche Seelen werden, eine lächerliche Widersinnigkeit zeigt insofern, als zugunsten jedes sterblichen Körpers, der zufällig gezeugt wird, eine unsterbliche Seele geschaffen werden muss.«*[8]

»Dagegen führt uns eine wirkliche, eine wahre Erkenntnis des Menschen dazu, dass wir sagen: Die Seele ist eben durchaus schon da, hat immer gelebt, und steigt eben einfach herunter zu dem, was ihr geboten wird durch den Menschenkeim und seine Befruchtung.«[9]

Nehmen wir einmal für einen Augenblick an, dass die kirchliche Lehre den Tatsachen entspräche. Was hätte das für Konsequenzen?

Wenn Gott wirklich jede Seele aus dem Nichts heraus schaffen sollte, so muss man ja wohl unterstellen, dass jede Seele zunächst ein völlig unbeschriebenes Blatt darstellt. Eine so geschaffene Seele kann im Sinne dieser Lehre noch keine Erfahrungen gesammelt haben und noch keine spezifischen Fähigkeiten besitzen. Jede Seele beginnt ihren

Lebensweg am gleichen Startpunkt, sozusagen bei »Null«. Umso dringlicher stellt sich dann die Frage, woraus diese unterschiedlichen geistig-seelischen Fähigkeiten, die wir bei den Menschen beobachten können, resultieren. Wie kann man unter diesen Voraussetzungen etwa das Genie Goethes oder die unglaublichen Fähigkeiten der vielen Wunderkinder erklären? Man könnte jetzt natürlich wieder Gedanken des Generatianismus hinzumischen, etwa in der Art, dass man sagt, die Seelen würden zwar alle ohne Erfahrungen und spezielle Fähigkeiten von Gott geschaffen, sie besäßen aber die Disposition, das Erbgut ihrer Vorfahren aufzunehmen. Dann wären wir aber wieder bei der bereits entkräfteten These, dass auch geistig-seelische Fähigkeiten vererblich seien.

Wie kann man mit dieser kirchlichen Lehrmeinung zurechtkommen, nachdem man die Vererbungs-Phantasien verworfen hat? Wenn man ausschließt, dass geistig-seelische Fähigkeiten auf dem Vererbungswege entstehen können, andererseits aber annimmt, die Seelen seien neu geschaffen, besäßen also noch keine Erfahrungen und Vorleistungen oder dergleichen, so kann man doch nicht umhin zu unterstellen, Gott habe den Seelen bei ihrer Schaffung unterschiedliche Voraussetzungen mit auf den Weg gegeben. Dieser Schluss, so hart er auch klingen mag, erscheint zwingend, sofern man nicht an ein Zufallsprinzip oder an ein Wunder glauben mag. Diese These verträgt sich aber in keiner Weise mit dem christlichen Glauben, der mit Recht von einem gütigen, väterlichen und *gerechten* Gott spricht. Was könnte das mit Gerechtigkeit zu tun haben, wenn die eine Seele mit den Dispositionen geschaffen würde, die es ihr ermöglichen, als großes Genie aufzuleuchten, während eine andere so erschaffen wird, dass ihr im Extremfall ein Leben – wohlgemerkt *ein einziges* Leben! – in Dumpfheit nicht erspart bleiben kann? Wie könnte man solche Fragen beantworten, ohne zu Floskeln wie »Gottes Wege sind unergründlich!« zu greifen?

6.1.3 Die Präexistenz der Seele

Wenn man sich zu der Ansicht durchgerungen haben sollte, dass die beiden diskutierten Möglichkeiten doch mehr als unlogisch, ja geradezu unsinnig erscheinen, bleibt nur noch ein Erklärungsmodell übrig. Wenn geistig-seelische Fähigkeiten nicht erblich sind, und wenn das Erschaffen der Seelen, die von Beginn an mit unterschiedlichen Fähigkeiten begabt sind, mit der Vorstellung eines gerechten Gottes unvereinbar ist, bleibt nur folgende Variante: Die menschliche Seele muss sich ihre Fähigkeiten bzw. die Voraussetzungen dafür, dass sich diese Fähigkeiten manifestieren können, irgendwoher mitgebracht haben; sie muss sie in früheren Zeiten erworben haben; es muss eine Präexistenz der Seele geben. Das ist aber genau der Kern der Reinkarnations- und Karmalehre.

Kein Mensch würde behaupten, dass sich irgendwelche Tierarten aus dem Nichts entwickelt hätten. Wie jeder weiß, haben sich im Laufe der Evolution höhere Tierarten aus niedrigeren entwickelt. Es ist also kein Wunder, dass plötzlich ein Löwe, ein Elefant oder ein Affe auf der Erde auftauchte. Der erste Löwe, Elefant oder Affe ist nicht von Gott aus dem Nichts geschaffen worden. Allerdings haben immer noch viele Menschen keine Scheu zu behaupten, die menschlichen Seelen seien durch ein Wunder aus dem Nichts entstanden. Genau wie eine Tierart schon vorher in einer anderen Form da gewesen ist, so hat sich auch die Seele des Menschen aus einer Form entwickelt, die schon vorher da gewesen ist. Die Biografie eines Menschen ist in gewissem Maße die Wirkung einer vorausgegangenen, aus der sie erklärt werden kann. Die Kernaussage des Karmagesetzes ist, dass alles, was ein Mensch in seinem gegenwärtigen Leben kann und macht, nicht als ein abgesondertes Wunder zu betrachten ist, sondern als Folge mit der Daseinsform seiner Seele in früheren sowie als Ursache mit folgenden Leben zusammenhängt. Das macht einen ganz wesentlichen Unterschied zwischen Tier und Mensch aus. Einen Menschen kann man in all seinen Eigenarten und Fähigkeiten erst dann verstehen, wenn man seine individuelle Entwicklung berücksichtigt, die sich schon über viele Inkarnationen erstreckt.[10] Der Mensch ist eben doch kein hochentwickelter Affe, wie uns die Naturwissenschaft glauben machen möchte!

Rudolf Steiner drückte es folgendermaßen aus: **»Als physischer Mensch stamme ich von anderen physischen Menschen ab, denn ich habe dieselbe Gestalt wie die ganze menschliche Gattung. Die Eigenschaften der Gattung konnten also innerhalb der Gattung durch Vererbung erworben werden. Als geistiger Mensch habe ich meine eigene Gestalt, wie ich meine eigene Biografie habe. Ich kann also diese Gestalt von niemand anderem haben als von mir selbst. Und da ich nicht mit unbestimmten, sondern mit bestimmten seelischen Anlagen in die Welt eingetreten bin, da durch diese Anlagen mein Lebensweg, wie er in der Biografie zum Ausdruck kommt, bestimmt ist, so kann meine Arbeit an mir nicht bei meiner Geburt begonnen haben. Ich muss als geistiger Mensch vor meiner Geburt vorhanden gewesen sein. In meinen Vorfahren bin ich sicher nicht vorhanden gewesen, denn diese sind als geistige Menschen von mir verschieden. Meine Biografie ist nicht aus der ihrigen erklärbar. Ich muss vielmehr als geistiges Wesen die Wiederholung eines solchen sein, aus dessen Biografie die meinige erklärbar ist.«**[11]

Nun könnte ja jemand sagen: »Also, aufgrund dessen, was hier geschildert wurde, leuchtet mir ein, dass jeder Mensch sich seine Fähigkeiten und Anlagen, die er in seinem Erdenleben hat, schon vor seiner Geburt erworben haben muss. Aber das ist noch lange kein Beweis dafür, dass er schon einmal *auf der Erde* gelebt hat. Schließlich könnte er sich diese ja aus der geistigen Welt mitgebracht haben.«

Diese Möglichkeit räumt Rudolf Steiner wie folgt aus: **»Der andere *zunächst* denkbare Fall wäre der, dass ich die Ausgestaltung dessen, was Inhalt meiner Biografie ist, nur einem geistigen Leben vor der Geburt (beziehungsweise der Empfängnis) verdanke. Zu dieser Vorstellung hätte man aber nur Berechtigung, wenn man annehmen wollte, dass, was auf die Menschenseele aus dem physischen Umkreis herein wirkt, gleichartig sei mit dem, was die Seele aus einer nur geistigen Welt hat. Eine solche Annahme widerspricht**

der wirklich genauen Beobachtung. Denn was aus dieser physischen Umgebung bestimmend für die Menschenseele ist, das ist so, dass es wirkt wie ein später im physischen Leben Erfahrenes auf ein in gleicher Art früher Erfahrenes. Um diese Verhältnisse richtig zu beobachten, muss man sich den Blick dafür aneignen, wie es im Menschenleben wirksame Eindrücke gibt, die so auf die Anlagen der Seele wirken wie das Stehen vor einer zu verrichtenden Tat gegenüber dem, was man im physischen Leben schon geübt hat; nur dass solche Eindrücke eben nicht auf ein in diesem unmittelbaren Leben schon Geübtes auftreffen, sondern auf Seelenanlagen, die sich so beeindrucken lassen wie die durch Übung erworbenen Fähigkeiten.

Wer diese Dinge durchschaut, der kommt zu der Vorstellung von Erdenleben, die dem gegenwärtigen vorangegangen sein müssen. Er kann denkend nicht bei rein geistigen Erlebnissen vor diesem Erdenleben stehenbleiben. – Die physische Gestalt, die Schiller an sich getragen hat, die hat er von seinen Vorfahren ererbt. Sowenig aber diese physische Gestalt aus der Erde gewachsen sein kann, sowenig kann es die geistige Wesenheit Schillers sein. Er muss die Wiederholung einer andern geistigen Wesenheit sein, aus deren Biografie die seinige erklärbar wird, wie die physische Menschengestalt Schillers durch menschliche Fortpflanzung erklärbar ist. – So wie also die physische Menschengestalt immer wieder und wieder eine Wiederholung, eine Wiederverkörperung der menschlichen Gattungswesenheit ist, so muss der geistige Mensch eine Wiederverkörperung desselben geistigen Menschen sein. Denn als geistiger Mensch ist eben jeder eine eigene Gattung.«[12]

Kommen wir noch einmal darauf zurück, dass geistige Wahrheiten im Allgemeinen und die Reinkarnation im Besonderen nicht im *üblichen Sinne* beweisbar sind.

Rudolf Steiner schrieb dazu in seinem Grundlagenwerk *»Theosophie«* (GA 9): **»Man kann gegen das hier Gesagte** [Anm. des Verfassers: gemeint ist die Reinkarnation] **einwenden: das seien reine Gedankenausführungen; und man kann äußere Beweise verlangen, wie man sie von der gewöhnlichen Naturwissenschaft her gewohnt ist. Dagegen muss gesagt werden, dass die Wiederverkörperung des geistigen Menschen doch ein Vorgang ist, der nicht dem Felde äußerer physischer Tatsachen angehört, sondern ein solcher, der sich ganz im geistigen Felde abspielt. Und zu diesem Felde hat keine andere unserer gewöhnlichen Geisteskräfte Zutritt als allein das Denken. Wer der Kraft des Denkens nicht vertrauen will, der kann sich über höhere geistige Tatsachen eben nicht aufklären. –**

Für denjenigen, dessen geistiges Auge erschlossen ist, wirken die obigen Gedankengänge genau mit derselben Kraft, wie ein Vorgang wirkt, der sich vor seinem physischen Auge abspielt. Wer einem sogenannten ›Beweise‹, der nach der Methode der gewöhnlichen naturwissenschaftlichen Erkenntnis aufgebaut ist, mehr Überzeugungskraft zugesteht als den obigen Ausführungen über die Bedeutung der Biografie, der mag im gewöhnlichen Wortsinn ein großer Wissenschafter sein: von den Wegen der echt geistigen Forschung ist er aber sehr weit entfernt.«[13]

6.2 Entstehung, Entwicklung und Ziel des Menschen und der Menschheit

Dass die großen christlichen Kirchen auch heute noch die Reinkarnationslehre ablehnen und sogar als Irrlehre verwerfen, haben wir schon gesehen.

Um diese Einstellung vielleicht etwas begreifen zu können, müssen wir einen kurzen Blick darauf werfen, was diese Kirchen über das »Ziel der Menschen« bzw. den »Sinn des menschlichen Lebens« lehren. Dann werden wir diesen Lehren die geisteswissenschaftlichen Erkenntnisse gegenüberstellen.

6.2.1 Das Ziel des Menschen aus Sicht der kirchlichen Lehren

Die Vertreter der großen christlichen Kirchen sagen, durch den Sündenfall sei der Mensch vor Urzeiten aus dem Paradies bzw. aus den himmlischen Gefilden vertrieben worden, so dass jede menschliche Seele, die bei der elterlichen Zeugung bzw. Empfängnis von Gott neu geschaffen werde, nun *genau ein* Erdenleben als verkörperter Mensch durchmachen müsse. Dieses Leben betrachten sie als ein großes Prüfungsfeld für den Menschen. Je nachdem wie er sich nun auf der Erde verhält, wird er nach seinem Tod und noch einmal am Weltenende gerichtet. Die Urteile dieser Gerichte entscheiden darüber, wie sein weiteres ewiges Leben verlaufe, ob er *letztlich* die ewige Seligkeit oder aber die ewige Verdammnis erfahren werde. Das höchste und endgültige Ziel, das der Mensch erreichen könne, wird also als ›ewige Seligkeit‹ bezeichnet. Die Frage, wie man sich diesen Zustand vorzustellen habe, beantworten die meisten katholischen Theologen und Kirchenvertreter in etwa wie folgt: »Die guten und gerechten Menschen, die dieses Ziel erreicht haben, werden sich schon nach ihrem Tod mit allen Engeln und Heiligen im Himmel aufhalten, wo sie Gott ›von Angesicht zu Angesicht‹ schauen, die wahre Glückseligkeit und den tiefsten Frieden empfinden sowie Gott freudig preisen und dienen dürfen. Am Jüngsten Tage werden eine neue Erde und ein neuer Himmel geschaffen. Dann wird das Reich Gottes vollendet sein. Dann werden die Menschen mit einem unverweslichen Leib ausgestattet. Die Gerechten werden an Leib und Seele verherrlicht werden und für immer mit Christus herrschen. Die beseligende Schau, in der sich Gott den Auserwählten unerschöpflich öffnet, wird die nie versiegende Quelle von Glück, Frieden und Gemeinschaft sein.«[14]

Gegen diese Formulierungen soll hier überhaupt kein Einwand erhoben werden, zumal diese ja zum großen Teil der Heiligen Schrift entlehnt sind. Damit sind wir aber wieder bei dem bereits geschilderten Problem. Die meisten Bibelstellen, die über das nachtodliche Leben des Menschen berichten, schildern zwangsläufig etwas Geistiges in einer zumeist bildhaften Form, die für den Verstand eines modernen Menschen schwer zu fassen ist. Nun kann man aber immer wieder die Erfahrung machen, dass die Vertreter des konfessionellen Christentums sich bei der Interpretation dieser Bilder zu sehr an Vergleichbares anlehnen, das aus der physischen Welt bekannt ist. Insbesondere den

Passus »Gott freudig preisen und dienen« legen sie häufig so trivial aus, dass die wohl jedem bekannten Assoziationen entstehen, dass die Himmelsbewohner sich um Gottes Thron scharen und den ganzen lieben langen Tag auf der Harfe spielen und »Halleluja« singen. Mit solchen Interpretationen stellt man Gott auf eine Stufe mit einem *weltlichen* Herrscher, dem solche Huldigungen und Ehrerbietungen wohl schmeicheln würden. Goethe sagte einmal: *»Wie einer ist, so ist sein Gott; darum ward Gott so oft zum Spott.«*[15]

Ein solches Ziel, eine solche ewige Seligkeit in Glück, Frieden und Gemeinschaft mit anderen Gerechten, ohne sich dann noch anstrengen, mühen und plagen zu müssen, dürfte vielen Menschen sehr erstrebenswert und sympathisch erscheinen, zumal jeder aufgrund der recht dürftigen Darstellungen, die viel Raum für Spekulationen lassen, noch seine ganz persönlichen Wünsche und Hoffnungen hineinmischen kann.

Wenn das wirklich das Endziel der Menschen *wäre*, so könnte man sich *auf den ersten Blick* durchaus auch vorstellen, dass zu seiner Erreichung *ein einziges* Erdenleben ausreichend sein könnte, sofern man sich weitgehend an die üblichen christlichen Normen hält, also wenn man sich zu Gott und Christus bekennt, die »Zehn Gebote« beachtet, nach dem höchsten christlichen Gebot der Nächstenliebe lebt und vielleicht noch die anderen Auflagen und Kriterien beachtet, die von der katholischen Kirche als sogenannte »Kirchengebote« vorgegeben werden. Dagegen kann natürlich überhaupt nichts eingewendet werden, wenngleich bei den Kirchengeboten nicht zu übersehen ist, dass diese weder mit der Eigenverantwortlichkeit noch mit dem freien Willen der Gläubigen rechnen.

Aber selbst wenn das soweit alles wahr sein sollte, ergäben sich immer noch Fragen über Fragen, die ein Vertreter dieser Anschauung wohl kaum befriedigend beantworten könnte. Wenn beispielsweise dieses *einzige* Erdenleben für die Menschen das Prüfungsfeld darstellt, das über ihr *ewiges* Schicksal entscheidet, müssten dann nicht alle gleiche oder zumindest vergleichbare Chancen haben? Betrachten wir etwa einen Menschen, der das ›Glück‹ hat, getauft worden zu sein und dann schon in seinen ersten Lebenstagen stirbt. Nehmen wir einen zweiten Menschen, der in ein sozial übles Milieu hineingeboren wird und nicht die ›Gnade‹ erwiesen bekommt, früh zu sterben. Der erste hat überhaupt keine Möglichkeit, gegen die ihm von Gott oder wem auch immer gemachten Auflagen zu verstoßen, er kommt gar nicht dazu, zu sündigen. Er müsste also in den Himmel aufgenommen werden, obwohl er nichts dazu beigetragen hat, obwohl er keine Verdienste erworben hat. Der andere hat vielleicht trotz aller Bemühungen aufgrund seiner Herkunft, seiner Erziehung und seines sozialen Umfeldes gar nicht die Möglichkeit, sich an all diese Gebote und Auflagen zu halten. Diesem wäre doch wohl der Himmel – zumindest zunächst – versperrt. Wir müssen gar nicht so ein extremes Beispiel wählen, um die fehlende Chancengleichheit zu dokumentieren. Betrachten wir einen ganz normalen, durchschnittlichen Menschen, der in eine moderne Großstadt hineingeboren wird. Selbst wenn dieser sich zum Christentum bekennt, ist er doch ganz anderen Anfechtungen und Verlockungen ausgesetzt als jemand, der in solchen Verhältnissen aufwächst, in denen es ein Leichtes ist, gottgefällig zu leben. Von Chancengleichheit kann doch wohl nicht die Rede sein. Jeder gute und vernünftige (menschliche) Vater bzw. Lehrer gibt seinen Kindern bzw. Schülern die gleichen Chancen und Möglichkeiten. Umso mehr darf man das von einem gütigen, gerechten Gott erwarten. Auf solche Ungereimtheiten angesprochen, flüchten sich Kirchenvertreter gern wieder einmal in nebulöse Ausreden wie »Gottes Wege sind unergründlich« oder »Gott wird dann später nach dem Tod der Menschen schon irgendwie die unterschiedlichen Startchancen kompensieren«. Vielleicht führt Gott ja ein Bonussystem ein!

Um wie viel weniger vergleichbar sind erst die Voraussetzungen, welche die Menschen hatten, die vor Tausenden oder Zigtausenden Jahren auf der Erde weilten, von denen, die wir heute haben oder von jenen, welche die Menschen in weiteren Tausenden von Jahren erwarten werden? Wie kann man etwa das Leben eines Steinzeitmenschen mit dem eines heutigen Menschen vergleichen? Welche Auflagen musste ein Neandertaler erfüllen, um sich für die ewige Seligkeit zu qualifizieren? Sollten wir etwa nach dem Jüngsten Tage noch am Auferstehungsleib erkennen können, dass jemand sich als Neandertaler verkörpert hat? Wie wollte man erklären, ohne die Vorstellung an einen gerechten Gott aufgeben zu müssen, warum manche Menschen so schwere Schicksalsschläge ereilen, während andere ohne große Sorgen und Nöte durchs Leben gehen können?

Selbst wenn man das Ziel, das die Menschen erreichen können, so ›niedrig‹ ansiedelt, kann man all diese Fragen nicht befriedigend beantworten, ohne von einer wie auch immer gearteten Präexistenz der Seele ausgehen zu müssen. Vielleicht mag es den einen oder anderen Leser irritiert haben, dass das oben skizzierte Menschheitsziel, das beseligende und beglückende Leben in einer himmlischen Sphäre erreichen zu können, hier als »niedrig« bezeichnet wurde. Ja kann man sich denn wirklich vorstellen, dass die göttlichen Schöpfermächte vor Urzeiten den Menschen als ursprünglich geistiges Wesen geschaffen haben, diesen dann seine Erdenlaufbahn absolvieren lassen, um dann in fernster Zukunft wieder ein geistiges Wesen zu haben, das nicht sehr viel mehr zu tun hat, als seinen Schöpfer in dem oben skizzierten trivialen Sinne zu preisen und ihm zu dienen? Kann das wirklich alles sein, wozu der Mensch vor Urzeiten geschaffen wurde? Die Theologen und Kirchenvertreter sehen in dem Menschen zu sehr das armselige Geschöpf, das durch den Sündenfall aus geistigen Höhen vertrieben wurde, um eines fernen Tages durch eigenes Verhalten, aber insbesondere durch göttliche Gnade – und womöglich sogar durch die Vermittlung der ›heiligen‹ Kirche – wieder in diese Höhen aufgenommen werden zu können.

Sämtliche Fragen, die sich in diesem Zusammenhang geradezu aufdrängen, vermögen die großen christlichen Kirchen nicht zu beantworten. Sie vermögen es nicht, den Menschen, die ernsthaft nach wahrhaften Erkenntnissen streben, die so dringend notwendige Orientierung zu geben.

Die oben skizzierte naive Anschauung vom Endziel der Menschen kann hier nicht gestützt werden. Das Ziel, das die Menschen erreichen *können*, ist so unvorstellbar hoch und erhaben, dass man sich fast geniert, es in Worte zu fassen. Man kann es allerdings nicht so einfach in den Raum stellen, ohne sich, zumindest tastend und stammelnd, an die größten Mysterien des Weltenseins heranzuwagen. Wir müssen die Frage aufwerfen, was der Sinn der menschlichen Existenz ist. Wo kommt der Mensch her, wo geht er hin? Was ist seine Bestimmung? Auch wenn man sich bewusst sein muss, dass diese gewaltigen Daseinsfragen im Rahmen dieses Buches nur sehr grob und unzureichend gestreift werden können, soll der Versuch gewagt werden.

Diese Betrachtungen sind notwendig, um sich dem Sinn der Reinkarnation und des Karma zu nähern.

6.2.2 Die Evolution des Menschen aus geisteswissenschaftlicher Sicht

Man muss sich zunächst einmal von der recht naiven Vorstellung lösen, die auch heute noch weit verbreitet ist, nach welcher der Mensch vor Urzeiten von Gott sozusagen ›in einem Zuge‹, quasi ›von heute auf morgen‹, in einem ›Arbeitsgang‹ geschaffen worden wäre. Viele Menschen gehen davon aus, dass die Schaffung des Menschen, wie sie uns die biblische Schöpfungsgeschichte erzählt, so zu verstehen sei, dass Gott in dieser Zeit den Menschen aus dem Nichts heraus geschaffen hätte und dass der Mensch dann sofort in einer ähnlichen Gestalt existiert hätte, wie er in der heutigen Zeit vor uns steht. Alles, was sich viele unter »Entwicklung« des Menschen vorstellen können, bezieht sich fast ausschließlich auf die Ausgestaltung seines physischen Leibes. So wird etwa keiner bestreiten, dass ein Steinzeitmensch vor vielen Tausend Jahren eine ganz andere Kopfform aufwies und noch einen weniger aufrechten Gang hatte als der heutige Mensch. Ansonsten verbindet man mit dem Entwicklungsbegriff nur das, was sich durch den kulturellen Fortschritt der Menschheit ergeben hat. Die Fortentwicklung des Menschen, so sagen viele, sei daran abzulesen, dass er nicht mehr Sammler und Jäger sei und nicht mehr in primitiven Hütten oder Höhlen hause.

Das ist aber viel zu kurz gegriffen. Die Entwicklung des Menschen ist in einem sehr viel umfassenderen Sinne zu verstehen. Nicht nur seine intellektuellen und kulturellen Fähigkeiten sowie seine physische Leiblichkeit unterliegen einem gewaltigen Entwicklungsprozess, auch alle ›Glieder‹, die seine gesamte geistig-seelische Wesenheit ausmachen, sowie sein *Bewusstsein* haben sich seit urferner Vergangenheit bis zum heutigen Tage weiterentwickelt und werden sich vom heutigen Tage an bis in die fernste Zukunft hinein weiterentwickeln (☞ Kapitel 7, S. 145ff.). Der geistig-seelische

Mensch macht genauso wie der physische Mensch einen unerdenklich langen Evolutionsprozess durch.

6.2.2.1 Die geistigen Wesen der höheren Hierarchien *(Exkurs)*

Es gehört zu den elementarsten Glaubensgrundlagen *aller großen Religionen*, dass es ein mit höchster Weisheit und Güte begabtes Wesen, das wir »Gott« zu nennen gewohnt sind, sowie zahlreiche weitere geistige Entitäten wie Engel, Erzengel usw. gibt. Noch vor gut fünfzig Jahren hätte man kaum einen Christen getroffen, der daran gezweifelt hätte, wenngleich die Vorstellungen, die man sich über diese Wesen gebildet hatte, recht dürftig und bisweilen sehr naiv waren. In unserem heutigen geistlosen materialistischen Zeitalter nimmt die Zahl der *sogenannten Christen* stetig zu, die zwar noch ein nebulöses Gottesbild haben, aber an der Existenz von Engeln Zweifel anmelden, weil sie das Verständnis für diese Wesen völlig verloren haben.

Bis vor wenigen Jahrtausenden war in den alten Kulturen noch ein vitales Bewusstsein für diese Wesen vorhanden. Man wusste etwa noch, dass sich kein Stern am Firmament halten könnte, dass kein Planet seine exakte Umlaufbahn absolvieren könnte, dass kein Blitz und kein Donner möglich wären, wenn es nicht durch die Macht bestimmter Geistwesen, die sie als Götter verehrten, bewirkt würde. Wenn heute jemand vom »Wettergott« redet, so ist das natürlich zumeist scherzhaft, bestenfalls allegorisch gemeint. Heute sieht man in den Naturkräften und Naturgesetzen nur wesenlose Kräfte oder Energien und lacht über die Naivität der Menschen früherer Epochen. Im gesamten Kosmos gibt es aber keine wesenlosen Kräfte oder Energien. Das, was es in großer Mannigfaltigkeit gibt, sind keine wesenlosen Kräfte, sondern vielmehr *kraftvolle Wesen*. Alles, was wir als Wirkungen in der Welt wahrnehmen können, sind *Offenbarungen*, die letztendlich von geistigen Wesenheiten ausgehen. In dem Bewusstsein dieser Wesen liegt der Ursprungsquell und die eigentliche Substanz, aus der die Wirklichkeit gewoben ist.

Selbstverständlich gibt es auch heute noch etliche religiös gesinnte Menschen, die sehr wohl an eine göttliche Schöpfermacht glauben. Viele von ihnen kommen allerdings nicht darüber hinaus, sich unter der »Gottheit« ein *einziges* und völlig unergründliches Wesen vorzustellen. Dieses *eine Wesen* – so glauben sie – habe sozusagen im Alleingang alle Welten und alle anderen Wesen geschaffen, dieses Wesen lenke und leite die ganzen Weltenverhältnisse, beschütze die Menschen vor Unheil usw. Diese Vermutung ist genauso eine leere Abstraktion, wie wenn jemand die Frage, wer den Kölner Dom gebaut habe, mit »Die Menschheit« beantworten würde.[16] Auch wenn man diese Antwort nicht als völlig falsch bezeichnen kann, so trägt sie nicht sonderlich zum Verständnis bei. Wie jeder weiß, musste es zunächst einmal einen Menschen – vielleicht auch mehrere – geben, der die Idee zu diesem Bauprojekt hatte. Man könnte hier vom

Bauherrn sprechen. Dieser hat dann einen oder mehrere Architekten beauftragt, die seine Vorgaben in einen Bauplan umgesetzt haben. Dann bedurfte es zur Realisierung des Projektes vieler weiterer ganz *konkreter* Menschen, solcher Menschen, die ganz bestimmte Berufe oder Fähigkeiten hatten: Maurer, Zimmerer, Steinmetze, Stuckateure, Maler, Bildhauer, Handlanger usw. Alle diese menschlichen Persönlichkeiten, die an dem Schaffungsprozess des Kölner Domes beteiligt waren, hatten einen Namen und eine ganz bestimmte Aufgabe im Rahmen des Gesamtprojektes. Auch heute bedarf es noch ganz konkreter Menschen, die etwa dafür sorgen, dass notwendige Restaurierungen oder bauliche Änderungen, Erweiterungen und Verbesserungen am Kölner Dom vorgenommen werden können.

Ähnlich verhält es sich auch in den übersinnlichen Welten. Hier webt und west eine schier unfassbar große Anzahl *ganz konkreter* göttlich-geistiger Wesen, die alle ihre Aufgaben im göttlichen Weltenplan haben. Diese hohen und erhabenen Wesenheiten sind permanent schöpferisch und schaffend tätig und tragen damit entscheidend dazu bei, die göttlichen Ziele zu verwirklichen. Zur Realisierung eines großen Menschenprojektes – denken Sie etwa wieder an den Bau des Kölner Domes – sind viele menschliche Wesen vonnöten, die je nachdem, was sie konkret zu leisten haben, in verschiedene Hierarchien oder Stufen eingeteilt werden können. So steht etwa der Architekt, der ja das gesamte Projekt überblicken muss, auf einer viel höheren Stufe als etwa ein Bildhauer, der für seine Arbeit vielleicht lediglich eine ganz bestimmte Heiligenfigur oder dergleichen im Blickpunkt hatte. Während der Bildhauer nur ein Bewusstsein von seiner Figur hat, hat der Architekt ein Bewusstsein von dem gesamten Dom.

Analog verhält es sich bei den ›Götterprojekten‹. Auch hier sind unzählige göttlich-geistige Wesen notwendig, um ein solches Projekt verwirklichen zu können.

Diese göttlich-geistigen Wesen, die zur Realisierung der Götterziele benötigt werden, bezeichnet man meistens mit einem sehr pauschalen Begriff als »Engel«. Dieser Begriff wird heute häufig recht undifferenziert verwandt, so dass der Eindruck entstehen könnte, als wäre er eindeutig, als gäbe es nur *eine* Art oder *eine* Ordnung von Engeln, als gäbe es nur *ein* Engelreich. Würde man *alle* Engel *einem einzigen* Reich zuordnen, so wäre das eine genauso unzulässige Vermischung bzw. Gleichschaltung, wie wenn man sagen würde: Mineralien, Pflanzen, Tiere und Menschen gehören auf der Erde zu ein und demselben Reich und es gibt keine Notwendigkeit zwischen diesen vier Wesenheiten zu differenzieren; sie sind im Grunde alle gleich oder zumindest ähnlich und haben gleiche oder ähnliche Fähigkeiten und Aufgaben.

Eine solche Behauptung käme vermutlich jedem absurd vor.

Vielmehr muss man nicht weniger als *neun* verschiedene Arten von Engeln bzw. neun verschiedene Engelreiche unterscheiden. Auch wenn der Vergleich etwas grob sein mag, so kann doch gesagt werden, dass der Unterschied zwischen den Wesen zweier benachbarter Engelreiche ebenso groß ist wie der zwischen Menschen und Tieren oder zwischen Tieren und Pflanzen. In der Tat müssen diese Wesen in Abhängigkeit von ihren Fähigkeiten und dem Umfang dessen, was sie mit ihrem Bewusstsein überblicken können, in verschiedene Hierarchien sowie Reiche, Stufen oder Kategorien eingeteilt werden. Mit diesen Reichen werden die vier Reiche von Wesenheiten, die in der physischen Welt vertreten sind – Mineral-, Pflanzen-, Tier- und Menschenreich – nach ›oben‹ fortgesetzt. Daher bezeichnet man diese Wesen als »geistige Wesen der *höheren* Hierarchien«. In der kirchlichen Tradition sind diese Engel-Hierarchien oder Engelchöre durchaus bekannt, wenngleich viele damit heute nichts Rechtes mehr zu verbinden verstehen.

Da diese geistigen Wesen für den Menschen nicht zuletzt auch im Zusammenhang mit seinem Karma sowie im Leben zwischen Tod und neuer Geburt von unermesslicher Bedeutung sind, müssen wir in diesem kleinen Exkurs die neun Engelreiche ein wenig kennenlernen. Im Christentum ist durchaus bekannt, dass es beispielsweise *»Erzengel«* gibt. In einigen liturgischen Texten und Kirchenliedern ist zudem von *»Cherubim«* und *»Seraphim«* die Rede. Die Begriffe »Cherub«, das ist der Singular von Cherubim, sowie »Cherubim« kommen in der Bibel immerhin 72 Mal vor. Damit haben wir neben den ›normalen‹ Engeln, schon drei weitere ›Arten‹ von Engelwesen, die alle in vielerlei Hinsicht sehr verschieden voneinander sind.

Die Bezeichnungen für diejenigen Engelwesen, die zu den noch nicht genannten fünf Reichen gehören, sind vielen gar nicht bekannt, zumal in der Kirche und im Religionsunterricht kaum etwas von ihnen zu hören ist. Dennoch werden sie in der Bibel, und zwar in den *»Paulusbriefen«*, erwähnt. Um das zu dokumentieren, sollen drei Verse in der Übersetzung von Martin Luther zitiert werden, in denen von ihnen die Rede ist. [Hinter ihren Bezeichnungen sind in eckigen Klammern die Begriffe, die im griechischen Originaltext stehen, angeführt.]

Im Brief an die Kolosser heißt es: *»Denn durch ihn ist alles geschaffen, was im Himmel und auf Erden ist, das Sichtbare und das Unsichtbare, es seien Throne* [Thronoi] *oder Herrschaften* [Kyriotetes] *oder Fürstentümer* [Archai] *oder Obrigkeiten* [Exusiai]; *es ist alles durch ihn und zu ihm geschaffen.«*[17]

Im Römerbrief lesen wir: *»Denn ich bin gewiss, dass weder Tod noch Leben, weder Engel noch Fürstentümer* [Archai] *noch Gewalten* [Exusiai], *weder Gegenwärtiges noch Zukünftiges, weder Hohes noch Tiefes noch keine andere Kreatur mag uns scheiden von der Liebe Gottes, die in Christo Jesu ist, in unserm Herrn.«*[18]

Dann werfen wir noch einen Blick auf das, was Paulus im Brief an die Epheser schreibt: *»[...] welcher gewirkt hat in Christo, da er ihn von den Toten auferweckt hat und gesetzt zu seiner Rechten im Himmel über alle Fürstentümer* [Archai], *Gewalt* [Exusiai], *Macht* [Dynamis], *Herrschaft* [Kyriotetes] *und alles, was genannt werden mag, nicht allein auf dieser Welt, sondern auch in der zukünftigen.«*[19]

Wie gesagt – diese Paulusbriefe werden in der Kirche selten verlesen, so dass sie vielen Christen gar nicht bekannt sind. Aber selbst wenn jemand diese Verse hört oder liest, wird er mit Begriffen wie »Herrschaften«, »Obrigkeiten«, »Gewalten« usw. vermutlich alles Mögliche verbinden, nur nicht, dass es sich um Bezeichnungen ganz konkreter *geistiger* Wesenheiten handelt. Dieses Problem hat seine Ursache nicht zuletzt in den vielleicht etwas unpassenden Übersetzungen, die Luther gewählt hat.

Die Tatsache, dass es mehrere Rangstufen von Engeln gibt, war zumindest den Eingeweihten schon immer bekannt. Im ersten nachchristlichen Jahrhundert bekam Dionysius Areopagita, ein in Athen lebender Schüler und Freund des Apostels Paulus, von diesem den Auftrag, die Lehre von den Engelchören bzw. Engelreichen zu begründen und diese bestimmten Eingeweihten von Mund zu Ohr mitzuteilen. Da diese Lehre erstmals im 6. Jahrhundert aufgeschrieben wurde, zweifeln heutige Theologen die Existenz des Dionysius Areopagita an und sprechen von den Schriften des ›Pseudo-Dionysius‹.[20] Dionysius brachte diese mannigfaltigen Wesenheiten erstmals in ein System, das dann später von Rudolf Steiner bestätigt und verfeinert wurde.

Wenn man die von Steiner gewählten Bezeichnungen für die Wesen der neun Engelreiche heranzieht (z.B. *»Geister der Bewegung«* anstelle von »Mächte« oder *»Geister der Form«* statt »Gewalten« bzw. »Obrigkeiten«), wird deutlich, dass es sich hier um *Wesenheiten*, um *Geistwesen* handelt (☞ auch Anhang A.2, Tabelle 1, S. 382). Auch kann man aus diesen Bezeichnungen schon zumindest *ein wenig* ableiten oder zumindest ahnen, worin die wichtigsten Aufgaben dieser verschiedenen Wesen bestehen.

Die Engelwesenheiten lassen sich in Abhängigkeit von ihrem Entwicklungsstand, ihrem Bewusstsein, ihren Fähigkeiten sowie ihren Aufgaben in drei Hierarchien unterteilen. Jede der drei Hierarchien wiederum lässt sich in drei Stufen oder Reiche untergliedern, so dass man insgesamt von neun Reichen sprechen muss. So wie das *Reich der Menschen* in der physischen Welt noch drei Reiche unter sich hat (*Tierreich, Pflanzenreich* und *Mineralreich*) hat es im Geistigen neun Reiche über sich.

Das unterste dieser geistigen Reiche ist das der ›eigentlichen‹ *»Engel«* oder *»Angeloi«*. Das Engelreich steht genau so um eine Stufe über dem Menschenreich wie dieses um eine Stufe über dem Tierreich steht. Darüber stehen die *»*Erzengel*«* oder *»*Archangeloi*«*, dann die *»Urbeginne«* oder *»Archai«*, die von Luther als »Fürstentümer« bezeichnet wurden. Das Reich der Archai steht somit um drei Stufen über dem Reich der Menschen, genau wie das wiederum um drei Stufen über dem Mineralreich steht. Diese drei Reiche ergeben die dritte, die unterste Hierarchie.

Die zweite Hierarchie beginnt von unten mit den *»Exusiai«* (gemäß Luther »Gewalten« oder »Obrigkeiten«). Es folgen die *»Dynamis«*, die Luther mit »Mächte« oder »Tugenden« übersetzte. Auf der höchsten Stufe der zweiten Hierarchie stehen die *»Kyriotetes«* (gemäß Luther »Herrschaften«).

Die höchste Engelhierarchie, die erste Hierarchie, beginnt auf der untersten Stufe mit den *»Thronen«*. Dann kommen die *»Cherubim«* und schließlich noch die *»Seraphim«*. Die Wesenheiten der ersten Hierarchie haben aufgrund ihrer Entwicklung einen Vorzug vor allen anderen Wesenheiten in der Welt: Sie sind in der Lage, die Gottheit in ihrer wahren Gestalt zu sehen. Sie haben also – wie man es im Christentum nennt – den »unmittelbaren Anblick Gottes«. Diese Möglichkeit haben selbst die Wesen der zweiten Hierarchie nicht mehr. Sie sehen die Gottheit nicht mehr in der ursprünglichen Gestalt, sondern nur in ihren Offenbarungen. Es sei noch kurz angemerkt, dass über den Seraphim noch weitere göttliche Wesenheiten stehen, die von einer solchen Erhabenheit sind, dass der menschliche Verstand sie nicht erfassen und begreifen kann. Wenn man diese ›aufsuchen‹ wollte, käme man bereits in den ›über-kosmischen‹ oder ›trans-devachanischen‹ Bereich, in das Gebiet der *»göttlichen Trinität«* hinein.

Alle diese erhabenen geistigen Wesen der höheren Hierarchien, alle diese »Himmelswesen« könnte man durchaus auch als »Götter« oder »gut-göttliche Wesen« bezeichnen, um zum Ausdruck zu bringen, dass sie hoch über dem Menschen stehen, dass sie eine größere Macht und Weisheit sowie viel höhere Fähigkeiten aufweisen als der Mensch sie *heute* hat. Diese Wesenheiten haben im Übrigen keine Kenntnis von dem, was wir »Tod« nennen. Sie kennen nur verschiedene Bewusstseinszustände.

Das einzige göttliche Wesen, das den menschlichen Tod durchlitt, war der Christus, der nach seiner dreijährigen Erdenmission durch den Tod ging und diesen nach drei Tagen überwand. Wenn wir diese Wesen hier als »Götter« bezeichnen, so soll damit keineswegs einem falsch verstandenen Polytheismus das Wort geredet werden. Diese Bezeichnungsweise widerspricht nicht der Tatsache, dass der »Vatergott« bzw. der »göttliche Vater« als höchster und einzig »wahrer Gott« voll anerkannt werden kann. Dieser Vatergott, wie ihn die Christen nennen, ist in des Wortes zweifacher Bedeutung der *Grund* alles Daseins, des Daseins aller Welten und Wesen. **»Im Bewusstsein unserer Menschheit erfühlen wir den göttlichen Vater. Er ist in allem, was wir sind. Unsere Substanz ist seine Substanz. Unser Sein ist sein Sein. Er geht in uns durch alles Dasein.«**[21], heißt es in der *»trinitarischen Epistel«* der *»Christengemeinschaft«*.

Die geistigen Wesen der höheren Hierarchien sind von unermesslicher Bedeutung für den Menschen. Sie sind es, die sein Karma ausgestalten. Das werden wir in folgenden Kapiteln noch genauer erörtern (☞ etwa Kapitel 11, S. 328ff.). Auch auf eine ganz besondere Aufgabe, welche die Wesen, die auf der untersten Stufe der dritten Hierarchie stehen, also die Engel, für uns Menschen zu leisten haben, werden wir an späterer Stelle noch ausführlich zu sprechen kommen (☞ Kapitel 9, S. 194ff.).

6.2.2.2 Die Entstehung des Menschen und der Menschheit

Werfen wir zunächst einmal einen kurzen Blick auf die Entstehung oder – besser gesagt – Erschaffung unserer heutigen Erde sowie des gesamten planetarischen Systems. Sinnbefreite materialistische Narrative, denen zufolge alles quasi von selbst durch einen Zufall entstanden sei, müssen wir wohl nicht mehr berücksichtigen.

Im konfessionellen Christentum wird gelehrt, *Gott*, also der höchste Gott, der *Vatergott*, habe die Welt einschließlich des Erdenmenschen erschaffen. Entsprechend heißt es im ersten Satz des Apostolischen Glaubensbekenntnisses: *»Ich glaube an Gott, den Vater, den Allmächtigen, den Schöpfer des Himmels und der Erde [...]«*.

Woher rührt dieser Glaube? Der Grund für diese These ist, dass es in der Schöpfungsgeschichte gleich zu Beginn heißt: *»Am Anfang schuf Gott Himmel und Erde.«*[22]

Treffender müsste es anstelle von »Gott« allerdings »Götter« heißen. In der Tat waren im Grunde alle geistigen Wesen der höheren Hierarchien unter der Führung des Christus an diesem Schöpfungsprozess beteiligt. Dass es also letztlich der Christus war, der die Erde und das gesamte Universum geschaffen hat, geht auch eindeutig aus dem »Prolog« des Johannes-Evangeliums hervor. Hier wird von dem »Wort« gesprochen, das im Urbeginne bei Gott war und das selbst ein Gott war. Dann heißt es: *»Alles ist durch dasselbe* [das Wort] *geworden.«*[23] Dass mit dem »Wort« der Christus gemeint ist, wird in Vers 14 deutlich, in dem wir lesen: *»Und das Wort ist Fleisch geworden, und hat unter uns gewohnt.«* Freilich ist es nicht völlig falsch zu sagen, der göttliche Vater habe alles erschaffen. Schließlich sagt der Christus: *»Ich und der Vater sind eins.«*[24]

Kommen wir nun auf die Schaffung des Menschen zu sprechen, die hier mit einigen Strichen gezeichnet werden soll.

Wenn man vom Menschen oder vom Menschenwesen spricht, muss man von einem *zweifachen Ursprung* ausgehen. Man muss zunächst einmal zwischen dem *geistig-seelischen Wesenskern* und den *körperlichen Hüllen* des Menschen unterscheiden (☞ auch Kapitel 7, S. 133ff.). Der geistig-seelische Wesenskern – man könnte hier auch vom *»höheren«* oder *»geistigen Menschen«* sprechen – wurde vor unerdenklich langer Zeit aus der göttlichen Substanz ›ausgegossen‹. Der höchste Gott, der Vatergott, der das gesamte kosmische Bewusstsein in sich trägt, hat sich aus reinster und alle menschlichen Maßstäbe übertreffenden Liebe in die Schöpfung *emaniert*. Bei dieser unvergleichlichen Opfertat der göttlichen Ur-All-Einheit muss man wohl eher von einem Prozess der »Teilung« als der »Erschaffung« sprechen. Man könnte vielleicht auch sagen, dass Er dadurch Abbilder seiner selbst hervorgebracht hat.

Aber auch die körperlichen Hüllen des Menschen – also der *»physische Mensch«* – wurden in ihren ersten *keimhaften Anlagen* bereits in einer Zeit *geschaffen*, die sehr lange vor der liegt, von der die Genesis erzählt. In dieser Zeit war von der Tier- und Pflanzenwelt noch nichts vorhanden. Es bedurfte unermesslich langer Zeiträume, bis der körperliche Mensch, nachdem er dann sehr viel später als fleischlicher Mensch auf die Erde kam, so weit ausgereift war, dass er fähig wurde, den geistig-seelischen Wesenskern aufzunehmen.

Wer hat nun diesen körperlichen oder fleischlichen Menschen, den Erdenmenschen, geschaffen? In der Schöpfungsgeschichte lesen wir im Zusammenhang mit dem sogenannten »sechsten Schöpfungstag«: *»Und Gott sprach: Lasset uns Menschen machen, ein Bild, das uns gleich sei [...]«*[25]

Schon die Tatsache, dass hier jeweils die Pluralform »*Lasset uns*«, »ein Bild, das *uns* gleich sei« gewählt wurde, kann stutzig machen. Im hebräischen Original steht an der Stelle, die Luther recht unglücklich mit »Gott« übersetzt hat, »Elohim«. Das ist die Pluralform von »Eloah«. Bei den Elohim hat man es also mit *mehreren* Göttern zu tun. Die meisten Bibelübersetzer haben das später von Luther mehr oder weniger unkritisch übernommen und »Elohim« auch mit »Gott« übersetzt. Die Elohim sind keine anderen Geistwesen als die Exusiai oder Geister der Form, welche die unterste Stufe der zweiten Hierarchie bilden. Sieben führende Elohim, deren Anführer der Christus war, sind die *eigentlichen* Schöpfer des Erdenmenschen.

Man darf sich das aber nicht so vorstellen, dass der Mensch, als er erstmals auf der Erde auftrat, einem heutigen ähnlich gewesen wäre. Mit den heutigen Sinnen hätte man ihn nicht wahrnehmen können. Auch kann gar keine Rede davon sein, dass der Mensch vom Affen abstammt. Dass eine solche irrwitzige These überhaupt in die Welt gesetzt und von vielen Menschen für wahr gehalten werden konnte und auch heute noch von vielen als Tatsache angesehen wird, liegt an der weit verbreiteten materialistischen Weltanschauung unseres Zeitalters, die das Geistig-Seelische des Menschen ignoriert und das menschliche Wesen lediglich auf seinen physischen Körper reduziert. Was das Körperliche, das Fleischliche angeht, muss man freilich eine gewisse Verwandtschaft zwischen Mensch und Affe konstatieren. Es lässt sich ja nicht übersehen, dass es viele anatomische Gemeinsamkeiten gibt. Das liegt aber keineswegs daran, dass es eine Abstammung des Menschen vom Affen gäbe. Der Mensch hat sich nicht aus dem Affen entwickelt. Vielmehr haben Mensch und Affe, was ihre *physischen Körper* angeht, einen gemeinsamen Vorfahren. Es gab – wie wir aus den Forschungsergebnissen Rudolf Steiners heute wissen können – in der Tat ein ›Urwesen‹, einen gemeinsamen physischen Stammvater von Erdenmensch und Affe. Der Affe ist der herabgekommene, der Mensch der höher hinaufgestiegene Bruder.[26] Nur letzterer war reif, schließlich den geistig-seelischen Wesenskern in sich aufzunehmen.

Seit diesen urfernen Zeiten sind alle göttlich-geistigen Wesen der höheren Hierarchien damit befasst, an dem Menschenwesen zu ›arbeiten‹ und die Evolution des Menschen zu fördern. Alle diese göttlich-geistigen Wesen, die man auch als »Schöpfermächte« bezeichnen könnte, sind in den menschlichen Evolutionsprozess involviert. Für unsere Zwecke ist es nicht notwendig, zu differenzieren, welcher Wesenheit dabei genau welche Aufgabe zufällt, wenngleich das schon ein klein wenig aus den zusätzlichen Bezeichnungen (z.B. »Geister der *Form*«), die von Rudolf Steiner gewählt wurden, abgeleitet werden könnte. Mit dem Begriff »Schöpfermächte« soll hier angedeutet werden, dass eben diese hohen und erhabenen Wesen ganz wesentlich an dem Schöpfungs- und Entwicklungsprozess beteiligt waren und es im Grunde immer noch sind, wenngleich die Weiterentwicklung seit der Zeitenwende vor 2.000 Jahren ganz wesentlich in die Verantwortung jedes einzelnen Menschen gestellt ist.

Mit dem Menschen sollte der Welt eine völlig neue Wesenheit eingegliedert werden. Der Mensch sollte nach dem Schöpferwillen auch ein geistiges Wesen in geistigen Höhen bleiben und dort das unterste himmlische Reich, unmittelbar unterhalb des Engelreiches, bilden. Das Menschenwesen sollte aber nicht einfach eine ›Kopie‹ der höheren Wesenheiten darstellen. Vielmehr sollte mit dem Menschen etwas völlig Neuartiges den Weltentatsachen hinzugefügt werden: ein Wesen, das einen freien Willen besitzt, das selbständig zwischen »Gut« und »Böse« unter- und entscheiden kann.

Nun soll noch kurz angerissen werden, wie es eigentlich dazu kommen konnte, dass die Menschen über viele Jahrhunderte glaubten, Gott habe die Welt in sechs Tagen geschaffen. Selbst heute gibt es ja noch religiöse Fundamentalisten, welche die Auffassung vertreten, mit dem Begriff »Tag« in der Genesis sei der 24-stündige Zeitraum gemeint, den wir heute damit verbinden. Im Grunde kann man sich anhand einfacher Überlegungen klarmachen, dass diese These nicht haltbar, ja geradezu unsinnig ist. In der Genesis wird beispielsweise geschildert, Gott habe am ersten *Tag* das Licht von der Finsternis geschieden. Genauso präzise wird geschildert, was Gott an den folgenden fünf *Tagen* schuf. Was ist denn ein »Tag«, wie kann man diesen Begriff definieren? Nun, ein Tag ist der 24-stündige Zeitraum, den die Erde benötigt, um sich einmal um sich selbst zu drehen. Je nachdem wie die Erde dann zur Sonne steht, ist es in einigen Gebieten der Erde hell, in anderen dunkel. Der helle Tag beginnt mit dem Aufgang und endet mit dem Untergang der Sonne. Der Begriff »Tag« kann ohne den Begriff »Sonne« nicht erklärt werden; der eine Begriff macht ohne den anderen keinen Sinn. Laut Schöpfungsgeschichte schuf Gott die Sonne und die übrigen Himmelskörper aber erst am vierten Tag! Wie kann also an den ersten drei Tagen mit der Bezeichnung »Tag« das gemeint sein, was wir heute mit diesem Wort verbinden?

Was ist denn der wesentliche Grund für diese Fehlinterpretation? Nun, das entscheidende hebräische Wort in der Genesis, in der Schöpfungsgeschichte Mose, ist der Begriff »Jom« (Plural »Jamim«). Dieses Wort wird bis heute üblicherweise mit »Tag« übersetzt und in diesem Sinne verwendet. Denken Sie etwa an »Jom Kippur«, die Bezeichnung für den höchsten jüdischen Feiertag.

Den alten Hebräern wäre aber, wenn sie diesen Begriff hörten, gar nicht in den Sinn gekommen, dabei an einen Tag im Sinne eines 24-stündigen Zeitraums zu denken. Mit »Jom« – die Gnostiker nannten es »Äon« – ist kein Zeitraum im *abstrakten* Sinne gemeint; es ist vielmehr etwas Wesenhaftes, etwas lebendig Wesenhaftes. Seit der heute üblichen Zeitrechnung, also seit der Geburt Jesu, ist es ja so, dass man Zeiträume benennt, indem man abstrakte Jahreszahlen angibt, z. B.: 350 v. Chr. oder 730 n. Chr. oder 30 v. Chr. bis 45 n. Chr. Das war in der vorchristlichen Zeit ganz anders. Damals hat man Zeitspannen nach der Regentschaft eines Herrschers, eines Pharaos, Königs oder Kaisers, bemessen. Zeitangaben hatten also etwas Wesenhaftes, sie orientierten sich an einem konkreten menschlichen Wesen.

Auch in der Bibel finden Sie solche Angaben, etwa: *»In der Zeit, als Herodes König von Judäa war [...]«*[27] oder *»Dies war die erste Volkszählung, sie fand statt, als Quirinius Statthalter von Syrien war.«*[28]

Man kann die Bezeichnung »Jom« also ganz konkret als Name für eine geistige Wesenheit, für eine Gottheit auffassen. Gemeint sind die geistigen Wesenheiten, die in der Hierarchie um eine Stufe unter den Elohim stehen, die Archai, Urbeginne, Geister der Persönlichkeit oder auch *Zeitgeister* genannt werden (☞ Anhang A.2, Tabelle 1, S. 382). Dieser Jamim, also dieser Zeitgeister bedienten sich die Elohim als untergeordnete Geister zur Erfüllung ganz bestimmter Aufgaben. Das, was gemäß Genesis am ersten ›Tag‹ geschaffen wurde, wurde wesentlich vom ersten Jom, also vom ersten Zeitgeist nach Maßgabe dessen, was die Elohim vom höheren Gesichtspunkt aus anordneten, ausgeführt. Entsprechend wurden für die nächsten fünf ›Tage‹ weitere dienende Zeitgeister von den Elohim beauftragt. Selbstverständlich bedurfte es für all dasjenige, was die einzelnen Jamim zu leisten hatten und was uns in der Schöpfungsgeschichte in groben Zügen erzählt wird, extrem langer Zeiträume. Man könnte hier vielleicht von ›*Welten*tagen‹ sprechen.[29]

Es ist im Übrigen interessant, dass es einige Sprachen gibt, in denen die Verwandtschaft zwischen den Worten für »Gott« und »Tag« nicht zu übersehen ist (zum Beispiel »deus« und »dies« im Lateinischen, »dios« und »dia« im Spanischen, »deus« und »dia« im Portugiesischen oder »déu« und »dia« in der Katalanischen Sprache).

6.2.2.3 Die Versuchung des Menschen – der Sündenfall

Schauen wir nun auf die Situation, in der sich der Mensch befand, als er noch im »Paradies«, wie es in der Genesis genannt wird, weilte. In dieser Epoche lebte der Mensch noch als makelloses, unschuldiges göttlich-geistiges Wesen in einer erdnahen *geistigen* Sphäre.[30] Er ruhte als ein noch *nicht* selbstbewusstes Wesen gewissermaßen im ›göttlichen Schoße‹, vergleichbar mit einem Kind, das sich im Schoße seiner Mutter geborgen fühlt.[31] Er wäre gar nicht imstande gewesen, gegen die göttlichen Absichten zu handeln. Er war noch nicht mit einem *Selbstbewusstsein* begabt und besaß noch keine *Erkenntniskräfte*. Diese Fähigkeiten und Kräfte waren ihm aber in Aussicht gestellt worden; diese sollte er sich erwerben, sobald es dafür an der Zeit gewesen wäre. Nun trat aber, wie uns in der Bibel berichtet wird, der ›Teufel‹, der in der Genesis durch die Schlange repräsentiert wird, an ihn heran. Dieses Wesen, das von alters her *Luzifer* genannt wird, verführte den Menschen, einen Apfel vom *»Baum der Erkenntnis«* zu essen, was Gott ihnen ausdrücklich verboten hatte. Luzifer säuselte dem Menschen zu:

»[...] sondern Gott weiß, dass, welches Tages ihr davon esset, so werden eure Augen aufgetan, und werdet sein wie Gott und wissen, was gut und böse ist.«[32]

Dass man es hier nicht mit einem Baum und einem Apfel im physischen Sinne zu tun hat, bedarf wohl keiner Erwähnung. Durch die Verheißung, so sein zu können wie Gott, wurden der Hochmut und der Egoismus angefacht und der Mensch wurde in die Begierden und Leidenschaften verstrickt. Der Mensch war zu diesem Zeitpunkt noch nicht reif, die Erkenntniskräfte auszubilden. Das war ihm von den Schöpfermächten erst zu einem viel späteren Zeitpunkt vorbestimmt. Viel zu früh begann er durch die Verführung Luzifers mit diesem Prozess.

In der Genesis heißt es nun, dass der Mensch aus dem Paradies vertrieben wurde. Der Mensch wurde auf die Erde verbannt, wo er sich viel stärker in die Materie verstrickte, als es von den Schöpfermächten beabsichtigt worden war. Sein ursprünglicher physischer Leib, der ein sehr feinstofflicher war, wurde mehr und mehr mit Materie angefüllt, wodurch er immer dichter und verhärteter wurde.[33] Dieser materielle, fleischliche Leib wurde nun erstmals *sichtbar*. Das schildert die Genesis damit, dass Adam erkannte, dass er nackt war.[34] Sein ursprünglich unsterblicher, spiritueller Leib war nun zu einem sterblichen, verweslichen geworden. Der Kreislauf der irdischen Inkarnationen nahm seinen Anfang. Die Frau musste von nun an unter Schmerzen ihre Kinder gebären. Krankheit, Leiden und Tod traten erstmals in die menschliche Erfahrungswelt. Das Menschenreich wurde nicht das unterste Reich in der geistigen, sondern das höchste in der irdischen Welt, unmittelbar über dem Tierreich.

Bis zu diesem Punkt muss man die Entwicklung des Menschen als *Abstieg* werten. Die Tatsache, dass er von nun an in gewisser Gottesferne auf dem irdischen Plan weilte, brachte es mit sich, dass er seine göttlich-geistige Heimat vergessen und sich gegen den göttlichen Willen stellen konnte, was ihm unmöglich gewesen wäre, wenn er im göttlichen Schoße verblieben wäre. Da der Mensch viel zu früh in die Situation kam, ein Selbstbewusstsein sowie Erkenntniskräfte zu entwickeln, war es ihm von nun an auch möglich, dem Irrtum anheimzufallen. Dadurch dass er – wie es in der bildhaften Sprache der Genesis heißt – die verbotene Frucht des Apfelbaumes aß, konnte er von diesem Zeitpunkt an völlig von der Wahrheit abirren und dem Bösen verfallen.

Interessanterweise heißt »Apfelbaum« im Lateinischen »malus«. Diesen Begriff gibt es auch als Adjektiv. Dann bedeutet er »böse« oder »unehrlich«. Wenn man solche sprachlichen Parallelen entdeckt, ist man heute geneigt, von einem Zufall zu sprechen. Die wahren Gründe sind nicht mehr bekannt. Um diese zu verstehen, muss man eine der großen Missionen der Erzengel betrachten. Diese besteht darin, dass sie als *»Volksgeister«* einem bestimmten Volk zugeteilt sind, das sie zu führen und zu leiten haben. In diesem Rahmen inspirieren sie auch die jeweiligen Sprachen. Sie wirken also als *»Sprachgeister«*. Die modernen Menschen glauben, dass Sprachen bzw. Worte einer Sprache in früheren Zeiten recht willkürlich oder zufällig entstanden seien, so wie das in unserer Zeit der Fall ist. Heute kann sich jeder ein künstliches abstraktes Wort ausdenken, mit dem er irgendetwas benennen möchte. Ein solcher Begriff muss mit der Wirklichkeit nicht das Geringste zu tun haben. Er kann sogar völlig sinnbefreit sein. Wenn dieses Wort sich dann weit genug verbreitet und von vielen verwendet wird, wird es sich eines Tages im Duden wiederfinden. Das war noch bis vor einigen Jahrhunderten ganz anders. Da wurden die Eingeweihten von dem Erzengel, der als Volksgeist und Sprachgenius das betreffende Volk führte, inspiriert, so dass sie schließlich die Worte und die Sprache schaffen konnten.

Der Mensch konnte also von nun an *sündig* werden. Das Wort »Sünde« ist verwandt mit dem Wort »(ab)*sondern*«. Der Mensch sonderte sich von seiner göttlichen Herkunft ab; er entwickelte ein Sondersein. Nur dadurch kam er überhaupt in die Gefahr, Sünden zu begehen. Die Menschen konnten im Verlaufe der Jahrtausende nicht mehr zu den Göttern finden. Die geistige Welt verfinsterte sich für sie immer mehr.

Dennoch war dieser Abstieg auf die materielle Erde notwendig. Die Tatsache, dass der Mensch von nun an seine Erdenlaufbahn beginnen und ab einem bestimmten späteren Zeitpunkt für lange, lange Zeit ohne *unmittelbare* Führung der geistigen Welt zurechtkommen musste, war eine Voraussetzung dafür, dass der Mensch frei werden konnte, die Gesetze seines Handelns zu erkennen und seine Entscheidungen darauf zu gründen. Diese Freiheit, über die nicht einmal die Wesen der höheren Hierarchien in diesem Maße verfügen, ist das höchste Gut des Menschen. Vermöge seiner Freiheit, von der er heute im Grunde erst einen Zipfel ergriffen hat, kann der Mensch jederzeit das tun, von dem er überzeugt ist, dass es im Sinne der geistigen Welt ist und letztlich ihm selbst und der Menschheit im spirituellen Sinne zum Segen gereicht. Diese Freiheit bedeutet auch, dass der Mensch eigene geistige Erkenntnisse gewinnen kann und muss, ohne irgendwelchen Autoritäten folgen zu müssen.

Somit ist es *auch* Luzifer zu danken, dass wir freie Wesen werden konnten bzw. in der Zukunft werden können.

6.2.2.4 Der Menschheitsrepräsentant – *»Gott will Götter«*

Vor 2.000 Jahren hatte die Menschheits- und Erdenentwicklung einen dramatischen Tiefstand erreicht. Die Menschen hatten von sich aus nicht mehr die Möglichkeit, sich in der notwendigen Weise weiterzuentwickeln. Das ganze Erdendasein war zum Absterben verurteilt. Das große Götterprojekt, Menschen im oben skizzierten Sinn zu schaffen, drohte zu scheitern.

Jetzt musste ein Gott, der Christus, zu den Menschen kommen. Er musste aus den höchsten Höhen der geistigen Welt herabsteigen und sich in einem menschlichen Leib verkörpern, um die Erde und die Menschheit zu retten. Wie bereits geschildert zog der Christus, der Sohn Gottes, bei der Taufe am Jordan in die leiblichen Hüllen des zu diesem Zeitpunkt 30-jährigen Jesus von Nazareth ein. Natürlich musste der Leib Jesu über viele, viele Generationen hinweg, so vorbereitet, so ›präpariert‹ werden, dass er diesem hohen und erhabenen göttlichen Geist ein würdiges, tragfähiges Gefäß sein konnte. Nicht umsonst legen die Evangelisten Matthäus und Lukas so großen Wert darauf, die Ahnenreihe Jesu darzulegen.[35]

Neben all seinen bedeutenden Reden und Lehren, sagt Christus zwei Mal etwas höchst Erstaunliches. Er bezieht sich auf Psalm 82, 6 und sagt: *»Ihr seid Götter«*[36] und *»Darum sollt ihr vollkommen sein, gleichwie euer Vater im Himmel vollkommen ist«*[37].

Das hat Luzifer den Menschen viel zu verfrüht auch schon eingeflößt. Nun aber sagt der Christus das Gleiche. Es kommt also nicht so sehr darauf an, *was* gesagt wird, sondern *wer* es sagt und *wann* es gesagt wird.[38] Christus will uns Menschen ermahnen, dass wir uns nicht selbst dafür verdammen, dass wir aufgrund des Abfalls in den tiefsten, gottfernsten Niederungen der materiellen Welt gelandet sind, aus denen es keinen Ausweg zu geben scheint, sondern Er will uns ermutigen, auf das unvorstellbar hohe Ziel zu schauen, das von uns allen eines fernen Tages erreicht werden *kann*.

Der 1945 hingerichtete Journalist und Widerstandskämpfer Dr. Theodor Haubach drückte sein Empfinden wie folgt aus: *»Je mehr ich versuche, in die dunkle Weisheit der beiden Testamente einzudringen, desto mehr drängt sich mir der Gedanke auf, dass in den letzten Jahrhunderten ein wesentlicher Gedanke der göttlichen Botschaft verdunkelt worden ist, nämlich der, dass der Mensch nicht nur abgefallen, sündig, klein und erbärmlich ist, sondern auf der anderen Seite des Göttlichen teilhaftig werden kann in einem Maße, wie es unser gesunkenes Zeitalter überhaupt nicht mehr begreift.«*[39]

Die Schöpfermächte wollten mit dem Menschen keine schlichten ›dienstbaren Geister‹ in die Weltenverhältnisse hineinstellen. Sie haben mit dem Menschen ein Wesen in die Weltentatsachen gestellt, das das Göttliche in sich aufnehmen kann. Sie haben ein Wesen geschaffen, dem es in urferner Zukunft vorbestimmt ist, selbst ein schöpferisches, selbstbewusstes, freies, göttlich-geistiges Wesen sein zu können. Das ist das, was als Geheimnis des Werdens betrachtet werden kann, dass jedes Wesen emporsteigen kann von einem, das nur aus der göttlichen Gnade empfangen kann, zu einem, das selbst produktiv werden kann, das selbst schöpferisch tätig werden kann.[40] Das Ziel aller Wesen ist es, selbst Schöpfer zu werden. *»Gott will Götter«* sagten schon Jakob Böhme und Novalis.[41] Durch seine Freiheit, die letztlich der Christus der Menschheit ermöglicht hat, kann der Mensch auch im wahrsten Sinne frei sein, das Gute aus eigenem Entschluss und ohne äußere Nötigung zu wollen. Dieses unvorstellbar hohe und erhabene Ideal haben die Götter ausgegeben. Diese Möglichkeit, diese Aussicht stellt der Christus den Menschen in eindeutigen Worten vor die Seele. Diese Entwicklung in die Hand zu nehmen und voranzutreiben, ist die Aufgabe jedes einzelnen Menschen!

In völliger Freiheit und aus absoluter Liebe verband sich Christus durch seine Leiden mit dem Leid der Menschheit und ging durch den Tod. Er musste als *der* Menschensohn den Tod und das Schicksal, das der Menschheit ohne seine Tat bevorgestanden hätte, besiegen. Mit Christi Tat kam ein neuer und einzigartiger Impuls in die Erdenwelt und die Menschheit. Durch seine Auferstehung eroberte Er gewissermaßen der Menschheit wieder den Leib zurück, der ihr ursprünglich zugedacht war. Dieser unverwesliche Auferstehungsleib, in dem sich der Christus bis zu seiner Himmelfahrt vielen offenbarte, kann auch von den Menschen in urferner Zukunft getragen werden. Christus ist, wie Paulus sagt, der »zweite Adam«.[42] Vom ersten Adam haben wir Menschen unseren heutigen sterblichen Leib. Von Christus können wir den unsterblichen haben. Dann ist das, was wir heute Tod nennen, nicht mehr möglich.

Bevor der Mensch eines fernen Tages diesen Auferstehungsleib, der nicht mehr an Raum und Zeit gebunden ist, tragen kann, werden sich die kosmischen Verhältnisse gewaltig verändert haben. Es kommt zum viel zitierten »Weltenende« bzw. zum »Jüngsten Tag« oder »Jüngsten Gericht«. Bei diesen Begriffen gehen viele davon aus, dass es ab diesem Zeitpunkt keinen unserer heutigen Erde vergleichbaren Weltenkörper mehr gäbe und dass sich das weitere Leben des Menschen dann nur noch in himmlischen Sphären abspielte. Auch glauben viele, dass dann die Entwicklung endgültig abgeschlossen und das Endziel der Menschheit erreicht wäre. Das ist aber nicht der Fall. Die heutige Erde wird in der Tat untergehen, aber es wird nach einer gewissen Übergangsphase eine *neue Erde* entstehen, die Menschen werden also eine neue Wohnstatt bekommen. Diesen neuen Weltenkörper hat Rudolf Steiner als »Jupiter-Erde« oder »neuer Jupiter« bezeichnet. Darüber werden wir an späterer Stelle (☞ Kapitel 8, S. 152f.) Näheres schreiben.

Ohne die Erlösungstat Christi wäre uns diese Entwicklungschance nicht möglich geworden. Das was sich vor 2.000 Jahren auf Golgatha vollzog, ist ein großes Mysterium, dem wir uns mit unserem Denken und Fühlen mehr und mehr nähern, für das wir mehr und mehr ein Verständnis erwerben müssen. Davon sollte uns auch die Tatsache, dass alles, was in jenen Tagen geschah, sowie die segensreichen Folgen dieser einzigartigen Erlösungstat Christi schier unerschöpflich sind, nicht entmutigen.

Man versteht im Übrigen Jesus Christus nicht, wenn man in ihm nur einen großen Führer der Menschheit sieht, der die Menschen gelehrt hat. Nicht seine Lehren, die ja zu einem großen Teil auch schon von bedeutenden Menschheitsführern, etwa von Buddha, vermittelt worden sind, waren das Wesentliche, was Er den Menschen gebracht hat. Das Wesentliche, was Er den Menschen gebracht hat, war *Er Selbst*. Er ist der *»Menschheitsrepräsentant«*. Er hat in seiner kurzen Erdenzeit die Entwicklung vorweggenommen, die den Menschen in unerdenklich langen Zeiträumen möglich sein kann. Das, was der Christus in kürzester Zeit urbildlich vorgelebt und in die Weltenentwicklung hineingestellt hat, ist etwas, was jeder Mensch in einer unerdenklich langen Zeitspanne *selbst* erreichen *kann*.[43]

6.2.2.5 Das Menschheitsideal

Wenn man dieses erhabene *»Menschheitsideal«* annehmen kann, wenn man annehmen kann, dass jeder Mensch die Möglichkeit und die Aufgabe hat, sich so zu entwickeln, sich so zu *bild*en, dass er ein wirkliches Eben*bild* der Gottheit sein kann, in das die erhabenen Wesen der höheren Hierarchien ihre besten Kräfte gießen, wird es noch unmöglicher zu glauben, dass diese gewaltige Entwicklung in einem einzigen Leben bewältigt werden könnte. Was hätte es angesichts dieses unvorstellbar langen Zeitraumes für einen Sinn, nur einmal – vielleicht, wenn es gut geht, siebzig, achtzig oder neunzig Jahre – auf der Erde zu verweilen? Was sind diese paar Jahrzehnte im Verhältnis zu der unvorstellbaren Zeitspanne, die der geistig-seelische Entwicklungsprozess benötigt! Natürlich könnte jemand einwenden, dass die Entwicklung ja auch in der geistigen Welt – also in der Zeit nach dem Tod – vorangetrieben wird. Das ist in einem gewissen Sinne sicher richtig, nur was spielen dann die wenigen Jährchen auf unserer Erde noch für eine Rolle? Das wäre das Gleiche, wie wenn wir unsere Kinder nur für den Bruchteil einer Sekunde zur Schule schicken würden! Könnte dann nicht die gesamte Entwicklung in der geistigen Welt erfolgen? Die Menschen haben die großartige Chance, sich in absoluter Freiheit und in vollem Selbstbewusstsein wieder ihres eigentlichen Ursprungs zu erinnern und sich ihren göttlichen Schöpfern anzuvertrauen. Dazu bedarf es natürlich eines unerdenklich langen *Entwicklungs-* und *Läuterungsprozesses*. Es liegt nun ganz wesentlich an uns, ob wir bereit sind, diesen Entwicklungsweg zu beschreiten. Jeder Mensch hat selbst die außergewöhnliche Gelegenheit, an diesem großen göttlichen Plan mitzuwirken. Über viele Leben hinweg müssen wir an unseren Schwächen und Unvollkommenheiten arbeiten, bis wir sie eines fernen Tages überwunden haben. Genau mit diesem Verhalten *dienen* wir Gott, in dem wir mit dazu beitragen, das von ihm ersonnene Schöpfungsziel, das Menschheitsideal, zu vollenden.

Man sollte im Übrigen nicht sagen, dass wir uns zu dem ursprünglichen Status, den die Menschen vor der Versuchung hatten, *zurück* entwickeln sollten, sondern dass wir uns zu dem Menschheitsideal *hin* entwickeln sollen. Es ist uns möglich, ja geradezu vorbestimmt, als *freie* und ihrer *selbst bewusste schaffende* Geister unter schaffenden Geistern zu leben. Das macht den großen Unterschied zu dem ursprünglichen Zustand aus, als die Menschen in einer gewissen Dumpfheit im göttlichen Schoße ruhten. Auch wenn die durch den Sündenfall bedingte Verstrickung in die Materie mit all ihren Gefahren und Mühseligkeiten wie eine große Abwärtsentwicklung erscheint, so war sie doch notwendig, um das Menschheitsideal eines urfernen Tages erfüllen zu können. Das Inaussichtstellen dieses hohen Ideals ist die eigentliche *frohe* Botschaft der Evangelien.

Kapitel 7

Die unsterbliche ›Instanz‹ im Menschen

Das empfindende, denkende und wollende Wesen in uns,
was wir Menschen,
sobald wir zum Bewusstsein unserer selbst gelangen,
*mit dem Worte **Ich** bezeichnen,*
das Ich ist seiner Natur nach unkörperlich,
folglich unaufhörlich und unvergänglich
und wird auch durch die Trennung vom Leibe,
seinem vormaligen sichtbaren Repräsentanten
und Lebensgehilfen in der Sinnenwelt,
in seiner eigenen Art zu leben und zu sein,
nicht unterbrochen.

Christoph Martin Wieland [1]

Nach allem, was wir schon über die Reinkarnation erörtert haben, stellen sich unweigerlich Fragen, die bisher noch nicht hinreichend geklärt wurden: Was am oder im Menschen könnte überhaupt *unsterblich* sein? Welche ›Instanz‹ im Menschen ist es eigentlich genau, die den Tod überdauert und durch die vielen Erdenleben schreitet?

Auch müssen wir uns ein wenig näher damit befassen, was es eigentlich konkret bedeutet, wenn gesagt wird, der Mensch müsse seine geistig-seelische Entwicklung, seine spirituelle Evolution vorantreiben.

Nach unseren bisherigen Schilderungen dürfte klar sein, dass die Naturwissenschaftler und Psychologen dazu keinen Beitrag leisten können. In den meisten okkulten und spirituellen Gruppierungen ist zu diesen Themen ein großes Wissen vorhanden. Der Grundtenor der verschiedenen Lehren ist *einigermaßen* einheitlich. Allerdings werden gleiche ›Dinge‹ häufig mit unterschiedlichen Namen bezeichnet. Wir wollen uns hier an die Terminologie der Geisteswissenschaft Rudolf Steiners halten.[2]

7.1 Die Wesensglieder des *heutigen* Menschen

Es wurde ja schon angedeutet, dass das menschliche Wesen einer permanenten Entwicklung unterliegt und dass diese sich nicht nur darauf bezieht, dass er auf dem kulturellen Feld heute Größeres zu leisten imstande ist als vor Hunderten oder gar

Tausenden von Jahren. Auch dasjenige, was den Menschen in seiner spezifischen Wesenheit ausmacht – sein gesamtes *»Wesensgefüge« bzw.* seine *»Wesensglieder«* – entwickeln sich ständig weiter, was man ja anhand seiner äußeren Körperlichkeit sehr gut nachvollziehen kann, wenn man etwa einen Steinzeitmenschen mit einem Menschen der heutigen Zeit vergleicht. Nicht alle Wesensglieder, die der heutige Mensch besitzt, hatte er bereits von Anfang an. Sie sind vielmehr nach und nach veranlagt worden. Wie wir in diesem Kapitel noch sehen werden, wird der Mensch in ferner Zukunft weitere Wesensglieder sein Eigen nennen. Hier sollen zunächst einmal diejenigen charakterisiert werden, die ein heutiger Mensch besitzt (☞ auch Anhang A.2, Skizze 1 und Tabelle 2, S. 383).

7.1.1 Der physische Leib

Der Mensch, so wie er heute auf dem physischen Plan vor uns steht, besitzt zunächst einmal seinen *»physischen Leib«*, den man auch *»stofflich-mineralischen Leib«* nennen könnte. Das ist derjenige Körper, den wir mit unseren Sinnen wahrnehmen können und den die Wissenschaft bereits in einem hohen Maße erforscht hat und erklären kann. Dieses Wesensglied ist das einzige, das sich der sinnlichen Anschauung unverhüllt zeigt. Einen solchen materiellen Leib haben auch die Tiere, die Pflanzen und die Mineralien, wenngleich sich diese Leiber in vielerlei Hinsicht voneinander unterscheiden. Wie man am Beispiel der Menschen, Tiere und Pflanzen sieht, kann ein solcher Leib *belebt* sein. Sobald aus einem solchen Leib das Leben weicht, ist dieser dazu verurteilt, zu verfallen. Die physischen Leiber von verstorbenen Menschen oder Tieren verlieren ihre charakteristische Form und zerfallen wieder in diejenigen Stoffe, aus denen sie gebildet worden sind; sie verwesen. Das gleiche Schicksal ereilt auch eine abgestorbene Pflanze, die nach einiger Zeit verrottet. Nur Mineralien kann man weitestgehend kennen, indem man nur das Physische beobachtet und studiert.

Zeitgenossen, die der materialistischen Weltanschauung anheimgefallen sind, identifizieren ihr Wesen ganz mit ihrem Körper, ihrem physischen Leib. Diesen betrachten sie als ihr einziges Wesensglied. So ist es auch immer noch wissenschaftlicher Konsens, dass das menschliche Bewusstsein durch das Gehirn hervorgebracht werde und dass es ohne dieses gar kein Bewusstsein geben könne.

Dieser physische Leib des Menschen ist fürwahr ein absolut großartiges Wunderwerk. Wenn man etwa an den vollkommenen Bau sowie die wunderbaren Funktionen des Herzens oder des Gehirns denkt, wird keiner bestreiten, dass es sich hierbei um ganz außergewöhnlich vollkommene und verehrungswürdige Organe handelt.

Dennoch ist dieser wunderbare Leib – wie jeder weiß – sterblich. Nach dem Tode löst er sich durch Verbrennung oder Verwesung wieder in der Erdenwelt auf. Ein Materialist, der ja der Auffassung ist, dass das menschliche Wesen mit seinem physischen Leib erschöpft sei, denkt somit absolut folgerichtig! Wenn dieser stofflich-mineralische Leib alles *wäre*, was den Menschen ausmacht, wenn er sein *einziges* Wesensglied *wäre*, dann wäre es ein Unsinn, von einem Leben nach dem Tod oder gar von Reinkarnation zu sprechen, da dieser Leib nach dem Tode verwest und letztlich ganz verschwindet! Aber wie wir im Folgenden sehen werden, ist die Annahme, dass das menschliche Wesen mit seinem physischen Leib erschöpft sei, ein gewaltiger Irrtum!

Vom ›wahren‹ Menschen kennt man nur sehr wenig, wenn man ausschließlich seinen physischen Leib seziert und erforscht, wie das die Wissenschaftler machen. Um einen plakativen Vergleich zu wählen, könnte man sagen, dass man, wenn man nur diesen Leib betrachtet, so wenig vom wahren Menschen kennt, wie man von einem Eisberg kennt, wenn man nur die Spitze, die aus dem Meer ragt, betrachtet. Um verstehen zu können, *was* am Menschen unsterblich ist, also den Tod überdauert und durch die wiederholten Erdenleben schreitet, müssen wir wissen, was den Menschen in seiner *gesamten Wesenheit* wirklich ausmacht. Der Mensch ist nämlich *kein* reines »Körperwesen«; er ist *kein* »*ein*gliedriges« Wesen.

7.1.2 Der Ätherleib

Man könnte sich ja beispielsweise einmal fragen, warum Menschen, Tiere und Pflanzen im Gegensatz zu den Mineralien *Lebe*wesen sind, warum sie wachsen und zur Fortpflanzung bzw. Vermehrung fähig sind. Die dazu benötigten *ursächlichen* Kräfte sind gewiss nicht in dem physischen Leib zu finden, denn über einen solchen verfügen die Mineralien auch.

Nun besitzt der Mensch neben seinem physischen Leib zunächst noch einen *»Ätherleib«*, den man auch *»Lebensleib«* oder *»Bildekräfteleib«* nennt. Der Ätherleib ist das unterste übersinnliche Wesensglied. Ohne diesen ätherischen Leib könnte in dem stofflich-mineralischen Leib kein *Leben* sein. Somit haben nicht nur Menschen, sondern alle *Lebewesen*, also auch Pflanzen und Tiere, einen solchen Leib. Man darf übrigens den Begriff »Äther« weder mit dem vor etwa 100 Jahren von der Physik verworfenen hypothetischen Äther, der ab dem späten 17. Jahrhundert als Medium für die Ausbreitung des Lichts postuliert worden war, noch mit dem, was man in der Chemie darunter versteht, verwechseln.

Der Ätherleib ist gewissermaßen der ›Aufbauer‹ oder der ›Architekt‹ des physischen Leibes, der sich aus dem ätherischen herauskristallisiert. Der physische Mensch ist nach Maßgabe seines Ätherleibes gebildet. Dieser Leib enthält die *wirkenden* Kräfte, die jedes Lebewesen bis in seine Zellstruktur beleben und gestalten. Der Ätherleib regt alle Lebensfunktionen des physischen Leibes an, das heißt, er beschützt die Substanz des physischen Leibes dauernd vor dem Zerfall und regelt den Aufbau dieser Substanz. Er ist der Träger der Wachstums- und Fortpflanzungskräfte und insbesondere auch des Gedächtnisses. Im Laufe der Entwicklung wird dieses ›Gewebe‹ von Erinnerungen und

Urteilen zur Grundlage von Temperamenten, Gewohnheiten, Neigungen sowie des Charakters und des Gewissens. Wenn jemandem irgendeine Verrichtung so vertraut ist, dass er sie jederzeit aus einer Routine heraus ausführen kann, ohne sich darauf besonders konzentrieren zu müssen, sagt man, diese Tätigkeit sei ihm »in Fleisch und Blut« übergegangen. Diese Verrichtung ist ihm zur *Gewohnheit* geworden. Wie alle Gewohnheiten hat sich diese in den Ätherleib ›eingeschrieben‹. Richtigerweise müsste man also sagen, dass diese Tätigkeit – genauer alle Gedanken und Handgriffe, die dazu erforderlich sind – in den Ätherleib übergegangen ist.

Der menschliche Ätherleib ist wie der physische Leib bis zu einem gewissen Grad den Gesetzen der Vererbung unterworfen. Das Physische am Menschen wird meistens aus der väterlichen, das Ätherisch-Astralische aus der mütterlichen Linie vererbt. Goethe drückte das so aus: *»Vom Vater hab ich die Statur, des Lebens ernstes Führen, vom Mütterchen die Frohnatur und Lust zu fabulieren.«*

Beim *heutigen* erwachsenen Menschen hat der Ätherleib etwa die gleiche Form wie der physische Leib, den er allerdings an allen Seiten ein wenig überragt. Daher bezeichnete Rudolf Steiner ihn auch als *»Doppelgänger«* des physischen Leibes, in dem die verschiedenen Kraftgestalten des physischen Leibes zu erkennen sind. Der ätherische Leib ist durchaus ähnlich organisiert wie der physische, nur sehr viel komplizierter. Er ist nicht nur mit feinen Äderchen und Strömungen durchzogen, sondern er hat auch Organe. Jedem physischen Organ ist ein entsprechendes Ätherorgan zugeordnet, das dieses gestaltet und erhält. So kann man etwa von einem *»Ätherherzen«*, einem *»Äthergehirn«*, einer *»Ätherlunge«* usw. sprechen. Der Ätherleib weist auch Gliedmaßen auf, also beispielsweise *»Ätherarme«*, *»Ätherhände«*, *»Ätherfinger«* und so fort. Er zeigt sogar geschlechtsspezifische Unterschiede. Der Ätherleib einer Frau ist männlich, der eines Mannes weiblich.

Dem Blick eines Hellsehers stellt sich der menschliche Ätherleib als ein innerlich leuchtendes, durchscheinendes, aber nicht ganz durchsichtiges *»Kraftgebilde«* dar. Bei einem gesunden Menschen hat er die Farbe der jungen Pfirsichblüte. Es glänzt und glitzert alles an diesem Lichtleib in den unterschiedlichsten Farbschattierungen und Helligkeitsgraden.

Es ist ja nicht verwunderlich, dass die Wissenschaft so verhältnismäßig wenig über das Gedächtnis weiß, da sie seinen Sitz im *physischen* Gehirn sucht. Dieses Gehirn ist für den Menschen aber nur in der *physischen* Welt – also solange er im Erdenleben weilt – vonnöten, damit etwas Erinnertes, also aus dem ätherischen Gehirn Heraufgeholtes, zum Bewusstseinsinhalt werden kann. Das physische Gehirn ist nicht mehr, aber auch nicht weniger als ein Werkzeug bzw. ein ›Spiegelungsapparat‹. Zu Lebzeiten wird der ätherische Leib mit seinen Gedächtniskräften sehr stark vom physischen Leib eingeschränkt. Um etwas Erinnertes freigeben zu können, ist er auf die vermittelnden Dienste des physischen Organismus angewiesen. Die Erinnerungen sind zwar ganz wesentlich im Äthergehirn konzentriert, sie erstrecken sich im Grunde aber auf den gesamten ätherischen Leib.

Wenn das physische Gehirn einen Schaden hat – wie das etwa bei einer Demenzerkrankung der Fall ist –, so ist es kein reiner Spiegel mehr, so dass es viele Erinnerungen aus dem Ätherleib nicht mehr spiegeln und somit auch nicht zum Bewusstsein bringen kann. Das, woran sich ein Mensch in seinem Erdenleben – zumindest einigermaßen – zu erinnern vermag, bildet nur eine verschwindend geringe Teilmenge aller im Ätherleib aufbewahrten Erinnerungen. Der ätherische Leib ist ein treuer Bewahrer von *allem*, was der Mensch jemals erlebt hat. Auch solche Ereignisse bzw. Erlebnisse, die nie die Bewusstseinsschwelle überschritten haben, an die sich der Mensch also im Erdenleben niemals erinnern könnte, sind hier einverwoben.

Wenn der Mensch durch die Geburt ins physische Dasein schreitet, so hat sein *neuer* Ätherleib noch die Resultate dessen, wie er in seiner früheren Inkarnation gelebt hat. Da dieser ätherische Leib der Aufbauer der neuen physischen Organisation ist, prägt sich das jetzt alles auch in den physischen Leib ein (☞ Kapitel 11, S. 342ff.).

Der Ätherleib bleibt während einer irdischen Inkarnation *immer*, auch im Schlafe, mit dem physischen Leib verbunden. Erst im Augenblick des Todes trennt er sich von diesem ab. Man könnte auch sagen, dass der ätherische Leib den physischen *entlässt*. Sofort weicht aus letzterem das Leben, er wird zum Leichnam.

Wie wir in Kapitel 11 sehen werden, legt der Mensch wenige Tage nach dem Tod auch den weitaus größten Teil des ätherischen Leibes ab. Nur einen eher kleinen Teil nimmt er als unvergängliche Essenz auf seinen weiteren nachtodlichen Weg sowie ins nächste Erdenleben mit.

7.1.3 Der Astralleib

Man könnte jetzt weiter fragen, warum Menschen und Tiere im Gegensatz zu Pflanzen oder gar Mineralien Gefühle, Empfindungen, Begierden und Triebe haben. Diese können offensichtlich weder im physischen noch im ätherischen Leib gefunden werden, denn diese beiden Wesensglieder haben die Pflanzen auch.

Der Mensch besitzt über den physischen und ätherischen Leib hinaus noch ein weiteres immaterielles Wesensglied, das die ätherische Hülle umschließt: den sogenannten *»Astralleib«*, *»Empfindungsleib«* oder *»Seelenleib«*, der von manchen Esoterikern auch als *»Emotionalkörper«* bezeichnet wird. Innerhalb dieses Leibes erscheint das *Eigenleben* des Menschen. Es drückt sich dadurch aus, dass dieser Lust oder Unlust, Freude oder Schmerz usw. erlebt.

Der Astralleib ist der Träger von Gefühlen, Begierden, Trieben, Wünschen, Leidenschaften und dergleichen. Durch ihn werden Sympathien und Antipathien erregt. Die Fähigkeit, solche Empfindungen zu erleben, teilt der Mensch nur mit den Tieren, die auch einen solchen übersinnlichen Leib besitzen. Auch hier ist es natürlich wieder so, dass der Mensch, solange er auf der Erde verkörpert ist, des Nervensystems bedarf, damit er etwa Schmerzen empfinden kann.

Der astralische Leib ist auch der Träger des sogenannten Unterbewusstseins, das man auch *»astralisches Bewusstsein«* nennt und das nicht mit dem Selbstbewusstsein verwechselt werden darf. Das astralische Bewusstsein ist ungleich weiser als unser Tages- oder Oberbewusstsein.

Einem Geistesseher zeigt sich das Bild des Astralleibes als eine Art ›Lichtwolke‹, die sogenannte *»Aura«*, die den physischen und ätherischen Leib umhüllt und den Kopf etwa um zwei bis drei Kopflängen überragt. Diese eiförmige Aura glänzt in den unterschiedlichsten Farben, je nach den jeweiligen Begierden, Trieben usw. **»Bleibende Stimmung des Menschen, auch bleibende Charaktereigentümlichkeiten verraten sich in der Aura durch eine bleibende Farbentönung, gebildet von Wolken, welche sie wellenförmig durchströmen. Wir sehen, wie wellenförmige Ströme von unten nach oben die Aura durchziehen, sie wie Blitze durchzucken, wie die Aura blaurote, braunrote und schöne bläuliche Farben durchziehen. Wir sehen die mannigfaltigsten und verschiedensten Farben, die sich ändern nach den verschiedenen Anlässen. Gehen Sie in die Kirche und beobachten Sie die Auren der Andächtigen. Sie werden da ganz andere Farbentöne finden als in einer Versammlung, in welcher politische Leidenschaften oder menschlicher Egoismus sich geltend machen. Die Seelenstimmungen, welche die täglichen Bedürfnisse bringen, werden Sie ausströmen sehen in Gebilden von ziegelroter und karminroter Farbe, manchmal werden sie eine dunklere Farbennuance haben. Und wenn Sie in eine Kirche gehen und die Andächtigen beobachten, dann werden Sie die blaue, indigofarbene, violette und rosenrote Farbe spielen sehen. Und untersuchen Sie die Aura eines Menschen, der in der Gedankenwelt lebt, kontemplativ über wissenschaftliche Probleme nachdenkt, dann werden Sie innerhalb seiner Aura aufglänzen sehen die Gedankengebilde, die den von keiner Leidenschaft durchzuckten Gedanken in der Aura widerspiegeln.«**[3]

Auch der Astralleib ist im Prinzip ähnlich organisiert wie der physische und der ätherische Leib. Er löst sich im Schlafe aus seiner Organisation mit den beiden übrigen Leibern. Dann gehört es unter anderem zu seinen Aufgaben, den physischen Leib zu erfrischen und Abnutzungserscheinungen auszugleichen.

Der Mensch verliert nach dem Tod seinen Astralleib zunächst nicht. Im Durchschnittsfall legt er erst einige Jahrzehnte, nachdem er durch die Pforte des Todes gegangen ist, den größten Teil seines astralischen Leibes ab. Nur einen gewissen Extrakt nimmt er als Frucht seines Lebens mit auf seinen weiteren Weg durch die höheren Welten.

Die Frage, was vom Menschen unsterblich ist, was ihm in der gesamten Zeit seines nachtodlichen Lebens von seinem Wesensgefüge bleibt und durch die vielen Erdenleben schreitet, steht immer noch im Raum. Der physische Leib löst sich nach dem Tod völlig in der Erdenwelt auf, und von den beiden anderen Leibern nimmt der Mensch nur einen gewissen Teil als unvergängliche Essenz mit auf seinen weiteren Weg. Hätte der Mensch nur *diese drei* Wesensglieder, so wäre es immer noch unsinnig, wenn man sagen würde, dass er unsterblich sei und ewig existiere.

7.1.4 Das Ich bzw. der Ich-Leib

Nun besitzt aber der Mensch in der Tat noch ein viertes Wesensglied, das ihn *weit* über das Tierreich erhebt: das *»Ich«* bzw. den *»Ich-Leib«*. Hätte der Mensch nicht dieses Ich, so hätten die ›Jünger‹ Darwins recht; dann wäre er nur ein hochentwickelter Affe.

Dieses Wesensglied, das sich einem Hellseher als bläuliche Hohlkugel im Stirnbereich zwischen den Augen zeigt, ist genau wie der Astralleib ein Bewusstseinsträger. Dieses an das Ich gekoppelte Bewusstsein, das *»Ich-Bewusstsein«* oder *»Selbst-Bewusstsein«*, leuchtet im Erdendasein eines Menschen etwa im dritten Lebensjahr erstmals auf. Ab diesem Zeitpunkt kann sich ein Kind seelisch als ein »Ich« bezeichnen. Es wird fähig, dieses Wort richtig zu verwenden. Es wird dann nicht mehr sagen »Maxi möchte einen Keks«, sondern »*Ich* möchte einen Keks«. Die übliche Erinnerung, die ein Mensch in seinem *Erden*leben hat, reicht *höchstens* bis zu diesem Ereignis zurück.

Dieses Ich-Bewusstsein ist – zumindest wenn man von den Phasen, in denen der Mensch wacht, absieht – völlig unabhängig vom physischen Leib und somit auch nicht an das Gehirn gebunden. Es ist das entscheidende Bewusstsein, das er in der gesamten Zeit zwischen Tod und neuer Geburt hat.

Das Ich ermöglicht es dem Menschen, sich als eigenständiges und seiner selbst bewusstes Wesen erkennen und von seinen Mitmenschen und seiner Umgebung abgrenzen zu können. Jeder Mensch kann sich selbst als ein *»Ich bin«* wahrnehmen. Das Ich, das man auch als *»Selbst«* bezeichnen könnte, erlaubt ihm, sich über seine bloßen Gefühle und Triebe hinaus selbst zu bestimmen. Dadurch kann er dazu kommen, ordnende Begriffe und Gedanken zu bilden. Das Ich macht es dem Menschen möglich, aus eigenem Antrieb heraus tätig zu werden und moralischen Idealen nachzustreben, anstatt nur blind seinen Trieben zu folgen, wie es bei den Tieren der Normalfall ist.

Nicht einmal ein krasser Materialist kann leugnen, dass es im Menschen eine ›Instanz‹ gibt, die über diejenigen Fähigkeiten verfügt, die wir dem Ich zuschreiben müssen. Allerdings wird er heftig bestreiten, dass es sich dabei um etwas Eigenständiges, Immaterielles handele. Vielmehr wird er diese Fähigkeiten auf irgendwelche Gehirnfunktionen zurückführen. Wenn ein solcher ehrlich und konsequent wäre, dürfte er aber auch nicht sagen: »*Ich* denke.« Stattdessen müsste er eigentlich sagen: »*Mein Gehirn* denkt.« Judith von Halle unterhielt sich einmal mit einem namhaften Wissenschaftler, der etliche Fachbücher verfasst hatte. Dieser erwies sich als krasser Materialist, der nicht an übersinnliche Wesensglieder, also insbesondere auch nicht an das Ich glaubte. Daraufhin stellte sie ihm die treffliche Frage: »Wer hat denn Ihre Bücher geschrieben?«

Dieses Ich ist nichts Geringeres als der »geistig-seelische Wesenskern« des Menschen, der als »göttlicher Funke« in ihm lebt. **»Wir müssen uns klar sein, dass wir zunächst in uns haben den geistig-seelischen Wesenskern, den wir zusammenfassen in seinem Mittel-**

punkt, wenn wir ›Ich‹ oder ›Ich bin‹ sagen. Dieser geistig-seelische Wesenskern ist eingebettet in den Astral-, Äther- und physischen Leib. So wie der Mensch jetzt in der Welt lebt, leben wir eigentlich, wenn wir innerlich leben, in unserem Ich; denn alle Seelentätigkeiten sind bei dem wachen Menschen mit dem Ich in irgendeiner Weise verknüpft, erscheinen gleichsam alle auf dem Hintergrunde des Ich.«[4]

Während die drei unteren Wesensglieder, physischer Leib, Ätherleib und Astralleib, bereits in einer urfernen Vergangenheit (☞ Kapitel 8, S. 151ff.), von der die Wissenschaftler nicht einmal zu träumen wagen und von der auch in den religiösen Urkunden nichts zu finden ist, von den göttlich-geistigen Wesen der höheren Hierarchien geschaffen bzw. keimartig veranlagt wurden, ist das Ich noch ein sehr junges Wesensglied. **»An einem Freitag, am 3. April des Jahres 33, drei Uhr am Nachmittag fand das Mysterium von Golgatha statt. Und da fand auch statt die Geburt des Ich in dem Sinne, wie wir es oftmals charakterisiert haben. Und es ist ganz gleichgültig, auf welchem Erdenpunkte der Mensch lebt, oder welchem Religionsbekenntnis er angehört, das, was durch das Mysterium von Golgatha in die Welt kam, gilt für alle Menschen. So wie es für alle Welt gilt, dass Cäsar an einem bestimmten Tage gestorben ist, und nicht für die Chinesen ein anderer und für die Inder wieder ein anderer Tag dafür gilt, ebenso ist es eine einfache Tatsache des okkulten Lebens, dass das Mysterium von Golgatha sich an diesem Tage zugetragen hat und dass man es da zu tun hat mit der Geburt des Ich. Das ist eine Tatsache ganz internationaler Art.«**[5]

Dieses Ich hat der Mensch zwar schon seit Beginn der Erdenzeit. Allerdings konnten die Menschen ihr Ich-Bewusstsein vor der Zeitenwende noch nicht recht ergreifen. Sie begriffen sich jahrtausendelang nicht so wie wir heute als eigenständige Individuen. Vielmehr fühlten sie sich noch verbunden, noch ›eins‹ mit ihren Blutsverwandten bis hin zu ihrem Stammvater. **»Vorher fühlte er sein Ich in der Stammeszugehörigkeit, in der Gruppe von Menschen, mit denen er blutsverwandt war, entweder im Raume oder in der Zeit; daher der Ausspruch: ›Ich und der Vater Abraham sind eins!‹, das heißt, sind ein Ich. Und da fühlte sich der einzelne geborgen in einem Ganzen, weil das gemeinsame Blut durch alle Adern hinunterrollte, durch alle Mitglieder des betreffenden Volkes.«**[6]

Aber die Entwicklung musste weitergehen. Die Zeit wurde reif, dass die Menschen mehr und mehr ihr individuelles Ich, wie es heute eine Selbstverständlichkeit ist, ergreifen konnten. Erst durch die Mission Christi kann in jedem Menschen ein *individuelles* Ich aufleuchten. Christus hat dieses menschliche Ich *erweckt*. Erst dadurch kann der Mensch in der Zukunft *Mensch* werden und zur wirklichen Freiheit gelangen. Wir befinden uns heute im Jahre 2024 nach Christus, genauer nach Jesu Geburt, und im Jahre 1991 nach der Ich-Geburt. Damit begann die große Zeitenwende. Das Wort »ICH« der deutschen Sprache stellt in monumentalen Lettern die Initialen des Gottessohnes dar: *I*esus *CH*ristus. Immer wenn wir »ich« sagen, sprechen wir die Anfangsbuchstaben des großen »ICH-BIN« aus.

Wir haben ja schon über den Einfluss der Sprachgeister auf die menschlichen Sprachen geschrieben. Auch das Wort »Ich« der deutschen Sprache ist weder durch eine Willkür noch durch einen Zufall aufgekommen. Dass dieses Wort die Initialen des Christus-Jesus darstellt, wurde im 4. Jahrhundert ganz gezielt durch den Bischof *Wulfila* bzw. *Ulfilas* (um 311 bis 383), welcher der erste christliche Eingeweihte Europas war, hineingelegt.[7]

Dass es mit diesem Ich etwas ganz Besonderes auf sich hat, kann man sich schon anhand anderer ganz einfacher Betrachtungen klarmachen: Mit diesem Wort kann jeder Mensch nur sich *selbst* benennen bzw. ansprechen. Kein Mensch kann einen anderen mit diesem Namen anreden. **»Das ›Ich‹ als Bezeichnung für ein Wesen hat nur dann einen Sinn, wenn dieses Wesen sich diese Bezeichnung selbst beilegt. Niemals kann von außen an eines Menschen Ohr der Name ›Ich‹ als seine Bezeichnung dringen; nur das Wesen selbst kann ihn auf sich anwenden. ›Ich bin ein Ich nur für mich; für jeden andern bin ich ein Du; und jeder andere ist für mich ein Du.‹ Diese Tatsache ist der äußere Ausdruck einer tief bedeutsamen Wahrheit. Das eigentliche Wesen des ›Ich‹ ist von allem Äußeren unabhängig; deshalb kann ihm sein Name auch von keinem Äußeren zugerufen werden.**

Jene religiösen Bekenntnisse, welche mit Bewusstsein ihren Zusammenhang mit der übersinnlichen Anschauung aufrechterhalten haben, nennen daher die Bezeichnung ›Ich‹ den ›unaussprechlichen Namen Gottes‹. Denn gerade auf das Angedeutete wird gewiesen, wenn dieser Ausdruck gebraucht wird. Kein Äußeres hat Zugang zu jenem Teile der menschlichen Seele, der hiermit ins Auge gefasst ist. Hier ist das ›verborgene Heiligtum‹ der Seele. Nur ein Wesen kann da Einlass gewinnen, mit dem die Seele gleicher Art ist. Der Gott, der im Menschen wohnt, spricht, wenn die Seele sich als Ich erkennt.«[8]

Christus hat jeden Menschen zum König gemacht. So wie ein weltlicher König die Hoheit und Macht über sein Volk bzw. Reich hat, so hat jeder Mensch vermöge seines Ichs die Hoheit und die Macht über sein Seelenreich, über seine unteren Wesensglieder. Es ist von eminenter Bedeutung, dass bei allem, was ein Mensch macht und sagt, sein Ich stets die Herrschaft behält. Dennoch gibt es immer wieder Situationen, in denen das – oftmals nur für wenige Augenblicke – nicht gelingt. Man ist dann für kurze Zeit nicht Herr seiner selbst und weiß gar nicht so recht, welche Reaktionen, Taten oder Worte jetzt angemessen wären. Auslöser dafür können insbesondere schockierende Erlebnisse oder Nachrichten oder Gefahrenmomente sein. In der deutschen Sprache gibt es für dieses Phänomen sehr treffende Formulierungen. So spricht man etwa von »außer sich sein«, »nicht bei sich sein« oder »neben sich stehen.« Damit wird sehr passend zum Ausdruck gebracht, dass das Ich in diesen Momenten nicht richtig in den leiblichen Hüllen steckt, so dass es nicht die notwendige Kontrolle und Herrschaft übernehmen kann.

Im Schlaf löst sich das Ich zusammen mit dem Astralleib vom physischen und ätherischen Leib und erhebt sich in die Astralwelt, in der es bestimmte Erlebnisse hat, die dem Menschen freilich nicht bewusst werden.

Das Ich, das die eigentliche menschliche *»Individualität«* repräsentiert, bleibt dem Menschen als einziges *ureigenes* Wesensglied in der gesamten nachtodlichen Zeit *vollständig* erhalten, wenngleich das Bewusstsein seiner selbst, also das Ich-Bewusstsein, phasenweise stark herabgedämpft sein kann und anderer Art ist, als es im Erdenleben der Fall ist. Auch Goethe wusste, dass das Ich den Tod überdauert und unauslöschlich ist. *»Der Körper wird wie ein Kleid zerreißen, aber ich, das wohlbekannte Ich, ich bin.«*[9] In der Zeit der Aufklärung machten sich zahlreiche Philosophen Gedanken über das Wesen des Ichs. Johann Gottlieb Fichte charakterisierte es mit den Worten: *»Mache Dich selbst ewig, anstatt das Nichts zu erwarten! Das Bild der Ewigkeit ist in Dir. Bring' es heraus! ›Ich‹ ist sein Name. Ich für immer!«*

Das Ich ist unsterblich und unvergänglich; es schreitet von Inkarnation zu Inkarnation. **»So gewiss wie der Pflanzenkeim die Anlage hat, eine neue Pflanze zu werden, so gewiss hat dasjenige, was sich in dem Alltagsleben als Seelisch-Geistiges verbirgt, was sich aber der Geisteswissenschaft zeigt, die Anlage zu einem neuen Menschen. Und durch eine solche Betrachtung gelangt man in voller Übereinstimmung mit der naturwissenschaftlichen Vorstellungsart zu den wiederholten Erdenleben.«**[10]

Durch die unzähligen Erfahrungen, die es in jedem einzelnen Erdenleben sammelt, kann das Ich immer reifer und vollkommener werden. Da im Buddhismus das Ich als bewusste inkarnationsübergreifende Entität nicht anerkannt wird, kann auch verständlich werden, dass ein Buddhist Mühe hat, einen Zugang und ein Verständnis für den Christus zu finden.

7.2 Körper, Seele und Geist

Wie man etwa bei Paulus nachlesen kann, galt es in den ersten christlichen Jahrhunderten als eine Selbstverständlichkeit, dass der Mensch ein *dreigliedriges* Wesen ist, das aus *Körper*, *Seele* und *Geist* besteht. Das 8. allgemeine Konzil, das im Jahre 869 in Konstantinopel stattfand, hat die Voraussetzungen dafür geschaffen, dass diese Dreigliederung immer mehr aufgeweicht wurde, indem der Geist verleugnet wurde.[11] Durch diese ›Abschaffung‹ des Geistes wurde von der Kirche – vermutlich ohne sich dessen bewusst zu sein – eine höchst fatale Entscheidung getroffen, die den Boden bereitete, auf dem Jahrhunderte später der Materialismus gedeihen konnte, der seit rund 150 Jahren auch in der Naturwissenschaft blüht. **»Der Materialismus in der Naturwissenschaft ist erst eine Folge des Materialismus in der Religion; es gäbe ihn nicht, wenn nicht das religiöse Leben vom Materialismus durchsetzt wäre. Diejenigen, die heute zu bequem sind, sich auf religiösem Gebiet zu vertiefen, sind dieselben, die in der Naturwissenschaft den Materialismus erzeugt haben.«**[12]

Nach Auffassung des konfessionellen Christentums besteht der Mensch also lediglich aus Körper und Seele, der allerdings einige geistige Eigenschaften zugestanden werden. Daher wird diese manchmal auch als »Geistseele« bezeichnet. Alles, was die großen christlichen Kirchen, aber auch Psychologen und Psychoanalytiker zum Verständnis der Seele beitragen können, ist mehr als dürftig und zum Teil stark materialistisch gefärbt. In vielen fernöstlichen Religionen wie etwa im Buddhismus ist kein Platz für die Seele. Gemäß ihren Lehren besteht der Mensch aus Körper und Geist.

Wie sind nun diese Begriffe, Körper, Seele und Geist, im Sinne der anthroposophisch orientierten Geisteswissenschaft zu verstehen? Wie passt diese *Drei*gliederung des Menschen mit der oben geschilderten *Vier*gliedrigkeit zusammen?

Ein erstes Verständnis für diese drei Glieder ergibt sich aus Rudolf Steiners Aussage: **»Durch seinen Leib** [Körper] **vermag sich der Mensch für den Augenblick mit den Dingen in Verbindung zu setzen. Durch seine Seele bewahrt er in sich die Eindrücke, die sie auf ihn machen; und durch seinen Geist offenbart sich ihm das, was sich die Dinge selbst bewahren.«**[13]

7.2.1 Körper

Der Begriff »Körper« dürfte die wenigsten Schwierigkeiten bereiten. Damit ist dasjenige gemeint, wodurch sich dem Menschen die äußeren Phänomene der Sinneswelt offenbaren. Er besteht im Wesentlichen aus dem *physischen Leib*. Durch leibliche Sinne lernt man den Leib des Menschen kennen. **»Durch seinen Leib ist er** [der Mensch] **mit den Dingen verwandt, die sich seinen Sinnen von außen darbieten. Die Stoffe der Außenwelt setzen diesen seinen Leib zusammen; die Kräfte der Außenwelt wirken auch in ihm. Und wie er die Dinge der Außenwelt mit seinen Sinnen betrachtet, so kann er auch sein eigenes leibliches Dasein beobachten.«**[13]

Den *Ätherleib*, der ja den physischen Leib aufbaut und belebt und, solange der Mensch im Erdenleben weilt, immer mit diesem fest verbunden ist, kann man auch noch zu dem, was man den menschlichen »Körper« nennt, dazurechnen.

7.2.2 Seele

Mit dem Wort »Seele« soll auf all dasjenige hingedeutet werden, wodurch der Mensch die Dinge, die der Leib wahrgenommen hat, mit seinem eigenen Dasein verknüpft, wodurch er also etwa Lust oder Unlust, Freude oder Leid erfährt. Die Seele ist im Menschen tätig und durchdringt alle Verrichtungen des Körpers. Die wesentlichen Kräfte der Seele sind Sympathie und Antipathie.

Das *Ich* und der *Astralleib*, insbesondere soweit er die Hülle des Ichs ist, stellen – etwas vereinfacht dargestellt – die menschliche Seele dar. Der Astralleib ist der eigentliche *»Seelenleib«*, gleichsam die Substanz, aus der die menschliche Seele gewoben ist. **»In der Seele blitzt das ›Ich‹ auf«** und **»empfängt aus dem Geiste den Einschlag.«**[14]

Der Mensch kann sich in seinem Denken, Fühlen und Wollen seelisch betätigen. Alle diese Seelentätigkeiten sind beim wachenden Menschen unmittelbar mit seinem Ich verknüpft. Die Seele ist das Bindeglied von Körper und Geist, zwischen denen sie vermittelnd tätig ist. Die Seele, die zwischen beiden steht, führt ein in sich geschlossenes Eigenleben. Ihre Begierden, Wünsche und Neigungen dienen ihr. Sie stellt das Denken in ihren Dienst. **»Sie hat gleichsam eine Vermittlerrolle, und ihre Aufgabe ist erfüllt, wenn sie dieser Rolle genügt. Der Leib formt ihr die Eindrücke; sie gestaltet sie zu Empfindungen um, bewahrt sie im Gedächtnisse als Vorstellungen und gibt sie an den Geist ab, auf dass er sie durch die Dauer trage. Die Seele ist eigentlich das, wodurch der Mensch seinem irdischen Lebenslauf angehört. Durch seinen Leib gehört er der physischen Menschengattung an. Durch ihn ist er ein Glied dieser Gattung. Mit seinem Geiste lebt er in einer höheren Welt. Die Seele bindet zeitweilig beide Welten aneinander.«**[15]

»Aber unmöglich ist es, in derselben Art [wie man die Außenwelt und das eigene leibliche Dasein betrachten kann] **das seelische Dasein zu betrachten. Alles, was an mir leibliche Vorgänge sind, kann auch mit den leiblichen Sinnen wahrgenommen werden. Mein Gefallen und Missfallen, meine Freude und meinen Schmerz kann weder ich noch ein anderer mit leiblichen Sinnen wahrnehmen. Das Seelische ist ein Gebiet, das der leiblichen Anschauung unzugänglich ist. Das leibliche Dasein des Menschen ist vor aller Augen offenbar; das seelische trägt er als seine Welt in sich.«**[13]

7.2.3 Geist

Der Geist ist unser Führer im Reich der Seele.

»Durch den Geist aber wird ihm [dem Menschen] **die Außenwelt in einer höheren Art offenbar. In seinem Innern enthüllen sich zwar die Geheimnisse der Außenwelt; aber er tritt im Geiste aus sich heraus und lässt die Dinge über sich selbst sprechen, über dasjenige, was nicht für ihn, sondern für sie Bedeutung hat. Der Mensch blickt zum gestirnten Himmel auf: das Entzücken, das seine Seele erlebt, gehört ihm an; die ewigen Gesetze der Sterne, die er im Gedanken, im Geiste erfasst, gehören nicht ihm, sondern den Sternen selbst an. So ist der Mensch Bürger dreier Welten. Durch seinen Leib gehört er der Welt an, die er auch mit seinem Leibe wahrnimmt; durch seine Seele baut er sich seine eigene Welt auf; durch seinen Geist offenbart sich ihm eine Welt, die über die beiden anderen erhaben ist.«**[16]

Das Ich ist eigentlich bereits ein geistiges Wesensglied, das sich beim Durchschnittsmenschen seiner geistigen Wesenheit allerdings noch nicht bewusst ist. Der deutsche Arzt und Schriftsteller Carl Ludwig Schleich (1859 bis 1922), der als Erfinder der Anästhesie gilt, drückte es folgendermaßen aus: *»Bewusstsein ist die Beobachtung des*

Ichs, das Innewerden dessen, dass ich ein Ich bin. Das Ich ist die kondensierte Seele. Das Ich ist die Brücke vom Geist zur Seele.«[17]

Der *Geist* besteht jedoch im strengen Sinne aus drei zukünftigen Wesensgliedern, die der heutige Mensch erst in seinen keimhaften Anlagen besitzt, die er also noch ausbilden, die er noch erwerben muss.

7.3 *Zukünftige* Wesensglieder des Menschen

Der heutige Mensch ist, wenn er auf dem irdischen Plan verkörpert ist, ein *viergliedriges* Wesen, das aus dem physischen Leib, dem Ätherleib, dem Astralleib und dem Ich besteht. Solange der Mensch auf der Erde lebt, sind sein physischer Leib und sein Ätherleib fest miteinander verbunden. Während der Zeiten, in denen der Mensch wacht, sind auch sein Astralleib und sein Ich fest mit den beiden anderen Leibern verknüpft. Während des Schlafes trennen sich Astralleib und Ich aus der menschlichen Organisation heraus, während der physische Leib und der Ätherleib im Bette liegen. Der Astralleib und das Ich gehen in die Astralwelt, in der sie bestimmte Erlebnisse haben, an die sich der Mensch nach dem Aufwachen allerdings nicht mehr zu erinnern vermag. Erst nach dem Tod tauchen diese Erlebnisse vor dem *»Seelenauge«* auf. Im Augenblick des Todes trennt sich auch der Ätherleib vom physischen Leib ab, der dann wenige Tage später bis auf ein eher kleines Überbleibsel, bis auf einen Extrakt, dem Kosmos einverwoben wird. Auch den größten Teil des Astralleibes wird der Mensch einige Jahrzehnte nach dem Tod ablegen, während ihm sein Ich als einziges ureigenes Wesensglied in der gesamten nachtodlichen Zeit erhalten bleibt, wenngleich – wie bereits angedeutet – das Bewusstsein seiner selbst, also das Ich-Bewusstsein, phasenweise stark herabgedämpft sein kann.

Der Mensch war nicht von Anfang an so organisiert. In urferner Vergangenheit wurde von den Schöpfermächten nur der physische Leib veranlagt, der damals natürlich noch eine *völlig* andere Gestalt und Stofflichkeit hatte als der, welchen die ersten Erdenmenschen, von denen die Genesis schildert, trugen. Diese Leiber wiederum waren völlig anderer Art als unsere heutigen. Der Ätherleib wurde erst sehr viel später zugefügt. Noch viel später kam der Astralleib hinzu – allerdings natürlich auch noch vor der Erschaffung der Erdenmenschen. Die Entwicklung dieser Leiber verdankt der Mensch ganz wesentlich den geistigen Wesen der höheren Hierarchien. Diese unteren Leiber sind als Folge der luziferischen Versuchung, von der die biblische Schöpfungsgeschichte erzählt, in gewisser Weise ›verdorben‹ worden. Der physische Leib hat sich mit dichter Erdenmaterie angefüllt. Dadurch wurde er zu einem verweslichen Leib. Auch der Astralleib wurde dadurch, dass er überschäumende oder fehlgeleitete Triebe und Begierden aufnehmen konnte, in eine gewisse Unordnung gebracht. Im Christentum spricht man hier von der »Erbsünde«. Das *individuelle* Ich sowie das daran gebundene Ich-Bewusstsein hat der Mensch erst seit der Zeitenwende vor rund 2.000 Jahren.

Die unteren drei Wesensglieder, also der physische Leib, der Ätherleib und der Astralleib, bilden gewissermaßen die Hüllen, in die das Ich sich im Erdendasein einkleidet. Diese sind ihm – etwas salopp ausgedrückt – als ›Basisausstattung‹ von den Schöpfermächten verliehen worden. Dadurch wurde er wie die gesamte ihn umgebende Natur zum Geschöpf der göttlich-geistigen Welt. Durch sein Ich ist er berufen, zum Schöpfer *seiner selbst* zu werden! Es ist die Aufgabe des Menschen, aus seiner menschlichen Freiheit und seinen Ich-Kräften heraus in voller Bewusstheit seine drei unteren Leiber umzuarbeiten, zu veredeln und zu verwandeln. Auf diese Art kann es ihm gelingen, in der Zukunft höhere Wesensglieder zu entwickeln.

Emil Bock (1895 bis 1959), Gründungsmitglied und Priester der Christengemeinschaft, schrieb dazu: *»In drei künftigen Äonen wird der Mensch drei höhere Wesensglieder dadurch in sich hereinverkörpern, dass sein Ich im irdischen Hüllenwesen nicht untätig bleibt, sondern an sich arbeitet und so die Hüllen ergreift und einer fortschreitenden Verwandlung entgegenführt.«*[18]

Während der Mensch seine heutigen vier Wesensglieder ohne eigene Verdienste und ohne sein Mitwirken von den Göttern nach und nach verliehen bekommen hat, muss er sich die drei zukünftigen selbst verdienen, selbst erringen.

Diese Verwandlung – man könnte auch von Veredelung, Reinigung oder Vergeistigung sprechen – des astralischen, ätherischen und physischen Leibes geht mit dem einher, was man als die schon mehrmals angesprochene *geistig-seelische* Evolution des Menschen, die ihn schließlich eines urfernen Tages zum Erreichen des Menschheitsideals führen kann, bezeichnet.

Wir wollen nun in aller Kürze diese drei zukünftigen Wesensglieder des Menschen charakterisieren.

7.3.1 Das Geistselbst

Das nächste und erste vollständig *geistige* Wesensglied, das der Mensch zu entwickeln hat, wird von Rudolf Steiner *»Geistselbst«* genannt. Man könnte auch vom *»Höheren Selbst«* sprechen. In der indisch-theosophischen Tradition wird dieses mit dem Sanskritwort *»Manas«* bezeichnet.

Das Geistselbst kann sich der individuelle Mensch dadurch erwerben, dass er mit seinem Ich seinen Astralleib *bewusst* umgestaltet, vergeistigt. In dem Maße, wie er Herr über seine Triebe, Begierden, Leidenschaften usw. geworden ist, erscheint dieses Wesensglied im Astralleib. Für die Ausbildung des Geistselbst ist es zudem erforderlich, dass der Mensch sich mehr und mehr zu einem reinen Denken erhebt, das nicht an das gebunden ist, was die Sinneswelt ihm bietet.

Der Astralleib eines Menschen besteht also auch heute schon aus zwei Bereichen: dem bereits umgewandelten, veredelten und dem noch nicht umgewandelten. Das Geistselbst in seiner Offenbarung kann beim Menschen als »umgewandelter Astralleib« bezeichnet werden. Während der dem Menschen verliehene Astralleib das Ich wie eine äußere Hülle umgibt, wird das Geistselbst zu einem unverlierbaren inneren Bestandteil der menschlichen Individualität.

Erst durch das Geistselbst wird der Mensch im eigentlichen Sinne Mensch. Das Wort »Mensch« weist etymologisch deutlich auf den Zusammenhang mit »Manas« hin. Zu eigen wird dem Menschen das Geistselbst erst in ferner Zukunft sein, wenn der Mensch reif ist, mit dem Auferstehungsleib bekleidet auf der neuen Jupiter-Erde (☞ auch Kapitel 8, S. 152) zu wandeln. Man darf sich diesen Auferstehungsleib übrigens weder als einen rein physischen noch als einen rein geistigen vorstellen. Man könnte ihn vielleicht als ätherisch-physisch bezeichnen.

7.3.2 Der Lebensgeist

Das zweite Geistglied, das der Mensch vermöge seiner Ich-Kräfte ausbilden wird, ist der *»Lebensgeist«* (indisch-theosophisch *»Buddhi«*). So wie der Mensch dadurch, dass er seinen Astralleib vergeistigt, das Geistselbst ausbildet, bildet er den Lebensgeist durch die Vergeistigung des Ätherleibes aus. Analog kann man die Offenbarung des Lebensgeistes als »umgewandelten Ätherleib« bezeichnen.

Um dieses Wesensglied bilden zu können, muss der Mensch mit seinem Ich nach und nach die Herrschaft über seine tiefergehenden Lebensgewohnheiten und Charaktereigenschaften gewinnen. Es liegt auf der Hand, dass es viel schwieriger ist und ungleich intensiverer Anstrengungen bedarf, auf dieser Ebene etwas zu bewirken, als seine Triebe, Leidenschaften und dergleichen zu veredeln. Förderlich für diese Arbeit kann es sein, wenn der Mensch von tiefen religiösen Impulsen durchdrungen ist, die er sich zum festen Bestandteil seines Lebens macht.

Keimartig veranlagt wurde der Lebensgeist – wie alle anderen Wesensglieder auch – bereits in einer ur-urfernen Vergangenheit. Erst in einer noch sehr fernen Zukunft wird er bei der Mehrheit der Menschen zur Reife kommen.

7.3.3 Der Geistesmensch

Das höchste Wesensglied, das der Mensch entwickeln muss, wurde von Rudolf Steiner *»Geistesmensch«* oder *»Geistmensch«* (indisch-theosophisch *»Atman«* bzw. *»Atma«*) genannt.

Dieses Wesensglied, den Geistesmenschen, kann der Mensch dadurch erwerben, dass er vermöge seines Ichs den physischen Leib umwandelt, vergeistigt. Man kann also von einem *»umgewandelten physischen Leib«* sprechen. **»Mit der Arbeit am Astralleib und am Ätherleib ist aber die Tätigkeit des Ich noch nicht erschöpft. Diese erstreckt sich auch auf den physischen Leib. Einen Anflug von dem Einflusse des Ich auf den physischen Leib kann man sehen, wenn durch gewisse Erlebnisse z. B. Erröten oder Erbleichen eintreten. Hier ist das Ich in der Tat der Veranlasser eines Vorganges im physischen Leib. Wenn nun durch die Tätigkeit des Ich im Menschen Veränderungen eintreten in Bezug auf seinen Einfluss im physischen Leibe, so ist das Ich wirklich vereinigt mit den verborgenen Kräften dieses physischen Leibes, mit denselben Kräften, welche seine physischen Vorgänge bewirken. Man kann dann sagen, das Ich arbeitet durch eine solche Tätigkeit am physischen Leibe. Es darf dieser Ausdruck nicht missverstanden werden. Die Meinung darf gar nicht aufkommen, als ob diese Arbeit etwas Grob-Materielles sei. Was am physischen Leibe als das Grob-Materielle erscheint, das ist ja nur das Offenbare an ihm. Hinter diesem Offenbaren liegen die verborgenen Kräfte seines Wesens. Und diese sind geistiger Art. Nicht von einer Arbeit an dem Materiellen, als welches der physische Leib erscheint, soll hier gesprochen werden, sondern von der geistigen Arbeit an den unsichtbaren Kräften, welche ihn entstehen lassen und wieder zum Zerfall bringen. Für das gewöhnliche Leben kann dem Menschen diese Arbeit des Ich am physischen Leibe nur mit einer sehr geringen Klarheit zum Bewusstsein kommen. Diese Klarheit kommt im vollen Maße erst, wenn unter dem Einfluss der übersinnlichen Erkenntnis der Mensch die Arbeit bewusst in die Hand nimmt. Dann aber tritt zutage, dass es noch ein drittes geistiges Glied im Menschen gibt. Es ist dasjenige, welches der Geistesmensch im Gegensatze zum physischen Menschen genannt werden kann. [...]**

Man wird in Bezug auf den Geistesmenschen auch dadurch leicht irregeführt, dass man in dem physischen Leibe das niedrigste Glied des Menschen sieht und sich deswegen mit der Vorstellung nur schwer abfindet, dass die Arbeit an diesem physischen Leibe zu dem höchsten Glied in der Menschenwesenheit kommen soll. Aber gerade deswegen, weil der physische Leib den in ihm tätigen Geist unter drei Schleiern verbirgt, gehört die höchste Art von menschlicher Arbeit dazu, um das Ich mit dem zu einigen, was sein verborgener Geist ist.«[19]

Der physische Leib wird durch die physischen Lebenskräfte des Ätherleibes aufgebaut und erhalten. In einer ähnlichen Weise wird der Geistesmensch durch *geistige* Lebenskräfte auferbaut. Daher muss man in Analogie zum Ätherleib von einem *»Äthergeist«* sprechen. Dieser Äthergeist ist der bereits erwähnte Lebensgeist.

Dieses höchste Wesensglied, der Geistesmensch, kann beim Menschen erst in ur-urferner Zukunft zur Reife kommen. Dann wird der Mensch vollständig vergeistigt, vollständig Geist sein.

****

Vielen Zeitgenossen mag die Vorstellung, dass es die Aufgabe *jedes einzelnen Menschen* ist, aus seinem Ich heraus an der Entwicklung seiner höheren Wesensglieder zu arbeiten, sehr befremdlich sein. Ihnen wäre es vermutlich sympathischer, wenn der ›liebe Gott‹ ihnen diese gnädig verleihen würde. Man sollte es aber als eine unglaubliche Chance auffassen, dass jeder von uns diese Entwicklung selbst in die Hand nehmen kann! Natürlich werden uns die geistigen Wesen der höheren Hierarchien dabei tatkräftig unterstützen, aber der entscheidende Impuls muss von uns ausgehen.

Sie kennen sicher den viel zitierten Ausspruch des berühmten Künstlers Joseph Beuys (1921 bis 1986): *»Jeder Mensch ist ein Künstler!«* Die meisten Menschen kommen heute nicht darüber hinaus, solche Aussagen in einer völlig trivialen Weise aufzufassen. Sie glauben, Beuys habe damit sagen wollen, dass jeder Mensch – und sei es der unbegabteste – sich sehr wohl künstlerisch betätigen könne – und wenn er nur ein paar Farbkleckse auf ein Blatt Papier schmiert. Natürlich meinte Joseph Beuys, der im Übrigen überzeugter Anhänger und Verfechter der Anthroposophie war, das in einem viel höheren Sinne. Er wollte damit genau das zum Ausdruck bringen, was hier soeben geschildert wurde: Jeder Mensch hat die Fähigkeit, ja die Aufgabe, an der Entwicklung, an dem geradezu ›künstlerischen‹ Schaffen seiner drei höheren Wesensglieder zu arbeiten.

»Alles Menschliche will Dauer; Gott will Verwandlung«, sagte die Schriftstellerin, Philosophin und Historikerin Ricarda Huch (1864 bis 1947).

Die drei höheren Wesensglieder, die in jedem Menschen bereits keimartig veranlagt sind, stehen schon heute in einer gewissen Beziehung zum Menschen. Sie liegen sozusagen **»beschlossen im Schoße der göttlich-geistigen Wesenheiten«**[20] der dritten Hierarchie. Wir stehen beispielsweise in Beziehung zu den Engelwesen. Stattdessen könnte man auch sagen, wir stehen schon heute in Beziehung zu dem, was in der Zukunft als unser Geistselbst kommen soll. Wir haben mit diesen höheren Wesensgliedern bereits *wirkliche* Begegnungen. Wenn wir nicht von Zeit zu Zeit unserem Geistselbst begegnen würden, so würden wir uns immer mehr von allem Geistigen entfernen und entfremden.

Kapitel 8

Besondere Gesichtspunkte der Reinkarnationslehre

Fürchte dich nicht,
ermutigt der Engel,
ziehe mir nach,
lass dich durchleuchten,
kehre lichter zur Erde zurück,
stirb und werde wieder geboren,
bis das Vergehen
in Liebe verwandelt ist.
Albert Steffen[1]

Nachdem wir im bisherigen Verlauf unserer Betrachtungen schon einiges über die wiederholten Erdenleben erfahren und vielleicht auch die Einsicht gewonnen haben, dass man wohl von der Tatsache, dass sich ein Mensch viele Male auf der Erde verkörpert, ausgehen muss, um viele Weltentatsachen im richtigen Lichte sehen zu können, sollen nun ein paar wichtige Gesichtspunkte dieser Lehre beleuchtet werden.

Vermutlich werden sich dem Leser schon einige Fragen aufgedrängt haben, auf die wir in diesem Kapitel eine Antwort zu geben versuchen. Wir wollen uns insbesondere mit denjenigen Aspekten befassen, die diese Lehre in gewisser Weise abrunden und vervollständigen, ohne schon explizit auf das Karmagesetz eingehen zu müssen, dem wir uns in den folgenden Kapiteln zuwenden werden.

8.1 Für welche Wesen gilt das Gesetz der Reinkarnation?

Stellen wir uns zunächst einmal die Frage, welche Wesen im Weltensein *wiederholte* Inkarnationen durchmachen. Für welche Wesen gilt das Gesetz der Reinkarnation?

Diese Frage ist im Grunde ganz leicht zu beantworten. Ein Wesen, das durch mehrere Verkörperungen geht, muss zwei Voraussetzungen erfüllen: Zum einen muss es – zumindest zeitweise – einen physischen Leib, also einen stofflich-mineralischen Körper annehmen. Ansonsten wäre es ein Unsinn, von Wiederver*körper*ung zu sprechen. Zum anderen muss es ein Ich haben, und zwar ein Ich, das im Erdenleben in die leibliche Organisation integriert ist, das also die Verkörperung mitmacht. Schließlich ist das diejenige Instanz, die den Tod überdauert und durch die vielen Inkarnationen schreitet.

Diese beiden Voraussetzungen erfüllt zunächst einmal nur der Mensch. Bei Tieren oder gar bei Pflanzen kann man freilich nicht von Reinkarnation sprechen, da sie kein individuelles Ich haben. Die Engelwesen der neun Engelreiche haben zwar ein solches Ich, allerdings kann man bei ihnen nicht von »Verkörperung« sprechen, da sie keinen physischen Leib annehmen.

Dennoch ist der Mensch *nicht* das einzige Wesen im Weltensein, für welches das Gesetz der Reinkarnation gilt!

Es mag einige Leser überraschen, dass dieses große kosmische Gesetz auch für unsere *Erde* gilt! Dieser Weltenkörper, auf dem wir wohnen und unsere gegenwärtige Entwicklung durchmachen, ist ähnlich wie der Mensch ein *Wesen*, ein *Ich-* oder *Geistwesen.* Genau wie der Mensch macht die Erde und mit ihr das gesamte planetarische System verschiedene Verkörperungen durch. Nach jedem Tod legt der Mensch seinen Körper ab, der sich in der Erdenwelt auflöst, und verbringt dann eine gewisse Zeit in den höheren Welten. Wenn er dann wiedergeboren wird, bezieht er einen neuen Leib.

So kann man sich das auch bei dem Erdenwesen vorstellen. Nach jedem Untergang des planetarischen Systems zerstiebt alles Materielle. Alles, was physischer Natur ist, verschwindet. Das gesamte Leben spielt sich dann geraume Zeit nur im Geistigen ab. Anschließend wird die Erde in völlig neuer Gestalt wiedergeboren. Ein hoher Geistesseher kann heute auf sieben Verkörperungen unseres Weltenkörpers schauen – drei vergangene, die gegenwärtige sowie drei zukünftige. Die sieben Stufen der *gesamten* Erdenentwicklung – also die sieben Inkarnationen der Erde – fallen mit der Veranlagung bzw. Bildung der menschlichen Wesensglieder (physischer Leib, Ätherleib, Astralleib, Ich, Geistselbst, Lebensgeist und Geistesmensch) zusammen. *Ein* ganz wesentlicher Sinn der einzelnen Verkörperungen der Erde besteht darin, diese Wesensglieder zu veranlagen bzw. auszubilden. Das wiederum hängt zusammen mit dem Bewusstsein, das der Mensch auf den einzelnen Stufen hat, so dass man diese planetarischen Zustände auch *Bewusstseinsstufen* nennen kann. Jede dieser sieben Stufen oder Zustände charakterisiert einen ganz bestimmten menschlichen *Bewusstseinszustand* (☞ Anhang A.2, Tabelle 5, S. 386).

So wie man einer menschlichen Individualität, also einem menschlichen Ich-Wesen, einen neuen Namen gibt, wenn es ein neues Erdenleben antritt, also eine neue Persönlichkeit darstellt, so hat man im Okkultismus den verschiedenen Inkarnationen unserer Erde auch jeweils andere Namen beigelegt. Die erste wird *»alter Saturn«*, die zweite *»alte Sonne«* und die dritte, die der heutigen unmittelbar vorausging, *»alter Mond«* genannt. Diese Bezeichnungen darf man natürlich nicht mit den heutigen gleichnamigen Planeten verwechseln oder gar gleichsetzen, wenngleich diese uralten Himmelskörper in einer gewissen Beziehung zu denen stehen, die heute diesen Namen tragen.

Schon auf dem alten Saturn wurde der Keim des physischen Menschenleibes erstmals veranlagt. Auf der alten Sonne kam der Ätherleib, auf dem alten Mond der Astralleib hinzu. Das Ich bekam der Mensch erst auf der jetzigen Inkarnationsstufe der Erde. Wie bereits erwähnt verdanken wir dieses derzeit höchste Wesensglied keinem Geringeren als Christus. Nur wenn man berücksichtigt, dass der physische Leib in seinen ersten Anlagen schon auf dem alten Saturn entstanden ist und heute schon auf der vierten Stufe seiner Entwicklung steht, kann verständlich werden, dass er ein so komplexes und vollkommenes Wunderwerk ist.

Auch die heutige Erde, die vor etwa 4,5 Milliarden Jahren geboren wurde, wird – wie bereits kurz erwähnt – in der Tat untergehen, es wird zum Erdentod, zum Tod oder Untergang der Erde kommen, wie es die Wissenschaft lehrt. Aber nach einer gewissen Übergangsphase, in der sich alles Leben nur im Geistigen vollzieht, wird eine *neue Erde* entstehen. Diesen neuen Weltenkörper hat Rudolf Steiner als *»Jupiter-Erde«* oder auch *»neuer Jupiter«* bezeichnet. Die Zeit, in der sich der Übergang zum neuen Jupiter vollzieht, ist nichts anderes als das, was man als »Jüngsten Tag« bezeichnet. Auf die Entwicklungsstufe bzw. Verkörperung der Erde, die der heutigen folgen wird, also den neuen Jupiter, weist auch der Apokalyptiker Johannes hin. Er nennt ihn allerdings »Neues Jerusalem«. Im 21. Kapitel heißt es: *»Und ich sah einen neuen Himmel und eine neue Erde. Denn der erste Himmel und die erste Erde sind vergangen, auch das Meer ist nicht mehr da. Und ich sah die heilige Stadt, das Neue Jerusalem [...]«*[2]

Dieser Weltenkörper wird nicht etwa – zumindest nicht nur – von Christus oder den geistigen Wesen der höheren Hierarchien erschaffen werden, so wie es bei unserer heutigen Erde und ihren drei vorausgegangenen Inkarnationsstufen der Fall war. Der Mensch muss vielmehr an seiner neuen Wohnstatt ›mitbauen‹. Es würde den Rahmen dieses Buches sprengen, dieses Mitwirken des Menschen näher zu erläutern. Die Jupiter-Erde, die nicht als Teil der geistigen Welt betrachtet werden darf, wird viel feinstofflicher als unsere heutige Erde sein, insbesondere wird es dann kein Mineralreich mehr geben. Auf dieser neuen Erde könnte ein dichter, materieller Leib, wie wir ihn heute tragen, nicht mehr existieren. Diejenigen Menschen, die sich über extrem lange Zeiträume dafür vorbereitet haben, sich mit dem Auferstehungsleib, den man als physisch-ätherischen Leib bezeichnen könnte, zu bekleiden, können auf der Jupiter-Erde eine Wohnstatt finden. Das erste wirklich geistige Wesensglied, das Geistselbst, kann dann zur Reife kommen. Geburt und Tod im heutigen Sinne wird es nicht mehr geben. Da die Menschen dann diesen Auferstehungsleib tragen, kann man in gewisser Weise auch davon sprechen, dass sie ›auferstanden‹ sind.

Es wird noch langer Zeiträume bedürfen, bis es zur Verkörperung unserer Erde als Jupiter-Erde kommen wird. Bis dahin werden wir alle noch viele Male ein Erdenleben und anschließend jeweils ein nachtodliches Leben durchmachen, um in unserer geistig-seelischen Evolution vorwärtszuschreiten, um uns die Reife für das Leben auf der neuen Erde zu erwerben. Aber selbst wenn wir in ferner Zukunft bekleidet mit dem Auferstehungsleib auf dem neuen Jupiter leben werden, haben wir lediglich ein gewisses großes Etappenziel erreicht. Die Entwicklung ist damit noch lange nicht abgeschlossen. Wie bereits erwähnt hört diese im Grunde niemals auf.

Der Vollständigkeit wegen sei noch erwähnt, dass dem neuen Jupiter noch zwei Erdinkarnationen folgen werden: *»neue Venus«* und *»Vulkan«*.

Materialisten sehen in unserer heutigen Erde nichts weiter als ein eher unbedeutendes *Staub*korn im unendlichen Universum. In Wirklichkeit ist sie aber ein *Samen*korn, aus dem in ur-urferner Zukunft etwas unfassbar Großartiges, eine Über-Sonne, entstehen wird. Wenn es dem Menschen während seines Vulkandaseins gelungen sein sollte, sein höchstes Wesensglied, den Geistesmenschen, auszubilden, so wird er vollständig vergeistigt, vollständig Geist sein.

Dazu schreibt die Geistesseherin Judith von Halle: *»Geht der Mensch mit ausgebildetem Atman* [Geistesmensch] *ins Vatergöttliche ein, würde das die Verherrlichung der Entwicklung schlechthin bedeuten, denn dann würde der Mensch selbst zu einer Leben erweckenden, schaffenden Gottheit werden und sein Planet zur Sonne, zum Leben spendenden Fixstern eines neuen planetarischen Entwicklungsstromes.«*[3]

Es sei noch kurz erwähnt, dass jede der sieben Inkarnationsstufen der Erde sich in sieben *»Hauptzeitalter«* unterteilen lässt. Jedes Hauptzeitalter wiederum kann in sieben *»Kulturepochen«*, die jeweils etwa 2.160 Jahre dauern, unterteilt werden (☞ Anhang A.2, Tabelle 6, S. 387).

[Es würde den Rahmen dieses Buches erheblich übersteigen, dieses ebenso spannende wie komplexe Thema der sieben Entwicklungsstufen der Erde sowie das Mysterium der Auferstehung Christi und dasjenige, was man unter dem Begriff »Auferstehungsleib« versteht, zu erläutern. Einem an diesen Themen interessierten Leser kann dazu unser Buch *»Das Götterprojekt Mensch«* (☞ S. 418) empfohlen werden.]

8.1.1 Ichlose Menschen

Wir müssen nun noch ein recht heikles Thema berühren.

Es ist zunächst einmal absolut richtig, dass *jeder* Mensch dem Gesetz der Reinkarnation unterliegt und somit eine wechselnde Abfolge von irdischen Inkarnationen und Leben in den übersinnlichen Welten durchläuft. Allerdings ist nicht jeder Mensch, der uns im Leben begegnet, ein ›wirklicher‹ Mensch.

Wie ist diese paradox anmutende Aussage zu verstehen?

Es wurde bereits ausführlich dargestellt, dass ein ›wahrer‹ Mensch ein viergliedriges Wesen ist, das aus physischem Leib, Ätherleib, Astralleib und Ich besteht. Nun gibt es aber Wesen, die für einen nicht-hellsichtigen Mitmenschen nicht von einem wahren

Menschen zu unterscheiden sind. Diesen fehlt aber etwas ganz Entscheidendes, was einen Menschen erst zum Menschen macht, nämlich das Ich, der geistig-seelische Wesenskern, der den Tod überdauert und durch die vielen Erdenleben schreitet. Solche bedauernswerten Mitgeschöpfe werden als »ichlose Menschen« bezeichnet. Ichlose Menschen sind Menschenformen, die nur in menschlicher Gestalt erscheinen, aber im vollen Sinne des Wortes keine Menschen sind. **»[...] aber im ganzen ist es schon richtig, dass in unserer Zeit eine Art überzähliger Menschen erscheinen, die ichlos sind, die keine Menschen in Wirklichkeit sind. Das ist eine furchtbare Wahrheit. Sie gehen herum, sie sind keine Inkarnationen eines Ich, sie werden hereingestellt in die physische Vererbung, bekommen Ätherleib und Astralleib, sie werden in gewissem Sinne innerlich ausstaffiert mit einem ahrimanischen Bewusstsein; sie machen den Eindruck von Menschen, wenn man nicht genau hinsieht, aber sie sind nicht im vollen Sinne des Wortes Menschen.«**[4]

Am 3. Juli 1923 wurde Rudolf Steiner im Rahmen einer Konferenz an der ersten Waldorfschule in Stuttgart vom Schularzt nach einer wesensauffälligen Schülerin der 1. Klasse gefragt, worauf er antwortete: **»Das sind diese Fälle, die immer häufiger vorkommen, dass Kinder geboren werden und Menschenformen da sind, die eigentlich in Bezug auf das höchste Ich keine Menschen sind, sondern die ausgefüllt sind mit nicht der Menschenklasse angehörigen Wesenheiten. Seit den neunziger Jahren** [des 19. Jahrhunderts] **schon kommen sehr viele ichlose Menschen vor, wo keine Reinkarnation vorliegt, sondern wo die Menschenform ausgefüllt wird von einer Art Naturdämon. Es gehen schon eine ganze Anzahl alte Leute herum, die eigentlich nicht Menschen sind, sondern naturgeistige Wesen und Menschen nur in Bezug auf ihre Gestalt.«**[5]

Auf die Frage, wie das möglich sei, gab er zur Antwort: **»Es geschehen auch Generationen, für die keine Individualität Lust hat hinunterzukommen und sich mit der Leiblichkeit zu verbinden, oder die sie auch gleich am Anfang verlassen. Da treten dann andere Individuen ein, die nicht recht passen. Aber dies ist wirklich jetzt sehr häufig, dass ichlose Menschen herumgehen, die eigentlich keine Menschen sind, die nur menschliche Gestalt haben, naturgeistähnliche Wesen, was man nicht erkennt, weil sie in menschlicher Gestalt herumgehen. [...]**

Wenn eine solche Wesenheit durch den Tod geht, dann geht sie zurück in die Natur, woher sie gekommen ist. Der Leichnam zerfällt; eine richtige Auflösung des Ätherleibes ist nicht da, und das Naturwesen geht in die Natur zurück. [...]

Man redet sehr ungern über diese Dinge, nachdem wir ohnedies vielfach gegnerisch angefallen werden. Denken Sie, was die Leute sagen, wenn sie hören, hier wird erklärt, dass es Menschen gibt, die keine Menschen sind. Aber es sind Tatsachen. Wir würden auch nicht solchen Niedergang der Kultur haben, wenn ein starkes Gefühl dafür vorhanden wäre, dass manche Leute herumgehen, die gerade dadurch, dass sie rücksichtslos sind, etwas werden, dass die keine Menschen sind, sondern Dämonen in Menschengestalt. Aber wir wollen das nicht in die Welt hinausposaunen. Die Gegnerschaft ist so schon groß genug. Solche Dinge schockieren die Menschen furchtbar.«[6]

Es ist durchaus möglich, dass ein Ich in seiner vorgeburtlichen Zeit seinen Leib für die anstehende Inkarnation bereitet hat, diesen dann aber aufgrund gewisser ungünstiger Umstände wieder verlassen muss. Da aber das Embryo schon vorgebildet ist, besteht entweder die Möglichkeit im Mutterleib abzusterben, oder aber eine andere Wesenheit ergreift diesen menschlichen Leib, um in ihm für die Dauer eines *einzigen* Menschenlebens gewissermaßen stellvertretend einzuwohnen. Bei dieser Wesenheit kann es sich um eine ichlose Naturwesenheit oder einen Dämonen handeln.[7] Für ichlose Menschen gilt das, was Materialisten von *allen* Menschen behaupten: Sie sterben tatsächlich mit dem Tod, da ihnen der geistig-seelische Wesenskern, der den Tod überdauert und die vielen Erdenleben durchmacht, fehlt.

Die Tatsache, dass in den letzten Jahrhunderten offensichtlich sehr viele ichlose Menschen auf der Erde aufgetreten sind, könnte ein weiterer Grund für die derzeit sehr hohe Bevölkerungsdichte sein.

Ichlose Menschen dürfen nicht als grundsätzlich böse angesehen werden. Es sind Menschen, die sehr wohl bis zum Seelischen, das ja ganz wesentlich im Astralleib wurzelt, kommen, aber des schöpferischen Ichs entbehren. Solche Menschen können durchaus tief fühlende Naturen sein, die eine teilnahmsvolle Zuwendung verdienen und keineswegs aus der sozialen Gemeinschaft ausgegrenzt werden dürfen. Oftmals weisen sie eine sehr hohe Intelligenz auf, was nicht zuletzt daran liegt, dass sie mit einem ahrimanischen Bewusstsein ausstaffiert sein können. Über die Wesenheit des *Ahriman* werden wir an späterer Stelle dieses Kapitels schreiben (☞ S. 172ff.). Ein Geistesseher, der ein Geschöpf zweifelsfrei als ichlos erkennt, darf ihm das natürlich *nicht* offenbaren, da dieses ansonsten zwangsläufig dem Wahnsinn verfallen müsste.[8]

Eine berühmte und jedem bekannte Persönlichkeit der Weltgeschichte, die offenbar kein Ich hatte, war Napoleon I. (1769 bis 1821). **»Ich habe mir wirklich viel Mühe gegeben – manche wissen, wie ich da oder dort darüber eine Andeutung gegeben habe –, die Seele Napoleons zu finden. Sie wissen, solche Seelenstudien können in der mannigfaltigsten Weise mit den Mitteln der Geistesforschung gemacht werden. Sie erinnern sich, wie Novalis' Seele in früheren Verkörperungen gesucht worden ist. Ich habe mir redlich Mühe gegeben, Napoleons Seele, zum Beispiel bei ihrer Weiterwanderung nach Napoleons Tod, irgendwie zu suchen – ich kann sie nicht finden, und ich glaube auch nicht, dass ich sie je finden werde, denn sie ist wohl nicht da.«**[9]

Bereits Goethe hat im zweiten Teil seines *»Faust«* das Phänomen der ichlosen Menschen angedeutet, wenngleich er diesen Terminus nicht verwandte.

Dort erscheint die Helena, begleitet von einem Chor gefangener Trojanerinnen, die ihrer äußeren Gestalt nach Menschen zu sein scheinen. In Wahrheit handelt es sich bei ihnen – mit Ausnahme der Chorführerin Panthalis – um in menschliche Hüllen gekleidete elementarische Naturwesen. Nachdem Helena wieder in die Unterwelt (Hades) geht, wie die alten Griechen die Welt, in die der Mensch nach dem Tode eintritt, nannten, gehen sie, die keinen Namen, die also kein Ich haben, wieder in das Reich der Elemente, aus denen sie stammen, über.[7]

Panthalis: *Wer keinen Namen sich erwarb noch Edles will,*
Gehört den Elementen an: so fahret hin!
Mit meiner Königin zu sein, verlangt mich heiß;
Nicht nur Verdienst, auch Treue wahrt uns die Person.

Alle: *Zurückgegeben sind wir dem Tageslicht,*
Zwar Personen nicht mehr,
Das fühlen, das wissen wir,
Aber zum Hades kehren wir nimmer!
Ewig lebendige Natur
Macht auf uns Geister,
Wir auf sie vollgültigen Anspruch.

Es gibt im Übrigen einige Merkmale, an denen auch jemand, der nicht mit Hellsichtigkeit begabt ist, mit einer gewissen Wahrscheinlichkeit erkennen oder zumindest erahnen kann, ob ein Mensch ein Ich hat oder ob er ichlos ist. Diese Merkmale wollen wir hier aber nicht anführen. Zum einen sind diese keine notwendigen und schon gar nicht hinreichende Kriterien dafür, dass ein Mensch ichlos ist, und zum anderen könnte ansonsten bei dem einen oder anderen Leser der unwiderstehliche Drang aufkeimen, seine Mitmenschen daraufhin zu ›überprüfen‹. Wir wollen lediglich ein Kriterium dafür anführen, an dem man erkennen kann, dass ein Mensch gewiss *nicht* ichlos ist. Jemand, der fähig ist, sich selbst zu reflektieren, der gewisse Fragen stellt, etwa die nach seinem eigenen Wesen, nach einer möglichen unsterblichen Instanz seiner Wesenheit, nach einem möglichen Leben nach dem Tod und dergleichen, ist mit sehr hoher Wahrscheinlichkeit ichbegabt. Das heißt freilich nicht, dass ein Mensch, der sich diese Fragen nicht stellt, ichlos sein müsste. Selbst die weitaus meisten Materialisten, die das Ich als eigenständige Instanz im Menschen verleugnen, müssen deswegen selbstverständlich *nicht* ichlos sein.

8.2 Anfang und Ende des Inkarnationskreislaufs

In einigen esoterischen Kreisen herrscht die Auffassung vor, die Notwendigkeit, dass sich der Mensch auf der Erde inkarnieren muss, hätte weder einen Anfang noch ein Ende. So ist manchmal vom »Rad der ewigen Wiedergeburt« die Rede. Das entspricht aber nicht den Tatsachen, wie man sowohl der Bibel als auch den Forschungsergebnissen Rudolf Steiners entnehmen kann. Die These, dass der Inkarnationskreislauf endlos sei, widerspricht in hohem Maße den Schilderungen der Genesis sowie all denjenigen Bibelversen, welche das Leben des »auferstandenen Menschen« in ganz neuen Weltverhältnissen am sogenannten »Weltenende« beschreiben. Wie bereits erläutert wurde, begann für den Menschen die Notwendigkeit, sich in einem sterblichen Leib in der materiellen Welt zu verkörpern, als er – wie es ja die Schöpfungsgeschichte schildert – der luziferischen Versuchung erlegen ist und aus dem sogenannten »Paradies« vertrieben und auf die Erde geschickt wurde. Das ereignete sich vor mehreren Hundert Millionen Jahren im sogenannten *»lemurischen Hauptzeitalter«*. Vorher lebte der Mensch als ein geistig-seelisches Wesen in einer überirdischen Sphäre.

Allerdings waren die Verhältnisse in dieser fernen Vergangenheit nicht mit den gegenwärtigen zu vergleichen. Das Phänomen, das wir heute als Tod bezeichnen, ist ja ein sehr *abrupter* und *radikaler* Übergang von einer Daseinsform in eine andere, von einem Bewusstseinszustand in einen anderen. Der Unterschied zwischen dem Erdenleben und dem Leben in der Zeit zwischen Tod und neuer Geburt ist gegenwärtig ein ganz gewaltiger. Das war in der lemurischen Zeit noch nicht so. Da waren diese beiden Daseinsformen noch sehr ähnlich, so dass man noch gar nicht von Reinkarnation *im heutigen Sinne* sprechen konnte. **»Also die wiederholten Erdenleben haben ihre Grenze, wenn man nach rückwärts schaut.«**[10] Selbst als der atlantische Kontinent vor ungefähr 12.000 Jahren durch gewaltige Flutkatastrophen, die in der Bibel als »Sintflut« bezeichnet werden, untergegangen war, was das Ende des *»atlantischen Hauptzeitalters«* bedeutete, waren die Unterschiede noch geringer als in unserer Zeit.

Trotz des Sündenfalls und des damit verbundenen Abstiegs der Menschen in die Materie haben die Schöpfermächte ihr Ziel, mit dem Menschen eine völlig neuartige Wesenheit den Weltentatsachen einzugliedern, nicht aufgegeben. Es wurde schon darauf hingedeutet, dass die Mission zu scheitern drohte, und inwieweit die Tat des Christus einen Wendepunkt in der Entwicklung der Menschheit eingeleitet hat. Das Schicksal der Menschen ist nicht für alle Zeiten an den irdischen Plan gekoppelt. Wenn die Menschen auf ihrem langen Weg, der sie zum Erreichen des Menschheitsideals führen soll, ihr erstes großes ›Etappenziel‹, das Leben auf der Jupiter-Erde erreicht haben werden, wird die Notwendigkeit, sich in einem dichten physischen Leib inkarnieren zu müssen, überwunden sein. Der Mensch wird dann schon in einem viel geistigeren Zustand sein. Ab diesem fernen Zeitpunkt kann von Geburt und Tod im heutigen Sinne nicht mehr gesprochen werden.[11]

Die Wiederverkörperung im *heutigen* Sinne wird gemäß Rudolf Steiner sogar bereits auf der gegenwärtigen Inkarnationsstufe der Erde, also noch bevor sie in den Jupiterzustand übergehen wird, aufhören. **»Ebenso werden sie** [die wiederholten Erdenleben] **eine Grenze haben, wenn man nach vorwärts in die Zukunft schaut. Denn das, was ganz bewusst mit Anthroposophie beginnt, dass in das gewöhnliche Bewusstsein hereinragen soll die geistige Welt, das wird zur Folge haben, dass auch wiederum in die Welt, die man durchlebt zwischen dem Tod und einer neuen Geburt, diese Erdenwelt mehr hineinragt,**

aber trotzdem das Bewusstsein nicht traumhaft, sondern klarer werden wird, immer klarer und klarer werden wird. Der Unterschied wird wiederum geringer werden. So dass man dieses Leben in den wiederholten Erdenleben begrenzt hat zwischen den äußeren Grenzen, die dann in ein ganz andersgeartetes Dasein des Menschen hineinführen, wo es keinen Sinn hat, von den wiederholten Erdenleben zu sprechen, weil eben die Differenz zwischen dem Erdenleben und dem geistigen Leben nicht so groß ist, wie sie jetzt ist.«[10]

»Es wird ein Jahr kommen in der physischen Erdenentwickelung, dieses Jahr wird, sagen wir, ungefähr das Jahr 5700 und einiges sein, in diesem Jahre, oder um dieses Jahr herum, wird der Mensch, wenn er seine richtige Entwickelung über die Erde hin vollzieht, nicht mehr die Erde so betreten, dass er sich verkörpert in Leibern, die von physischen Eltern abstammen. Ich habe öfters gesagt, die Frauen werden in diesem Zeitalter unfruchtbar. Die Menschenkinder werden dann nicht mehr in der heutigen Weise geboren, wenn die Entwickelung über die Erde hin normal verläuft.«[12]

8.3 Was ist der Sinn dieser vielen Erdenleben?

Nun stellt sich eine ganz entscheidende Frage: Was ist eigentlich der Sinn, dass sich jede menschliche Individualität viele Male verkörpert? Welchem Ziel dienen die wiederholten Erdenleben?

Im Grunde haben wir diese Frage bereits beantwortet. Das ganz entscheidende Wort, um das es hierbei geht, lautet: *Entwicklung*!!!

Wie wir bereits erläutert haben, ist es jedem Menschen in Aussicht gestellt, das großartige Entwicklungsziel (☞ Kapitel 6, S. 132) erreichen zu können, das mit dem Erwerb der drei höheren Wesensglieder einhergeht und eines urfernen Tages zur Vollendung des Menschheitsideals führen kann. Dazu ist es notwendig, dass die Menschen alle Erfahrungsschätze sammeln, die man *nur* auf der Erde sammeln kann. Alles, was unsere materielle Welt an Möglichkeiten bietet, muss von ihnen aufgenommen und durchlebt werden. Dazu gehören natürlich auch die sehr unangenehmen und schmerzvollen Erfahrungen sowie die Gefahren, dem Irrtum anheimzufallen, mit seinen Bemühungen zu scheitern und sündig zu werden. Die Sünde muss der Mensch eines Tages gänzlich überwinden.

Bedenken Sie, wie unterschiedlich die Erfahrungen waren, die etwa ein Steinzeitmensch machen konnte, von denen, die ein Mensch heute machen kann. Wie verschieden war das, was die Seele eines alten Ägypters durchziehen konnte, von dem, was etwa eine Seele, die sich im Mittelalter verkörperte, erleben konnte. Das, was ein heutiger moderner Mensch an Impulsen, Ideen und Lehren aufnehmen kann, ist wiederum völlig verschieden von dem, was man im Mittelalter lernen konnte.

Mit »lernen« ist hier im Übrigen nicht – oder zumindest nicht nur – der Erwerb oder gar das Anhäufen von Wissen über die äußere, materielle Welt gemeint. Es geht also nicht etwa darum, ein Gelehrter zu werden. Was aber ganz wesentlich zu diesem »lernen« gehört, ist, dass der Mensch bestrebt ist, die spirituellen Erkenntnisse und Lehren der großen Eingeweihten und Geisteslehrer des jeweiligen Zeitalters, die man gewissermaßen als Sendboten der geistigen Welt bezeichnen kann, aufzunehmen und diese in sein alltägliches Leben zu integrieren. Auch wenn die großen »kosmischen Wahrheiten« ewig gültig sind, so müssen diese doch den Menschen unterschiedlicher Epochen und Kulturen auf jeweils andere Art und Weise mitgeteilt werden. Für die Gegenwart – und auch noch für die nächsten Jahrhunderte – ist es die Anthroposophie Rudolf Steiners, die den Menschen die geistigen Erkenntnisse in einer zeitgerechten Form, die mit den seelischen Kräften der heutigen Menschheit rechnet, schenkt. Damit sollen allerdings andere Erkenntnisquellen keineswegs abgewertet oder gar verworfen werden.

Selbst das, was ein heutiger Mitteleuropäer erleben und erfahren sowie an spirituellen Lehren und Erkenntnissen aufnehmen kann, unterscheidet sich in vielerlei Hinsicht sehr stark von dem, was etwa einem Inder oder Araber möglich ist. Auch vieles von dem, was man als Mann erfahren kann, ist völlig anders, als wenn man sich als Frau inkarniert hätte. Wenn man diesen Gedanken ernst nimmt, wird klar, dass ein oder auch nur wenige Erdenleben niemals ausreichen könnten, um diese notwendigen Erfahrungen sammeln und die unterschiedlichen Lernprozesse durchmachen zu können. Dieses Ziel kann nur erreicht werden, wenn jeder Mensch sich viele, viele Male auf der Erde inkarniert. Selbstverständlich gehört es zu jedem Lern- und Erfahrungsprozess dazu, Fehler zu machen, aus denen man wiederum lernen kann.

Vieles von dem, was ein heutiger Mensch kann oder zu leisten vermag, fasst man meistens als etwas ganz Selbstverständliches auf, das ihm eben durch seine Erziehung, Schul- oder Berufsausbildung vermittelt worden sei. So glaubt man etwa, dass die weitaus meisten Menschen in der zivilisierten Welt deshalb *schreiben* könnten, weil sie dieses schon in der ersten Schulklasse gelernt und eingeübt hätten.

Freilich muss ein Kind das Schreiben in der Schule erlernen. Aber der beste Unterricht könnte nicht zu diesem Ziel führen, wenn das Kind nicht schon in einer vorausgegangenen Inkarnation etwas gelernt hätte, was in der gegenwärtigen dazu führen kann, dass es das Schreiben lernt. Genau wie ein Schüler – sagen wir der fünften Klasse – nur an das anknüpfen kann, was er in den vorigen vier Klassen gelernt hat, kann ein Mensch in jedem Erdenleben auch nur an das anknüpfen, was er in den vorausgegangenen gelernt und erfahren hat. Um nicht missverstanden zu werden: Natürlich bedeutet das *nicht*, dass ein heutiger Mensch nur dann das Schreiben erlernen kann, wenn er diese Fähigkeit schon in einem früheren Leben besaß. Das wäre ja auch nicht möglich, da noch vor zwei, drei Jahrhunderten die meisten Menschen nicht schreiben konnten. Der Mensch muss sich aber in früheren Verkörperungen bestimmte geistig-seelische und auch gewisse körperliche Fähigkeiten erworben haben (*Ursachen*), die ihn nun in die Lage versetzen, das Schreiben zu erlernen (*Wirkung*).

Das, was hier am Beispiel des Schreibenlernens gezeigt wurde, gilt natürlich für alle Fähigkeiten, die ein Mensch heute auf dem kulturellen Gebiet besitzt. Ohne das Gesetz der wiederholten Erdenleben wäre in der Menschheit kein kultureller Fortschritt möglich. Dann würden die Menschen noch heute in Höhlen hausen und mit primitiven Werkzeugen hantieren.

Die wiederholten Erdenleben sind also – um es auf einen kurzen Nenner zu bringen – notwendig, damit sich der Mensch und die gesamte Menschheit in der für sie erforderlichen und von den Göttern angedachten Weise entwickeln kann. Den Entwicklungsaspekt erkannte auch Lessing.

Im Schlussteil seines Hauptwerkes *»Die Erziehung des Menschengeschlechts«*, einer aus 100 kurzen Paragraphen bestehenden Schrift, heißt es dazu unter anderem: *»§ 98. Warum sollte ich nicht so oft wiederkommen, als ich neue Kenntnisse, neue Fertigkeiten zu erlangen geschickt bin? Bringe ich auf einmal so viel weg, dass es der Mühe wiederzukommen etwa nicht lohnet?«*[13]

Lessing sah in der Geschichte nichts Sinnloses oder Zufälliges, sondern eine immer weiter fortschreitende Entfaltung menschlicher Möglichkeiten.

Rudolf Frieling drückte es folgendermaßen aus: *»Die Menschheit schreitet als eine Gemeinschaft von Geistern durch die verschiedenen Kulturzeitalter hindurch in einem großen Lern-Prozess. Wir selbst haben in den vergangenen Kulturen gelebt und tragen ihre Früchte in den noch unterbewussten Tiefen unseres Wesens, vorerst noch um der Unbefangenheit der diesmaligen Existenz willen sie vergessen habend, aber mit der Aussicht, dass das Vergessene deshalb nicht für immer vergessen sein muss.«*[14]

Wenn der Mensch im Leben zwischen Tod und neuer Geburt in den Sphären der geistigen Welt weilt, muss er die Kräfte sammeln, die er braucht, um gewissermaßen sein neues Erdenleben ›zimmern‹ zu können. Dort muss er sich das Rüstzeug erwerben, das er dann in sein neues Erdenleben mitbringen kann, um in diesem in der rechten Weise schaffen und seine Aufgaben erfüllen zu können. Rudolf Steiner führt in seinem Buch *»Theosophie«* zur Verdeutlichung ein vergleichendes Beispiel an, das hier sinngemäß wiedergegeben werden soll.

Wenn jemand ein Haus errichten möchte, so wird er sich nicht einfach mit ein paar Arbeitern auf dem Bauplatz einfinden, um dann gleich planlos mit der Arbeit anzufangen. Er wird zunächst einen Architekten beauftragen, der in seinem Büro den Bauplan entwirft. Gemäß diesem Plan wird dann später das Haus errichtet. Bei der Ausführung des Baues werden sich noch gewisse Unzulänglichkeiten herausstellen. Der Architekt wird also seine Erfahrungen sammeln und dazulernen. Beim nächsten Plan wird er es schon besser machen. Je öfter er dann ein Haus geplant und gebaut hat, je mehr Erfahrungen er also gemacht hat, desto gelungener und vollkommener wird das Haus werden. Genau das ist aber auch der Sinn der vielen menschlichen Inkarnationen. Die Erdenwelt entspricht dem Bauplatz, auf dem der verkörperte Mensch seine Erfahrungen und Lernprozesse machen kann. Nach seinem Tod, wenn er in der geistigen Welt ist, die in diesem Beispiel dem Büro des Architekten entspricht, kann er seine Erfahrungen auswerten und das Rüstzeug erwerben, um es im nächsten Leben besser zu machen. Auf diese Art kann der Mensch durch die Impulse und Kräfte, die er sich jeweils aus der Geisteswelt holt, in folgenden Erdenleben immer vollkommener werden.

Ohne die wiederholten Erdenleben und insbesondere ohne das Karmagesetz könnte es auch niemals eine wirkliche Gerechtigkeit geben. Wohl jeder halbwegs normal fühlende Mensch dürstet geradezu nach Gerechtigkeit. Wenn man nur ein einziges Erdenleben ins Auge fassen würde, könnte im Grunde niemals von *wahrer* Gerechtigkeit gesprochen werden.

Wenn man den Entwicklungsbegriff im vollen Ernst berücksichtigt, ist klar, dass alle Bedingungen und Tatsachen, die heute und auch noch in den nächsten Jahrhunderten gelten, in fernerer und fernster Zukunft eine ganz andere Gestalt annehmen werden. Auf einige dieser Veränderungen werden wir insbesondere in Kapitel 10 noch zu sprechen kommen.

Es sei noch kurz angemerkt, dass die Entwicklung nicht nur den Menschen betrifft. Im Grunde befindet sich alles im Kosmos in einem *permanenten* Entwicklungsprozess, der vor Urzeiten begonnen hat und der niemals endet. Dass das beispielsweise für unsere Erde sowie das gesamte planetarische System gilt, haben wir bereits erläutert.

Selbstverständlich gilt das auch für die geistigen Wesen der höheren Hierarchien, also für Wesen, die *nicht* dem Gesetz der Reinkarnation unterliegen. Die Engel waren nicht schon immer Engel, die Erzengel nicht schon immer Erzengel usw.

Auf jeder Inkarnationsstufe der Erde steht eine Gruppe geistiger Wesen auf der sogenannten *»Menschheitsstufe«*. Unter diesem Begriff versteht man diejenige kosmische Entwicklungsstufe, auf der ein Wesen sein Ich und somit auch sein Selbstbewusstsein erwirbt, wodurch es eines urfernen Tages vom Geschöpf zum Schöpfer aufsteigen kann. Gegenwärtig sind es wir Menschen, die auf dieser Stufe stehen.

In einer vergleichbaren Weise wie wir heute Menschen sind, waren die heutigen Engel auf dem alten Mond Menschen. Sie standen also auf der Stufe, auf der die heutigen Erdenmenschen stehen. Natürlich konnte man sie nicht mit einem gegenwärtigen Menschen gleichsetzen. Sie hatten eine ganz andere Gestalt sowie gänzlich andere Daseinsbedingungen und Aufgaben als wir heute. Aber sie haben eine Stufe in ihrer Entwicklung durchlaufen, die man mit der, die wir heute durchmachen, ein wenig vergleichen kann. Sie standen also auf der Menschheitsstufe und erwarben ihr Ich.

Auf der alten Sonne waren es die heutigen Erzengel, die auf der Menschheitsstufe standen, auf dem alten Saturn waren es die Archai. Somit ist auch verständlich, dass diese hohen Wesen eine viel größere Weisheit und Macht haben als wir Menschen, weil sie eben in ihrer Entwicklung schon viel weiter sind als wir.

Auf dem neuen Jupiter werden die Menschen, die sich in der bis dahin notwendigen Weise entwickelt haben, auf der Stufe stehen, auf der gegenwärtig die Engel stehen. Die heutigen Engel werden dann ihr Erzengeldasein antreten können.

Die *christliche* Reinkarnationslehre, wie sie in diesem Buch vertreten wird, unterscheidet sich in manchen Punkten von der, die im Buddhismus gilt. Ein traditioneller Buddhist sieht in den wiederholten Erdenleben nicht so sehr die große Chance, sich dadurch immer höher entwickeln zu können. Vielmehr betrachtet er dieses Hineingeworfenwerden in die materielle Welt als eine Vertreibung aus geistigen Höhen, durch das er seinem eigentlichen geistigen Wesen und der geistigen Welt entfremdet wird. Die irdische Welt betrachtet er als einen Ort der Gottesferne und der mannigfaltigsten Versuchungen. Für ihn besteht eine Inkarnation, also eine Verkörperung als Erdenmensch, in erster Linie aus *Leiden*. Hierbei denkt er nicht nur an so krasse Beispiele wie körperliche Gebrechen, Krankheiten oder schwere Schicksalsschläge. Auch etwa die Notwendigkeit, seine elementarsten Bedürfnisse wie Essen und Trinken befriedigen zu *müssen*, betrachtet er als Leiden. Das Gleiche gilt für alle Wünsche, die ein Mensch haben kann, sofern sie sich auf Irdisches beziehen. Ihm ist es also wichtig, sich solcher Wünsche und – soweit es möglich ist – der Befriedigung seiner Bedürfnisse zu entwöhnen. Dadurch wird er dann seiner Meinung nach deutlich eher an einen Punkt seiner Entwicklung kommen, der ihm weitere Inkarnationen erspare. Der Buddhist hat also das ernsthafteste Bestreben, auf diese Weise so bald wie möglich aus dem Inkarnationskreislauf ›auszubrechen‹, um dann wieder ganz in einer geistigen Sphäre leben zu dürfen. Alle Leiden werden im Buddhismus letztlich auf Unwissenheit und Unvollkommenheit zurückgeführt.

Die Buddhisten gehen im Übrigen nicht von einer menschlichen Individualität aus, die als *bewusste Entität* von Inkarnation zu Inkarnation schreitet.

8.4 Der zeitliche Abstand zwischen zwei Inkarnationen

In diesem Abschnitt wollen wir der Frage nachgehen, wie viel Zeit im *Durchschnittsfall* verstreicht, bis sich eine menschliche Seele bzw. ein menschliches Ich erneut auf der Erde verkörpert. Man könnte die Frage auch so formulieren: Wie lange verweilt ein Mensch nach seinem Tod in den übersinnlichen Welten, bis er wieder auf der Erde geboren wird?

Von Rudolf Steiner wissen wir, dass es so etwas wie eine *grobe Regel* gibt, die besagt, dass sich ein Mensch innerhalb eines sogenannten *»platonischen Weltenmonats«*, der 2.160 Jahre dauert, im *Durchschnitt* zweimal – im *Normalfall* einmal als Mann und einmal als Frau – verkörpert. Das ist aber kein ehernes Gesetz, sondern mehr eine Faustregel, die durchaus größere Abweichungen zulässt. **»Alle, die hineinschauen können in die Verhältnisse der geistigen Welten, die also den Menschen zurückzuverfolgen**

vermögen in seine vorherigen Verkörperungen, werden die Mehrzahl aller jetzt [im Jahre 1906] **lebenden Menschenseelen in der ersten Zeit nach Christi Geburt bis in das 8. und 9. Jahrhundert entdecken. Das sind aber alles Durchschnittsverhältnisse; ebenso kann die Zeit zwischen zwei Verkörperungen auch kürzer oder länger dauern.«**[15]

Wie wir schon gesehen haben, geht es ja für die menschliche Individualität in jeder Inkarnation darum, sich weiterzuentwickeln. Somit liegt es auf der Hand, dass eine Menschenseele *insbesondere* dann einer neuen Inkarnation bedarf, wenn sich die Verhältnisse auf der Erde derart verändert haben, dass sie völlig neuartige Erfahrungen machen, dass sie völlig neue Impulse aufnehmen kann. In erster Linie sind es neue Kulturen oder neue Kulturerrungenschaften, die einer Seele neue Eindrücke und Erfahrungen bescheren können. So hätte es beispielsweise im Allgemeinen keinen großen Sinn gemacht, wenn sich ein Mensch etwa im Zeitalter der alten ägyptischen Kultur mehrmals verkörpert hätte. Da hätte er nicht mehr viel Neues aufnehmen können. Andererseits waren wohl sehr viele Seelen in dieser Zeit inkarniert, weil sie die Erfahrungen brauchten, die ihnen nur diese Zeit zu geben vermochte.

»Was würde geschehen, wenn er [ein Mensch] **gleich** [nach dem Tode] **wieder ins Dasein träte? Er würde die äußere Umgebung noch ähnlich derjenigen finden, aus welcher er soeben herausgegangen ist und von der er durch Entwickelung des inneren Seelenkernes frei werden wollte. Ebenso wenig, wie der innere Seelenkern zu sich selber ein unmittelbares Verhältnis in der Weise hat, dass er gleich wieder ›er selber‹ sein will, ebenso wenig kann sich der Mensch selber wieder gleich nach dem Tode verkörpern, denn er würde in sich selber hineinwachsen. Das heißt aber, es kann sich der innere Seelenkern nur nach einer bestimmten Zeit wieder verkörpern. Während dieser Zeit lebt er in einer rein geistigen Atmosphäre, nicht in der physischen Welt. Was sich als geistiger Kern herangebildet hat, sich ebenso herangebildet hat, wie man den Pflanzenkeim innerhalb von Stengel, Blätter und Blüte sich heranbilden sieht, das lebt in einer geistigen Welt, und wird sich erst wieder dazu hingezogen fühlen, das, was es herangebildet hat, äußerlich zu verkörpern, wenn andere Verhältnisse eingetreten sind; das heißt, wenn sich die Erde verändert hat so, dass der Mensch in andere Verhältnisse hineinwächst, damit er sich weiter gestalten kann. Deshalb wird zwischen dem Tode und der nächsten Geburt so viel Zeit vergehen, dass wir zum Beispiel nicht wieder in dasselbe Sprachgebiet hineingeboren werden und dass sich auch die anderen Verhältnisse ringsherum geändert haben. Wir wissen, dass sich auf der äußeren Erde die Verhältnisse im Laufe der Jahrhunderte und Jahrtausende ändern. Was sich aber in der Zwischenzeit ereignet hat, rein äußerlich in der Kultur, das lernen wir durch den Unterricht, durch die Erziehung hinzu. So treten wir also aus einer bestimmten Epoche mit unserem geistig-seelischen Wesenskerne heraus mit den Kräften, welche wir frei machen wollten, und warten, bis neue Verhältnisse auf dem Erdenrund herbeigeführt sind. Das aber, was wir in der Zwischenzeit nicht mitmachen konnten, müssen wir durch Erziehung und Unterricht nachholen. Deshalb müssen Erziehung und Unterricht ergänzend zu demjenigen hinzutreten, was wir in den besonde-**

ren Anlagen und Fähigkeiten haben, die wir aus der Frucht früherer Leben heraufbringen.«[16]

Im Normalfall verkörpert sich also ein Mensch erst dann wieder, wenn die Verhältnisse völlig anders geworden sind. Nun ist ja nicht zu übersehen, dass die äußere kulturelle, wissenschaftliche und technologische Entwicklung immer rasanter verläuft. Während es in ferner Vergangenheit vielleicht hinreichend war, dass sich eine Seele erst nach einem Jahrtausend wiederverkörperte, werden die Inkarnationsintervalle im Durchschnitt immer kürzer. Das ist ja auch der wichtigste Grund dafür, dass immer mehr Menschen gleichzeitig auf der Erde leben. Hinzu kommt noch, dass in der jüngeren Vergangenheit und Gegenwart auch deshalb besonders viele Individualitäten in eine Inkarnation drängen, weil wir seit etwa 100 Jahren in einer besonders wichtigen Zeit leben, in der ganz entscheidende Dinge in der Welt geschehen, die sie aus der diesseitigen Perspektive miterleben müssen.

Dennoch ist es selbst heute so, dass ein Mensch oft erst nach einigen Jahrhunderten wieder den irdischen Schauplatz betritt. Es kommt allerdings auch vor, dass sich eine Seele vielleicht schon nach einigen Jahrzehnten, in Extremfällen bereits nach wenigen Jahren wieder verkörpert. Auch in ein und demselben Zeitalter kann eine Seele in Abhängigkeit von dem Volk, in das sie sich inkarniert, ganz unterschiedliche Erfahrungen machen. Selbst innerhalb desselben Volkes kann sie noch Unterschiedliches lernen, je nachdem, in welchen Verhältnissen die Familie lebt, in die sie hineingestellt wird.

Der zeitliche Abstand zwischen zwei Inkarnationen ist auch noch von anderen Faktoren abhängig. Wenn heute beispielsweise ein Mensch schon im Kindesalter stirbt, so wird er in den übersinnlichen Welten, in denen er nach dem Tod weilt, nicht allzu viel an Erfahrungen und Erlebnissen aufzuarbeiten haben, so dass er im Durchschnitt deutlich eher zu seiner nächsten Verkörperung schreiten kann als jemand, der viele Jahrzehnte auf der Erde gelebt hat. Ein Mensch, der sich in seinem Leben gar nicht mit spirituellen Gedanken befasst hat, hat nichts in die ›himmlische Welt‹ mitzubringen. Auch ein solcher kann bzw. muss sich häufig sehr viel schneller reinkarnieren als ein anderer, der viele solcher Gedanken und Impulse aufgenommen hat. **»Aber das Gesetz der Reinkarnation für unsere Zeit ist so, dass in der Tat für die Menschen, welche jetzt dumpf durch die Welt gehen und sich nicht von den Erlebnissen sagen lassen, dass man den Rätseln des Daseins nachforschen muss, verhältnismäßig bald ein nächstes Leben eintritt, dass sie sich bald wieder inkarnieren, dass sie also reichlich Gelegenheit finden werden, sich mit den geisteswissenschaftlichen Wahrheiten bekannt zu machen.«**[17]

Ein Mensch, der sich in seinem Leben viel und intensiv mit spirituellen Themen beschäftigt hat, wird meistens erst deutlich später wieder den irdischen Schauplatz betreten; er wird also deutlich länger in der Geisteswelt bleiben. **»Solche Leute, die sich hier viel mit der geistigen Welt beschäftigt haben, können sich dort besser entwickeln, bleiben dort länger und kommen später wieder zurück. Dagegen derjenige, der sich nur mit der materiellen Welt beschäftigt, der kommt verhältnismäßig wiederum bald.«**[18]

Dann sei noch kurz ein absoluter Ausnahmefall erwähnt. Für einen Eingeweihten oder auch einen Geistesschüler, der schon sehr weit vorangeschritten ist, ist die Zeit zwischen Tod und neuer Geburt sehr kurz. Er kann sich fast unverzüglich wieder verkörpern.[19]

Es wird häufig die Frage gestellt, was eigentlich der *Sinn* des Lebens sei. So komplex diese Frage auch immer sein mag, so kann man doch einen ganz wichtigen Aspekt anführen, mit dem man sich der Antwort zumindest annähert: Der – oder ein ganz wesentlicher – Sinn eines jeden menschlichen Lebens besteht darin, dass der Mensch in seiner spirituellen Entwicklung, in seiner geistig-seelischen Evolution einen Schritt vorwärts kommt. Dazu ist es neben vielem anderen erforderlich, dass er alle Impulse, insbesondere die spirituellen, aufnimmt, die ihm das Zeitalter, das Volk und die Kultur, in die er hineingeboren wird, geben können.

8.5 Seelenwanderung

Wir wollen in diesem Abschnitt noch einmal kurz auf den Terminus »Seelenwanderung« zu sprechen kommen. Es wurde bereits begründet, dass dieser kein geeignetes Synonym für den Begriff »Reinkarnation« ist, wenngleich er in früheren Jahrhunderten von vielen Menschen, die sich zur Reinkarnationslehre bekannten, in diesem Sinne verwendet wurde. **»[...] in Bezug auf die wiederholten Erdenleben darf bei uns nicht von Seelenwanderung gesprochen werden [...] Denn in Bezug auf die wiederholten Erdenleben haben wir es mit einer Evolution, mit einer Entwickelung der Seele zu tun [...]«**[20]

Rudolf Steiner sprach auch einmal von »Seelenwanderung«. Er fasste diesen Terminus allerdings in einer ganz anderen Bedeutung auf. **»Aber in anderem Sinne kann man von Seelenwanderungen sprechen, indem in der Tat die Seelen, die in einem bestimmten Zeitalter einen Teil der Erde bevölkern, im nächsten Zeitalter doch nicht wiederum auf demselben Fleck der Erde verweilen, sondern auf einem ganz anderen Fleck. So findet man die in den ersten christlichen Jahrhunderten im Süden verkörperten Seelen allerdings jetzt in Mittel-, West- und Osteuropa, mehr im Norden, findet aber diese Bevölkerung durchsetzt mit denjenigen Seelen, welche in Indianerleibern waren. In Asien drüben findet man die Seelen, die zur Völkerwanderungszeit und auch vor- und nachher in Europa gelebt haben; in Amerika die Seelen, die in Asien gerade zur Zeit des Geschehens des Mysteriums von Golgatha gelebt haben.«**[20]

Rudolf Steiner brachte in einigen Vorträgen, die er im Jahre 1920 hielt, ganz konkrete Beispiele für die Seelenwanderung im oben skizzierten Sinn. Hier sollen nur einige angeführt werden.

Viele der Seelen, die sich einstmals in der indianischen Bevölkerung verkörpert haben, sind heute in Westeuropa inkarniert. Ein großer Teil der europäischen Menschheit pflanzt das Blut der mittelalterlichen Vorfahren fort, trägt allerdings Indianerseelen in sich. **»Diese amerikanische Bevölkerung hatte im äußeren Sinne nichts mitgemacht von dem, was die europäischen Bevölkerungen mitgemacht hatten im Laufe der sogenannten christlichen Entwicklung. Was das Christentum der europäischen Bevölkerung gebracht hat, das haben die Generationen dieser amerikanischen indianischen Bevölkerung nicht mitgemacht. Die ganze Seelenkonstitution dieser Bevölkerung war so, dass sie intensiv pantheistische Gefühle entwickelte und aus Impulsen heraus, die mit diesen Gefühlen zusammenhingen, handelten auch diese Menschen. Aber es entwickelten sich diese Seelen so, dass sie verhältnismäßig nur kurze Zeit zubringen konnten zwischen dem Tode und einer neuen Geburt. Keiner langen Zeitdauer bedurfte dasjenige, was zwar intensiv, aber ungeheuer einfach, elementar diese Seelen durchlebten zur Verarbeitung in der geistigen Welt. So sind nicht nur die Seelen der indianischen Bevölkerung, wie sie gelebt haben zur Zeit der ersten Eroberungen des Westen – diese fast alle –, sondern auch spätere Seelen jetzt schon wiedergekommen, und zwar im wesentlichen in der westeuropäischen Bevölkerung.«**[21]

Zahlreiche Seelen, die in den ersten nachchristlichen Jahrhunderten in Europa inkarniert waren, haben sich heute in Asien verkörpert. **»Diejenigen dagegen, die in Europa das erste Christentum, also das Christentum in seinen ersten Zeiten kennengelernt haben, die verkörpern sich, indem die Zeit der Gegenwart zurückte, gerade in der Gegenwart mehr nach dem Osten hin, mehr nach Asien hinein. So dass in der Tat diese einmal etwas durchchristeten Seelen jetzt nach der anderen Seite hin pendeln, dasjenige aufnehmen, was im Orient aus den alten orientalischen Traditionen geblieben und da in die Dekadenz gekommen ist. Die Japaner, geisteswissenschaftlich studiert, sind vielfach gerade charakteristische wiederverkörperte Seelen, die in Europa zur Zeit der Völkerwanderung gelebt haben.«**[22]

Viele Seelen, die heute in Amerika leben, sind solche, die etwa in der Zeit, in der das Mysterium von Golgatha stattfand, in den orientalischen Gebieten lebten. **»Aber drüben in Asien waren die Menschen, die vor und zur Zeit und nach dem Mysterium von Golgatha lebten, allerdings auch schon mit einer etwas verschwommeneren, aber doch noch weit lebendigeren Gestaltungskraft begabt, als was Sie jetzt im Oriente finden. Diese Menschen, die also zu jener Zeit in Asien wohnten, wenigstens ein großer Teil davon, sind heute gerade in der amerikanischen Bevölkerung vielfach verkörpert, in dem Gros der amerikanischen Bevölkerung. Gerade dieser Teil der Menschheit hatte durch seine besonders ausgebildete orientalische Kultur eine lange Zeit zwischen dem Tode und einer neuen Geburt durchzumachen, so dass dies im Grunde genommen alte Seelen sind. Sie werden in Amerika geboren, in Leiber hinein, in denen sie sich eigentlich nicht – wenn ich mich so ausdrücken darf – ganz wohl fühlen, und die sie daher gerade mehr von außen anzusehen belieben als von innen. Daher ist dort heute die besondere Neigung nach äußerlicher Lebensbetrachtung. Das Kuriose, das Paradoxe tritt einem da zutage,**

dass jene Seelen, die da im Oriente drüben gelebt haben, die damals noch kein Christentum angenommen, aber eine feine geistige Kultur hatten, jetzt in amerikanischen Leibern leben. Allerdings, ein Teil zeigt, ich möchte sagen, an einem abgesonderten Phänomen ganz deutlich, wie das ist. Der Orientale war zugeneigt dem Spirituellen der Welt. Indem diese Seelen in Amerika heute wieder erscheinen, entwickelt sich in ihnen ein, allerdings heute abstrakt gewordenes, nicht mehr innerlich lebendiges Hinneigen zur spirituellen Welt.«[23]

8.6 Wie ist zu erklären, dass die Menschen heute so große Unterschiede in ihrer geistig-seelischen Entwicklung aufweisen?

Kommen wir wieder auf die Entwicklung des Menschen und der Menschheit, die den entscheidenden Grund für die wiederholten Erdenleben darstellt, zurück.

Es wäre ganz gewiss fatal, wenn es objektive Kriterien gäbe, an denen ein nicht hellsichtiger Mensch ablesen könnte, wie es mit dem geistig-seelischen Entwicklungsstand eines Mitmenschen bestellt ist. Das, was hier mit »Entwicklungsstand« gemeint ist, hat nichts mit hoher Intelligenz oder umfassender Bildung zu tun. Vielmehr handelt es sich hier um geistig-seelische Qualitäten oder Fähigkeiten sowie eine hohe Moralität, die ein anderer – wenn überhaupt – nur mit dem Herzen erspüren kann.

Dass beispielsweise ein Eingeweihter auf einer sehr hohen Stufe steht, ist unstrittig. Das Gleiche gilt sicher auch für das eine oder andere Genie, so etwa für Goethe. Ansonsten sind es vielmehr die nach äußeren Maßstäben eher unauffällig wirkenden Menschen, die bereits in ihrer geistig-seelischen Evolution recht fortgeschritten sind.

Auch wenn man *in unserem Zeitalter* einem Menschen seinen Entwicklungsstand nicht an der Nasenspitze ansieht – was sich übrigens in der Zukunft ändern wird (☞ Kapitel 10, S. 279ff.) – dürfte klar sein, dass die Menschen, welche heute auf der Erde wandeln, auf sehr unterschiedlichen Stufen ihrer geistig-seelischen Evolution stehen. Nun könnte jemand fragen, warum nicht alle heutigen Menschen einen zumindest sehr ähnlichen Entwicklungsstand aufwiesen, da sie ja alle schon sehr, sehr oft auf der Erde gelebt haben.

Nun, zunächst einmal ist es so, dass es Individualitäten gibt, die schon deutlich öfter inkarniert waren und somit viel mehr Erfahrungen machen konnten als andere. Dass diese im Allgemeinen bereits auf einer höheren Stufe stehen, ist verständlich. Aber auch die Tatsache, dass viele auf einer unterschiedlichen Entwicklungsstufe stehen, obwohl sie *ähnlich* viele Erdenleben absolviert haben, ist keineswegs verwunderlich. Jeder Mensch hat in jeder seiner Inkarnationen die Aufgabe, alles aufzunehmen, was ihm das jeweilige Leben bieten kann. Er muss *jedes* Leben nutzen, um sich zu vervollkommnen. Somit ist es wohl auch klar, dass ein Mensch, der – zumindest in den meisten – seiner bisherigen Inkarnationen wirklich bestrebt war, alles zu erfahren und sich zu erarbeiten, was diese Leben ihm bieten konnten, einen ungleich höheren geistig-seelischen Entwicklungsstand haben wird als einer, der zwar ähnlich oder sogar genauso viele Inkarnationen durchlebt hat, diese aber nicht so sehr genutzt und im Extremfall vielleicht sogar vergeudet oder ›verschlafen‹ hat. Das ist der wesentliche Grund dafür, dass es heute Menschen gibt, die in ihrer geistig-seelischen Entwicklung himmelweite Unterschiede aufweisen. Ein Goethe etwa hat sich in früheren Leben und bei seinen ›Zwischenaufenthalten‹ in der geistigen Welt die Voraussetzungen geschaffen bzw. erworben, durch die er zu einer solchen Geistesgröße reifen konnte (☞ auch Kapitel 10, S. 233). Nichts, aber rein gar nichts von dem, was wir in einem Leben denken, tun, lernen oder erfahren, geht verloren. Der spirituelle Entwicklungsstand eines Menschen ist eine gesetzmäßige Konsequenz seiner Bemühungen und Anstrengungen in früheren Verkörperungen.

Es wäre dennoch in höchstem Maße hochmütig, wenn man einem schlichten, unreif oder gar sonderbar erscheinenden Menschen unterstellen würde, er habe seine bisherigen Inkarnationen nicht genutzt. Das wäre ein grobes Vorurteil, denn das muss nämlich keineswegs der Fall sein. Keine Entwicklung auf dem geistig-seelischen Felde verläuft stetig aufwärts. Wenn ein bestimmter, vorläufig höchster Stand erreicht ist, kommt häufig erst eine gewisse Abwärtsentwicklung, eine ›Talsohle‹, die sehr unterschiedliche Ursachen haben kann. Diese ist nicht etwa als göttliche Willkür oder Strafe aufzufassen, sondern absolut notwendig. Eine solche Talsohle verlangt besonders viel Kraft und Aufwand, um überwunden werden zu können. Die Überwindung setzt aber schließlich neue Kräfte frei, die zur Erreichung des nächsten Gipfelpunktes führen können, der ohne diese nicht hätte erreicht werden können. **»Aber im Großen und Ganzen folgen auf tiefe ›Fälle‹ des Menschen oft starke Aufstiege, indem nach dem Tode das Furchtbare eintrifft, dass wir auf das zurückschauen, was wir als ein tiefes Unrecht verübt haben, oder was uns als große Unvollkommenheit angehaftet hat, und dass wir dadurch nach dem tiefen Fall einen großen Aufstieg erleben werden.«**[24]

Dann gibt es noch sogenannte ›Zwischeninkarnationen‹, die manche Individualitäten durchlaufen. Hierbei handelt es sich um solche Erdenleben, die im Hinblick auf die gesamte geistig-seelische Entwicklung dieses Ich-Wesens von eher geringer Bedeutung sind. Die Gründe dafür können sehr unterschiedlich sein. Ein Mensch, der uns sehr schlicht und unbedeutend erscheint, könnte sich also möglicherweise in einer solchen Zwischeninkarnation befinden.

Eine geistig-seelische Entwicklung muss man sich eher *spiralförmig* denken. Trotz der einen oder anderen Abwärtstendenz hat man es also insgesamt dennoch immer mit einer Aufwärtsentwicklung zu tun, die von den Menschen seit der Zeitenwende vor 2.000 Jahren *bewusst* angestrebt werden muss. Dieser spiralartige Verlauf gilt sowohl für die Entwicklung jeder einzelnen menschlichen Individualität als auch für die der ganzen Menschheit. In der heutigen Zeit verliert sich die große Masse der zivilisierten Menschheit im finsteren Sumpf der materialistischen Weltanschauung. Dennoch stellt der Materialismus eine Weltnotwendigkeit dar. Es ist den Menschen aufgegeben, diesen zu überwinden und wieder zu einer spirituellen Gesinnung zu finden. Wenn sie sich eines Tages aus eigenem Antrieb aus diesem Geistesdunkel befreit haben werden, so werden dadurch besonders starke Kräfte freigesetzt, die eine deutliche Aufwärtsentwicklung ermöglichen, die ohne die Überwindung des Materialismus nicht erreicht werden könnte. Auch bei einem Menschenbruder, der uns schlicht und einfältig, vielleicht sogar stumpfsinnig und spirituell völlig uninteressiert erscheint, *könnte* es sich durchaus so verhalten, dass er in diesem Leben nicht auf einem vorläufigen Höchststand angelangt ist, sondern dass er sich in einer Talsohle befindet. Für diese Seele, die unter Umständen schon recht hoch entwickelt ist, könnte es etwa so sein, dass für sie ein solches Leben eminent wichtig ist, um sich durch das, was sie in dieser Verkörperung durchmachen muss, in weiteren Leben wieder zu großen Höhen aufschwingen zu können.

Wenn uns also die Weltentatsachen Menschen hinstellen, die einen sehr unterschiedlichen Entwicklungsstand aufweisen, so liegt das – von den skizzierten Ausnahmen abgesehen – daran, dass die einen ihre bisherigen Inkarnationen besser genutzt haben, dass sie mit größerem Ernst an ihrer Veredelung gearbeitet haben und dass sie nach ihrem Tod in der geistigen Welt die richtigen Schlüsse aus ihrer letzten Inkarnation gezogen haben. Bei einigen sehr wenigen Menschen liegt die Sache ein wenig anders. Diese haben ihren außergewöhnlichen Entwicklungsstand *nicht nur* ihren eigenen Bestrebungen zu verdanken. Sie sind von den Weltenmächten mit ihren ganz besonderen Fähigkeiten begnadet worden. Zu allen Zeiten der Erdenentwicklung bedurfte es solcher außergewöhnlicher Menschen, die der Entwicklung der Menschheit weit vorausgeeilt sind. Diese Menschen verfügen schon über spirituelle Fähigkeiten und Bewusstseinszustände, welche die Mehrheit der Menschen erst in urferner Zukunft ihr Eigen nennen wird. Diese Vorreiter der Menschheit konnten als deren Führer auftreten. Zu ihnen sind die großen Eingeweihten wie beispielsweise Zarathustra, Moses und Buddha, aber auch die Propheten des Alten Testaments und viele der sogenannten Heiligen zu rechnen. Viele von ihnen sind schon an dem Punkte ihrer Entwicklung angelangt, dass sie es nicht mehr nötig haben, sich zu inkarnieren. Dennoch nehmen es einige von ihnen auf sich, sich sogar noch recht häufig zu verkörpern, um die Menschheit oder bestimmte Völker weiter zu lehren und zu leiten. Sie treten meist im Verborgenen auf und werden von der Masse der Menschheit nicht als das erkannt, was sie eigentlich sind.

8.7 Warum ist das Erreichen der Entwicklungsziele heute so schwierig?

ermutlich wäre es für uns Menschen nur halb so schwierig, das Erreichen der einzelnen ›Etappenziele‹ mutig und vertrauensvoll anzustreben, wenn wir in der

Lage wären, die Pläne der göttlichen Schöpfermächte mit vollem Bewusstsein zu überschauen, wenn uns also der Sinn unseres Daseins, so wie er hier skizziert worden ist, in vollstem Ernst vor der Seele stünde.

8.7.1 Die Abirrungen des Menschen

Dass wir – insbesondere in unserer heutigen Zeit – weit von der Erreichung des Entwicklungszieles entfernt sind, kann keiner übersehen. Da haben die sogenannten *»Widersachermächte«*, die Repräsentanten des »Bösen«, ganze Arbeit geleistet.

Dadurch, dass wir begabt wurden, freie Entscheidungen treffen zu können, ist es uns möglich, gegen die göttlichen Absichten zu handeln. Wir können jederzeit das tun, was lediglich der Befriedigung unserer ureigensten Wünsche und Interessen dient. Wir können uns ganz in unserem Egoismus verlieren. Diese Mächte haben uns so tief in die Materie verstrickt, dass es möglich werden konnte, unsere geistige Herkunft nicht nur zu vergessen, sondern sogar zu verleugnen. Die materialistische Weltanschauung, die heute in weiten Teilen der Erde vorherrschend ist, konnte ihren Siegeszug antreten. Diese Ideologie hat einen großen Teil der Menschheit so infiziert, dass viele alle geistigen Lehren als baren Unsinn abtun. Durch unseren freien Willen wurden wir fehlbar. Wie oft verfehlen wir uns gegen andere Menschen! Dabei muss es sich gar nicht einmal um etwas ganz Offensichtliches wie etwa ein Verbrechen handeln. Es vergeht kaum ein Tag, an dem wir uns nicht gegenüber unseren Menschenbrüdern und unserer Umwelt verschulden. In der jüngsten und jüngeren Vergangenheit und Gegenwart wird die Menschheit in brutalster und schonungslosester Weise mit der Macht des Bösen konfrontiert. Denken Sie etwa an die vielen – oftmals auf Lügen basierenden und wirtschaftlichen Interessen dienenden – Kriege und das daraus resultierende Flüchtlingselend; ganz zu Schweigen von dem Holocaust vor rund 80 Jahren! Nicht immer ist es so einfach, das Böse zu durchschauen wie in den angeführten krassen Beispielen. Auch das unsägliche Leid, das wir der Tierwelt zufügen, muss hier erwähnt werden. Denken Sie beispielsweise an die grausamen Tierversuche, an die inakzeptable Massentierhaltung oder an die fürchterlichen Bedingungen, die in vielen Schlachthöfen herrschen. Schuld tragen nicht nur diejenigen Menschen, die unseren Mitgeschöpfen diese Qualen bereiten, sondern auch alle, die nicht ihre Stimme gegen diese Missstände erheben! Häufig versteckt sich das Böse hinter ›edlen‹ Zielen, schönen Masken und wohlklingenden Ideologien, so dass es den Anschein erweckt, etwas Gutes und Förderliches zu sein.

Auf einige weitere Missstände und Verirrungen der *gegenwärtigen* Zeit werden wir in Kapitel 12 zu sprechen kommen.

Eine der schlimmsten Sünden, die ein Mensch begehen kann, ist, wenn wir versuchen, in den heiligen freien Willen eines anderen Menschen einzugreifen. Das tut natürlich jemand in drastischem Maße, wenn er versucht, physische oder psychische Gewalt oder Macht über einen anderen auszuüben. Aber auch jeder Versuch, einem anderen Menschen die eigene Meinung aufzudrängen oder Vorschriften machen zu wollen, stellt einen unzulässigen Eingriff in dessen Freiheit dar. Daher sollte man sich auch – oder sogar ganz besonders – in spirituellen bzw. religiösen Fragen jeder Form von Dogmatismus und Missionierungseifer enthalten. Man muss es dem Ermessen und den Erkenntniskräften des anderen überlassen, was er anzunehmen bereit ist und was er schon vertragen kann.

8.7.2 Das Wesen des Bösen

Wenn man heute über das »Böse« spricht, so kommt man häufig nicht darüber hinaus, darin etwas sehr Abstraktes zu sehen. Zunächst einmal ist es in unserer Zeit so, dass man von einer Polarität zwischen »gut« und »böse« ausgeht. Man sagt, auf der einen Seite sei das Gute und auf der anderen, entgegengesetzten Seite sei das Böse. In den Lehren der großen christlichen Kirchen personifiziert man das Gute mit Gott und das Böse mit dem »Teufel«.

Wenn man zu einem tieferen Verständnis des Bösen gelangen möchte, muss man diese duale Anschauung aufgeben und zu einer *Dreiheit* übergehen. Das Böse äußert sich in *zwei* gegensätzlichen Polen. Das Gute stellt die verbindende, vereinigende Mitte zwischen diesen beiden Extremen dar. Dieses soll anhand eines einfachen Beispiels näher erläutert werden. Nehmen Sie etwa den Begriff »Geiz«. Es ist nicht zu bestreiten, dass Geiz eine negative, destruktive, also »böse« Eigenschaft ist. Geiz repräsentiert das eine Extrem des Bösen. Das Gegenteil von Geiz ist die »Verschwendungssucht«. Diese stellt aber keineswegs eine gute Eigenschaft dar. Sie repräsentiert vielmehr das andere Extrem des Bösen. Was wäre in diesem Zusammenhang eine positive, konstruktive, also »gute« Eigenschaft? Dafür gibt es eigentlich kein angemessenes Wort. »Gut« wäre in diesem Kontext eine Eigenschaft, die die Waage zwischen Geiz und Verschwendungssucht hält, also so eine Art Mischung aus Sparsamkeit und Freigiebigkeit (weitere Beispiele: ☞ Anhang A.2, Tabelle 3, S. 384).

Wenn man die Thematik »Gut und Böse« betrachtet, muss man also von einer Dreiheit, einer Trinität ausgehen: den beiden extremen Polen des Bösen und die »goldene Mitte«, die das Gute repräsentiert. Somit ist es also die große Aufgabe des Menschen, diese goldene Mitte zu finden und zu halten.[25] Diese Mitte, das Gute, wird repräsentiert durch Christus, den *Sohn* Gottes, der sozusagen die beiden Extreme ausgleicht und ver*söhnt.* Alles, was man als »Sünde« bezeichnet, basiert letztlich auf einer Abirrung zu einem der beiden Extreme.

Das Böse spielt also eine Doppelrolle. In seiner einen Ausprägung zeigt es die Tendenz, den Menschen in unrechtmäßiger Weise in geistige Höhen zu erheben (»Erdflucht«); in der anderen Ausprägung ist es bestrebt, den Menschen noch tiefer in die Materie und die Erdenverhältnisse zu verstricken (»Erdsucht«).

Schon der Bibel kann man entnehmen, dass hinter dem Bösen zwei verschiedene ganz konkrete *Wesenheiten* stecken, von denen die eine »Teufel« und die andere »Satan« genannt wird. Der »Teufel« ist kein anderer als *Luzifer*, von dem hier schon die Rede war. Luzifer wird mit einem gewissen Recht oftmals als »gefallener Engel« bezeichnet. In der Tat hat er sich auf dem alten Mond, dem planetarischen Vorläufer unserer heutigen Erde, aus dem Reich der Engel abgesondert und auf seine rechtmäßige Weiterentwicklung verzichtet. Seitdem geht er seine eigenen Wege. Luzifer hat viele ›Anhänger‹ gefunden, die ihm gefolgt sind und ihm nun zuarbeiten. Wie wir schon gesehen haben, war es dieser Luzifer, der die Menschen vor urfernen Zeiten verführt hat. Schon damals war es sein Bestreben, den Menschen einzuflößen, dass sie ihr großes Ziel sehr viel schneller und leichter erreichen könnten, als es von den Schöpfermächten beabsichtigt war. Auch heute noch sind die luziferischen Wesenheiten bestrebt, die Menschen durch mancherlei Illusionen und Täuschungen möglichst schnell wieder in geistige Sphären zu führen. Sie wollen verhindern, dass der Mensch sein großes Ziel, die Verwirklichung des Menschheitsideals, erreicht. Somit kann man sie als ›Gegenspieler‹ Christi sowie der geistigen Wesen der höheren Hierarchien auffassen. Menschen, die eine spirituelle Gesinnung aufweisen, die aber von Schwärmerei und allerlei Illusorischem durchzogen ist, oder auch Menschen, die ihre Religionsausübung nur zur Erbauung oder zur Erhöhung ihrer eigenen Wohlfahrt treiben, sind häufig solche, die recht einseitig auf der Waagschale des luziferischen Prinzips stehen. Man muss also die übliche Meinung, Luzifer bzw. der »Teufel« – wie er in den kirchlichen Lehren genannt wird – sei ein erbitterter Feind der Religionen bzw. der Religionsausübung, als nicht ganz zutreffend bezeichnen.

Das geistige Wesen, das die andere Seite des Bösen repräsentiert, wurde bereits in der urpersischen Kultur vor über 5.000 Jahren von den Eingeweihten erkannt und *Ahriman* genannt. Dieses Wesen, das eine für menschliche Maßstäbe unfassbare, eiskalte und sprichwörtlich ›teuflische‹ Intelligenz besitzt, ist ein noch gefährlicherer Widersacher. Er ist mächtiger als Luzifer, da er sich aus einem höheren Reich, nämlich dem der Erzengel, abgesondert hat. Das Bestreben Ahrimans und seiner Genossen ist es, den Menschen von allem Geistigen fernzuhalten und ihn ganz fest an die Materie zu ketten. Dass heute der Materialismus so weit verbreitet ist, dass es heute so viele Menschen gibt, die alles Geistig-Göttliche leugnen, ist der ›Verdienst‹ der ahrimanischen Wesenheiten. Menschen, denen wir gewisse intellektuelle, namentlich technologische Errungenschaften verdanken, sind in vielen Fällen von Ahriman, den man als »Herr des Intellekts« bezeichnen könnte, inspiriert und gewissermaßen zu seinen Helfern gemacht worden. Zu den mehr *kurzfristigen* Zielen Ahrimans gehört ein Szenario, von dem wir in der Gegenwart nicht mehr weit entfernt sind: eine seelen- und geistlose, vollständig mechanisierte und automatisierte Welt, eine Welt, in der Computer und Roboter die Menschen in ihre Knechtschaft zwingen. Schon heute ist unsere ganz alltägliche Welt weitgehend entseelt. Unser Alltagsleben ist durch die hochgradige Technisierung derart kompliziert geworden, dass wir einen unverhältnismäßig großen Teil unserer Zeit darauf verwenden müssen, um mit allen diesen Dingen zurechtzukommen, um mit der technologischen Entwicklung einigermaßen Schritt halten zu können. Es bleibt viel zu wenig Zeit für wirklich Wichtiges, etwa für die Pflege der Beziehungen zu unseren Mitmenschen. Insbesondere scheint keine Zeit mehr übrig zu bleiben, um sich mit spirituellen Themen zu befassen.

Ahrimans *langfristiges* Ziel ist es, die Entwicklung der Menschheit, wie sie von den guten Götter angedacht ist, in eine völlig andere Richtung zu lenken. Auch setzt er alles daran zu verhindern, dass eines fernen Tages die Jupiter-Erde als neue Wohnstatt für die Menschen entstehen kann. Er will, dass das große Götterprojekt scheitert.

Luzifer und Ahriman arbeiten häufig ›Hand in Hand‹. So entflammt Luzifer die Menschen etwa für neue technologische Errungenschaften, indem er ihnen einflößt, dass diese ihnen ein bequemeres und angenehmeres Leben bereiten könnten. Diesen Enthusiasmus nutzt Ahriman als Anknüpfungspunkt, um die Erfinder intellektuell zu inspirieren. Um ein konkretes Beispiel zu haben, könnte man an die Auswüchse unseres heutigen Digitalisierungs-Zeitalters denken. Die in diesem Zuge entwickelte Technologie bringt neben einem vergleichsweise überschaubaren Segen ungleich mehr Fluch für die Menschen. So gibt es schon erschreckend viele Zeitgenossen, die sich kaum noch von ihren sogenannten »intelligenten Handys« wie etwa Smartphones trennen können. Insbesondere Jugendlichen scheint das, was ihnen das Internet mit seinen virtuellen Welten bietet, realer und erstrebenswerter zu sein, als alles, was das *wirkliche* Leben ihnen bieten kann.

Es gehört zu den großen Zukunftsaufgaben der Menschheit, das Böse zu besiegen und seine Repräsentanten zu erlösen. Heute sind die Menschen noch nicht stark genug, um allein mit den Widersachern fertig zu werden. Dazu bedarf es der vermittelnden Kraft des Christus. Aber auch in unserer Zeit können wir schon vieles tun, um den Bestrebungen Luzifers und Ahrimans entgegenzuwirken. Wir müssen zunächst einmal ganz real ihre Existenz anerkennen und ihre Pläne zu durchschauen versuchen.

Insbesondere Ahriman setzt alles daran, dass uns das meistens nicht gelingt. Seine perfide Intelligenz kann man schon daran ablesen, dass er es war, der uns letztlich die materialistische Weltanschauung gebracht hat. Ein Materialist hält geistige Wesen – und somit auch Ahriman – für nicht existent. Und bei etwas, was es nicht gibt, macht es auch keinen Sinn, es erkennen zu wollen! Eine genialere ›Tarnkappe‹ hätte sich Ahriman nicht überziehen können! Dass dieser Schachzug von Erfolg gekrönt ist, sieht man nicht nur daran, dass die Mehrheit der Menschheit mittlerweile Materialisten geworden sind; selbst in vielen esoterischen, spirituellen und kirchlichen Kreisen werden die Widersacher nicht anerkannt oder zumindest nicht ernst genommen. Damit leistet man ihren Intentionen Vorschub.

Die beiden Widersacher sind nämlich nur dann gefährlich, wenn sie *nicht erkannt* werden. Sobald man sie mit ihren Ambitionen durchschaut, verringert man schon ihre schädliche Einflussnahme ganz erheblich. Freilich läuft der Teufel nicht mit Hörnern, Pferdeschweif und Pferdehuf herum, so dass ihn jeder gleich erkennen könnte. *»Den Teufel spürt das Völkchen nie, auch wenn er sie beim Kragen hätte«* heißt es in Goethes *»Faust«*.[26] In der Tat ist es – sofern man überhaupt geneigt sein sollte, von der Existenz der Widersacher auszugehen – nicht ganz einfach, sie zu erkennen. Natürlich ist mit »Erkennen« hier nicht gemeint, dass wir sie in irgendeiner Form *sehen* könnten, was nur einem hellsichtigen Menschen möglich ist. Gemeint ist damit vielmehr, dass wir bemerken, wann und mit was sie uns gerade am Kragen haben, was sie mit uns vorhaben, zu was sie uns verführen wollen.

Wie können wir bemerken, dass uns Luzifer am Kragen packt?

Wenn wir uns selbst wieder einmal zu sehr in den Mittelpunkt stellen, wenn unser Egoismus aufflammt, wenn wir eitel oder hochmütig werden, uns selbst überschätzen und uns für wichtiger halten als unsere Menschenbrüder oder wenn uns zügelloser Ehrgeiz packt, können wir sicher sein, dass Luzifer uns gerade am Wickel hat. Wenn wir beispielsweise mit Feuereifer und überzogenem Enthusiasmus oder gar Fanatismus zu irgendeiner Handlung schreiten, so können wir darin ebenfalls das Wirken Luzifers erkennen und uns dann ein wenig zurücknehmen oder vielleicht sogar die Berechtigung der geplanten Handlung hinterfragen. Damit soll natürlich nichts gegen die grundsätzliche Berechtigung von Enthusiasmus gesagt sein. Wenn wir etwa wieder einmal nicht abwarten können, bis irgendein Ereignis eintritt, bis wir die Früchte unserer Arbeit oder Bemühungen, auch solche auf der Ebene der spirituellen Entwicklung, ernten können, dürfen wir sicher sein, dass es Luzifer ist, der uns einflößt, alles ginge nicht schnell genug. Auch wenn wir wieder einmal himmelhoch jauchzend sind und alles durch die rosarote Brille sehen, ist Luzifer gewiss nicht weit. Selbst wenn wir Gottesdienste oder spirituelle Veranstaltungen nur deshalb besuchen, um unser Gemüt zu befriedigen oder um ein wohliges Behagen zu verspüren, dürfen wir sicher sein, auf der Seite des luziferischen Prinzips zu stehen.

Das wirksamste Gegenmittel, das wir gegenüber Luzifer haben, ist tiefste *Demut* und *Selbstbescheidenheit*. Wenn wir vor dem Schlafengehen auf unser Tagwerk schauen, so sollten wir nicht stolz auf das Vollbrachte sein, sondern den Göttern danken, die unser Tun und Handeln ermöglicht und geleitet haben.

Wie können wir bemerken, dass uns Ahriman am Kragen packt?

Wenn wir zwar nicht gerade Materialisten sind, aber ungeprüft irgendwelche materialistischen Dogmen – seien es kirchliche oder wissenschaftliche – übernehmen, so ist es ganz sicher, dass er uns am Kragen hat. Wenn wir etwa wieder einmal zu trocken und abstrakt über eine Naturerscheinung, die sich den äußeren Sinneseindrücken darbietet, nachsinnen, können wir darin das Wirken Ahrimans erkennen und uns bemühen, das Geistige, das sich hinter jedem Sinnesschein verbirgt, ahnend zu ergreifen, ohne dabei ins Schwärmerische abzugleiten. Wenn wir von übertriebener Furcht, von Sorgen und Zukunftsängsten verzehrt zu werden drohen, ist Ahriman auch nicht weit. Mit jeder Lüge machen wir ihm eine große Freude. Auf Lügen bewusst zu verzichten, ist viel schwerer, als man glauben mag. Eine Lüge liegt nicht nur dann vor, wenn man absichtlich und voll bewusst etwas behauptet, von dem man weiß, dass es nicht der Wahrheit entspricht und das im schlimmsten Fall dem Belogenen sogar großen Schaden zufügen kann. Zu den Lügen zählen auch die sogenannten Notlügen und Ausreden. Selbst unaufrichtige Komplimente, die man aus Höflichkeit oder Konvention ausspricht und von denen man sich vielleicht einen Vorteil erhofft, sind nichts anderes als Lügen. Zur Unwahrheit gehört auch, wenn wir etwas tun, was unserer inneren Überzeugung widerspricht. Novalis, von dem wir aus der Anthroposophie wissen, dass er der wiedergeborene Johannes der Täufer, und dieser wiederum der reinkarnierte Elias war, wies darauf wie folgt hin:

> *Der Mensch besteht in der Wahrheit.*
> *Gibt er die Wahrheit preis, so gibt er sich selbst preis.*
> *Wer die Wahrheit verrät, verrät sich selbst.*
> *Es ist hier nicht die Rede vom Lügen,*
> *sondern vom Handeln gegen Überzeugung.*

Die meisten Menschen in der zivilisierten Welt sind heute beruflich in einem hochtechnokratischen Umfeld tätig, in dem sie ständig mit Computern, Robotern und dergleichen zu tun haben. Natürlich sollten wir diesen ›ahrimanischen Errungenschaften‹ nicht fliehen, was in unserer Zeit auch gar nicht möglich wäre. Allerdings sollten wir uns auch nicht an diese ›Wunderwerke der Technik‹ verlieren, sondern uns immer wieder einmal klarmachen, dass ein solches technisches Szenario die ›Spielwiese‹ Ahrimans ist. Er ist der eigentliche Urheber. Wenn wir mit dem richtigen Bewusstsein eine solche Arbeit ausführen, so kann sie keinen großen Schaden anrichten. Auch ist es sehr wichtig, dass wir uns bemühen zu erkennen, was die Technologie, insbesondere die Künstliche Intelligenz (☞ auch Kapitel 12, S. 368ff.) mit den Menschen macht bzw. machen will.

Ein wirksames Gegenmittel gegenüber Ahriman ist *Zufriedenheit*. **»Indem man zufrieden ist mit dem, was einem beschieden ist: Erfreue dich dessen, was dir gewährt ist, entbehre gerne, was dir nicht beschert ist! – Dann kann Ahriman nicht an uns heran. Man soll nicht wunschlos sein, kein Asket, der die Welt flieht, aber auch nicht voller Freude nur, sondern die Waage halten zwischen beiden.«**[27]

8.7.3 Der Sinn des Bösen

Die Theologen werden seit Jahrhunderten an Fragen wie »Warum hat Gott nur das Böse zugelassen?« und »Wie lässt sich das Böse mit der Güte und Gerechtigkeit Gottes in Einklang bringen?« irre. In der Tat ist es so, dass die Widersacher, so gefährlich sie auch tatsächlich sind, ihre *gute* Berechtigung haben. Ansonsten hätten die göttlichen Weltenlenker ihr Wirken nicht zugelassen.

Wir wollen zunächst der Frage nachspüren, wodurch es möglich wurde, dass diese Widersacher überhaupt auf dem Weltenplan auftreten konnten. Nun, wie wir schon geschildert haben, befinden sich auch die Wesenheiten der höheren Hierarchien in einem steten Entwicklungsprozess.[28] Auf *jeder* Stufe bleiben Wesen zurück; d.h. sie entwickeln sich nicht in der geplanten, rechtmäßigen Weise und erreichen daher ihr Ziel nicht. Somit gibt es neben den neun Reichen der Wesen, die sich in der rechtmäßigen Weise entwickelt haben, unzählige ›Zwischenreiche‹, zu denen diejenigen gehören, die mit ihrer Entwicklung in einer bestimmten Epoche nicht fertig geworden sind. Man könnte hier von »zurückgebliebenen« oder »unfortschrittlichen Geistern« sprechen. Auch könnte man sie als »abgefallene Geister« oder »Gegengeister« bezeichnen. In vielen Fällen verhält es sich so, dass die Wesen, die zurückbleiben, damit ein *Opfer* bringen, um dann ganz bestimmte Aufgaben im Weltensein wahrnehmen zu können, welche diejenigen, die sich rechtmäßig entwickelt haben, nicht vollbringen könnten.

Die luziferischen Wesen standen so wie die heutigen Engel auf dem alten Mond, also der Entwicklungsstufe der Erde, die der gegenwärtigen unmittelbar vorausgegangen ist, auf der Menschheitsstufe. Sie haben dort aber ihre Entwicklung nicht abgeschlossen, so dass sie heute nicht zu den Engeln gehören, sondern ein Zwischenreich bilden. Die ahrimanischen Wesen haben schon auf der alten Sonne ihr Entwicklungsziel nicht erreicht. Daher sind sie heute auch mächtiger als die luziferischen.

Nun ist nicht zu leugnen, dass Luzifer und insbesondere Ahriman uns Menschen sehr gefährlich werden können. Wir müssen uns also die Frage stellen, worin der *Sinn* dieser Widersacher und ihres Wirkens besteht.

Es gibt heute in allen Schichten der Gesellschaft unglaublich viele Naivlinge und Bequemlinge, die sehr sonderbare Vorstellungen von dem haben, was man ein erfülltes und sinnvolles Leben nennen könnte. Diese haben als höchstes Ideal, ein angenehmes und sorgenfreies Leben zu führen, das ihnen viel Spaß und Freude bereitet. Sie wünschen sich, nur von netten Menschen umgeben zu sein, die ihnen keine Schwierigkeiten bereiten, immer gesund zu sein und möglichst bei klarem Verstand und körperlicher Fitness mindestens 90 Jahre alt zu werden. Wenn sie religiös gesinnt sind, beten sie zu Gott, dass er ihnen diese Wünsche erfüllen möge und hoffen, nach ihrem Tod, der möglichst ohne Schmerzen und Leiden erfolgen möge, ewige himmlische Freuden genießen zu können. Wie ja bereits dargestellt wurde, geht es aber im menschlichen Dasein, das sich über sehr viele Erdenleben erstreckt, ganz wesentlich darum, an der eigenen geistig-seelischen Entwicklung zu arbeiten, diese mit heiligem Ernst zu betreiben. Um dieses Ziel zu erreichen, sind aber Widerstände bzw. unangenehme und schwierige Erlebnisse und Erfahrungen nicht nur hilfreich, sondern sogar *notwendig*. Wenn ein Kleinkind nicht dauernd auf irgendwelche Widerstände treffen würde, indem es hinfällt oder sich an irgendetwas stößt, könnte es niemals sein Ich-Bewusstsein entwickeln. So muss man sich auch den Sinn der beiden Widersacher denken. In Goethes *»Faust I«* sagt der Mephisto: *»Ich bin ein Teil von jener Kraft, die stets das Böse will und stets das Gute schafft!«*[29]

Die beiden Widersacher sind ihrem Ursprung nach keine bösen Wesen. Sie wollen zwar das Böse, schaffen aber auf lange Sicht letztendlich doch das Gute. Dass sie uns permanent Schwierigkeiten bereiten und uns Steine in den Weg legen, sollten wir als eine große Chance auffassen, durch die Überwindung dieser Widerstände reifen zu können. Als Beispiel könnte man an einen Gewichtheber denken. Wenn dieser sich im Training nicht anstrengt, wenn er immer nur mit den gleichen Gewichten trainiert, wird er niemals stärker werden, sich niemals verbessern können. Stärker werden kann er nur, wenn er sich im Training sehr anstrengt, sich vielleicht sogar quält, indem er immer höhere Gewichte (Widerstände!) auf die Hantel packt und in die Höhe wuchtet.

Judith von Halle schreibt über die Bedeutung der Widersacher: *»Wir wollen diese Mächte der Finsternis nicht verdammen, denn sie haben selbstverständlich auch ihr Gutes für die Menschheitsentwicklung. An ihnen wird der Mensch geprüft, kann sich an ihnen sein Bewusstsein schärfen und sich schließlich ihnen gegenüber emanzipieren. Der Mensch aber, der wider den Geist lebt, nährt die Macht dieser Wesen. Sie werden eines Tages ganz ihre Fesseln sprengen, da sie immer dicker werden – gefüttert mit jeder Lüge, mit jedem Hass, Neid, nicht nur mit jeder schlechten Tat, sondern auch mit jedem abgründigen Denk-, Gefühls- und Willens-Impuls.«*[30]

Es ist also keineswegs so, dass Luzifer und Ahriman, die man auch »Götter der Hemmnisse« nennen könnte, ausschließlich böse und gefährlich wären. Beide haben ihre Berechtigung im göttlichen Weltenplan. In gewisser Weise haben sie sich geopfert, indem sie sich der Entwicklung hemmend in den Weg gestellt haben. Dass eine unberechtigte, böse Tat auch ihre gute und segensreiche Seite haben kann, sieht man ja etwa ganz deutlich an dem Verrat des Judas. Durch diesen Verrat wurde Christus-Jesus ausgeliefert und schließlich gekreuzigt. Dieser Kreuzestod und die Auferstehung stellen aber letztlich einen kaum zu überblickenden Segen für die ganze Menschheit dar.

Auf der einen Seite konnten die Menschen sich durch das Aufkommen des Bösen von ihrer geistigen Heimat entfremden und gänzlich von ihrem von den guten Göttern vorgegebenen Plan abirren. Auf der anderen Seite konnten sie dadurch aber zu einer gewissen Freiheit finden, die es ihnen gestattet, aus eigenem Antrieb und Entschluss heraus, sich jederzeit entweder für das Gute oder aber für das Böse zu entscheiden und letztlich wieder zum Göttlichen zurückzufinden.

Wenn man diese Darstellungen soweit annehmen kann, erscheint die Frage, warum Gott all dieses zulasse, die man im Zusammenhang mit menschlichem Leid, Elend und Tod immer wieder hören kann, mindestens genauso absurd wie die Frage, warum Gott uns überhaupt auf die Erde gesandt habe. Freilich erscheint es wie ein großes Paradoxon, dass das Böse und seine Repräsentanten einerseits sehr gefährlich und schädlich, andererseits und letztendlich aber äußerst förderlich für die Menschen sind.

In fernster Zukunft wird es die Aufgabe der Menschen sein, Luzifer und Ahriman zu *erlösen*, damit diese sich wieder in den rechtmäßigen Strom der Evolution einordnen können. Was können wir *schon heute* zur Erlösung der beiden beitragen? **»Die Erlösung des Luzifer geschieht durch die Liebe, durch die höhere Liebe, welche frei von Egoismus ist. [...] Die Erlösung des Ahriman geschieht durch das Denken. – Als Mittel gegen zu starke ahrimanische Angriffe ist das Durchdenken des ersten Kapitels des Johannes-Evangeliums sehr zu empfehlen: ›Im Anfang war das Wort...‹ und das achte Kapitel.«**[31]

8.8 Fernziel und Nahziel der Menschheit

Wenn das Weltenende bzw. der Jüngste Tag in urferner Zukunft eintreten wird, wird die Menschheit in der Tat in gewisser Weise gerichtet werden. Diejenigen, die das Ziel, das die Menschen bis dahin erreicht haben sollen, nicht erreicht haben, werden nun allerdings nicht einer ewigen Verdammnis anheimfallen. Sie haben aber ihr Ziel nicht erreicht und müssen unter sehr erschwerten Bedingungen in späteren Zeiten das Versäumte nachzuholen versuchen. Sie fallen aus der geraden Entwicklungslinie der Menschheit heraus.

Auch das sogenannte »Weltenende« stellt natürlich nicht das Ende in der Weltenentwicklung dar. Die Entwicklung hört im Grunde niemals auf! Im Weltengeschehen gibt es niemals Stillstand! Das Weltenende stellt einen Markstein dar, an dem der Mensch ein erstes großes Etappen- oder Entwicklungsziel erreicht haben soll. Selbstverständlich ist er auch dann, wenn er dieses Ziel erreicht haben sollte, noch meilenweit davon entfernt, das Menschheitsideal verwirklicht zu haben. Auch nach dem Weltenende, das ja – wie bereits erläutert – so zu verstehen ist, dass es die uns bekannte Erde nicht mehr geben wird und dass der Mensch dann seine Entwicklung auf einer neuen Erde, der Jupiter-Erde, fortsetzen wird, geht die Evolution der Menschen und aller anderen Wesen weiter. Diejenigen Menschen, die ihre große Aufgabe erfüllt haben, können nun an der geradlinigen und gottgewollten Weiterentwicklung teilhaben. Sie werden das Böse *bis zu einem gewissen Grad* verwandelt und erlöst haben. Sie haben durch ihre vielen Erdinkarnationen den anderen geistigen Wesen, die niemals auf der Erde verkörpert waren, etwas Entscheidendes voraus: Sie bringen all die Schätze – zum Beispiel den freien Willen – mit, die man nur durch die Erfahrungen auf der Erde sammeln kann. Diese Schätze werden sie mit in die geistigen Welten tragen. Dadurch wird auch der Himmel ein anderer werden. Die Menschen werden dann einen gewaltigen Schritt weiter sein als vor Urzeiten, als sie noch wie unmündige Kinder in einer geistigen Sphäre, die in der Genesis als »Paradies« bezeichnet wird, verweilten.

Nachdem wir jetzt ganz vorsichtig dieses Fernziel der Menschheit, das noch in fernster Zukunft liegt, berührt haben, sollten wir den Fokus auf das *Nahziel* richten. Dieses besteht darin, dass jeder Mensch die heilige Pflicht hat, sein gegenwärtiges Erdenleben mit größtem Ernst zu betrachten und zu führen. Wir müssen uns bewusst machen, dass wir an jedem Tag unseres jetzigen Lebens die Möglichkeit haben, auf das ganz große Ziel hinzuarbeiten. Es wäre fatal zu sagen, dass wir noch viele Leben Zeit hätten, unsere Entwicklung voranzutreiben, die ja nicht zuletzt darin besteht, an der Verwandlung unserer unteren Wesensglieder, wie das in Kapitel 7 skizziert wurde, zu arbeiten. Was wir in diesem Leben versäumen, können wir nicht so ohne weiteres in einem späteren nachholen. Zunächst einmal müssen wir uns so ›annehmen‹, wie wir aufgrund unserer bisherigen Entwicklung geworden sind. Dann geht es ganz wesentlich darum, alle notwendigen Erfahrungen und Lernprozesse zu machen, die uns dieses Leben bietet. Dazu gehört auch die Konfrontation mit dem Bösen und seinen Repräsentanten, den Widersachermächten. Noch sind – wie schon erwähnt – die Menschen nicht stark genug, das Böse zu verwandeln bzw. ihre Repräsentanten zu erlösen. Verwandeln kann man nur etwas, was man kennt. Also geht es im Moment ganz wesentlich darum, das Böse mit all seinen Schattierungen, Masken und Fratzen kennenzulernen und auszuhalten, ohne in Verzweiflung oder Fatalismus zu verfallen. Das darf natürlich nicht so verstanden werden, dass man nicht auch heute schon alles leisten sollte, was dem Bösen Einhalt gebietet. Die eigentliche Verwandlung des Bösen sowie die Erlösung der Widersacher ist uns in einer viel späteren Menschheitsepoche vorbehalten, einer Epoche, in der wir mit den Erfahrungen, die wir heute machen, die Überwindung und Verwandlung des Bösen schaffen und uns dadurch zu ungeahnten geistig-seelischen Höhen aufschwingen können. Das, was wir an Erfahrungen sammeln und uns an göttlich-geistigen Erkenntnissen strebend erwerben, sind die ›Schätze‹, denen Rost und Motten nichts anhaben können;[32] diese können wir nach unserem Tod mit in die Himmelswelt tragen.

Was wir in unserem Leben *im Einzelnen* und *ganz konkret* leisten können bzw. zu leisten haben, werden wir erörtern, wenn wir an späterer Stelle dieses Buches die »Lebensaufgaben« des Menschen und der Menschheit behandeln (☞ Kapitel 9, S. 210ff.).

8.9 Die notwendige Erinnerung an frühere Erdenleben in naher Zukunft

Wie wir in Kapitel 2 geschildert haben, hatten die Menschen vor vielen Jahrtausenden noch die ganz normale Gabe, hellsichtig in die übersinnlichen Welten schauen zu können und sich auch an ihre früheren Erdenleben zu erinnern.

Diese Fähigkeit musste nach und nach verloren gehen. Dann brach vor etwa 2.000 Jahren eine Zeit an, in der es aus den in Kapitel 3 (☞ S. 45ff.) geschilderten Gründen notwendig wurde, dass die Menschen die Wahrheit von den wiederholten Erdenleben sogar ganz vergessen *mussten*.

Die Zeiten, in denen die Menschen nicht von der Reinkarnation wissen durften, sind seit über 100 Jahren vorbei! In unserem materialistischen und geistlosen Zeitalter ist es unabdingbar, dass die Menschen wieder zu geistigen Erkenntnissen kommen. Dazu gehören insbesondere auch die Lehren über Reinkarnation und Karma, ohne die man kaum eine Weltentatsache im rechten Licht sehen kann.

Es ist ja unbestritten, dass die überwiegende Mehrheit der gegenwärtigen Menschheit sich nicht – zumindest nicht konkret und wirklichkeitsgemäß – an ihre früheren Erdenleben erinnern kann, obwohl sämtliche Erinnerungen im Ätherleib vorhanden sind. Diese Erinnerungen kann ein Durchschnittsmensch nicht willentlich abrufen. Lediglich bei einigen, die ›echte‹ Déjà-vu-Erlebnisse haben, blitzen gewisse mehr dumpfe und fragmentarische Reminiszenzen auf. Nun können wir uns einmal fragen, warum wir uns *nicht* an unsere früheren Verkörperungen zu erinnern vermögen. Betrachten wir zunächst ein simples vergleichendes Beispiel:

Wohl jeder von uns hat schon einmal einen Gegenstand, einen Schlüssel, eine Uhr, eine Lesebrille oder dergleichen, den wir am Tag zuvor irgendwo abgelegt haben, suchen müssen, weil wir uns nicht mehr daran erinnern konnten, wo wir ihn hingelegt haben. Der Grund für die fehlende Erinnerung ist, dass wir diesen gedankenlos irgendwo hingelegt haben, dass wir uns diesen Vorgang nicht bewusst gemacht haben.

Kommen wir nun darauf zurück, warum wir uns nicht an unsere vergangenen Inkarnationen zu erinnern vermögen. Das können wir deshalb nicht, weil uns eine ganz wichtige Voraussetzung fehlt: Wir haben uns in früheren Verkörperungen unser Ich, also unseren ewigen Wesenskern, der von Inkarnation zu Inkarnation schreitet, nie richtig zur Vorstellung bringen können. Erinnern kann man sich doch offensichtlich nur an etwas, was man bewusst in die Welt seiner Vorstellungen aufgenommen hat, über das man sich Begriffe gebildet hat. So wie die Menschen heute und in naher Zukunft immer mehr ihr Ich erfassen und lebendig machen, so wird es das Normale sein, dass immer mehr Menschen eine Rückerinnerung an ihre früheren Erdenleben haben werden. Die Fähigkeit, dass wir uns in unserer nächsten Inkarnation an das gegenwärtige Leben zurückerinnern können, müssen wir *jetzt* vorbereiten, indem wir unsere Vorstellungen immer mehr in die geistige Welt lenken. Wir müssen uns unseres wahren geistigen Wesens bewusst werden und ein Verständnis für geistige Wahrheiten erwerben. Man muss sich zunächst ein Wissen erwerben, wenn später eine *deutliche* Erinnerung daran auftauchen soll. **»Erst wenn der Mensch ein Leben führt in seinem göttlichen Selbst, dann erinnert er sich in demselben Maße an das, was er in den früheren Inkarnationen erlebt hat, und diejenigen, welche sich in das geistige Leben vertiefen, werden sicher mit einer Rückerinnerung an das geistige Leben wiederverkörpert werden.«**[33]

Nun könnte jemand sagen: »Es wäre zwar interessant, wenn ich mich an meine früheren Erdenleben erinnern könnte, aber die Tatsache, dass mir das nicht gelingt, ist doch nicht schlimm. Schließlich komme ich auch ohne diese Erinnerungen bestens zurecht.«

Das mag für die Gegenwart noch durchaus so sein. Aber es wird schon bald eine Zeit kommen, in der jeder Mensch diese Rückerinnerung dringend benötigt. Diese wird dann das Normale sein. Dazu ist heute die Geisteswissenschaft die rechte Vorbereitung. Von Anfang seines Wirkens an war es eines der Hauptbestreben Rudolf Steiners, die Reinkarnations- und Karmalehre öffentlich zu verbreiten. Er sagte sogar, dass es nicht nur notwendig sei, diese Lehren zu kennen, sondern dass in nicht allzu ferner Zukunft niemand mehr ohne einen gewissen Rückblick auf seine früheren Erdenleben auskommen könne und dass es ab dem 3. nachchristlichen Jahrtausend, an dessen Beginn wir heute stehen, von größter Bedeutung sei, dass jeder ein deutliches Bewusstsein davon haben müsse, dass er auch in der Zukunft wieder inkarniert werde.[34]

Wer sich nicht mit den geistigen Wahrheiten und insbesondere mit dem Gesetz der Reinkarnation befasst, wird sich auch in seinem nächsten Erdenleben nicht an das gegenwärtige erinnern können. Im Gegensatz zu unserer heutigen Zeit, wird er das aber als ein großes Defizit erkennen. **»Diejenigen aber, welche Geisteswissenschaft fliehen, die werden so mit dieser Rückerinnerung leben, dass sie sie eben nicht heraufbringen können in ihre Seele. Innerlich wird ihnen etwas fehlen. Das heißt, die Menschen werden zerfallen in zwei Klassen. Die einen werden wissen: Wenn ich das Innerste meiner Seele hervorkehre, führt mich das zurück in frühere Erdenleben. Die anderen werden einen inneren Trieb fühlen, der sich ausdrückt in einer Sehnsucht. Und es wird etwas nicht heraufkommen wollen, die ganze Inkarnation durch wird etwas nicht heraufkommen wollen, bleibt wie ein Begriff, den man sucht und nicht finden kann. Das wird die mangelnde Vorbereitung auf die Rückerinnerung an die früheren Erdenleben sein.«**[35]

»Und unter den Fähigkeiten, die immer mehr und mehr auftreten werden, wird auch die sein, die den Menschen darauf hinweisen wird: Ich kann gar nicht anders als zurückzublicken auf meine früheren Inkarnationen. Nun denken Sie sich einmal: Für die nächsten Inkarnationen, die die Menschenseelen durchmachen, welche gegenwärtig inkarniert sind, tritt sozusagen die innere Kraft ein, zurückzuschauen und sich rückschauend zu erkennen. Aber für diejenigen, die sich nicht bekannt gemacht haben mit dem Gedanken der wiederholten Erdenleben, wird diese Rückerinnerung eine furchtbare Qual sein. So dass in der Tat Nichtkennen der Geheimnisse von den wiederholten Erdenleben qualvoll sein wird für die Menschen, in denen die Kräfte herauf wollen, ihnen etwas sagen wollen in Bezug auf frühere Zeiten, aber nicht herauf können werden, weil die Menschen es versäumt haben, mit den großen Mysterienwahrheiten der wiederholten Erdenleben sich bekannt zu machen.«[36]

Kapitel 9

Karma – das große kosmische Schicksalsgesetz

> *Es führt das Schicksal an verborgnem Band*
> *den Menschen auf geheimnisvollen Pfaden.*
> *Doch über ihm wacht eine Götterhand,*
> *und wunderbar entwirret sich der Faden.*
>
> **Friedrich Schiller**

Die Reinkarnationslehre ist allenfalls bedingt verständlich, solange man nicht auch die Karmalehre heranzieht. Reinkarnation und Karma sind in engster Weise miteinander verknüpft. Die Karmalehre könnte als die ›Zwillingslehre‹ der Reinkarnationslehre bezeichnet werden.

Auch wenn der Mensch, während er auf der Erde lebt, nichts mehr von seinen früheren, namentlich von seinem letzten Erdenaufenthalt weiß, muss es ja wohl einen gewissen *kausalen Zusammenhang* geben zwischen dem, was er im letzten Leben gemacht hat, und dem, was jetzt so auf ihn zukommt. Wenn man den Gedanken der Entwicklung, die sich über viele Inkarnationen erstreckt, berücksichtigt, ist doch wohl nicht zu erwarten, dass etwas, was wir in einem früheren Leben gemacht oder gedacht haben, so gar keine Auswirkungen auf unser heutiges Leben hätte. Wie bereits erwähnt wäre Goethe nicht der berühmte Denker und Dichter geworden, wenn er in seinen früheren Verkörperungen – aber auch in den jeweiligen Leben zwischen Tod und neuer Geburt in der geistigen Welt – nicht die dazu notwendigen Voraussetzungen veranlagt hätte. Damit sind wir beim Gesetz des *»Karma«*. Ohne dieses kosmische Schicksalsgesetz würden die wiederholten Erdenleben nicht zum angedachten Ziel führen können, ja sie wären sogar ziemlich sinnlos.

Die Darstellungen in diesem Kapitel sollen zu einem Grundverständnis des Karmagesetzes sowie der damit eng verbundenen Lebensaufgabe des Menschen verhelfen. Im nächsten Kapitel sollen noch zahlreiche Aspekte angeführt werden, die das große kosmische Schicksalsgesetz ergänzen und abrunden.

9.1 Ursache und Wirkung – Saat und Ernte

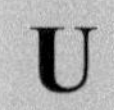

Um ein besseres Verständnis für die wiederholten Erdenleben und das eng damit verbundene Karmagesetz gewinnen zu können, kann man ein durchaus passendes Gleichnis heranziehen, indem man den Schlaf mit dem Tod vergleicht. Der Schlaf wurde im Okkultismus schon immer als der »kleine Bruder des Todes« bezeichnet.

Wenn wir bei diesem Bild bleiben wollen, sind zwei aufeinanderfolgende irdische Tage mit zwei aufeinanderfolgenden Erdenleben zu vergleichen. Während wir nachts schlafen, wird die physische Außenwelt unserer Wahrnehmung entzogen. Aber das äußere Leben bleibt nicht stehen; sein Lauf geht weiter. Viele Dinge geschehen, während wir im Bette liegen. Erst wenn wir am nächsten Morgen wieder erwachen, wird uns die äußere Welt wieder bewusst. Wir können wieder an dem äußeren Leben teilnehmen. Wir finden nun alles vor, was wir am Vortag veranlasst, getan oder zu tun begonnen haben. Wenn es in unserem Leben einen sinnvollen Zusammenhang geben soll, so können wir jetzt nicht den Tag verbringen, ohne Rücksicht auf das zu nehmen, was wir am Vortag gemacht haben.

»Ich stehe des Morgens auf. Meine fortlaufende Tätigkeit war des Nachts unterbrochen. Ich kann diese Tätigkeit des Morgens nicht in beliebiger Weise wieder aufnehmen, wenn Regel und Zusammenhang in meinem Leben sein soll. Mit dem, was ich gestern getan habe, sind die Vorbedingungen geschaffen für das, was ich heute zu tun habe. Ich muss an das Ergebnis meines Wirkens von gestern anknüpfen. In vollem Sinne des Wortes gilt es: Meine Taten von gestern sind mein Schicksal von heute.

Ich habe mir selbst die Ursachen geformt, zu denen ich die Wirkungen hinzufügen muss. Und ich finde diese Ursachen vor, nachdem ich mich eine Weile von ihnen zurückgezogen habe. Sie gehören zu mir, auch wenn ich einige Zeit von ihnen getrennt war.«[1]

Wenn wir beispielsweise am Vortag damit begonnen haben, einem Freund einen langen Brief zu schreiben, so finden wir den angefangenen Brief am nächsten Morgen wieder vor und können ihn jetzt – vielleicht aber auch erst am folgenden Tag – fortsetzen oder fertig schreiben und schließlich absenden. Wenn wir uns gestern mit einem Bekannten für den Folgetag zum Kaffeetrinken verabredet haben, so können wir heute dieser Verabredung nachkommen. Wenn uns vor dem Einschlafen bewusst geworden ist, dass wir uns an diesem Tag einem Mitmenschen gegenüber ungerecht oder lieblos verhalten haben, so können wir das am nächsten Tag wieder gutmachen, indem wir ihn um Verzeihung bitten oder ihm jetzt mehr Zuwendung schenken. Wenn wir am Vorabend vielleicht noch über ein Problem zu lange gegrübelt und daher erst spät in den Schlaf gefunden haben, ist es möglich, dass wir mit Kopfschmerzen aufwachen und nicht frisch in den Tag starten können. Wenn unser Nachbar uns heute sehr unfreundlich begegnet, so könnte es daran liegen, dass wir ihm gestern unschöne Dinge an den Kopf geworfen haben. Diese Beispiele könnte man fast endlos fortsetzen. Alle diese Ursachen des Vortages sind in vielen Fällen natürlich zugleich auch wieder die Wirkungen anderer Ursachen, die noch länger zurückliegen.

Die Wirkungen oder Folgen unserer Erlebnisse des Vortages oder der Vortage gehören noch in einem anderen Sinne zu uns. Wir selbst sind durch sie in gewisser Weise verändert worden, wenngleich diese Änderungen bisweilen so geringfügig sein mögen, dass man sie kaum bemerkt. Vielleicht haben wir heute etwas, was wir gestern getan haben, als Fehler erkannt, den wir zukünftig vermeiden werden. **»Man nehme an, ich habe etwas unternommen, das mir nur halb gelungen ist. Ich habe nachgedacht, warum dies teilweise Misslingen mich getroffen hat. Wenn ich etwas Ähnliches wieder zu verrichten habe, so vermeide ich die erkannten Fehler. Also ich habe mir eine neue Fähigkeit angeeignet. Dadurch sind meine Erlebnisse von gestern die Ursachen meiner Fähigkeiten von heute. Meine Vergangenheit bleibt mit mir verbunden; sie lebt in meiner Gegenwart weiter; und sie wird mir in meine Zukunft hinein weiter folgen. Ich habe mir durch meine Vergangenheit die Lage geschaffen, in der ich gegenwärtig mich befinde. Und der Sinn des Lebens verlangt, dass ich mit dieser Lage verknüpft bleibe. Sinnlos wäre es doch, wenn ich unter regelmäßigen Verhältnissen ein Haus, das ich mir habe bauen lassen, nicht beziehen würde. Nicht erwachen müsste ich heute morgen, sondern neu, aus dem Nichts heraus, geschaffen werden, wenn die Wirkungen meiner Taten von gestern nicht mein Schicksal von heute sein sollen.«**[2]

Das, was für unterschiedliche Tage eines irdischen Lebens gilt, hat auch in sehr viel größerem Rahmen, eben für unterschiedliche Leben, seine Gültigkeit. Nichts von dem, was wir in einer Inkarnation durch Gedanken, Worte oder Taten verursachen, bleibt wirkungslos. *Nichts* bleibt ohne Folgen. Nichts von dem, was wir uns an guten, nützlichen seelischen Eigenschaften erringen, geht verloren. Alle Ursachen, für die ein Mensch durch seine Taten oder Gedanken verantwortlich ist, werden in der Akasha-Chronik aufgezeichnet, und sie werden früher (im gleichen Leben) oder später (in einem der nächsten Leben) ihre Wirkung zeigen. **»Ohne dass eine Wirkung erzeugt wird, die wieder zurückfällt auf [...] die Wesenheit, welche diese Wirkung hervorbringt, ohne diese Eigentümlichkeit des Zurückwirkens der Wirkung auf das verursachende Wesen ist der Karmabegriff nicht zu denken. [...]**

Wenn die Wirkung, die auf das Wesen zurückschlägt, in demselben Zeitpunkte erfolgt, wenn also Verursachung und zurückschlagende Wirkung in demselben Zeitpunkte stattfinden, dann werden wir kaum von Karma sprechen können.«[3]

Unser Erdenleben wird in einem viel geringeren Maße durch dasjenige bestimmt, was wir in demselben gemacht und erlebt haben, als durch alles, was aus früheren Verkörperungen herrührt. Von einer *»karmischen Wirkung«* kann im Grunde nur dann gesprochen werden, wenn die Ursache in einem *früheren* Leben liegt.

Alles, was wir im gegenwärtigen Leben als Wirkungen erfahren, ist irgendwann einmal von *uns* verursacht worden. Unsere Taten, Erfahrungen, Leiden und Freuden hängen von dem ab, was wir in den vorhergehenden Inkarnationen gemacht oder erlebt haben. Wir haben uns also in unseren verflossenen Lebensläufen unser Schicksal selbst bereitet. Es sind ganz wesentlich diese Kausalzusammenhänge, die man mit »Karma« bezeichnet. **»Dieses Gesetz von Karma besagt für den Geist genau dasselbe, was das Gesetz von Ursache und Wirkung, das Gesetz der Kausalität, für die äußeren, physischen Erscheinungen besagt.«**[4]

Bisweilen spricht man etwas plakativ von »gutem Karma«, wenn man etwas sehr Erfreuliches erlebt, und von »schlechtem Karma«, wenn einem etwas Unangenehmes oder gar Schmerzvolles widerfährt. Solche Wertungen sind aber streng genommen nicht berechtigt. Die karmischen Wirkungen sind vielmehr ganz objektive und neutrale Folgen von Ursachen, die wir in früheren Inkarnationen zubereitet haben. Umgekehrt ist klar, dass wir keine Wirkungen erwarten dürfen, die nicht ursächlich veranlasst worden sind. Wenn wir einen Brief schreiben, aber vergessen, ihn einzuwerfen, dürfen wir nicht annehmen, dass dieser am nächsten Tag seinen Adressaten findet.

Dennoch könnte man in gewissem Sinne von »gutem Karma« sprechen, wenn etwas, was wir erleben, seine Ursache in einer *guten* Tat unseres verflossenen Lebens hat. Entsprechend bedeutet »schlechtes« oder »böses Karma«, dass etwas auf uns zukommt, das aus einer *bösen* Tat in einer vorausgegangenen Inkarnation resultiert.

Nun gibt es ja zwei karmische Pole: Ursachen und Wirkungen. Das bedeutet, dass nicht alles, was wir im gegenwärtigen Leben machen oder erfahren, eine *Wirkung* aus einem früheren Leben darstellen muss. Es kann sich auch um eine karmische *Ursache* handeln. Diese neue, karmisch unverursachte, aus freiem Willen entsprungene ›Tat‹ stellt dann karmisch gesehen eine neue, *erste* Ursache dar. Diese wird dann in einem weiteren Leben natürlich eine karmische Wirkung nach sich ziehen. **»Das Karmagesetz wirkt unbedingt überall; aber man darf nicht glauben, dass man überall bloß Wirkungen hat, zu denen die Ursachen in der Vergangenheit liegen; ebenso kann man es mit Ursachen zu tun haben, deren Wirkungen in der Zukunft liegen werden.«**[5]

»Und so wie wir jetzt leben, schaffen wir uns die Ursachen für das Schicksal, das, wenn wir wiederverkörpert werden, uns treffen wird; das wird die Ursache sein, die uns in der Zukunft das Schicksal unseres Lebens bildet.«[6]

Es treten in jeder Inkarnation Tatsachen, Ereignisse und Erlebnisse auf, die *erste* Ursachen darstellen und deren Wirkungen sich im nächsten Leben zeigen. Aus jedem Leben wird etwas in die späteren hineingetragen.

Halten wir also fest: Jedes Schicksal, das uns ereilt, kann entweder eine karmische Wirkung oder aber eine neue karmische Ursache sein. Es wäre also ein fürchterlicher Fehler, wenn jemand denken würde, dass ein schicksalsgeprüfter Mensch dieses Los verdient hätte, weil er in einem früheren Leben eine große Schuld auf sich geladen hätte. Selbst wenn das auf welchem Wege auch immer als gesichert anzusehen wäre, so wäre diese Sichtweise immer noch äußerst unchristlich. Es wäre auch ein absoluter Unsinn, wenn jemand sagen würde, die Menschen, die in großem Elend leben, hätten dieses verdient, weil sie in einem früheren Leben ganz zweifellos böse Taten begangen hätten. Heute kann man auf der Welt unsagbar viel Elend sehen. Dieses stellt im Normalfall *keine* karmische Wirkung dar. Ein solches Elend kann für die Menschen, die es erleiden müssen, eine große Erziehung für zukünftige Inkarnationen sein, in denen sie die Früchte dieses misslichen Lebens ernten können. Auch wenn einen Menschen ein schweres Unglück trifft, so muss das keineswegs im vorhergehenden Leben durch irgendetwas verursacht worden sein. Es kann durchaus spontan, also als erste Ursache, auftreten; es wird aber seine ausgleichenden Folgen in einem späteren Leben haben. Diese Folgen können sich aber auch schon in dem Leben, das er nach seinem Tod in der geistigen Welt führt, in Form eines anders gestalteten, höheren Bewusstseins zeigen.

Es wäre ein grober Irrtum, wenn jemand kranken oder leidtragenden Menschen nicht jedwede Art von Hilfe zuteil werden ließe, weil er etwa glaubt, sich in dessen Karma nicht einmischen zu dürfen. Das Karma eines anderen wird sich schon von selbst erfüllen. Wir aber haben alles zu tun, um sein Karma im günstigen Sinne umzuändern. Jede Hilfe, die wir aus freien Stücken einem anderen Menschen angedeihen lassen, eröffnet einen neuen Abschnitt in dessen Schicksal.[7] Überhaupt kann man durch liebevolle Hilfe und Unterstützung seiner Menschenbrüder auch das *eigene* karmische Konto positiv beeinflussen. **»Wenn ein Mensch leidet, sagt man oft: Er verdient sein Leiden, er muss sein Karma austragen; helfe ich, so greife ich ein in sein Karma. – Das ist eine Torheit. Seine Armut, sein Elend ist bewirkt durch sein voriges Leben, aber wenn ich ihm helfe, wird meine Hilfe einen neuen Posten in sein Leben eintragen. Ich bringe ihn dadurch vorwärts. Es ist ja auch töricht, einem Kaufmann, den man mit 1.000 Mark oder 10.000 Mark vor dem Untergang retten könnte, zu sagen: Nein, dann würde ja deine Bilanz verändert werden. – Gerade das muss uns drängen, dem Menschen zu helfen. Ich helfe ihm, weil ich weiß, dass im karmischen Zusammenhange nichts ohne Wirkung ist. Das sollte uns ein Ansporn sein für ein wirkliches Handeln.«**[8]

Wenn ein Mensch durch die Geburt erneut ins physische Dasein schreitet, so betritt er keinen fremden Schauplatz. Vielmehr sind in der Welt die Spuren seiner früheren Taten eingeprägt. Es gehört von diesem Schauplatz etwas zu ihm, das das Gepräge seines Wesens trägt.[9] Die Welt wäre eine andere, wenn er nicht schon früher in dieser gelebt und gewirkt hätte. Allerdings haben sich in der langen Zeit, die er nach seinem letzten Tod in den höheren Welten verbracht hat, die Verhältnisse der Erdenwelt gründlich verändert. Hinzu kommt nun vielleicht noch, dass er dieses Mal auf einem ganz anderen Fleck der Erde geboren wird. Dennoch sind die Spuren seiner Taten aus seiner letzten Inkarnation auf der Erde vorhanden. Hierbei ist keineswegs nur an so unübersehbare Spuren zu denken, wie sie etwa jemand hinterlassen hat, der im alten Ägypten am Bau der Pyramiden beteiligt war, oder jemand, der beispielsweise im Mittelalter eine Schrift verfasst hat, die für viel Aufsehen gesorgt hat und die auch heute noch von vielen Menschen gelesen wird. Die weitaus meisten Spuren, die ein Mensch in früheren Inkarnationen der Erdenwelt eingeprägt hat, sind nicht so offensichtlich wie die in den beiden Beispielen genannten und erst recht nicht so leicht auffindbar wie die des Vortages nach einer durchschlafenen Nacht.

Es sind aber nicht nur diese sichtbaren Spuren in der Sinneswelt noch vorhanden, sondern in viel größerem Maße auch alle unsichtbaren ›Spuren‹, welche der Mensch durch seine Taten, aber auch durch seine Worte, durch seine seelischen Eigenschaften, durch sein Verhalten und selbst durch seine Gedanken ursächlich hinterlassen hat. Alle diese Spuren sind in der Akasha-Chronik unauslöschlich eingeschrieben und werden ihn im nächsten Erdenleben in der einen oder anderen Weise wieder als Wirkungen in Form bestimmter Schicksalserlebnisse treffen. **»Und neugeschaffen, aus dem Nichts heraus entstanden, müsste der Menschengeist sein, wenn nicht die Ergebnisse seiner früheren Leben verknüpft blieben mit seinen späteren.«**[10]

9.2 Zusammentreffen mit Menschen im Erdenleben – der notwendige karmische Ausgleich

Jeder Mensch kommt in seinem Leben mit vielen anderen Menschen zusammen. Mit einigen geht er sogar enge und innige Verbindungen ein. Hier ist zunächst einmal an Familienmitglieder wie Eltern, Geschwister, Ehepartner und Kinder, dann aber auch an Freunde, Lehrer, Mitschüler, Arbeitskollegen, Nachbarn usw. zu denken. Man könnte nun fragen, ob es anzunehmen sei, dass man diese Menschen bereits aus einem früheren Leben kenne oder ob man ihnen in einer folgenden Inkarnation wieder begegnen werde.

Diese Frage kann grundsätzlich – von Ausnahmen abgesehen – wohl bejaht werden. Die Tatsache, dass wir in vielen Erdenleben *weitgehend* immer wieder mit denselben menschlichen Individualitäten zusammenkommen, stellt geradezu eine karmische Notwendigkeit dar. Mit allen diesen Individualitäten zusammen bilden wir einen ›Schicksalskreis‹. Die Anzahl dieser Seelen ist größer, als man vielleicht vermuten könnte. Die Seelen aller Menschen, die sich recht nahestehen, sind durch feine ›geistige Fäden‹ – man könnte auch von ›karmischen Fäden‹ oder ›Schicksalsfäden‹ sprechen – miteinander verbunden. Diese Verbindung wird im Laufe der Zeiten so unzerreißbar stark, dass sie auch durch den Tod nicht abgerissen wird. Sie wird dann sogar noch viel inniger.[11] **»Menschen werden ja durch das Erdenleben zusammengeführt; dasjenige, was sie im Erdenleben zusammenführt, bindet sie auch karmisch. Sie gehen dann miteinander durch das Leben zwischen Tod und einer neuen Geburt, sie gestalten gerade da mit den höheren Wesenheiten ihr Karma für das nächste Erdenleben aus. Was folgt denn daraus für das Erdenleben des Menschen im großen ganzen? Im großen ganzen folgt doch daraus, dass die Menschen, die für ein Erdenleben zusammen sind, weil sich ja gerade da das Karma anspinnt, auch wiederum für das nächste Erdenleben zueinander streben werden. Da werden sie wiederum karmische Zusammenhänge begründen, werden wiederum gehen durch das Leben zwischen Tod und neuer Geburt – aber dieses schmiedet sie ja nun stärker zusammen –, um ein gemeinsames Erdenleben wiederum aufzusuchen.«**[12]

Wir wollen jetzt auf einen ganz wesentlichen und entscheidenden Aspekt zu sprechen kommen, der verdeutlichen kann, warum wir zumindest im Normalfall auch in zukünftigen Inkarnationen wieder mit denjenigen Individualitäten zusammenkommen *müssen*, die uns in der gegenwärtigen nahestehen.

In jedem Leben verschulden wir uns in irgendeiner Form an unseren Mitmenschen. Auch unsere Mitmenschen bleiben uns in jedem Leben vieles schuldig. Wer von uns hätte, als ein naher Verwandter oder Freund gestorben ist, nicht schon einmal das Gefühl gehabt, dass zwischen ihm und uns noch etwas Wichtiges unausgesprochen, dass noch eine ›Rechnung‹ offen geblieben wäre! Es muss sich hierbei keineswegs immer um eine gewichtige Verschuldung oder Verfehlung handeln, die jedem sofort als solche deutlich werden müsste. Es kann sich etwa um die Einsicht handeln, dass wir dem anderen nicht genügend Aufmerksamkeit und Zuneigung geschenkt haben oder dass wir ihn nicht genügend unterstützt und gefördert haben. Eine Verschuldung gehen wir nicht nur dadurch ein, dass wir Handlungen *begehen*, die einem anderen schaden, sondern viel häufiger dadurch, dass wir Handlungen *unterlassen*, die einen anderen fördern könnten. Dieses Schuldigwerden erfordert, dass wir in einem nächsten Leben die Möglichkeit bekommen, für einen *»karmischen Ausgleich«* zu sorgen. Die Verschuldungen, die wir einer Individualität gegenüber aufweisen, können wir auch nur im Zusammenleben mit dieser wieder gutmachen. Dieses Wiedergutmachen ist nur im Erdenleben möglich. Je enger wir mit einem Menschen zusammenleben, desto größer sind die Möglichkeiten, ihm gegenüber schuldig zu werden oder ihm seine Schulden ›zurückzuzahlen‹.

Freilich gibt es die unterschiedlichsten Möglichkeiten, *wie* sich ein solcher karmischer Ausgleich, der aufgrund der fehlenden Erinnerung im Normalfall unbewusst geschieht, gestalten könnte. Rudolf Steiner konnte viele ganz konkrete Fälle in der Akasha-Chronik, dem großen Weltengedächtnis erforschen. **»Wer begreift denn überhaupt mit dem gewöhnlichen Bewusstsein ein Erdenleben! Es ist ja nur zu begreifen, wenn man weiß, was auf dem Grunde einer Seele ist. Theoretisch wird es von vielen gewusst, dass da aufeinanderfolgende Erdenleben abgelagert sind auf dem Grunde der Seele. Aber real, konkret wird das ja erst, wenn man es eben auch wirklich im konkreten Fall beschaut.«**[13]

Wir wollen hier drei solcher Fälle in aller Kürze skizzieren:

Der erste Fall führt uns ins Mittelalter. Eine Anzahl von Femrichtern verhängte in einer Gerichtsversammlung das Todesurteil über einen Angeklagten, das sie schließlich selbst vollzogen. Rudolf Steiner ging in der Akasha-Chronik zurück in frühere Verkörperungen der Richter und des Getöteten. **»Und da stellte es sich heraus, dass alle zu gleicher Zeit gelebt hatten, und zwar der Hingerichtete als Häuptling eines Stammes, und dieser hatte diejenigen, die jetzt Femrichter waren, hinrichten lassen. Diese Tat des vorherigen physischen Lebens hat den Zusammenhang geschaffen zwischen den Personen; sie hat Kräfte geschaffen, die bis in die Akasha-Chronik hineinwirken. Wenn nun ein Mensch wiederum zur Verkörperung kommt, lassen diese Kräfte ihn wiederum geboren werden gleichzeitig und am selben Ort mit dem Menschen, mit dem er so verkettet ist,**

und wirken sein Schicksal aus. Die Akasha-Chronik ist tatsächlich eine Kraftquelle, in der alles eingeschrieben ist, was ein Mensch an den andern abzutragen hat. Diese Vorgänge kann mancher spüren; die wenigsten sind sich aber dessen bewusst.«[14]

Die Schicksalswirkungen werden besonders konkret, wenn es sich dabei um namhafte Persönlichkeiten der Weltgeschichte handelt.

So geht es im zweiten Fall um den berühmten Komponisten Franz Schubert (1797 bis 1828). Dieser blieb – wie so viele namhafte Musiker und Künstler seiner Zeit – sein Leben lang arm. Sein großes Glück war, dass er einen sehr guten Freund an seiner Seite hatte, der ihn auf allen Ebenen unterstützte. Bei diesem handelte es sich um den Freiherrn Joseph von Spaun (1788 bis 1865). Das Verhältnis zwischen Schubert und von Spaun, die sich schon aus ihrer Schulzeit im Konvikt kannten, war von schicksalhafter Bedeutung. Joseph von Spaun sorgte und kümmerte sich von frühester Jugend in einer sehr zarten Weise um seinen Freund. Aufgrund seiner Armut lebte Schubert in sehr eingeschränkten gesellschaftlichen Verhältnissen. Wenn nicht gerade sein Freund und Gönner bei ihm war, konnte er sich einen Gasthausbesuch oder dergleichen nicht leisten.

Das tief freundschaftliche und gönnerhafte Verhältnis, das von Spaun zu seinem Freund pflegte, kann seine tieferen Ursachen wohl nur in einer früheren Inkarnation haben. In der Tat konnte Rudolf Steiner ein früheres *gemeinsames* Erdenleben der beiden finden. Diese Linie führt zurück ins 8. oder 9. Jahrhundert nach Spanien. Die Individualität, die sich im 18. Jahrhundert als Joseph von Spaun inkarnierte, war in dieser früheren Verkörperung ein kastilischer Fürst. Er beschäftigte sich mit Astrologie und Astronomie im Sinne der damaligen Zeit und galt als außergewöhnlich weise. In einer bestimmten Zeit seines damaligen Lebens war er genötigt, aus seiner Heimat zu fliehen. Ausgerechnet bei den Mauren, die zu den größten Feinden der kastilischen Bevölkerung in jener Zeit gehörten, fand er Zuflucht. Dort musste er sich einige Zeit aufhalten. Er lernte eine maurische Persönlichkeit kennen, zu der er ein außerordentlich gutes Verhältnis gewann. In dieser Persönlichkeit steckte die Individualität des späteren Franz Schubert. **»Und ganz gewiss wäre jener kastilische Fürst zugrunde gegangen, wenn dazumal nicht diese feingeistige Persönlichkeit unter den Mauren sich seiner angenommen hätte und ihm entgegengekommen wäre, so dass er doch eben einige Zeit noch das Erdenleben fortsetzen konnte, zur tiefsten Befriedigung der beiden.«**[15]

Die Tatsache, dass der Freiherr von Spaun sich in so außergewöhnlichem Maße für seinen Freund einsetzte, hatte gewiss ihre Ursache darin, dass er sich – trivial gesprochen – für die Hilfe, Gunst und Freundschaft, die ihm ein Jahrtausend zuvor die Individualität Franz Schuberts erwiesen hatte, wodurch ihm das Leben gerettet wurde, bedanken wollte. Freilich war ihm das nicht bewusst, aber die »Fäden des Schicksals« führte die beiden zusammen.

Betrachten wir noch einen dritten Fall. In diesem geht es um den bekannten Schweizer Philosophen, Politiker und Schriftsteller Johann Heinrich Pestalozzi (1746 bis 1827), der sich insbesondere als Schulreformer einen Namen machte. Ungefähr ab dem Jahre 1773 nahm er etwa 40 Kinder auf seinem Landgut auf, die er äußerst liebevoll behandelte. In dieser *»Erziehungsanstalt für arme Kinder«* ließ er seinen Schülern eine sittlich-religiöse Erziehung und Unterweisung in praktischen Dingen angedeihen. Man kann sich fragen, warum er sich so sehr für diese Kinder engagierte und geradezu aufopferte.

Die Individualität, die sich 1746 als Pestalozzi verkörperte, lebte etwa 100 Jahre vor unserer Zeitrechnung als ein Mann, der das Schicksal hatte, einem Sklavenhalter dienen zu müssen. Er wurde unter diesem grausamen Mann Aufseher einer Schar von Sklaven, die sehr hart arbeiten mussten. Mit schwerem, blutendem Herzen tat er alles, was er aufgrund der Befehle des Sklavenhalters tun musste, um nicht selbst bestraft zu werden.

In einer folgenden Inkarnation im 9. Jahrhundert kam diese Individualität wieder mit dem ehemaligen Sklavenhalter zusammen. Der einstmalige Aufseher wurde wiedergeboren als Frau des früheren grausamen Sklavenhalters, der ihn im vorigen Leben nötigte, die Sklaven zu züchtigen. In dieser Gemeinschaft erlebte diese Frau mancherlei, was eine Art karmischer Ausgleich für das, was eine Art Unschuldig-Schuldigwerden an den begangenen Grausamkeiten war. Dieses Ehepaar kam auch in Zusammenhang mit vielen Menschen, welche die wiederverkörperten Seelen der einstmaligen Sklaven waren. Der Ehemann, der frühere Sklavenhalter, war der Gemeindediener und hatte als solcher mit allen Bewohnern zu tun. Er erlebte nur Schlimmes von dieser Gemeinde. Die Frau brachte durch ihre gutmütigen Taten hingegen nur Segen.

Diese Frau, der einstmalige Aufseher, wurde dann 1746 als Johann Heinrich Pestalozzi wiedergeboren. Die etwa 40 Schüler, die er aufnahm und denen er in Erfüllung seines Karma so ungeheure Wohltaten zukommen ließ, waren diejenigen Individualitäten, die früher die Sklaven waren, die er aufgrund der Befehle des Sklavenhalters so überaus streng zu behandeln hatte.[16]

Allein wenn man die Notwendigkeit des karmischen Ausgleichs, der Wiedergutmachung, ins Auge fasst, ist klar, dass wir die Menschen, mit denen wir im gegenwärtigen Leben zu tun haben, nicht nur in diesem treffen. Mit vielen von ihnen werden wir schon in einer oder mehreren verflossenen Inkarnationen beieinander gewesen sein und auch in folgenden wieder zusammenkommen. Manche werden uns im jetzigen Leben erstmals begegnet sein, die wir dann mit hoher Wahrscheinlichkeit im nächsten wieder treffen werden. Das heißt natürlich nicht, dass wir in früheren oder zukünftigen Leben mit diesen Individualitäten wieder in der gleichen Beziehung stünden. So wäre es beispielsweise möglich, dass diejenige Individualität, die im jetzigen Leben unsere Mutter ist, in einem folgenden Leben etwa unser Ehepartner, unser Freund oder unser Arbeitskollege wird.

Die Menschen gehen sich nicht etwa dadurch verloren, dass sie im nächsten Erdenleben ein ›anderer Mensch‹, eine andere Persönlichkeit sind. Das Ich, die Individualität bleibt schließlich dieselbe.

Es wäre natürlich der Idealfall, wenn ein Mensch noch in demselben Erdenleben, in dem er eine unmoralische Tat, mit der er sich gegenüber seinen Mitmenschen schuldig gemacht hat, erkennen und – wenn eben möglich – wieder gutmachen würde.

Wenn das nicht gelingt, wird er nach dem Tod – wie wir in Kapitel 11 (☞ S. 314ff.) noch ausführlich beschreiben werden – mit dieser schlechten Tat konfrontiert. Diese ist wie eine Art Notiz in die allgemeine Weltenastralität bzw. in die Akasha-Chronik eingeschrieben. **»[...] was uns mit unseren Taten verbindet, das ist Karma. Das ist in Wirklichkeit das Karma: was von unseren Lebenstaten eingetragen ist in die allgemeine Weltenastralität.«**[17] In seiner eigenen Seele erlebt der Mensch nach dem Tod, wie er dem anderen geschadet hat, wie es diesen geschmerzt hat. Dadurch entsteht der Impuls, diese Tat im nächsten Erdenleben, in denen die betroffenen Individualitäten wieder zusammenkommen werden, auszugleichen.

9.2.1 Wie man erahnen kann, mit welchen Mitmenschen man karmisch verbunden ist

Irgendwann, in irgendeinem gemeinsamen Erdenleben, muss ja der karmische Faden, der zwei menschliche Individualitäten verbindet, gesponnen worden sein. In den wohl meisten Fällen wird es so sein, dass wir einen Menschen, mit dem wir in diesem Leben zusammenkommen, bereits aus einem oder mehreren früheren Verkörperungen kennen. Es gibt einige Kriterien bzw. Anhaltspunkte, wie auch ein nicht hellsichtiger Mensch das *einigermaßen* zuverlässig beurteilen oder wenigstens erahnen kann. Zwei wollen wir kurz erörtern.

Ein recht sicheres Indiz dafür, dass wir mit einem unserer Mitmenschen bereits in einer früheren Inkarnation zu tun hatten, können wir aus unseren Träumen ableiten. Wenn wir oftmals und intensiv von einem anderen Menschen träumen, so kann man davon ausgehen, dass wir diesen schon aus (mindestens) einem früheren Erdenleben, in dem wir mit ihm in einer mehr oder weniger engen Verbindung standen, kennen. Wenn man beispielsweise einen Menschen trifft, der einem sofort besonders sympathisch oder antipathisch ist, so träumt man leicht von ihm. **»Was tut man denn da? Das sind solche Menschen, mit denen man schon in früheren Erdenleben zusammen war. Man hat also, sagen wir, am 14. Juni 1924 nachmittags dieses Erlebnis gehabt: Man hat einen Menschen, der einem antipathisch sein kann, getroffen. Jetzt trägt man dieses Erlebnis, das in uns Gefühle hat aufsteigen lassen, in den Schlaf hinein. Aber da drinnen ist das Karma; da drinnen steht er, wie er im zweitletzten und im letzten Erdenleben war, da begegnet**

man ihm in der Gestalt des früheren Erdenlebens. Man trifft auf alles das, was man da durchgemacht hat mit dem Menschen, der da aufgetaucht ist, und der einen am Tage nur an etwas erinnert hat. Geistig leibhaftig begegnet man ihm. Kein Wunder, dass man zunächst von ihm träumt; mit dem gewöhnlichen Bewusstsein kann man nichts anderes tun.«[18]

Dann kommt es doch hin und wieder vor, dass dasjenige, was zwei Menschen als Wirkung aufeinander ausüben, bis in den Willen, in das Gemüt, in den Charakter hineingeht. Bisweilen ist es sogar so, dass wir einen Mitmenschen kennenlernen, der uns derart stark beeindruckt, dass wir ihn uns als Vorbild wählen, dass wir ihm nacheifern wollen. Betrachten wir als Beispiel einen Schüler, der von einem seiner Lehrer, seiner Persönlichkeit und von der Art seines Unterrichts fasziniert ist. Der Schüler möchte all das, was auf ihn einen Eindruck macht, in seinen Willen und in sein Gefühl aufnehmen. Bisweilen ergreift dieser Schüler dann Jahre später tatsächlich diesen Beruf und macht vieles genauso wie sein früheres Lehrervorbild. Natürlich kann – um bei diesem Beispiel zu bleiben – auch der umgekehrte Fall eintreten, dass der Schüler von seinem Lehrer und dessen Art so abgestoßen wird, dass er es später, falls er auch Lehrer wird, völlig anders macht.[19]

Natürlich gibt es auch den Fall, dass wir mit Menschen zusammentreffen, mit denen wir *bisher* nicht karmisch verbunden waren, denen wir in früheren Inkarnationen nicht begegnet sind. Das kann man beispielsweise daran erkennen, dass diese keinen großen Eindruck auf uns machen, der auf unseren Willen wirkt. Vielmehr lässt man sich diesen gegenüber schnell zu irgendwelchen Verstandesurteilen hinreißen. In dem einen Extrem bezeichnet man sie als außerordentlich toll und liebenswert, in dem anderen als abscheulich. Darüber hinaus werden solche Menschen nicht in unsere Träume hineinspielen. **»Menschen, von denen wir nicht träumen können, machen nur einen oberflächlichen Eindruck auf unsere Sinne; wir begegnen ihnen im Leben, ohne dass wir karmisch mit ihnen verbunden sind.«**[20]

Durch unser jetziges Zusammentreffen werden in vielen Fällen aber neue karmische Ursachen gelegt, die es notwendig machen, dass wir diesem Menschen in späteren Inkarnationen wieder begegnen werden.

9.2.2 Weitere Aspekte des Zusammenkommens der Menschen

Rudolf Steiner sprach davon, dass sich die einzelnen Erdenleben in gewisser Weise ergänzen. So konnte er häufig finden: **»Trifft man einen Menschen, der auf das Schicksal einen starken Einfluss hat – die Dinge gelten natürlich nur in der Regel, sind nicht für alle Fälle gültig –, aber trifft man einen Menschen im mittleren Lebensalter in einer Inkar-**

nation, so hat man ihn unter Umständen am Anfange und am Ende des Lebens in einer vorigen Inkarnation schicksalsmäßig neben sich gehabt. Dann ist das Bild so: Man durchlebt Anfang und Ende in der einen Inkarnation mit dem anderen Menschen zusammen, und in einer anderen Inkarnation durchlebt man Anfang und Ende nicht, aber man trifft ihn gerade in der Mitte des Lebens. –

Oder aber es stellt sich so heraus, dass man als Kind an irgendeinen Menschen gebunden ist schicksalsmäßig. In einem vorigen Erdenleben war man gerade, bevor man zu Tode ging, mit demselben Menschen verbunden. Solche Spiegelungen finden in den schicksalsmäßigen Zusammenhängen außerordentlich häufig statt.«[21]

Es ist übrigens der Normalfall, dass wir mit denjenigen Individualitäten, die im derzeitigen Leben unsere Eltern sind, im vorigen Erdenleben *nicht* in einer Eltern-Kind-Beziehung gestanden haben und auch in der zukünftigen Inkarnation nicht stehen werden. Vielmehr hatten wir mit ihnen etwa in der Mitte einer früheren Inkarnation Bekanntschaft geschlossen. **»Diejenigen Menschen, mit denen wir gerade in der allerersten Kindheit zusammentrafen, Eltern, Geschwister, Spielkameraden oder sonstige Umgebung der Kindheit, sind in der Regel solche Persönlichkeiten, mit denen wir in der vorhergehenden oder irgendeiner früheren Inkarnation die Beziehungen so entwickelt haben, dass wir damals um das dreißigste Jahr diese oder jene Bekanntschaft geschlossen haben. Es stellt sich sehr häufig heraus, dass diese Menschen als unsere Eltern oder Geschwister auftreten in der gegenwärtigen Inkarnation. [...] In einer merkwürdigen Weise hat sich herausgestellt, dass wir am Beginne des Lebens bekannt werden mit Menschen, mit denen wir früher bekannt waren in der Mitte des Lebens, während wir jetzt, in der Mitte des Lebens, unsere Bekanntschaft mit ihnen am Anfange des damaligen Lebens wieder erkennen.«**[22]

Fast jeder Mensch war in seiner Jugend mit einem Mitmenschen in enger Freundschaft verbunden. Oftmals sind diese Jugendfreundschaften später aus den unterschiedlichsten Gründen zerbrochen. Auch solche Fälle erforschte Rudolf Steiner: **»[...] wo man sich bemüht, mit geistiger Anschauung hinter so etwas zu kommen wie eine zerbrochene Jugendfreundschaft, da stellt sich das Folgende heraus. Geht man in ein früheres Erdenleben zurück, so findet man in der Regel, dass die beiden Menschen, die Jugendfreundschaft in einem Leben hatten, welche dann zerbrochen ist, dass diese in einem früheren Erdenleben eine Freundschaft im späteren Leben hatten. Also nehmen wir an, zwei Menschen sind Jugendfreunde oder Jugendfreundinnen bis zu ihrem zwanzigsten Lebensjahre, dann zerbricht die Jugendfreundschaft. Geht man nun mit Geisteserkenntnis zurück in ein früheres Erdenleben, so findet man, da war eine Freundschaft zwischen den beiden Leuten auch vorhanden, aber die hat etwa im zwanzigsten Jahre begonnen und ging ins spätere Leben hinauf. Das ist ein sehr interessanter Fall, den man oftmals findet, wenn man den Dingen geisteswissenschaftlich nachgeht. Zunächst stellt sich dann, wenn man die Fälle genauer prüft, dieses ein, dass der Drang, den Menschen, mit dem man eine Freundschaft in älteren Jahren hatte, nun auch so kennenzulernen, wie er in der Jugend**

sein kann, einen im nächsten Leben dazu führt, ihn wirklich als Jugendfreund kennenzulernen. Man hat ihn als älteren Menschen in einem vorigen Erdenleben gekannt; das hat den Drang in die Seele gebracht, ihn nun auch in der Jugend kennenzulernen. Das kann man nicht mehr in diesem Leben, so macht man es im nächsten Leben.«[23]

Die Menschen leben im Verlaufe der Erdenentwicklung gruppenweise miteinander. Sie verkörpern sich mit denen, die ihre Zeitgenossen sind, etwa im selben Jahrhundert. Menschen, die in einem vergangenen Erdenleben Zeitgenossen waren, werden es im Allgemeinen auch in diesem und in folgenden Leben sein. Zeitgenosse zu sein, bedeutet natürlich nicht, dass man sich persönlich kennenlernen müsste. Diejenigen Individualitäten, die nicht zu unseren Zeitgenossen gehören, waren es im Normalfall auch weder in der Vergangenheit noch werden sie es in der Zukunft sein. **»Es ist tatsächlich so, dass das fortlaufende Leben der Menschen auf der Erde in Rhythmen sich vollzieht. Ich möchte sagen, ein Menschenschub geht im allgemeinen fort von einem Erdenleben zum anderen, ein anderer Menschenschub geht fort von einem Erdenleben zum anderen, und die sind in einer gewissen Weise voneinander getrennt, finden sich nicht im Erdenleben zusammen. In dem langen Leben zwischen dem Tode und einer neuen Geburt, da findet man sich schon zusammen; aber im Erdenleben ist es in der Tat so, dass man immer wiederum mit einem beschränkten Kreis von Leuten auf die Erde herunterkommt. Gerade für die wiederholten Erdenleben hat die Zeitgenossenschaft eine innere Bedeutung, eine innere Wichtigkeit.«**[24]

9.3 Die Verbindung zwischen zwei Inkarnationen

Wir müssen nun die wichtige Frage klären, wie sich die Verbindung zwischen zwei Inkarnationen ein und desselben Menschenwesens *konkret* denken lässt. Jeder Mensch ist ein individuelles Geistwesen, ein Ich-Wesen. Dieser menschlichen Individualität ist es vorbestimmt, ewig zu existieren und sich im Zuge der wiederholten Erdenleben so zu entwickeln, dass sie eines urfernen Tages das Menschheitsziel erreichen kann.

Nun haben wir schon gesehen, dass wir Menschen uns – von wenigen Ausnahmen abgesehen – nicht an unsere früheren Leben erinnern können, obwohl das gesamte karmische Netz oder Geflecht in unserem Ätherleib einverwoben ist. Auch unser fiktiver Hans Müller wird nicht wissen, dass er schon einmal als Fatima Al Mosa auf arabischem Boden lebte. Folglich kann er sich auch an nichts erinnern, was er damals so alles getrieben hat. Insbesondere weiß er nicht, aus welchem Grund er wieder bestimmten Menschen begegnen muss und was ihn mit diesen karmisch verbindet. Es besteht also offensichtlich eine riesengroße Kluft zwischen zwei Inkarnationen, zwischen zwei Persönlichkeiten ein und derselben Individualität.

Stellen Sie sich vor, Sie wüssten nach einer durchschlafenen Nacht am nächsten Morgen nicht mehr, was sie am Vortag gemacht, gedacht, gefühlt und gewollt hätten. Vielleicht haben Sie sich am Tag zuvor mit einem Freund verabredet. Da Sie sich am nächsten Tag nicht mehr daran erinnern könnten, könnten Sie die Verabredung nicht einhalten. Vielleicht haben Sie am Vortag gerade damit begonnen, eine wichtige Arbeit in Angriff zu nehmen, die Sie an den nächsten Tagen fortsetzen wollten. Da Sie sich am nächsten Tag an nichts mehr erinnern könnten, wäre es Ihnen unmöglich, jemals dieses Werk zu vollenden. In einem solchen Leben, in dem Sie sich nicht mehr an die vergangenen Tage erinnern könnten, wäre es Ihnen unmöglich, jemals etwas zustande zu bringen, wozu die Arbeit von mehreren Tagen vonnöten wäre. Ihr Leben könnte sich niemals zu einem sinnvollen Ganzen abrunden. Es wäre zerrissen in viele unvollendete Tagwerke.

Genauso scheint es doch auch im Großen zu sein, wenn wir unsere gesamte bisherige Existenz, die sich schon über sehr viele Inkarnationen erstreckt, ins Auge fassen. Wie können wir etwas aufgreifen, weiterpflegen, vollenden, das wir in früheren Leben in Angriff genommen haben, wenn wir daran keine Erinnerung mehr haben? Wie können wir etwas karmisch ausgleichen, wenn uns diese Notwendigkeit nicht bewusst ist? Die derzeitigen menschlichen Seelenkräfte sind noch nicht stark genug, diese Erinnerungen abrufen zu können. Den ›roten Faden‹, der unsere Erfahrungen und Erinnerungen aus früheren Verkörperungen zusammenhält und zu einem sinnvollen Ganzen verbindet, vermögen wir heute noch nicht zu spinnen. Es wäre jetzt ein Desaster, wenn *niemand* diesen Faden zu spinnen vermöchte. Da haben aber die Weltenlenker Vorsorge getroffen. **»Was würde nun für eine Zusammengehörigkeit sein zwischen den Inkarnationen eines Menschen auf der Erde, der sich noch nicht erinnert an seine früheren Verkörperungen, wenn nicht gewisse Wesenheiten da wären, die sozusagen die einzelnen Inkarnationen zusammenschließen, die da wachen über das Fortentwickeln von einer Inkarnation zur anderen? Für jeden Menschen müssen wir voraussetzen eine Wesenheit, welche dadurch, dass sie um eine Stufe höher ist als der Mensch, die Individualität von einer Inkarnation zur andern hinüberleitet; [...] das sind einfach wachsame Wesenheiten, die sozusagen das Gedächtnis bewahren von einer Inkarnation zur anderen, solange der Mensch selber es nicht kann. Und diese Wesenheiten sind eben die Angeloi oder Engel. So dass wir sagen können: Jeder Mensch ist in jeder Inkarnation eine Persönlichkeit, aber über jeden Menschen wacht eine Wesenheit, welche ein Bewusstsein hat, das von Inkarnation zu Inkarnation geht. [...] Die Wesen, die als Angeloi eine Stufe höher stehen als der Mensch, die haben Wache zu halten über den ganzen Menschheitsfaden, der sich für die einzelne Individualität von Verkörperung zu Verkörperung spinnt.«**[25]

Es ist also in der Tat so, dass jeder menschlichen Individualität ein Wesen aus dem Reich der *Engel* zugeordnet ist. Das Reich der Engel bildet – wie wir schon wissen – die dritte Stufe der dritten Hierarchie der höheren Geistwesen und steht eine Stufe über dem Menschenreich, genau wie das Reich der Menschen eine Stufe über dem Tierreich steht. Wie wir schon erläutert haben, haben die Engel schon in urferner Vergangenheit, auf dem alten Mond, eine Entwicklung absolviert, die mit der *vergleichbar* ist, die wir Menschen gerade durchmachen, wenngleich sie natürlich keinen physischen Leib angenommen und ganz andere Aufgaben zu erfüllen hatten. Die Engel leben als Geistwesen in der geistigen Welt und arbeiten am Weltendasein mit. Ihre Aufgaben sind sehr vielfältig. Zu diesen gehört, dass sie damit betraut sind, die menschlichen Individualitäten zu führen. Das geschieht natürlich in sehr zarter und subtiler Weise, so dass die meisten Menschen sich dieser Führung nicht bewusst werden. Es ist dieser persönliche Engel, der einer Menschenseele schon bei ihrer allerersten Inkarnation an die Seite gestellt wurde, der diesen Faden spinnt und somit den Zusammenhang der einzelnen Inkarnationen festhält. Die Engel haben ein inkarnations-übergreifendes Bewusstsein, so dass sie die ihnen anvertrauten menschlichen Individualitäten, auf die sie ein ›wachendes Auge‹ haben, von Inkarnation zu Inkarnation leiten können.

Unser Engel überblickt die gesamte Folge unserer irdischen Verkörperungen. Er leitet, unterstützt durch geistige Wesen höherer Hierarchien, aber letztlich doch ganz wesentlich selbst – gemeinsam mit den führenden Engeln unserer Mitmenschen – unseren Schicksalsweg und trägt insbesondere dazu bei, dass der notwendige karmische Ausgleich erfolgen kann. Dieser karmische Ausgleich ist absolut notwendig, damit der Mensch in seiner geistig-seelischen Entwicklung vorwärts schreiten kann. Dieser Engel, den man *»persönlicher Schutzgeist«* oder *»Genius«* nennen könnte, steht dem ihm anvertrauten Menschen nicht nur im Erdenleben stets an der Seite, sondern er führt ihn auch über die Schwelle des Todes und begleitet ihn in der gesamten Zeit seines Lebens zwischen Tod und neuer Geburt. In einem von Rudolf Steiner gegebenen Meditationsspruch wird dieser Engel eines Menschen mit **»Geist deiner Seele, wirkender Wächter«**[26] angesprochen.

Wie wir in Kapitel 11 noch sehen werden, ist es dem Menschen dann nach seinem Tod möglich, insbesondere seine letzte Inkarnation zur Gänze und in allen Einzelheiten zu überschauen und daraus seine Schlüsse zu ziehen.

9.4 Die Aufgaben unseres persönlichen Engels und sein Einwirken

Erst dadurch, dass jedem Menschen ein persönlicher Engel zugeteilt ist, der stets an seiner Seite ist und ihn von Inkarnation zu Inkarnation führt, können die wiederholten Erdenleben des Menschen ein sinnvolles Ganzes ergeben. Dieser Engel, dieser Genius ist die ›Instanz‹, die unser Schicksal leitet. Unser Engel kennt uns sehr viel besser, als wir uns selbst kennen. Er weiß *alles* über uns. Er kennt auch unser wahres Potential, das wir ausschöpfen können – sei es schon in diesem oder auch erst in einem folgenden Erdenleben.

Der deutsche Lyriker Karl Ludwig von Knebel (1744 bis 1834), der häufig als »Urfreund« Goethes bezeichnet wird, sprach von der *»verborgenen Hand des Schicksals«*.
Friedrich Schiller formulierte es ähnlich: *»Es führt das Schicksal an verborgnem Band den Menschen auf geheimnisvollen Pfaden. Doch über ihm wacht eine Götterhand, und wunderbar entwirret sich der Faden.«*

Beiden Persönlichkeiten war bewusst, dass es eine übersinnliche Entität, die sie als »verborgene Hand« bzw. »Götterhand« bezeichneten, geben müsse, die das Schicksal des Menschen führt und leitet sowie seine Schritte lenkt. Allerdings vermochten sie es wohl noch nicht, in dieser Entität ein ganz konkretes Wesen zu sehen.

Wir wollen im Folgenden erörtern, was unser persönlicher Engel für uns *während einer Inkarnation* leistet und woran man sein Wirken erkennen oder zumindest erahnen kann.

9.4.1 Warum spricht man bei diesem persönlichen Engel vom ›Schutzengel‹?

Im Christentum und auch in anderen Religionen kennt man seit Jahrhunderten den Begriff *»Schutzengel«*. Leider wird dieser heute selbst in christlichen Kreisen entweder gar nicht ernst genommen oder sehr stark trivialisiert und verniedlicht.

Bemühen wir noch einmal den in Kapitel 1 erwähnten Vergleich zwischen einem ›Terranauten‹ und einem Astronauten. Wenn ein Astronaut im Weltall unterwegs ist, bedarf er der Führung eines Menschen in einem irdischen Kontrollzentrum. Diese Person überwacht *pausenlos*, ob alles in Ordnung ist oder ob es irgendwelche Probleme gibt. Sobald es einen Grund gibt einzugreifen, wird sie es tun und den Astronauten unterstützen. Umgekehrt kann sich der Astronaut an die Person im Kontrollzentrum wenden, wenn er Fragen hat oder Hilfe benötigt.
So ähnlich ist es auch, wenn ein Mensch wieder ins irdische Leben hinabsteigt. Er benötigt ebenfalls so ein Wesen, das ihn permanent beobachtet und prüft, ob es irgendwann helfend eingreifen muss. Dieses Wesen ist kein anderer als der Schutzengel. Nur gelingt es einem Durchschnittsmenschen nicht so leicht, die Ratschläge oder ›Anweisungen‹ seines Engels wahrzunehmen. Wenn der Mensch der Hilfe bedarf, kann er sich durch Beten oder Bitten an seinen Engel wenden. Es gehört in der Tat zu den zentralen Aufgaben dieses persönlichen Engels, seinen Schützling *unter bestimmten Voraussetzungen* vor Gefahren und Unglücksfällen zu bewahren, zu beschützen. Daher hat sich auch der Begriff *»Schutzengel«* eingebürgert.

Dass der Schutzengel seinen Schutzbefohlenen nicht vor *allem* Unheil bewahrt, liegt auf der Hand. Wie könnte man sonst eine Erklärung dafür finden, dass so viele Menschen Schlimmes und Schlimmstes erleiden müssen. Etliche Zeitgenossen, die sehr unangenehme Erlebnisse haben und schwere Schicksalsschläge ertragen müssen, zweifeln an der Existenz ihres Schutzengels. »Mein Engel hat mich nicht vor diesem Unglück bewahrt. Er hat mir nicht geholfen. Vermutlich gibt es ihn gar nicht!«, kann man immer wieder hören.

Es ist natürlich eine höchst naive Vorstellung, dass die Engel ein Interesse daran haben könnten, die Menschen vor *allem* zu bewahren, was diese als schmerzlich oder zumindest als höchst unerfreulich empfinden. Wenn wir Menschen nur immer Erfreuliches und Angenehmes erleben würden, so kämen wir in unserer geistig-seelischen Entwicklung niemals voran. Jeder Mensch bringt sein ganz individuelles Karma bzw. Schicksal in sein Erdenleben mit, das nicht zuletzt eine Folge bzw. Wirkung seiner Taten aus früheren Inkarnationen darstellt. Dieses Schicksal, zu dem auch Erfahrungen gehören, die sehr schmerzlich sind, will angenommen und gelebt werden, weil es den Menschen in seiner Entwicklung vorwärtsbringt.

Nun kann auch verständlich werden, warum ein Engel nicht in allen Fällen schützend eingreift. Der Engel kennt natürlich das Schicksal des ihm anvertrauten Menschen. Er weiß, welche Erfahrungen für ihn wichtig oder sogar notwendig sind. Würde er nun den Menschen vor einer schlimmen Erfahrung – beispielsweise einem Unglück – bewahren, das in seinem Karma begründet ist, so würde er ja in höchstem Maße *gegen* die Interessen seines Schützlings handeln. Er würde ihm die Möglichkeit entziehen, etwas für ihn höchst Fruchtbares und Förderliches zu erleben. Es mag für viele wie ein Hohn klingen, dass ein Unglück etwas Fruchtbares sein kann. Das liegt aber einzig und allein daran, dass unser Bewusstsein, das wir im Erdenleben haben, viel zu begrenzt ist.

Der führende Engel würde sich zunächst einmal grundsätzlich *nicht* einmischen, wenn wir eine Entscheidung treffen oder eine Handlung ausführen, die im Bereich dessen liegt, was wir erkennen, in seinen Auswirkungen überblicken und über das wir selbst vernünftig nachdenken und urteilen können. Sie kennen sicher den Spruch »Fahre nie schneller, als dein Schutzengel fliegen kann«, den man auf vielen Autoaufklebern sieht. Auch wenn dieser Spruch gewiss spaßig gemeint ist, so enthält er doch mehr als nur ein Körnchen Wahrheit. Wenn wir viel zu schnell, leichtsinnig und unvorsichtig fahren, so kann uns bewusst sein, dass dadurch die Gefahr eines Unfalls sehr hoch ist. In einem solchen Fall wird unser Engel *im Allgemeinen* nicht eingreifen, da uns die möglichen Auswirkungen bekannt sind. Unser Engel greift nur dann ein, wenn es außerhalb unserer Seelenkräfte liegt, die Folgen zu überschauen. Somit ist auch klar, dass der Engel bei einem kleinen Kind besonders wachsam sein muss und oftmals eingreifen wird, um es vor drohenden Gefahren, die es noch nicht zu erkennen vermag, zu bewahren.

Viele Menschen verlieren spätestens dann den Glauben an ihren Schutzengel – und manchmal auch an Gott –, wenn sie ein schwerer Schicksalsschlag ereilt. In einem solchen Fall sollte man sich zunächst einmal klarmachen, dass es gute Gründe hatte, dass der Engel es nicht verhindert hat – auch wenn es meistens schwer einzusehen ist. Aber auch dann hilft er dem Menschen. Er kann ihm die Kraft und die Stärke geben, das Schicksal anzunehmen und ertragen zu können. Vielfach ist es so, dass er ihm andere Menschen schickt, die ihm wieder Hoffnung und Lebensfreude schenken können. Manchmal macht er diese Menschen auch auf Bücher oder Filme aufmerksam, aus denen sie neuen Mut schöpfen können.

Wir wollen uns nun die Frage vorlegen, woher unser Engel überhaupt wissen kann, dass uns Gefahren drohen, vor denen er uns bewahren muss und will, weil sie *nicht* in unserem Schicksal liegen. Kann er in die Zukunft schauen? Bevor wir diese Frage klären, wollen wir zunächst ein Beispiel aus dem ganz alltäglichen Leben betrachten, welches das, was im Folgenden erläutert werden soll, zumindest vergleichsweise abbildet.

Stellen Sie sich eine Mutter vor, die gerade beobachtet, dass ihr – sagen wir – sechsjähriges Kind auf einen Stuhl gestiegen ist, um mit einem Feuerzeug die Kerzen am Weihnachtsbaum zu entzünden. Innerhalb kürzester Zeit werden der Mutter jetzt einige mögliche Szenarien, also Situationen, die eintreten *könnten*, durch den Kopf schießen: Mein Kind könnte sich die Finger verbrennen. – Es könnte vom Stuhl fallen und sich verletzen. – Der Weihnachtsbaum könnte Feuer fangen. – Das ganze Zimmer könnte in Flammen aufgehen. – usw. Jedes dieser Ereignisse *könnte* eintreten. Die Mutter weiß aufgrund ihrer Lebenserfahrung, was jetzt alles passieren *könnte*, wenn sie ihr Kind gewähren ließe. Wenn sie nun ihrem Kind zutraut, die Kerzen zu entzünden, so wird sie ihm vielleicht sagen, dass es vorsichtig sein soll, es aber nicht von seinem Vorhaben abhalten. Allerdings wird sie in seiner Nähe bleiben, um notfalls helfend eingreifen zu können. Wenn sie es ihrem Kind nicht zutraut, wird sie es auffordern, von dem Vorhaben abzulassen.

So ähnlich ist das auch im Großen, wenn wir unser Leben mit allem, was wir machen oder unterlassen, betrachten.

Wenn man etwas intimer und genauer auf sein alltägliches Leben schaut, so wird einem aufgehen, wie vielen Erlebnissen und Begebenheiten man Tag für Tag *entgeht*. Jeden Tag erwarten uns unzählige Ereignisse, die eintreten *könnten*. Die meisten treten eben deshalb nicht ein, weil wir bestimmte Dinge zu ganz *bestimmten Zeitpunkten* machen – oder aber, weil wir sie unterlassen. Alles, was wir in unserem Leben ganz konkret und höchst real erleben und erfahren, ist nur ein Bruchteil dessen, was wir erleben und erfahren *könnten*. Also, das Spektrum der wirklich in unserem Leben eingetretenen Ereignisse ist geradezu armselig gegenüber der ungeheuren Summe derjenigen, die *möglich* gewesen wären. Wir könnten unendlich viel mehr erleben, als wir letztlich *wirklich* erleben. **»Wenn wir uns ein bisschen mit einem Gefühl davon durchdringen, was für ein kleiner Teil die Welt der physischen Wirklichkeiten von dem ist, was wir erleben könnten, wie unsere Welt der Erlebnisse nur ein herausgeschnittenes Stück der Möglichkeiten ist, dann kann uns das den ungeheuren Reichtum, das Sprudelnde des geistigen Lebens nahelegen, das hinter unserem physischen Leben ist.«**[27]

Wir müssen Tag für Tag tausendfach Entscheidungen treffen! Je nachdem, welche Entscheidung letztlich zum Tragen kommt, erleben wir jeweils *eine* ganz konkrete Wirklichkeit. Oft sind es *scheinbar* recht banale Wahlmöglichkeiten, die wir mehr unbewusst treffen, ohne darüber nachzudenken, wie etwa: Was ziehe ich heute an? Was, wann und wo esse ich heute? Möchte ich mich heute mit meinem Freund treffen oder bleibe ich lieber daheim? Wann und wohin fahre ich heute mit dem Auto? Mache ich jetzt dieses oder jenes?

In den meisten Fällen sind dann unsere tatsächlichen Erlebnisse, die wir aufgrund der von uns gefällten Entscheidung als Wirklichkeit erfahren, nicht sehr viel anders als die, die im Bereich der Möglichkeiten verschleiert bleiben, die wir also nur dann als Wirklichkeit erlebt hätten, wenn wir uns anders entschieden hätten. Aber sie sind anders! Und in manchen Fällen können sie völlig anders – vielleicht sogar dramatisch anders – sein. Das möge ein einfaches Beispiel verdeutlichen: Stellen Sie sich vor, Sie müssen mit dem Auto irgendwohin fahren. Jeder Augenblick, den Sie früher oder später losfahren, führt Sie in eine andere Wirklichkeit. Das Gleiche gilt, falls Sie irgendeine andere Strecke fahren als die, welche Sie üblicherweise wählen. Fahren Sie etwa – sagen wir – um 8 Uhr los, geschieht vielleicht nichts Besonderes, nichts Ungewöhnliches. Vermutlich passiert auch nichts Bemerkenswertes, wenn Sie eine andere Startzeit wählen. Dennoch erleben Sie dadurch eine jeweils andere Wirklichkeit, auch wenn diese sich nicht sehr von der unterscheidet, die Sie erleben, wenn Sie um Punkt 8 Uhr starten.

Nun kann es aber durchaus so sein, dass Sie in Abhängigkeit von der Abfahrtszeit oder der gewählten Strecke sehr wohl etwas ganz Besonderes erleben, dass Sie durch diese Konstellation eine Wirklichkeit erleben, die für Sie sehr unangenehm, aber auch sehr erfreulich werden könnte. Starten Sie etwa eine Minute – oder auch vielleicht nur ein paar Sekunden – früher, werden Sie möglicherweise in einen schweren Unfall verwickelt. Fahren Sie eine Minute später, lernen Sie vielleicht einen Menschen kennen, der sich für Ihr weiteres Leben als sehr wichtig erweist. Starten Sie fünf Minuten später, werden Sie vielleicht auf irgendetwas aufmerksam, wodurch Sie eine Anregung bekommen, die sich für Sie als sehr wertvoll herausstellt. Wählen Sie für Ihre Fahrt eine andere Strecke, sehen Sie womöglich am Straßenrand einen schwerverletzten Menschen, dem Sie nun helfen und dessen Leben Sie retten können. Diese Varianten könnte man fast endlos fortsetzen. Alle diese Möglichkeiten sind in gewisser Weise sehr real. Sie können aber in Abhängigkeit von der Entscheidung, die Sie getroffen haben, nur *eine* als Wirklichkeit erfahren. Alle anderen bleiben Ihnen verborgen. Unser Bewusstseinshorizont ist zu klein, um diese möglichen Konsequenzen zu überblicken. Sie bleiben eine Fiktion.

Jetzt kommt der Punkt, der für uns Menschen nur sehr schwer zu begreifen ist: Im Bewusstsein der Engel sind die *möglichen* Ereignisse ebenso ausgebreitet wie die *tatsäch-*

lichen. Diese sind für sie genauso real! Die Engel können sie in vollem Umfang überschauen. Sie können also – um im obigen Beispiel zu bleiben – genauestens überblicken, welche Wirklichkeit Sie in Abhängigkeit von dem Zeitpunkt, zu dem Sie losfahren, sowie der Strecke, die Sie wählen, erleben werden. Anhand eines konstruierten Beispiels soll das Eingreifen der Schutzengel noch einmal verdeutlicht werden:

Nehmen Sie einmal an, ein Mann hätte sich – wie an nahezu jedem Werktag – dazu entschieden, um Punkt 7 Uhr auf seiner Standardstrecke mit dem Auto zur Arbeit zu fahren. Sein Engel *weiß* nun um zwei wichtige Dinge: Zum einen kennt er die Schicksalsnotwendigkeiten seines Schutzbefohlenen, und zum anderen weiß er, welche Wirklichkeit der Mann erfahren würde, falls er seine Entscheidung in die Tat umsetzt. Nun könnte es beispielsweise so sein, dass er einen schweren Unfall erleidet, durch den er sehr schwer verletzt würde, falls er um Punkt 7 Uhr die gewählte Strecke fahren sollte.

Jetzt gibt es zwei Möglichkeiten: Es liegt im Schicksal des Mannes, schwer verletzt zu werden. Dann hätte diese Unfallfolge ›einen guten Sinn‹ für den Mann, auch wenn ein Mensch das kaum verstehen kann. In diesem Fall würde der Engel natürlich nicht eingreifen, damit der Mann sein notwendiges Schicksal leben kann.

Wenn ein solcher Unfall mit seinen Folgen aber nicht zu den Schicksalsnotwendigkeiten des Mannes gehört, wird sein Engel alles tun, um ihn zu verhindern.

Das Schicksal eines jeden Menschen ist verwoben mit denen vieler anderer Menschen. Natürlich muss es in einem solchen Fall wie dem eben geschilderten auch zu den Schicksalsnotwendigkeiten des Unfallgegners gehören, einen Unfall zu erleiden. Da müssen sich also beide Schutzengel in gewisser Weise beraten. Es wäre ja etwa auch denkbar, dass der andere am Unfall Beteiligte sich nicht oder nur leicht verletzt. Dennoch wäre es für ihn ein Schock. Also, es muss alles zusammenpassen, es muss alles sorgfältig aufeinander abgestimmt werden. Welcher Weisheit und Weitsicht solche Planungen bedürfen, übersteigt unser Vorstellungsvermögen.

Man macht sich im Leben normalerweise ja nie so richtig klar, welche Folgen und Auswirkungen etwa an einem Unglücksfall mit tödlichem Ausgang hängen, je nachdem, ob er wirklich eintritt oder aber nur im Bereich der Möglichkeiten verschleiert bleibt. Stellen Sie sich etwa vor, ein Mann hätte vor einigen Jahrzehnten, als er frisch verheiratet und noch in seinen jungen Jahren war, ein Flugzeug verpasst, weil er beispielsweise auf dem Weg zum Flughafen in einen Stau geraten ist. Nun stürzt das Flugzeug, das ohne ihn losflog, ab. Hätte er das Flugzeug erreicht, wäre er unter den Toten gewesen. Da ihm also dieses Schicksal erspart geblieben ist, konnte er sein Leben weiterführen. Er bekam Kinder und später Enkel. Alle diese Nachkommen wären niemals *in dieser Form* auf der Erde erschienen, wenn er damals den Flieger erreicht hätte. Was haben nun diese Nachkommen – und natürlich auch er selbst – in all dieser Zeit an Taten und Handlungen in die Welt geschrieben! Wie hat sich durch ihre Existenz das Karma der Welt verändert! Wäre er bei dem Absturz ums Leben gekommen, hätte seine Frau vielleicht erneut geheiratet und dann ›andere‹ Kinder bekommen. All diese

Schicksalsfäden, die diese gesponnen hätten, sind heute in der Welt nicht vorhanden. Das Spektrum der wirklich eingetretenen Ereignisse ist geradezu armselig gegenüber dem Spektrum derjenigen, die möglich gewesen wären. In unserer heutigen Zeit scheinen immer mehr Menschen ein Gespür für diese Thematik zu bekommen, was man nicht zuletzt daran ablesen kann, dass in den letzten Jahren einige Romane und Filme entstanden sind, die diese aufgreifen.

Auf welche konkrete Art und Weise unser Engel uns führt und uns vor einem Unglück bewahren kann, werden wir im Folgenden erläutern.

9.4.2 Begegnungen mit Menschen aus unserem Schicksalskreis

In den weitaus meisten Phasen unseres Lebens zwischen Tod und neuer Geburt werden wir mit allen menschlichen Individualitäten, die uns nahestehen, zusammen sein (☞ auch Kapitel 11). Dieses Beieinandersein kann dann viel intensiver und inniger sein, als es im Erdenleben jemals möglich sein könnte.

Bevor wir aus dieser Daseinsphase durch die Geburt in die gegenwärtige Inkarnation hinabgestiegen sind, gehörte es unter anderem zu unseren Aufgaben, das gegenwärtige Erdenleben zu planen und vorzubereiten. Das war uns nur möglich, weil wir in dieser Zeit eine ungleich größere Weisheit und Weitsicht hatten, als das im Erdenleben der Fall ist. Dennoch hätten wir diese äußerst komplexen Planungen niemals *allein* leisten können. Unser Engel und auch geistige Wesen der höheren Reiche sowie die Seelen der Menschen, die zu unserem Schicksalskreis gehören, haben uns dabei kräftig unterstützt. In dieser Zeit war uns bewusst, mit welchen Menschen wir aus einer karmischen Notwendigkeit heraus in diesem Leben zusammenkommen müssen. Insbesondere haben wir uns in dieser Zeit schon gewissermaßen mit der Individualität, die unser Ehe- oder Lebenspartner werden soll, ›verabredet‹. So ist auch das Sprichwort zu verstehen: *»Ehen werden im Himmel geschlossen, aber auf Erden gelebt.«*

Nun ergibt sich aber ein großes Problem: Wir können uns an unser letztes Erdenleben und an das, was wir uns in der geistigen Welt vorgenommen haben, bevor wir ins erneute Erdenleben hinabgestiegen sind, nicht mehr erinnern. Somit haben wir auch keine Ahnung, dass irgendwo auf der Erde ein Mensch lebt, mit dem wir zusammenkommen müssen. **»Da haben Sie genau den Punkt festgestellt, wo das äußere Schicksal in das Menschenleben eingreift. Diese Schicksalswirkung ist etwas, was zuweilen lange ausbleiben mag, was aber sicher an den Menschen herankommen muss. Man kann immer sehen, wenn man das Leben eines Menschen durch die verschiedenen Verkörperungen hindurch verfolgt, dass sein Leben in einer folgenden Verkörperung so zubereitet wird von Wesen, die wirksam sind bei der Eingliederung in seinen physischen Leib, dass er hingeführt wird an einen bestimmten Ort, damit ihn sein Schicksal ereilt. [...]**

Fortwährend ist der Mensch zwischen Geburt und Tod in einen solchen Zusammenhang von Kräften eingeschlossen, die ihn von allen Seiten seelisch umspinnen, und das sind die dirigierenden Mächte seines Lebens. Sie sehen so, dass Sie eigentlich fortwährend die Wirkungen früherer Leben in sich tragen, dass Sie immer die Wirkungen früherer Verkörperungen erleben. So müssen Sie sich klar sein, dass Sie in Ihrem Leben geleitet werden von Mächten, die Sie selber nicht kennen.«[28]

Auch jetzt kommt uns wieder in vielen Fällen unser Schutzengel zu Hilfe, der für uns den Zusammenhang zwischen unseren Inkarnationen festhält und der weiß, dass wir *diesem* ganz bestimmten Menschen begegnen müssen. Er wird uns auf eine sehr subtile und für uns kaum wahrnehmbare Art mit diesem zusammenbringen. In den wohl meisten Fällen müssen sich die Engel zweier Menschen – trivial gesprochen – ›absprechen‹ und einen gemeinsamen Plan entwerfen, damit diese beiden Menschen zusammenkommen können. Es muss also ein Zusammenwirken, ein gemeinschaftliches Wirken, der beiden Engel stattfinden. Genau wie Menschen in vielerlei Hinsicht miteinander wirken müssen, müssen auch die Wesen des Engelreiches auf vielen Ebenen gemeinsam wirken.[29]

Es ist ja häufig so, dass wir unsere Ehepartner oder auch unsere Freunde auf scheinbar sehr merkwürdigen und geradezu verworrenen Wegen kennengelernt haben. In vielen Fällen war es wirklich unser Engel, der uns mit diesen Menschen zusammengeführt hat. Da wir das nicht bemerken, neigen wir natürlich zu der Auffassung, dass es sich entweder um unsere eigene Entscheidung oder aber um eine ›Verkettung von Zufällen‹ gehandelt hätte, wenn wir etwa unseren Ehepartner oder besten Freund auf ›wundersame Weise‹ kennengelernt haben oder wenn wir uns doch dazu entschlossen haben, eine bestimmte Arbeitsstelle anzunehmen, obwohl wir eigentlich mit einer ganz anderen geliebäugelt haben. Wie wir aber schon wissen, gibt es keine Zufälle!

9.4.3 Wie können wir das Wirken unseres Engels bemerken oder wenigstens erahnen?

Fragen wir uns noch, wie wir bemerken können, dass unser Engel uns vor etwas bewahren oder zu etwas führen will. Natürlich dürfen wir – zumindest in den weitaus meisten Fällen – nicht erwarten, dass er in einer Weise zu uns spricht, dass es unsere Ohren vernehmen könnten. Man darf also nicht annehmen, dass ein Engel den Menschen in einer grobschlächtigen Weise vor einem Unglück bewahren oder die notwendige Begegnung mit einem anderen Menschen arrangieren würde, so dass man es ganz unmissverständlich erkennen könnte. Er führt den Menschen vielmehr auf eine äußerst zarte und subtile Weise, so dass es jederzeit möglich ist, sich gegen seine ›Eingebungen‹ zu entscheiden oder – was leider häufig vorkommt – sie gar nicht erst wahrzunehmen.

Wenn man auf sein Inneres sorgfältig achtgibt, ist es vielleicht gar nicht einmal ganz so schwierig, das Wirken seines Engels zu bemerken. Es gibt besondere Situationen im Leben, in denen man etwas wahrnehmen kann, was man üblicherweise nicht wahrnimmt. Wir wollen es zunächst einmal ganz pauschal ein ›Etwas‹ nennen. Dieses Etwas kann ein Gedanke, eine Idee, ein Einfall, ein Geistesblitz, eine innere Stimme oder ein Impuls sein, der einem empfiehlt, etwas Bestimmtes zu tun oder zu unterlassen. Oft nimmt man es auch als ein Gefühl oder eine Empfindung wahr, die sich von den Gefühlen und Empfindungen, die man gewöhnlich hat, unterscheidet, die eine ganz andere Qualität und Intensität hat. Diese Eingebungen kommen fast immer ganz urplötzlich und unvermittelt und haben meistens mit dem, was man gerade gedanklich bewegt hat, nichts zu tun. Manchmal erscheinen sie einem sogar unsinnig oder zumindest unlogisch zu sein. Sie können aber eine solche Kraft und Eindringlichkeit haben, dass man sie meistens befolgen wird.

Kommen wir noch einmal auf das Beispiel mit dem Mann, der mit dem Auto zur Arbeit fahren möchte, zurück. Sollte sein Engel erkennen, dass dieser, falls er wie üblich um Punkt 7:00 Uhr losfahren und seine Standardstrecke wählen würde, in einen schweren Unfall, der nicht in seinem Karma liegt, geraten würde, hätte er unzählige Möglichkeiten, das zu verhindern. So könnte er etwa dem Mann den Gedanken ›einpflanzen‹, etwas eher oder auch ein wenig später loszufahren. Er könnte ihm die Idee vermitteln, heute mal eine andere Strecke zu wählen. Er könnte dafür sorgen, dass der Mann etwas Wichtiges vergisst, was er kurz nach dem Verlassen des Hauses bemerkt, so dass er noch mal ins Haus zurück muss, um es zu holen. Es gäbe etliche weitere Möglichkeiten, den Unfall und somit die schweren Verletzungen zu verhindern.

Auch etwas Ähnliches wie das, was in der folgenden kleinen Geschichte berichtet werden soll, haben viele Menschen schon erlebt: Eine Frau saß am Steuer ihres Autos, mit dem sie in angemessener Geschwindigkeit über eine Landstraße fuhr. Weit und breit war kein anderes Fahrzeug zu sehen. Die Straßen- und Witterungsverhältnisse mahnten ebenfalls nicht zu besonderer Vorsicht. Plötzlich durchzuckte die Frau ein ›Impuls‹, der ihr einzugeben schien, langsamer zu fahren. Obwohl es keine erkennbare Veranlassung gab, trat sie leicht auf die Bremse. Unmittelbar danach sah die Frau, dass wenige Meter vor ihr ein Auto aus einem kleinen Seitenweg, den sie vorher nicht sehen konnte, ohne auf die Vorfahrt zu achten, in die Hauptstraße einbog, auf der sie fuhr. Hätte die Frau nicht leicht gebremst, wäre sie voll mit diesem Fahrzeug kollidiert!

Oftmals ist es auch so, dass unser Engel uns einen Impuls gibt, während wir im Schlaf mit ihm zusammen sind. Wenn wir eine wichtige Frage, die uns bewegt, ›überschlafen‹ haben, finden wir am nächsten Tag häufig die richtige Antwort, die zu einer angemessenen Entscheidung führen kann. Diese Impulse des Engels können auch im Traum in bildhaft verschleierter Form auftauchen. Charakteristisch für solche Träume ist, dass man sich am nächsten Tag noch gut an sie erinnern kann und dass sie einen nicht loslassen wollen. Man ahnt häufig, dass in diesen Träumen eine verschlüsselte Botschaft enthalten war, die man allerdings oftmals nicht zu verstehen vermag.

In eher seltenen Fällen kann der Schutzengel uns auch auf eine etwas ›gröbere‹ Weise einen Wink geben. So gibt es hin und wieder Situationen, in denen ein Mensch von außen – also mit seinen physischen Ohren – eine Stimme hört, die ihn auf etwas aufmerksam macht oder hinweist. Meistens sind das nur wenige Worte, nur ein Satz. Das Gesagte mag dem Betreffenden durchaus sonderbar und ohne einen Zusammenhang mit dem erscheinen, was er gerade in seinem Bewusstsein hat. Es kann nun so sein, dass der ›Sprechende‹ gar nicht zu sehen ist. Manchmal tritt er aber auch in Form eines normalen Menschen auf, der von seinem Engel inspiriert wurde, dem anderen etwas Bestimmtes zu sagen. Womöglich kann sich dieser gar nicht erklären, was und warum er das dem anderen gesagt hat.

Von einem solchen Fall schildert eine junge Frau, die auf sonderbare Weise davor bewahrt wurde, in einen Bus einzusteigen, der schwer verunglückte: *»Es ist jetzt gut zehn Jahre her. Ich war damals 22 Jahre alt. Ich musste an diesem Tag etwas länger arbeiten. Da ich schon spät dran war, räumte ich in aller Eile meinen Schreibtisch auf und schaltete den Computer aus. Dann machte ich mich eilig auf den Weg zum Bahnhof, um noch den letzten Bahnbus zu erwischen, der mich in mein acht Kilometer entferntes Heimatstädtchen bringen sollte.*

Als ich endlich etwas außer Puste am Bahnhof angekommen war, sah ich auf der Treppe zur Eingangshalle eine alte Frau sitzen. Obwohl die Zeit schon sehr drängte, zog mich der Anblick der alten Frau in seinen Bann.

Die Alte war mit einem schäbigen Umhang bekleidet, der für die Jahreszeit viel zu warm war. Auf dem Kopf trug sie einen abgenutzten, völlig altmodischen Hut. Ihre rechte Hand streckte sie leicht nach oben geöffnet aus. Ich hatte den Eindruck, dass die Frau offensichtlich um eine milde Gabe bat. Die anderen Passanten gingen an der Alten vorbei, als ob sie diese gar nicht bemerkt hätten. Obwohl ich in rechter Zeitnot war, brachte ich es nicht übers Herz, einfach an ihr vorüberzugehen. So schaute ich hektisch zur Bahnhofsuhr und kramte nach etwas Kleingeld in meiner Geldbörse.

›Es ist noch zu früh für dich!‹, sagte die Alte mit leiser und freundlicher Stimme. Ich schaute etwas verwundert und dachte: ›Woher will die wissen, welchen Bus ich nehmen möchte?‹ Dann legte ich ein paar Münzen in die Hand der Bettlerin und verabschiedete mich kurz und freundlich.

Als ich eiligst in Richtung Bahnsteig zu rennen begann, sah ich schon von weitem, dass der Bus losfuhr. Ich war natürlich recht verärgert. Schließlich blieb mir jetzt kaum etwas anderes übrig, als den langen Weg zu Fuß zu gehen.

Als ich wenige Augenblicke später den Bahnhof wieder verließ, fiel mir auf, dass die alte Frau nicht mehr dort saß. Ich war ziemlich verdutzt. ›Die kann sich doch nicht in Luft aufgelöst haben‹, dachte ich. Meine Verwunderung steigerte sich noch, als ich die Münzen, die ich ihr in die Hand gedrückt hatte, auf dem Boden liegen sah. ›War ihr das nicht genug?‹, fragte ich mich und hob die Münzen wieder auf.

Ohne noch lange über dieses seltsame Erlebnis nachzusinnen, machte ich mich auf den langen Heimweg. Zum Glück kannte ich einige Abkürzungen und Schleichwege, so dass ich nicht den langen Weg nehmen musste, den der Bus fuhr. So waren es vielleicht nur gut sechs Kilometer, die ich zurückzulegen hatte. Unterwegs musste ich dann doch immer wieder an die merkwürdige Bettlerin denken.

Am nächsten Tag erfuhr ich aus der Zeitung, dass der Bus, den ich am Vorabend verpasst hatte, einen schweren Unfall hatte. Vermutlich durch eine Unachtsamkeit des Fahrers war er von der Fahrbahn abgekommen und eine Böschung hinuntergestürzt. Elf der Fahrgäste erlitten lebensgefährliche Verletzungen, an denen fünf wenige Tage später starben!«[30]

Die Möglichkeiten, die ein Engel hat, um etwa einen Menschen vor einem Unglück, das nicht in seinem Karma liegt, zu bewahren, sind äußerst mannigfaltig. Über einen besonders eindrucksvollen Fall, der deutlich zeigt, wie manchmal sogar eine ganze Reihe *scheinbar* zufälliger und oftmals ganz banaler Ereignisse eintreten *muss*, damit durch das Engelwirken einem Menschen ein karmisch nicht notwendiges Schicksal erspart bleiben kann, berichtet ein ›Geistwesen‹, das sich Josef nennt, durch die Stimme des Mediums Uta Hierke-Sackmann: *»Nehmen wir als Beispiel das World Trade Center. Hier spielten* [am 11. September 2001] *ungeheuer viele Einzelheiten eine Rolle.*

Als Beispiel nehmen wir den Fall Peter Miller [Name hier geändert]. *Er sollte pünktlich um 9.45 Uhr im WTC an einer Verhandlung über Schuhkäufe teilnehmen. Üblicherweise ist Peter ein sehr gewissenhafter Mann. Er kommt nie zu spät und so sollte es auch an diesem Tag sein. Er stand sehr früh auf und da er sich gerne etwas Zeit nahm für seine Toilette und sich gerne ausgiebig vorbereitete, war er auch an diesem Morgen sehr früh mit seiner Toilette fertig. Doch an diesem Morgen fand er seinen linken Schuh nicht, der war einfach weg. Dann stellte er fest, dass sich ein Eichhörnchen gerade an den Schnürbändern seines Schuhes vergnügte. Er fand das Tier an seinem Schuh nagend im Schlafzimmer. Es war durch das offene Fenster eingedrungen. Die Jagd nach dem Tier und das Suchen nach passenden, neuen Schnürsenkeln hatten Miller 25 Minuten seiner Zeit gekostet. Er rief ein Taxi an, das ihn üblicherweise zur Arbeit brachte. Doch wenig später rief das Taxi-Unternehmen an, es bat ihn, die Subway zu nehmen. Das Taxi, das unterwegs war, hatte Probleme mit dem Kühler und sei liegen geblieben. Also eilte er zur Subway-Station. Auf halbem Wege bemerkte er, dass er seine Papiere liegen gelassen hatte. Also lief er zurück.*

Normalerweise wäre er zu diesem Zeitpunkt schon im WTC gewesen, um sich auf die Sitzung vorzubereiten. Er rief seine Sekretärin an, um ihr mitzuteilen, dass er sich verspäten würde und um sie zu bitten, ihn bei seinen Verhandlungspartnern zu entschuldigen.

In diesem Augenblick stürzte das erste Flugzeug ins WTC. Alles dies geschieht in feinster Abstimmung unendlich vieler Bewusstseinseinheiten. Es war nicht Millers Plan zu sterben oder auch nur verletzt zu werden. Vom Eichhörnchen, das plötzlich das absurde Bedürfnis verspürte, in das Fenster einzusteigen und dann an Millers Schuh zu nagen bis hin zum Taxifahrer, der vor Tagen versäumt hatte, nach dem Kühlwasser zu sehen und dann exakt genau so viele Fahrten machte, dass der Kühler genau zur vorbestimmten Zeit anfing zu kochen, waren sämtliche Impulse aller Beteiligten aufeinander abgestimmt bis hin zu Millers Fehler, seine Brieftasche zuhause liegen zu lassen. Hätte auch nur ein Detail nicht gestimmt, wäre Miller noch rechtzeitig gekommen, um am Unglück teilzunehmen. Hätte er nicht den Impuls gehabt, das Fenster zu öffnen, wäre das Eichhörnchen nicht eingestiegen. [...] Hätte der Taxifahrer auch nur eine einzige Fahrt mehr oder weniger gemacht, wäre er nicht zu dieser Minute im Verkehr liegen geblieben usw. [...]

Jedes Detail dieses Zeitablaufes war festgelegter Plan.«[31]

Wir sollten uns viel öfter bewusst machen, dass unser Schutzengel, unser ›unsichtbarer Freund‹ immer an unserer Seite ist, insbesondere wenn wir vor oder in einer entscheidenden Situation in unserem Leben stehen. Er ist immer bereit, uns zu helfen. Natürlich darf man das nicht – wie bereits erwähnt – so trivial auffassen, als ginge es ihm ausschließlich darum, uns vor Schaden und schlimmen Erfahrungen zu behüten. Vor solch unangenehmen Erlebnissen wird er uns nur dann bewahren, wenn diese nicht in unserem Karma liegen. Aber auch wenn er uns eine schlimme Erfahrung nicht ersparen kann, so kann er uns Kraft, Mut und Stärke verleihen, dass wir Lebenskrisen mit Gelassenheit und Vertrauen durchstehen können. Wenn wir das soweit annehmen können, sollten wir uns viel häufiger mit Gedanken der Dankbarkeit und der Liebe an unseren Engel wenden. Es ist für ihn sehr wichtig, dass er sich von uns angenommen weiß. Viele Menschen haben es sich zu einer schönen und durchaus empfehlenswerten Gewohnheit gemacht, ihrem Engel abends vor dem Einschlafen für seine Begleitung und schützende Kraft zu danken.

Wenn Sie einmal die Muße haben, können Sie sich ja vielleicht die Zeit nehmen und darüber sinnieren, in welchen Situationen *Ihres* Lebens *Ihr* Engel inspirierend eingegriffen haben könnte.

Wenn wir auf die oben skizzierte Weise vor einem Unglück bewahrt oder zu einer karmisch notwendigen Begegnung mit einem anderen Menschen geführt werden, so muss es sich übrigens nicht unbedingt um das Wirken unseres Engels handeln. Es kann in manchen Fällen auch durch die Seele eines Verstorbenen aus unserem Schicksalskreis bewirkt worden sein, der auch – genau wie ein Engel – die *möglichen* Ereignisse bis zu einem gewissen Grad zu überblicken vermag. Insbesondere diejenigen Menschenseelen, die sich schon ganz gut in die Verhältnisse, die in den höheren Welten herrschen, eingewöhnt haben, weisen noch ein großes Interesse an ihren Hinterbliebenen auf. Sie werden deren Leben mitverfolgen und ein wachendes Auge auf sie haben. In erster Linie sind es ihre Kinder, Enkel und Ehepartner, aber auch gute Freunde, die sie vor Gefahren zu bewahren versuchen, die nicht in deren Schicksal begründet sind. Auch werden sie ihren Beitrag dazu leisten, dass diese den ›richtigen‹ Erdenmenschen begegnen, mit denen sie aus karmischen Notwendigkeiten zusammenkommen müssen. **»Und wer die okkulten Zusammenhänge der Welt erkennt, der weiß, dass, wenn zwei Menschen zu dem oder jenem zusammengeführt werden, manchmal einer, manchmal mehrere derjenigen an diesem Zusammenführen tätig sind, welche vor uns durch die Pforte des Todes geschritten sind.«**[32]

Es gibt etliche Menschen, die davon erzählen, dass sie in ganz bestimmten Situationen ihres Lebens das ganz sichere Gefühl hatten, dass ihnen ein Verstorbener, zu dem sie im Erdenleben in einer Beziehung standen, geholfen hat. Diese Menschen sind gewiss nicht hellsichtig und vermutlich nicht einmal besonders sensitiv oder hellfühlig. So erzählt eine Frau, wie ihre verstorbene Großmutter sie vor etwa zwanzig Jahren mit ihrem späteren Ehemann zusammenführte: *»Nach dem Realschulabschluss absolvierte ich ein Ausbildung zur Arzthelferin in einer Praxis für Innere Medizin. Anschließend arbeitete ich noch zwei Jahre in dieser Praxis.*

Da ich dort aus gewissen Gründen, die jetzt keine Rolle spielen, recht unzufrieden war, beschloss ich, mir einen neuen Arbeitsplatz zu suchen. So bewarb ich mich bei drei anderen Internisten. Einer lud mich zu einem Vorstellungsgespräch ein.

Am avisierten Tag betrat ich pünktlich das große Gebäude, in dem sich neben anderen Arztpraxen auch diejenige befand, bei der ich zum Gespräch geladen war. Diese Praxis befand sich auf der dritten Etage. Als ich im zweiten Stockwerk angekommen und gerade im Begriff war, die Treppe zum dritten hinaufzugehen, geschah etwas schier Unfassbares: Ich hatte das Gefühl – ich kann es nicht anders beschreiben –, wie wenn mich eine unsichtbare Kraft daran hindern wollte. Dann wurde mein Blick auf eine Tür im zweiten Stock gelenkt, die in die Praxis eines Arztes für Allgemeinmedizin führte.

Irgendwie hatte ich das sonderbare Gefühl, dass es meine vor gut fünf Jahren verstorbene Großmutter war, die hinter dieser Kraft steckte. Ich weiß – es hört sich albern an, aber ich war mir schon bald ganz sicher, dass es meine innig geliebte Großmutter war, die mir den Impuls schickte, nicht zu der Praxis zu gehen, bei der ich mich beworben hatte.

So unlogisch mein Handeln auch gewesen sein mag, ich konnte nicht anders, als die Praxis des Allgemeinmediziners zu betreten. Ohne viel nachzudenken und ohne so richtig zu wissen, was ich eigentlich tat, fragte ich die Dame an der Anmeldung, ob hier vielleicht eine weitere Arzthelferin gesucht werde. Die Dame sagte: ›Ja, in der Tat! Wir waren schon im Begriff, eine Stellenanzeige aufzugeben. Wenn Sie ein paar Minuten warten, können Sie mit dem Doktor selbst reden.‹ Die Wartezeit nutzte ich, um der Praxis, bei der ich zum Gespräch geladen war, abzusagen.

Dann hatte der Doktor Zeit für mich. Vom ersten Augenblick an herrschte zwischen uns eine große Vertrautheit. Schon nach einer Viertelstunde gab er mir den Job, ohne irgendwelche Zeugnisse sehen zu wollen. Zu Beginn des folgenden Quartals nahm ich meine Arbeit auf.

Um es kurz zu machen: Der Arzt, mein neuer Chef, und ich waren uns von Anfang an äußerst sympathisch. Aus der Sympathie wurde schon bald Liebe. Heute sind wir seit fast zwanzig Jahren glücklich verheiratet und haben drei reizende Kinder.

Danke, Omi!«[33]

Wenn wir beispielsweise in unserem Leben erstmals einen für uns wichtigen Menschen, der mit uns karmisch verbunden ist, treffen, so muss es sich nicht unbedingt um unseren persönlichen Engel oder einen Verstorbenen handeln, der die Begegnung arrangiert hat. Wie wir schon gesehen haben, kann es auch dadurch geschehen, dass Taten in einem früheren Leben *Kräfte* geschaffen haben, die bis in die Akasha-Chronik hineinwirken und bei der nächsten Verkörperung dafür sorgen, dass diese Menschen wieder etwa zeitgleich und am selben Ort geboren werden, so dass sie erneut zusammenkommen können. Es können aber auch unsere *Neigungen* sein, die wir als eine karmische Wirkung mit ins Leben gebracht haben, durch welche die *Gelegenheiten* herbeigerufen werden, die unser Schicksal bilden können. Jeder Mensch bringt einen unbewussten Drang mit ins Erdenleben, sein Karma ausleben zu können. Dieses unbewusste Gefühl kann als *»spiritueller Hunger«* bezeichnet werden.[34] Dieser Hunger drängt den Menschen unbewusst in die Situationen, die ihn zu karmisch notwendigen Ereignissen, Erlebnissen oder Erfahrungen führen können. Das kann einem durchaus plausibel erscheinen, wenn man bedenkt, wie stark es doch von unseren Neigungen oder Interessen abhängig ist, mit welchen Menschen wir verkehren, wie wir mit ihnen umgehen, welche Orte oder Veranstaltungen wir aufsuchen usw.

Der Engel bzw. ein Verstorbener braucht also häufig nur noch einen ganz kleinen Anstoß zu geben.

An dieser Stelle sei noch kurz erwähnt, dass kleine Kinder im Vorschulalter noch eine ganz enge, natürliche und völlig unverkrampfte Beziehung zu ihrem Engelwesen haben, die häufig sogar die Bewusstseinsschwelle überschreitet. Sicherlich haben auch Sie schon einmal ein Kind dabei beobachtet, wie es sich mit einem Menschen oder einem Tier angeregt zu unterhalten scheint. Dieser Kommunikationspartner ist nur für das Kind wahrnehmbar, ein erwachsener Durchschnittsmensch kann ihn weder sehen noch hören. Die Psychologen nennen dieses vermeintliche ›Phantom‹ »unsichtbarer Freund« oder »unsichtbarer Spielkamerad«. Natürlich mag es sich in manchen Fällen wirklich um eine Fiktion handeln. In vielen Fällen ist es aber in der Tat der Schutzengel oder ein anderes geistiges Wesen – vielleicht auch die Seele eines verstorbenen Menschen aus dem Lebensumfeld des Kindes –, welches das Kind wahrzunehmen vermag. Diese Fähigkeit, eine natürliche Verbindung mit einem Engelwesen zu pflegen, verliert das Kind in den weitaus meisten Fällen, wenn es etwas älter wird. Es verliert sie umso eher, je eindringlicher die Eltern oder andere Menschen ihm einreden, er habe lediglich eine blühende Phantasie und ihm weismachen wollen, es gäbe weder Engel noch Geister.

9.5 Die Lebensaufgabe

Kommen wir noch einmal auf den Vergleich zwischen einem ›Terranauten‹ und einem Astronauten zurück. Ein Astronaut wird nicht grundlos oder aus Spaß ins Weltall düsen. Vielmehr hat er sich ganz konkrete Aufgaben vorgenommen, die er auf seiner Mission erfüllen will. So ist das auch bei einem ›Terranauten‹, also einem Menschen, wenn er durch die Geburt ins Erdenleben schreitet. Auch er hat sich in seiner vorgeburtlichen Zeit in der geistigen Welt eine oder mehrere konkrete Aufgaben vorgenommen, die er erfüllen will.

Die Seele ist in der vorgeburtlichen Zeit natürlich viel weiser und weitsichtiger als im Erdenleben. Sie weiß nun, was im letzten Leben nicht so gut gelaufen ist und wird ernsthaft bestrebt sein, im neuen Leben solches zu erleben und zu erfahren, was zu einer fruchtbaren Weiterentwicklung führen kann. Die Seele weiß nun insbesondere, welche Erlebnisse sie haben und welche Erfahrungen sie machen muss, um ihre alten Verschuldungen karmisch ausgleichen zu können.

Sie nimmt sich auch vor, ihrem neuen Leben ein ganz bestimmtes Ziel zu geben. Sie stellt sich eine Aufgabe, die sie erfüllen muss und auch erfüllen *will*, um in ihrer Entwicklung, in ihrer geistig-seelischen Evolution vorwärts zu kommen. Diese Aufgabe nennt man *»Lebensaufgabe«*, *»Sendung«* oder *»Lernaufgabe«*. Das Karma beinhaltet dann auch diese Lebensaufgabe. *»Denn eine Lebensaufgabe ist eine Schicksalsfügung des Menschen, sie ist der karmische Kern der Individualität für das vorliegende Leben und birgt alle Schicksalsbeziehungen zu jenen Menschen, die mit dieser Lebensaufgabe zu tun haben.«*[35]

Während ein Astronaut sein Vorhaben kaum vergessen dürfte, wenn er sich im Weltall befindet, wird sich ein Durchschnittsmensch im Allgemeinen nicht mehr daran erinnern, warum und wozu er zur Erde hinabgestiegen ist, so dass ihm in vielen Fällen sein Engel wieder den Weg weisen muss.

9.5.1 Die *individuelle* Lebensaufgabe

Diese Aufgabe, die sich die Seele vor ihrer Inkarnation stellt, bezeichnet man als *individuelle* Lebensaufgabe, da sie nur diese spezielle Seele angeht, wenngleich sie meistens mit der Interaktion anderer Seelen zusammenhängt. Der Normalfall dürfte wohl der sein, dass es um mehrere Aufgaben geht, wobei häufig eine als *zentrale* Sendung bezeichnet werden kann.

Wie könnte eine solche Aufgabe aussehen? Nun, das lässt sich so pauschal kaum beantworten. Sicher ist, dass diese Aufgaben individuell sehr verschieden sind. Sie müssen ganz genau auf die Bedürfnisse der einzelnen Seele zugeschnitten sein. Sie müssen so gestaltet sein, dass ihre Erfüllung diese individuelle Seele weiterbringt und vielleicht sogar zum Segen vieler anderer Menschen werden kann. Wenn mehrere

Menschen ein fremdes Land bereisen, so stellen diese sich auch völlig unterschiedliche Aufgaben, was sie in diesem Land zu tun gedenken, Aufgaben, die ihren individuellen Interessen, Neigungen und Bedürfnissen, aber auch ihren spezifischen Fähigkeiten entsprechen oder ein bestimmtes Ziel erreichen lassen. Der eine nimmt sich vielleicht vor, viel zu fotografieren oder zu filmen, um nach seiner Rückkehr das Gesehene den Daheimgebliebenen vorführen zu können und diese damit zu erfreuen. Ein anderer setzt sich zum Ziel, seine Sprachkenntnisse aufzufrischen oder zu vertiefen. Ein wiederum anderer möchte vielleicht Land und Leute kennenlernen.

Bei den Lebensaufgaben muss es sich gewiss nicht immer um ganz große, heroische Taten handeln. Es muss nicht unbedingt darum gehen, dass sich die Seele vornimmt, im Bereich der Wissenschaften Großes zu leisten oder daran mitzuwirken, das viele Elend dieser Welt zu lindern. Die Aufgaben müssen zu dem passen, was die Seele sich bisher an Erfahrungen und Reife erworben hat. Die meisten Seelen sind noch nicht so weit, dass sie bereit wären, sich in einem Leben ganz in den Dienst der Menschheit zu stellen, wie es beispielsweise eine Mutter Teresa (1910 bis 1997) oder ein Albert Schweitzer (1875 bis 1965) getan haben. Umgekehrt kann es sicherlich für eine Seele auch keinen Sinn ergeben, sich auf einem Gebiet – zum Beispiel einer bestimmten Kunstrichtung – auszuleben, wenn sie dies in früheren Inkarnationen schon getan hat. Diese Erfahrungen hat sie schon gesammelt. Eine neuerliche intensive Beschäftigung mit diesem speziellen Bereich würde diese Seele vermutlich nicht mehr weiterbringen. Natürlich muss eine Lebensaufgabe auch karmisch passend sein. Es kann nur etwas fortgeführt werden, was in einer früheren Inkarnation veranlagt wurde. Im *Extremfall* kann es für eine Seele in einem Erdenleben sogar im Wesentlichen nur darum gehen, eine ganz bestimmte gravierende karmische Schuld abzutragen.

Für eine Durchschnittsseele sind es eher die kleinen, unauffälligen Dinge, die sie sich zur Aufgabe macht. Ein Mann, der sich im Übrigen nicht sonderlich mit spirituellen Themen befasst, erzählte einmal, dass er in seinem Beruf schon bei vielen Firmen gearbeitet habe. In jeder Firma habe er sehr gute Leistungen erbracht. Er sei immer davon überzeugt gewesen, viel besser und fähiger als seine Kollegen und einige seiner Vorgesetzten gewesen zu sein. Dennoch habe man ihn immer übergangen, wenn Beförderungen anstanden. Abschließend meinte er: »Ich glaube, ich bin wohl dazu bestimmt, unten zu bleiben und das zu tun, was andere mir auftragen.« Möglicherweise hat dieser Mann seine Lebensaufgabe messerscharf erkannt. Vielleicht war er in früheren Leben eine sehr dominante Führernatur, so dass er in diesem die Erfahrung eines sich unterordnenden Menschen, eines Dieners machen muss.

Lebensaufgaben müssen auch keineswegs eine ganz klar umrissene Struktur aufweisen. Sie sind schließlich keine Klassenarbeiten oder Klausuren. So ist es durchaus denkbar, dass eine Seele sich bisher vorwiegend in geordneten, überschaubaren Verhältnissen verkörpert hat. Sie nahm dabei eine menschliche Persönlichkeit an, die ihr privates und berufliches Leben im Griff hatte, die alles auf die Reihe bekam. Damit diese nun auch einmal die andere Seite der Medaille erfahren kann, könnte sie sich die Aufgabe gestellt haben, in ein Leben einzutauchen, in dem es eher chaotisch zugeht, in dem sie nicht alles in den Griff bekommen kann. Um ein Beispiel zu haben, könnte man da an eine alleinerziehende Frau denken, der die Arbeit, die ihr ihre Kinder und ihr Haushalt machen, über den Kopf zu wachsen droht. Auch so etwas ›Banales‹ kann sehr wohl eine Lebensaufgabe sein.

Man könnte auch an recht extreme Beispiele denken. So ist es durchaus möglich, dass eine Seele sich nur deshalb verkörpert, um erneut das Eintauchen in die Materie zu erfahren, um sich dann – vor, während oder kurz nach der Geburt – wieder in die geistige Welt zurückzuziehen. Wie wir noch sehen werden, könnte es sich auch so verhalten, dass sich eine Seele regelrecht opfert, um den Eltern eine für sie notwendige Erfahrung zu schenken, an der sie wachsen können (☞ Kapitel 10, S. 264ff.). Wenn beispielsweise ein Kind mit einer Behinderung geboren wird, *könnte* es durchaus so sein, dass die Seele das in der geistigen Welt geplant hat, um in einem solchen Leben recht radikale Erfahrungen machen zu können, die sie aber letztlich einen entscheidenden Schritt in ihrer Entwicklung voranbringen können. In einem solchen Fall können die Eltern an der schweren Aufgabe, ihr Kind zu betreuen und zu umsorgen, ebenfalls reifen und einen großen geistig-seelischen Entwicklungsschritt machen (☞ auch Anhang A.3, S. 391ff., Geschichte *»Das selbst gewählte Schicksal«*).

Man kann immer wieder von Menschen hören oder lesen, denen ihre Lebensaufgabe – bisweilen schon in sehr jungen Jahren – als eine Ahnung oder verschleierte Gewissheit aufdämmerte. Zahlreiche Musiker und Künstler wussten schon in ihrer Kindheit, dass sie es einmal auf diesem Gebiet zu etwas Besonderem bringen wollten.

Betrachten wir ein zeitgenössisches Beispiel: Der deutsche Pianist Martin Stadtfeld schreibt auf seiner Homepage, dass es für ihn schon mit sieben Jahren feststand, später einmal Konzertpianist zu werden. Heute ist er ein gefeierter Pianist, der schon zahlreiche Preise gewonnen hat. Seit dem Wintersemester 2023/24 ist er Professor an der Hochschule für Künste in Bremen.[36]

Dann gibt es zahlreiche Jugendliche oder junge Erwachsene, die den inneren Drang verspüren, eine Sprache zu lernen, die in der Schule nicht gelehrt wird. Meistens können sie sich selbst nicht erklären, warum sie gerade diese Sprache, die sie sich bisweilen auf autodidaktischem Wege aneignen, lernen wollen. Ihre Eltern und Freunde können das ebenso wenig verstehen und versuchen oftmals, sie von ihrem Vorhaben abzuhalten. Doch die jungen Menschen lassen sich nicht beirren und lernen fleißig weiter. Jahre später erweist sich der Grund. Genau in dem Land, in dem die erlernte Sprache gesprochen wird, finden sie die Aufgabe, die sie erfüllt, ihre Lebensaufgabe.

Ein ganz besonders markantes Beispiel für diese Tatsache soll aus dem Buch *»Was Engel uns heute mitteilen wollen«* von Irene Johanson zitiert werden: *»Das Kind einer bürgerlichen Familie wurde von einem christlichen Priester getauft, der ein bekannter*

Indologe und ein Kenner des Buddhismus war. Nach der Taufe sagte er zu den Eltern: ›Dieses Kind wird einmal eine Brücke bauen zwischen Ost und West.‹ Es war der einzige Sohn seiner Eltern, und es war ihnen gar nicht angenehm, sich vorzustellen, dass ihr Kind womöglich einmal sehr weit von ihnen entfernt leben würde. Sie sagten dem Knaben darum nichts von den Worten des Priesters.

Als das Kind mit fünf Jahren im Gespräch der Erwachsenen das Wort ›Japan‹ auffing, rief es : ›Japan, da bin ich zuhaus'.‹ Der Vater meinte nur, er wisse doch gar nicht, wo Japan liege. Das irritierte den Knaben, und er sagte nichts mehr. Aber mit 13 Jahren begann er, Japanisch zu lernen. Nach dem Abitur bekam er in Bonn eine Anstellung an der japanischen Botschaft. Er fuhr zum ersten Mal nach Japan und merkte gleich, wie wahr sein Wort aus Kindermund gewesen war. Er wurde der erste europäische Meister in der zenbuddhistischen Teezeremonie. Er kam nach Deutschland zurück und teilte seinen Eltern mit, dass er den Ruf an die Waseda-Universität in Tokio angenommen habe, um dort als Deutschprofessor bis zu seinem 70. Lebensjahr zu wirken. Erst auf dem Bahnhof beim Abschied von seinen Eltern erzählten ihm diese, was der Priester nach seiner Taufe zu ihnen gesagt hatte.

Nun begann sich das Schicksal zu erfüllen, und der junge Mann fühlte sich ganz und gar identisch damit. Er verband sich tief mit der japanischen Kultur und mit den Wurzeln dieses Volkes. Er war wohl selber als Individualität schon mit diesen Wurzeln verbunden gewesen. In diesem Leben vermittelte er dem japanischen Wesen ein Christentum, das die spirituellen Tatsachen, die im Buddhismus leben, einbezieht. Und Europäern vermittelte er einen Buddhismus, der sich seit Buddhas Zeiten im Sinne des Christuswirkens weiterentwickelt hat. Er wurde als überzeugter Christ buddhistischer Priester. Darin erlebte er seine Identität, die schon bei seiner Taufe vom Taufenden wahrgenommen worden war. Die Engelsführung geht über alle konfessionellen Grenzen hinaus. Das war die unausgesprochene Botschaft dieses Erdenlebens.«[37]

Vielleicht erlauben Sie dem Verfasser, an dieser Stelle etwas ganz Persönliches zu schildern. Es geht dabei um ganz sonderbare Träume, die ich als Kind hatte und die vermutlich einen Hinweis auf meine Lebensaufgabe, die ich viel später ergriff, gaben:

Bis zu meinem neunten Lebensjahr lebte ich mit meinen Eltern in einer kleinen Wohnung, in der es kein Kinderzimmer gab. Daher musste ich im Bett meiner Eltern schlafen. Da mein Vater meistens Nachtschicht hatte, stellte das aber überhaupt kein Problem dar.

Wenn ich so auf dem Rücken im Bett lag und es noch hell war, fiel mein Blick immer auf den Kleiderschrank, der an der gegenüberliegenden Wand stand. Auf dem Schrank lagen zwei Reisekoffer, die etwa die Hälfte des Platzes beanspruchten. Die andere Hälfte war frei. Dort lag nichts.

Nun aber zu meinen sonderbaren Träumen. Es war stets der gleiche Traum, der sich innerhalb mehrerer Monate einige Male wiederholte. Der Traum als solcher, der im

Grunde gar keine Handlung hatte, war höchst unspektakulär. Ich denke, dass ich etwa fünf Jahre alt war, als ich diesen Traum zum ersten Mal hatte.

Ich lag in dem besagten Bett und richtete meinen Blick auf den Schrank. Was war passiert? Auf der rechten Hälfte, die eigentlich immer leer war, standen etwa zehn Bücher. Es waren ungewöhnlich große und dicke Bücher, deren Höhe und Breite variierten. Einige Bücher waren weiß, andere rot. Die Buchrücken, die ich vom Bett aus genau sehen konnte, waren leer. Weder Buchstaben noch Symbole noch Bilder oder dergleichen waren dort aufgedruckt.

Sie werden vermutlich denken, das sei aber ein geradezu langweiliger Traum, über den sich nicht zu reden lohnt.

Es gab allerdings sehr wohl etwas höchst Bemerkenswertes: Zum einen wiederholte sich dieser Traum in den folgenden Monaten, und zwar in absolut identischer Form, ohne auch nur die kleinste Modifikation. Dann war es einer der wenigen Träume, die man nie vergisst. Also, ich kann mich noch heute – knapp siebzig Jahre später – so genau daran erinnern, als wenn ich ihn gestern frisch geträumt hätte. Ich kann mich auch noch gut in die Verwunderung und Ratlosigkeit, die ich damals verspürte, sowie in jedes einzelne Gefühl, das in mir aufstieg, hineinversetzen. Auch wenn ich die Botschaft lange Zeit nicht verstand, so war mir sofort klar, dass der Traum bzw. die Bücher mit mir zu tun hatten. Es hatte irgendwie etwas Bedrückendes; ich hatte den Eindruck, dass da später einmal cinc gewaltige Arbeit auf mich zukommen werde.

Dann war noch etwas sehr erstaunlich und sonderbar. Ich hätte damals nicht mit absoluter Sicherheit sagen können, ob es wirklich ein Traum war. Zu sehr unterschied sich dieser von allen anderen Träumen. Also, manchmal hatte ich das Gefühl, dass ich wach im Bett liege und die Bücher lediglich übersinnlich oder paranormal wie in einer Art Vision schaue. Auch heute maße ich mir nicht an, diese Frage endgültig klären zu können, zumal es letztendlich ja auch sekundär ist.

Immerhin glaube ich, dass mir Jahrzehnte später der Traum oder die Schauung enträtselt wurde. Ich bin mir fast sicher, dass ich dadurch auf meine Lebensaufgabe gestoßen wurde, die darin besteht, Bücher zu schreiben, die für andere Menschen nützlich und hilfreich sind.

In der Tat hat mir das Schreiben schon in der Volksschule sehr viel Spaß gemacht. Wenn wir einen Aufsatz über ein Thema, das mich besonders interessierte, schreiben mussten, hätte ich am liebsten endlos weitergeschrieben. Meine Lehrer tadelten mich oft dafür, dass meine Aufsätze viel zu lang seien. Später als Erwachsener habe ich dann in meinen Dreißiger- und Vierzigerjahren eine Vielzahl mathematischer und IT-spezifischer Schulungsunterlagen für meine Schüler und Seminarteilnehmer geschrieben. Diese sehr zeitaufwendigen und unentgeltlichen Arbeiten fielen ausnahmslos in meine Freizeit. Jahre später habe ich Ortschroniken und etliche Familienchroniken verfasst, die vielen Menschen große Freude bereitet haben. Vor knapp zwanzig Jahren habe ich damit begonnen, spirituelle Werke zu schreiben.

Nun ist mir auch klar, warum die Bücher, die ich in meiner Vision gesehen hatte, unbedruckt waren. Es war ja meine Aufgabe, diesen Inhalt und einen Titel zu geben.

Wenngleich mir das Schreiben bis zum heutigen Tage immer sehr viel Freude bereitet hat, so war es doch eine Herkulesaufgabe. Über viele Jahre hindurch habe ich abends nach Dienstschluss, am Wochenende und im Urlaub daran gearbeitet, so dass meine Freizeit immer viel zu kurz kam.

Mittlerweile habe ich deutlich mehr Bücher geschrieben, als ich damals auf dem besagten Kleiderschrank ›sah‹. Allerdings sind sie nicht so dick. Warum einige der Bücher, die ich in meinen Träumen oder Visionen wahrgenommen habe, weiß und andere rot waren, hat sich mir bis heute nicht zur Gänze entschlüsselt. Möglicherweise symbolisierte die eine Farbe meine wissenschaftlich-weltlichen und die andere meine spirituellen Werke...

Selbstverständlich *kann* auch der Beruf, den ein Mensch wählt, ganz wesentlich mit seiner Lebensaufgabe zu tun haben. Damit soll natürlich nicht gesagt sein, dass sich die Seele schon im Vorgeburtlichen vornimmt, später genau diesen oder jenen und keinen anderen Beruf zu ergreifen. Dennoch ist es häufig so, dass ein bestimmter Beruf am besten oder zumindest besonders gut geeignet ist, um die Lebensaufgabe erfüllen zu können.

Bis vor einigen Jahrzehnten hat man den Begriff »Beruf« noch als etwas aufgefasst, zu dem man sich *berufen* fühlte. Schon im Schüleralter wussten viele ganz genau, welcher Beruf für sie der passende ist. Möglicherweise hatte man noch eine instinktive Ahnung, dass man sich für diese Art der Tätigkeit in der geistigen Welt entschieden hatte. Einen solchen Beruf übten die meisten Menschen bis zum Erreichen des Rentenalters aus, ohne ihre Entscheidung jemals in Frage gestellt zu haben.

Heute verwendet man in der Alltagssprache kaum noch den Terminus »Beruf«. Vielmehr spricht man von »Job«. Mit diesem ist im Grunde eine ganz andere Bedeutung verbunden. Einen Job nimmt man an, weil man vielleicht nicht weiß, welche Tätigkeit eigentlich zu einem passt oder weil dieser besonders lukrativ ist. Einen Job wird man häufig wechseln, sofern man einen anderen findet, der besser dotiert ist. Es gibt heute nur noch wenige Berufe, zu denen sich viele, die sie ausüben, wirklich berufen gefühlt haben. Hier ist insbesondere an Priester, Ärzte, Krankenschwestern, Altenpfleger, Erzieher und Lehrer zu denken.

Da in unserer Zeit die wohl weitaus meisten Menschen keinen Beruf ausüben, sondern einem Job nachgehen, treten immer mehr Probleme auf, die man früher nicht kannte. Etliche Menschen sind mit ihrer Tätigkeit unzufrieden, fühlen sich durch das, was sie Tag für Tag machen, unbefriedigt, was zu psychischen Störungen bis hin zum Burnout führen kann. Mit einem ähnlichen Phänomen hat man es bei der Midlife-Crisis, in die heute insbesondere viele Männer im vierten oder fünften Lebensjahrzehnt fallen, zu tun. Diese muss nicht unbedingt, zumindest nicht zwangsläufig damit zusammenhängen, dass man mit seiner beruflichen Tätigkeit unzufrieden ist. Vielmehr haben diese Menschen ganz allgemein das Gefühl, dass ihr bisheriges Leben sie nicht befriedigt oder gar glücklich gemacht hat. In beiden Fällen ist es häufig so, dass es in der Seele rumort. In ihren Seelentiefen spüren diese Menschen, dass sie ihrer Lebensaufgabe bisher nicht gerecht geworden sind. Freilich wird ihnen das nicht bewusst, da sie vermutlich gar nicht ahnen, dass sie sich schon vor ihrer Geburt etwas Bestimmtes vorgenommen haben – sofern sie überhaupt eine vorgeburtliche Existenz für möglich halten. Auch gibt es unzählige ältere Menschen, die mit sich und ihrem Leben äußerst unzufrieden sind. Als Gründe dafür sehen sie meistens nur äußere Misslichkeiten, die, wie sie glauben, nichts mit ihnen zu tun haben. Oftmals ist es aber so, dass sie instinktiv spüren, dass sie versäumt haben, etwas Wichtiges zu tun, wenngleich sie keine Ahnung haben, um was es sich handeln könnte.

Auf die Frage, was das Wichtigste im Leben sei, antworten die meisten Zeitgenossen stereotyp: »Natürlich die Gesundheit!« Dem könnte man nun entgegnen: »Falsch! Viel wichtiger ist es, dass wir unserer Lebensaufgabe gerecht werden, dass wir diese erkennen, ergreifen und erfüllen. Dazu sind wir auf dem physischen Plan angetreten.« Gesundheit ist allenfalls häufig eine Voraussetzung dafür, dass wir unsere Lebensaufgabe erfüllen können.

Der bekannte amerikanische Schriftsteller Mark Twain (1835 bis 1910) drückte es so aus: *»Die zwei wichtigsten Tage in deinem Leben sind der Tag, an dem du geboren wirst, und der Tag, an dem du herausfindest, wozu.«*

Oftmals haben sich doch in unseren jungen Jahren Geschehnisse ereignet, denen wir damals keine Bedeutung beigemessen, die wir für banal, vielleicht sogar für störend und nutzlos gehalten haben. Wenn wir dann älter geworden sind, konnten wir erkennen, dass sich diese Geschehnisse als absolut sinnvoll und vielleicht sogar notwendig erwiesen haben, damit wir später etwas Bestimmtes leisten konnten.[38] Es gibt immer wieder Menschen, denen es am Lebensende, wenn sie unbefangen auf ihr Leben zurückblicken, zu erkennen gelingt, dass diesem ein Plan zugrunde lag.

So schrieb Karl Ludwig von Knebel sechs Wochen vor seinem Tod im Rückblick auf sein Leben über die innere Stimmigkeit des Schicksals, durch die sich das menschliche Leben als eine sinnvolle Ganzheit erkennen lässt: *»Man wird bei genauerer Beobachtung finden, dass in dem Leben der meisten Menschen sich ein gewisser Plan findet, der, durch eigene Natur, oder durch die Umstände, die sie führen, ihnen gleichsam vorgezeichnet ist. Die Zustände ihres Lebens mögen noch so abwechselnd und veränderlich sein, es zeigt sich doch am Ende ein Ganzes, das unter sich eine gewisse Übereinstimmung bemerken lässt. Ich habe dieses, bei meinem hohen Alter, unter den mancherlei Umständen, die mein Leben leiteten, sonderlich bemerkt. Es ist nicht meine Absicht, und würde sich eben auch nicht sonderlich belohnen, solche einzeln hier anzuführen; aber wenn ich nun zusammenrechne, was mein und der Meinigen Los im Leben also gewürfelt hat, so finde ich in dem Fazit meist überall vollkommene Übereinstim-*

mung. Die Hand eines bestimmten Schicksals, so verborgen sie auch wirken mag, zeigt sich auch genau, sie mag nun durch äußere Wirkung oder innere Regung bewegt sein; ja, widersprechende Gründe bewegen sie oftmals in ihrer Richtung. So verwirrt der Lauf ist, so zeigt sich doch immer Grund und Richtung durch.«[39]

Auch wenn es darum geht, unsere Lebensaufgabe anzupacken, von der wir ja ebenfalls nichts mehr wissen, ist unser Engel wieder bereit, uns den einen oder anderen zarten ›Schubser‹ zu geben. Ein einfaches gleichnishaftes Beispiel aus dem Erdenleben kann vielleicht verdeutlichen, wie unser Engel uns dabei unterstützt, unsere Lebensaufgabe erkennen und ergreifen zu können.

Stellen Sie sich einen Mann vor, der nach reiflicher Überlegung den Entschluss gefasst hat, in seiner Heimat alle Zelte abzubrechen, um in einem fremden Land neu anzufangen. Sein Plan ist es, sich dort ein Häuschen zu kaufen und Schafe zu züchten. Nun hat der Mann aber ein Problem: Sein Kurzzeitgedächtnis ist nicht das beste. Er vergisst viele Dinge wieder sehr schnell – so wie das etwa bei einer Demenzerkrankung der Fall sein kann. Jetzt kommt er in dem fremden Land an. Er kann sich aber gar nicht mehr so richtig erinnern, was er hier wollte. Nun gibt es zwei Möglichkeiten: Entweder führt er jetzt ein recht unorientiertes, vielleicht sogar chaotisches Leben und fragt sich andauernd nach dem Sinn seines Aufenthaltes in der Fremde – oder er hat Glück! Das Glück bestünde nun darin, dass er einen Freund zur Seite hat, der ihn immer wieder einmal ganz vorsichtig daran erinnert, welche Ziele er mit seiner Auswanderung verbunden hat. Der Freund würde ihm aber niemals vorschreiben, was er zu machen hat. Er würde ihn nur ganz behutsam an seine *eigenen* Absichten erinnern und nicht enttäuscht sein, wenn der andere diese Anregungen verwerfen würde.

Es sei noch kurz erwähnt, dass wir Menschen im Leben auch noch vor etliche andere kleine und große Aufgaben, die für unsere Entwicklung förderlich sind, gestellt werden, unabhängig davon, ob wir uns diese in unserem vorgeburtlichen Dasein ausgesucht haben. Wenn es uns nicht gelingt, diese als solche zu erkennen und zu bewältigen, werden wir in einer der folgenden Inkarnationen wieder mit den gleichen oder vergleichbaren konfrontiert.

9.5.2 Die *globalen* Lebensaufgaben

Neben dieser individuellen Lebensaufgabe gibt es auch solche Aufgaben, die einen umfassenderen, globaleren Charakter haben, die für ein *ganzes Volk* oder sogar für die *ganze Menschheit* – und somit natürlich auch für jeden einzelnen Menschen – einer bestimmten Epoche gelten. Auch hier hat man es im Normalfall mit mehreren Aufgaben zu tun, die von Epoche zu Epoche sehr unterschiedlich ausfallen können. Was könnten die großen Aufgaben sein, vor denen die heutige Menschheit steht?

Jemand, der mit offenen Augen durchs Leben geht, wird die Fülle der Probleme und Krisen, die es heute auf allen Ebenen gibt, sowie etliche höchst bedenkliche Entwicklungen und Bestrebungen kaum übersehen können. In all diesen Fällen handelt es sich um gewaltige Herausforderungen, vor die uns die Widersacher stellen. Einige ganz konkrete Beispiele für diese Verirrungen und Verkehrtheiten werden wir in Kapitel 12 betrachten. Es ist zunächst einmal die Aufgabe der Menschen, diese ganzen Probleme zu erkennen, anstatt die Augen vor ihnen zu verschließen, was gewiss viel bequemer wäre.

Dann gibt es in der Gegenwart eine ganz herausragende Aufgabe, mit der wir Menschen von den Weltenlenkern beauftragt sind. Diese Aufgabe umfasst im Grunde alle übrigen; sie schließt sie gewissermaßen mit ein. Sie ist so gewaltig, dass die große Mehrheit der Menschheit vermutlich noch viele weitere Inkarnationen benötigt, um sie wirklich erfüllen zu können. Worum geht es dabei?

Es geht für uns Menschen darum, *wirklich freie* Wesen zu werden, Wesen, die aus freiem Entschluss, ohne jedwede Nötigung und ohne dem blind zu folgen, was *menschliche* Autoritäten vorschreiben, dasjenige tun, was der geistigen Welt angemessen ist, Wesen, die in absolut uneigennütziger Liebe ihren Menschenbrüdern und Mitgeschöpfen begegnen.

Wie können wir letztlich diese Freiheit, derer wir uns voll bewusst sein können und müssen, gewinnen? Dic Antwort gibt uns der Christus, der überhaupt erst die Möglichkeit geschaffen hat, dass wir zur *wahren* Freiheit kommen können. Er hat ja verheißen, den »Geist der Wahrheit« zu senden. Wie man bei Johannes im 8. Kapitel nachlesen kann, sagt Er: *»Und ihr werdet die Wahrheit erkennen, und die Wahrheit wird euch frei machen.«*[40]

Offensichtlich ist das Erkennen der Wahrheit eine absolut notwendige Voraussetzung, damit wir Menschen wirklich und wahrhaft frei werden können. Diese Wahrheit müssen wir immer mehr zu erkennen und zu erfassen lernen.

Hierbei kommen uns wieder die beiden Widersacher, Luzifer und ganz besonders Ahriman mit ihren Scharen, in die Quere. Sie setzen alles daran, uns das Auffinden und das Erkennen der Wahrheit gewaltig zu erschweren. Luzifers Bestreben ist es, uns zu verblenden und uns in allerlei Illusionen und Täuschungen zu führen. Ahriman möchte uns zu Lügnern machen. Er ist nicht nur der Herr des Intellekts, sondern – wie bereits in der Bibel steht – auch der »Vater der Lüge«.[41] Rudolf Steiner sagte voraus, dass eine Zeit kommen werde, in der man das, was wahr ist, als falsch und das, was falsch ist, als wahr bezeichnen werde. Diese Zeit scheint schon gekommen zu sein. Wenn man heute mit wachen Sinnen in die Welt schaut, so lassen sich die Versuche der beiden Widersacher, uns Menschen durch die Münder ihrer nützlichen menschlichen Handlanger zu beeinflussen und zu manipulieren, nicht übersehen, unabhängig davon, ob man dabei an die Politik, die Wirtschaft, die Wissenschaft, die Religion oder das ganz normale private Leben eines jeden einzelnen Menschen denkt. Wohl noch nie wurde die Welt von einem derartigen Lügengeflecht überzogen wie in der Gegenwart. Noch nie wurde so viel Unwahres gesagt und gedacht. Es ist oftmals alles andere als einfach zu unterscheiden, was Wahrheit und was Lüge ist. Politische Agenden geben vor, was die Menschen für wahr und was für falsch halten sollen. Betrachten wir nur einige dieser unsinnigen und zum Teil geradezu teuflischen Narrative, die im Zusammenhang mit der Corona-Pandemie oder gegenwärtig im Hinblick auf den Krieg in der Ukraine oder hinsichtlich der vermeintlichen Klimakatastrophe verbreitet werden: »Die Impfungen sind wirksam und sicher«, »Wer sich nicht impfen lässt, verhält sich unsolidarisch«, »Impfen ist ein Akt der Nächstenliebe«, »Wir haben eine Pandemie der Ungeimpften«, »Ungeimpfte Kinder töten ihre Großeltern«, »Im nächsten Frühjahr wird es nur noch Geimpfte, Genesene und Verstorbene geben«, »Die Demokratie wird in der Ukraine verteidigt«, »Waffen senden – Frieden spenden«, »Die Menschen tragen die Schuld am Klimawandel«, »Die Erde brennt«.

Wer diese Narrative in Frage stellt, wird auf das Übelste beschimpft, diffamiert und ausgegrenzt, was mittlerweile schon zu einer unübersehbaren Spaltung der Gesellschaft geführt hat. Es findet ein gewaltiger Feldzug gegen den Individualismus, gegen das Individuelle eines jeden einzelnen Menschen statt. Auch dies alles spielt Ahriman in die Karten. Das Verbreiten von Angst und Panik sowie die Entzweiung der Menschen gehört ebenfalls zu seinen Waffen, wodurch er die Menschen verunsichern und sie von ihrer normalen und insbesondere von einer spirituellen Lebensführung abbringen will. Wie viel Angst und Panik wurde – um nur ein Beispiel zu erwähnen – in der sogenannten »Corona-Pandemie« von allen Seiten geschürt! Das Virus wurde als »Killer-Virus« bezeichnet, das Millionen Menschen töten würde.

Das sollte uns aber nicht verzweifeln lassen. Wir sollten es vielmehr als eine große Chance, als eine große Herausforderung auffassen. Nur durch unsere gewaltigen Anstrengungen, das gigantische Netz der Illusionen, Täuschungen, Heucheleien, Lügen, Manipulationen und Panikmache zu durchschauen und die Ambitionen Luzifers und Ahrimans zu erkennen, kann es uns letztlich möglich werden, zur *Wahr*heit und somit auch zur *wahren* Freiheit zu finden.

Was ist eigentlich Wahrheit? **»Was wirklich Wahrheit ist, das entsteht nicht und vergeht nicht: Das hat eine Bedeutung, die nicht vernichtet werden kann. – Dem widerspricht es nicht, dass einzelne menschliche ›Wahrheiten‹ nur einen vorübergehenden Wert haben, weil sie in einer gewissen Zeit als teilweise oder ganze Irrtümer erkannt werden. Denn der Mensch muss sich sagen, dass die Wahrheit doch in sich selbst besteht, wenn auch seine Gedanken nur vergängliche Erscheinungsformen der ewigen Wahrheiten sind.«**[41a]

Einen großen Schritt auf dem Wege zur Wahrheit können wir machen, indem wir uns mit der anthroposophisch orientierten Geisteswissenschaft, die uns Rudolf Steiner vor

100 Jahren im Auftrag der geistigen Welt geschenkt hat, beschäftigen. So ist es etwa für die Engel sowie alle geistigen Wesen der höheren Hierarchien von großer Bedeutung, wenn wir uns Gedanken über sie und ihre Welt machen. Dadurch können sie uns auch helfen, die Wahrheit mehr und mehr zu erkennen. **»Es ist eine reale Beziehung zwischen der geistigen Welt und der menschlichen Welt. Und diese reale Beziehung kommt auch dadurch zum Ausdruck, dass die geistigen Wesen, die die geistige Welt außer uns bewohnen, dass diese geistigen Wesen mit Wohlgefallen, mit Befriedigung, mit Genugtuung hinblicken können auf die Gedanken, die wir uns über ihre Welt machen können. Nur dann können sie uns helfen, wenn wir uns Gedanken über sie machen können, wenn wir auch noch nicht dahingelangt sind, hellseherisch in die geistige Welt hineinzublicken, sie können uns helfen, wenn wir von ihnen wissen. Dafür, dass wir Geisteswissenschaft studieren, kommt uns aus der geistigen Welt Hilfe.«**[41b]

Diese Geisteswissenschaft kann jeder studieren und zumindest ein Stück weit verstehen und zu seinem geistigen Eigentum machen, sofern er sich darum bemüht, sofern er ernsthaft bestrebt ist, sich ein Verständnis zu erwerben. Natürlich darf man nicht glauben, dass das einfach wäre. Es sollte keiner die Hoffnung haben, dass irgendein geistiges Wesen – beispielsweise Christus oder der Heilige Geist – uns diese Wahrheit ›über Nacht eintrichtert‹. Diese müssen wir uns selbst mühsam und mit ringender Seele erwerben. Dass uns Luzifer und Ahriman die Wahrheits- und Erkenntnissuche so unsagbar schwer machen, liegt gewiss im Plan der Weltenlenker. Etwas wirklich Großes können wir uns nur dadurch erringen, dass wir möglichst gewaltige Widerstände überwinden. Wir dürfen also nicht etwa erwarten, dass uns die Wahrheit schon dann zufließen würde, wenn wir nur ein paar geisteswissenschaftliche Bücher lesen. Wir müssen uns ein Leben lang mit dieser Wissenschaft befassen und ihre Erkenntnisse in unser alltägliches Leben integrieren. Auch die Tatsache, dass für die meisten von uns dieses Leben zu kurz ist, um ans Ziel zu kommen, darf uns nicht entmutigen. Die Schritte, die wir in diesem Leben auf diesem Wege gehen, müssen wir in unserer nächsten Inkarnation nicht nachholen; vielmehr können wir unseren Weg dann fortsetzen. Dieser Weg, dieses hohe Ziel ist eine notwendige Voraussetzung dafür, dass wir eines urfernen Tages das Menschheitsideal, das Ziel der Götter verwirklichen können.

Auch wenn es gewiss noch sehr lange dauern wird, bis wir durch die Wahrheit zu wirklich und wahrhaft freien Menschen, zu »Geistern der Freiheit« werden, können wir schon deutlich früher einen gewissen Teilerfolg erzielen. Wenn wir geisteswissenschaftliche Erkenntnisse bis zu einem gewissen Grad gewonnen und verinnerlicht haben, ist für uns die Zeit des blinden und naiven Glaubens endgültig vorbei. Dann können wir uns von religiösen, wissenschaftlichen und politischen Dogmen bzw. Führern, die uns gängeln, bevormunden und auf der Kindheitsstufe halten wollen, *frei*machen. Dann können wir uns gegenüber den staatlichen, wissenschaftlichen und kirchlichen Autoritäten emanzipieren und uns nicht von ihren mit impliziten Denkverboten einhergehenden Narrativen und Dogmen vereinnahmen lassen. Dann werden wir das, was der Mainstream, der ›unsichtbare Papst der öffentlichen Meinung‹, vorbetet, kritisch hinterfragen. Dann werden wir auch den Materialismus und den Atheismus als das durchschauen, was sie in Wahrheit sind – Hirngespinste.

Rudolf Steiner sprach sich immer wieder entschieden gegen Dogmatismus aus, weil er jedwede Form von autoritativen Belehrungen als unzulässigen Eingriff in die menschliche Freiheit ansah. Daher wollte er für seine Anhänger auch niemals als ›Guru‹ gelten, dem man alle Aussagen nur aufgrund seiner persönlichen Autorität abnehmen sollte. Er forderte vielmehr immer wieder auf, seine Schilderungen mit allen zur Verfügung stehenden Mitteln kritisch zu hinterfragen und zu überprüfen. Freilich gab und gibt es nur wenige Geistesseher, die das Vermögen haben, alles *selbst* zu schauen, zu durchdenken und zu überprüfen, was Steiner dargestellt hat. Zu den eher wenigen begnadeten Sehern der Gegenwart gehört die Eingeweihte Judith von Halle, die mittlerweile die wichtigsten Erkenntnisse des großen Geisteslehrers selbst überprüfen und in vollem Umfang bestätigen konnte.

Wenn wir uns auch noch so intensiv mit spirituellen Themen beschäftigen, so darf das in keinem Fall so verstanden werden, als sollten wir unser ganz alltägliches Leben vernachlässigen oder uns nicht um das, was in der äußeren Welt vorgeht, kümmern. Wir dürfen nicht träumend durchs Erdenleben schreiten oder uns die Probleme schönreden.

Vielmehr sollten wir ein Interesse für alle wichtigen Ereignisse und Geschehnisse der Sinneswelt zeigen und versuchen, diese objektiv und realistisch zu beurteilen. Dabei sollten wir niemals unreflektiert die Meinungen anderer Menschen übernehmen, selbst dann nicht, wenn es sich bei ihnen um hochrangige Persönlichkeiten, denen man vielleicht früher noch Vertrauen schenken konnte, handelt. Wir müssen unterscheiden lernen, was wahr ist bzw. was den Tatsachen entspricht und was nicht. Diese Unterscheidungsfähigkeit können wir übrigens nur im Erdenleben gewinnen. **»Eignen wir uns nicht in der physischen Welt eine Gesinnung für Tatsächlichkeit an, so werden wir sie nicht finden können für die geistige Welt. Deshalb sind wir in die physische Welt hereingestellt, wo wir angewiesen sind, die Übereinstimmung der Vorstellung mit der Objektivität zu suchen, damit wir dieses uns aneignen, damit dieses eine Gewohnheit werde, und wir dieses hineintragen können in die geistige Welt.«**[42]

9.6 Karma und Freiheit widersprechen sich nicht!

Nach allem bisher Gesagten *scheinen* das Gesetz vom Karma und die damit eng verbundene individuelle Lebensaufgabe mit der menschlichen Freiheit nur schwer vereinbar zu sein. Man könnte den Eindruck gewonnen haben, dass letztlich alles vorherbestimmt wäre. Dass Karma und Freiheit sich *nicht* widersprechen, soll im Folgenden zu zeigen versucht werden.

Es könnte etwa der Anschein erweckt worden sein, dass man in seinem ganzen Leben zu kaum noch etwas anderem kommen könne, als seine karmischen Wirkungen aus früheren Leben ›auszubaden‹. Das ist aber ganz gewiss nicht der Fall. Das wäre ja geradezu so, wie wenn ein Bauer im Spätsommer und Herbst nichts anderes mehr täte, als das zu ernten, was er im Frühjahr ausgesät hat. Selbstverständlich wird dieser auch noch ganz andere Dinge tun. Er wird etwa schon die Saat für das nächste Jahr vorbereiten, seine landwirtschaftlichen Maschinen warten und vieles mehr.

So ist es auch insgesamt im Leben eines Menschen. Jeder Mensch hat Tag für Tag die Möglichkeit, Handlungen zu begehen oder Erfahrungen zu machen, die nicht karmisch bedingt sind, sondern einen ganz neuen Einschlag in seinen ewigen Lebenslauf bringen. Diese neue, karmisch unverursachte, aus freiem Willen entsprungene Tat stellt dann karmisch gesehen eine neue, erste Ursache dar. Diese wird dann in einem weiteren Leben natürlich eine karmische Wirkung nach sich ziehen, die je nach Art der Tat als etwas Positives oder aber etwas Negatives auftreten wird. Wenn jemand Disteln sät, kann er natürlich nicht erwarten, Rosen ernten zu können. Im Erdenleben eines jeden Menschen treten fortwährend Ereignisse und Erlebnisse auf, die nichts mit seinen Verdiensten oder Verschuldungen in einem früheren Leben zu tun haben. Solche Ereignisse und Erlebnisse finden dann in der Zukunft ihren karmischen Ausgleich.

Natürlich kann der Mensch denjenigen Ereignissen *im Allgemeinen* nicht entgehen, die eine notwendige karmische Wirkung von Handlungen aus früheren Leben darstellen, seien es positive oder negative. Aber auch in diesem Fall darf man nicht von der Annahme ausgehen, als griffe das Karmagesetz wie eine mathematische Funktion. Der folgende Schluss ist eben *nicht* zulässig: Wenn Handlung x als Ursache veranlagt wurde, dann tritt genau Ereignis y zum Zeitpunkt t als karmische Wirkung ein. Weder der genaue Zeitpunkt, wann diese Wirkung eintrifft, noch das konkrete Ereignis, das die Wirkung repräsentiert, sind voraussagbar, sondern sehr stark von den Bedürfnissen und Lebensbedingungen der jeweiligen Individualität abhängig.

Betrachten wir zur Verdeutlichung ein vergleichendes Beispiel aus dem Alltagsleben. Stellen Sie sich einen Mann vor, der eine Frau auf das Übelste beleidigt. Mit dieser Tat legt er eine Ursache, die ihn früher oder später in irgendeiner Form als Wirkung treffen wird. Nun gibt es aber doch wohl die unterschiedlichsten Möglichkeiten, *wann* und *auf welche Art* ihn diese Wirkung treffen kann. Die möglichen Reaktionen sind zwar nicht mehr unbedingt dem freien Willen des Mannes unterstellt, den er in gewisser Weise durch seine Beleidigung schon missbraucht hat, sehr wohl aber sind sie dem freien Willen der Frau unterstellt. Es könnte sein, dass die Frau ihn umgehend heftig beschimpft. Es könnte sein, dass sie ihm sofort eine schallende Ohrfeige versetzt. Genauso gut wäre es möglich, dass die Frau einfach wortlos geht und den Mann wegen Beleidigung verklagt. Des Weiteren wäre denkbar, dass der Mann ein paar Tage später von dem Gatten der Frau eine Tracht Prügel bezieht. Natürlich könnte die Wirkung auch darin bestehen, dass ihn die Menschen, die von seiner Beleidigung Kunde erhalten haben, zukünftig meiden. Mehrere Seiten dieses Buches reichen nicht aus, um alle denkbaren Wirkungen aufzählen zu können. Sicher ist, dass der Mann die Wirkungen seiner Tat zu spüren bekommt. Es ist aber keineswegs sicher, wann oder wie das geschehen wird. Selbst der Verursacher hätte noch in einem gewissen Rahmen durch seinen freien Willen die Möglichkeit, die Wirkung abzumildern oder in eine ganz andere Richtung zu lenken, indem er sich beispielsweise bei der Frau aufrichtig entschuldigt.

Dass ein Mensch sich dadurch, dass ihn ein Ereignis als karmische Wirkung trifft, unfrei fühlen könnte, liegt nur an der fehlenden Erinnerung. Könnte er sich an seine Tat aus dem früheren Leben erinnern, so wäre es unsinnig, wenn er sich dadurch unfrei fühlen würde. Schließlich hat er aus eigenem Antrieb etwas getan, was eine Auswirkung nach sich ziehen *muss*. Wenn er sich dadurch unfrei fühlen würde, wäre es genauso, wie wenn er sich beispielsweise entschlossen hätte, nach Amerika zu fliegen, und sich dann, dort angekommen, unfrei fühlen würde, weil er nicht innerhalb kürzester Zeit wieder gemütlich im heimischen Wohnzimmer sitzen könnte.

Die karmische Aufgabe, die der Mensch sich als Konsequenz seiner früheren Taten selbst *gesetzt* hat, ist so beschaffen, dass sie zwar mit Notwendigkeit an ihn herantritt, aber auf durchaus andere Weise gelöst werden kann. **»Eine Handlung in der Vergangenheit bestimmt mich zu einer Handlung; die Wirkung meiner Handlung im vergangenen Leben kann nicht beseitigt werden, aber ich kann eine andere Handlung vornehmen und ebenso gesetzmäßig die schädliche Wirkung in eine nützliche Wirkung abändern, nur dass das alles nach den Gesetzen der geistigen Ursachen und Wirkungen verläuft.«**[43]

Es kann bisweilen auch möglich sein, dass einem Menschen eine unangenehme karmische Wirkung dadurch erspart bleibt, dass die alte karmische Ursache gewissermaßen ausgeglichen wird, indem er aus freien Stücken eine besonders gute Tat vollbringt, die für andere Menschen einen Segen bedeuten kann. In diesem Sinne kann man auch die Bitte aus dem *Vaterunser* verstehen: *»Und führe uns nicht in Versuchung.«* Das griechische Wort im Originaltext kann nicht nur mit »Versuchung«, sondern auch mit *»Prüfung«* übersetzt werden, also: *»Und führe uns nicht in die* (karmische) *Prüfung.«* Wir können also den Vatergott bitten, dass wir einen Impuls und die Kraft erhalten, eine solche wertvolle Handlung in die Welt zu stellen, damit uns die eine oder andere harte karmische Erfahrung dadurch erspart bleibt.[44]

In eher seltenen Fällen kann es sogar so sein, dass sich die Seele – natürlich zwar unbewusst, aber doch mit aller Macht – in einem Erdenleben sträubt, die notwendigen karmischen Wirkungen auszuleben, weil sie vielleicht spürt, dass ihr dazu die Kraft oder der Mut fehlen. Nach dem Tod wird die Seele dieses Ausweichen als ein Manko erkennen, und sie muss es in einer späteren Inkarnation nachholen. In einem solchen Fall würde also die Erfüllung des Karma nur verschoben werden, was sich im Allgemeinen negativ auf den Entwicklungsprozess auswirken dürfte. **»Wir können gewissermaßen dadurch, dass wir unser Karma in einer bestimmten Inkarnation nicht erkennen, dadurch, dass wir uns dagegen sträuben, dieses Karma verschieben auf eine spätere Inkarnation. Aber in uns war es doch, es war darinnen in uns. Aus dem einen Leben wischen wir dann gleichsam das Karma weg, weg aus den Geschehnissen des Lebens, die sich zwischen Geburt und Tod abspielen.«**[45]

Wie schaut es mit der Vorherbestimmung in Bezug auf die Lebensaufgabe aus? Stellen wir uns als Beispiel vor, eine Seele habe sich vor einer erneuten Inkarnation vorgenommen, etwas Soziales, etwas zum Wohle anderer Menschen zu tun. Ja, wie viele Möglichkeiten hat sie da in einem Leben, diese Aufgabe zu erfüllen! Der Mensch, in den die Seele einzieht, könnte sich beispielsweise dazu entschließen, Arzt, Krankenschwester, Erzieher, Altenpfleger, Seelsorger oder dergleichen zu werden, um in dieser Funktion für andere Menschen da sein zu können. Zur Erfüllung des Karma bzw. der ganz eng damit zusammenhängenden Lebensaufgabe ist der konkrete Beruf, den jemand ergreift, aber nicht von entscheidender Bedeutung. **»Denn das fortlaufende Karma, der fortlaufende Schicksalsfaden, der geht viel mehr in das menschliche Innere und kümmert sich wenig um äußere und innere Berufe, sondern viel mehr um die inneren Seelenkräfte und Seelenwiderstände, um die moralischen Zusammenhänge, die sich schließlich in jedem äußeren und inneren Berufe kundgeben können.«**[46]

Um in obigem Beispiel zu bleiben, könnte der Mensch es aber auch bevorzugen, einen anderen, nicht-sozialen Beruf zu ergreifen und sich dann in seiner Freizeit zum Beispiel in rührender Weise um behinderte oder ›benachteiligte‹ Mitmenschen kümmern. Er könnte sich aber durchaus auch in dem Unternehmen, in dem er tätig ist, in selbstloser Weise für die Interessen seiner Kollegen einsetzen. Auch hier sind zahllose weitere Möglichkeiten denkbar, in welcher konkreten Form er seine Aufgabe erfüllen möchte, wie sein Leben ablaufen könnte. Dazu ist ihm ja seine Entscheidungsfreiheit gegeben worden. Diese würde es ihm sogar gestatten, auf die Erfüllung einer Lebensaufgabe ganz zu verzichten, falls er den Eindruck hat, damit überfordert zu sein oder falls seine konkreten Lebensumstände sie erschweren. Natürlich würde das die Gefahr in sich bergen, dass er seine Entwicklung nicht in der beabsichtigten und notwendigen Weise vorantreiben würde und diese Aufgabe in einem der nächsten Leben nachholen müsste. Auch die Tatsache, dass unser Engel uns führt, macht uns nicht unfrei. Bei all seinen Bemühungen würde der Engel niemals auf eine diktatorische Art in unser Leben eingreifen. Er würde es als ein schweres Sakrileg empfinden, unseren heiligen freien Willen zu beschneiden. Er führt uns vielmehr – wie bereits erörtert – auf eine äußerst zarte, behutsame und subtile Weise, so dass es jederzeit möglich ist, uns gegen seine ›Eingebungen‹, die wir etwa als ›innere Stimme‹ vernehmen können, zu entscheiden, sofern es uns überhaupt gelingen sollte, diese wahrzunehmen.

Nun müssen wir noch eine eminent wichtige Möglichkeit, einem *anderen* Menschen aus unserer Freiheit heraus eine unangenehme karmische Wirkung ersparen zu können, ins Auge fassen. Kommen wir nochmals auf das Beispiel mit der Frau zurück, die von einem Mann übel beleidigt worden ist. Es wäre ja in diesem Fall auch möglich, dass die Frau dem Mann *verzeiht*. Dann würde keine wie auch immer geartete ›Strafe‹ als Folge seiner Beleidigung auf ihn zukommen.

Bis ins 18. Jahrhundert wurden die Verben »verzeihen« und »verzichten« absolut synonym verwendet. Diese Worte haben also die gleiche Bedeutung und meinen »einen Anspruch aufgeben«. Wenn jemand *verzeiht* – sofern es ehrlich und aufrichtig geschieht – heißt das, dass er keinen Anspruch auf einen karmischen Ausgleich erhebt, dass er also auf eine Wiedergutmachung *verzichtet*. Eine wirklich verziehene Tat ist im ›karmischen Kontobuch‹ ausgelöscht. Natürlich ist das manchmal leicht gesagt. Stellen Sie sich vor, ein anderer Mensch fügt uns oder einem uns nahestehenden Menschen weitaus Schlimmeres zu, als der Mann es durch seine Beleidigung getan hat. Wie schwer kann es uns da fallen, diesem zu verzeihen. Dennoch gehört es zu den größten Idealen unserer Zeit, das Verzeihen zu lernen. Zu einem wahrhaften Verzeihen reicht es nicht aus, die Tat zu vergessen oder zu verdrängen und mögliche rachsüchtige Gedanken aufzugeben. Dazu gehört vielmehr, dass wir ein höchstes Maß an Liebeskraft aufbringen müssen, damit das sofort heilen kann, was ansonsten erst in ferner Zukunft durch den dann notwendigen karmischen Ausgleich heilen könnte. Wer wirklich verzeihen kann, wird zu einem Mitarbeiter der geistigen Wesen der höheren Hierarchien, die an der Ausgestaltung des Karma und seiner Erfüllung wirken. Durch unser Verzeihen werden all die Kräfte frei, welche diese Wesen ansonsten für die Planung des karmisch notwendigen Ausgleichs aufbringen müssten.[47]

Das Verzeihen hat natürlich – wie so vieles andere auch – seine zwei Seiten. Prinzipiell ist es aus den geschilderten Gründen zunächst einmal als ein hohes Ideal aufzufassen, wenn man einem anderen Menschen, der sich in eindeutiger Weise schuldhaft verhalten hat, verzeihen kann. Man sollte einem bestimmten Menschen aber vielleicht nicht absolut alles und jedes verzeihen. Stellen Sie sich einen Menschen vor, der sich sehr häufig an vielen anderen Menschen versündigt hat, der also durch fehlerhaftes Verhalten viel Schuld auf sich geladen hat. Wenn nun diesem *alles* verziehen wird, so wird er nicht vor die Notwendigkeit gestellt, dieses Fehlverhalten karmisch auszugleichen. Er wird also nach seinem Tod nicht den Impuls bekommen, sein Verhalten zu ändern. Dadurch wird ihm aber auch die Möglichkeit genommen, sich durch die ›karmische Erziehung‹ in der richtigen Weise fortentwickeln und vervollkommnen zu können. Er wird im nächsten Leben vermutlich die gleichen Fehler wieder machen.

Dass wir uns überhaupt durch das Karmagesetz unfrei fühlen *könnten*, ist lediglich darin begründet, dass wir uns nicht bewusst sind, dass wir bestimmte Erfahrungen machen müssen, Erfahrungen, die wir uns im vorgeburtlichen Leben weitgehend selbst ausgesucht und bejaht haben, um in unserer Entwicklung voranzukommen. Wenn wir diese Notwendigkeit mit vollem Bewusstsein überschauen könnten, so würden wir die karmischen Wirkungen, so unangenehm sie bisweilen auch sein können, dankbar akzeptieren, weil uns dann klar sein würde, dass wir diese Erfahrungen benötigen. Wer sich durch das Karmagesetz in seiner Freiheit eingeschränkt fühlt, gleicht einem Fisch, der sich dadurch unfrei fühlt, dass er immer im Wasser herumschwimmen muss. Wenn der Fisch die Einsicht hätte, dass er außerhalb des Wassers nicht lebensfähig ist, würde er sich gewiss nicht unfrei fühlen. **»In jedem Moment des Lebens stellt das Karma etwas dar wie die Bilanz eines Geschäftsmannes, die exakte Ziffer von Soll und Haben. Mit jeder Handlung, sie sei gut oder schlecht, vermehrt der Mensch sein Soll oder sein Haben. Wer einen Akt der Freiheit nicht zugeben möchte, würde einem Kaufmann gleichen, der nicht das Risiko einer neuen Geschäftsunternehmung eingehen möchte und sich immer auf dem gleichen Stande der Geschäftsbilanz halten würde.«**[48]

9.7 Das Karma des Judas Iskariot

Wir wollen zum Abschluss dieses Kapitels eine der tragischsten, aber auch interessantesten Persönlichkeiten der Weltgeschichte betrachten – Judas Iskariot.

Wie jeder Leser des Neuen Testaments weiß, war es derjenige Jünger, also Schüler des Christus-Jesus, der ihn verriet, wodurch der Herr von den Häschern festgenommen und schließlich gekreuzigt wurde.

Es ist oftmals so, dass ein Mensch – meistens nur temporär – zum Werkzeug der Widersacher wird, ohne sich dessen bewusst zu sein. So war es auch bei Judas. Schon vor dem letzten Abendmahl am historischen Gründonnerstag hatte ihm Ahriman den Impuls eingepflanzt, seinen Herrn und Meister zu verraten, so dass er sich bereits mit den Hohenpriestern verständigt und einen Lohn ausgehandelt hatte. Man spricht noch heute von einem »Judaslohn«, wenn sich jemand für niederträchtige Machenschaften hergibt und dafür Geld nimmt.

Natürlich wollte Judas nicht, dass sein geliebter Meister ans Kreuz genagelt wird. Wie viele seiner Zeitgenossen war auch er der Auffassung, dass der Messias gekommen wäre, um letztendlich die Juden von der Besatzung durch die Römer zu befreien und dann als weltlicher König der Juden zu regieren. Mit seinem Verrat verknüpfte er das Kalkül, dass der Christus-Jesus seine Festnahme zum Anlass nehmen würde, seine alles überragende Macht zu demonstrieren und die Herrschaft als König der Juden anzutreten. Sehr spät erkannte Judas, dass er sich in einem großen Irrtum befand. Ihn überkam tiefe Reue, und schließlich erhängte er sich.

Davon berichtet der Evangelist Matthäus: *»Als nun Judas, der ihn verraten hatte, sah, dass er verurteilt war, bereute er seine Tat. Er brachte die dreißig Silberstücke den Hohenpriestern und Ältesten zurück und sagte: Ich habe mich vergangen, ich habe unschuldiges Blut verraten. Sie sagten: Was geht uns das an? Sieh du selbst zu!*

Da warf er das Geld in den Tempel, eilte davon und erhängte sich.«[49] Damit ging Judas dem Herrn im Sterben wenige Stunden voraus.

Wir wollen noch einen näheren Blick auf die so tragische Persönlichkeit, den Judas, den Sohn des Simon, werfen. Dieser stammte aus Kariot und trug daher aufgrund seiner Herkunft den Beinamen *Iskariot.* Das, was im Folgenden geschildert werden soll, kann nur bis zu einem gewissen Grad exoterischen Dokumenten entnommen werden. Das Wesentliche kann nur durch hellsichtige Geistesforschung aus der Akasha-Chronik gewonnen werden.

Schauen wir zunächst in die beiden letzten Bücher des Alten Testaments, die als *»Makkabäer-Bücher«* bezeichnet werden. In diesen zwei Schriften ist von fünf Söhnen des Mattathias und von sieben Makkabäersöhnen die Rede. Diese sieben Brüder waren keine eigentlichen Makkabäer. Sie wurden so genannt, weil sie in der makkabäischen Zeit den Tod erlitten. Als »Makkabäer« wurden nur die Mitglieder der Familie des Mattathias bezeichnet. Der dritte Sohn des Mattathias hieß Judas, der üblicherweise Judas Makkabäus genannt wurde.

Über diesen Judas wird in den Makkabäer-Büchern sehr ausführlich berichtet. Er wird dort als ein großer Held beschrieben, der zum aktiven Widerstand gegen die seleukidische Hellenisierungspolitik aufgerufen hatte und nach dem Tod seines Vaters im Jahre 166 v. Chr. die Führung des Aufstandes übernahm. Sechs Jahre später wurde er, der für das Gute eintrat, im Kampf getötet. Die sieben Makkabäersöhne starben den Märtyrertod. **»Und man wird fühlen, dass es nicht eine bloße Redensart, eine Phrase ist, dass den, der ausgerüstet ist mit der okkulten Betrachtungsweise, ein besonderes Gefühl beschleicht, wenn er an das Ende dieses Buches kommt, dort sieben Söhne der Makkabäermutter vor sich hat und fünf Söhne des Mattathias. Fünf Söhne des Mattathias und sieben Söhne der Makkabäermutter, das gibt eine merkwürdige Zwölfzahl, eine Zwölfzahl, die uns auch sonst begegnet, wo wir in die Geheimnisse der Evolution eingeführt werden. Die Zwölfzahl am Ende des Alten Testamentes, in einem Kulminationspunkt dargestellt! Zunächst kann es uns als eine Empfindung beschleichen, wenn die sieben Makkabäersöhne den Märtyrertod sterben. Wie sie nach und nach gemartert werden, wie sie sich aber nach und nach erheben – lesen Sie, welche innere Dramatik darin ist! –, wie zuerst der erste nur hindeutet auf das, was zuletzt in dem siebenten zum Ausdruck kommt als das Bekenntnis der Unsterblichkeit der Seele, wie er so dem Könige entgegenschleudert das Wort:**

Du Ruchloser, du willst ja nichts wissen von dem Auferwecker meiner Seele! – diese dramatische Steigerung von Sohn zu Sohn lasse man auf sich wirken, und man wird sehen, welche Kräfte in der Bibel enthalten sind.«[50]

Warum erwähnen wir das? Nun, wenn sich mehrere Menschen in einem Erdenleben zu einer besonderen Mission zusammenfinden, dann ist es in vielen Fällen so, dass diese schon in einer vorigen Inkarnation in einem gewissen Zusammenhang standen. So war das auch bei den Zwölfen, die der Christus-Jesus zu seinen Aposteln berief. Diese zwölf Persönlichkeiten waren die erwähnten fünf Söhne des Mattathias und die sieben sogenannten Makkabäersöhne, die sich knapp 200 Jahre später in Palästina wiederverkörperten. **»Sie** [die Zwölf] **wurzelten tief in einem Volkstum, das sich gerade wieder in der grandiosesten Weise als Volkstum erfasst hatte. Und sie waren wie mit nackter Seele, mit einfacher Seele dastehend, als der Christus sie wiederfand. [...] Richten konnte sich der Blick des Christus auf die Zwölf: Diejenigen Seelen erschienen wieder, die in den sieben Makkabäersöhnen und in den fünf Söhnen des Mattathias, in Judas und seinen Brüdern, verkörpert waren; daraus setzte sich das Apostolat zusammen. Sie waren hineingeworfen in das Element der Fischer und der einfachen Leute; aber sie waren in der Zeit, als das jüdische Element zu einem Kulminationspunkt hinaufgestiegen war, von dem Bewusstsein durchdrungen, dass dieses Element zu dieser Zeit höchste Kraft war, aber nur Kraft, während es jetzt individualisiert auftrat, als es sich um den Christus herumgruppierte.«**[51]

Judas Iskariot, der zum Verräter wurde, war kein anderer als der reinkarnierte Judas Makkabäus. Interessanterweise trug er in beiden Inkarnationen denselben Namen.

Rudolf Steiner sprach in einem Vortrag über eine Sage, die von Judas Iskariot handelt. Sagen, Legenden und Mythen enthalten im Allgemeinen viel mehr als nur ein Körnchen Wahrheit. Rudolf Steiner bezeichnete die Judas-Sage, die stark an die Ödipus-Sage erinnert, als eine »christliche Wahrheit«. Diese Judas-Sage wollen wir mit eigenen Worten nacherzählen:[52]

Ein Ehepaar wartete schon lange Zeit darauf, dass ihnen endlich ein Sohn geschenkt werde.

Da wurde der Mutter im Traum prophezeit, dass sie einen Sohn bekommen werde. Damit war aber ein gewaltiger Haken verbunden: Der Mutter wurde offenbart, dass dieser Sohn später erst den Vater töten, sich dann mit ihr, der Mutter, vereinen und entsetzliches Unheil über den ganzen Stamm bringen würde.

Als der Knabe dann geboren wurde, setzte die Mutter ihn auf der Insel Kariot aus, weil sie hoffte, dass sich so die fürchterliche Prophezeiung nicht erfüllen würde.

Dort wurde der ausgesetzte Knabe aber von einer Königin gefunden. Da das Königspaar keine Kinder hatte, nahm sie den Knaben mit und zog ihn auf.

Später bekam das Königspaar doch noch ein eigenes Kind. Da fühlte sich der vor Jahren ausgesetzte Findling benachteiligt, und aufgrund seines leidenschaftlichen Temperaments tötete er den Königssohn. Um der Strafe zu entgehen, musste er fliehen und kam schließlich an den Hof des Landpflegers Pilatus. Dort wurde er Aufseher in dessen Hauswesen.

Eines Tages geriet er in einen Streit mit seinem Nachbarn, den er nicht näher kannte. Er wusste lediglich, dass es eben sein Nachbar war. Im Streit erschlug er ihn. Er hatte keine Ahnung, dass es sich bei diesem um seinen leiblichen Vater handelte. Und darauf ehelichte er die Gattin des Nachbarn, die seine Mutter war!

Dieser Findling war der Judas aus Kariot.

Als er sich dann seiner furchtbaren Lage bewusst wurde, flüchtete er wieder.

Schließlich fand er einzig und allein Erbarmen bei demjenigen, der das Erbarmen für alle hatte, die in seine Umgebung traten, der nicht nur mit Zöllnern und Sündern an einem Tische saß, sondern der trotz seines tiefen Blickes auch diesen großen Sünder in seine Nähe nahm; denn es war seine Aufgabe, nicht bloß für die Guten, sondern für alle Menschen zu wirken und sie von der Sünde in das Heil zu führen.

So kam der Judas aus Kariot in die Umgebung des Christus-Jesus und wurde zu einem seiner Jünger.

Und nun brachte Judas Iskariot das prophezeite Unheil in den Kreis des Christus-Jesus hinein, wo er schließlich zum Verräter wurde. **»Im Grunde genommen war das, was sich an ihm erfüllen sollte, schon erfüllt mit dem Vatermord und der Mutterehe. Aber er blieb sozusagen als ein Werkzeug übrig, weil er Werkzeug sein sollte, das böse Werkzeug, welches das Gute herbeiführen sollte, um damit sozusagen noch eine Tat über die Erfüllung hinaus zu verüben. Derjenige, welcher uns in dem Oedipus hingestellt wird, der verliert als die Folge des Unheils, das er gebracht hat, von dem Moment an, wo er dieses Unheil gewahr wird, das Augenlicht. Derjenige aber, der das gleiche Schicksal hat durch seine Verbindung mit der alten Urweisheitserbschaft, er erblindet nicht, sondern er ist dazu ausersehen, das Schicksal zu erfüllen und dasjenige zu tun, was das Mysterium von Golgatha herbeiführt, was den physischen Tod dessen bewirkt, der das ›Licht der Welt‹ ist, und der das Licht der Welt bewirkt in der Heilung des Blindgeborenen. Oedipus musste das Augenlicht verlieren; dem Blindgeborenen gab Christus das Augenlicht. Aber er starb durch denjenigen, welcher vom Charakter des Oedipus war, an dem uns gezeigt sein soll, wie die alte Weisheit allmählich versiegt in der Menschheit, wie sie nicht mehr ausreicht, um den Menschen Heil und Frieden und Liebe zu bringen. Dazu war der Christus-Impuls mit dem Ereignis von Golgatha notwendig.«**[53]

Es mag unserem Verstand wie eine gigantische Paradoxie erscheinen, dass gewisse Ereignisse im Weltgeschehen auf der einen Seite ganz fürchterlich, auf der anderen aber notwendig und höchst fruchtbar sein können.

Das gilt nicht nur für das Wirken der Widersachermächte, sondern auch für den Verrat des Judas. Dieser führte zu dem grausamen und schmählichen Kreuzestod des Erlösers. Andererseits war dieser Tod eine Notwendigkeit für die folgende Auferstehung und aller damit verbundenen segensreichen Folgen, die man in ihrer Tiefe und Bedeutung kaum zu überschauen vermag. Judas war gewissermaßen das Werkzeug zur Erfüllung des großen Weltenplanes.

Wie verlief das weitere Schicksal des Judas Iskariot? Wie ging es mit dieser Individualität weiter?

Wie Rudolf Steiner in der Akasha-Chronik erforschen konnte, wurde Judas Iskariot im 4. nachchristlichen Jahrhundert – rund 320 Jahre nach seinem Suizid – als Augustinus von Hippo (354 bis 430) im nordafrikanischen Thagaste wiedergeboren. Augustinus, der als römischer Bischof die abendländische Geistesgeschichte maßgeblich prägte und die Kirchenlehre und die Traditionen des jungen Christentums entscheidend weiterentwickelte, verfasste zahlreiche Schriften. In 22 Büchern entwickelte er die Idee vom *»Gottesstaat«* (*»De civitate Dei«*). Jahrzehntelang attackierte er die Juden, denen er im hohen Alter in einer Predigt sogar den Vorwurf machte: *»In euren Vätern habt ihr Christus getötet.«* Diese Aussage entbehrt nicht einer großen Ironie, da er selbst es war, der knapp 400 Jahre zuvor durch seinen Verrat die Verantwortung für den Tod des Herrn trug. Augustinus gilt heute als einer der vier großen Kirchenväter. Im Jahre 430 starb er im Alter von 75 Jahren während einer Belagerung Hippos (im heutigen Algerien) durch die Vandalen.

Im 15. Jahrhundert inkarnierte sich Augustinus als Leonardo da Vinci (1452 bis 1519) in dem kleinen Örtchen Vinci in der Nähe der Stadt Empoli in Italien. Leonardo da Vinci machte sich als Maler, Bildhauer, Architekt, Anatom, Mechaniker, Ingenieur und Naturphilosoph einen Namen und gilt als einer der größten Universalgelehrten aller Zeiten. Als Höhepunkt seines malerischen Schaffens gilt sein 4,6 × 8,8 Meter großes Bild *»Das Abendmahl«*. Interessanterweise stellt es genau den Moment dar, in dem Christus-Jesus seinen Jüngern offenbart, dass einer unter ihnen sei, der ihn verraten werde. Möglicherweise ist Leonardo da Vinci, als er dieses Werk schuf, seine Tat aus seiner vorletzten Inkarnation bis an die Schwelle des Bewusstseins gespült worden. Er starb 67-jährig im Jahre 1519 auf Schloss Clos Lucé.[54]

Wenn man die beiden späteren Inkarnationen des Judas Iskariot betrachtet, wird deutlich, dass man in einem folgenden Erdenleben auch die schlimmsten Sünden wieder ausgleichen, wieder gutmachen kann, nachdem man in der Zwischenzeit lange in den übersinnlichen Welten verweilt hat, in denen man seine Verfehlungen aufarbeiten und neue Impulse erwerben konnte.

Kapitel 10

Besondere Gesichtspunkte des Karmagesetzes

> *Das Schicksal setzt sich zusammen*
> *aus zwei Tatsachengestaltungen,*
> *die im Menschenleben zu einer*
> *Einheit zusammenwachsen.*
> *Die eine entströmt dem Drange*
> *der Seele von innen heraus;*
> *die andere tritt von der Außenwelt her*
> *an den Menschen heran.*
> **Rudolf Steiner**[1]

In diesem Kapitel wollen wir den Blick auf einige besondere Gesichtspunkte des großen kosmischen Schicksalsgesetzes werfen, welche dasjenige, was wir im vorigen Kapitel geschrieben haben, ergänzen, vertiefen und abrunden.

Es soll zunächst nochmals ausdrücklich erwähnt werden, dass es sich bei allen Darstellungen, die in diesem Buch gegeben werden, *nicht* um Theorien oder Spekulationen handelt. Vielmehr basieren sie auf gewissenhaften geistigen Forschungsergebnissen Rudolf Steiners, die er nicht zuletzt aus der Akasha-Chronik, in der er verschiedene Inkarnationen zahlreicher Individualitäten zu verfolgen vermochte, gewinnen konnte. Diese geisteswissenschaftlichen Forschungsmethoden stehen, was Exaktheit und Präzision angeht, den naturwissenschaftlichen in nichts nach. Viele dieser Erkenntnisse werden von heutigen Geistessehern, insbesondere von Judith von Halle, vollumfänglich bestätigt.

10.1 Karma und Begabungen

Wie wir bereits ausführlich erläutert haben, kann man eine besondere Begabung oder gar Genialität, die ein Mensch aufweist, *nicht* – oder allenfalls nur sehr bedingt – aus den Kräften der Vererbungsströme erklären. Damit ein Mensch in seinem Leben mit einem besonderen Talent auftreten oder gar als großes Genie aufleuchten und wirken kann, muss er vielmehr in seinen früheren Verkörperungen und auch im Leben zwischen Tod und neuer Geburt die dazu benötigten Voraussetzungen bzw. Ursachen geschaffen haben. Das Talent ergibt sich im Wesentlichen als karmische Folge von dem, was die entsprechende Individualität in vorausgegangenen Inkarnationen erworben, geleistet und erarbeitet hat.

Es ist ja wohl kaum anzunehmen, dass besonders herausragende Menschen in früheren Leben durchschnittliche oder gar ausgesprochen schlichte Zeitgenossen waren. Erst wenn man weiß, wie bestimmte hochveranlagte Menschen in einer oder mehreren ihrer vorausgegangenen Inkarnationen gelebt haben, was sie damals durchgemacht und wie sie gedacht und gehandelt haben, kann man ein Verständnis dafür gewinnen, woher ihre außergewöhnlichen Begabungen rühren. Für das Thema dieses Abschnitts wollen wir drei Menschen herausgreifen, die man als besonders begabt oder sogar genial auf einem bestimmten Gebiet bezeichnen muss.

Betrachten wir zunächst Johann Gottlieb Fichte (1762 bis 1814).

Fichte war Professor für Philosophie und ein begnadeter Schriftsteller. Er gilt neben Schelling und Hegel als der bedeutendste Vertreter des deutschen Idealismus. Für seine herausragenden Fähigkeiten kann man eine Erklärung finden, wenn man weiß, welche früheren Erdenleben seiner Inkarnation als Fichte vorausgegangen sind.

Eine Inkarnation, auf die Rudolf Steiner zurückschauen konnte, führt in die Zeit, als der Christus-Jesus auf der Erde wandelte. Die Individualität Fichtes war damals verkörpert als Philo von Alexandrien (ca. 15 v. Chr. bis 40 n. Chr.). Philo war der bekannteste Denker des hellenistischen Judentums. Er vermittelte zwischen Judentum und Hellenismus. Seine Schriften, die stark philosophisch durchdrungen waren, galten vorwiegend der Auslegung der *»Thora«*, der fünf Bücher Mose.

Philo verkörperte sich viele Jahrhunderte später als Baruch de Spinoza (1632 bis 1677). Der niederländische Philosoph gilt als der Begründer der modernen Bibel- und Religionskritik. Er schrieb mehrere Werke über »Ethik« und arbeitete am *»Tractatus de intellectus emendatione«* (»Abhandlung über die Verbesserung des Verstandes«).

Bereits 85 Jahre nach seinem Tod inkarnierte er sich dann als Fichte.[2]

Zu den bedeutendsten Dichtern seiner Zeit gehörte Gotthold Ephraim Lessing (1729 bis 1781). Er studierte zunächst auf Wunsch seines Vaters kurz Theologie. Dann begann er, sich für Poesie und Theater zu interessieren. Mit seinen Dramen und Schriften hat er der Entwicklung des Theaters einen neuen Weg gewiesen. Er gilt als der erste Journalist Mitteleuropas. Wie bereits erwähnt trat er am Ende seines Lebens mit der Verkündigung der wiederholten Erdenleben auf.

In der vorchristlichen Zeit, als die griechischen Mysterien noch in voller Blüte waren, war er ein Eingeweihter.

Im 13. Jahrhundert war er als ein Mitglied des Dominikanerordens inkarniert. Schon in dieser Verkörperung war er ein ausgezeichneter Scholastiker, der über eine klare Begriffsschärfe verfügte.[3]

Viele geniale Menschen verdanken ihre Gabe zusätzlich der Tatsache, dass sie in ihrem vorgeburtlichen Dasein in der Geisteswelt, die sie im Verein mit den dort herrschenden Geistwesen sehr bewusst durchlebt haben, die notwendigen Kräfte erworben haben.

Als ein Beispiel für einen solchen Menschen führte Rudolf Steiner den wohl bedeutendsten Schöpfer deutschsprachiger Dichtung an, Johann Wolfgang von Goethe, der am 28. August 1749 in Frankfurt am Main geboren wurde und am 22. März 1832 in Weimar starb. Trotz seiner Bekanntheit sehen viele in ihm nur einen großartigen Dichter. Dass er auch ein großer Denker und ausgezeichneter Naturforscher war, ist weniger bekannt. Wer sich etwas näher mit Leben und Werk Goethes befasst, muss anerkennen, dass er ein Universalgelehrter war, dass er ein großes Genie war.

Ein voriges – nicht das unmittelbar vorausgegangene – Erdenleben Goethes, über das Rudolf Steiner schilderte, lag schon über zwei Jahrtausende zurück. Er lebte in einem späten vorchristlichen Jahrhundert in Griechenland und kam dort viel mit plastischer Kunst und platonischer Philosophie zusammen. Mit riesigem Enthusiasmus hat er in einem Jünglingsdasein die plastische Kunst aufgenommen, **»die zu gleicher Zeit geistig geschaut werden kann, wobei das geistig Geschaute wiederum mit ungeheurem innerem Künstlertum in Künstlerisches übersetzt werden kann.«**[4]

Nachdem die Individualität Goethes nach ihrer Verkörperung im alten Griechenland noch durch andere Zwischeninkarnationen gegangen war, bildete sie vor ihrer Verkörperung als Goethe in der geistigen Welt ihr Karma in besonderem Maße in der Jupitersphäre (☞ Kapitel 11, S. 329) aus. Der Jupiter ist das Herrschaftsgebiet der Kyriotetes, der Geister der Weisheit. Welche charakteristischen Eigenschaften weisen diese Wesen auf? **»[...] sie sind sozusagen realisierte Weisheit. Sie werden mit der Weisheit geboren und können gar nicht anders als weise sein. Geradeso wie wir Blutzirkulation haben, haben sie Weisheit. Es ist ihre Natur; so sind nun einmal diese Jupiterwesen.«**[4] Unter diesen Wesen kann in besonderer Weise das Karma geformt werden. **»Diese Individualität, die eines der wichtigsten Erdenleben hatte im alten Griechenland, ging durch die Jupitersphäre, wurde berührt von alledem, was Weisheit des Jupiter ist, bildete sich da ihr Karma und wurde wiederum geboren im 18. Jahrhundert als Goethe.«**[5]

Daher rührte der wunderbare Zusammenschluss von Griechentum und Weisheit bei Goethe. Er hat karmisch dasjenige, was aus früheren Inkarnationen – insbesondere aus der Plato-Strömung – kam, in der Jupiterregion umgewandelt, **»so dass es diejenige Art von Weisheit werden konnte, die eben bei Goethe alles durchdringt.«**[6]

10.1.1 Pflanzen sich bestimmte Begabungen ins nächste Erdenleben fort?

Man könnte vielleicht vermuten, dass sich eine besonders stark ausgeprägte Begabung, die einen Menschen auszeichnet, in sein nächstes Erdenleben fortpflanzt, dass etwa eine großer Musiker in seiner nächsten Inkarnation wieder ein großer Musiker wird, dass ein bedeutender Mathematiker mit einer großen mathematischen Begabung wiedergeboren wird usw.

Das wird in der Regel nicht der Fall sein! Eine große *spezielle* Begabung, die ein Mensch in einer Inkarnation aufweist, wird im nächsten Leben meistens nicht wieder in *derselben* Form auftreten. Aus dem, was diese Individualität in einer früheren Verkörperung durch ihr Talent lernen und bewirken konnte, hat sie ihre Früchte gesammelt. Wenn also eine Individualität ein Leben etwa als begnadeter Musiker oder großer Mathematiker geführt hat, so wird sie in den folgenden diese außerordentliche Fähigkeit im Normalfall nicht wieder aufweisen.

Sie wird insbesondere dann im nächsten Leben diese Begabung nicht wieder zeigen, wenn sie diese im letzten über viele Jahrzehnte – vielleicht sogar bis ins hohe Alter – ausleben und alle Früchte daraus gewinnen konnte. In einem solchen Fall kann es sogar so sein, dass beispielsweise ein großer Musiker im nächsten Leben völlig unmusikalisch ist. Wie Rudolf Steiner sagte, sei es vielfach so, dass ein Mensch, der auf einem bestimmten Gebiet völlig talentfrei sei, im vorigen Leben auf diesem eine ganz außerordentliche Begabung besessen habe. **»Wo dagegen ein Rechner besonders alt geworden ist, wo sich diese Begabung ausgelebt hat, da wird der Betreffende in seiner nächsten Inkarnation geradezu stumpfsinnig sein in Bezug auf Mathematik. So ist mir eine Persönlichkeit bekannt, die so wenig mathematische Begabung hatte, dass sie als Schulbube geradezu die Ziffern hasste; und während der Betreffende in den anderen Fächern gute Zensuren hatte, war es überhaupt nur dadurch möglich, dass er die Schulklassen durchmachen konnte, dass man ihm in den anderen Fächern besonders gute Zensuren ausstellte. Das rührte davon her, dass er in der vorhergehenden Inkarnation ein besonders guter Mathematiker gewesen ist.«**[7]

Anders kann es sich ausnehmen, wenn das betreffende Leben schon früh endete, wie das etwa bei dem berühmten norwegischen Mathematiker Niels Henrik Abel der Fall war, der 1829 im Alter von 26 Jahren starb. Die Individualität, die vor 200 Jahren als Niels Henrik Abel auf der Erde wandelte, wird mit hoher Wahrscheinlichkeit in ihrer nächsten Inkarnation erneut mit einer großen mathematischen Begabung den irdischen Schauplatz betreten – oder vielleicht sogar schon betreten haben.

Aus subjektiver Sicht mag das bedauerlich erscheinen, dass man Begabungen nicht in seine nächsten Inkarnationen mitnehmen kann. Allerdings muss man klar sehen, dass es die Individualität nicht weiterbringen würde, wenn sie sich oftmals auf demselben Gebiet betätigen würde. Sie muss in jedem Leben etwas Neues lernen und erfahren.

Natürlich geht eine große Begabung nicht verloren; sie wird vielmehr in einer anderen Art auftreten. Besondere Begabungen verwandeln sich in andere Fähigkeiten. Sie können sogar bis in die Organbildung hineinwirken.

Rudolf Steiner gab dazu zwei konkrete Beispiele: **»Wenn man weiter darauf eingeht, dann stellt sich die Tatsache heraus, dass das, was man in einer Inkarnation äußerlich**

treibt, das heißt, was man nicht allein äußerlich treibt, sondern was man für einen äußerlichen oder innerlichen Beruf hat, in der nächsten Inkarnation in die innere Organbildung eingeht, zum Beispiel in der Weise, dass man, wenn man in einer Inkarnation ein besonders guter Mathematiker war, dasjenige, was man sich da angeeignet hat an Zahlen- und Figurenbeherrschung, mitgenommen und hineingearbeitet hat in eine besondere Ausarbeitung seiner Sinnesorgane, zum Beispiel der Augen. Und Menschen, die sehr gut sehen, haben diese sorgfältige Ausbildung der Formen des Auges davon, dass sie in der vorhergehenden Inkarnation in Formen gedacht und dieses Denken in Formen mitgenommen haben und, indem sie durch die Zeit zwischen Tod und neuer Geburt geschritten sind, ihre Augen besonders ausziseliert haben. Da ist die mathematische Begabung ins Auge hineingeflossen und lebt sich nicht mehr in mathematischer Begabung aus.

Ein anderer den Okkultisten bekannter Fall ist der, wo eine Individualität in einer Inkarnation besonders intensiv in Architekturformen lebte: was sie da empfunden hat, das lebte sich ein als Kräfte in das innere Seelenleben und ziselierte besonders fein aus das Gehörwerkzeug, so dass diese Individualität in der nächsten Inkarnation ein großer Musiker wurde. Sie wurde nicht ein großer Architekt, weil die Empfindungsformen, die sich an die Architektur anlehnten, Organ aufbauend wurden, so dass nichts übrigblieb, als in hohem Maße Musik zu empfinden.«[8]

Es wäre auch ein Irrtum, wenn jemand etwa annehmen würde, dass ein Mensch eine bestimmte Fremdsprache besonders leicht lernen könnte, wenn er in einer vorigen Inkarnation in einem Gebiet gelebt hat, in dem diese Sprache gesprochen wurde. Wenn das zuträfe, so hätten die Gymnasiasten nicht so viel Mühe, Latein oder Griechisch zu lernen, obwohl die meisten von ihnen in einer früheren Inkarnation in einem Gebiet gelebt haben, wo diese Sprachen als die gewöhnlichen Umgangssprachen gesprochen wurden.

Nun könnte man sich noch fragen, ob ein Eingeweihter im folgenden Erdenleben auch wieder als Eingeweihter erscheint. Das muss nicht immer der Fall sein. Es kann durchaus vorkommen, dass ein Eingeweihter in seiner nächsten Inkarnation keine Einweihung empfängt, weil er besondere *äußere* Aufgaben zu verrichten hat, für die eine Einweihung nicht notwendig ist und womöglich sogar hinderlich wäre. Die erforderlichen Kräfte, um dieser Aufgabe gerecht werden zu können, hat er sich freilich aus seinem früheren Erdenleben, in dem er ein Initiierter war, mitgebracht. **»Denn es kann vorkommen, dass irgendeine Menschen-Individualität, die in der Vorzeit als geistiger Schauer sehr hoch gestanden hat, später wieder verkörpert ist und scheinbar heruntergestiegen ist von ihrer früheren geistigen Höhe. Die wahre Tatsache ist nur die, dass innerhalb der Menschheitsentwickelung Dinge zu verrichten sind, wo solche, die schon Initiierte waren, hineinverkörpert sind als Uninitiierte, um Taten zu verrichten, für die sie durch die Zeitverhältnisse nötig sind, so dass die Initiation, die sich für eine oder mehrere Inkarnationen verbirgt, hineinwirken muss in eine gewisse Arbeitsweise.«**[8a]

10.2 Karma und Wesensglieder

Viele Menschen, die sich mit der Karmalehre befassen, betrachten nur dasjenige als eine karmische Wirkung, was in der Außenwelt auf sie zukommt, was sie also ganz konkret in ihrer Umgebung – etwa im Sinne eines karmischen Ausgleichs – wahrnehmen und erleben können. Wenn sie beispielsweise im Leben einen wichtigen Menschen treffen, wenn ihnen etwas Besonderes gelingt oder wenn ihnen etwas Schlimmes widerfährt, so halten sie das für die einzigen Schicksalsereignisse. Freilich sind diese äußeren Erlebnisse nicht nur die greifbarsten, sondern auch wohl die wichtigsten oder typischsten Beispiele für das Wirken des Karma, weshalb wir bisher vorwiegend über diese sehr ausführlich geschrieben haben.

Es sind nur unsere *äußeren Taten*, die wir vermöge unseres physischen Leibes vollbringen, deren Wirkungen uns in der folgenden Inkarnation als Schicksalsereignis in der *Außenwelt* entgegen kommen. Alles, was der Mensch in einem Leben tut, das heißt, wie er sich mit seinen Taten gegenüber seinen Mitmenschen und seiner gesamten Umwelt verhält, das zeigt seine Wirkung im nächsten Leben in eben dieser Umwelt, in der er jetzt auch wieder mit seinen früheren Mitmenschen zusammentreffen wird. **»Wir betrachten zuerst wieder den physischen Leib und was durch denselben geschieht. Vor allen Dingen ist er der Faktor, durch den unsere Taten in der Welt ausgeführt werden, denn was wir tun, geschieht durch Bewegungen, die unser physischer Leib macht. Von diesem unserem Tun hängt unser äußeres Schicksal in der nächsten Inkarnation ab. Ob wir arm oder reich, an diesem Ort oder jenem, in dieser Umgebung oder jener geboren werden, ist das Resultat der Taten unseres physischen Leibes in früheren Leben. Begehen wir schlechte Taten, so werden wir in eine schlechte Umgebung geboren, gute Taten erwirken uns eine gute Umgebung.«**[9]

»Alles nun, was Tatsachen sind auf dem physischen Plan, alles was etwas Getanes ist, was sich auslebt, dass es eine Wirkung in der physischen Welt hat, vom Schritt und von der Handbewegung an bis zu den kompliziertesten Vorgängen, zum Beispiel dem Bau eines Hauses, kommt als eine wirkliche physische Wirkung von außen in einer späteren Verkörperung an den Menschen heran.«[10]

Nun muss man neben diesen äußeren Taten aber auch die Eigenschaften, die in den übersinnlichen Wesensgliedern des Menschen ihren Sitz haben, in Betracht ziehen. Auch dasjenige, was im Astral- und Ätherleib steckt, also die Eigenschaften dieser beiden Leiber, sind als Ursachen zu betrachten, die in einer folgenden Inkarnation eine karmische Wirkung nach sich ziehen. Die Eigenschaften des Astralleibes prägen sich im folgenden Erdenleben im Ätherleib und die des Ätherleibes im physischen Leib aus. **»So wird das, was der Astralleib tut, zum Schicksal des Ätherleibes, der Ätherleib wird zum Schicksal des physischen Leibes, und was der physische Leib tut, das kommt als Wirkung von außen in der nächsten Verkörperung als eine physische Wirklichkeit zurück.«**[11]

Eigenschaften, Gepflogenheiten und typische Verhaltensweisen, die Menschen aufweisen, werden sich in einem folgenden Erdenleben in ganz bestimmte Eigenschaften oder Verhaltensweisen metamorphosieren, also verwandeln. Entsprechend sind diejenigen Eigenschaften, die ein Mensch heute aufweist, die Metamorphosen solcher, die ihm in der vorigen oder einer der vorigen Inkarnationen eigen waren. Im Grunde wirkt das Karma so, dass es wie eine leise Erfüllung bereits in demselben Erdenleben zum Ausdruck kommen kann. Maßgebend wird es aber erst in der nächsten Inkarnation.

10.2.1 Wie sich die Eigenschaften des Astralleibes auf den Ätherleib auswirken

Der Astralleib ist ja insbesondere der Träger von Gefühlen wie Lust, Leid, Freude, Schmerz usw. Alles dasjenige, was in einem Leben an solchen Gefühlen erlebt wird, prägt sich in der folgenden Inkarnation in den Ätherleib ein und wird beispielsweise zur Anlage des Temperaments, zu einer Charaktereigenschaft oder einer besonderen Neigung. Dies geschieht umso mehr, je öfter diese Erlebnisse bzw. Empfindungen auftreten. **»Alles das nun, was der Astralleib in diesem Leben erlebt, und ganz besonders, wenn diese Erlebnisse immer öfter wiederholt werden, das zeigt sich im nächsten Leben als Eigenschaft des Ätherleibes. Die Freude, die Sie in dem einen Leben an einem Gegenstand in Ihrer Seele immer und immer wieder wachrufen, bewirkt, dass Sie im nächsten Leben eine tiefe Neigung und Vorliebe für diesen Gegenstand haben werden. Neigung und Vorliebe sind aber Charaktereigenschaften und haben als Träger den Ätherleib, so dass, was der Astralleib im Leben vorher bewirkt, Eigenschaften des Ätherleibes im nächsten Leben werden.«**[12]

Alles, was ein Mensch in seinem Leben wiederholt erlebt oder empfindet, kommt im folgenden Erdenleben als Grundcharakter zum Ausdruck.

Betrachten wir ein paar ganz konkrete Beispiele, die Rudolf Steiner anführte:

Jemand, der häufig traurige Eindrücke hat, die ihn in eine traurige Stimmung versetzen, bekommt im nächsten Leben einen Ätherleib, der eine Neigung zur Traurigkeit hat; der Mensch wird zum Melancholiker. Das Gleiche gilt für jemanden, der es bevorzugt, im engsten und stillsten Kreise zu leben und sich vorwiegend mit sich selbst zu beschäftigen. Wenn ein Mensch einem anderen häufig Schmerzen zufügt, so kann das ebenfalls zu einer melancholischen Veranlagung in der folgenden Inkarnation führen.[13]

Ein Mensch, der allem im Leben eine gute Seite abgewinnen kann, wodurch in seinem Astralleib Freude erzeugt wird, wird in seiner nächsten Inkarnation ein heiteres Temperament als bleibende Charaktereigenschaft seines Ätherleibes aufweisen.

Jemand, der sich mit vielen Dingen beschäftigt, denen er auf den Grund geht und der viele schwere und leidvolle Erlebnisse hat, die er kraftvoll überwindet, wird in seiner folgenden Verkörperung mit einem cholerischen Temperament geboren.[14]

Wenn ein Mensch ein sehr flatterhaftes und oberflächliches Leben, das keine Hingabe und Liebe kennt, führt, so wird er in seinem nächsten Leben einen Hang zur Lügenhaftigkeit aufweisen.[15]

Bei jemandem, der seinen Menschenbrüdern aus Hass oder einer Neigung zur Antipathie oder auch durch überzogenes und unsachliches Kritisieren heraus gewisse Schädigungen zufügt, wirkt sich das in seinem folgenden Erdenleben so aus, dass er wenig erleben kann, was ihm Freude oder Lust bereitet. **»Ja, wenn man auf diesem Gebiete vorurteilslos denken will, dann muss man sich schon klarmachen, wie groß die Illusion ist, die einem wohltut und der man daher sehr leicht sich hingibt, wenn es sich darum handelt, irgendwelche Antipathiegefühle gegen andere Menschen sich abzusuggerieren. Die Menschen gehen mit viel mehr Hass, als sie denken, eigentlich durch die Welt, wenigstens mit viel mehr Antipathie. Und es ist nun schon einmal so: Hass, er wird zunächst, weil er der Seele ja Befriedigung gibt, gewöhnlich gar nicht erlebt. Er wird zugedeckt durch die Befriedigung. Wenn er zurückkommt als Leid, das uns von außen zuströmt, dann wird eben das Leid bemerkt. Aber denken Sie nur einmal daran, meine lieben Freunde, um, ich möchte sagen, in einer ganz trivialen Art sich vorzustellen, was da als Möglichkeit vorliegt, denken Sie nur einmal an einen Kaffeeklatsch, an einen so richtigen Kaffeeklatsch, wo ein Halbdutzend – es genügt schon! – irgendwelcher Tanten oder Onkels – es können auch Onkels sein – beisammensitzen und über ihre Mitmenschen sich ergehen! Denken Sie, wie viel da an Antipathien in anderthalb Stunden – manchmal dauert es länger – abgeladen wird auf die Menschen! Indem das ausströmt, bemerken es die Leute nicht; aber wenn es im nächsten Erdenleben zurückkommt, da wird es sehr wohl bemerkt. Und es kommt unweigerlich zurück.«**[16]

Wenn man das alles weiß und berücksichtigt, kann man seinen Ätherleib geradezu für die nächste Inkarnation vorbereiten. Dazu noch ein Beispiel: Wenn ein Mensch in seinem folgenden Erdenleben mit einem guten Gedächtnis geboren werden möchte, so sollte er bemüht sein, sich möglichst an alles zu erinnern, und sich alles, was er erlebt, ins Gedächtnis zurückrufen. **»Er soll zum Beispiel am Abend daran denken, was er heute getan hat, und dann weiter, was er gestern, vor einem Monat, im letzten Jahr, was er in den vergangenen Jahren getan und erlebt hat. So bildet man das Gedächtnis aus. Menschen, die nur achtlos durch die Welt rasen, werden mit Neigungen geboren werden, die es unmöglich machen, dass irgend etwas, was ihnen begegnet, haften bleibt.«**[17]

10.2.2 Wie sich die Eigenschaften des Ätherleibes auf den physischen Leib auswirken

Wenn der Mensch sich erneut verkörpert, so hat – wie bereits ausgeführt wurde – sein *neuer* Ätherleib noch alle Resultate seiner früheren Inkarnationen. Da dieser ätherische Leib der Aufbauer der neuen physischen Organisation ist, prägt sich das jetzt alles auch in den physischen Leib ein.

Somit ist auch nachvollziehbar, dass die Eigenschaften, die im Ätherleib stecken – wie etwa Neigungen, Gewohnheiten und Charaktereigenschaften –, in der nächsten Verkörperung im physischen Leib erscheinen und dort beispielsweise als eine Disposition für Krankheiten auftreten. **»Diejenigen Eigenschaften nun, die der Ätherleib in dem einen Leben hat, die erscheinen im nächsten Leben im physischen Leib. Wenn also jemand schlechte Gewohnheiten und Charaktereigenschaften hat und nichts dagegen tut, sie sich abzugewöhnen, tritt das im nächsten Leben als eine Disposition des physischen Leibes auf, und das ist tatsächlich die Disposition zu Krankheiten. So sonderbar sich das auch für Sie anhören mag, aber diese Disposition für bestimmte Krankheiten, und besonders für Infektionskrankheiten, rührt tatsächlich her von schlechten Gewohnheiten im vorhergehenden Leben.«**[14]

Betrachten wir ein konkretes Beispiel: Die Lügenhaftigkeit, also die Neigung, viel zu lügen, ist eine Eigenschaft des Ätherleibes und rührt von Ahriman, dem »Vater der Lüge«. Ein Mensch, der gewohnheitsmäßig zur Lügenhaftigkeit tendiert, wird im späteren Lebensalter – also innerhalb *derselben* Inkarnation – oftmals eine gewisse Scheuheit zeigen und sich schwer tun, anderen Menschen offen und unbefangen gegenüberzutreten, so dass er sich immer mehr in sich zurückzieht.

Die gravierendsten Auswirkungen treten aber erst im nächsten Erdenleben auf. In diesem wird es ihm nicht gelingen, ein rechtes Verhältnis zu seiner Umwelt zu finden. Er kann von den Menschen seiner Umgebung nicht geliebt werden; er fühlt sich von ihnen abgestoßen. Die Scheuheit gegenüber seinen Mitmenschen wird jetzt besonders stark. Er wird als ein ängstlicher, furchtsamer Charakter wiedergeboren, der in krankhafte Angstzustände verfallen kann. Darüber hinaus wird er zu bestimmten Krankheiten oder körperlichen Disharmonien neigen. **»Wenn der Mensch lügenhaft war, werden seine Handlungen, die aus der Lügenhaftigkeit hervorgehen, wieder die heftigsten Affekte im Leben nach dem Tode gegen den Menschen selbst erzeugen, und eine starke Tendenz gegen die Lügenhaftigkeit wird sich zeigen. Dann wird sich der Mensch mitbringen im späteren Leben nicht nur eine schwache Organisation, sondern eine Organisation, die sozusagen unrichtig gebaut ist, die regellos gebaute innere Organe in der feineren Organisation zeigt.«**[18]

Jeder Mensch hat es also in einem gewissen Maße selbst in der Hand, für Gesundheit oder Krankheit in seinem nächsten Leben zu sorgen. Wenn wir uns beispielsweise schlechte Gewohnheiten abgewöhnen, werden wir in unserer nächsten Verkörperung sehr wahrscheinlich physisch gesund und widerstandsfähig – namentlich gegen Infektionskrankheiten – sein. Der Mensch ist sozusagen seines Glückes Schmied. **»So kann man schon für das kommende Leben für Gesundheit sorgen, wenn man bestrebt ist, nur edle Eigenschaften zu pflegen.«**[19]

Natürlich können unsere schlechten Gewohnheiten und Charaktereigenschaften uns auch zu einer Tat im *gegenwärtigen* Leben treiben, mit der wir eine Veränderung in der Außenwelt herbeiführen. Das wiederum fällt dann im nächsten Leben als eine Wirkung in der Außenwelt, als äußeres Schicksal, auf uns zurück. **»Also die Taten des physischen Leibes in diesem Leben, die werden zu unserem Schicksal in dem folgenden Leben. Das erfahren wir durch das Hineingestelltsein in diese oder jene Lebenslage. Ob also der Mensch in dieser oder jener Lebenslage glücklich oder unglücklich wird, das hängt von den Taten seines vorherigen Lebens ab. Hierhin gehört wieder als treffendes und belehrendes Beispiel dasjenige von dem Fememord** [☞ Kapitel 9, S. 188]**, das uns zeigt, wie die Tat als äußere Tat des einen Lebens im nächsten Leben auf den Menschen als Schicksal zurückfällt.«**[19]

10.3 Karma und Krankheit

Was die *wahren Ursachen* von Krankheiten angeht, die *ausnahmslos* im Geistigen bzw. im Karma des Menschen zu finden sind, so ist ein großer Teil der heutigen, zumeist materialistisch tingierten Medizin nicht sehr viel weiter fortgeschritten als es im Mittelalter der Fall war. Bis vor einigen Jahrhunderten war man noch davon überzeugt, dass Krankheiten entweder eine Strafe Gottes waren oder aber dass es der Teufel sei, der den Menschen die Krankheiten schickt. Heute hält man sich für so aufgeklärt, dass man den Teufel – und zum Teil sogar Gott – ins Reich der Fabeln verweist und Krankheiten, die einen Menschen ereilen, letztlich auf den Zufall schiebt.

Natürlich weiß man über gewisse Risikofaktoren und *äußere* Ursachen sowie eine ererbte Disposition, die das Auftreten einer Krankheit auslösen oder ihren Ausbruch zumindest begünstigen können. Aber dass der *eine* Mensch erkrankt, der *andere nicht*, obwohl er die gleichen Risikofaktoren und die gleiche ererbte Disposition aufweist, kann man sich nicht anders erklären, als auf ein mysteriöses, ›teuflisches‹ Zufallsprinzip zurückzugreifen. An die wirklichen *geistigen* Ursachen einer Krankheit verschwendet man heute keinen Gedanken, da man solche nicht-physischen Gründe schlicht und einfach nicht für möglich hält. Jemand, der die wahren Ursachen ignoriert, gleicht einem, der als Grund dafür, dass ein Mensch weint, nur die Sekretion der Tränendrüsen, nicht aber die Traurigkeit des Menschen berücksichtigt.

Wenn sich bei einem Menschen eine Krankheit geltend macht, so muss man zunächst zwischen *Ursache* und *Auslöser* differenzieren. Das, was allgemein bekannt ist, sind die Auslöser, die zu einer bestimmten Erkrankung führen *können*, also etwa Bakterien, Viren, eine bestimmte ererbte Konstitution, Umweltgifte, bestimmte Genussmittel, eine ungesunde Lebensweise usw. Das Entscheidende ist aber die Ursache, also der *wahre* Grund dafür, dass genau *dieser* Mensch erkrankt. Nur wenn diese Ursache, die – wie gesagt – geistiger bzw. karmischer Natur ist, vorhanden ist, wird der Mensch erkranken. Ist das nicht der Fall, so wird er es im Allgemeinen nicht, obwohl mögliche Auslöser in Betracht kommen.

Nach Ursachen forscht man heute nur im physischen Leib und betrachtet beispielsweise Viren oder Bakterien als die entscheidenden und womöglich einzigen, die in Frage kommen, wenn eine bestimmte Krankheit auftritt. Rudolf Steiner karikierte diese Tatsache mehrmals mit Vergleichen, die hier sinngemäß wiedergegeben werden sollen:

Ein Mann betritt eine Stube, die voller Fliegen war. Als entscheidenden Grund fand er heraus, dass die Stube sehr schmutzig war und dass dort viele Speisereste lagen. Das ist aber nur die äußere Ursache. Die wahre und tiefere Ursache ist vielmehr, dass die Hausfrau sehr faul ist und die Stube schon lange nicht mehr aufgeräumt und gereinigt hatte.[20]

Bei dem zweiten Vergleich geht es um einen Mann der von einem anderen mit einem Stock verprügelt wurde. Jemand, der anschließend die blauen Flecken und Striemen an dem Verprügelten wahrnimmt, führt diese lediglich darauf zurück, dass ein Stock so und so oft auf ihn eingeschlagen hat. Dass aber ein brutaler Mensch diesen Stock geführt hat, berücksichtigt er nicht.[21]

Man müsste die *wahren* Ursachen für das Auftreten der meisten Krankheiten aber im Äther- und Astralleib suchen. Die Krankheiten, deren Ursachen sich schon heute in den übersinnlichen Wesensgliedern des Menschen befinden, zeitigen ihre Wirkung meistens nicht schon recht bald, sondern erst in einer folgenden Inkarnation. Wie wir im vorigen Abschnitt schon angedeutet haben, sind es ja sehr häufig negative Eigenschaften oder Verirrungen des Ätherleibes aus der vorausgegangenen Inkarnation, die in der gegenwärtigen zur Krankheit führen. Diese Verirrungen des Ätherleibes wiederum lassen sich auf entsprechende Eigenschaften des Astralleibes in der vorvorigen Verkörperung zurückführen. **»Die Geisteswissenschaft ist nun in der Lage zu zeigen, dass ein großer Teil aller Krankheiten davon herrührt, dass die Verkehrtheiten, die Verirrungen im astralischen Leibe sich auf den Ätherleib fortpflanzen und auf dem Umwege durch den letztern die an sich vollkommene Harmonie des physischen Leibes zerstören. Der tiefere Zusammenhang, auf den hier nur hingedeutet werden kann, und der wahrhaftige Grund vieler Krankheitsvorgänge entziehen sich nämlich derjenigen wissenschaftlichen Betrachtung, die sich nur auf die physisch-sinnlichen Tatsachen beschränken will. Es ergibt sich dieser Zusammenhang in den meisten Fällen so, dass eine Schädigung des Astralleibes krankhafte Erscheinungen des physischen Leibes nicht in demselben Lebenslauf nach sich zieht, in dem die Schädigung geschehen ist, sondern erst in einem folgenden. Daher haben die Gesetze, die hier in Betracht kommen, nur für denjenigen eine Bedeutung, welcher die Wiederholung des Menschenlebens anerkennen kann. Aber selbst, wenn man von solchen tiefergehenden Erkenntnissen nichts wissen wollte, so ergibt doch auch die gewöhnliche Lebensbetrachtung, dass der Mensch sich nur allzu vielen Genüssen und Begierden hingibt, welche die Harmonie des physischen Leibes untergraben. Und Genuss, Begierde, Leidenschaft usw. haben nicht ihren Sitz im physischen, sondern im astralischen Leibe. Dieser letztere ist in vieler Beziehung eben noch so unvollkommen, dass er die Vollkommenheit des physischen Leibes zerstören kann.«**[22]

Wenn man früher noch glaubte, der Teufel schicke den Menschen die Krankheiten, so war das natürlich *nicht* die Wahrheit. Aber in der Tat sind es häufig Luzifer und Ahriman, deren Verlockungen der Mensch in einem früheren Leben gefolgt ist, wodurch es im gegenwärtigen oder nächsten Leben zum Ausbruch einer bestimmten Krankheit kommt. In der alttestamentarischen Zeit hatten die Menschen noch dieses Wissen. Man war der Auffassung, dass letzten Endes die Sünde die geistige Ursache von Krankheiten ist. Das, was man als »Sünde« bezeichnet, ist eine Abirrung von dem richtigen Weg, also entweder eine zu starke Hinwendung zu Luzifer oder zu Ahriman. Wie bereits erörtert, ist es eine Folge der luziferischen Versuchung und der späteren Einflussnahme Ahrimans, dass überhaupt fehlgeleitete Eigenschaften und Verirrungen in die beiden Wesensglieder des Menschen kommen konnten. **»Diese Anschauung ging dahin, dass man sagte: Da in einem Menschen, bei dem irgendeine geistige Verfehlung oder Verirrung zugrunde liegt, die in ihm die Erscheinung der Krankheit hervorruft, ist irgendetwas geistig Elementarisches enthalten, was nicht in ihn hineingehört, er ist irgendwie besessen. Jede Krankheit bedeutete ja eine Besessenheit mit Geistigem als Folge einer geistigen Verirrung oder Verfehlung in älteren Zeiten, und demgemäß war auch die Therapie eingerichtet.«**[23]

10.3.1 Ursachen bestimmter Krankheiten

Rudolf Steiner erforschte mit den ihm zur Verfügung stehenden geisteswissenschaftlichen Forschungsmethoden mehrere aufeinanderfolgende Inkarnationen zahlreicher menschlicher Individualitäten, so dass ihm dadurch klar werden konnte, welche konkreten Ursachen, die in einem Erdenleben lagen, zu welchen Krankheiten in einem folgenden führen konnten. Somit konnte er beispielhaft die tatsächlichen Ursachen vieler Krankheiten, die zu seinen Lebzeiten weit verbreitet waren, angeben.

»Wieder muss aber hierbei gesagt werden, dass nur solche Beispiele angeführt werden, die geisteswissenschaftlich untersucht sind; es sind nicht Hypothesenaufstellungen, sondern Fälle.«[24]

Über solche karmisch bedingten Krankheiten bzw. krankhaften Zustände sprach er in mehreren Vorträgen. Aus diesen Beispielen kann man ersehen, dass die Ursachen im Wesentlichen immer darin lagen, dass die betreffenden Individualitäten in einem vorigen Leben zu sehr den Verführungen Luzifers oder Ahrimans erlegen sind, was sich konkret darin äußerte, dass sie gewisse schlechte Eigenschaften an den Tag legten. Auch wird aus diesen geistigen Studien deutlich, inwieweit die einzelnen Wesensglieder des Menschen beteiligt sind. Wie bereits erwähnt kann als eine grundsätzliche Regel bezeichnet werden, dass es nicht zuletzt die Neigungen und Gewohnheiten, die im Ätherleib stecken, sind, welche ursächlich entscheiden, ob der betreffende Mensch im folgenden Erdenleben zu Gesundheit oder Krankheit neigt. Es sind also die Eigenschaften des Ätherleibes aus der vorausgegangenen Inkarnation, von denen eine gesunde oder schwache Organisation des Menschen abhängt. Somit sind die Ursachen von Krankheiten in der Tat moralische.[25] **»Alle Neigungen und Gewohnheiten des jetzigen Ätherleibes geben im nächsten Leben die Disposition zu Gesundheit oder Krankheit. Gute Neigungen, gute Gewohnheiten geben die Disposition zur Gesundheit; üble Neigungen, üble Gewohnheiten erscheinen im nächsten Leben als Disposition zu bestimmten Krankheiten. Der Vorsatz, der feste Wille, sich eine schlechte Gewohnheit abzugewöhnen, wirkt schon in den tiefergelegenen Leib hinunter und gibt so die Disposition zur Gesundheit.«**[26]

Die folgenden Beispiele zeigen auch deutlich auf, wozu manche Krankheiten ganz konkret dienen können bzw. welche Fehler oder Schwächen, die man in früheren Inkarnationen hatte, durch sie ausgeglichen werden sollen.

Wir wollen im Folgenden nur exemplarisch zu einigen Fällen entsprechende Zitate Steiners anfügen, die keiner weiteren Kommentierung unsererseits bedürfen.

10.3.1.1 Lungenentzündung

»Nehmen wir zum Beispiel eine solche Krankheit wie die Lungenentzündung. Sie ist eine Wirkung in der karmischen Folge, welche dadurch entsteht, dass der Betreffende während seiner Kamalokazeit [☞ Kapitel 11, S. 309ff.] **zurückblicken kann auf einen Charakter, der in sich hatte Hang und Neigung zu sinnlichen Ausschweifungen, der in sich hatte sozusagen ein Bedürfnis, sinnlich zu leben. Verwechseln wir ja nicht, was jetzt einem früheren Bewusstsein zugeschrieben wird, mit dem, was im Bewusstsein der nächsten Inkarnation auftritt. Damit hat es zunächst nichts zu tun. Wohl aber wird das, was der Mensch während der Kamalokazeit sieht, sich so umwandeln, dass sich ihm Kräfte einprägen zu Vorgängen, welche die Lungenentzündung überwinden. Denn gerade in der Überwindung der Lungenentzündung, in der Selbstheilung, welche dabei vom Menschen angestrebt wird, wirkt die menschliche Individualität entgegen den luziferischen Mächten, führt einen förmlichen Krieg gerade gegen die luziferischen Mächte. Daher ist in der Überwindung der Lungenentzündung eine Gelegenheit, dasjenige abzulegen, was ein Charaktermangel in einer vorherigen Inkarnation war. So sehen wir förmlich wirken in der Lungenentzündung den Kampf des Menschen gegen die luziferischen Mächte.«**[27]

10.3.1.2 Disposition für Infektionskrankheiten

»Besonders gut ist beobachtet worden, wie die Disposition zu Infektionskrankheiten im physischen Leibe auftritt. Nicht, ob man eine Krankheit bekommt – das hängt ja von den Taten ab –, sondern ob man dazu disponiert ist, ob man ihr mehr oder weniger ausgesetzt ist, hängt von den Neigungen des vorhergehenden Lebens ab. Infektionskrankheiten führen merkwürdigerweise zurück auf einen besonders ausgebildeten egoistischen Erwerbssinn im vorigen Leben.«[26]

»Man kann bis in Einzelheiten hineinschauen, und da könnte man finden, wie ein ausgebildeter Erwerbssinn, der triebhaft ist, der immer darauf ausgeht, zusammenzuscharren, dadurch, dass das eine Neigung geworden ist, im nächsten Leben eine Disposition zu Infektionskrankheiten im physischen Leibe erzeugt. Man kann solche Fälle durchaus konstatieren, wo eine ausgesprochene Neigung zu Infektionskrankheiten zurückführt auf einen früher stark vorhandenen Erwerbssinn, der ja zu seinem Träger den Ätherleib hat. Ein objektives Streben dagegen innerhalb der Menschheit, das nichts für sich einheimsen will, das für die Menschheit wirkt mit dem ausgesprochenen Sinn, für die Gesamtheit zu arbeiten, solche Neigung im Ätherleib bewirkt im nächsten Leben eine ausgesprochene Stärke gegen Infektionskrankheiten.«[28]

10.3.1.3 Diphtherie

»Wenn ein Mensch viel unter dem Einfluss von Affekten gehandelt hat, so wird er in der Kamalokazeit ebenfalls Handlungen durchleben, die unter dem Einfluss von Affekten überhaupt geschehen sind. Das wird ihm die Tendenz geben, in seiner neuen Inkarnation, in seiner eigenen Leiblichkeit so etwas zu erleben, durch dessen Überwindung er Handlungen vollführt, welche ausgleichend wirken können auf gewisse Handlungen seines früheren Lebens. Insbesondere ist es da jene Form der Erkrankung, die wir in der neueren Zeit als Diphtherie kennen, die in vielen Fällen zutage tritt, wenn eine solche karmische Verwicklung vorliegt, wo sich der Betreffende früher in der Weise ausgelebt hat, dass er vielfach aus allerlei Aufwallungen, Affekten und so weiter gehandelt hat.«[29]

10.3.1.4 Nervosität

»Man kann nach vorliegenden okkulten Forschungen für einzelne Fälle zum Beispiel folgendes sagen: Ein gedankenloses Leben [Schwäche des Astralleibes] führt in einem nächsten Dasein zu einer leichtlebigen Anlage, die sich insbesondere in Vergesslichkeit, Gedächtnislosigkeit [Schwäche des Ätherleibes] ausprägt, in einem weiteren Leben erscheint die Vergesslichkeit als eine krankhafte Anlage, die gegenwärtig vielfach als ›Nervosität‹ bezeichnet wird. Man wird das Karmagesetz erst dann richtig verstehen, wenn es nicht im Sinne der gewöhnlichen menschlichen Justizpflege, sondern in einem viel höheren aufgefasst wird.«[30] (☞ auch »zukünftige Krankheiten«, S. 254f.)

10.3.1.5 Frühes Altern

»Ein anderer interessanter karmischer Zusammenhang zeigt sich bei einem gewohnheitsmäßig egoistischen Verhalten oder bei einem liebevollen sympathischen Mitleben mit anderen. Es gibt verhärtete Gewohnheitsegoisten – nicht bloß in Bezug auf den Erwerbssinn – und es gibt altruistisch liebevoll Mitfühlende. Beides hängt am Ätherleib und kommt im

nächsten Leben im physischen Leib zum Ausdruck. Personen, die in einem Leben gewohnheitsmäßig egoistisch handeln, altern früh im nächsten Leben, schrumpfen früh zusammen; das lange Jung- und Frischbleiben dagegen rührt von einem liebevollen, hingebungsvollen vorhergehenden Leben her. Somit kann man auch den physischen Leib bewusst vorbereiten für das nächste Leben.«[31]

10.3.1.6 ›Geistige‹ Behinderung

Die heute übliche Krankheitsbezeichnung »geistige Behinderung« ist im Grunde nicht zutreffend, da der Geist nicht krank werden kann. Mit diesem Begriff ist gemeint, dass ein Mensch – meistens schon von Kindesbeinen an – starke Einschränkungen im Bereich der intellektuellen Fähigkeiten sowie in den Bereichen des adaptiven Verhaltens, welche sich in den konzeptionellen, sozialen und praktischen Fähigkeiten widerspiegeln, aufweist.

Die bis vor einigen Jahrzehnten verwandten Termini »schwere Schwachsinnigkeit« oder »Idiotie« gelten *heute* als diffamierend. In der Anthroposophie wird meistens der viel treffendere Begriff »Seelenpflegebedürftigkeit« verwandt.

Bei einem seelenpflegebedürftigen Menschen darf man *im Allgemeinen* nicht davon ausgehen, dass sein Schicksal die Folge eines wie auch immer gearteten Fehlverhaltens aus einem früheren Leben darstelle.

Ein sehr häufiger Grund für diese starke Beeinträchtigung ist, dass die Seele kurz vor der Geburt bei der »Lebensvorschau« (☞ Kapitel 11, S. 346f.) gesehen hat, dass ihr besonders schwere Schicksale bevorstehen, so dass sie einen gewaltigen Schreck, einen Schock bekommen hat. Die Seele wehrte sich in diesem Fall gleichsam, physisch verkörpert zu werden. Der Ätherleib sträubte sich, in den physischen Leib hineinzusteigen. Dadurch verschob sich dessen Kraftpunkt außerhalb des Gehirns.[32] Weil der ätherische Leib sich nicht richtig eingliederte, kann er nicht ordnungsgemäß am physischen Gehirn arbeiten, so dass das Gehirn in seiner Entwicklung mehr oder weniger stark zurückbleibt. **»Ein solcher Mensch kann sein Gehirn nicht richtig gebrauchen, weil er nicht richtig hineingeschaltet ist. Nur wenn der Mensch sich richtig hineingebären lässt in sein physisches Werkzeug, kann er es richtig gebrauchen. Während der Ätherleib sonst nur ganz schwach hinausragt, kann man bei den Idioten oft Teile des Ätherleibes wie einen weit über den Kopf hinausragenden ätherischen Lichtschein sehen. Wir haben da einen Fall, wo etwas, was das Leben seiner physischen Betrachtung nach unerklärlich lässt, erklärt wird durch die Geisteswissenschaft.«**[33]

Freilich ist bei einem Menschen, der ein Leben als ›Idiot‹ führen muss, auch an die Möglichkeit zu denken, dass er dieses schwere Schicksal in seinem vorgeburtlichen Leben geplant hat, um besonders krasse Erfahrungen machen zu können, die ihn letztlich aber in seiner geistig-seelischen Entwicklung erheblich fördern können. **»Wenn**

zum Beispiel der Geistesforscher sagt: es komme vor, dass ein Mensch in einem Erdenleben idiotisch war, sich aber gerade durch seine Erlebnisse als Idiot, auf die er nach dem Tode zurückblickt, für ein folgendes Erdenleben die Kräfte zu einem philanthropischen Genie aneignet, so werden Menschen von einer gewissen Gesinnung gegenüber einer solchen Bemerkung selbstverständlich lachen und spotten; wer durch den Einblick in wahre geisteswissenschaftliche Forschung und die damit notwendig zusammenhängende Gefühlsstimmung des Forschers sich einen Begriff verschafft von dem tiefen Ernst, der einer solchen Aussage zugrunde liegen muss, von dem geistigen Arbeiten, durch das man eine solche Aussage der Seele abringt, dem werden das Lachen und der Spott vergehen. Er wird aber auch seine Seelenstimmung vertiefen gegenüber der Betrachtung der Tiefe, Herrlichkeit und inneren Würde alles Menschen- und Weltdaseins.«[34]

In nahezu jedem Dorf oder Stadtviertel gibt es einen etwas sonderbaren, verhaltensauffälligen Menschen, der seelenpflegebedürftig ist. Diese besonderen Mitmenschen sind meistens ungewöhnlich zugänglich und freundlich und halten sich nicht an die üblichen Konventionen. Seit einigen Jahrzehnten werden diese von den ›normalen‹ Menschen als »Dorftrottel« oder gar »Idiot« bezeichnet.

Das war in früheren Zeiten noch ganz anders. Da spürte oder ahnte man, dass es sich bei diesen um außergewöhnliche und geradezu verehrungswürdige Menschenbrüder handelte, die oftmals der Gesellschaft den Spiegel vorhielten. Anerkennend nannte man sie »heilige Narren«. In der Tat handelt es sich bei diesen nicht selten um Individualitäten, die bereits einen recht hohen geistig-seelischen Entwicklungsstand aufweisen. Der »Idiot« in dem gleichnamigen Roman von Dostojewski zeigt als ein wirklich ›Geisteskranker‹ eine ganz besondere Befähigung zur Erfahrung des Göttlichen. Er verkörpert mit seinem einfältigen Wesen das Gute in einer verdorbenen Gesellschaft. Er wird nicht von einem Sendungsbewusstsein angetrieben, sondern durch seine Ausstrahlung zum Anziehungspunkt für seine Mitmenschen.

»Man sollte im Grunde genommen das Schicksal eines Menschen mit einer ungeheuren inneren Pietät, mit tiefer innerer Ehrfurcht betrachten, weil man, indem man das Schicksal eines Menschen betrachtet, vor der ganzen Welt der Götter steht.«[35]

Auf die karmischen Ursachen der Masernerkrankung werden wir noch in Kapitel 12 (☞ S. 353ff.) zu sprechen kommen.

10.3.2 Karmisch unverursachte Krankheiten

Wenn man das Karmagesetz richtig verstehen will, darf man nicht nur die Vergangenheit berücksichtigen; vielmehr muss man auch die Zukunft in Betracht ziehen. Bei einer Krankheit oder einem Unglück muss es sich nicht in jedem Fall um die *Folge* einer seelischen Schwäche oder einer wie auch immer gearteten Verfehlung aus einer früheren Inkarnation handeln. Krankheiten können durchaus unverursacht auftreten, so dass durch sie eine *erste Ursache* in das Karma des Menschen hineinkommt, die dann in einer späteren Inkarnation ihren Ausgleich finden wird. **»Es kann zum Beispiel eine Person von einer Krankheit befallen werden, für welche gar keine Ursache nachgewiesen werden kann, weder im früheren, noch in dem gegenwärtigen Leben. Dann tritt die Krankheit gewissermaßen als ein ›erstes‹ Ereignis in den menschlichen Lebenslauf ein, sie ist selbst eine ›erste‹ Ursache. Sie wird dann eben ihre Wirkung in irgendeiner Art in dem folgenden Lebenslauf nach sich ziehen.«**[36]

Das Gleiche gilt für alles, was wir als Schmerz, der uns von außen zukommt, erleben. Auch hierbei kann es sich um etwas handeln, was nicht in einem früheren Erdenleben begründet ist. Es kann sich durchaus um einen ursprünglichen Schmerz handeln, der sich dann im nächsten Erdenleben karmisch meistens sehr positiv auswirken wird.

Trifft uns eine Krankheit oder ein wie auch immer beschaffenes Unglück, so gibt es also stets zwei Möglichkeiten: Entweder handelt es sich dabei um einen Ausgleich von Schwächen oder Verfehlungen aus einem verflossenen Erdenleben oder der Ausgleich erfolgt in einem folgenden Erdenleben. Im ersten Fall hat man es mit einer karmischen Wirkung, im zweiten mit einer ersten Ursache zu tun. **»Und die Seelenstimmung, die aus der Karmaauffassung kommen muss, das ist die, dass für den Fall, wo irgendetwas, sagen wir als Unglück, die Ausgleichung ist für eine frühere Seelenschwäche, wir darin den Anlass finden, uns zu sagen: Hättest du jetzt dieses Unglück nicht erfahren, so hättest du die Schwäche fernerhin behalten. Wenn du in die Tiefen deiner Seele hineinsiehst, so musst du sagen: Es ist recht, dass dieses Unglück über mich gekommen ist, denn dadurch ist eine Schwäche ausgelöscht, eine Schwäche hinweggenommen.**

Wer ein solches Unglück, welches ein Ausgleich ist für eine vorherige Seelenschwäche oder Verfehlung, hinwegwünscht, stellt sich eigentlich nicht auf den Standpunkt vollständiger Menschenwürde. Er sagt gewissermaßen: Ach, mir ist es gleichgültig, ob ich schwach bleibe oder eine gewisse Stärke mir erringe! – Allein derjenige fasst ein Unglück in der richtigen Weise auf, der da sagt: Falls es für eine frühere Schwäche wäre, ist es gut, dass es mich getroffen hat. Denn ich werde diese Schwäche, die ich gehabt habe, die sich in einer Verfehlung vielleicht ausgedrückt hat, durch das Unglück fühlen. Dadurch lösche ich die Schwäche aus, ich werde wieder stark.

Und falls ein Unglück als erster Schritt im Karma kommt, so ist die richtige Stimmung dagegen diese, dass man sich sagt: Wenn den Menschen nur dasjenige treffen würde, was er sich wünscht, so würde er gerade durch einen Lebensverlauf, der so ist, recht schwach werden. Wir würden zwar unter Umständen in einem oder zwei Erdenleben bequem und wohl leben, weil immer nur dasjenige über uns kommt, was wir uns wünschen, aber im dritten, vierten Erdenleben würden wir überhaupt seelisch und geistig wie gelähmt sein, weil gar keine Anstrengung in uns entstehen würde, um Widerstände zu überwinden. Widerstände lassen sich ja nur überwinden, wenn das Unerwartete, das Unerwünschte kommt. Entwickelt man aber die rechte Kraft an den Widerständen, nimmt

man genug Menschenliebe hinein in den Schlaf, dann gestaltet sich dasjenige, was von dem Ich im Zusammenhange mit den Urkräften, mit den Archai als Karma gewoben wird so, dass der richtige Ausgleich in dem nächsten Erdenleben stattfindet.«[37]

10.3.3 Der Sinn von Krankheiten – Heilbarkeit und Unheilbarkeit

In sehr vielen – möglicherweise sogar in den meisten – Fällen, in denen uns eine Krankheit ereilt, gibt es aber eine Ursache, die in einem früheren Leben liegt. Wenngleich diese ursächliche Verfehlung oder Verirrung in unserem astralischen oder ätherischen Leib ganz wesentlich mit Luzifer und Ahriman zu tun hat, so sind es aber *nicht* die Widersacher, welche die Krankheit bringen, sondern die geistigen Wesen der höheren Hierarchien! Krankheiten sind in der Tat Gaben der *guten Götter*, die sie uns im Hinblick auf einen karmischen Ausgleich oder als Hilfe zu unserem Fortschreiten auf dem geistig-seelischen Felde zusenden. Oftmals ist es das einzige Mittel der guten Mächte, uns vor den Fängen der Widersacher zu retten.

Diese geistigen Wesen der höheren Hierarchien arbeiten die Krankheit in das Netz des Karma hinein.[38]

Also, die Ursachen dafür, dass uns eine Krankheit ereilt, haben wir in vielen Fällen in einer früheren Verkörperung selbst gelegt. Natürlich kann diese Krankheit, welche eine bestimmte Schwäche ausgleicht und somit für uns sehr förderlich ist, nicht ohne geeignete Auslöser zum Ausbruch kommen. Da wir in unserer vorgeburtlichen Zeit in der geistigen Welt ungleich weiser sind als im Erdenleben, wissen wir, dass uns, wenn wir wieder auf dem physischen Plan erscheinen, eine gewisse Krankheit treffen muss. Während wir zusammen mit den geistigen Wesen der höheren Hierarchien in dieser Zeit unser nächstes Leben in groben Zügen planen (☞ Kapitel 11), werden wir uns beispielsweise Vorfahren wählen, welche uns die Disposition für diese Krankheit vererben können, oder wir werden uns etwa in einer Gegend inkarnieren, in der wir am ehesten auf die notwendigen Krankheitserreger stoßen können usw. Natürlich kann es auch sein, dass wir dann später aus einem inneren Drang heraus erst die Gegend aufsuchen, in der die entsprechenden Erreger verbreitet sind. Häufig werden wir durch eine höhere Vernünftigkeit zu den Gelegenheiten geführt, die uns eine für unsere Evolution notwendige Krankheit bringen können. Das Durchmachen der betreffenden Krankheit ist so etwas wie ein ›Erzieher‹, der uns in der Entwicklung vorwärts bringt.

Selbst viele durchaus spirituell gesinnte Zeitgenossen betrachten Krankheiten als ein großes Übel. So sonderbar es klingen mag, kann gesagt werden, dass es vielmehr ein Geschenk ist, überhaupt krank werden zu können! Meistens ereilt uns eine Erkrankung, um uns – wie bereits erläutert – zu fördern oder um uns die Gelegenheit zu schenken, über unser bisheriges Leben sowie den Sinn des menschlichen Lebens im Allgemeinen nachzusinnen und sogar spirituelle Einsichten gewinnen zu können.

Judith von Halle schreibt: *»Denn eine Erkrankung ist oftmals das einzige Mittel, um zu einem tieferen Verständnis des eigenen Daseinsgrundes, zur Erkenntnis einer höheren Welt und der aus ihr stammenden Ideale und Ziele zu gelangen.«*[39]

Wenn man die karmische Bedeutung von Krankheiten in vollem Ernst beherzigt, so kann man ein ganz anderes Verhältnis zu ihnen gewinnen. Auch wenn es unserem begrenzten Erdenverstand wie ein Hohn erscheinen mag, so kann man sie dankbar akzeptieren, selbst dann, wenn sie zum Tod führen sollten. Schließlich sind Krankheiten etwas, was uns die guten Götter schenken, um uns im spirituellen Sinne reifer und vollkommener zu machen. **»Wenn wir so die Krankheiten ansehen, werden wir von einem höheren Gesichtspunkt aus durch Karma eine Art Versöhnung, eine tiefe Versöhnung mit dem Leben gewinnen; denn wir werden wissen, dass es in der Gesetzmäßigkeit von Karma liegt, dass, selbst wenn eine Krankheit mit dem Tode ausgeht, der Mensch gefördert wird, dass selbst in einem solchen Falle die Krankheit das Ziel hat, den Menschen höher zu bringen.«**[40]

Selbstverständlich darf das nicht zu einer fatalistischen Einstellung führen, dass man sich etwa sagt: »Die Krankheit hat ja einen guten Sinn. Also müssen wir auch nicht versuchen, eine Heilung herbeizuführen! Auch wenn der Patient stirbt, hat es ja eine gute Berechtigung.« Therapeutische Maßnahmen müssen selbstverständlich ergriffen werden, solange Aussicht auf Genesung besteht! **»Nun darf niemand daraus etwa den Schluss ziehen: dann könnte es auch sein, dass wir geradezu den Tod herbeiwünschen müssten in gewissen Krankheitsfällen. Das darf niemand sagen, weil die Entscheidung darüber, was eintreten soll, ob Heilung oder Unheilbarkeit, einer höheren Vernünftigkeit zufällt, als die ist, welche wir mit unserem gewöhnlichen Bewusstsein umfassen können. Mit unserem gewöhnlichen Bewusstsein müssen wir uns bescheiden innerhalb der Welt zwischen Geburt und Tod, bei solchen Fragen stehenzubleiben. Mit unserem höheren Bewusstsein dürfen wir uns allerdings selbst auf den Standpunkt stellen, der sogar den Tod hinnimmt als ein Geschenk der höheren geistigen Mächte. Mit demjenigen Bewusstsein aber, das helfen und eingreifen soll ins Leben, dürfen wir uns nicht vermessen, uns auf diesen höheren Gesichtspunkt zu stellen. Da könnten wir uns leicht irren und würden in einer unerhörten Weise eingreifen in etwas, worin wir nie eingreifen dürfen: in die menschliche Freiheitssphäre.**

Wenn wir einem Menschen helfen können, damit er die selbstheilenden Kräfte entwickelt, oder indem wir selbst der Natur zu Hilfe kommen, damit Heilung eintritt, so müssen wir das tun. Und soll die Entscheidung darüber fallen, ob der Mensch weiterleben soll oder ob er mehr gefördert wird, wenn der Tod eintritt, dann kann sie niemals anders als so fallen, dass unsere Hilfe eine Hilfe in der Heilung sein kann. Ist sie dies, so setzen wir es in des Menschen eigene Individualität, seine Kräfte anzuwenden, und die ärztliche Hilfe kann dabei nur eine solche sein, die ihn darin unterstützt. Dann wirkt sie nicht hinein in die menschliche Individualität.

Ganz anders wäre es, wenn wir eines Menschen Unheilbarkeit in der Weise fördern würden, dass er sein weiteres Fortkommen in einer anderen Welt suchte. Da würden wir in seine Individualität eingreifen und seine Individualität einer andern Wirkungssphäre übergeben. Dann hätten wir unseren Willen der andern Individualität aufgedrängt. Diese Entscheidung müssen wir der Individualität selbst überlassen. Das heißt mit andern Worten: Wir müssen so viel als möglich tun, damit eine Heilung geschieht. Denn alle Überlegungen, die zu einer Heilung führen, kommen aus dem Bewusstsein, das für unsere Erde berechtigt ist; alle andern Maßnahmen würden übergreifen über unsere Erdensphäre; da müssen andere Kräfte eingreifen als die, welche in unser gewöhnliches Bewusstsein hineinfallen.

So sehen wir, dass ein richtiges karmisches Verständnis über Heilbarkeit und Unheilbarkeit von Krankheiten dazu führt, dass wir alles aufbringen werden, um dem Menschen zu helfen in der Krankheit; und auf der andern Seite führt es uns auch dazu, dass wir, wenn aus andern Sphären eine andere Entscheidung getroffen wird, diese ebenfalls zu unserer Befriedigung hinnehmen. Etwas anderes haben wir in Bezug auf diese andere Entscheidung auch gar nicht nötig. Nötig haben wir, dass wir einen Gesichtspunkt finden, dass uns die Unheilbarkeit einer Krankheit nicht niederdrückt, als ob die Welt nur das Unvollkommene, das Schlimme und Schlechte hätte. Karmisches Verständnis lähmt nicht unsere Tatkraft in Bezug auf das Heilen. Karmisches Verständnis wird uns auf der andern Seite auch wieder in Harmonie bringen mit dem schwersten Schicksal in Bezug auf Unheilbarkeit dieser oder jener Krankheit.«[41]

Viele Krankheiten gehen ja mit heftigen Schmerzen und viel Leid einher. Die wohl meisten Menschen jammern über Schmerz und Leid und fassen sie als ein großes Übel auf. Auch wenn das aus äußerer Sicht verständlich ist, so muss man sehen, dass diese unangenehmen Erfahrungen im folgenden Erdenleben große Früchte tragen können. Leid und Schmerzen, die ein Mensch geduldig erträgt, können zu Weisheit und sogar zur körperlichen Schönheit in der nächsten Inkarnation führen. Es gibt einen alten Spruch, der diese Tatsache auf den Punkt bringt: »Gott verkauft Weisheit gegen Leiden.«

»Aber von einem höheren Gesichtspunkte aus ist es gar nicht berechtigt, darüber zu jammern, denn sind sie überwunden und ist man bereit zu einer nächsten Verkörperung, dann sind Leid und Schmerzen die Quellen von Weisheit und Besonnenheit und einem Überschauen der Dinge. Sogar in einer neueren Schrift, die aus der materialistischen Anschauungsart der Gegenwart entstanden ist, finden wir den Ausspruch, dass in der Physiognomie eines jeden Denkers etwas zu finden ist wie kristallisierter Schmerz. Das, was da der materialistisch denkende Schriftsteller sagt, ist dem Okkultisten längst bekannt, denn die größte Weisheit der Welt wird erworben durch das ruhige Ertragen von Schmerz und Leid. Das schafft in der nächsten Inkarnation Weisheit. Keiner, der lebensleidig den Schmerz flieht, der ihn nicht ertragen will, kann sich die Grundlage für die Weisheit schaffen. Ja, wenn wir weiter hineinschauen, können wir nicht einmal über die

Krankheiten jammern. Wenn man sie von höherer Warte aus, vom Standpunkte der Ewigkeit betrachtet, dann nehmen sie sich ganz anders aus. Krankheiten, die man erträgt, kommen im nächsten Leben oftmals als besondere Schönheit in der Körperlichkeit zum Vorschein, so dass viel körperliche Schönheit, die man beim Menschen findet, durch Krankheit im vorhergehenden Leben errungen ist. Das ist der Zusammenhang zwischen der Verletzung des Körpers durch Krankheit, namentlich auch durch äußere Verhältnisse, und der Schönheit.«[42]

In der Heiligen Schrift finden sich einige Anklänge an diese Tatsache. So schrieb Paulus: *»Denn unsre Bedrängnis, die zeitlich und leicht ist, schafft eine ewige und über alle Maßen gewichtige Herrlichkeit, uns, die wir nicht sehen auf das Sichtbare, sondern auf das Unsichtbare. Denn was sichtbar ist, das ist zeitlich; was aber unsichtbar ist, das ist ewig.«*[43]

»Ich bin nämlich überzeugt, dass die Leiden der gegenwärtigen Zeit nichts bedeuten im Vergleich zu der Herrlichkeit, die an uns offenbar werden soll.«[44]

Fragen wir uns noch, wovon es letztendlich abhängt, ob es bei einer Krankheit, die einen Menschen ereilt, zu einer Heilung kommen kann. Denken Sie etwa an Krebs. In vielen Fällen wird diese Krankheit schon recht bald zum Tode führen; in manchen Fällen tritt jedoch eine Heilung ein, und der betreffende Mensch lebt noch viele Jahre weiter.

Selbstverständlich liegt es im Karma des Erkrankten, ob es – unabhängig von der konkreten Krankheit – zu einer Heilung kommt oder nicht. Die Krankheit hat den Menschen ereilt, um ihn zu fördern und ihn in seiner geistig-seelischen Entwicklung weiter voranzubringen. Zu einer Heilung wird es nur kommen, wenn sie ›Sinn‹ macht. Sinn macht sie nur, wenn der Geheilte durch die neuen Kräfte, die er sich durch die Krankheit und deren Überwindung errungen hat, sowie durch das während des Krankheitsverlaufes Erkannte *in diesem Leben* noch weiterkommen und zum eigenen Nutzen und dem anderer Menschen wirken kann. **»Nehmen wir an, die Sache liege so, dass der Mensch in dem Leben, das er noch zubringen kann, vermöge seiner sonstigen Organisation und seines übrigen Karma die Kräfte hat, mit dem, was er durch die Krankheit errungen hat, in diesem Leben selbst weiterzukommen. Dann hat die Heilung einen Sinn. Dann tritt Heilung ein und der Mensch hat in diesem Falle das errungen, was er erringen sollte und was sich an dem Vorhandensein der Krankheit zeigte. Durch das Überwinden der Krankheit hat er sich instand gesetzt, dort vollkommene Kräfte zu haben, wo er früher unvollkommene Kräfte hatte. Ist er durch sein Karma mit solchen Kräften ausgerüstet und durch die günstigen Umstände seines früheren Schicksals so in die Welt gesetzt, dass er die neuen Kräfte anwenden kann und wirken kann, um sich und andern von Nutzen zu sein, dann tritt die Heilung ein; dann windet er sich durch die Krankheit hindurch.«**[45]

Es kann nun auch so sein, dass zwar eine Heilung eintritt, der Mensch aber aus seiner unterbewussten Weisheit heraus trotzdem den Entschluss fasst, durch die Pforte des

Todes zu gehen. **»Nehmen wir nun an, die Sache liege für den Menschen so, dass er die Krankheit überwindet und die Heilkräfte entwickelt und nunmehr vor einem Leben stünde, welches an ihn Anforderungen stellen würde, die mit dem Maß, das er sich jetzt schon errungen hat an Vollkommenem, nicht erfüllt werden können: Er würde zwar einiges erringen durch die geheilte Krankheit, aber es wäre doch nicht möglich, dass er so viel erringt – weil sein übriges Karma das nicht zulässt –, dass er mit dem, was er sich errungen hat, den andern zum Heile werden kann.**

Dann tritt das ein, dass sein tieferes Unterbewusstsein sagt: Hier hast du keine Gelegenheit, die volle Kraft von dem zu empfangen, was du eigentlich haben sollst. Du musstest in diese Inkarnation hineingehen, weil du das Maß an Vollkommenheit gewinnen musstest, das du nur im physischen Leibe durch die Überwindung einer Krankheit erringen kannst. Das musstest du erringen; aber weiter ausbilden kannst du es nicht. Nun musst du in die Verhältnisse gehen, wo dein physischer Leib und andere Kräfte dich nicht stören und wo du frei verarbeiten kannst, was du in der Krankheit gewonnen hast. –

Das heißt, es sucht eine solche Individualität den Tod, um zwischen Tod und neuer Geburt das weiterzuverarbeiten, was sie im Leben zwischen Geburt und Tod nicht verarbeiten kann. Es geht eine solche Seele durch das Leben zwischen Tod und neuer Geburt durch, um jetzt mit um so stärkeren Kräften, die sie beim Überwinden der Krankheit gewonnen hat, ihre Organisation weiter auszubilden, damit sie im neuen Leben um so mehr wirken kann. In dieser Weise kann förmlich durch die Anwesenheit einer Krankheit eine Art Abschlagszahlung bewirkt werden, die dann erst ergänzt wird nach dem Durchgehen durch den Tod zu dem, was sie sein soll.«[46]

10.3.4 Chronische Krankheiten

Gerade in der heutigen Zeit treten vermehrt *chronische* Krankheiten auf. Bei diesen kommt es weder zu einer ordentlichen Heilung noch führen sie zum Tode, sondern zu anhaltenden oder immer wieder auftretenden chronischen Zuständen, bis hin zu einer Art von Siechtum oder dergleichen. **»Da liegt das vor, dass allerdings durch den Heilungsprozess innerhalb der menschlichen Körperhüllen eingetreten ist, was nur zu erreichen war, dass also in gewissem Sinne die Krankheit überwunden ist. Aber in einem anderen Sinne ist sie doch nicht überwunden; das heißt, dass alles das, was an Ausgleich hat geschaffen werden sollen zwischen Ätherleib und physischem Leib, zwar erreicht worden ist, nicht aber das ausgeglichen worden ist, was an Disharmonie vorhanden war zwischen Ätherleib und astralischem Leib. Das bleibt zurück, und der Mensch pendelt hin und her zwischen Versuchen, zu heilen, und nicht heilen zu können.«**[47]

In einem solchen Fall ist es immer von besonderer Wichtigkeit, dass der Mensch möglichst ausnutzt, was er an wirklicher Heilung bereits errungen hat. Meistens ist es aber so, dass der Patient viel zu oft die durch die chronische Krankheit bedingten Schmerzen und Beeinträchtigungen im Bewusstsein hat und sich darüber heftig erregt und beschwert. Diese fortwährenden Zustände des Unzufriedenseins, der Verzweifelung wirken wie organisierende Kräfte, die in der tieferen Wesenheit des Menschen sitzen und permanent den halb gesunden, halb kranken Teil seines Wesensgefüges irritieren. **»Dann kann man in der Tat sehen, dass sich in den meisten Fällen ein gewisser schwankender Gleichgewichtszustand herausstellt zwischen dem Ätherleibe und dem physischen Leibe, ein Hin- und Herpendeln von Kräften, wie es nicht sein soll, bei dem es sich aber doch leben lässt. Bei diesem Hin- und Herpendeln von Kräften des Ätherleibes und des physischen Leibes wird der betreffende Mensch fortwährend irritiert und dadurch erfüllt von fortdauernden Erregungszuständen. Die sieht das hellseherische Bewusstsein fortwährend auftauchen im astralischen Leibe, und diese Erregungszustände drängen sich fortwährend hinein in den halb kranken und halb gesunden Teil der Organisation, wodurch dann nicht ein stabiles, sondern ein labiles Gleichgewicht zustande kommt. Durch dieses Hineindringen der astralischen Erregungszustände wird der menschliche Zustand, der sonst viel besser sein könnte, in der Tat sehr verschlechtert.«**[48]

Freilich nutzt es nicht viel, wenn ein betroffener Patient sich lediglich fest vornimmt, von seinen Schmerzen und Beschwerden abzusehen, wenn er diese mit aller Kraft ignorieren würde. Da muss vielmehr noch etwas Wichtiges hinzukommen. Er muss die Zeit, in der er sich sonst ganz seinem Leiden hingegeben hat, dazu verwenden, sich intensiv mit spirituellen Themen zu beschäftigen, die seine Seelenkräfte ganz in Anspruch nehmen. **»Könnte** [der Patient] **seinen Zustand vergessen, ganz von ihm absehen, mit starkem Willen sagen: Ich will mich jetzt nicht kümmern um meinen Zustand! – und würde er sodann die Seelenkräfte, welche er dadurch frei bekommt, auf etwas von geistigem Inhalt verwenden, was ihn erhebt, was ihn innerlich sättigt in seiner Seele, würde er diese Kräfte, die sich sonst immer damit beschäftigen, die Gefühle des Schmerzes, des Drückens und Stechens und was da alles ist, zu durchleben, frei bekommen, so würde ihm das eine große Befriedigung gewähren. Denn wenn man diese Gefühle nicht durchlebt, hat man die Kräfte ja frei; dann sind sie verfügbar. Freilich hilft es nicht viel, wenn man sich bloß sagt, man will dieses Klemmen und Stechen und so weiter nicht bemerken; denn wenn man die Kräfte, welche man da frei bekommt, nicht auf etwas Geistiges verwendet, werden die früheren Zustände bald wieder da sein. Wenn man aber die frei gewordenen Kräfte verwendet auf einen die Seele ganz in Anspruch nehmenden geistigen Inhalt, dann wird man bemerken, dass man auf einem komplizierten Wege das erreicht, was sonst unsere Organisation selber ohne unser Zutun in der Überwindung des Krankheitsprozesses erreicht.«**[49]

Wohl jeder von uns hat doch schon einmal die Erfahrung gemacht, dass es bei kleinen Unpässlichkeiten sehr förderlich ist, wenn er diesen dadurch nicht die Oberhand überlässt, dass er sich intensiv mit etwas beschäftigt, was ihn erbaut.

10.3.5 Zukünftige Krankheiten

Es gibt einige Stellen in der Bibel, in denen davon die Rede ist, dass die Sünden der Väter in den folgenden Generationen gerächt werden.

So heißt es etwa im 2. Buch Mose: *»[...] aber ungestraft lässt er niemand, sondern sucht die Missetat der Väter heim an Kindern und Kindeskindern bis ins dritte und vierte Glied.«*[50]

Wie bei allem, was in der Heiligen Schrift steht, handelt es sich auch bei diesen Versen um eine spirituelle Wahrheit. Rudolf Steiner wies darauf hin, dass die nächsten Generationen, die Kinder und Kindeskinder, es *physisch* zu büßen haben, wenn in einem Zeitalter von einem Großteil der Menschheit schlechte und verdorbene Gedanken gehegt werden und vorherrschend sind. Seit fast zwei Jahrhunderten hat sich die Ideologie des Materialismus immer mehr durchgesetzt. Das ist nicht ohne Folgen geblieben. **»Nicht ungestraft haben die Menschen des 19. Jahrhunderts angefangen, so derb materiell zu denken, so wegzuwenden ihren Verstand von jeglichem Geistigen. Was dazumal die Menschen gedacht haben, das wird sich erfüllen. Und wir sind nicht so weit davon entfernt, dass merkwürdige Krankheiten und Epidemien in unserer Menschheit auftreten werden! Was wir Nervosität nennen, wird spätestens in einem halben Jahrhundert schlimme Formen annehmen. So wie es einst Pest und Cholera und im Mittelalter Aussatz gegeben hat, so wird es Epidemien des Seelenlebens geben, Erkrankungen des Nervensystems in epidemischer Form. Das sind die wirklichen Folgen des Umstandes, dass es den Menschen an dem geistigen Lebenskern fehlt. Wo ein Bewusstsein von diesem Lebenskern als Mittelpunkt vorhanden ist, da wird der Mensch gesund unter dem Einfluss einer gesunden, einer wahren, weisen Weltanschauung. Aber der Materialismus leugnet die Seele, leugnet den Geist, höhlt den Menschen aus, weist ihn hin auf seine Peripherie, auf seinen Umkreis. Gesundheit gibt es nur, wenn des Menschen tiefinnerster Wesenskern geistig und wahr ist. Die wirkliche Krankheit, die auf die Aushöhlung des Inneren folgt, das ist die geistige Epidemie, vor der wir stehen.«**[51]

»Heutzutage ist eine Krankheit viel verbreitet, die man vor hundert Jahren kaum gekannt hat; nicht als ob man sie nicht erkannt hätte, aber sie war wirklich nicht verbreitet: Das ist die Nervosität. Diese eigentümliche Krankheitsform ist die Folge der materialistischen Weltanschauung des 18. Jahrhunderts. Ohne das Vorausgehen dieser materiellen Denkgewohnheiten wäre sie nie zustande gekommen. [...]

Der Geheimlehrer weiß, dass, wenn der Materialismus noch Jahrzehnte fortdauern würde, er eine verheerende Wirkung auf die Volksgesundheit haben würde. Würden diese materiellen Denkgewohnheiten nicht gesteuert, so würden später die Menschen nicht nur gewöhnlich nervös sein, sondern die Kinder würden zitternd geboren werden und nicht nur die Umgebung empfinden, sondern an jeder Umgebung eine Schmerzempfindung haben. Vor allem würden die Geisteskrankheiten sich ungeheuer rasch verbreiten: Irr-

sinnsepidemien würden in den nächsten Jahrzehnten auftreten. Das war auch die Gefahr, welcher die Menschheit zusteuerte: epidemische Geisteskrankheiten.«[52]

Obige Aussage machte Rudolf Steiner im Jahre 1906. Es kann keinen Zweifel an der Tatsache geben, dass sich die Ideologie des Materialismus seitdem noch ganz erheblich mehr verbreitet und mittlerweile Einzug in alle Bereiche des Lebens, selbst in das religiöse, gehalten hat. Somit ist es nicht verwunderlich, dass gegenwärtig unzählige Menschen an psychischen Krankheiten bzw. Persönlichkeitsstörungen aller Art leiden.

Es gibt nur eine Möglichkeit, diese Tendenz zu durchbrechen, und das ist die Überwindung des Materialismus. Wenn die spirituelle Strömung nicht hinreichend viel Macht gewinnt, werden solche Krankheiten als karmische Folge noch mehr Einfluss auf die Menschheit gewinnen, als es gegenwärtig schon der Fall ist. So wie es im Mittelalter Epidemien des Aussatzes gegeben hat, so werden in der Zukunft schwere Nervenerkrankungen, ja Epidemien des Wahnsinns auftreten, die ganze Völker befallen.

Je spiritueller die Menschheit wird, desto mehr wird alles ausgemerzt, was mit einer Erkrankung des Nervensystems zusammenhängt. Die Durchdringung mit wahrhaft spirituellen Gedanken und Vorstellungen ist das einzige Heilmittel.[53]

10.4 Karma und besonders dramatische Schicksale

Es gibt etliche Menschen, die ein besonders schweres, ja dramatisches Schicksal ereilt. Denken Sie etwa an Eltern, die den Tod eines Kindes zu ertragen haben; oder nehmen wir einen Menschen, der dadurch, dass er Opfer eines Verbrechens, eines Unfalls oder einer Naturkatastrophe wurde, auf gewaltsame Weise stirbt.

Ein Mensch, der nichts von Reinkarnation und Karma weiß oder diese Gesetze für Unsinn hält, müsste an solchen Schicksalen eigentlich verzweifeln und geradezu irre werden. Wie könnte beispielsweise ein Pfarrer, der fest auf dem Boden seines katholischen oder evangelischen Glaubens steht, Eltern, deren Kind gestorben ist, trösten. Er könnte eigentlich nicht über Floskeln und Phrasen hinauskommen, die den Eltern vermutlich kaum ein Trost sein dürften.

Wir wollen im Folgenden einige konkrete Fälle von sogenannten »Schicksalsschlägen« betrachten und karmisch beleuchten.

10.4.1 Tod eines Kindes

Wann immer ein Kind oder ein Jugendlicher stirbt, will die verzweifelte Frage nach dem Sinn dieses Todes nicht verstummen. Man ist schnell bei der Hand, Gott oder den Kosmos eines Irrtums oder Fehlers zu bezichtigen. Wer nicht mit den Gesetzen der

Reinkarnation und des Karma rechnet, kann mit einem solch frühen Tod keinen Sinn verbinden. Die Eltern können an diesem Schicksal zerbrechen – oder aber wachsen und reifen (☞ S. 264ff.).

Nun kann es sehr ›gute‹ Gründe dafür geben, dass sich eine Seele entscheidet, die Inkarnation frühzeitig zu beenden. Möglicherweise hat die Seele erkannt, dass sie in dieser Verkörperung ihrer Lebensaufgabe nicht gerecht werden kann, so dass sie sich entscheidet, wieder in die geistige Welt zurückzugehen. Vielleicht waren die geistig-seelischen Entwicklungsmöglichkeiten innerhalb der Gegebenheiten und Verhältnisse, in welche die Seele hineingeboren wurde, doch zu begrenzt, so dass sie wieder in die geistigen Sphären zurückkehren wollte, um ihrem Schicksal eine Wendung geben zu können.[54]

Auf einen etwas speziellen, aber sehr konkreten möglichen Grund wies Rudolf Steiner in einigen seiner Vorträge hin. **»Welches ist der karmische Zusammenhang, dass viele Menschen schon so jung sterben, zum Beispiel schon als Kinder? Fälle, die der Geheimwissenschaft bekannt sind, lehren das Folgende. Man konnte zum Beispiel ein Kind, das früh gestorben ist, in Beziehung auf sein voriges Leben untersuchen, und da zeigte sich, dass es in seinem früheren Leben recht gut veranlagt war und diese Anlagen auch gut benutzt hatte. Es war ein recht fähiges Mitglied der menschlichen Gesellschaft geworden, aber es war etwas schwachsichtig. Durch diese schwachen Augen und das weniger genaue Ansehen-Können bekamen alle seine Erfahrungen einen besonderen Anstrich. Es fehlte dadurch überall an einer Kleinigkeit, um die es hätte besser sein können; der Mensch blieb immer etwas zurück wegen der schwachen Augen. Er hätte ganz Außerordentliches leisten können, wenn er gute Sehorgane gehabt hätte. Er starb und wurde dann ganz kurze Zeit danach wieder inkarniert mit gesunden Augen, lebte aber nur wenige Wochen. Dadurch aber hatten die Wesensglieder erfahren, wie man gesunde Augen bekommt, und der Mensch hatte ein Stückchen Leben bekommen, um zu erwerben, was ihm noch gefehlt hatte, gleichsam eine Korrektur des vorhergehenden Lebens. Der Schmerz der Eltern wird natürlich karmisch ausgeglichen, aber sie mussten das Werkzeug für diese Korrektur sein.«**[55]

»Es zeigt uns nun die okkulte Wissenschaft, dass ein so kurzes Leben doch einen Sinn hat. Oft hat das Wesen, das in diesem Kinderleibe ist, vieles ausbilden können, aber bisweilen hat es eines nicht ausbilden können, zum Beispiel ganz gesundes Sehen. Nehmen wir an, jemand ist in einer Inkarnation ein vorzüglicher Mensch gewesen, hatte aber ein schwaches Sehvermögen. Dann wird es geschehen, dass ein solcher später in einer Inkarnation nur wenige Tage lebt, nur um das, was ausgeblieben ist in dem vorigen Leben wegen seiner schwachen Augen, auszugleichen. In diesem Falle muss man diese Inkarnation zu der vorigen mitrechnen. Man unterschätzt im allgemeinen sehr die Bedeutung des Lernvermögens von dem Kinde in den ersten Tagen. Wenn das Kind lernt ins Licht

zu sehen, so ist dazu mehr Kapazität notwendig, als zu alledem, was man lernt im ersten akademischen Semester.«[56]

Alle diese Gründe sind natürlich mit unserem Bewusstsein, über das wir im Erdenleben verfügen, nur schwer zu begreifen. Einem materialistisch gesinnten Menschen mögen sie sogar wie der reinste Unsinn erscheinen.

Sie kennen sicherlich die Redensart: »Wenn ein Kind stirbt, so nimmt der liebe Gott es sofort zu sich in den Himmel auf.« Diese hat durchaus ihre Berechtigung. Wenn ein Erwachsener stirbt, so geht er durch die ›Pforte des Todes‹, sozusagen ›nach vorne‹, ›in die Zukunft hinein‹. Kinder sind noch sehr eng mit der Geisteswelt verbunden, aus der sie ja erst vor relativ kurzer Zeit heruntergestiegen sind und die sie eigentlich noch gar nicht zur Gänze verlassen haben. Ein Kind geht im Augenblick des Todes gewissermaßen ›rückwärts‹ wieder ›durchs Himmelstor zurück‹, durch das es erst vor kurzer Zeit ins Erdenleben geschritten ist und das für es noch offen steht. Es muss das Kamaloka (☞ Kapitel 11, S. 309ff.) nicht durchlaufen und kehrt sofort in den vorgeburtlichen Zustand, also in die Geisteswelt, zurück.

Zu den hervorragendsten inneren Erlebnissen eines in jungen Jahren verstorbenen Menschen, die er in die geistige Welt trägt, gehört ein starkes inneres Vorstellungsbewusstsein von dem Wunderbau des physischen Leibes, an dessen Gestaltung er vor noch nicht so langer Zeit in seiner vorgeburtlichen Phase selbst mitwirken durfte (☞ Kapitel 11, S. 334f.). Durch das Erfülltsein mit dieser Vorstellung kommt die Seele mit hohen geistigen Wesen zusammen. Verstorbene Kinder werden nun insbesondere von den Geistern der Form (Exusiai) mit großer Huld und Gnade empfangen. Das sind keine geringeren Wesen, als diejenigen, die in der Genesis *»Elohim«* genannt werden, also die göttlich-geistigen Schöpferwesen, die maßgeblich an der Schaffung des Erdenmenschen beteiligt waren.[57] Da viele Menschen diese Schöpfermächte mit Gott gleichsetzen, ist im Übrigen auch verständlich, wenn gesagt wird, dass Kinder nach ihrem Tod sofort wieder *von Gott* aufgenommen würden.

Ein verstorbenes Kind hat noch ein besonderes Interesse, an dem Leben seiner Eltern und Geschwister teilzuhaben. Es wird sich lange Zeit in ihrer Nähe ›aufhalten‹. Die Eltern verlieren sozusagen ihr Kind nicht.

Ein noch sehr junger Mensch trägt nach seinem Durchgang durchs Himmelstor einen Äther- und Astralleib in die geistigen Sphären hinein, die noch viele Jahrzehnte im Sinne der menschlichen Organisation hätten wirken können. Diese unverbrauchten Kräfte können zum Segen für den Kosmos und insbesondere für andere Tote werden. Diese Kräfte können nun etwa in die Waagschale geworfen werden, um denjenigen Seelen zu helfen, die ihre Verhaftung mit der Erdenwelt, die eine Folge ihres Verhaltens und ihrer Gesinnung im Erdenleben ist, nicht überwinden konnten.[58] Diese Seelen, die durch ihre zumeist materialistische Gesinnung eine viel zu große ›Seelenschwere‹ haben, um in die höheren Welten aufsteigen zu können, können durch die Wesen der höheren Hierarchien *allein* nicht gerettet werden. Diese benutzen nun die noch unverbrauchten Kräfte der Jungverstorbenen, um diejenigen Seelen zu retten, die sich nicht durch eigene Kraft retten könnten. **»So helfen die Seelen, die frühzeitig zugrunde gehen, ihren Mitmenschen, die sonst im Morast des Materialismus versinken würden.«**[59]

Die Seelen vieler verstorbener Kinder und Jugendlicher suchen einige Zeit nach dem Tod die Gesellschaft solcher Seelen auf, die sich gerade auf ihre neue Inkarnation vorbereiten, die also kurz vor ihrer Wiederverkörperung stehen. Diesen Seelen kommt das zugute, was die Seelen der Jungverstorbenen ihnen als Kraft von der Erde hinauftragen können, um ihrerseits die Kräfte besser finden zu können, die sie für ihre Verkörperung benötigen.[60] Das, was die Frühverstorbenen durch die Todespforte tragen, wird allen Seelen, die sich zu ihrer neuen Inkarnation anschicken, zu einem wichtigen Erlebnis.

Aus dem Tod sehr junger Menschen entstehen auch die Keime für die seelischen Anlagen, welche die ganze Menschheit für ihre Weiterentwicklung benötigt. **»Derjenige, welcher jung stirbt, gibt, indem er seinen Ätherleib hinopfert in seiner Jugend, dem ganzen Kosmos einen fruchtbaren Boden für die Ausreifung der inneren seelischen Anlagen der Menschen.«**[61]

Diesem fruchtbaren Boden, diesen Keimen verdanken besonders geniale Menschen häufig ihre Genialität im nächsten Erdenleben. Diese Tatsache widerspricht natürlich nicht derjenigen, dass der jeweilige Mensch sich in vorausgegangenen Inkarnationen so entwickelt haben muss, dass sich diese Genialität dann manifestieren kann.

10.4.2 Gewaltsamer Tod

Wenn Rudolf Steiner über das Thema »gewaltsamer« oder »plötzlicher Tod« sprach, differenzierte er meistens zwischen Naturkatastrophen und zivilisatorischen Katastrophen. Wenn ein Mensch durch eine Krankheit oder aufgrund hohen Alters durch die Pforte des Todes schreitet, so hat dies in erster Linie eine Bedeutung für das Leben zwischen Tod und neuer Geburt. Tritt der Tod aber plötzlich und gewaltsam ein, so hat das zusätzlich eine große Bedeutung für das folgende Erdenleben.

Es soll uns hier nicht so sehr um die Folgen gehen, die ein gewaltsamer Tod im Leben zwischen Tod und neuer Geburt nach sich zieht, sondern darum, wie das aus karmischer Sicht zu bewerten ist und wie sich ein solch plötzlicher Tod auf die nächste Inkarnation auswirkt.

Unabhängig von der genauen Ursache kommen einige Auswirkungen auf das nachtodliche Leben sowie auf das folgende Erdenleben eines jeden Menschen in Betracht, der eines gewaltsamen Todes gestorben ist. Nach dem Tod eines Menschen wird – *völlig unabhängig* von der Art des Todes – alles, was ansonsten außen ist, zu etwas Innerem.

So wird auch das äußere Erlebnis des gewaltsamen Todes zu einem inneren Erlebnis. Dieses zeigt sich in der nächsten Inkarnation als eine besondere Kraft, die es dem Menschen ermöglicht, seinem ganzen Leben eine neue Richtung zu geben oder etwas ganz Besonderes zu leisten. **»Wenn ein gewaltsamer Tod in ein Leben eingreift, so zeigt sich dieses im nächstfolgenden Erdenleben so, dass dieser Tod nachwirkt, indem er in ganz bestimmten Lebensjahren des nächstfolgenden Lebens irgendwie eine Richtungsänderung des Lebens hervorbringt. [...] In manchen Menschenleben tritt in einem bestimmten Augenblicke dieses Lebens etwas ein, was das ganze Schicksal des Menschen ändert, was ihn auf andere Lebenswege bringt, wie innerlich herausgefordert. In Amerika nennt man solche Dinge ›Bekehrungen‹, weil man Namen haben will für sie; aber wir brauchen nicht immer an Religiöses zu denken; der Mensch kann in andere Lebenswege, in eine bleibende Änderung seiner Willensrichtung hineingedrängt werden. Solch eine radikale Änderung einer Willensrichtung hat ihren Ursprung in einem gewaltsamen Tode seines vorhergehenden Lebens. Denn wie sehr häufig dasjenige, was im Tode auftritt, gerade für die Mitte des nächsten Lebens wichtig ist, das zeigt sich der konkreten Forschung.«**[62]

Nach allem, was wir bisher erörtert haben, als wir über den Sinn der wiederholten Erdenleben nachgedacht haben, muss man wohl bei einem so schweren Schicksal – wie es ein gewaltsamer Tod darstellt – sehen, dass auch so etwas zu den Erfahrungsschätzen gehören kann, die ein Mensch in einem seiner vielen Erdenleben gewinnen muss. Es kann durchaus im Karma eines Menschen liegen, einen solchen plötzlichen Tod erleiden zu müssen.[63] Viele hingebungsvolle, dem Spirituellen zugeneigte Menschen, die heute auf der Erde wandeln, verdanken dieses häufig **»ihrem ein Martyrium zu nennenden Leben in einer vorhergehenden Inkarnation«**.[64]

Die Erde und die Menschheit könnten sich nicht weiterentwickeln, wenn es keine Menschen gäbe, die sich dafür opfern würden.

10.4.2.1 Opfer von Naturkatastrophen

Es ist in den letzten Jahrzehnten kaum einmal ein Quartal vergangen, in dem man nicht durch die Massenmedien über ein Erdbeben, einen Vulkanausbruch oder eine Flut- oder Sturmkatastrophe informiert worden wäre, bei der Hunderte, Tausende oder gar Zigtausende Menschen zu Tode kamen. Bei all diesen Katastrophen kommen Menschen aller Altersstufen ums Leben, die *scheinbar* zufällig am Ort des Geschehens wohnen oder weilen. Kaum einer kann sich, wenn er davon Kenntnis erhält, von einer großen Bestürzung, Ohnmacht und Hilflosigkeit freisprechen. Immer wieder hört man auch in diesem Kontext die Klage: »Wie kann Gott so etwas zulassen? Wie kann er zulassen, dass unschuldige Menschen auf diese Art zu Tode kommen?« Nicht wenige verlieren nun endgültig ihren letzten Glauben an einen gerechten Gott. Ein Mensch, der nicht mit der Reinkarnations- und Karmalehre rechnet, muss einen solch tragischen

Tod zwangsläufig für sinnlos halten und an der Liebe und Gerechtigkeit Gottes zweifeln. Wer sich allerdings mit diesen Gesetzen ein wenig vertraut gemacht hat, wird einsehen, dass auch solche Katastrophen sehr wohl mit Karma zu tun haben. Allerdings darf man sich hier nicht auf den fatalen Standpunkt stellen, dass ein solches Unglück unbedingt die karmische Wirkung eines wie auch immer gearteten Fehlverhaltens in einem früheren Leben darstellen müsse. **»Ein Unglück braucht sogar gar nicht aus dem vorhergehenden Leben irgendwie verursacht zu sein. Es kann spontan eintreten; es wird nur seine Folgen für das folgende und auch alles Leben zwischen den Erdenleben haben, weil wir sehr häufig sehen, dass aus Unglück, aus Leid und Schmerz dasjenige herauswächst, was andersgestaltetes Bewusstsein in der geistigen Welt ist.«**[65]

Auch wenn das für unseren an das physische Gehirn gebundenen Verstand schier unglaublich klingen mag, *kann* es sich bei solchen Naturkatastrophen in einigen Fällen so verhalten, dass die Opfer sich diese Art zu sterben in ihrem vorgeburtlichen Dasein ausgesucht haben. Sie haben es in einer ähnlichen Weise gesucht, wie wir einen Menschen, mit dem wir ein gemeinsames Schicksal haben, suchen mussten, was natürlich unterhalb der Schwelle des Bewusstseins verlief und häufig der Unterstützung unseres Engels zu danken war. Diese Menschen haben sich vorgenommen, in ihrem kommenden Erdenleben bei einer bestimmten Naturkatastrophe, die, was Ort und Zeitpunkt angeht, im Geistigen schon lange Zeit feststand, ums Leben zu kommen. **»[...] in zahlreichen Fällen zeigt sich für den Geistesforscher, dass in der Tat während eines Lebens, das als geistiges Erleben unserer jetzigen Geburt vorangegangen ist, unsere Seele in einem rein geistigen Bewusstsein ein solches Schicksal schon herbeigeführt hat, das mit einer gewissen Notwendigkeit zu diesem Unglücksfall hingeführt hat. Das zu entscheiden, steht uns nach der Geburt nicht zu. Vor der Geburt dirigieren wir unser Dasein nach dem Unglück hin, damit unsere Seele sozusagen durchschreitet durch die Möglichkeit der äußeren physischen Tätigkeitsweisen, uns den physischen Leib zu zerschellen, und so gleichsam im Moment des Überganges das Erlebnis hat: wie wirkt unsere Menschheit im Zerschellen, wenn sich dieser Leib nicht in natürlicher Weise fortentwickeln wird? Es hat einen guten Sinn – aber nicht vor dem alltäglichen Bewusstsein, sondern vor unserem Überbewusstsein –, dass Menschenleben auch sozusagen vor dem Erreichen des normalen Alters durch Unglücksfälle zugrunde gehen können.«**[66]

Eine dem Verfasser bekannte Holländerin erzählte Folgendes: »Mitte Dezember 2004 lud meine Freundin Anne mich und weitere fünf Freundinnen zu sich ein. Wie wir alle wussten, hatte sie vor, zwei Tage später ihren Traumurlaub anzutreten. Es war schon seit Jahren ihr größter Wunsch, einmal nach Thailand zu fliegen und dort Land und Leute kennen zu lernen. Immer wieder erzählte sie uns von diesem Herzenswunsch, auf den sie lange hingespart und hingefiebert hatte. Nun sollte es also endlich so weit sein. Anne war an diesem Tag besonders gut aufgelegt und redselig. Gegen Abend begann sie, die ansonsten nie viel Aufhebens um ihre Person und ihr Leben machte, plötzlich, aus ihrem Leben zu erzählen. Manches, was sie erzählte, war den meisten Anwesenden bekannt, vieles nicht. Sie ließ nahezu keine Etappe ihres Lebens aus. Mir kam das schon ein wenig seltsam vor. – Als ich dann im Januar 2005 die traurige Nachricht bekam, dass Anne Ende Dezember zu den vielen Opfern des Tsunami gehörte, wurde mir einiges klar.«

Man kann es fast mit Händen greifen, dass dieser Frau, die hier Anne genannt wurde, ihr vorgeburtlicher Entschluss in den letzten Wochen ihres Lebens bis an die Grenze ihrer Bewusstseinsschwelle gespült wurde.

Nun ist es ja offensichtlich, dass ein Mensch – wenn man einmal von *möglichen* Vorahnungen absieht – nicht weiß, dass er sich in seinem vorgeburtlichen Leben vorgenommen hat, durch ein bestimmtes Unglück zu Tode zu kommen. Würde er es wissen, so würde er aus seinem Bewusstsein, das er im Erdenleben hat, gewiss alles tun, um es zu verhindern, soweit es ihm möglich wäre. Wie wird er jetzt zum richtigen Zeitpunkt an den richtigen Ort geführt, an dem ihn das Unglück ereilen kann?

Die Tendenz, ein bestimmtes – nicht notwendigerweise durch Naturkräfte verursachtes – Unglück zu erleben, hat der Mensch in seiner vorgeburtlichen Zeit in seine Seele eingepflanzt. Dank der Weisheit, der er in dieser Zeit teilhaftig wurde, konnte er einsehen, dass er durch das Erleben und das *mögliche* Überwinden des Unglücks vollkommener werden kann.[67] Jeder Mensch trägt bis auf die feinste chemische Zusammensetzung hinein in seinem Muskelsystem sein kristallisiertes Karma. **»So sehr trägt er es, dass sich nun der geistige Erschauer ganz klar wird darüber: Wenn ein Mensch zum Beispiel seine Muskeln so bewegt hat, dass er sich auf eine Stätte begeben hat, auf der ihm ein Unglück geschehen ist, so ist das aus dem Grunde geschehen, weil in den Muskeln die geistige Kraft darinnen lag, die ihn aus sich selbst heraus an die Stätte getrieben hat, an der ihm das Unglück passierte. Die Weltenordnung hat unser Schicksal kristallisiert in unserem Muskelsystem. Und in unserem Muskelsystem lebt der Geist, für den äußeren physischen Plan kristallisiert, der ohne unser offenbares Wissen uns überall dahin führt, wohin wir eben in Gemäßheit unseres Karmas gehen müssen, kommen müssen.«**[68]

Es muss nun natürlich die Frage gestellt werden, *warum* sich Menschen in ihrem vorgeburtlichen Leben entschließen, auf eine solche Art ums Leben zu kommen. Welche Wirkungen erfahren Menschen, die durch eine Naturkatastrophe ihr Leben verlieren?

Diese werden *»zur abrupten Einsicht in die Wahrheit von der Existenz des lebendigen Geistes kommen, welcher ihnen aufgeht als der die Naturgewalten, durch welche sie ums Leben kommen, bewirkende und in ihnen wirkende mächtige Verursacher.«*[69]

Diese Einsicht hätten sie in ihrem Leben auf keine andere Art mehr gewinnen können. Ein solches Unglück – unabhängig davon, ob es gesucht wurde oder spontan eingetreten ist – kann dann zunächst einmal zu einem anders gestalteten Bewusstsein im nachtodlichen Leben führen.[65] Wenn ein blühendes Menschenleben durch eine Naturkatastrophe abrupt hinweggerafft wird, so kann die Seele dadurch Kräfte aufnehmen, die geeignet sind, für das folgende Erdenleben höhere intellektuelle Fähigkeiten vorzubereiten. Ein solcher Mensch wird in seiner nächsten Inkarnation oftmals viel intelligenter sein, als er es geworden wäre, wenn er eines natürlichen Todes gestorben wäre.[70] **»Nehmen wir den Fall, dass ein blühendes Menschenleben durch einen Unglücksfall hingerafft wird. Da stellt sich dem Geistesforscher das folgende dar. Wenn er diese Seele über den Tod hinaus verfolgt, so zeigt sich, dass sie, indem sie diesen Unglücksfall durchgemacht hat, im Durchschreiten durch den Unglücksfall Kräfte in sich aufgenommen hat, welche geeignet sind, für das nächste Erdenleben höhere intellektuelle Fähigkeiten vorzubereiten, als vorbereitet werden würden, wenn dieser Unglücksfall nicht herbeigeführt worden wäre.«**[72]

Eine solche Seele wird in ihre nächste Verkörperung häufig auch ein größeres kreatives Potential und eine größere spirituelle Veranlagung mitbringen können. **»Bei den Menschen, die infolge von Erdbeben oder vulkanischen Eruptionen starben, kann man im Laufe ihrer folgenden Inkarnation ganz andere Eigenschaften beobachten. Sie bringen bei ihrer Geburt große spirituelle Veranlagungen mit, denn sie sind durch ihren Tod in Beziehung getreten zu einem Element, das ihnen das wahre Gesicht der Dinge und das Illusionäre eines bloß materiellen Lebens gezeigt hat.«**[71]

In einigen Fällen werden sich die Menschen, die bei ein und derselben Naturkatastrophe ums Leben kamen, in der geistigen Welt zusammenfinden und gemeinsame Pläne für ihre nächste Inkarnation schmieden. In diesem neuen gemeinsamen Erdenleben bilden sie dann häufig eine Vereinigung oder Gruppierung, die sich eine soziale, humanitäre oder spirituelle Zielsetzung gibt. **»Nehmen wir folgenden Fall an, der sich tatsächlich zugetragen hat: Bei einer Naturkatastrophe hatten eine Anzahl von Seelen den Untergang gefunden. Wir brauchen durchaus nicht zu glauben, das wäre ihr Karma gewesen, dass sie alle zusammen dabei zugrunde gegangen sind; denn das wäre eine sehr billige Annahme. Es braucht gar nicht so zu sein, dass es immer auf frühere Verschuldungen zurückführt. Es gibt einen erforschten Fall, wo eine Anzahl von Menschen bei einer Naturkatastrophe zugrunde gegangen sind. Das hat dann aber dazu geführt, dass diese Menschen in einer späteren Zeit** [im folgenden Erdenleben] **sich gemeinsam verbunden fühlten und durch das gemeinsame Schicksal sich als stark erwiesen, etwas Gemeinsames in der Welt zu unternehmen. Durch jene Katastrophe war die Ursache gebildet, dass sie im späteren Leben sich gründlich abgewöhnt hatten, nur an der Materie zu hängen, so dass sie sich für ihr späteres Leben eine Gesinnung mitgebracht haben, welche sie zum Spirituellen geführt hat.«**[73]

Wie Rudolf Steiner weiter ausführte, hat sich diesen Menschen im Augenblick der Katastrophe – es handelte sich übrigens um ein Erdbeben – die Wertlosigkeit des Materiellen vor die Seele gedrängt und sich die Gesinnung nach dem Spirituellen entwickelt.

Vielleicht ahnen wir ja alle zumindest etwas davon, dass solche Seelen sich ihr Schicksal, bei einer bestimmten Naturkatastrophe zu sterben, im Vorgeburtlichen selbst gewählt haben. Wenn Menschen bei einer solchen Katastrophe ums Leben kommen, so sagt man doch: »Sie *fanden* den Tod.« Finden kann man aber streng genommen nur etwas, was man zuvor *gesucht* hat. Diese Menschen haben aber genau diese Art und diesen Zeitpunkt zu sterben ›gesucht‹, auch wenn das natürlich nicht ihre Bewusstseinsschwelle überschritten hat. Wenn man diesen spirituellen Hintergrund solcher Todesfälle ernst nimmt, wird deutlich, wie unsinnig es wäre, Gott entrüstet zu fragen, warum er so etwas zulasse. Wenn Gott den Ausbruch einer solchen Katastrophe verhindert hätte, wäre ganz im Gegenteil die Frage angebracht, warum er es nicht zugelassen hätte, dass sich diese Menschen in der für sie so wichtigen und notwendigen Weise weiterentwickeln können.

10.4.2.2 Opfer von zivilisatorischen Katastrophen

Hiermit sind diejenigen Menschen gemeint, die durch von Menschen oder Menschenwerk verursachte Katastrophen wie etwa Kriegsereignisse, Attentate oder Unfälle bzw. Unglücksfälle hinweggerafft worden sind. Aber auch an Menschen, die einem Verbrechen zum Opfer gefallen sind, ist hier zu denken.

Wenn ein Mensch dadurch den Tod erleidet, dass von außen etwas in den Organismus eingreift – wie das etwa bei einer Kugel, die ihn tödlich trifft, der Fall ist –, so **»geschieht ein plötzliches Aufleuchten, ein Auffeuern von unendlich viel Geistigkeit. Es ist ein Überflammen einer geistigen Aura, welches sich da vollzieht«.**[74]

Der auf diese Art Verstorbene schaut nun auf dieses Aufleuchten zurück, das dem sehr ähnlich ist, was ansonsten nur dann zustande kommt, wenn die Menschen sich mit spirituellen Ideen und Begriffen befassen. Gerade bei großen zivilisatorischen Katastrophen wie Kriegen können die dabei getöteten Menschen regelrecht in eine spirituelle Weltanschauung *hineingezwungen* werden.

Viele große Katastrophen wären der Menschheit erspart geblieben, wenn diese rechtzeitig zu einem spirituellen Leben gefunden hätte. Das, was geschehen ist, hätte, sofern es karmisch notwendig war, geschehen müssen. Aber es hätte sich in einer völlig anderen Form vollzogen. Die genaue Art oder Form, wie sich eine notwendige karmische Wirkung vollzieht, ist – wie wir schon gesehen haben – im Allgemeinen nicht determiniert.

Wie bereits gesagt wurde, muss ein Unglück aber keine karmische Wirkung darstellen. Es kann durchaus spontan eintreten. Dann wird es natürlich seine Folgen im nachtodlichen Leben sowie im nächsten Erdenleben haben. In einem Menschen, der durch eine Katastrophe innerhalb der von Menschen geschaffenen Welt sein Leben lassen muss, steigen Fragen nach dem unverwirklichten Schicksal, nach dem, was er gemäß seinem Karma noch alles hätte erleben können, auf. Durch dieses unverbrauchte Karma werden seine Willenskräfte gestärkt. **»Eine Naturkatastrophe ruft in dem Menschen, der von ihr befallen wird, eine verschärfte Erinnerung an alles dasjenige hervor, was in seinem Karma als Ursache enthalten ist. Denn wenn der Mensch durch die Pforte des Todes tritt, wird er eben erinnert an alles, was in seinem Karma enthalten ist. Eine Verstärkung davon, eine deutliche Erinnerung tritt in der Menschenseele durch eine Naturkatastrophe ein, bei der der Mensch zugrunde geht. Eine Eisenbahnkatastrophe, überhaupt eine zivilisatorische Katastrophe ruft im Gegenteil Vergessen des Karma hervor. Dadurch aber, dass Vergessen des Karma auftritt, tritt eine starke Empfänglichkeit auf für die Eindrücke, die der Mensch nach dem Tode neu hat aus der geistigen Welt. Und die Folge davon ist, dass ein solcher Mensch jetzt sich selber fragen muss: Wie steht es mit dem, was unverbrauchtes Karma in mir ist? Und während insbesondere die intellektuellen Eigenschaften eines Menschen bei einer Naturkatastrophe in seinem Astralleibe verdichtet werden, werden die Willenseigenschaften des Menschen bei Zivilisationskatastrophen verdichtet und verstärkt. So wirkt das Karma.«**[75]

Das, was Rudolf Steiner über die Eisenbahnkatastrophe sagte, gilt heute natürlich auch beispielsweise für Flugzeugabstürze, Busunglücke, Katastrophen in Berg- und Atomkraftwerken und dergleichen.

10.5 Schweres Schicksal als bewusste Opfertat

Dass man in den Fällen, in denen sich eine Seele entscheidet, schon in jungen Jahren die Inkarnation zu beenden, davon sprechen kann, dass sie sich – wenngleich meistens unbewusst – hinopfert, haben wir schon gesehen.

Man muss den Tod eines Kindes aber auch noch – oder sogar insbesondere – aus der Perspektive der Hinterbliebenen, also der Eltern, Geschwister usw. beleuchten. In einigen Fällen kann es sich durchaus so verhalten, dass eine Seele in ihrer vorgeburtlichen Zeit in der Geisteswelt den bewussten Entschluss gefasst hat, nur kurze Zeit im Körper zu bleiben, um durch den frühen Tod beispielsweise den Eltern ein Opfer darzubringen.

Das scheint ja wirklich sehr sonderbar zu klingen, zumal der Tod eines Kindes ganz gewiss zu den härtesten Schicksalsschlägen gehört, die Eltern treffen können. Er stellt diese auf eine zuvor nicht gekannte Lebensprobe, so dass die übergroße Trauer nur allzu verständlich ist. Was könnte nun der Plan der Seele, die sich im vorgeburtlichen Leben entscheidet, nur recht kurze Zeit auf der Erde zu verweilen, sein? Was soll mit diesem Opfer bewirkt werden?

Es *könnte* durchaus so sein, dass die Menschenseele auf diese recht radikale Art etwa ihren Eltern durch die damit verbundene tiefe Trauer einen Impuls bescheren möchte, wodurch diese in ihrer spirituellen Entwicklung gefördert werden können, auch wenn sie das mit ihrem begrenzten Erdenbewusstsein nicht zu erkennen vermögen. Natürlich wird sich ein solches Opfer auch für die Seele selbst in der Zukunft karmisch positiv auswirken.

Wenngleich man ›Botschaften‹, die von einem Wesen aus der geistigen Welt über ein Medium vermittelt werden, mit gesunder Skepsis begegnen sollte, ist nicht abzustreiten, dass man auch auf diesem Wege viele geistige Tatsachen in Erfahrung bringen kann. Eines der bekanntesten Medien aus der jüngeren Vergangenheit war die amerikanerische Autorin und Dichterin Jane Roberts (1929 bis 1984), die zu Beginn des letzten Drittels des 20. Jahrhunderts in vielen Hundert Sitzungen über ein ›jenseitiges Kontaktwesen‹, das sich Seth nannte, Kunde aus der geistigen Welt gab. Diese Mitteilungen veröffentlichte Jane Roberts in einigen Büchern. In ihrem Buch *»Das Seth-Material«* geht es um einen konkreten Fall, in dem sich eine Seele dazu entschieden hatte, schon sehr früh wieder in die geistige Welt zurückzukehren. Dieser Fall soll hier in aller Kürze geschildert werden.[76]

Ein Ehepaar, das völlig verzweifelt war, weil ihr geliebtes Söhnchen im Alter von drei Jahren gestorben war, suchte Frau Roberts auf und bat um eine Sitzung, von der es sich Aufschluss über den Sinn dieses frühen Todes erhoffte. Durch die Stimme des Mediums meldete sich das Geistwesen Seth und teilte den trauernden Eltern mit, dass ihr Sohn schon eine sehr hochentwickelte Individualität sei, die es eigentlich gar nicht mehr nötig gehabt hätte, sich zu inkarnieren. Er habe seine Inkarnation so ›vorbereitet‹, dass er nur wenige Jahre in seinem Körper leben konnte. Dieser frühe Tod sollte der Auslöser sein, dass seine Eltern, die zuvor mit Spiritualität nicht viel im Sinn hatten, nun ihren Weg in diese Richtung antreten könnten. Ohne die große Trauer und Verzweiflung über den Tod des Kindes wären sie gewiss in ihrem alten Trott verblieben und hätten sich nicht in der notwendigen Weise weiterentwickeln können. Der kleine Sohn hat also ein regelrechtes Opfer für diese beiden Menschen vollbracht!

In der Gegenwart kann man immer wieder von Menschen hören oder lesen, die einige Zeit nach dem frühen Tod eines Kindes regelrecht aufgewacht sind. Bei aller berechtigten Trauer haben sie gespürt, dass die Seele ihres Kindes noch da ist. Nachdem sie bisher nie Gedanken über spirituelle Themen im Allgemeinen und über ein Leben nach dem Tod im Besonderen bewegt hatten, gewannen sie durch dieses Schicksal die Überzeugung von einer geistigen Welt, an die sie zuvor nicht zu glauben vermochten. Dadurch änderte sich ihr gesamtes Leben von Grund auf.

Dieser Effekt wird in der Psychologie als »posttraumatisches Wachstum« bezeichnet. Durch das traumatische Erlebnis kann ein seelischer Reifungsprozess ausgelöst werden, der dazu führt, dass man andere Prioritäten im Leben setzt. Es können sogar existentielle Fragen aufgeworfen werden. Durch die daraus resultierenden Reflexionen entsteht bei vielen eine erstmalige oder verstärkte Neigung zu spirituellen Themen.

Auch wenn beispielsweise ein Kind mit einer schweren körperlichen oder ›geistigen‹ Behinderung zur Welt kommt, *kann* es so sein, dass dieses sein Schicksal bewusst gewählt hat, um seinen Eltern eine für sie notwendige Aufgabe zu stellen, deren Bewältigung sie in ihrer Entwicklung einen großen Schritt vorwärts bringen kann. Ähnlich wie ein Sportler in seiner Leistungsentwicklung viel weiterkommt, wenn er im Training sehr hohe Belastungen wählt, kommt auch ein Mensch in seiner geistig-seelischen Entwicklung viel besser voran, wenn er in seinem Erdenleben vor sehr schwierige und belastende Aufgaben gestellt wird.

10.6 Geschenke des Schicksals

Wir Menschen sind, solange wir im Erdendasein stehen, regelrecht blind, wenn es darum geht, Einschläge des Schicksals, die uns treffen, richtig zu bewerten. Jemand, der nichts vom Karmagesetz weiß oder wissen will, ist schnell bei der Hand, solche Ereignisse einem blinden, wütenden Zufall oder einem doch nicht so gerechten und liebevollen Gott zuzuschreiben. Viele, die die Karmaidee aufgegriffen haben, sind geneigt, diese Schicksalsschläge *unbedingt* als karmische Wirkung früherer Verschuldungen aufzufassen. Dass die ersten beiden Thesen Unsinn sind und dass die dritte keineswegs immer zutreffend sein muss, haben wir bereits hinreichend erörtert.

Wann immer den Menschen ein schweres Unglück trifft, spricht man von einer »Katastrophe«. Ein Unglück oder ein wie auch immer gearteter Schicksalsschlag ist in der Tat eine Katastrophe. Nur sollten wir verstehen lernen, was die alten Griechen, aus deren Sprachbereich das Wort stammt, mit diesem Begriff meinten. Das Substantiv »Strophe« bedeutet »Wende« oder »Wendung«, die Vorsilbe »Kata« kann mit »abwärts« oder »von oben herab« übersetzt werden. Somit bedeutet »Katastrophe« etwa: »Eine Wendung von oben herab«. In genau diesem Sinne verstanden die Weisen unter den alten Griechen dieses Wort. Eine Katastrophe ist also ein Ereignis, das »von oben herab«, also von den Göttern, geschickt wird, damit das Leben des betroffenen Menschen eine für seine Entwicklung positive Wendung nehmen kann.

Ein wie auch immer geartetes Unglück, das uns, nachdem wir es in unserer vorgeburtlichen Zeit aus einer höheren Warte selbst ausgewählt haben, schließlich im Erdenleben trifft, kann als Geschenk, zumindest aber als ein Entwicklungsfaktor betrachtet werden. Nun könnte sich jemand auf den Standpunkt stellen: »Dadurch werden wir ja zu Schmieden unseres eigenen Unglücks! Das kann mir kein Trost sein!«

Rudolf Steiner sagte dazu: **»**[Wenn jemand dieses Argument ins Feld führt,] **so muss demgegenüber gesagt werden, was ich schon früher durch einen Vergleich klarmachte:**

Wenn jemand bis zu seinem achtzehnten Lebensjahre gelebt hat aus der Tasche seines Vaters im Überfluss und ohne etwas gelernt zu haben, und sein Vater wird dann bankrott, dann kann es, von außen gesehen, ein großes Unglück sein, wenn jetzt das Leben ihn hart anlässt. Und er hat recht, wenn er jetzt das Leben unglücklich findet. Aber nehmen wir an, er ist fünfzig Jahre alt geworden und sieht sein Leben von einem anderen Gesichtspunkt aus an, dann sagt er sich: Hätte mich das Unglück nicht getroffen, ich wäre nicht geworden, was ich jetzt bin. Für meinen Vater war es ein Unglück, für mich war es ein Entwickelungsferment meines Lebens. –

So sind wir auch nicht immer in der Lage, den richtigen Gesichtspunkt zu finden für ein Unglück in dem Zeitpunkt, in dem wir es erleben. Wir stehen vor der Geburt auf einem ganz anderen Gesichtspunkte als nachher: auf demjenigen, dass das erlebt werden muss in einem neuen Leben, was einen Ausgleich schafft für das, was früher geschehen ist. Da bereiten wir uns das Unglück, das wir später mit Recht selber leidensvoll erdulden, und über das wir mit Recht klagen, weil wir es dann nur von dem Gesichtspunkte des physisch-irdischen Erlebens aus betrachten.«[77]

Bei einem Schicksalsgeschenk muss es sich freilich nicht unbedingt um ein Unglück handeln. Man kann hier auch an Krankheiten denken. Wie wir schon gesehen haben, werden diese uns meistens von den guten Göttern geschickt, damit wir eine Schwäche oder Unvollkommenheit, die wir hatten, überwinden können. Dabei muss es sich keineswegs immer um schwere, vielleicht sogar lebensbedrohliche Erkrankungen handeln.

Wohl jeder von uns ist schon einmal mit einer Krankheit, die uns tage-, oder wochenlang ans Bett gefesselt hat, ›beschenkt‹ worden. Während wir krank dalagen, haben wir diese Krankheit sicherlich nicht als Geschenk zu würdigen gewusst. Vielen ist es aber später, nachdem sie wieder genesen waren, klar geworden, wie wertvoll es war, eine Zeit lang ›außer Gefecht‹ gewesen zu sein. Vielleicht haben sie erkannt, dass sie eine ungesunde Lebensweise, die schließlich zu der Krankheit führte, aufgeben sollten. Vielleicht haben sie jetzt eingesehen, dass sie ihren überzogenen beruflichen Ehrgeiz zügeln sollten. Möglicherweise haben sie erkannt, dass sie aus ihrem Alltagstrott ausbrechen und ihrem Leben eine ganz andere Richtung geben sollten. Vielleicht hat die Seele auch nur dieser Ruhe bedurft, um wieder zu sich selbst zu finden, um sich wieder neue Ziele setzen zu können.

Viele Menschen stellen sich erst dann die Grundfrage des Daseins, die Frage nach dem Sinn des Lebens und denken darüber nach, wenn eine Krankheit, ein Schicksalsschlag oder eine Lebenskrise eintritt.

Judith von Halle schreibt: *»Es wird dann solchen nachdenklich gewordenen Menschen mitunter eine labile Psyche attestiert, oder man tut solche Fragen als eine vorübergehende Folge einer Midlife-Crisis ab. – In den seltensten Fällen trifft dies zu. Und selbst wenn eine seelische Krise der Auslöser für die Frage nach dem Sinn des Daseins wäre, so müsste man dieser Krise sogar dankbar sein. Denn mit einer solchen*

Frage rühren wir schließlich an die Grundbedingungen unseres Handelns. Wir müssen uns dann unweigerlich auch die Frage stellen, warum wir dieses oder jenes im Leben tun. Denn unsere Handlungen hängen doch im eminentesten Sinne mit der Frage nach dem Sinn unseres Daseins zusammen.«[78]

Wir sollten es vielleicht dazu bringen, bei allen schweren und leidvollen Erlebnissen und Erfahrungen, die uns in unserem Leben treffen, darüber nachzusinnen, was uns ›der Himmel‹ damit sagen möchte, um daraus die richtigen Schlüsse ziehen zu können. Wir sollten uns nicht fragen: »*Warum* ist mir das passiert?«, sondern vielmehr: »*Wozu* ist mir das passiert?«

Die wohl meisten Zeitgenossen wünschen sich nichts sehnlicher, als ein Leben führen zu können, das ihnen vorwiegend Freuden bereitet und sie vor Leiden verschont. Die schmerzvollen Erfahrungen, die wir machen müssen, haben wir in der Regel ›verdient‹, da wir sie durch irgendetwas im gegenwärtigen oder meistens in einem vorangegangenen Leben verursacht haben. Wie bereits angedeutet wurde, sind diese aber ein Entwicklungsfaktor, der zu einer wichtigen Erkenntnisquelle sowie zu Weisheit in zukünftigen Inkarnationen werden kann. **»Leiden [...] sind Quellen der Erkenntnis, deren Bedeutung sich in der Zukunft zeigt.«**[79]

»Gerade wer Leid und Schmerz erfahren hat, wird immer sagen, dass zwar Freuden und Lust dankbar hingenommen werden, dass man aber die Schmerzen und Leiden nie missen möchte. Alle unsere Weisheit verdanken wir den Leiden und Schmerzen der verflossenen Erdenleben.«[80]

Freuden hingegen haben wir uns im Allgemeinen nicht verdient. Sie sind vielmehr als ein Geschenk der Götter aufzufassen. **»Freude ist in den meisten Fällen im menschlichen Leben etwas, was man nicht verdient hat durch vorhergehende Taten. Wenn wir das Karma untersuchen mit den okkulten Mitteln, dann finden wir durchaus, dass man in den meisten Fällen die Freude, die man erlebt, nicht verdient hat, und dass man die Freude so betrachten soll, dass man sie dankbar hinnimmt als von den Göttern gesandt, als ein Göttergeschenk, und sich sagt, was uns heute an Freude begegnet, das soll uns anfeuern zu arbeiten, dass wir die uns durch die Freude zuströmenden Kräfte in uns aufnehmen und in nutzbringender Weise verwenden. Wir müssen die Freude betrachten als eine Art Abschlagszahlung für die Zukunft.«**[81]

10.6.1 Ganz besondere Schicksalsgeschenke

Wir wollen in diesem Abschnitt noch den Blick auf zwei ganz außerordentliche Geschenke des Schicksals werfen.

Ein besonders großzügiges Schicksalsgeschenk liegt ohne jeden Zweifel dann vor, wenn jemand durch einen Unfall oder eine schwere Krankheit schon an der Schwelle des Todes stand und, bevor er wieder ins Leben zurückfinden konnte, Nahtod-Erfahrungen machen durfte. Viele Menschen, die nach einer solchen Lebenskrise ihr Leben fortsetzen durften, berichten, dass sie dieses Ereignis als einen großen Wendepunkt ihres Lebens erkannt hätten. Häufig gelingt es ihnen dann aus eigenem Antrieb heraus, ihrem Leben einen neuen Sinn zu geben und es völlig neu zu organisieren. Wenn jemand diese erhabenen Erlebnisse hatte, so stand gewissermaßen mit riesigen Lettern vor seinem Seelenauge, dass es noch andere Sphären gibt als die irdische, der er bisher möglicherweise sein ganzes Leben untergeordnet hatte.

Judith von Halle drückt es wie folgt aus: *»Keine Macht der Welt wird solchen Menschen ihren intimen Erkenntnis-Schatz, die lebendige Erinnerung an den Geist der Weisheit und der Liebe aus dem Herzen, aus dem Bewusstsein reißen können, den sie als unumstößlich authentische Offenbarung der alles durchstrahlenden und alles zum Leben und zur freien Entfaltung erweckenden Wahrheit erlebt haben.«*[82]

Nicht wenige Menschen, die zuvor überzeugte Atheisten waren, sind aufgrund ihrer Nahtod-Erfahrungen zu tiefgläubigen Menschen geworden, die ihr Leben nicht mehr nur den alltäglichen Belangen unterordneten, sondern es völlig neu ergriffen und ihm von nun an eine ganz andere Zielsetzung gaben.

Wir wollen hier nur einen Mann zu Worte kommen lassen, der es nach seinen Nahtod-Erlebnissen gegenüber dem amerikanischen Psychiater Dr. Raymond Moody, der sich sehr intensiv mit den Berichten von Nahtod-Erfahrungen befasst, wie folgt formulierte: *»Ich bemühe mich neuerdings, Dinge zu tun, die mehr Sinn haben. Und das bekommt meinem Geist und meiner Seele viel besser. Ich fühle mich wohler. Ich versuche, keine Vorurteile mehr zu haben und die Menschen nicht mehr durch die Schwarzweißbrille zu sehen. Ich will jetzt etwas tun, weil es etwas Gutes ist, und nicht mehr, weil es etwas für mich Gutes ist. Und es scheint so, als ob ich die Dinge heute doch viel klarer sehe. Ich denke, das kommt von dem, was mir passiert ist da, wo ich gewesen bin und was ich während dieser Erfahrung gesehen habe.«*[83]

Von einem zweiten besonderen Geschenk des Schicksals kann zweifellos gesprochen werden, wenn jemand auf einen Weg geführt wird, auf dem er sich mit spirituellen Wahrheiten bekannt machen kann, wie man sie nicht nur, aber insbesondere in der anthroposophisch orientierten Geisteswissenschaft findet.

Etliche unserer Mitmenschen haben sich nicht zuletzt deshalb auf die Seite der materialistischen Weltanschauung geschlagen, weil es ihnen noch nicht gelungen ist, auf andere Menschen oder schriftliche Quellen zu stoßen, durch die sie für die Spiritualität erwachen konnten. Auch wenn es heute im Zeitalter des Internets gar nicht einmal mehr so schwierig ist, die Anthroposophie zu finden, wie es noch vor dreißig Jahren der Fall war, ist es immer noch eine verschwindende Minderheit, die sie wirklich gefunden hat. Hinzu kommt, dass in der Gegenwart die ahrimanischen Widersacher alles daran setzen, die Menschen von diesem Weg abzuhalten, was man an zahllosen unsachlichen und diffamierenden Kommentaren – insbesondere auch im Internet – erkennen kann.

Man darf es wirklich als ein Geschenk, ja als eine Gnade des Schicksals auffassen, wenn man in seinem Leben das Glück hat, zur anthroposophisch orientierten Geisteswissenschaft zu finden und deren äußerst umfangreichen Wahr- und Weisheiten als solche zu erkennen vermag, wodurch das gesamte Dasein einen höheren Sinn bekommen kann. Das Gleiche gilt natürlich, wenn jemand auf andere spirituelle Strömungen, sofern diese seriös sind, stößt.

10.7 Kennt der Mensch sein Schicksal oder erahnt er es zumindest?

Wie wir in Kapitel 11 (☞ 302ff.) noch sehen werden, kommt es für den Menschen unmittelbar nachdem er die Schwelle des Todes überschritten hat, zu der sogenannten *»Lebensrückschau«*. Wie in einem großen Panorama sieht er in allen Einzelheiten Bilder seines soeben beendeten Erdenlebens. Von diesem Phänomen berichten auch zahlreiche Menschen, die Nahtod-Erlebnisse hatten.

Zu etwas Analogem kommt es kurz bevor die zur neuen Inkarnation schreitende Individualität Besitz von dem physischen Leib im Schoße der Mutter ergreift. Sie erlebt im Beisein ihres Engels eine *»Lebensvorschau«*, eine Vorschau auf das kommende Erdenleben. Diese Vorschau zeigt ihr auch in einem Überblick, welche Schicksale im künftigen Erdenleben auf sie zukommen könnten. Der Seele wird bis zu einem gewissen Grad sowohl gewahr, welche leidvollen als auch welche freudigen Erlebnisse sie haben wird. Es herrscht eine große Gewissheit über das kommende Erdenleben. **»Wie in den Augenblicken nach dem Tode die Rückerinnerung gleichsam als Panoramabild vor die Seele tritt, so tritt für die Seele, die sich einverleiben will, ein Ähnliches ein, sie hat ein gewisses Vorgesicht. Sie sieht nicht die Einzelheiten, aber hat einen Überblick. [...] Also nur im Vorgesicht ist das Schicksal bekannt.«**[84]

Die Seele wird alles, was auf sie zukommen wird – nicht nur das Erfreuliche –, bejahen, da sie an der Ausarbeitung ihres Lebensplanes selbst maßgeblich beteiligt war und nun weiß, warum sie in ihrem anstehenden irdischen Dasein auch bestimmte schlimme Erfahrungen machen und auf vielen Ebenen für einen karmischen Ausgleich sorgen muss, was gewiss nicht immer leicht ist und häufig sogar sehr leidvoll sein kann. Allerdings wird diese Lebensvorschau die Seele nicht von ihrem Plan abbringen, da der Inkarnationswille sehr stark ist.

Es gibt hierzu das wundervolle Gedicht *»Das Leben, das ich selbst gewählt«*, das Hermann Hesse zugeschrieben wird:

Ehe ich in dieses Erdenleben kam,
ward mir gezeigt, wie ich es leben würde:
Da war die Kümmernis, da war der Gram,
da war das Elend und die Leidensbürde,
da war das Laster, das mich packen sollte,
da war der Irrtum, der gefangen nahm,
da war der schnelle Zorn, in dem ich grollte,
da waren der Hass und Hochmut, Stolz und Scham.

Doch da waren auch die Freuden jener Tage,
die voller Licht und schöner Träume sind,
wo Klage nicht mehr ist und nicht mehr Plage
und überall der Quell der Gaben rinnt.
Wo Liebe dem, der noch im Erdenkleid gebunden,
die Seligkeit des Losgelösten schenkt,
wo sich der Mensch der Menschenpein entwunden
als Auserwählter hoher Geister denkt.

Mir ward gezeigt das Schlechte und das Gute,
mir ward gezeigt die Fülle meiner Mängel.
Mir ward gezeigt die Wunde d´raus ich blute,
mir ward gezeigt die Helfertat der Engel.
Und als ich so in mein künftig Leben schaute,
da hört´ ein Wesen ich die Frage tun,
ob ich dies zu leben mich getraute,
denn der Entscheidung Stunde schlüge nun.

Und ich ermaß noch einmal alles Schlimme –
»Dies ist das Leben, das ich leben will!«
gab ich zur Antwort mit entschloss´ner Stimme
und nahm auf mich mein neues Schicksal still.
So ward ich geboren in diese Welt,
so war´s als ich ins neue Leben trat.
Ich klage nicht, wenn´s oft mir nicht gefällt,
denn ungeboren hab´ ich es bejaht.[85]

Sobald die Individualität verkörpert und wieder ein ›Terranaut‹ ist, hat sie diese Vorschau vergessen, weil bei den weitaus meisten Erdenmenschen die derzeitige Konstitution des physischen Leibes noch nicht geeignet ist, sie im Gedächtnis zu behalten. Bei einem Durchschnittsmenschen sind die Seelenkräfte nicht stark genug, so dass er sich weder an vergangene Inkarnationen noch an dasjenige, was er vor seiner Geburt in den übersinnlichen Welten durchgemacht hat, erinnern kann. Diejenigen Kräfte, die zu Erinnerungskräften werden könnten, werden aufgebraucht, um den physischen Leib zu organisieren.

Es kann aber durchaus Fälle geben, in denen ganz spontan so etwas wie eine Ahnung von Ereignissen, die er in der Vorschau gesehen hatte, aufblitzen kann. Das *könnte* auch eine *mögliche* Erklärung für manche Déjà-vu-Erlebnisse sein, von denen viele Menschen schildern.

Nun berichten zahlreiche Menschen von Momenten in ihrem Leben, in denen so etwas wie eine Ahnung von *kurz bevorstehenden* schicksalhaften Ereignissen aufgetaucht sei. Das, was in den folgenden Beispielen erzählt wird, haben Sie vielleicht auch schon einmal erlebt.

Man steht morgens auf und empfindet eine ziemliche Unruhe, die man sich nicht erklären kann, für die es keinen Grund zu geben scheint. Schließlich hat man für diesen Tag nichts Besonderes geplant. Es scheint ein Tag wie jeder andere zu sein. Nun kann noch hinzukommen, dass man ein etwas mulmiges Gefühl hat, dass man so eine Art Vorahnung hat, dass im Verlaufe des Tages doch etwas Bedeutsames, das man nicht erwartet hat, geschehen könnte. Meistens passiert an diesem Tage dann tatsächlich etwas Außergewöhnliches, mit dem man nicht rechnen konnte. Dabei muss es sich nicht unbedingt um ein sehr unerfreuliches oder gar dramatisches Ereignis handeln.

Es ist auch möglich, dass man nach dem Aufwachen das Gefühl hat, dass etwas ganz Bestimmtes, was man sich für diesen Tag vorgenommen hat, nicht zustande kommen wird. Oftmals geschieht dann wirklich etwas, wodurch das, was man geplant hatte, nicht ausgeführt werden kann.

Etliche Menschen berichten von einer solchen Vorahnung.

So erzählt ein Mann: *»Ich bin ein sehr ambitionierter Hobbyläufer, der jedes Jahr bei mehreren Laufveranstaltungen an den Start geht. Der wichtigste Wettkampf in unserer Region, den ich mir nie entgehen ließ, findet in jedem Jahr am ersten Maiwochenende statt.*

Im letzten Jahr hatte ich mich auf diesen Lauf besonders gründlich vorbereitet und meinen Trainingsumfang sowie die Trainingsintensität deutlich erhöht, da ich den Ehrgeiz hatte, in meiner Altersklasse den ersten Platz zu belegen.

Als ich an dem besagten Tag aufstand, hatte ich gleich ein ganz merkwürdiges Gefühl, das mir zu sagen schien, dass mein Plan nicht aufgehen werde, dass es vielleicht besser wäre, auf die Teilnahme zu verzichten. Doch ließ ich mich davon nicht irritieren und ging an den Start.

Schon nach etwa einem Kilometer bekam ich plötzlich einen fürchterlichen Schmerz im linken Beinbeuger. Mir war, wie wenn mir jemand mit einem Messer ins Bein gestochen hätte. Sofort brachte man mich zum Arzt, der einen Muskelbündelriss diagnostizierte. Es dauerte Monate, bis die Verletzung ausgeheilt war und ich wieder ganz vorsichtig mit dem Lauftraining beginnen konnte.

Auch wenn ich anfangs sehr frustriert war, konnte ich dieser Laufpause viele gute Aspekte abgewinnen. Mir wurde klar, dass ich meinen überzogenen Ehrgeiz zügeln sollte. Außerdem konnte ich mir von nun an Zeit für Dinge nehmen, die viel wichtiger sind.«

Ein anderer Mann schildert: *»Ich wollte wieder einmal meinen sehr geschätzten Onkel besuchen, den ich schon seit über einem Jahr nicht mehr gesehen hatte. Für den kommenden Samstag hatte ich mir diesen Besuch vorgenommen. Da ich ihn überraschen wollte, hatte ich mich vorher nicht angemeldet.*

An dem besagten Samstag erwachte ich mit einem ganz eigenartigen Gefühl, das mir bis dahin völlig fremd war. Es war eine Mischung aus leichter Aufgeregtheit, großer Vorfreude und gespannter Erwartung. Auch wenn ich mich auf das Wiedersehen mit meinem Onkel sehr freute, war mir diese fast euphorische Vorfreude doch ziemlich schleierhaft.

Als ich nach knapp zweistündiger Fahrt mit meinem Auto gegen Mittag bei ihm eintraf, war er nicht zu Hause. Von seiner Nachbarin erfuhr ich, dass er nach Griechenland in den Urlaub gefahren sei.

Merkwürdigerweise war ich gar nicht einmal enttäuscht. Bevor ich mich auf die Rückfahrt begab, kehrte ich noch in einem Gasthaus ein, um etwas zu essen. Am Nebentisch saß ein Mann, der gleich einen sehr sympathischen Eindruck auf mich machte. Etwas später kamen wir dann ins Gespräch.

Heute nach fast zwanzig Jahren kann ich sagen, dass er mein bester Freund geworden ist, dem ich unendlich viel zu verdanken habe.«

Eine Frau erzählt: *»Für den Abend hatte ich geplant, mit einer Freundin ins Theater in einer gut 50 Kilometer entfernten Stadt zu gehen, wo ein weltweit gefeiertes Musical aufgeführt werden sollte. Wir wollten gemeinsam mit meinem Auto fahren. Schon seit Wochen freute ich mich sehr darauf.*

Am Morgen des besagten Tages verspürte ich eine große innere Unruhe. Dann beschlich mich so eine Art Vorahnung, dass etwas dazwischen kommen werde.

Rechtzeitig holte ich meine Freundin ab, und wir machten uns auf den Weg. Beide waren wir voller Vorfreude. Meine Unruhe war mittlerweile verflogen.

Doch schon nach wenigen Minuten blieb mein Auto stehen. Es gelang mir nicht, es wieder zu starten. Die Leute vom Pannendienst, die schon nach 15 Minuten eintrafen, stellten einen Motorschaden fest und schleppten mein Auto ab.

Der Tag war gelaufen.«

Wie kann man eine Erklärung für solche Vorahnungen finden? Nun, wie bereits angedeutet ist der Mensch – genauer sein Ich und sein Astralleib – während des Schlafes überaus aktiv, wovon die gewöhnliche Wissenschaft freilich nichts weiß.

Wenn wir in den Schlaf versunken sind, arbeiten wir bis zum Aufwachen an der Ausgestaltung unseres Karma. In dieser Zeitspanne kann unser Karma, das in den vergangenen Erdenleben angesponnen und im Leben zwischen Tod und neuer Geburt weiter gestaltet wurde, den Ansatz finden, um in unser Tagesleben einzugreifen. Aus der Nacht nehmen wir also etwas ganz Bestimmtes mit in den Tag hinein. Freilich werden den weitaus meisten Menschen die Erlebnisse, die sie während des Schlafes, wenn ihr Ich und ihr Astralleib außerhalb ihrer Leibesorganisation sind, nicht bewusst. Nur den verschwindend wenigen Menschen, die über die sogenannte *»Kontinuität des Bewusstseins«* verfügen, können die Erlebnisse, die sie im Schlaf haben, gewahr werden.

Wenn ein Mensch recht feinfühlig ist und eine gute Selbstbeobachtung hat, kann allerdings in gewissen Fällen zumindest eine Vorahnung von dem, was an diesem Tage auf ihn zukommt, aufblitzen. **»Die meisten Menschen, die so etwas empfinden können, werden eigentlich das Gefühl haben, dass sie schon vom Morgen an losgelaufen sind auf ein solches Ereignis, das eine Bedeutung hat im Leben. Die ganzen vorhergehenden Tagesstunden färbte gewissermaßen ein solches Ereignis, auch wenn es ein ganz unerwartetes, wenn es ein wirklich schicksalhaftes, unerwartetes Ereignis ist. An Tagen, an denen wir Bedeutungsvolles im Leben durchmachen, wachen wir anders auf als an Tagen, die im gewöhnlichen Trott fortlaufen. [...]**

Je mehr der Mensch jenes Unbestimmte, man möchte sagen halb Mystische, das vom Schlaf aus in sein Leben hineinstrahlen kann, beobachtet, desto mehr kommt er zum Aufmerken auf sein Karma.«[86]

Die Tatsache, dass wir solche Vorahnungen eher selten oder womöglich gar nicht empfinden können, liegt nicht zuletzt daran, dass wir uns im Normalfall durch einen Wecker aus dem Schlaf reißen und dann gleich wieder von den Eindrücken der Sinnenwelt in Beschlag nehmen lassen. Dadurch wird der natürliche Aufwachprozess unterdrückt.

Diese Vorahnungen, von denen hier die Rede war, darf man natürlich nicht mit gewissen krankhaften Zuständen verwechseln, an denen einige Menschen leiden. Diese starten fast jeden Morgen mit der völlig unbegründeten Angst in den Tag, dass etwas Fürchterliches geschehen könnte. Im Extremfall gehen sie dann kaum noch aus dem Haus, um diesem vermeintlichen Ungemach zu entkommen.

10.8 Karma und der Gang der Menschheitsentwicklung

Die großen Ereignisse im Gange der Menschheitsentwicklung können nur dadurch erfolgen, dass sie von ganz bestimmten Menschen getragen werden. Man ist ja leicht geneigt, an etwas Zufälliges zu glauben, wenn berühmte Persönlichkeiten der Weltgeschichte auf den Plan treten und etwas ganz Entscheidendes leisten und bewirken. Vielmehr ist es aber so, dass diese sich zu einem bestimmten Zeitpunkt inkarnieren *müssen*, um die *Absichten der Entwicklung* übernehmen zu können. Das wird dann zu ihrer großen Lebensaufgabe.

Wenn man etwa an die Entwicklung des Mittelalters denkt, muss man einsehen, dass diese ganz anders verlaufen wäre, wenn nicht in einer bestimmten Zeit Karl der Große (747 bis 814) eingegriffen hätte. Auch das gesamte Geistesleben der letzten vorchristlichen Jahrhunderte wäre ein anderes gewesen, wenn nicht Aristoteles (384 bis 322 v. Chr.) gewirkt hätte. Oder nehmen wir Martin Luther (1483 bis 1546); wie wäre das kirchliche Leben weitergegangen, wenn er nicht zum rechten Zeitpunkt die extrem verkrusteten Strukturen der damaligen Kirche aufgebrochen und die Reformation in Gang gesetzt hätte, was ihm auch viel persönliches Leid bereitet hat?! Diese Beispiele könnte man fast endlos fortsetzen. **»Dadurch sehen wir, dass solche Persönlichkeiten, wie Karl der Große, Aristoteles, Luther und so weiter nicht um ihretwillen, sondern um der Welt willen in der betreffenden Zeit leben mussten. Ihre persönlichen Schicksale sind darum doch innig verflochten mit dem, was in der Welt geschieht. Können wir aber deshalb sagen, dass das, was sie wirken, zusammentrifft mit dem, was sie sich früher verdient oder was sie früher verschuldet haben?«**[87]

Solche Menschen werden von den Weltenlenkern bzw. Schicksalsmächten an einen Ort der Erde hingestellt, um etwas Besonderes für die ganze Menschheit zu leisten. Dasjenige, was diese Persönlichkeiten bewirkt haben, muss nicht unbedingt mit dem, was sie in ihren vorausgegangenen Inkarnationen gemacht haben, zusammenhängen. Es muss sich also nicht um eine karmische Wirkung handeln. Es wird sich allerdings karmisch auf folgende Erdenleben auswirken. **»Nehmen Sie den Fall von Luther: Alles, was er erlebt und erduldet hat, können Sie nicht nur auf sein karmisches Konto schreiben. Sie müssen sich klar sein, dass dasjenige, was in einem bestimmten Zeitpunkt in der Menschheitsentwickelung geschehen soll, durch das Hineingestelltsein bestimmter Individualitäten geschieht. Diese Individualitäten müssen heruntergeführt werden aus der geistigen Welt ohne Rücksicht darauf, ob sie für sich selbst weit genug sind, um heruntergeführt zu werden, denn sie werden heruntergeführt zu den Zwecken der Menschheitsentwickelung. Und es muss vielleicht ein karmischer Weg frühzeitig unterbrochen oder verlängert werden, damit die betreffenden Persönlichkeiten zu einem bestimmten Zeitpunkt in das Leben hineingestellt werden können.**

Da werden über Personen Schicksale verhängt, die mit dem vorangegangenen Karma nichts zu tun zu haben brauchen. Aber wenn man als Mensch einmal so hineingestellt worden ist und wenn man das getan hat, was man zwischen Geburt und Tod tun kann, so bildet das karmische Ursachen. So wahr es also ist, dass ein Luther hineingestellt wird in das Leben um der Menschheit willen und Schicksale erdulden kann, welche nichts zu tun haben mit seinem früheren Karma, so wahr ist es, dass mit seinem späteren Karma dasjenige, was er da vollbringt, wieder etwas zu tun haben wird. Karma ist ein allgemeines Gesetz, und jeder muss es durchleben. Aber wir dürfen es nicht so auffassen, dass wir nur in frühere Verkörperungen zurückblicken, sondern wir müssen es so auffassen, dass wir auch vorwärtsblicken müssen. Deshalb können wir durchaus sagen: Es kann sich uns von diesem Gesichtspunkt aus ergeben, dass allerdings erst ein späteres Leben rechtfer-

tigen kann auch vorhergehende Inkarnationen, indem uns schon Dinge zugefallen sind, welche gar nicht in unserer karmischen Linie liegen.«[88]

Etwas Ähnliches wie bei den großen historischen Persönlichkeiten und Staatsmännern liegt auch vor, wenn man an die zahllosen Menschen denkt, die zwar nicht so umfassende und gewaltige Veränderungen bewirkt haben wie die oben genannten, die aber etwas Wichtiges entdeckt oder erfunden haben. Wie anders wäre unsere Welt, wenn nicht – um nur zwei scheinbar ganz simple Beispiele zu nennen – zum richtigen Zeitpunkt das Fernrohr oder die Glühbirne erfunden worden wären.

Sie wissen vielleicht, wie es zur Erfindung des Fernrohrs kam. Den Ausgangspunkt bildeten Kinder, die in einer Werkstatt mit optischen Linsen gespielt haben. Diese haben sie dann spielerisch in verschiedenster Weise zusammengestellt, so dass dann jemand auf die Idee kam, dass auf diesem Weg so etwas wie ein Fernrohr entstehen könnte. **»Denken Sie, wie tief Sie suchen müssen, um zu dem individuellen Karma der Kinder und dem Karma der Menschheit zu kommen, dass in einem bestimmten Zeitpunkt das Fernrohr erfunden worden ist! Versuchen Sie das zusammenzudenken, und Sie werden sehen, wie in merkwürdiger Art das Karma einzelner Individualitäten und das Karma der ganzen Menschheit sich kreuzen und ineinander weben! Da werden Sie sich sagen: Man müsste sich die ganze Menschheitsentwickelung anders denken, wenn nicht zu einer bestimmten Zeit dies oder jenes eingetreten wäre.«**[89]

»Erfindungen und Entdeckungen fallen vom Himmel«, sagt man oftmals. Man unterstellt damit, dass diese rein ›zufällig‹ gemacht würden. Sie fallen in gewisser Weise tatsächlich vom Himmel – allerdings nicht im sprichwörtlichen sondern im wortwörtlichen Sinn.

Es gibt in unserer Erdenwelt nichts, was nicht sein geistiges Urbild in der Geisteswelt hat. Kein künstlerisches Werk, keine Erfindung ist *ursächlich* einem besonders genialen Menschen zuzuschreiben. Solche Menschen empfangen die Impulse zu ihrem Schaffen durch eine Inspiration aus dem Devachan – sei es durch hohe Engelwesen, sei es durch die Seelen Verstorbener. Natürlich bedarf es letztlich eines verkörperten Menschen, der diese Impulse aufnimmt und sie der Erdenwelt einprägt. Oftmals sagt man: »Dieser oder jener Mensch hatte einen guten *Einfall.*« Das deutsche Wort »Einfall« drückt sehr treffend aus, um was es sich dabei handelt: Es *fällt* etwas aus der Geisteswelt in die Erdenwelt *ein.*

Oftmals ist es so, dass mehrere Menschen irgendwo in der Welt nahezu gleichzeitig einen solchen Einfall haben, damit die Wahrscheinlichkeit steigt, dass er von wenigstens einem von ihnen aufgegriffen und umgesetzt werden kann. Patentämter werden bestätigen, dass häufig innerhalb kürzester Zeit Patente zu gleichen Erfindungen eingereicht werden. Heute lernt jedes Kind in der Schule, dass es der US-amerikanische Elektroingenieur und Unternehmer Thomas Alva Edison (1847 bis 1931) war, der im Jahre 1879 die Glühbirne erfand. An dieser Idee arbeitete aber auch der britische Physiker und Chemiker Joseph Wilson Swan (1828 bis 1914), der dieses Projekt sogar ein Jahr zuvor zum Abschluss brachte. Edison gewann den Patentstreit und gilt somit offiziell als der Erfinder der Glühbirne.

Es ist auch wohl allgemeiner Konsens, dass die großen Komponisten ihre wundervollen und viele Menschen erhebenden Werke während ihres irdischen Daseins rein aus ihren eigenen Seelenkräften schaffen würden. Das ist aber im Allgemeinen nicht der Fall. Vielmehr werden sie dazu aus der Geisteswelt, wo diese Musik urständet, inspiriert. Diese Inspirationen können sie in begnadeten Momenten empfangen.

Der deutsche Arzt, Bergbauingenieur und Philosoph Benedict Franz Xaver Ritter von Baader (1765 bis 1841) hatte im 19. Jahrhundert dazu einmal gesagt: *»Wer Musik macht, erzeugt sie nicht, sondern öffnet nur mehr oder minder die Türe, durch welche wir die immerwährende Ur-Musik hören.«*[90]

Der berühmte deutsche Komponist, Pianist und Dirigent Johannes Brahms (1833 bis 1897) wurde einmal gefragt, wie er mit der göttlichen Allmacht in Verbindung trete. Seine Antwort, die er gab, zeigt, auf welche Weise er aus der Geisteswelt inspiriert wurde: *»Es kann nur durch die inneren Seelenkräfte geschehen – durch das wirkliche Ich, das den Tod körperlich überlebt. ... Wenn ich den Drang in mir spüre, wende ich mich zunächst direkt an meinen Schöpfer und stelle ihm zuerst die drei in unserem Leben auf dieser Welt wichtigsten Fragen – woher, warum, wohin?*

Ich spüre unmittelbar danach Schwingungen, die mich ganz durchdringen. Sie sind der Geist, der die inneren Seelenkräfte erleuchtet, und in diesem Zustand der Verzückung sehe ich klar, was bei meiner üblichen Gemütslage dunkel ist; dann fühle ich mich fähig, mich wie Beethoven von oben inspirieren zu lassen. Vor allem wird mir in solchen Augenblicken die ungeheure Bedeutung der höchsten Offenbarung Jesu bewusst: ›Ich und der Vater sind eins.‹

Diese Schwingungen nehmen die Form bestimmter geistiger Bilder an, nachdem ich meinen Wunsch und Entschluss bezüglich dessen, was ich möchte, formuliert habe – nämlich inspiriert zu werden, um etwas zu komponieren, was die Menschheit aufrichtet und fördert – etwas von dauerhaftem Wert.

Sofort strömen die Ideen auf mich ein, direkt von Gott; ich sehe nicht nur bestimmte Themen vor meinem geistigen Auge, sondern auch die richtige Form, in die sie gekleidet sind, die Harmonien und die Orchestrierung. Takt für Takt wird mir das fertige Werk geoffenbart, wenn ich mich in dieser seltenen, inspirierten Gefühlslage befinde ... Ich muss mich im Zustand der Halbtrance befinden, um solche Ergebnisse zu erzielen – ein Zustand, in welchem das bewusste Denken vorübergehend herrenlos ist ... Ich muss jedoch darauf achten, dass ich das Bewusstsein nicht verliere, sonst entschwinden die Ideen. ...

Alles, worüber wir hier sprechen, betrifft genau das, was Sie über meine geistigen und psychischen Vorgänge beim Komponieren wissen möchten, nämlich dass die

Kraft, aus der alle wirklich großen Komponisten, wie zum Beispiel Mozart, Schubert, Bach und Beethoven, ihre Inspirationen schöpfen, die gleiche ist, die es Jesus ermöglichte, seine Wunder zu wirken. […] Wenn ich komponiere, fühle ich immer, dass ich mir den gleichen Geist aneigne, auf den Jesus so oft hinwies.«[91]

Abschließend sei noch kurz erwähnt, dass es selbstverständlich auch Erfindungen bzw. technische Innovationen gibt, die alles andere als förderlich sind und der Menschheit gewiss nicht zum Segen gereichen. Um ein konkretes Beispiel zu haben, kann man vielleicht an die geradezu untermenschlichen Pläne der Transhumanisten denken (☞ Kapitel 12, S. 370ff.). Diese greifen die Impulse auf, die von den dunklen oder bösen Geistwesen, den Widersachern oder Gegengeistern herrühren. Diese wollen nicht, dass die Entwicklung der Erde und der Menschheit denjenigen Verlauf nimmt, der in den Absichten der guten Götter liegt.

10.9 Wie der Mensch die Notwendigkeit eines karmischen Ausgleichs bemerken kann – früher, heute und in der Zukunft

Wie wohl jeder bestätigen kann, haben wir Menschen doch so etwas wie eine ›Antenne‹, die uns spüren lässt, wenn wir irgendetwas gemacht oder gesagt haben, was für unsere Menschenbrüder nicht förderlich war, was ihnen sogar Leid oder Schaden zugefügt hat. Diese Antenne ist unser Gewissen, das sich in quälenden Gewissensbissen äußert. In manchen Fällen können wir unser Fehlverhalten noch im selben Erdenleben wieder gutmachen. Wenn uns das ermöglicht wird, führt das zu einer großen Befriedigung und Beruhigung. In vielen Fällen werden wir es aber erst in unserer nächsten Inkarnation wieder karmisch ausgleichen können und müssen.

Man kann sich fragen, woher diese Gewissensbisse rühren. Nun, alle mit einer unrechten Handlung verbundenen Gedanken und Gefühle ziehen ganz bestimmte astrale Wesenheiten an, für die sie wie Nahrung sind. Diese *ganz konkreten* Wesen waren für die Menschen vor einigen Jahrtausenden aufgrund ihres alten Hellsehens noch sichtbar. Die Griechen bezeichneten sie als »Erinnyen«, die Römer als »Furien«, was mit die »Rasenden« oder die »Wütenden« übersetzt werden kann. In der Mythologie spricht man auch von den »Rachegöttinnen«. Von einem Gewissen im *heutigen* Sinne konnte dazumal also noch nicht die Rede sein. Dass ein Materialist nicht darüber hinaus kommt, in diesen Wesen nichts anderes als Fabelwesen zu sehen, muss wohl nicht erwähnt werden.

»Das heißt, wer ein Unrecht wie den Muttermord getan hat, der vernimmt bei Äschylos nicht das, was wir heute die vorwerfende Stimme des Gewissens im eigenen Innern nennen, sondern ihn drängt etwas, geistig zu schauen die Gestalten, die wie die Rächer seiner Tat ihn umgeben.«[92]

So wie wir heute ein gutes Gefühl haben, wenn es uns gelungen ist, eine schlechte Tat durch eine gute auszugleichen, nahmen die Menschen früher die ihnen wohl gesonnenen »Eumeniden« wahr.

Ohne die Erinnyen bzw. Furien hätten die damaligen Menschen nicht durch die Gewissensbisse gequält werden können.

Seit etwa dem vierten vorchristlichen Jahrhundert sind die Menschen nicht mehr in der Lage, diese astralen Wesenheiten wahrzunehmen. Nur einem Geistesseher ist das noch möglich. Erst seit dieser Zeit kann man von »Gewissen« im üblichen Sinne sprechen. Seitdem ist es bis zum heutigen Tage und auch noch in näherer Zukunft so, dass die Gewissensbisse den Menschen *in seinem Inneren* quälen, dass er ahnt, dass er etwas gutzumachen hat – sei es noch im selben oder in einem folgenden Leben.

Es wird eine Zeit kommen, in der der Mensch auf eine ganz andere Art seine schlechten Taten und deren notwendigen Ausgleich erkennen wird. Der karmische Ausgleich wird dem Menschen im prophetischen Traumbild erscheinen. **»Und da wird dem Menschen auftauchen wie ein Bild, wie eine Art Traumbild, aber doch wie ein ganz lebendiges Traumbild etwas, das wegen seiner Tat in Zukunft zu geschehen hat. Und die Menschen werden sich, wenn sie dieses Bild erleben, sagen, etwa so: Ja, ich bin es, der das erlebt, aber das habe ich doch noch nicht erlebt, was ich da sehe! Für alle Menschen, die nichts von Geisteswissenschaft gehört haben, wird das etwas Furchtbares sein. Diejenigen Menschen aber, die sich vorbereitet haben auf das, was an alle herantreten wird, werden sich sagen: Ja, das habe ich zwar noch nicht erlebt, aber ich werde es noch in der Zukunft erleben als karmischen Ausgleich für das, was ich soeben getan habe.«**[93]

10.10 Karma und die zukünftige menschliche Physiognomie

Wenn man die Physiognomie des Menschen betrachtet und diese mit der eines Tieres vergleicht, kann man große Unterschiede feststellen. Die menschliche Physiognomie ist in sich viel beweglicher als die des Tieres und nicht so in der Form erstarrt, wie das beim Tier der Fall ist.

Woran liegt das eigentlich? Der Grund dafür ist, dass der Mensch ein Wesensglied hat, das ein Tier nicht besitzt: das Ich. Dieses Ich, das ja das Geistig-Seelische im Menschen repräsentiert, wirkt auch permanent an der Leiblichkeit, was insbesondere in der Physiognomie zum Ausdruck kommt. An dem menschlichen Antlitz kann man die Ich-Wirksamkeit sehr gut studieren. Das Antlitz des Menschen ist geradezu eine ›Offenbarungsfläche‹ des Ichs, des geistig-seelischen Wesenskerns. Im Gegensatz zu Tieren kann der Mensch erröten, wenn er etwa zornig ist, wenn er sich schämt oder wenn er sich bei einer Lüge oder einer Dummheit, die er gemacht hat, ertappt fühlt. Genauso gut kann er erbleichen, wenn er beispielsweise sehr erschrocken ist oder wenn er gerade eine erschütternde Nachricht bekommen hat. Wenn man weiß, dass das Blut gewissermaßen der äußere Ausdruck des Ichs ist, kann einem das Erröten oder Erblassen als Wirkung einer Ich-Tätigkeit klar werden. Es gibt etliche weitere physiognomische Veränderungen, die man in Abhängigkeit von dem, was das Ich erlebt und empfindet, wahrnehmen kann: etwa die gerümpfte Nase, die hochgezogenen Augenbrauen, die in Falten gelegte Stirn, das Aufreißen der Augen und viele mehr.

Dann kennen wir noch etwas Weiteres, was nur einem ichbegabten Wesen möglich ist: Lachen und Weinen. Tiere können weder lachen noch weinen. Es gibt allenfalls einige wenige Tierarten, die grinsen oder heulen können. Lachen und Weinen stellen einen feinen, intimen Ausdruck der Ichheit in der Leiblichkeit dar.

Halten wir fest: Das Ich bzw. der Geist hat eine deutliche Auswirkung auf die Leiblichkeit des Menschen, insbesondere auf seine Physiognomie, auf sein Antlitz.

Heute kann ein Mensch, sofern er kein Geistesseher ist, aus der Physiognomie noch keine Rückschlüsse auf die Moralität des Menschen ziehen. Man sieht seinem Mitmenschen nicht an der ›Nasenspitze‹ an, ob er ein guter oder schlechter Mensch ist, ob er spirituell oder materialistisch gesinnt ist. Das wird sich jedoch in der Zukunft ändern.

Wenn heute jemand ein krasser Materialist ist, der alles Geistig-Göttliche leugnet, so wird das ja selbst dann, wenn dieser ansonsten ein ausgesprochen anständiger, liebenswerter und hilfsbereiter Mensch ist, eine karmische Wirkung zeitigen. **»Denn davon kann doch keine Rede sein, dass derjenige, der heute in der Zeit der großen Entscheidungen sich nicht an den Spiritualismus heranfindet, dadurch nicht Schaden an seinem Seelenleben nimmt in die nächsten Inkarnationen hinein. Das nimmt er doch.«**[94]

Es ist das Ich, der Geist, der Karma erleidet und Karma bildet. Es wird eine Zeit kommen, in der das Ich so stark an der Physiognomie wirkt, dass man den Menschen ansieht, welche Weltanschauung sie in ihrem verflossenen Erdenleben hatten. **»Man wird einmal Menschen haben, an deren Physiognomie man nur wird angeben können, wie sie in der vorigen Inkarnation gewesen sind, indem sie da zur Spiritualität vorgedrungen sind. Dann werden die anderen neben ihnen stehen – und was wird dann das Karma noch bedeuten? Dann wird das Karma die gewöhnlichen karmischen Affinitäten abgestreift haben.«**[95]

Die heutigen Materialisten werden in der Zukunft – also in einer folgenden Inkarnation – hinschauen *müssen* auf diejenigen, die gegenwärtig spirituell gesinnt sind. Das wird vom Karma geblieben sein. Diese Tatsache liegt im weisen göttlichen Weltenplan. **»Wodurch lassen sich Materialisten heute etwas beweisen? Dadurch, dass sie es vor Augen haben, dadurch, dass sie es mit Händen greifen können. Die im Felde des Materialismus Stehenden werden mit Augen sehen, werden mit Händen greifen können an denjenigen, mit denen sie früher karmisch verbunden waren, an der Physiognomie, an dem ganzen Ausdrucke, was der Geist ist; denn er wurde jetzt physiognomisch schaffend.**

So wird für Augen bewiesen, am Menschen bewiesen werden, wie der Geist schaffend in der Welt ist. Und es wird zum Karma der Anthroposophen gehören, dass sie denen, die heute im Felde des Materialismus stehen, demonstrieren werden, dass es Geist gibt, und dass der Geist am Menschen selber durch die Ratschlüsse der Götter sich demonstriert.«[96]

10.11 Gruppen-, Volks-, Menschheits- und Weltenkarma

Das Karmagesetz ist derart kompliziert und vielschichtig, dass es den menschlichen Verstand weit übersteigt. Es ist ungleich komplexer als die Gesamtheit und das Zusammenspiel aller Naturgesetze. Nach allem bisher Gesagten kann ja schon deutlich geworden sein, dass das, was unser Engel und auch weitere geistige Wesen der höheren Hierarchien, die hier noch berücksichtigt werden müssen, zu leisten haben, für einen Menschen unfassbar und nur schwer vorstellbar ist.

Nun dürfen wir Menschen uns aber *nicht nur* als ein Einzelwesen betrachten. Wir gehören der ganzen Welt an und haben auch ein mit dieser verflochtenes Schicksal. Man kann also nicht nur das *individuelle* Karma eines einzelnen Menschen in Betracht ziehen.

In der Tat haben nicht nur einzelne menschliche Individualitäten ein Karma. Es gibt vielmehr ein allgemeines karmisches Gesetz auf allen Stufen des Daseins. So gibt es beispielsweise ein Karma für bestimmte gesellschaftliche Gruppierungen. Es gibt auch ein Volkskarma, ein Menschheitskarma, das also die ganze Menschheit betrifft, sowie ein Weltenkarma. Diese verschiedenen karmischen Strömungen kreuzen sich in mannigfaltiger Weise. Jeder Mensch steht somit in *mehreren* karmischen Strömungen. Daher ist es unter Umständen möglich, dass ein einzelner Mensch – im Positiven wie im Negativen – durch das Karma seiner Gruppe oder seines Volkes ›mitgerissen‹ werden kann.[97]

»Alle Wesensarten haben ihr Karma, das Karma des einen Wesens ist so, das der anderen Wesen ist anders. Aber Karma geht durch alle Reiche des Daseins, und es gibt durchaus Dinge im Menschheitskarma, in dem Karma eines Volkes, einer Gesellschaft oder einer anderen Menschheitsgruppe, die wir als ein gemeinschaftliches Karma ansehen müssen, so dass unter Umständen der einzelne mitgerissen werden kann von dem Gesamtkarma. Und es wird für den, der nicht die Dinge durchschauen kann, nicht immer leicht einzusehen sein, wo eigentlich die Einflüsse der Mächte liegen für die Menschen, die von diesem Schicksal getroffen worden sind. Es kann durchaus der Einzelne, der in einer Gesamtheit drinnensteht, vermöge seines Einzelkarma ganz unschuldig sein; aber dadurch, dass er in einem Gesamtkarma drinnensteht, kann ein Unglück über ihn hereinbrechen. Wenn er aber ganz unschuldig ist, so wird sich das in späteren Verkörperungen ausgleichen.«[98]

Auf diese karmischen Strömungen soll hier aber nicht näher eingegangen werden. Es soll lediglich kurz erläutert werden, was man sich unter »Volks-« und »Menschheitskarma« vorstellen kann.

Wenn ein Mensch von einer Krankheit getroffen wird, so hat das natürlich im Allgemeinen mit seinem *individuellen* Karma zu tun. Nun gibt es aber bekanntlich auch Krankheiten, die sich über größere Gebiete der Erde ausbreiten oder sogar nahezu die ganze Menschheit befallen. Eine epidemische Verbreitung, die im Wesentlichen nur einen bestimmten Landstrich und somit ein bestimmtes Volk betrifft, ist ein Karma des betreffenden Volkes. Bei einer pandemischen Ausbreitung, die sich über weite Teile der Erde erstreckt, hat man es mit Menschheitskarma zu tun. Epidemien und Pandemien stellen Beispiele für ein Schicksal dar, das viele Menschen treffen *kann*, mit deren individuellem Karma diese Erkrankungen eigentlich gar nichts zu tun haben. Besonders schreckliche Beispiele für Volks- oder Menschheitskarma stellen Kriege dar, bei denen Millionen von Menschen sterben. Bei einem lokal begrenzten Krieg hat man es mit Volks-, bei einem Weltkrieg mit Menschheitskarma zu tun. In beiden Fällen kommen auch unzählige unschuldige Menschen ums Leben, mit deren individuellem Karma ihr frühzeitiger und abrupter Tod nichts zu tun hat.

Um ein Beispiel für eine epidemische Seuche aus früheren Zeiten zu haben, kann man an die Pest, die im Mittelalter grassierte und unzählige Menschen dahinraffte, oder an die sogenannte »Spanische Grippe«, die sich gegen Ende des Ersten Weltkrieges stark ausbreitete und ebenfalls viele Todesopfer forderte, denken. Die tieferen okkulten Ursachen für solche Epidemien oder Pandemien sind häufig darin zu finden, dass ein großer Teil der Menschheit von materialistischen Vorstellungen verseucht ist und göttlich-geistige Wahrheiten ignoriert oder verzerrt. Betrachten wir als weiteres Beispiel die »Miselsucht«, bei der es sich um eine Art Aussatz handelte, die erst im 16. Jahrhundert aus Europa verschwand. Ein Materialist führt eine solche Krankheit nur auf äußere Ursachen wie etwa Bazillen zurück. Wie wir schon erläutert haben, sind solche physischen Ursachen bzw. Auslöser *nicht* das Entscheidende, was in Betracht gezogen werden muss.

Wichtiger sind die geistigen Ursachen, die Rudolf Steiner im Falle der Miselsucht erforschte: **»Sie müssen in diesem Falle, wenn Sie geistig die tiefere Ursache dieser Krankheit erklären wollen, zurückblicken auf ein bedeutsames historisches Ereignis: auf das Ereignis, als von Osten her große Völkermassen über Europa hinwegstürmten und dieses Europa in Furcht und Schrecken setzten. Diese asiatischen Scharen waren Völker, die auf der alten Atlantierstufe stehengeblieben und daher im Niedergang begriffen waren, also Völker, die den Niedergangs-, sozusagen den Fäulnischarakter besonders stark in ihrem Astralleib hatten. Wären diese Völkerschaften über Europa herübergestürmt, ohne dass die Europäer sich erregt oder erschreckt hätten, dann wäre nichts passiert. So aber verursachten diese Horden Angst und Schrecken und Bestürzung; ganze Völkerschaften in Europa erlebten diese Angst und Schreckenszustände. Und nun mischte sich** der faule Astralstoff der Hunnen mit den von Angst und Furcht und Grauen durchwühlten Astralleibern der überfallenen Völker. Die degenerierten Astralleiber der asiatischen Stämme luden ihre schlechten Stoffe auf diese furchtdurchwühlten Astralleiber der Europäer ab, und diese Fäulnisstoffe bewirkten eben, dass später die physische Wirkung der Krankheit auftrat. Das ist in Wahrheit die tiefe geistige Ursache des Aussatzes im Mittelalter. Es tritt also etwas, was geistig verursacht ist, in späterer Zeit im physischen Körper auf.«[99]

10.12 Wie verträgt sich das Karmagesetz mit den christlichen Lehren über »Erlösung«, »Erbsünde« und »Gnade«?

Viele Christen, die das Gedankengut der Reinkarnation und des Karma ablehnen, werfen den Anhängern dieser Lehren vor, sie seien ›Selbsterlöser‹. Sie sagen, Jesus Christus sei am Kreuz für alle Menschen gestorben und habe damit die Sünden der Welt auf sich genommen, so dass jedem Menschen, wenn er ein gutes und gottgefälliges Leben führe, das Himmelreich offen und die Wiederauferstehung in Aussicht stehe. Also könne es nicht sein, dass die Menschen sich durch Abtragen bzw. Ausgleichen ihres Karma selbst erlösen müssten.

Diese Ansicht kann doch wohl nur so verstanden werden, dass durch die Opfertat Christi vor 2.000 Jahren auch heute und in der Zukunft alle Menschen von vornherein die Möglichkeit hätten, das ›ewige Heil‹ zu erreichen, ohne dazu allzu viel beitragen zu müssen. Selbst wenn sie ein eher liederliches Leben führten, hätten sie noch die Chance, dieses hohe Ziel zu erreichen, sofern sie noch rechtzeitig vor ihrem Tod ihre Verfehlungen bereuten und wieder zu Gott fänden. Das wäre allerdings eine sehr schnelle und bequeme Art, erlöst zu werden! Eine solche Vorstellung mag vielen ungeheuer sympathisch sein. Wer möchte nicht so schnell wie eben möglich ans Ziel kommen. Wie wir schon gesehen haben, wäre das ganz im Sinne Luzifers!

Es soll gar nicht bestritten werden, dass es selbst einem Durchschnittsmenschen unter Umständen möglich sein könnte, mit all seinen Unvollkommenheiten und Unzulänglichkeiten als geistiges Wesen in der Geisteswelt zu verbleiben und auf weitere Verkörperungen zu verzichten. Aber auf diese Weise könnte der Mensch niemals das hohe, von den Schöpfermächten vorgegebene Menschheitsideal, als voll bewusstes, freies, schaffendes Wesen in der geistigen Welt zu wirken, erreichen. Um dieses unvorstellbar erhabene Ziel in urferner Zukunft erreichen zu können, muss der Mensch in vielen Inkarnationen äußerst hart an sich arbeiten und seine Entwicklung selbst in die Hand nehmen. Dazu gehört auch, dass er seine Verfehlungen und Schwächen überwindet. Das aber wird ihm gerade durch das Karmagesetz ermöglicht.

Doch ist es keineswegs so, dass ein Vertreter einer *richtig verstandenen* Karmalehre nicht mit der Erlösungstat Christi rechnen würde. Diese besteht aber nicht darin, dass den Menschen ihre Sünden, die sie Tag für Tag begehen, so einfach vergeben würden. Christi Tat ist kein ›Freifahrtschein‹ für ein Leben, an dessen Ende das Himmelreich und ewige Freuden warten. Man muss sie sich vielmehr viel größer denken. Im Grunde haben wir ja schon einen ganz wesentlichen Aspekt der Erlösungstat Christi erläutert. Erst dadurch dass Er durch den Tod ging und diesen schließlich besiegte, hat Er uns Menschen die Möglichkeit gegeben, selbst eines fernen Tages den unsterblichen Auferstehungsleib tragen zu können. Ohne Christi Liebes-Opfer-Tat auf Golgatha hätte es für die Menschheit und die Erdenwelt kein reguläres Fortbestehen geben können. Das große Menschheitsziel hätte somit niemals erreicht werden können. Dass es überhaupt das Karmagesetz gibt, verdanken wird dem Christus. Durch ihn ist schon zu Beginn der Menschheitsentwicklung die Möglichkeit des Karma in die Menschheit gekommen.[100] **»Woher kommt die Wohltat des Karma? Woraus ist eigentlich in unserer Erdenentwickelung diese Wohltat entsprungen, dass es ein Karma gibt? Von keiner anderen Kraft kommt das Karma in der ganzen Entwickelung als von dem Christus.«**[101]

Christus ist der »Herr des Karma«. Er wächst immer mehr mit unserem Karma zusammen. Dadurch wird unser Karma zu etwas Wesenhaftem. Dieses christliche Karmaverständnis macht einen wesentlichen Unterschied zu dem des Buddhismus aus, in dem das Karma als etwas absolut Unpersönliches betrachtet wird. **»Das Karma und der Christus ergänzen sich wie das Mittel zur Erlösung und der Erlöser. Durch das Karma wird die Tat des Christus ein kosmisches Gesetz, und durch das Christus-Prinzip, den geoffenbarten Logos, erreicht das Karma sein Ziel, nämlich die Befreiung der Seelen zum Selbstbewusstsein und ihre Wesensgleichheit mit Gott. Das Schicksalsgesetz ist die stufenweise Erlösung, der Christus ist der Erlöser. Wenn die Menschen sich mit diesen Ideen durchdringen würden, würden sie fühlen, dass sie zueinander gehören, und würden das Gesetz begreifen, das in den okkulten Bruderschaften herrscht: dass jeder für den anderen leidet und lebt.«**[102]

Man missversteht auch weder das, was in der christlichen Tradition als »Erbsünde« bezeichnet wird, noch die Gnade, wenn man den Karmagedanken vertritt. Karma und Gnade widersprechen sich in keiner Weise. Das Karma ist erst dadurch herbeigeführt worden, dass der Mensch infolge der luziferischen Versuchung die Erbsünde, die Rudolf Steiner auch als »Sündenkrankheit« bezeichnete, auf sich geladen hat, wodurch – wie wir bereits erörtert haben – eine gewisse Unordnung in die menschlichen Wesensglieder gekommen ist. Der Christus erweist uns Menschen die Wohltat, unsere unzähligen Schwächen, Verfehlungen, Abirrungen und Sünden durch das Gesetz des Karma selbst auszugleichen, um so eines urfernen Tages das Menschheitsideal erreichen zu können. **»So wie der Mensch seinen astralischen Leib schlechter gemacht hat durch die Erbsünde, so macht er ihn wiederum besser durch den Christus-Impuls. Da fließt etwas herein, was den astralischen Leib um ebensoviel besser macht, als er dazumal schlechter gemacht worden ist. Das ist das Äquivalent, das ist dasjenige, was man im wahren Sinne**

die Gnade nennt. Gnade ist das Äquivalent, der Ergänzungsbegriff zum Erbsündebegriff. So dass das Hereinströmen des Christus in den Menschen, die Möglichkeit, eins werden zu können mit dem Christus, die Möglichkeit sagen zu können wie Paulus: Nicht ich, sondern der Christus in mir –, zugleich alles das ausdrückt, was wir als den Begriff der Gnade bezeichnen.«[103]

Hätte der Christus sich nicht in einem menschlichen Leib verkörpert und wäre er nicht nach drei Jahren durch das Mysterium von Golgatha gegangen, wäre der Mensch in seinem Irrtum versunken. Er hätte sich immer mehr verhärtet und sich ganz in sich abgeschlossen, so dass er nicht von anderen Wesenheiten gewusst hätte. **»So ist der Christus eben der Lichtführer, der hinausführt aus Irrtum und Sünde; und dadurch ist der Mensch imstande, den Weg aufwärts zu finden. Nun fragen wir uns: Was hat denn der Mensch verloren, indem er heruntergestiegen ist aus der geistigen Welt, dass er sich verstrickte unter dem Einfluss Luzifers in die Begierden und Leidenschaften und dann durch den Einfluss Ahrimans in Irrtum, Illusion und Lüge in Bezug auf die irdische Welt? Er hat den unmittelbaren Einblick in die geistige Welt verloren, das Verständnis der geistigen Welt hat der Mensch verloren. Was soll also der Mensch wiedergewinnen? Wiedergewinnen soll der Mensch das volle Verständnis für die geistige Welt. Und die Tat des Christus kann von dem Menschen als einem selbstbewussten Wesen erst dadurch ergriffen werden, dass der Mensch zum vollen Verständnis der Bedeutung des Christus kommt.«**[104]

Das Karma wurde durch die Erbsünde hervorgerufen und verläuft durch die Inkarnationen der menschlichen Individualitäten hindurch. Der Mensch könnte nicht einmal dann, wenn er sich eines fernen Tages unzählige Male inkarniert haben sollte, sein Karma *zur Gänze* ausgleichen. Am Ende der letzten Inkarnation wird immer noch so etwas wie eine ›Restschuld‹ übrig bleiben. Dann aber tritt die »volle Gnade« ein, die es den Menschen ermöglicht, zunächst in geistige Sphären eintreten und dann später auf der Jupiter-Erde, die viel feinstofflicher und vergeistigter als unsere heutige Erde sein wird, seine Entwicklung fortsetzen zu können.[105] **»Denn im Grunde genommen haben wir in dem durch alle Inkarnationen sich durchschlängelnden Karma gestörte Gleichgewichtslagen, und in Licht und Liebe haben wir den fortwährenden Versuch, das Gleichgewicht wiederherzustellen. Bis einst in ferner Zukunft der Mensch in dem Durchgehen durch seine Inkarnationen endlich dahin gekommen sein wird, einen letzten, durch die Erde erreichbaren Gleichgewichtszustand auszubilden, der dahin führen wird, dass die Menschheit die Erdenmission erfüllt haben wird und das Erdendasein sich in eine neue planetarische Form hinüberentwickeln wird.«**[106]

Also, Vertreter der Reinkarnations- und Karmalehre verstehen sich gewiss nicht als Selbsterlöser, aber ebenso gewiss auch nicht als ›Schnellerlöste‹, die glauben, dass schon ein einziges halbwegs ordentlich geführtes Erdenleben sie von allen Bemühungen und Anstrengungen erlösen könnte.

10.12.1 Sündenvergebung

Wir müssen uns nun noch damit befassen, was ganz konkret geschieht, wenn ein Mensch eine Schuld auf sich lädt, wenn er eine Sünde begeht. Wie wird diese ausgeglichen? Hierbei muss man stets zwischen einem subjektiven und einem objektiven Aspekt unterscheiden. Es ist ja zunächst einmal so, dass der Sünder sich durch seine Tat ein wenig unvollkommener macht, als er ohne diese Tat gewesen wäre. Das ist das, was nur ihn betrifft, also die *subjektive* Schuld. Die Tatsache, dass der Mensch sich durch seine Sünde in seinem Wert verringert hat, muss er karmisch selbst ausgleichen. Nun stellt diese Tat mit all ihren Folgen aber auch etwas *Objektives* in der Welt dar. Die objektiven Folgen der Schuld könnte er selbst niemals auslöschen. Dazu würden seine menschlichen Kräfte und Möglichkeiten niemals ausreichen. Dazu wäre er als Mensch viel zu schwach. Betrachten wir zur Verdeutlichung ein triviales Beispiel.

Nehmen Sie an, jemand wollte einem ungeliebten Nachbarn eins auswischen, indem er einige Nägel in dessen schöne Haustür schlägt. Wenn er seine Tat später bereut, so könnte er sich bei dem Nachbarn entschuldigen und die Nägel mit einer Kneifzange entfernen. Damit hätte er gewissermaßen den subjektiven Anteil seiner Schuld abgetragen. Aber die Tür wäre damit nicht wieder in dem unversehrten Zustand, in dem sie vorher war. Die unschönen Löcher sind immer noch vorhanden. Diese Folgen seiner Tat könnte der Verursacher bestenfalls kaschieren, aber nicht ungeschehen machen.

Das Weltenkarma wird letztlich aus den objektiven Folgen der Taten geistiger Wesen – also insbesondere durch uns Menschen – in die Akasha-Chronik eingeschrieben. Im Gegensatz zu den subjektiven Folgen kann es nicht durch die individuellen Geistwesen, die sie verursacht haben, getilgt werden.

Was geschieht jetzt aber mit den objektiven Folgen einer Schuld, die wir auf uns geladen haben? Indem der Christus durch die Tat auf Golgatha die »Sünden der Welt« auf sich genommen hat, wird nach und nach das Weltenkarma, das die Menschen geschaffen haben, durch die Gnade des Christus aufgelöst. **»Wir müssen unterscheiden die Folgen einer Sünde für uns selbst, und die Folgen einer Sünde für den objektiven Weltengang. Das ist außerordentlich wichtig, dass wir diese Unterscheidung machen. Und nun darf ich vielleicht eine okkulte Betrachtung einfügen, welche die Sache etwas verständlicher machen kann.**

Wenn man anblickt die Zeit der Menschheitsentwickelung seit dem Mysterium von Golgatha, und man kommt, ohne durchdrungen zu sein mit der Christus-Wesenheit, an die Akasha-Chronik heran, so wird man sehr leicht irre – sehr leicht wird man irre. Denn in dieser Akasha-Chronik zeigen sich Aufzeichnungen, die sehr häufig nicht stimmen mit dem, was man in der karmischen Evolution der einzelnen Menschen findet. Ich meine das Folgende:

Nehmen wir an, im Jahre 733 meinetwillen habe irgendein Mensch gelebt und habe dazumal eine schwere Schuld auf sich geladen. Nun untersucht man die Akasha-Chronik,

zunächst ohne dass man irgendetwas von einer Verbindung hat mit dem Christus. Und siehe da, man kann die betreffende Schuld nicht finden in der Akasha-Chronik. Geht man aber jetzt auf den Menschen ein, der weiter gelebt hat, und untersucht sein Karma, dann findet man: Ja, auf dieses Menschen Karma ist noch etwas, was er abzutragen hat; das müsste an einem bestimmten Zeitpunkt in der Akasha-Chronik darinnen stehen; es steht aber nicht darinnen. Wenn man das Karma untersucht, sieht man: Ja, er hat es abzutragen, man müsste in jener Inkarnation die Schuld in der Akasha-Chronik finden, sie steht aber nicht darinnen. Welch ein Widerspruch! Eine ganz objektive Tatsache, die in zahlreichen Fällen sich ergeben kann. Ich kann heute einem Menschen begegnen. Wenn es mir durch Gnade gegeben wird, etwas zu wissen über sein Karma, so kann ich vielleicht finden, dass irgendein Unglück oder ein Schicksalsschlag, der ihn trifft, auf seinem Karma steht, dass es der Ausgleich ist für eine frühere Schuld. Gehe ich der Sache nach in frühere Inkarnationen und prüfe, was er dazumal gemacht hat, so sehe ich in der Akasha-Chronik diese Tatsache nicht verzeichnet. Woher kommt denn das?

Das kommt davon her, dass der Christus tatsächlich auf sich genommen hat die objektive Schuld. In dem Augenblick, wo ich mich mit dem Christus durchdringe, wo ich mit dem Christus die Akasha-Chronik durchforsche, finde ich die Tatsache! Christus hat sie in sein Reich genommen und trägt sie als Wesenheit weiter, so dass, wenn ich von Christus absehe, ich sie nicht finden kann in der Akasha-Chronik. Man muss sich diesen Unterschied merken:

Es bleibt bestehen die karmische Gerechtigkeit, aber in Bezug auf die Wirkungen einer Schuld in der geistigen Welt tritt der Christus ein, der diese Schuld in sein Reich hinübernimmt und weiterträgt. Der Christus ist derjenige, der in der Lage ist, weil er einem anderen Reiche angehört, unsere Schulden und unsere Sünden in der Welt zu tilgen, sie auf sich zu nehmen.«[107]

Diese Vergebung bzw. dieses Tragen der objektiven Folgen unserer Sünden ist ein freiwilliges Gnadengeschenk des Christus. Wenn Er dieses Geschenk nicht darbringen würde, könnte die ganze Erde sich am sogenannten Weltenende nicht in der richtigen Weise weiterentwickeln. Der Fortbestand der Erde, also der Übergang zur neuen Erde, der Jupiter-Erde, wäre nicht mehr möglich. Die Menschheit stünde ohne Wohnplatz da. Dann hätte Ahriman sein Ziel erreicht! **»Alles dasjenige, was für die Erde sich anhäufen würde als Schuld, das würde die Erde in die Finsternis stoßen, und wir würden keinen Planeten haben zur Weiterentwickelung. Für uns selbst können wir im Karma sorgen, nicht aber für die ganze Menschheit und nicht für dasjenige, was in der Erdenevolution mit der ganzen Menschheitsevolution zusammenhängt. So seien wir uns denn klar darüber, dass das Karma zwar nicht von uns genommen wird, wohl aber, dass getilgt werden unsere Schulden und Sünden für die Erdenentwickelung durch dasjenige, was eingetreten ist durch das Mysterium von Golgatha.«**[108]

Wir Menschen müssen allerdings unseren Beitrag leisten, dass die Erde den Übergang zum neuen Jupiter finden kann. Ohne unser Mitwirken wird uns nichts zufließen. Da der Christus immer die menschliche Freiheit respektiert, wird er uns zu nichts zwingen. Der Impuls muss von uns ausgehen. **»Der Mensch muss sich erfüllen in seiner Seele mit dem Substanzgehalt der Christus-Wesenheit; er muss gleichsam von dem Christus in seine Seele etwas aufgenommen haben, so dass der Christus in ihm wirksam ist und ihn hinaufträgt in ein Reich, in dem der Mensch zwar nicht die Macht hat, sein Karma unwirksam zu machen, aber in dem durch den Christus das geschieht, dass unsere Schuld und unsere Sünden getilgt werden für die Außenwelt.«**[109]

Werfen wir in diesem Zusammenhang noch einen kurzen Blick auf das Beichtsakrament, wie es im Katholizismus verstanden und praktiziert wird. Den Katholiken, die zur Beichte gehen, wird die Absolution erteilt. Dadurch wird ihnen auch die *subjektive* Schuld abgenommen. Man darf die Absolution der Sünden, die dann gewissermaßen von einer anderen Entität getragen werden, nicht damit vergleichen oder gar verwechseln, dass einem Menschen der karmische Ausgleich dadurch erspart bleibt, dass ein anderer Mensch aus seiner Freiheit und Liebe heraus ihm verzeiht! Dass die Absolution – insbesondere kurz vor dem Tod – in der katholischen Kirche, die ja nichts von Reinkarnation und Karma wissen will, als Ideal gilt, ist verständlich. Man muss aber schon die Frage stellen, ob das für die betreffenden Menschen, die sich auf diese Art von *allen* ihren Sünden lossprechen lassen, förderlich sein könne. Es ist wohl so, dass ihnen dann der notwendige karmische Ausgleich in einem folgenden Leben erspart bleibt. Damit entziehen sie sich aber zugleich die Möglichkeit, ihre Fehler und Schwächen *selbst* korrigieren zu können, was sie auf ihrem Weg der notwendigen Aufwärtsentwicklung und Vervollkommnung weit zurückwerfen kann. Nur dadurch, dass der Mensch mit seinen Sünden verbunden bleibt, kann auch der Christus in ihm wirken. Es wäre also eher anzuraten, sich den subjektiven Teil seiner Sünden *nicht* abnehmen zu lassen, wie das in der katholischen Beichte geschieht, sondern diese bewusst zu tragen, um sie dann selbst später wieder gutmachen zu können. Hierbei könnte es die Aufgabe eines Pfarrers oder der ganzen Gemeinde sein, denjenigen, der eine schwere Schuld auf sich geladen hat, dabei zu unterstützen und zu ermutigen, dass er die Kraft und Stärke haben möge, diese selbst zu tragen.

Die Kirche beruft sich beim Sakrament der Beichte und der damit einhergehenden Absolution auf das Neue Testament, in dem geschrieben steht, dass Jesus Christus seinen Jüngern aufgetragen habe, den Menschen die Sünden zu vergeben.

So heißt es im Johannes-Evangelium: *»Welchen ihr die Sünden erlasst, denen sind sie erlassen; welchen ihr sie behaltet, denen sind sie behalten.«*[110]

Rudolf Steiner führte aus, wie dieser Auftrag zu verstehen ist: **»Was bedeutet es für die menschliche Seele, wenn im Auftrage Christi derjenige spricht, der sprechen darf: ›Deine Sünden sind dir vergeben‹** [Matthäus 9, 2] **? Das heißt, der Betreffende weiß zu bekräftigen: Du hast zwar deinen karmischen Ausgleich zu erwarten, aber deine Schuld und Sün-**

de wandte der Christus um, so dass du später nicht das ungeheure Leid zu tragen hast, zurückzuschauen auf deine Schuld so, dass du damit ein Stück Erdendasein vernichtet hast. – Der Christus tilgt sie aus. Dazu aber ist ein gewisses Bewusstsein notwendig, welches gefordert wird, welches der, der die Sünden vergeben will, der Sündenvergeber, fordern darf: Bewusstsein der Schuld und Bewusstsein dessen, dass der Christus die Schuld auf sich nehmen kann. Dann bedeutet eine kosmische Tatsache der Ausspruch: ›Deine Sünden sind dir vergeben‹, und nicht eine karmische Tatsache.«[111]

Dennoch kann man der katholischen Beichte zumindest einen positiven Aspekt abgewinnen. Ein Katholik, der dieses Sakrament ernst nimmt, wird sich im Vorfeld einer strengen Gewissenserforschung unterziehen. Er wird sich Rechenschaft darüber ablegen, was er seit der letzten Beichte an destruktiven Gedanken, Worten und Taten in die Welt gesetzt hat. Dadurch kann sich seine Selbsterkenntnis erhöhen, die nicht nur im Erdenleben, sondern besonders auch im Leben nach dem Tod von großer Bedeutung ist.

Allerdings könnte und sollte eine solche Gewissenserforschung auch immer wieder einmal angestrebt werden, ohne anschließend zur Beichte zu gehen.

10.13 Weiterer Hinweis in der Bibel auf das Karmagesetz

Das Karmagesetz ist ein geistiges Gesetz, das in der Erdenwelt greift und gültig ist. Es ist gewissermaßen in die Erde *eingeschrieben*.[112] Im Neuen Testament findet sich eine Stelle, in der Christus-Jesus auf diese Tatsache zart und vorsichtig hinweist.

Es geht um die Szene mit der Ehebrecherin, von der uns im 8. Kapitel des Johannes-Evangeliums, dem spirituellsten aller Evangelien, erzählt wird. Die Schriftgelehrten und Pharisäer brachten ein Weib, das man auf frischer Tat beim Ehebruch ertappt hatte. Nach jüdischem Recht hätte die Ehebrecherin gesteinigt werden müssen, was im Normalfall zum Tod geführt hätte. Um Jesus zu prüfen, fragten sie ihn, was er dazu zu sagen hätte. Der Herr antwortete nicht, sondern bückte sich nieder und schrieb mit dem Finger auf die Erde.

Als sie ihn erneut nach seiner Meinung befragten, antwortete Er: *»Wer unter euch ohne Sünde ist, der werfe den ersten Stein auf sie.«*[113]

Zunächst einmal wird klar, dass Jesus Christus nicht dazu rät, die Steinigung durchzuführen. Das mag schon etwas erstaunlich sein. Diese Art der Bestrafung hat Moses den Juden immerhin per Gesetz geboten, und der Herr macht in mehreren Reden deutlich, dass Er nicht gekommen sei, um die Gesetze aufzuheben.[114]

Es heißt an anderer Stelle aber auch: *»Denn das Gesetz ist durch Mose gegeben; die Gnade und Wahrheit ist durch Jesum Christum geworden.«*[115]

Mit seiner Antwort ermahnt Er die Anwesenden, dass ihnen nicht bewusst sein kann, ob sie nicht in einer früheren Inkarnation selbst eine Sünde, die mit dem Ehebruch in Zusammenhang steht, begangen haben könnten. **»Denn nur dann, wenn sie nichts auszugleichen hätten, nur dann könnten sie sich sagen, dass sie ohne Zusammenhang stünden mit der Sünde dieses Weibes und könnten über sie richten. So aber wissen sie ja nicht, ob sie nicht selber im früheren Leben die Ursache gelegt haben zu dem, was sie jetzt trifft; sie können ja nicht wissen, ob sie nicht in früheren Leben dieses Weib dazu gebracht haben, dass sie jetzt die Ehe gebrochen hat, ob sie nicht selbst in früheren Leben diese Sünde begangen oder die Ursachen dazu gelegt haben.«**[116]

Danach bückte sich der Herr erneut und schrieb noch einmal mit dem Finger auf die Erde.

Welch intellektuellen Kräfte haben die Theologen im Laufe der Jahrhunderte darauf verwandt, diese Geste Jesu zu deuten! Welch geistreiche und auch welch triviale Erklärungen sind von ihnen gefunden worden, wie man heute noch in vielen Bibelkommentaren nachlesen kann! Lassen Sie uns versuchen, diese Geste im rechten Licht sehen zu können, indem wir Rudolf Steiners Forschungsergebnisse heranziehen.

Was will Christus-Jesus denn nun mit seinen Worten und mit seiner Geste in der Szene mit der Ehebrecherin die Menschen lehren? Er weist damit auf das Gesetz vom Karma hin, das ja besagt, dass sich kein Mensch zum Richter über das Innerste eines Mitmenschen machen solle. Die Ehebrecherin wird die Konsequenzen ihrer Tat im nächsten Erdenleben zu tragen haben. Ihr wird die Gnade zuteil, ihre Verfehlungen selbst ausgleichen und dadurch ihre eigene Entwicklung vorantreiben zu können. Der Herr will den Umherstehenden also sinngemäß sagen: **»Kümmert euch um euch selbst! Der Erde obliegt es, die Strafe zum Ausdruck zu bringen. Schreiben wir es also in die Erde ein, wo es ja ohnehin als Karma eingeschrieben ist!«**[117]

»Alles ist in das Karma hineingeschrieben. Jesus schrieb auf die Erde, die er mit seinem geistigen Licht schon durchdrungen hat; das heißt, in die Erde hinein vertraut er das, was Karma sein sollte für die Ehebrecherin. Er wollte sagen: Wandelt in den Bahnen, die ich euch jetzt vorzeichne! Werdet so, dass ihr sagt: Wir richten nicht, wir überlassen das, was im Menschen ist, dem karmischen Ausgleich! – Wenn die Menschen das befolgen, dann kommen sie zum Karma. Man braucht das Karma nicht als Dogma zu lehren. Man hat es durch die Tat gelehrt. So lehrte der Christus.«[118]

Er übergibt ihre Tat symbolisch dem Karma, der ausgleichenden Gerechtigkeit. Diesem großen Gesetz, das das Gesetz des Christus-Geistes selber ist, muss es überlassen werden, welche Folgen Karma für den Menschen nach sich zieht. Diese Geste konnte natürlich nur den wenigen verständlich sein, die schon reif waren, das Reinkarnations- und Karmagesetz zu verstehen, die es schon vertragen konnten. Wir haben ja schon darauf hingewiesen, dass es in der damaligen Zeit für die große Mehrheit der Menschen noch verderblich gewesen wäre, von diesen Weltentatsachen zu hören, und dass Jesus Christus deshalb diese Lehren nicht ausdrücklich und unmissverständlich verbreitete.

Dann schreibt Johannes explizit, dass die *Ältesten* zuerst fortgingen. Die Ältesten waren auch die Weisesten. Man darf annehmen, dass diese zumindest eine Ahnung von den Gesetzen der Reinkarnation und des Karma hatten und somit verstehen konnten, was Christus-Jesus sagen wollte. Die übrigen Anwesenden sind ihnen dann gefolgt.

10.14 Karma ist kein Gesetz, das wir fürchten müssten!

Viele unserer Mitmenschen, die sich mit dem Karmagesetz beschäftigen, sehen darin etwas Fatalistisches, das über die Menschen hereinbreche und dem sie vollständig ausgeliefert seien. Vielleicht ist es ja bereits gelungen, dieses Vorurteil auszuräumen.

Es soll noch einmal in aller Deutlichkeit erwähnt werden, dass es sich bei diesem kosmischen Schicksalsgesetz nicht um etwas handelt, das wir fürchten müssten! Wir sollten ganz im Gegenteil den Schöpfermächten – namentlich dem Christus – dafür dankbar sein, dass sie dieses in die Weltentatsachen gestellt haben und achten! Ohne das Karmagesetz gäbe es keine allwaltende Gerechtigkeit. Ohne das Karmagesetz könnten wir niemals in unserer Entwicklung voranschreiten.

Das Karma erweist uns die Wohltat, dass wir alle begangenen Fehler und Irrtümer wieder gutmachen, wieder ausgleichen können und dass wir aus freien Stücken jederzeit neue positive Akzente setzen können. Wenn die Möglichkeit, sich auf diese Weise über den Irrtum zu erheben, nicht gegeben wäre, so müsste der Mensch zuletzt in Irrtum versinken. **»So aber ist die Wohltat des Karma eingetreten. Was bedeutet diese Wohltat für den Menschen? Ist Karma irgend etwas, vor dem der Mensch sich fürchten soll, vor dem der Mensch schaudern soll? Nein! Karma ist eine Macht, für die der Mensch eigentlich den Weltenplänen dankbar sein sollte. Denn Karma sagt uns: Hast du einen Irrtum begangen – Gott lässt seiner nicht spotten! Was du gesät hast, das musst du auch ernten. Dieser Irrtum bewirkt, dass du ihn verbessern musst; dann hast du ihn aus deinem Karma ausgetilgt und du kannst wieder ein Stück vorwärtsschreiten. Ohne Karma wäre unser Fortschreiten in der menschlichen Laufbahn unmöglich. Karma erweist uns die Wohltat, dass wir jeden Irrtum wieder gutmachen müssen, dass wir alles, was wir rückwärts getan haben, wieder vernichten müssen.«**[119]

Dass das Walten des Karma überhaupt in die Welt gekommen ist, verdanken wir – wie bereits erwähnt – dem Christus. Er regiert und dirigiert die Karmafäden in den Angelegenheiten der Erde. Unser Schicksal wird uns nicht durch eine unpersönliche Macht zuerteilt, sondern durch denjenigen, mit dem wir uns in unserem innersten Wesen verwandt fühlen. So können wir unser Karma lieben lernen, weil es uns in der Zukunft besser und besser macht; und das ist der Impuls, den Christus zu erkennen.[120] **»Es ist ein großer, gewaltiger Gedanke, zu wissen, dass, was man auch tut, nichts vergeblich ist, dass alles seine Wirkung in die Zukunft hinein hat. So wirkt das Gesetz nicht bedrückend, sondern es erfüllt uns mit schönster Hoffnung. Es ist die schönste Gabe der Geisteswissenschaft. Wir werden froh durch das Karmagesetz, dadurch, dass wir hineinschauen in die Zukunft. Es gibt uns die Aufgabe, tätig zu sein im Sinne eines solchen Gesetzes, es hat nichts, was den Menschen traurig machen kann, nichts, was der Welt eine pessimistische Färbung geben könnte. Es beflügelt unsere Tätigkeit, mitzuwirken an dem Erden-Werdegang. In solche Gefühle muss sich das Wissen vom Karmagesetz umsetzen.«**[121]

Auch wenn es ganz gewiss nicht immer leicht fallen mag, sollten wir ein schweres Schicksal, das uns trifft, niemals als eine Strafe oder als etwas, was nichts mit uns zu tun hätte und einfach zufällig über uns hereingebrochen wäre, auffassen. Vielmehr sollten wir es als etwas begreifen, das wir selbst gewählt haben und das für unsere geistig-seelische Entwicklung notwendig oder zumindest förderlich ist. **»Es ist sehr schwierig, wirklich die Empfindung zu entwickeln, dass man sein Schicksal mit dem eigenen Ich heranträgt. Wahr ist es aber: Wir tragen unser Schicksal mit unserem eigenen Ich heran, und die Impulse bekommen wir nach Maßgabe unserer früheren Inkarnationen in dem Leben zwischen dem Tode und einer neuen Geburt, so dass wir da unser Schicksal selber an uns herantragen. Und wir müssen danach streben, zusammenzuwachsen mit unserem Schicksal, müssen immer mehr und mehr, statt antipathisch einen schweren Schicksalsschlag abzuwehren, uns sagen: Dadurch, dass dieser Schicksalsschlag dich trifft, das heißt, dass du dich triffst mit dem Schicksalsschlag, dadurch machst du dich in gewisser Beziehung stärker, kräftiger, kraftvoller.«**[122]

10.15 Wie sich eine spirituelle Weltanschauung und insbesondere ein Verständnis der Reinkarnations- und Karmalehre segensreich auf viele Lebensbereiche auswirken dürfte

Wenn die Menschen sich zu einer spirituellen Weltanschauung erheben und insbesondere das Reinkarnations- und das Karmagesetz anerkennen und verinnerlichen würden, könnte sich das äußerst segensreich auf viele Lebensbereiche auswirken. Wenn es uns wirklich gelingt, diese großen kosmischen Gesetze in vollem Ernste zu berücksichtigen, so wird sich das auch sehr positiv auf unser ganz normales alltägliches Leben sowie unser gesamtes soziales Umfeld auswirken.

Zahllose Menschen fühlen sich heute als *unschuldige Opfer*, wenn ihnen etwas sehr Unangenehmes zustößt, wenn ihnen etwas misslingt, wenn es ihnen gesundheitlich oder finanziell nicht so gut geht oder wenn sie von Mitmenschen schlecht behandelt werden. Sie vertreten die Meinung, dass andere Menschen oder irgendwelche äußeren Umstände die Schuld an ihrer misslichen Situation tragen. Unglücksfälle und dergleichen werden häufig auf einen blinden Zufall zurückgeführt. Wer das Karmagesetz verstanden hat und anerkennt, weiß, dass der Mensch *niemals* ein Opfer ist und dass es einen Zufall nicht gibt! Vielmehr hat er das meiste, was ihm im Leben widerfährt, in einer vorigen Inkarnation *selbst* verursacht. Betrachten wir dazu ein sehr plastisches und plakatives Beispiel:

Stellen Sie sich eine Individualität vor, die auf ein Dach klettert und einen Dachziegel lockert, der aber noch ein wenig Halt findet. Dann eilt sie nach unten, und sobald sie vor dem Haus steht, löst sich der Dachziegel, fällt herunter und ihr auf die Schulter, wodurch diese bricht.

Sie haben es vermutlich schon geahnt, was durch dieses Beispiel verdeutlicht werden soll: Mit dem Lockern des Dachziegels hat die Individualität in einem Leben eine Ursache geschaffen. Im folgenden Leben folgt die Wirkung dadurch, dass der Ziegel sie trifft. Dieses Getroffen- und Verletztwerden lag im Schicksal dieser Individualität, so dass ihr Engel nicht eingegriffen hat, um es zu verhindern.[123]

Wiederum anderes, was auf einen Menschen zukommt und von ihm als sehr bedrückend oder gar schmerzvoll empfunden wird, hat er sich in seiner vorgeburtlichen Zeit selbst ausgesucht. Er hat das als notwendig erkannt, sei es, um einen karmischen Ausgleich zu schaffen, oder eine erste Ursache zu setzen, die in der Zukunft ihre Früchte tragen kann. Der Mensch ist also in gewissem Sinne der *Herr seines Schicksals*.

Wenn wir diese Wahrheit einsehen, werden wir nicht mehr krampfhaft nach irgendwelchen ›Sündenböcken‹ suchen müssen, die uns in die eine oder andere missliche Lage gebracht hätten. Dann werden wir gewisse Missstände nicht mehr anderen Menschen in die Schuhe schieben. Erst recht werden wir dann nicht mehr an der Gerechtigkeit und Liebe Gottes zweifeln. Insbesondere werden wir dann erkennen, dass es nicht einer göttlichen Laune entspringt, wenn es uns einmal nicht so gut gehen sollte oder wenn wir nicht immer auf der Sonnenseite des Lebens stehen.

Schon das Wissen über das große kosmische Gesetz von Ursache und Wirkung kann unsere unangenehmen und quälenden Lebenslagen lindern. Wenn uns ein anderer etwas antut, wenn uns etwas Unerfreuliches zustößt, so können wir wissen, dass wir es *selbst* sind, die dieses verursacht haben.[124] Wir können dann wissen, dass diese Erfahrungen eine Notwendigkeit darstellen, die uns letztlich in unserer geistig-seelischen Entwicklung weiterbringen. Nach dem Tod sehnen wir uns regelrecht danach, in unserer nächsten Inkarnation solche Erfahrungen machen zu dürfen.

Auch wenn in der heutigen Zeit in unserer Gesellschaft schon ein gewisses Umweltbewusstsein herrscht, muss man doch eingestehen, dass da noch vieles im Argen liegt. Um nicht missverstanden zu werden, hier ist *nicht* die Rede von dem *angeblich* menschengemachten Klimawandel! Auch wenn gewisse Politiker, einige Experten und die Systemmedien uns nahezu täglich ihr Narrativ einhämmern, dass wir auf eine Klimakrise oder gar auf eine Klimakatastrophe zusteuern, so kann man nicht umhin, hierbei von einer reinen Panikmache zu sprechen. Einige der sogenannten Klimaforscher und Politiker vertreten die Ansicht, dass es der Erde besser ginge, wenn es keine Menschen gäbe. Wie absurd dieses Narrativ ist, wird sofort deutlich, wenn wir uns noch einmal daran erinnern, dass es ohne den Menschen gar keine Erde gäbe! Klimawandel hat es in den letzten Jahrhunderten und Jahrtausenden immer schon gegeben. Das ist völlig normal und natürlich. Fast im gesamten Mittelalter war es durchschnittlich etwa 2 Grad wärmer als heute. Dass es den Menschen eher besser geht, wenn es etwas wärmer ist, kann auch nicht bestritten werden.

Uns geht es um den Schutz unserer Umwelt, der *derzeit* nicht sonderlich im Fokus einer breiten Öffentlichkeit zu stehen scheint. Immer noch wird die Erde in unverantwortlicher Weise ausgebeutet, immer noch nimmt die Verschmutzung der Umwelt drastisch zu, immer noch werden viel zu viele Wälder abgeholzt und zu viele Nutzflächen versiegelt. Allein der Plastikmüll, der durch die Corona-Maßnahmen produziert wurde wie Masken, Test-Kits und Impfampullen, die zu einem großen Teil letztlich in den Ozeanen landen werden, belastet die Umwelt in erschreckendem Ausmaß. Auch die Entsorgung der Windräder und der Solaranlagen wird eines Tages die Umwelt in hohem Maße in Mitleidenschaft ziehen.

Sie kennen sicher den schönen Spruch, mit dem Umweltschützer das Bewusstsein für die Verantwortung, die *jeder* Mensch für die Umwelt hat, schärfen wollen: »Wir haben die Erde nur von unseren Kindern geliehen.« Menschen, welche die Reinkarnations- und die Karmalehre verinnerlicht haben, wissen, dass sie gewissermaßen *selbst* diese Kinder sind. Sie wissen, dass sie noch viele Male, wahrscheinlich sogar noch in vielen tausend Jahren, wieder auf der Erde leben werden. Dann haben sie es auch noch nötig, lebensfähige und lebenswerte Bedingungen vorzufinden. Dann wollen sie nicht nur Menschenwerke aus Beton, Stahl und Glas sehen, sondern auch noch die Werke der Götter: Berge, saubere Flüsse, Seen und Meere, gesunde Wälder und Wiesen sowie eine mannigfaltige Tier- und Pflanzenwelt.

Wenn die Menschheit diese geistigen Tatsachen vollumfänglich anerkennen würde, wäre wohl die Umwelt-Problematik schon bald kein großes Thema mehr.

Zu den unerträglichen Gepflogenheiten unserer Tage gehört auch, dass immer noch – oder wieder – viele Zeitgenossen andere Menschen aufgrund ihrer Herkunft, Rassen- oder Religionszugehörigkeit diskriminieren oder sogar regelrecht verfolgen und bekämpfen. Jemandem, der von den wiederholten Erdenleben überzeugt ist, ist klar, dass er selbst in einem früheren Leben in einem bestimmten Land, auf das er heute abschätzig schaut, geboren wurde, dass er selbst einer Rasse oder Religion angehörte, die er heute herabwürdigt. Genauso gut kann er sich klarmachen, dass er sich vielleicht in einem späteren Leben in einem Landstrich verkörpern wird, in dem eine bestimmte Rasse beheimatet ist und eine bestimmte Religion ausgeübt wird, über die er heute heftig schimpft.

Wer sich das wirklich bewusst macht, kann gewiss eine größere Toleranz gegenüber *scheinbar* fremdartigen Kulturen, Rassen und Religionen aufbringen. Schließlich war jeder von uns mit hoher Wahrscheinlichkeit schon einmal Angehöriger aller Rassen und Religionen oder wird es in der Zukunft sein.

Spirituelle Erkenntnisse, zu denen die Gesetze der Reinkarnation und des Karma gehören, würden auch zu einer höheren Moral führen. Heute ist es mit der Moralität nicht weit her, was auch zu ganz konkreten – zum Beispiel wirtschaftlichen – Folgen führt. Wir wollen hier nur zwei Beispiele anführen.

Allein in Deutschland gibt es rund 5.400 Unternehmen für Wach- und Sicherheitsdienstleistungen, die etwa 268.000 Menschen beschäftigen. Der Jahresumsatz dieser Branche liegt bei etwa 10 Milliarden Euro. Die Tendenz ist steigend. Wie sinnvoll könnte dieses Geld, das zu einem Großteil von den Steuerzahlern aufgebracht wird, genutzt werden?! Vor einigen Jahrzehnten konnte – um ein Beispiel zu haben – eine Frau noch abends allein durch die Stadt oder einen Park gehen, ohne fürchten zu müssen, überfallen zu werden. Da gab es noch keine Notwendigkeit, Menschen zu beschäftigen, die sich um die Sicherheit im öffentlichen Leben kümmern. Das konnte noch von der Polizei übernommen werden. Mittlerweile scheint die Moral vieler Zeitgenossen immer mehr gesunken zu sein, so dass Sicherheitsdienste unverzichtbar erscheinen.

Dann gibt es in Deutschland fast 15.000 Wirtschaftsprüfer. Der Jahresumsatz dieses Wirtschaftszweiges ist noch einmal deutlich höher als der in der Sicherheitsbranche. Dieser Spezialisten bedürfte es nicht, wenn alle Firmen ehrlich wären, wenn sie also ihre Geschäftsvorfälle korrekt verbuchen und ihre Bilanzen wahrheitsgemäß aufstellen würden.

All diese immensen Kosten tragen nicht zum Wohle der Menschen bei. Wäre es mit der Moralität nicht so schlecht bestellt, würden sie nicht anfallen; dann könnte das eingesparte Geld für wichtigere und sinnvollere Zwecke verwandt werden.

Damit soll natürlich nicht das Allergeringste gegen die Menschen, die als Security-Mitarbeiter oder Wirtschaftsprüfer tätig sind, gesagt sein!

Erinnern wir uns noch einmal daran, dass die Ursachen von Krankheiten im Grunde moralischer Natur sind. Man kann somit ahnen, wie krank die Menschheit in der Zukunft werden kann...

****

An dieser Stelle soll noch eine wichtige Bemerkung erfolgen.

Es könnte ja sein, dass jemand, der sich mit der Karmaidee vertraut gemacht hat, den Vorsatz fasst: »Ich werde jetzt versuchen, ein guter Mensch zu werden; ich werde mir jetzt diese oder jene schlechte Eigenschaft abgewöhnen und diese oder jene Begierde versagen, damit mir in meiner nächsten Inkarnation schlimme Erfahrungen erspart bleiben, damit ich dann vorwiegend Erfreuliches erleben kann.«

Das wäre allerdings purer Egoismus! Die Ideen von Reinkarnation und Karma dürfen *niemals* Antrieb zum Egoismus sein. Stattdessen müssen sie ein Antrieb zu altruistischem Handeln und Empfinden werden.[125]

Selbstverständlich ist das Bemühen, ein guter Mensch zu werden und sich von schlechten Eigenschaften und Gewohnheiten zu lösen, ein sehr wichtiger Vorsatz. Man sollte es sich aber nicht im Hinblick auf sein nächstes Erdenleben, in dem man dann gewisse Früchte ernten kann, vornehmen. Vielmehr sollte man es im Hinblick auf seine ganz langfristige Entwicklung auf dem geistig-seelischen Feld und insbesondere zum Wohle der Menschheit und der Erde ins Auge fassen und in die Tat umsetzen.

Kapitel 11

Das Leben des Menschen zwischen Tod und neuer Geburt im Hinblick auf die Ausgestaltung seines Karma

Der Tod macht dich so still,
dass Gott dich hören kann.
Im Tod fängt unser Ich
ja erst zu klingen an.

Der Tod, was ist der Tod?
Ein Spender tiefsten Seins.
Man fällt nicht aus der Welt,
man wird mit ihr erst eins.

Theowill Uebelacker

In diesem Kapitel wollen wir einen Blick auf dasjenige werfen, was der Mensch in seinem langen Leben zwischen Tod und neuer Geburt, das sich in den meisten Fällen nach Jahrhunderten bemisst, in den übersinnlichen Welten erlebt, erfährt und zu leisten hat.

Dabei geht es uns nicht darum, diese Daseinsphase so ausführlich wie möglich zu schildern, wie wir das in einigen anderen unserer Bücher (☞ S. 418) gepflogen haben. Es sollen die Stationen, die ein Mensch nach seinem Tod durchläuft, sowie seine mannigfachen Erfahrungen, Erlebnisse und Aufgaben im Wesentlichen nur insoweit geschildert werden, als es für das zentrale Thema dieses Buches vonnöten ist. Wir werden also insbesondere zeigen, wie der sogenannte Verstorbene sein abgelegtes Erdenleben aufarbeitet und wie das Karma im nachtodlichen Leben veranlagt wird.

Zunächst soll aber noch auf zwei wichtige und mehr grundsätzliche Irrtümer hingewiesen werden, die viele Zeitgenossen, die an eine postmortale Existenz glauben, mit dieser verbinden.

Zum einen glauben die wohl meisten, dass das Leben nach dem Tod ein recht ruhiges und beschauliches wäre, in dem es für den Verstorbenen nichts zu tun gäbe. Diese Ansicht spiegelt sich in typischen Formulierungen wider, die man beim Begräbnis eines Menschen auf vielen Kranzschärpen, aber auch in Todesanzeigen oder Kondolenzbekundungen lesen kann, wie etwa: »Ruhe in Frieden«, »Ruhe sanft«, »Zur letzten Ruhe« o.ä. Das nachtodliche Leben eines Menschen hat allerdings mit Ruhen, Pausieren, Verweilen oder gar Nichtstun absolut nichts zu tun! Gemessen an der Vielzahl der

Erlebnisse und der Fülle der Aufgaben, die auf den Menschen im Leben zwischen Tod und neuer Geburt warten, erscheint das gesamte Erdenleben – selbst wenn dieses äußerst arbeitsreich und mühsam war – fast wie ein langer Urlaub. *»Wer weiß denn, ob das Leben nicht Totsein ist und das Totsein Leben?«* Diese Frage bewegte schon den großen griechischen Tragödiendichter Euripides (um 480 bis 406 v. Chr.).

Rudolf Steiner drückte es wie folgt aus: **»Nun, dadurch vervollständigt sich das Bild der geistigen Entwickelung der Menschheit, wenn man immer die sogenannten Toten dazunehmen kann, denn sie sind ja eigentlich viel lebendiger als diejenigen, die die sogenannten Lebendigen sind.«**[1]

Zum anderen wird häufig die Meinung vertreten, dass man die Verhältnisse in den übersinnlichen Welten, in denen die Toten nun für lange Zeit weilen, und das Leben, das sie dort führen, ganz gut mit dem vergleichen könne, was wir von der Erdenwelt kennen. Vielmehr ist das Gegenteil der Fall! Die übersinnlichen Welten sowie alles, was nach dem Tod geschieht, ist so *radikal* verschieden von dem, was wir aus unserem Erdenleben gewohnt sind, dass es nur annähernd und zum Teil nur *gleichnishaft* in eine Erdensprache übertragen werden kann. Man würde also ganz fehlgehen, wenn man glaubte, dass die Welten, in denen die Toten weilen, unserer Sinneswelt recht ähnlich wären. Auch alle Erlebnisse und Erfahrungen, die die Toten in diesen Welten machen, sind völlig anderer Art und ungleich mannigfaltiger als alles, was wir auf der Erde erleben können. Schon die Vermutung, man würde nach dem Tod ähnlich denken, fühlen, wahrnehmen und erleben, wie wir es aus unserem Erdenleben gewohnt sind, erschwert das Verständnis für den nachtodlichen Weg des Menschen gewaltig. Auch sollte man nicht etwa annehmen, dass die übersinnlichen Welten einen schattenhaften, irrealen oder nebulösen Charakter hätten. Diese höheren Welten und das, was man in diesen erleben und erfahren kann, sind ungleich realer, lebendiger und wirklichkeitsgesättigter als alles, was man aus der Sinneswelt kennt. Bei allem, was man in der sichtbaren Welt wahrnehmen kann, handelt es sich nur um schwache und schattenhafte Abbilder oder Spiegelungen von Realitäten aus höheren Welten.

****

Das Leben zwischen Tod und neuer Geburt lässt sich in zwei *ungefähr* gleich lange Abschnitte unterteilen, die jeweils viele Jahrzehnte oder gar Jahrhunderte dauern können. In der ersten Phase, die man als *»Leben nach dem Tod«* bezeichnen könnte, geht es für die Seele ganz wesentlich darum, ihr abgelegtes Erdenleben aufzuarbeiten und ihre Schlüsse daraus zu ziehen. Die geistig-seelische Wesenheit des Verstorbenen dehnt sich dabei immer mehr in den Kosmos aus, so dass man von einem *»Aufstieg durch die Planetensphären«* sprechen kann.

In der zweiten Phase, die man als *»Leben vor der neuen Geburt«* bezeichnen könnte, ist es insbesondere die Aufgabe der Seele, ihr neues Erdenleben zu planen und vorzubereiten. Die geistig-seelische Wesenheit des Menschen zieht sich jetzt allmählich immer mehr zusammen. Sie durchläuft noch einmal alle Planetensphären – jetzt natürlich in umgekehrter Reihenfolge. Es kommt also zu einem *»Abstieg durch die Planetensphären«*.

Wir werden im Folgenden von den vielfältigen Erlebnissen und Erfahrungen, die der Verstorbene in den übersinnlichen Welten macht, sowie den zahlreichen Aufgaben, die er zu erfüllen hat, nur insoweit schildern, als sie in einem engen Zusammenhang mit seinem Karma stehen.

11.1 Das Leben nach dem Tod – Der Aufstieg durch die Planetensphären

Man kann sich leicht vorstellen, wie andersartig das nachtodliche Leben ist, wenn man nur bedenkt, dass man dann keinen physischen Leib mehr trägt. Außerdem gibt es in den übersinnlichen Welten nicht den dreidimensionalen Raum, in dem wir uns im Erdenleben so gut zu orientieren und zurechtzufinden gelernt haben. Auch unser Zeitbegriff ist dort nicht anwendbar. In den höheren Daseinssphären muss man von »Zeitlosigkeit« oder »Dauer« sprechen.

Der Verstorbene wird möglicherweise geraume Zeit benötigen, um sich in die völlig andersartigen Verhältnisse, die in den übersinnlichen Welten herrschen, einzugewöhnen. Wenn er sich im Erdenleben gar nicht oder nur sehr wenig mit dem nachtodlichen Leben befasst hat, kann diese Phase sehr lange dauern.

11.1.1 Der Augenblick des Todes und die ersten Tage nach dem Tod

Schon kurz nachdem der Mensch sich exkarniert hat, muss er sich wie geblendet fühlen von dem alles überstrahlenden Bewusstseinslicht, das ihn jetzt erhellt. Ein solch helles, lichtes und klares Bewusstsein hätte er zu Lebzeiten nicht für möglich gehalten.

Vielleicht hat er soeben seinen Engel *bewusst* wahrgenommen, der schon immer an seiner Seite war und der ihn jetzt in sein neues Dasein führt. Dieser persönliche führende Geist, dieser Schutzengel, wird ihn auch durch das gesamte nachtodliche Leben begleiten und ihn später wieder ins nächste Erdenleben führen. Auch von geistigen Wesen aus dem Reich der Erzengel wird er nun empfangen und aufgenommen. Der Verstorbene ist jetzt wieder zu seinem Ursprung, in seine eigentliche Heimat, zurückgekehrt, die er im Grunde nie verlassen hatte, wenngleich ihm sein Tagesbewusstsein das stets verschleierte.

Iris Paxino schreibt über den Todesaugenblick aufgrund ihrer übersinnlichen Forschung: *»Der Sterbeaugenblick eines Menschen ist nie ein Einsamkeitsmoment. Das* *irdische Licht des über die Schwelle Gehenden verlöscht, doch sein geistiges Licht leuchtet auf. Die Hierarchien erwarten und empfangen ihn in einer erhabenen Feierstunde. Das, was sich für die Welt der Hinterbliebenen verdunkelt, erstrahlt auf der anderen Seite in einem lichtvollen geistigen Festakt. Der sich Exkarnierende erlebt, dass er sich aus dem Physischen ›herausatmet‹, dies bedeutet für ihn eine Befreiung und eine Ausweitung seines Wesens. Er schaut auf seinen Leib und erkennt, dass dieser Teil von ihm lediglich seine abgelegte physische Hülle ist. Sein Bewusstsein, in der geistig-ätherischen Welt, in der er sich nun befindet, ist klar und wach, er erkennt die Wesenheiten, die ihn nun empfangen. Für den Verstorbenen selbst ist es ein sakraler Augenblick, in welchem seine Individualität, eingebettet im Licht einer höheren geistigen Wirklichkeit, zu sich selbst aufersteht.«*[2]

Der Schwellenübergang ist ein Augenblick größter Geisteshelligkeit, der immer mit einer Christus-Begegnung verbunden ist. *Jedem* Menschen – nicht etwa nur den Christen oder gar nur den ›frommen‹ Christen – wird der Christus erscheinen. Der Verstorbene kann ihn als leuchtend-strahlende Geistgestalt erleben. So wie jeder aus Gott geboren wird (*»Ex deo nascimur«*), wird er in Christo sterben (*»In Christo morimur«).* Wenn man bedenkt, dass in jeder Minute rund 120 Menschen in der Welt sterben, so mag man sich fragen, wie es möglich sein kann, dass der Christus jedem von ihnen begegnen kann. Das wesentliche Argument, um eine Antwort zu finden, ist, dass es in den höheren Welten keinen Zeitbegriff, wie wir ihn hier auf der Erde kennen, gibt. Unzählige Dinge können parallel geschehen. Man könnte aber auch noch einen Vergleich zur Sonne herstellen. An einem unbewölkten Tag ist es doch ein und derselbe Himmelskörper, der vielen Millionen Menschen scheint. Dieser Vergleich mag durchaus passend sein, wenn man weiß, dass der Christus bis vor 2.000 Jahren der Regent der Sonne war. Erst seit dem Mysterium von Golgatha hat er sich ganz fest und unverbrüchlich mit der Erde und den Menschen verbunden. Er ist seitdem der »Geist der Erde«. Bis ins 3. Jahrhundert war auch der Kirche bekannt, dass der Christus in einem engen Zusammenhang mit der Sonne stand. So wurde er als »wahre Sonne«, »Sonne der Gerechtigkeit« oder »unbesiegbare Sonne« bezeichnet und verehrt. Dann hat man davon Abstand genommen, weil man der Meinung war, dass diese Beziehung des Gottessohnes zur Sonne zu sehr an die alte heidnische Sonnenverehrung erinnere.

Möglicherweise sind allerdings viele Verstorbene – insbesondere wenn sie sich nie mit dem Christus befasst und zu verbinden gesucht haben – nicht in der Lage, ihn zu erkennen. Das wird ihnen dann später eher gelingen.

Der Tote weilt zunächst für wenige Tage in der Ätherwelt, die man auch Elementarwelt nennen könnte (☞ Kapitel 5, S. 89f.). Dieser Welt gehörte der Verstorbene dadurch, dass er einen Ätherleib besitzt, immer schon an. Nun aber überschreitet diese Tatsache langsam die Bewusstseinsschwelle. Dann fühlt er, indem er sich mit seinem Ätherleib allmählich immer mehr in dieser Welt einlebt, sich eins werdend mit ihr.

Viele Menschen antworten auf die Frage, was sie für ihr nachtodliches Leben erhoffen, dass sie wieder mit allen Menschen vereint werden, die ihnen im Erdenleben nahestanden. Diese Hoffnung wird erfüllt werden. Schon kurze Zeit nach dem Schwellenübertritt wird der Verstorbene von einigen vertrauten Menschenseelen, die bereits vor ihm durch die Pforte des Todes gegangen sind und ihn nun willkommen heißen, in Empfang genommen.

Iris Paxino schreibt: *»Auch Gestalten verstorbener Menschen, die in der Zeit der Inkarnation mit dem soeben Exkarnierten verbunden waren, erscheinen beim Übergang in die geistige Welt. Meist sind es nahe Angehörige, enge Freunde oder Weggefährten, die bereits früher über die Schwelle gegangen sind. Ihre Stimmung ist von einer mitfühlenden, verständnisvollen und liebegetragenen Milde durchströmt. Sie empfangen den Neuankömmling mit inniger Freude und bilden für sein Seelenerleben eine Brücke zwischen den Welten.«*[3]

Die Tatsache, dass ein Toter von den Seelen Verstorbener aus seinem Schicksalskreis herzlich empfangen wird, kann auch den Berichten zahlreicher Menschen, die Nahtod-Erlebnisse hatten, entnommen werden.

So schildert eine Frau: *»Und da bemerkte ich auf einmal auch die ganzen Menschen. [...] Es waren alles Leute, die ich in meinem früheren Leben gekannt habe. Ich erblickte meine Großmutter und ein Mädchen, das ich aus meiner Schulzeit kannte, und viele andere Verwandte und Freunde. [...] Es war ein freudiges Zusammentreffen, und ich hatte das Gefühl, dass sie gekommen seien, um mich zu schützen und zu führen. Fast schien es so, als ob ich nach Hause gekommen wäre und sie mich nun begrüßen und willkommen heißen wollten.«*[4]

Fast in der gesamten Zeit des Lebens zwischen Tod und neuer Geburt können die Verstorbenen ein Zusammenleben mit anderen Menschenseelen– insbesondere mit denen, die mit ihnen karmisch verbunden sind – führen. Dieses Beieinandersein kann jetzt sogar noch viel inniger sein, als das im Erdenleben jemals möglich war, da es jetzt keine physischen Schranken, Barrieren und Fesseln mehr gibt.

Schon kurze Zeit, nachdem der Mensch durch die Pforte des Todes geschritten ist, wird er *dreimal* mit seiner eigenen Biografie, also mit seinem letzten Erdenleben konfrontiert. Wenngleich diese drei Auseinandersetzungen mit seiner Biografie letzten Endes demselben Ziel dienen, so haben sie eine unterschiedliche Qualität, Bedeutung und Dauer. Um es auf einen gemeinsamen Nenner zu bringen, dienen diese drei Konfrontationen dazu, dass dem Verstorbenen gewahr werden kann, welche Bedeutung bzw. welchen Wert sein Leben mit all seinen Worten, Gedanken und Taten hatte. Man könnte – in erster Linie bei der dritten Konfrontation – von einer »Selbst-Reflexion« oder von einer »Selbst-Beurteilung« sprechen. Der Verstorbene muss sein eigenes Wesen vorurteilsfrei anschauen. Dadurch soll insbesondere die Selbsterkenntnis, die im Leben nach dem Tod von fundamentaler Bedeutung ist, angeregt und gefördert werden.

11.1.1.1 Die erste Konfrontation mit der eigenen Biografie – die Lebensrückschau

Die erste Konfrontation erfolgt nahezu unmittelbar nach Eintritt des Todes, wenn der Verstorbene noch in der Ätherwelt ist; es taucht etwas Gewaltiges vor seiner Seele auf: das *»Lebenspanorama«*. Man könnte es auch *»Lebenstableau«*, *»Erinnerungstableau«* oder *»Lebensfilm«* nennen.

Wie mit einem Schlage steht das verflossene Erdenleben vor seiner Seele. Wie in einem großen Panorama sieht er Bilder seines ganzen abgelaufenen Lebens vor sich. Alles, was er denkend oder vorstellend in seinem Leben erlebte, taucht in diesen Bildern auf. Es ist wirklich immer das *ganze* verflossene Erdenleben in dieser *»Lebensrückschau«* da, also auf einmal, nicht erst in einer zeitlichen Reihenfolge. Die Zeit wird gewissermaßen zum Raum. Er wird gewahr, dass er nun außerhalb der Erdensphäre angekommen ist. Die schier unendlich vielen Bilder dieses Panoramas umgeben ihn nun in einer *ähnlichen* Weise wie ihn im Erdenleben Berge, Wälder, Sonne, Mond und Sterne umgeben haben. In mächtigen Bildern sind *gleichzeitig* sowohl solche Ereignisse da, die erst kurz vor dem Tod, als auch diejenigen, die schon in seinen mittleren Lebensjahren oder in seiner Kindheit stattfanden. Der Tote sieht in diesen Tagen von seinem individuellen Gesichtspunkte aus insbesondere alles dasjenige, woran er selbst beteiligt war, was für ihn eine Bedeutung hatte. Er sieht die Beziehungen, die er im Leben zu anderen Menschen hatte in der Weise, dass ihm gewahr wird, welche Früchte diese Beziehungen für ihn selbst getragen haben. Er sieht auch sonstige Begebenheiten und Erlebnisse nicht ganz objektiv, sondern eher unter dem Aspekt, welche Früchte er dadurch für sich selbst davontragen konnte. Bei allem und überall sieht er sich im Mittelpunkt. In dieses Tableau sind auch die Bilder solcher Erlebnisse einverwoben, die ihm zu Lebzeiten gar nicht bewusst geworden sind, die aber doch einen Eindruck in seiner Seele hinterlassen haben. Er empfindet dieses Panorama als ein Stück seiner Wesenheit, ja als seine Welt. Das Selbsterlebte wird zu seiner Welt. In dem Maße wie ihm das irdische Dasein entschwindet, taucht alles, was er von seiner Geburt an bis zu seinem Tod in der Erdenwelt erleben konnte, auf. Dieses ganze Leben hat er nun als ein intensiv lebendiges, mit deutlichem Bewusstsein durchzogenes Bilderpanorama vor sich. Alles erscheint ihm so hell und überdeutlich, als wären es gar keine Erinnerungen, sondern etwas, was er gerade frisch erlebt.

Der Verstorbene sieht nicht nur diese Bilder, sondern es lebt auch alles wieder auf, was er in irgendeiner Weise jemals erlebt oder getan hat. Jedes einzelne Gespräch, das er mit Menschen geführt hat, ›hört‹ er jetzt wieder, alles das, was er mit anderen Menschen zusammen erfahren hat, was er mit ihnen ausgetauscht hat, erfährt er nun wieder. Diese Rückschau ist nicht von Gefühlen und Empfindungen durchzogen. Der Tote gibt sich ganz passiv dieser Rückschau hin. Er betrachtet das Lebenspanorama mit der nüchternen Distanz eines neutralen Beobachters. **»Man steht diesem Erinnerungstableau ebenso objektiv gegenüber wie einem Gemälde. Wenn dasselbe einen Menschen darstellt, der traurig, der von Schmerzen erfüllt ist, so sehen wir ihn objektiv an. Wir können wohl**

seine Traurigkeit nachfühlen, doch empfinden wir nicht unmittelbar den Schmerz, den der Mensch gehabt hat. So ist es mit den Bildern dieses Tableaus unmittelbar nach dem Tode: es breitet sich aus, und man sieht in Zeiträumen, die erstaunlich sind, weil sie so kurz sind, alle Einzelheiten, die sich im Leben zugetragen haben.«[5]

Bei allen Szenen, die er nun sieht, hat der Tote den Eindruck, als wollte Christus oder sein Engel ihn fragen, was er aus seinem Leben gemacht habe, wie er dieses genutzt habe. Während dieser Zeit wird er von seiner Lebensrückschau derart in Beschlag genommen, dass er sich noch nicht intensiv anderen Seelen – weder denen von verstorbenen noch von lebenden Menschen – zuwenden wird. Er hat mit sich und seiner Welt genug zu tun. Dennoch ist es nicht so, dass er andere Menschen nicht wahrnehmen könnte. *»Für unser Vorstellungsvermögen ist es schwer verständlich, wie eine lebensumfassende Abfolge von Bildern und Erlebnissen, also ein zeitlich dynamischer und überaus komplexer Verlauf, als fast gleichzeitiges Erscheinen wahrgenommen werden kann, zudem noch in dieser detaillierten Weise. [...] Die physische Welt ist die Welt des Getrenntseins, von daher ist die Tatsache, dass die Verstorbenen parallel zum Erleben ihres Rückblickes ihre Hinterbliebenen wahrnehmen können, ein weiterer Aspekt, der unser physisches Eingebundensein in Zeit und Raum durchbricht.«*[6]

Diese Art der Rückschau, der Rückerinnerung ist außerordentlich wichtig, da aus ihr eine Kraft fließt, die der Verstorbene benötigt, um im ganzen Leben nach dem Tod sein Ich-Bewusstsein aufrechterhalten zu können, um weiterhin ein selbstbewusstes und eigenständiges Wesen bleiben zu können. Diese Fähigkeit geht nicht nur, aber doch ganz wesentlich von diesem Anschauen des letzten Erdenlebens aus.

11.1.1.1.1 Wie ist das Auftauchen des Lebenspanoramas zu erklären?

Man muss sich nun fragen, wie das Auftauchen des Lebenspanoramas zustande kommen kann. Wie lässt sich erklären, dass man sich nach dem Tod so unfassbar detailgetreu bis in die kleinsten Einzelheiten an sein abgelegtes Erdenleben zu erinnern vermag?

Wie gewiss jeder Leser bestätigen wird, gelingt es uns allen doch nur in einem sehr begrenzten Maße, etwas zu erinnern, was wir vor Jahren oder gar in unserer Kindheit erlebt haben. Die Reminiszenzen an unsere ersten etwa drei Lebensjahre, als unser Ich-Bewusstsein noch nicht erwacht war, sind im Erdenleben gar nicht abrufbar. Obwohl in unserem Ätherleib, der ja der Träger unserer Erinnerungen ist, *alles*, was wir jemals erlebt haben, detailgetreu eingeprägt und treulich aufbewahrt wird, ist die Erinnerung an unser bisher verflossenes Leben mehr als lückenhaft. Zudem sind die Erinnerungsbilder, die in unserem Inneren aufsteigen, sehr blass und schattenhaft.

Der Grund für die Schwierigkeit, sich *während einer Inkarnation* an sämtliche Erlebnisse erinnern zu können, ist, dass der Ätherleib mit dem physischen Leib eng und unzertrennlich verbunden ist und von diesem stark eingeschränkt wird. Insbesondere das viel zu starre physische Gehirn kann mit dem ätherischen nicht Schritt halten. Nun nach dem Tod ist der Ätherleib frei vom physischen Leib. Er bleibt aber für eine Zeit, die gerechnet vom Augenblick des Todes durchschnittlich drei Tage, selten weniger als zwei oder mehr als vier, dauert, noch mit dem Astralleib verbunden. In dieser Zeit besteht für den Toten eine nahezu *vollkommene* Erinnerung an das letzte Erdenleben, das sich ihm in Form des Lebenspanoramas darbietet. Er steht jetzt dem sich ganz in den Kosmos ausgebreiteten Ätherleib *gegenüber*.

Diese Erinnerungen können übrigens bereits dann in Gestalt des Lebenspanoramas auftreten, wenn sich nur ein Teil des ätherischen Leibes aus dem physischen herauszieht. Auch im Falle des Todes erfolgt das Ablösen des Ätherleibes nicht notwendigerweise in einem Ruck, der vielleicht nur einen Sekundenbruchteil dauert. Wenn einem Menschen, der etwa einen Herzstillstand hat, das Schicksal droht, in wenigen Sekunden oder Minuten sterben zu müssen, wenn er also schon an der Schwelle des Todes steht, so beginnt dieser Ablösungsprozess bereits. Nachdem dieser Mensch dann reanimiert werden konnte, geht der Ätherleib wieder seine feste Verbindung mit dem physischen Leib ein. Aber selbst die partielle und temporäre Lösung bzw. Lockerung des ätherischen Leibes reicht aus, damit die Erinnerungen bis zu einem gewissen Grad frei werden und sich dem Menschen in Form dieses Lebenstableaus darbieten können. Dieses Lebenspanorama kann dadurch erlebt werden, dass der Ätherleib als Träger der Erinnerungen sich von der hemmenden Wirkung des physischen Leibes befreit, aber zugleich vom Bewusstseinslicht des Astralleibes durchzogen bleibt. Ansonsten hätte man es mit der gleichen Konstellation wie sie im unbewussten traumlosen Schlaf vorliegt zu tun, dass Äther- und Astralleib sich nicht durchdringen, sondern komplett voneinander getrennt sind. So lässt sich auch erklären, dass zahllose Menschen, die nur für sehr kurze Zeit partiell exkarniert waren, von der Lebensrückschau berichten. Die Darstellungen über die Lebensrückschau, wie sie Rudolf Steiner aus seiner geisteswissenschaftlichen Erkenntnis geben konnte, werden von zahlreichen Persönlichkeiten, die Nahtod-Erlebnisse hatten, eindrucksvoll bestätigt.

Werfen wir zunächst einen Blick auf drei Nahtod-Berichte, soweit sie von dieser Lebensrückschau handeln. *»Dann lief mein Leben vor mir ab, als ob ich es auf einem himmlischen Panorama-Bildschirm sehen würde. Ich sah mich als Kind krabbeln, wie ich jünger als ein Jahr war, dann als Kleinkind und so weiter. Danach die Geburt meiner Kinder, der Verlust meines Mannes, bis zu dem Augenblick, als sich der Unfall ereignete.«*[7]

»Die ›Rückblende‹ lief in Form von ›geistigen Bildern‹ ab, würde ich sagen, die jedoch verglichen mit gewöhnlichen Bildern ungleich lebendiger waren. Ich erlebte nur die Höhepunkte, und zwar so rasend schnell, dass es mir vorkam, als durchblätterte ich im Lauf von Sekunden mühelos das ganze Buch meines Lebens. Es zog wie ein ungeheuer rasch ablaufender Film an mir vorüber, und doch war ich in der Lage, alles richtig

aufzunehmen und zu verarbeiten. Die Bilder riefen jedoch nicht die Gefühle der Vergangenheit noch einmal in mir wach, weil es dafür viel zu schnell ging.«[8]

»Und verbunden damit war ein Gefühl von Wirklichkeit, wie ich es zuvor noch nie erlebt habe. Und es war auch das Gefühl, als würde ich zum ersten Mal in meinem Leben wirklich sehen, als ob ich all das, was ich davor für Sehen oder Wahrnehmen gehalten habe, diesen Namen eigentlich gar nicht verdient. [...] Und ... ich sah dann, und alles zur gleichen Zeit, mein gesamtes Leben. Es war alles da, es fehlte nichts, es war jedes Detail da und es war alles gleichzeitig. [...] All das kam aus diesem Bild zurück auf das Leben, es war wirklich ein Blick zurück, denn das, was ich sah, war nicht vor mir, sondern es war hinter mir, diese Lebenslandschaft. Es war hinter mir und trotzdem sah ich es, als ob es vor mir wäre.«[9]

Besonders ausführlich schilderte der amerikanische Arzt und Psychiater George G. Ritchie (1923 bis 2007) über seine *eigenen* Nahtod-Erfahrungen. Er erlitt als junger Soldat im Alter von zwanzig Jahren während des 2. Weltkrieges im Jahre 1943 eine schwere Lungenentzündung. Als man ihn röntgen wollte, kollabierte er und wurde kurz darauf für tot erklärt. Während er schon im Sterbezimmer des Lazaretts aufgebahrt wurde, hatte er sehr intensive Nahtod-Erlebnisse, die er dann drei Jahrzehnte später in seinem Buch *»Return from Tomorrow«* veröffentlichte. Der Titel des ins Deutsche übersetzten Buches lautet: *»Rückkehr von morgen«.*

Über die Lebensrückschau schrieb er: *»Wenn ich sage, er* [der Christus] *wusste alles über mich, dann war das ganz einfach eine sichtbare Tatsache. Denn gleichzeitig mit seiner strahlenden Gegenwart – wenn ich davon erzähle, muss ich beides getrennt beschreiben – war in diesem Raum jede einzelne Episode meines Lebens eingetreten. Alles, was um mich herum geschehen war, war einfach da, in voller Sicht, gleichzeitig und fließend, so, als ob in einem Moment alles zu gleicher Zeit stattfinden konnte.*

Wie dies möglich war, wusste ich nicht. Nie zuvor hatte ich in solch einem Lebensraum, in dem ich nun zu sein schien, Erfahrungen gesammelt. Das kleine Einbettzimmer war noch sichtbar, aber es engte uns nicht länger ein. Dagegen war an allen Seiten um uns herum etwas, was ich nur mit einer Art Wandgemälde bezeichnen könnte – nur, dass die Gestalten dreidimensional waren, sich bewegten und sprachen.

Und viele dieser Gestalten waren anscheinend ich selbst. Wie gebannt starrte ich mich an, wie ich vor der Wandtafel in der dritten Klasse stand. Wie ich mein Adlerabzeichen vor meiner Pfadfindergruppe erhielt. Wie ich Papa Dabney [Großvater] *auf die Veranda in Moss Side schob. Ich sah mich als ein winziges Dreieinhalb-Pfund-Baby, das im Brutkasten nach Luft schnappte. Gleichzeitig (es schien kein früher und später zu geben) sah ich, wie ich durch Kaiserschnitt aus der Gebärmutter der kranken und sterbenden jungen Frau, die ich niemals zu Augen bekommen hatte, befreit wurde.*

Ich sah mich wenige Monate älter, wie ich auf dem Schoß einer freundlichen Frau mit einer Silberrandbrille und einer krummen Nase saß. Das drei Jahre alte Mädchen, das auf dem Boden neben uns spielte, musste Mary Jane [Schwester] *sein, obwohl ich mich natürlich nicht an sie in diesem Alter erinnern konnte. Aber Miss Williams* [Krankenschwester und Haushaltsmitglied der Familie Ritchie] *sah genauso aus, wie ich sie kannte. Sie erschien in vielen der Szenen; mit einem Ausdruck lang vergessener Sehnsucht sah ich, wie sehr ich sie liebte.*

Seite an Seite mit diesen Szenen sah ich, wie Vater eine schlanke, schwächliche Brünette nach Moss Side brachte; die Frau, die er heiraten wollte. Ich sah Mary Jane und mich beim Umzug in das Haus 4306 an der Brook Road, sah mich selbst ängstlich am Esszimmerfenster stehen, voller Sehnsucht, hinauszugehen, aber auch voller Angst vor dem Jungen, der neben uns wohnte.

Neben den schönen Szenen gab es auch schreckliche. Ich beobachtete mich, wie ich von dem Jungen verprügelt wurde, beobachtete meine Demütigung, als meine Schwester aus dem Haus eilte, um den Kampf für mich zu führen. Ich sah mich in Tränen, als Vater sich für eine Woche, zwei Wochen, einen Monat verabschiedete, seine Arbeit nahm ihn für immer von uns.

Viel Not entstand in mir selbst. Ich sah mich, wie ich mich von der Stiefmutter abwandte, wenn sie sich über mich beugte, um mir den Gute-Nacht-Kuss zu geben, sah sogar den Gedanken selbst: ›Ich werde diese Frau nicht lieb haben. Meine Mutter starb. Miss Williams ging weg. Wenn ich sie liebe, wird sie mich auch verlassen.‹ Ich beobachtete mich im Alter von zehn Jahren, wie ich an demselben Esszimmerfenster stand, als der Vater ins Krankenhaus ging, um Mutter und unseren neuen Bruder Henry nach Hause zu holen. Ich sah mich, wie ich, bevor ich ihn sah, entschied, dass ich diesen Neuling nicht gern haben würde.

Es gab andere Szenen, Hunderte, Tausende, alle beleuchtet von dem brennenden Licht, in einem Zustand, in dem die Zeit anscheinend stillstand. Es hätte in normaler Zeit Wochen gebraucht, um auch nur einen flüchtigen Blick auf die vielen Ereignisse zu werfen, und dennoch hatte ich nicht den Eindruck, dass überhaupt Minuten vergingen. [...]

Da waren die Episoden aus meinen Oberschuljahren – Verabredungen mit Mädchen, Chemieprüfungen, oder als ich die schnellste Meile unserer Schule lief. Ich sah meinen Schulabschluss, sah mich in die Universität von Richmond eintreten. Und die ganze Zeit sah ich eine Halsstarrigkeit gegenüber Mutter, meinem Bruder Henry und sogar dem kleinen Bruce Gordon [Halbbruder] *gegenüber. Ich sah, wie Vater in seiner Majorsuniform nach Hause kam, sah mich selbst zum Postamt gehen, um mich für den Wehrdienst eintragen zu lassen. Ich beobachtete die Musterung im Camp Lee, und wie ich und Hunderte von Rekruten den Zug nach Camp Barkeley bestiegen...*

Jede Einzelheit eines zwanzigjährigen Lebens war zu sehen. Das Gute, das Schlechte, die Höhepunkte, das, was zum Davonlaufen war. Und mit dieser Allesinklusiv-Schau entstand eine Frage. Sie war in jeder Szene gegenwärtig, und, wie die Szenen selbst, schien sie von dem lebendigen Licht [Christus] *neben mir gesteuert zu sein.*

Was hast du aus deinem Leben gemacht?

Es war offensichtlich nicht eine Frage der Art, dass er Auskunft wünschte, denn was ich aus meinem Leben gemacht hatte, war klar zu erkennen. In jedem Fall kam das totale Abrufen der Vergangenheit detailliert und perfekt von ihm, nicht von mir. Ich hätte mich nicht an ein Zehntel von dem erinnern können, was ich sah, bevor er es mir zeigte.

Was hast du aus deinem Leben gemacht?

Es schien eine Frage nach den Werten und nicht nach den Fakten zu sein: Was hast du mit der kostbaren Zeit, die dir zugeteilt worden war, gemacht?«[10]

Dass diese Persönlichkeiten, die Nahtod-Erfahrungen gemacht haben, in dieser extrem kleinen ›Zeitspanne‹ so unfassbar viele Szenen aus ihrem Leben – und auch noch unzählige andere Begebenheiten – wahrnehmen konnten, liegt nicht zuletzt darin begründet, dass man in den übersinnlichen Welten unseren üblichen Zeitbegriff nicht anwenden kann. Außerdem ist die Wahrnehmungsfähigkeit an der Schwelle des Todes – wie auch nach dem tatsächlichen Tod – extrem gesteigert.

Wenn man bedenkt, dass George G. Ritchie in seinem Lebensrückblick innerhalb weniger Minuten derart viele Begebenheiten aus seinem Leben gewahr wurden, kann man sich unschwer vorstellen, dass die ungefähr drei Tage nach dem Tod ausreichend sind, um alle Einzelheiten seiner gesamten Inkarnation nochmals in dem gewaltigen Lebenstableau sehen zu können.

Während wir bisher den Menschen, der durch die Pforte des Todes geschritten ist, immer als »Verstorbenen« oder »Toten« bezeichnet haben, wollen wir ab jetzt einfach von dem »Menschen« oder der »Seele« reden. Denn ein Mensch bzw. eine Seele ist und bleibt er auch nach seinem Tod.

11.1.1.1.2 Ablegen des Ätherleibes

Der Ätherleib, der ja bei einem lebenden Menschen etwa die gleiche Form wie der physische Leib hat, verliert diese Form nach dem Tod mehr und mehr. Er weitet sich immer mehr aus. Der Astralleib kann die Verbindung mit ihm nicht mehr aufrechterhalten. Die Bilder des Lebenstableaus werden immer schwächer, bis sie schließlich ganz verglimmen. Der Mensch erlebt, wie das, was er in seinem Leben selbst als ein Teil des Kosmos war, nun vom Kosmos aufgenommen wird. Er legt jetzt – nach durchschnittlich drei Tagen – seinen Ätherleib als seinen zweiten Leichnam ab.

Der entkörperte Mensch legt aber nicht den gesamten, sondern nur den weitaus größten Teil seines ätherischen Leibes ab. Wie wir bereits erörtert haben, gehört es zu den wichtigsten Aufgaben der Menschen, ihren Astral- und Ätherleib zu veredeln. Das Ich muss diese nach und nach ›umarbeiten‹, damit aus diesen in ferner Zukunft höhere

Wesensglieder, Geistselbst und Lebensgeist, werden können. Es ist für den Durchschnittsmenschen heute noch sehr schwierig, in den Ätherleib ›hineinzuarbeiten‹. Denken Sie nur daran, wie schwer es beispielsweise fällt, gewisse Gewohnheiten abzulegen. Insbesondere derjenige Teil des Ätherleibes, den der Mensch auf die skizzierte Art bereits veredelt hat, wird nicht dem Weltenäther übergeben. Dieser Anteil verbleibt ihm wie eine Essenz als Ergebnis seines Lebens. Diese Essenz geht dem Menschen auf der Wanderung durch seine zukünftigen Erdenleben niemals verloren. **»Er nimmt sie** [die Essenz] **wie eine Art Extrakt aus dem Lebenstableau mit in alle seine zukünftigen Inkarnationen, wenn er sich dessen auch nicht erinnern kann. Das, was sich aus diesem Erinnerungsextrakt bildet, nennt man konkret-real den Kausalleib.«**[11]

Der Begriff *»Kausalleib«* oder *»Ursachenkörper«* stammt aus der indisch-theosophischen Tradition. Auch Rudolf Steiner verwandte ihn manchmal. In diesem Extrakt, der dem Menschen immer erhalten bleibt, sind insbesondere die Erinnerungsbilder *sämtlicher* Erdenleben einverwoben. Dieser Kausalleib, den man auch als »Lebensbuch« bezeichnen könnte, ist so etwas wie ein zusätzliches Wesensglied. Nach jedem Tod wird dem Lebensbuch ein Blatt hinzugefügt. Daher ist es umso reichhaltiger, je öfter der Mensch schon auf der Erde inkarniert war.[12] **»Diejenigen, die oft gelebt haben, also schon viele Inkarnationen durchgemacht haben, die haben ihrem Lebensbuche viele Blätter beigefügt, sind hochentwickelt und haben einen reichen Kausalleib; die anderen sind erst durch wenige Leben hindurchgeschritten, haben daher weniger Früchte gesammelt und besitzen deswegen einen weniger entwickelten Kausalkörper.«**[13]

»Nach jedem Leben legt sich ein neues Blatt zu dem Lebensbuch hinzu. Das vermehrt die Lebensessenz und bewirkt, wenn die vergangenen Leben fruchtbar waren, dass sich das nächste in der entsprechenden Weise entfaltet. Darin liegt die Ursache, weshalb ein Leben reich oder arm an Talenten, Anlagen und so weiter ist.«[11]

Dieser Kausalleib oder dieses Lebensbuch, also der Extrakt des Ätherleibes, den der Mensch im letzten Erdenleben trug, wird vor der erneuten Geburt in den neuen Ätherleib hineinverwoben. **»In diesem Extrakt des Ätherleibes ist nun alles wie in einer Essenz darinnen, was im Leben hineingekommen ist zum Beispiel von einem ausschweifenden Leben, oder was der Mensch aufgenommen hat als das Ergebnis eines richtigen oder unrichtigen Denkens, Handelns und Fühlens. Das enthält der Ätherleib, und das nimmt der Mensch mit in die Zeit bis zur neuen Geburt. [...] Wenn nun der Mensch wieder durch eine Geburt ins Dasein tritt, ist die Essenz seines früheren Ätherleibes etwas, was sich wieder hineinergießt in seinen neuen Ätherleib, was den neuen Ätherleib beim Aufbau durchdringt. Daher hat der Mensch in seinem neuen Dasein im Ätherleib darinnen die Ergebnisse dessen, wie er im früheren Leben gelebt hat. Und da der Ätherleib der Auferbauer ist einer ganz neuen Organisation nach einer neuen Geburt, so prägt sich das jetzt alles auch in seinen physischen Leib hinein.«**[14]

Solange der Mensch den Ätherleib noch nicht abgelegt hat, kann er immer noch alles dasjenige denken, was er während seines irdischen Daseins denken konnte. Wenn er ihn dann nach etwa drei Tagen abgelegt hat, löst sich dieser in das Ätherische des Kosmos auf. Dieses Auflösen darf aber nicht so verstanden werden, als wäre von diesem Leib danach gar nichts mehr vorhanden. Es ist vielmehr so, dass seine Substanz in den Kosmos *einverwoben* wird. In diesem Zuge werden die persönlichen Erinnerungen in die Akasha-Chronik eingeschrieben. An die Stelle des gewöhnlichen Erinnerns tritt von da an das ›Lesen‹ in der Akasha-Chronik. Nachdem im Kamaloka die Erinnerung an den Zusammenhang mit dem Erdenleben schwindet, tauchen alle Ereignisse aus diesem Leben nun so auf, dass sie sich dem Menschen in dem großen kosmischen Gedächtnis entgegenstellen, so dass er der gewöhnlichen Erinnerung nicht mehr bedarf. Der abgelegte Ätherleib bleibt danach für den verstorbenen Menschen weiterhin wahrnehmbar; der Mensch kann nach wie vor auf und durch ihn wirken. Dasjenige, was der Verstorbene zu irdischen Lebzeiten an Gedanken in sich trug, das schaut er dann als etwas, was der Welt einverwoben wurde, so dass es jetzt zu seiner Welt, nicht zu seinem Ich gehört. Der abgelegte Ätherleib gehört jetzt etwa so zu seiner Welt, wie im Erdendasein das Firmament zu seiner Welt gehörte. Nachdem er den Ätherleib abgelegt hat, hat er im *Normalfall* vollständig zu sich selbst gefunden. Er begreift sich als eine geistige Individualität. Als er in das Erdenleben eintrat, hat er dazu einige Jahre benötigt.

Es ist unschwer einzusehen, dass in dem Astralleib auch nach der Trennung vom Ätherleib alles dasjenige vorhanden bleibt, was dieser durch seine eigene Tätigkeit während seines Aufenthaltes im physischen Leib zu seinem Eigentum gemacht hat. Der Tod ist für den astralischen Leib **»die Wurzel des Lebens, und es könnte gar kein bewusst individuelles Leben geben, wenn es nicht den Tod gäbe.«**[15] Sehr viel später wird der Mensch auch noch einen Teil seines astralischen Leibes ablegen.

11.1.2 Erlebnisse, Erfahrungen und Aufgaben in der unteren Seelenwelt (Kamaloka)

Während seines Erdenlebens fühlte sich der Mensch abgeschlossen in den Grenzen seiner Haut, die seinen physischen Körper umhüllte. Die ganze große Welt erlebte er als etwas, was außerhalb seiner war und mit ihm nicht viel zu tun zu haben schien. Er empfand sich als einen winzigen Punkt im riesigen Universum. Diese Sichtweise wird schon kurz nach dem Tod eine völlig andere. Kurz nachdem er seinen physischen Leib verlassen hat, geht er in allem auf, was *außerhalb* dieses Leibes ist. Das *Übersinnliche* seines physischen Leibes ist in der ganzen Welt zu suchen, soweit man sie nur ahnen kann. Es offenbart sich dort als ein *»Kräfteorganismus«*, als ein *»Kräftekosmos«*. Der verstorbene Mensch muss sich völlig neu orientieren. Er hat schon kurze Zeit nach dem

Tod das Gefühl, wie wenn er wachsen würde, wie wenn er größer und größer würde, wie wenn er sich nach allen Richtungen ausdehnen würde. Früher hat er sich als ein durch seine Haut abgeschlossenes, eng begrenztes Wesen empfunden, dem die ihn umgebende schier unendliche Welt wie eine Außenwelt erschienen ist. Jetzt wird diese Außenwelt zur Innenwelt. Seine frühere Innenwelt wird zur Außenwelt. Er breitet sein ganzes Wesen in den Kosmos aus. Das, was früher sein Mikrokosmos war, wird nun zum Makrokosmos. Er bekommt den Eindruck, als ob sich sein Wesen über alles ergießen würde, was außerhalb seiner ist. Er taucht gleichsam in die Dinge unter und fühlt sich eins mit ihnen.

In der Tat dehnen sich seine geistig-seelische Wesenheit sowie sein Geistbewusstsein in der ersten Hälfte des nachtodlichen Lebens langsam und allmählich immer mehr in die Weiten des Kosmos aus. Er ›durchwandert‹ gewissermaßen die Planetensphären, zunächst die untersonnigen, also Mond, Merkur und Venus bis hin zur Sonne. Diese korrespondieren mit der Astral- oder Seelenwelt. Dann – sehr viel später – ›durchläuft‹ er die zur Geisteswelt gehörenden obersonnigen Planeten, also Mars, Jupiter und Saturn, bis er schließlich in den Bereich des Tierkreises bzw. des Fixsternhimmels (☞ Anhang A.2, Tabelle 4, S. 385) kommt. Dadurch wird der Horizont seines Bewusstseins immer weiter. Er kommt auf dieser ›Wanderung‹ stufenweise mit den geistigen Wesen der höheren Hierarchien zusammen. In dieser langen Zeit geht es für den Menschen ganz wesentlich darum, sein abgelegtes Erdenleben zu reflektieren und sein Karma für das nächste Erdenleben *keimartig* zu veranlagen. Da seine geistig-seelische Wesenheit sich immer mehr in die Planetensphären ergießt, sprach Rudolf Steiner häufig vom *»Sphärenmenschen«*.

Nachdem der Mensch seinen Ätherleib abgelegt hat, endet sein kurzer Aufenthalt in der Ätherwelt. Er ›betritt‹ nun die Astral- oder Seelenwelt. Eine Formulierung wie »Der Mensch *betritt*« darf natürlich nicht so verstanden werden, als handelte es sich bei den übersinnlichen Welten, Regionen bzw. Sphären um Räumlichkeiten. Richtiger müsste man sagen, dass er das Bewusstsein, die Anwartschaft oder die Reife für eine bestimmte Region oder Sphäre hat, in der er nun befähigt ist, die dortige geistige Realität wahrzunehmen. Anstelle von »Regionen« oder »Sphären« könnte man auch von »Seinsebenen« oder »Erfahrungswelten« sprechen.

Wie bereits erwähnt kann man die Seelenwelt in sieben verschiedene Regionen unterteilen. Die ersten vier ergeben die *»untere Seelenwelt«*, die oberen drei die *»obere«* oder *»höhere Seelenwelt«*. In der Anthroposophie wird die untere Seelenwelt meistens als *»Kamaloka«* bezeichnet, was mit »Ort der Begierden« oder »Ort des Verlangens« übersetzt werden kann. Selbstverständlich darf auch hier wieder der Begriff »Ort« nicht in dem Sinne verstanden werden, wie wir ihn in der Sinneswelt auffassen.

Solange der Mensch die Erlebnisse durchzumachen hat, die er in den ersten vier Regionen der Seelenwelt, dem Kamaloka, haben kann, dehnt er sich so weit aus, bis er in etwa den kugelförmigen Raum ausfüllt, der sich durch die Umlaufbahn des Mondes um die Erde als äußere Grenze ergibt. Für ihn entsteht der Eindruck, wie wenn der Erdenkörper bis dahin erweitert wäre, wo der Mond die Erde umkreist. Der Mensch wird so groß, dass seine äußerste Grenze mit der Sphäre zusammenfällt, die durch die Stellung des Mondes markiert wird. So wie er sich im Erdenleben durch seine Haut begrenzt und abgeschlossen gefühlt hat, fühlt er sich jetzt durch die Mondenbahn begrenzt. Er wird also in gewisser Weise zum ›Mondbewohner‹. Das ist natürlich nicht etwa so zu verstehen, dass er nun auf dem Mond herumspaziert, sondern dass sich sein Bewusstseinshorizont bis zu dem Umkreis erweitert, den der Mond um die Erde nimmt, so dass er einen Zugang zu allem erhält, was sich in dieser Sphäre abspielt, was dort webt und west. Völlig analog ist auch der Zusammenhang zwischen den übrigen Regionen der Seelenwelt bzw. der Geisteswelt und den anderen Planeten zu denken. (Einen Überblick aller Welten und Sphären finden Sie im Anhang A.2, Tabelle 4, S. 385 und Tabelle 7, S. 388).

11.1.2.1 Die zweite Konfrontation mit der eigenen Biografie – das karmische Gericht

Ganz zu Beginn des Kamalokalebens – also etwa drei Tage nach dem Tod – hat der Mensch ein überaus bedeutsames Erlebnis. Er begegnet einem erhabenen Wesen, das ihm jetzt gewissermaßen sein ›Sündenregister‹ oder – wie man auch sagen könnte – sein *»karmisches Kontobuch«* vorhält. Auf der einen Seite dieses ›Buches‹ sind alle schönen, guten, konstruktiven, auf der anderen alle hässlichen, bösen, destruktiven Taten notiert. Es handelt sich hierbei nicht etwa um einen bildlichen, sondern um einen äußerst realen Vorgang.

Bis noch vor knapp 100 Jahren konnte der Mensch, sofern er einen Zusammenhang mit der Kultur des Abendlandes hatte, in diesem Wesen den Moses erkennen. Seitdem hat kein Geringerer als Christus, der Herr des Karma, das karmische Richteramt inne. Wenn der Mensch zu Lebzeiten einen Weg zum übersinnlichen Christus gefunden hat, so wird er dieses Wesen auch als den Christus wahrnehmen und *erkennen* können.

Man darf sich dieses karmische Gericht aber ganz gewiss nicht so vorstellen, dass der Mensch nun von Christus abgeurteilt würde, wie man das in Analogie zu weltlichen Gerichten vermuten könnte. Es handelt sich hier eher darum, dass dem Menschen urbildlich gezeigt wird, dass er sich im Leben häufig nicht im Sinne der Weltenordnung verhalten hat. Dadurch dass der göttliche Sohn selbst in einem menschlichen Leib drei Jahre auf der Erde wandelte, kennt er alles, was eine menschliche Seele während ihres Erdenlebens durchzumachen hat. Als Mensch, als Christus-Jesus, war er selbst Versuchungen, Trauer und Schmerz ausgesetzt. Er kennt die unzähligen Schwierigkeiten, Sorgen und Probleme, mit denen ein Erdenmensch laufend konfrontiert wird. Wir dürfen davon ausgehen, dass der Christus, der unser Freund und Bruder ist, uns nach dem Tod mit größter Liebe und Gnade empfängt und uns nicht verurteilt, sondern uns vielmehr zu einer Selbst-Reflexion anhält, um uns unserer vielen Schwächen,

Abirrungen und Verfehlungen bewusst werden zu können, die wir dann in unserem nächsten Erdenleben wieder gutmachen können und sollen.

Iris Paxino beschreibt ihre übersinnlichen Wahrnehmungen dieser Begegnungen mit Christus so: *»Es findet nun ein inniges, zutiefst wesensberührendes Zwiegespräch statt. Die Seele schaut dabei, gemeinsam mit Christus, ein zweites Mal auf ihr vergangenes irdisches Leben. Hier spielt sich keine Abfolge von Lebensszenen ab, entsprechend des ›Lebensfilms‹* [Lebenspanorama] *in der Äthersphäre, sondern der Mensch steht vor dem ›Gemälde‹ seines Erdenlebens. Die Essenz seines irdischen Seins, alles, worauf es ankam, die Dinge, die das Lichte und das Dunkle seines Erdenweges ausgemacht haben, zeigen sich nun wie die plastische Ausgestaltung eines Gesamtkunstwerks. In der Gegenwart des Christus-Wesens wird die Seele in einem weit stärkeren Maße mitfühlend und einsichtig. Das, was im ätherischen Lebensrückblick lediglich gestreift wurde, wird hier intensiver, fokussierter und bewusster erlebt.«*[16]

Dieses Ereignis, dass nun dem Menschen das »Sündenregister« vorgehalten wird, ist nichts anderes als das, was in der Bibel und den kirchlichen Lehren das »besondere Gericht« genannt wird. Iris Paxino, die zu den wohl nur sehr wenigen Menschen der Gegenwart gehört, die nicht nur in der Lage sind, das Leben der Verstorbenen imaginativ und inspirativ zu verfolgen, sondern sich auch intuitiv mit den Seelen Verstorbener zu verbinden, schreibt, was ihr eine Frau, die im Alter von 27 Jahren bei einem Autounfall verstarb, ›berichtete‹. Die Seele dieser Frau befand sich am Anfang ihrer Zeit in der Astral- bzw. Seelenwelt, die sie als eine Welt aus tanzenden, strömenden, webenden, sich bewegenden und sich durchdringenden Farbspielen beschrieb.

Dann schilderte die Verstorbene von ihrer zweiten Konfrontation mit ihrer Biografie, der Begegnung mit Christus: *»Ich bin dem Christus begegnet! Ich habe mit Ihm mein Leben geschaut. Liebevoll wie ein innigster Freund hat Er in den Bildern des Gewesenen Knospen und Blüten meines Schicksals hervorgeholt und sie mir einzeln gezeigt: lauter Wunder in allen Falten und Ecken meines Seins, verborgene, wundersame Geheimnisse. Sie waren wie unsichtbare Perlen bestickt auf meinem kostbaren Lebensmantel. Und durch Ihn wurden sie jetzt sichtbar für mich. Er hat mir gezeigt, wie diese Blüten in späteren Jahren ganz als Blumen aufgehen werden und sich dann zu Früchten meines Wesens, zu wirklichen Ergebnissen meines Werdens entfalten werden. So vieles war in meinem Leben angelegt, sanft verborgen unter der Decke des Tagesbewusstseins und des Alltagsgeschehens. Christus ließ mich all das neu erkennen, zutiefst begreifen, mich selbst und mein Schicksal. Ich wusste nicht, wie viel ein Menschenleben bedeuten kann, wie unendlich viel Weisheitsvolles, Kostbares da hineingetröpfelt wird von den Schicksalskräften. All das ist über Jahrtausende hinweg mit dem weiteren Werden unseres Wesens verbunden. Der Bogen unserer Menschwerdung ist immens! Er hat mir in die Augen geschaut – der Christus! ... So viel Milde und Licht, die unendliche Liebe hat mich angeschaut! Unbeschreiblich, unbeschreiblich schön und erhaben! Er ist uns allen Bruder, ein Bruder voller Verständnis und Mitge-*

fühl – jedoch mit einem anderen Blick auf unser Sein. Väterliche Weisheit spricht aus Seinem Haupt, heilende Liebe strömt aus Seinem Herzen. Erkannt-Werden vermittelt Seine ganze Gestalt. Und aus Seinen Augen spricht der Urgrund der All-Liebe. All mein Kummer und Schmerz ist vergangen, ein heilendes und heiligendes Durchströmt-Werden, das von Ihm ausging, hat mein ganzes Wesen gereinigt. Ich fühle mich nun wie neu geboren, wie neu ›geschöpft‹, obwohl mein Wesen schon so lange besteht! Befreit von allen Sorgen und dem Ballast, den ich meinte, im Menschsein mittragen zu müssen. Und ich bejahe nun neu das Menschsein mit innigster Liebe und mit dem lebendigen Willen, mich auf ein neues [Menschsein; Anm. IP] *vorzubereiten. Ganz JA bin ich geworden, eins mit dem Himmel und mit meinem Weg!«*[17]

Es gibt nur sehr wenige Berichte von Nahtod-Erlebnissen, in denen sich ein deutlicher Anklang an das karmische Gericht findet. Das, was ein Mann erlebte und später erzählte, bezieht sich ganz offensichtlich auf dieses Ereignis, wenngleich die Schilderung ein wenig mit der Lebensrückschau vermischt ist. Es ist sogar von einem »Buch« die Rede. Freilich darf man sich dieses nicht ähnlich einem denken, das wir aus der Sinneswelt kennen. Auch darf der Begriff »Tisch« nicht im üblichen Sinne verstanden werden. Wie ja bereits erläutert wurde, ist es sehr schwierig, etwas in Worte einer Menschensprache zu kleiden, was man in übersinnlichen Welten wahrgenommen hat.

Dieser Mann schildert: *»Auf einem endlosen Tisch lag ein Buch von der Größe einer Zeitungsseite. Das war das legendäre Buch der Aufzeichnungen, das für jede Seele existiert. Es wird gesagt, dass in jedem Buch alle Gedanken der Seele aufgezeichnet sind, jedes Wort und jede Tat der Seele von ihrem Uranfang und von ihren Existenzen in dieser und in anderen Welten. Die Seiten meines Buches breiteten sich schnell von selbst aus, der normalen Richtung entgegengesetzt, um jedes Detail meines gesamten Lebens der zeitlichen Reihenfolge nach in dreidimensionalen, lebendigen Farben zu offenbaren. Das faszinierte mich, obwohl ich mein halbes Jahrhundert langes Leben in kaum zehn Sekunden vergleichbarer irdischer Zeit beobachtete und aufnahm. Meine Nachlässigkeiten wurden durch den Rückblick enttäuschend offensichtlich; noch erschrockener jedoch war die Erkenntnis, dass ich mein Ziel des irdischen Lebens nicht erreicht hatte.«*[18]

An diese zweite Konfrontation mit der eigenen Biografie fühlt man sich auch erinnert, wenn man bei George G. Ritchie liest: *»Wenn ich sage, er* [der Christus] *wusste alles über mich, dann war das ganz einfach eine sichtbare Tatsache.«* Dann vernahm Ritchie die Frage: *»Was hast du aus deinem Leben gemacht?«* Ihm war sofort klar, dass es nicht darum ging, eine Auskunft über sein Leben zu geben, denn das wusste Er viel besser. Als Christus die Frage wiederholte, ahnte er, dass es darum ging, wie er seine kostbare Zeit, die ihm bisher auf der Erde geschenkt wurde, genutzt hat, was er für andere Menschen getan hat. Nachdem Ritchie in seiner Lebensrückschau noch einmal bis ins Einzelne alles sehen konnte, was er in seinem Leben bewirkt hatte, wurde ihm klar, dass er zwar keine großen Sünden auf sich geladen, aber auch nichts wirklich Wesentliches geleistet hatte. Dann fiel ihm ein, dass er einmal voller Stolz eine Pfadfinderauszeichnung bekommen hatte. Und wieder schienen – so schreibt er – Worte von dem Licht neben ihm auszugehen: *»Das ehrte dich.«* Ritchie wurde offenbar, dass irgendwelche weltlichen Verdienste, auf die ein Erdenmensch stolz ist, vor Christus nicht zählen. Weiter wird Ritchie bewusst, dass er sich in seinem bisherigen Leben nur um sich selbst kümmerte und nichts vorweisen konnte, das auch für andere Menschen von Wert gewesen wäre. Die Frage Christi hätte er mit »Nichts« beantworten müssen. Aber Christus verurteilte ihn nicht; er tadelte ihn nicht einmal. Er wollte George Ritchie anhalten, sich selbst Rechenschaft abzulegen und selbst eine Beurteilung vorzunehmen. Von einem »Gericht« im weltlichen Sinne konnte also keine Rede sein.[19]

11.1.2.2 Die dritte Konfrontation mit der eigenen Biografie – das erneute ›Durchleben‹ des letzten Erdenlebens

Als der Mensch noch auf der Erde weilte, hat er jede Nacht im Schlaf noch einmal alles durchlebt, was er so am Tage in der physischen Welt erlebt und erfahren hat. Diese Tatsache ist ihm natürlich nie bewusst geworden. Davon wusste er zu Lebzeiten nichts. Sie lässt sich nur durch die hellsichtige Forschung herausfinden. Der Schlaf wird ja im Okkultismus als der »kleine Bruder des Todes« bezeichnet. Während wir das, was wir im Schlaf erleben, nicht mit unserem Bewusstsein beleuchten können, werden uns unsere Erlebnisse, die wir nach dem Tod haben, bewusst. Das macht einen wesentlichen Unterschied zwischen Schlaf und Tod aus.

Wenn wir während des Schlafes erneut alles durchmachen, was uns am Tage widerfahren ist, so geschieht das allerdings nicht in der Weise, dass wir es von unserem subjektiven Standpunkt aus erleben. Vielmehr erleben wir es aus dem Blickwinkel unserer Umwelt, aus der Sicht unserer Mitmenschen. Hierbei wägen wir ab, welchen Wert unsere Taten für die anderen, ja für die ganze Welt hatten. Oftmals können wir nach dem Aufwachen anhand unserer Stimmung einen Nachklang dieser moralischen Beurteilung verspüren. Wenn wir mit einer eigenartig bedrückten Stimmung in den Tag gehen, so *kann* das daran liegen, dass wir in dem nächtlichen Erleben unserer Taten des Vortages erkennen mussten, dass diese unseren Wert verringert haben, den wir in der Welt besitzen. Selbstverständlich kann auch der entgegengesetzte Fall eintreten, dass wir unsere Handlungen nämlich als gut und wertvoll empfinden konnten, was sich nun an einer besonders heiteren und aufgeräumten Stimmung zeigen kann. Wir haben doch alle schon des Öfteren erlebt, dass uns irgendwelche Tageserlebnisse ziemlich bedrücken, ja niederschmettern können. Wenn wir dann eine Nacht darüber geschlafen haben, sieht die Welt oft schon ganz anders aus. In dem erneuten nächtlichen Durchleben und Beurteilen dieser Erlebnisse ist uns dann womöglich klar geworden, dass diese ihren Sinn und ihre Berechtigung hatten, dass sie für uns notwendig waren. Dieses

Erleben dauert nicht unbedingt die ganze Nacht hindurch. Es können bisweilen schon einige Minuten hinreichend sein.

Nun nach dem Tod entwickelt die Seele ein starkes Verlangen, auf das zurückzuschauen, was ihr das Leben geboten hat und wie sie dieses genutzt hat. Dadurch kommt zustande, dass die *gesamte* Biografie in einem zurückschauenden *Erleben* auftritt. Man kann hier von der dritten Konfrontation oder Auseinandersetzung mit der eigenen Biografie sprechen, die besonders intensiv ist und sehr lange dauert.

Der Mensch *durchlebt* gewissermaßen noch einmal alles dasjenige *bewusst* und auf eine äußerst intensive Weise, was er im Erdenleben während seiner Schlafphasen unbewusst durchlebt hat. Das ist der wesentliche Unterschied zu der Lebensrückschau, die er unmittelbar nach dem Tod hatte und der er sich nur passiv und emotionslos hingegeben hat. Bei seiner Lebensrückschau sah er in einem großen Panorama alles, was er in seinem abgelegten Erdenleben während der Zeiten, in denen er *wach* war, erlebt hat, auch wenn manches davon zu Lebzeiten die Bewusstseinsschwelle nicht überschritten hat. Jetzt macht er noch einmal alles durch, was er im Erdendasein während des *Schlafes* erlebt hat. Er ›durchwandert‹ noch einmal sein ganzes Leben, und zwar rückwärts, beginnend mit seinem Todestag bis hin zum Tage seiner Geburt. Der Mensch muss also gewissermaßen wieder zum Kind werden. Das ist auch eine der esoterischen Bedeutungen des Bibelverses *»Ehe ihr nicht umkehret und werdet wie die Kinder, so werdet ihr nicht in die Reiche der Himmel kommen!«*[20] Vorher ist der Mensch noch nicht reif, die Geisteswelt, den Himmel, zu betreten.

Sein gesamtes Erdenleben durchlebt der Mensch jetzt noch einmal in der unteren Seelenwelt, im Kamaloka. Dieses Durchleben wird nach irdischer Zeitrechnung in etwa so lange dauern, wie er im Erdenleben geschlafen hat, also im Durchschnitt etwa ein Drittel seiner Lebensdauer. Wenn er also beispielsweise mit 75 Jahren gestorben ist, so wird diese Phase ungefähr 25 Jahre dauern. **»Man kann** [als Geistesseher] **mit dem Toten weiterhin gehen. Man sieht, das, was er in den Tagen vor seinem Sterben hier auf Erden erlebt hat, das erlebt er zurück, das Letzte zuerst, das Vorletzte als zweites und so weiter. Er lebt alles zurück. Bis zu dem Zeitpunkte seiner Geburt lebt er sich zurück in einem Drittel der Lebenszeit. Wenn einer sechzig Jahre alt geworden ist, lebt er ungefähr zwanzig Jahre zurück, das ganze Leben rückwärts durchlaufend. Da kann man ihm folgen.«**[21]

Freilich verbringt der Mensch während dieser Phase nur eine bestimmte Zeit mit diesem nochmaligen Durchleben. Es treten in diesem Zeitraum noch viele andere Erlebnisse, Erfahrungen und Erfordernisse an ihn heran.

Dieses ganze Rückerleben hat einen ungleich realeren und innigeren Charakter als alles, was das Erdenleben ihm jemals bieten konnte. Gemessen an der Tiefe und Eindringlichkeit dieses Erlebens erscheint das gesamte Erdenleben fast wie ein Traum. Auch Ereignisse und Begebenheiten, die ihm zu Lebzeiten gar nicht recht zu Bewusstsein gekommen sind, stehen jetzt klar und deutlich vor dem Seelenauge. Er kann nun auch alles durchleben, von dem er fühlt, dass er es auf der Erde *hätte* erleben können, was ihm das Leben *hätte* bringen können. Insbesondere das, was die Seele nach ihrer Empfindung zu tun versäumt hat, tritt als starke und intensive innere Erlebnisse auf. Alles, was die Seele im Erdenleben aus mangelnder Liebe anderen Menschen schuldig geblieben ist, alles, was sie anderen angetan hat, wird intensiv empfunden. Es wurde ja in Kapitel 9 schon darauf hingewiesen, dass ein Mensch in seinem Erdenleben gar nicht weiß, was ihm alles hätte passieren können, wenn er beispielsweise an einem bestimmten Tag fünf Minuten eher das Haus verlassen hätte. In sein Tagesbewusstsein tritt nur dasjenige herein, was ihm *tatsächlich* widerfahren ist. Der schier endlosen Möglichkeiten, die ihm stattdessen *auch* hätten begegnen können, wird er sich nicht bewusst. Diese sind aber in der Seele eingeschrieben. Jetzt nach dem Tod wird ihm offenbar, was ihm alles *hätte* geschehen können. Jetzt tritt vor sein Seelenauge, dass er vielleicht in große Lebensgefahr geraten wäre, wenn er an einem gewissen Tag das Haus fünf Minuten früher verlassen hätte. Ihm wird deutlich, welchen Gefahren er in seinem Leben entgangen ist. Nun wird ihm aber auch klar, welche Chancen und Möglichkeiten er verpasst hat.

Insbesondere alles dasjenige, was der Mensch im Zusammensein mit anderen Menschen konkret erlebt hat, durchlebt er erneut in intensivster Weise. Dieses rückwärts verlaufende Erleben nimmt sich so aus, dass er es nicht aus seiner Sicht erlebt, sondern aus der der Mitmenschen. **»Dass man so sein vergangenes Leben in allen Einzelheiten zurücklebt, das hat den Sinn, dass man jetzt erst seine eigenen Handlungen wahrhaft kennenlernt, indem man deren Wirkungen an sich selber erlebt. Denn nun stellt sich für den Menschen bei jeder Handlung der Seelenzustand ein, den derjenige gehabt hat, gegen welchen die Handlung sich gerichtet hat. Sie erleben die Schmerzen und Freuden, die sie anderen Menschen bereitet haben, von innen aus. Nichts von dem, was man anderen zugefügt hat, gibt es, das nicht in Kamaloka eigenes Erlebnis wird. Hier gilt der Satz: Was du säest, das wirst du ernten.«**[22]

Wie bereits erwähnt sind ja alle schlechten Taten eines Menschen aus dem letzten Erdenleben in der Weltenastralität aufgezeichnet. Durch seinen Astralleib bleibt er mit seinen Taten verbunden. Wenn der Sphärenmensch also beispielsweise einmal einen anderen Menschen beleidigt oder beschimpft hat, so erlebt er das jetzt zum entsprechenden Zeitpunkt aus der Sicht des anderen. Er ›steckt‹ gewissermaßen im anderen Menschen ›drin‹. So kann er durch diese Intuition fühlen, wie sich sein Gegenüber damals gefühlt hat. Wenn er etwa einen anderen Menschen beleidigt hat, so empfindet er in seinem eigenen Inneren, wie dem anderen damals zu Mute war, wie ihn das geschmerzt hat.

Rudolf Steiner brachte ein konkretes Beispiel: **»Nehmen wir an, Sie haben drei Jahre vor Ihrem Tode jemandem eine Ohrfeige gegeben – ich will ein derbes Beispiel nehmen. Da haben Sie Zorn gehabt über ihn. [...] Also nehmen wir an, Sie haben einen Zorn**

gehabt, der Zorn ist übergesprudelt, Sie haben einem anderen seelisch, physisch Schmerz gemacht. Sie haben Ihre Befriedigung gehabt. Sie waren zufrieden. Sie haben ihn gestraft für das, was er Ihnen angetan hat. Jetzt, wenn Sie zurückgehen und bei diesem Ereignis ankommen – nach einem Jahre kommen Sie bei diesem Ereignis an –, da erleben Sie nicht das, was Sie erlebt haben als Ihren Zorn, sondern was er als Seelenleid, als Körperleid erlebt hat. Sie leben sich ganz in ihn hinein. Sie bekommen dann die Ohrfeige im Seelischen. Sie haben den körperlichen Schmerz richtig nachzufühlen. Und so für alle Ereignisse. Sie erleben die Ereignisse so, wie sie die anderen erlebt haben.«[23]

Man kann sich leicht ausmalen, was ein verstorbener Mensch, der anderen Menschen weitaus Übleres angetan hat, alles zu ertragen hat. Selbstverständlich durchlebt er nicht nur die Schmerzen, sondern auch die Freuden und Wohltaten, die er einem Mitmenschen bereitet hat. Erst jetzt kann er wirklich wissen, welche Bedeutung seine Handlungen und Worte für seine Mitmenschen hatte. Es sind ja oftmals scheinbare Kleinigkeiten, die wir im irdischen Dasein verrichten und die dann aber für andere sehr segensreich sein können. Das wird ihm nun alles bewusst. Das tritt in aller Deutlichkeit und Klarheit vor sein Seelenauge. Die Wirkungen seines eigenen Verhaltens haben sich in den Kosmos eingeschrieben. Jetzt kommt diese Wirkung auf ihn selbst zurück. In dieses Erleben der Biografie mischt sich eine moralische Beurteilung, die ganz wesentlich von seinem Engel ausgeht. Der Mensch kann erkennen, welchen objektiven Wert seine Handlungen, Gedanken und Gefühle für seine Umwelt und die übersinnlichen Welten hatten. Es ist nun sein innigster Wunsch, sein Fehlverhalten wieder gutmachen zu können. Diese Möglichkeit ist aber in den höheren Welten im Leben nach dem Tod nicht gegeben. Diese Erkenntnis kann ihm noch mehr Leid bereiten als die Schmerzen, die er einem anderen Menschen zugefügt hat und die er nun selbst empfindet. Er fühlt, dass er seine Verschuldungen erst im nächsten Erdenleben wieder ausgleichen kann. Auch alle Schmerzen, die er den Wesen der Tierwelt angetan hat, muss er jetzt selbst aushalten und durchmachen. Dieses erneute Erleben der eigenen Biografie bringt ihm eine gewisse Selbsterkenntnis, die eine der wichtigsten Grundlagen für das nachtodliche Bewusstsein darstellt.

Durch dieses rückwärtige Durchleben des letzten Erdenlebens, kann der Mensch wirklich und ganz konkret *erkennen*, welche seiner Taten, Worte und Gedanken gut, konstruktiv und gerecht und welche schlecht, destruktiv und ungerecht waren. Er entwickelt nun den starken Wunsch, seine schlechten, destruktiven und ungerechten Handlungen wieder gutzumachen. Diese Tatsache, dass der Mensch jetzt alle seine irdischen Taten und ihre Folgen noch einmal in aller Deutlichkeit erlebt, bestätigt die Wahrheit des Bibelwortes: *»Denn ihre Werke* [bzw. Taten] *folgen ihnen* [den Toten] *nach.«*[24]

Rudolf Steiner erläuterte anhand eines *konkreten* Beispiels die ›Technik‹, wie beim Menschen der Trieb bzw. der Impuls geschaffen wird, im nächsten Erdenleben für einen karmischen Ausgleich zu sorgen. **»Nehmen wir also an, wir hätten jemanden zu**

einer gewissen Zeit auf dem physischen Plan angelogen, dann kommt bei unserem Aufenthalt in der geistigen Welt, sei es, dass wir durch Initiation hineinkommen oder durch den Tod, ein Zeitpunkt, wo wir mit unserer Seele in der geistigen Welt ganz, ganz erfüllt sind von der Wahrheit, die wir hätten sagen sollen. Aber diese Wahrheit, die quält uns, diese Wahrheit steht vor uns, in demselben Maße uns quälend, als wir von ihr abgeirrt waren bei der Lüge. Man braucht also nur zu lügen auf dem physischen Plan, um einen Zeitpunkt herbeizuführen in der geistigen Welt, in dem wir durch die entsprechende Wahrheit, die der Lüge entgegengesetzt ist, gequält werden dadurch, dass diese Wahrheit in uns lebt und uns brennt und wir sie nicht ertragen können. Unser Leiden besteht namentlich darin, dass wir einsehen: das ist die Wahrheit. Wir sind aber so, dass uns diese Wahrheit keinen Genuss, keine Freude, keine Lust bereitet, sondern uns quält. Von den guten Sachen gequält zu werden, von dem, wovon man weiß, dass es einen erheben sollte, gequält zu werden, das gehört zu den Eigentümlichkeiten der Erlebnisse in der geistigen Welt.«[25]

Durch dieses Gequältwerden keimt in dem Menschen mehr und mehr die Tendenz auf, dem anderen im nächsten Leben wieder auf der Erde zu begegnen und dann etwas zu tun, was das durch die vollzogene Lüge begangene Unrecht wieder ausgleicht. In den übersinnlichen Welten kann ein Unrecht nicht wieder gutgemacht werden. Hier kann und muss er sich allerdings völlig klar über die Wirkung seiner Lüge werden. Er weiß nun auch, dass er bei seinem nächsten Aufenthalt in der Seelenwelt die gleichen Qualen wieder durchleben muss, falls es ihm vorher, also im nächsten Erdenleben, nicht gelungen sein sollte, das Unrecht auszugleichen.

Erstaunlicherweise berichten auch zahlreiche Menschen, die Nahtod-Erlebnisse hatten, von diesem erneuten Durchleben, also von der dritten Konfrontation mit ihrer Biografie. Man kann vielen Nahtod-Schilderungen entnehmen, dass jemand, der – sagen wir – zehn Minuten klinisch tot war, in dieser kurzen Zeitspanne häufig *deutlich* mehr erlebt und erfahren hat als jemand, der unwiderruflich gestorben ist, in diesen wenigen Minuten erlebt. Einige der Motive, von denen Menschen, die Schwellen-Erlebnisse hatten, schildern, wird ein Mensch, der tatsächlich gestorben ist, nicht schon in der allerersten Zeit nach dem Tod, sondern erst später, teilweise deutlich später erleben. Es macht den Eindruck, dass manchen im Rahmen ihrer Nahtod-Erfahrungen bereits gewisse Erlebnisse und Eindrücke ›zeitlich‹ vorausgespiegelt werden. Außerdem kann man im Nachtodlichen ohnehin nicht von »Zeit« gemäß unserem Verständnis sprechen. Man kann in den übersinnlichen Welten unsere übliche lineare Zeitachse nicht zugrundelegen. Einige dieser Wahrnehmungen bzw. Erlebnisse finden in gewisser Weise gleichzeitig statt.

Werfen wir den Blick auf ein paar Schilderungen, die von Menschen, die nur für ganz kurze Zeit exkarniert waren, stammen: *»Es war, als wäre ich wieder dort gewesen [...] als hätte ich es noch einmal durchlebt [...] Es war wirklich, wie noch einmal zu leben.«*[26]

»Man spürt seine Gefühle und auch die der anderen, denen man wehgetan hat, auch ihren Schmerz und ihre Gefühle spürt man. Das dient dazu, dass man nun aus einer anderen Perspektive erkennt, was für ein Mensch man war und wie man andere behandelt hat. Dabei beurteilt man sich selbst härter als jeder andere.«[27]

»[...] dazu kamen all die kleinen Beleidigungen, die ich anderen unbewusst angetan hatte, durch meine gedankenlosen Worte und Blicke und Versäumnisse. In diesem Albtraum der Kränkungen war offenbar nichts ausgelassen, aber das Schrecklichste an ihm war, dass ich jeden Schmerz, den ich anderen verpasst hatte, nun selbst an mir erlitt [...]«[28]

»Ich sah, wie ich meiner Freundin in der Kriegszeit ein Bonbon schenkte. Das fand ich damals eine ganz normale Geste. Ich hatte mir dabei nicht viel gedacht. Doch sie war so glücklich mit dem einen Bonbon. Ich spürte ihre Freude voll und ganz, als sei ich auch sie selbst. In gleicher Weise spürte ich auch die Freude eines jeden Menschen in seinem persönlichen Umfeld – die Freude seiner Eltern, seiner Oma seines Opas. [...] Ab diesem Moment wusste ich, dass auch das Kleinste, was man für einen anderen tut, Auswirkung auf das Ganze hat. Ich erhielt die Einsicht, dass wir alle miteinander verbunden sind und an dem Guten wachsen, das wir füreinander tun. Wieder spürte ich Staunen, dass eine solche Geste so viel bedeuten kann! Dieses Verständnis hatte ich niemals zuvor gehabt.«[29]

11.1.2.3 Die Läuterung im Kamaloka

Solange der Mensch noch in den unteren vier Regionen der Seelenwelt, also im Kamaloka weilt, hat er noch eine weitere besonders wichtige Aufgabe zu erfüllen. Es geht für ihn darum, alles abzustreifen, was nur im Erdenleben eine Bedeutung hat.

Von seinem ursprünglich viergliedrigen Wesensgefüge sind dem Menschen jetzt nur noch sein Ich und sein Astralleib geblieben. In seinem astralischen Leib stecken aber noch alle Begierden, Triebe und Leidenschaften, insbesondere auch die niedrigen. Diese muss der Mensch im Kamaloka überwinden; er muss sie sich abgewöhnen, da sie ihm später den Einzug in die drei höchsten Regionen der Seelenwelt und dann in die Geisteswelt verwehren würden, wo diese keine Berechtigung haben. **»**[Die] **Kamalokazeit ist eigentlich im Grunde genommen eine Zeit, in der die Seele sich berufen fühlen muss, sich nach und nach alles abzugewöhnen, was noch in ihr lebt an unmittelbaren Zusammenhängen mit der letzten Erdenverkörperung.«**[30]

Was muss sich die Seele nun in dieser Region abgewöhnen? Neben dem bereits geschilderten rückwärtigen Durchleben des letzten Erdenlebens geht es hier darum, die niedrigsten und gröbsten Begierden auszutilgen, die mit dem Leben im physischen Leib zusammenhängen.

Der durch die Pforte des Todes geschrittene Mensch hängt immer noch an den Sinneseindrücken, die er in seinem Leben haben konnte. Er kann für lange Zeit immer noch die Begierde, immer noch den Wunsch haben, sinnlich wahrnehmen und empfinden zu können. Er sehnt sich danach, mit Augen sehen, mit Ohren hören, mit Zunge und Gaumen schmecken zu können usw. Die Organe, die ihm solche Eindrücke bescheren könnten, hat er aber im Augenblick des Todes mit seinem physischen Leib abgelegt. In der Welt, in der er nun ist, sind Sinneseindrücke nicht mehr möglich. Solange er noch ein Verlangen nach diesen Sinneseindrücken, nach diesen sinnlichen Genüssen hat, verbleibt er in dieser Region. Es ist hier die Aufgabe der Seele, sich dieses Begehren abzugewöhnen. Dieses Entwöhnen, das mit einer Entziehungskur verglichen werden könnte, kann für die Seele einen schmerzlichen Prozess darstellen.

Selbst solche Seelen, die in ihrem Erdenleben nicht allzu stark an sinnlichen Eindrücken Wohlgefallen hatten, müssen sich von ihrer Hinneigung zur sinnlichen Wahrnehmung befreien. Dieser Prozess kann bei einem Menschen, der zu Lebzeiten eine starke Begierde nach sinnlichen Genüssen hatte, äußerst schmerzhaft und mit großen Qualen verbunden sein. Ein solcher hat das Gefühl, als würde er innerlich brennen. Seine Begierden werden wie durch Feuer verzehrt. Daher wird das Kamaloka in den Lehren der katholischen Kirche als »Fegefeuer« bezeichnet.

Rudolf Steiner brachte als Beispiel immer wieder einen genusssüchtigen Menschen, einen extremen Feinschmecker.[31] Stellen Sie sich vor, der Verstorbene wäre ein Mensch gewesen, dem der Gaumenkitzel sehr viel bedeutet hat, der also die Begierde nach erlesenen Speisen und Getränken hatte. Diese Begierde konnte er aber nicht mit seinem physischen Körper einfach ablegen. Sie sitzt in seinem Astralleib, den er in der gesamten Kamalokazeit noch trägt. Somit hat er auch jetzt in der ersten Zeit nach seinem Tod nach wie vor die Begierde nach diesen Genüssen. Er findet aber keine Möglichkeit mehr, diese zu befriedigen, denn dazu bräuchte er eine Zunge, einen Gaumen usw. Nun ›schaut‹ er in die physische Welt, die er verlassen hat, ›hinunter‹ und hält ›Ausschau‹ nach etwas, was ihm Genuss bereiten könnte. Aber die Möglichkeit des Genusses ist nicht mehr gegeben. Die fehlende Möglichkeit, seine Begierden befriedigen zu können, bereitet ihm ein Gefühl, das man mit einem brennenden Durst vergleichen könnte.

Solche leidenden Seelen vermochten auch einige Menschen, die Nahtod-Erfahrungen machten, wahrzunehmen. Sie vermuteten, dass diese sich wohl in der Hölle befinden müssten. Offensichtlich befanden sich diese Seelen aber gerade im Kamaloka.

Besonders eindrucksvoll beschreibt George G. Ritchie seine Wahrnehmungen, von denen wir eine zitieren wollen: *»Wiederholt beobachtete ich dieses Phänomen, Menschen, die sich nicht der Gegenwart anderer direkt neben ihnen bewusst waren. Ich sah eine Gruppe von Fließbandarbeitern, die sich in der Kantine versammelt hatten. Eine der Frauen bat eine andere um eine Zigarette, sie bettelte regelrecht so, als wünschte sie sich diese mehr als alles andere auf der Welt. Aber die andere, die mit* *ihren Freundinnen sprach, beachtete sie gar nicht. Sie nahm eine Packung Zigaretten aus ihrer Arbeitskleidung, und ohne sie der Frau überhaupt anzubieten, die so begierig danach griff, nahm sie eine und zündete sie an. Zielbewusst, wie eine vorwärtsschnellende Schlange, griff die Frau, die nicht beachtet worden war, nach der angezündeten Zigarette in dem Mund der anderen. Wieder griff sie zu. Und wieder [...] Mit einem Schauder der Erinnerung sah ich, dass sie unfähig war, danach zu greifen.«*[32]

Es ist ganz offenkundig, dass es sich bei der Gruppe der Fließbandarbeiterinnen um verkörperte, also lebende Menschen handelt. Bei der Frau, die um die Zigarette bettelt, die ihr aber aus naheliegenden Gründen natürlich nicht angeboten wird und die sie trotz mehrerer Versuche nicht ergreifen kann, haben wir es hingegen mit der Seele eines Verstorbenen, also eines entkörperten Menschen zu tun.

Freilich können die Fließbandarbeiterinnen die entkörperte Seele nicht sehen. Nur ein hellsichtiger Mensch könnte eine solche Seele wahrnehmen. Dass ein Verstorbener sowohl andere Verstorbene als auch lebende Menschen wahrzunehmen vermag, haben wir bereits gesehen bzw. werden wir noch sehen.

Dr. Paxino schreibt zu dem Kamaloka-Erleben der entkörperten Seelen aufgrund ihrer Geistesforschungen: *»Süchte und Zwänge, die einen der ausgeprägtesten Prototypen von Abhängigkeiten darstellen, haben überaus starke Auswirkungen nach dem Tod. Sowohl die stoffgebundenen Süchte, wie Alkohol-, Drogen- und Esssucht, als auch die stoffungebundenen Süchte, wie Spielsucht, Sexsucht, Kaufsucht, Genusssucht, Computersucht, Arbeitssucht etc. entspringen tief liegenden, verdrängten und nicht gelösten psychischen Problemen. Dieses gesamte Abhängigkeitsfeld fällt also in den Bereich des unverarbeiteten Seelischen eines Menschen und zeigt in der Astralwelt gravierende Folgen auf. Der physische Leib kann nun nicht mehr als Instrument der Suchtbefriedigung dienen, doch die seelische Abhängigkeit bleibt nach dem Tod weiterhin bestehen. So kommt es recht häufig vor, dass der Verstorbene bestrebt ist, seine noch immer bestehende Sucht durch die Besetzung von inkarnierten Menschen zu stillen, bei denen er sich eine gewisse Befriedigung seiner Sucht erhofft. Seine unerlösten Seelenanteile haften sich an die astralische Aura des inkarnierten Menschen, sie nähren sein Abhängigkeitsgefühl und verstärken sein Suchtverhalten; oder sie hängen sich an Orten mit entsprechenden Schwingungen fest, wie beispielsweise Drogenumschlagsplätze, Spielhallen, Bordelle, Kneipen, Einkaufszentren etc. Solche Orte bilden ein in der entsprechenden Weise wirkendes energetisches Feld und haben eine fühlbar drückende oder saugende Atmosphäre.«*[33]

Auch diese qualvollen Erlebnisse, die der Mensch jetzt durchzumachen hat, sind nicht als Strafe aufzufassen. Sie stellen eine Notwendigkeit dar, damit er sich solche Begierden und Triebe abgewöhnt, die in übersinnlichen Welten keine Berechtigung haben und die ihm den Eintritt in die höhere Seelenwelt und später in die Geisteswelt verwehren würden. Es mag nun durchaus vom Erkenntnisstand des Menschen, den er sich zu

Lebzeiten erworben hat, abhängen, inwieweit er mit dieser harten Situation zurechtkommt. Man darf vermuten, dass ein Materialist diese als sinnlose Bestrafung auffassen könnte. Jemand, der sich, während er noch verkörpert war, Kenntnis vom Kamaloka erworben hat, wird die Leiden als einen notwendigen und förderlichen Reinigungsprozess ansehen und – vielleicht sogar dankbar – akzeptieren. Er weiß, dass seine ungeläuterten Begierden der Vervollkommnung seiner Seele im Wege stehen. Er wird regelrecht nach dieser Läuterung verlangen. Die Dauer dieser Phase hängt natürlich davon ab, wie viele solcher Begierden der Mensch zu Lebzeiten hatte und wie stark diese waren.

Dieser Zustand, diese Erfahrungen dauern so lange, bis die Seele gelernt hat, nicht mehr nach etwas zu verlangen, was nur durch einen physischen Leib befriedigt werden kann. Bei einem Menschen, der nur wenige solcher Begierden, Triebe und Leidenschaften hatte, wird die Läuterung nur kurze Zeit dauern. Falls der Mensch es schon im Erdenleben gelernt hat, auf die Befriedigung bestimmter sinnlicher Genüsse zu verzichten, kann das Leben im Kamaloka sehr angenehm sein. Bei jemandem, der zu Lebzeiten ganz in den Genüssen aufgegangen ist, die ihm die Sinneswelt bieten konnte, kann diese Zeit lang und äußerst qualvoll sein.

11.1.2.3.1 Ablegen des Astralleibes

Wenn die Seele ihre Kamalokazeit, die man in gewisser Weise mit der Embryonalzeit eines Erdenmenschen vergleichen kann, hinter sich hat, beginnt sie, sich langsam über die Sphäre hinaus auszubreiten, die von der Umlaufbahn des Mondes um die Erde begrenzt wird. Der Mensch wird immer mehr zum Sphärenmenschen. Seine Seele hat sich jetzt von ihren gröbsten Begierden, Trieben, Leidenschaften und Wünschen gereinigt, die nur im Erdenleben befriedigt werden konnten. Diese sind vom Läuterungsfeuer ausgetilgt worden. Der Mensch wird mit seiner ›Rückwärtswanderung‹ durch sein letztes Erdenleben jetzt am Tage seiner Geburt angekommen sein. Wenn er in seinem letzten Erdenleben also etwa 75 Jahre alt geworden ist, so wird er im Durchschnittsfall nach irdischer Zeitrechnung jetzt schon 25 Jahre in der Seelenwelt zugebracht haben.

Nun legt er denjenigen Teil seines Astralleibes ab, der nur im Bewusstsein der Sinneswelt leben kann. Nachdem er im Augenblick des Todes den physischen Leib und nach der etwa dreitägigen Lebensrückschau den ätherischen Leib abgelegt hat, tritt jetzt auch der dritte Leichnam aus. Mit dem astralischen Leichnam entschwindet ihm alles, was in der geistigen Welt nicht brauchbar ist. **»Geradeso, wie für den eigentlichen Menschen nach dem Austritt des ätherischen Leichnams ein Extrakt, eine gewisse Essenz für alle Ewigkeit zurückbleibt, so bleibt auch für ihn nach dem Austritt des astralischen Leichnams für alle Ewigkeit eine gewisse Essenz zurück als Frucht der letzten Verkörperung.«**[34]

Wie wir bereits erläutert haben, wäre es also falsch, von einer *radikalen* Auflösung des ätherischen und astralischen Leibes zu sprechen. Die abgelegten Teile dieser beiden Leiber werden vielmehr in den Kosmos ›ausgegossen‹, sie werden in ihn einverwoben. Alle Einprägungen von dem, was der Mensch durchgemacht hat, prägen sich dem Kosmos ein und wirken kräftemäßig weiter. So wie der Ätherleib der Träger unseres Gedächtnisses ist, so werden die Wirkungen unserer Taten in den Astralleib eingeschrieben.

Nun bleibt dem Menschen von seinem ursprünglichen Wesensgefüge nur noch sein Ich als *ureigenes* Wesensglied. Es ist aber nicht so, dass sein Ich das einzige Wesensglied in den höheren Welten bliebe. Ähnlich wie der Mensch seinen Wesenskern mit dem ätherischen, astralischen und physischen Leib umhüllt, wenn er ins Erdenleben tritt, umhüllt er sein Ich nach dem Tod nach und nach mit *»Geistgliedern«*, die ihm von der geistigen Welt *verliehen* werden, und zwar mit denjenigen, die beim Erdenmenschen erst im Keim veranlagt sind: Geistselbst oder Manas, Lebensgeist oder Buddhi und Geistesmensch oder Atma. Diese drei Glieder sind aber nicht genau dasselbe, was der Mensch – wie wir in Kapitel 7 erörtert haben – in der Zukunft noch entwickeln und erwerben muss. Das Geistselbst, das der Mensch zukünftig dadurch ausbilden muss, dass er mit seinem Ich den Astralleib veredelt, wird eine Art äußeres Abbild desjenigen Geistselbst sein, in das er sich nun nach dem Tod einhüllt. Das Gleiche gilt völlig analog auch für die beiden anderen Geistglieder. Nun nach dem Tod wird das Ich zu etwas mehr Äußerem, auf das der Mensch immerfort schauen kann. Das Bewusstsein für das Geistselbst geht ihm von innen auf, so dass man sagen kann, dass er jetzt mehr und mehr im Bewusstsein seines Geistselbst, das man auch als »höheres Selbst« bezeichnen könnte, lebt. Das ist auch der wesentliche Grund dafür, dass ein Sphärenmensch viel verständiger, weiser und weitsichtiger als ein Erdenmensch ist.

Während des Erdenlebens ist das Ich das höchste Wesensglied des Menschen. Nachdem er schon geraume Zeit in den übersinnlichen Welten weilte, ist sein Ich das unterste Wesensglied. Darüber hinaus hat er die drei Glieder, die er im physischen Dasein erst in ferner Zukunft haben wird, so dass er auch nach dem Tod wieder ein viergliedriges Wesen ist. Das Geistselbst, den Lebensgeist und den Geistesmenschen, die im gegenwärtigen Erdenleben nur der Anlage nach vorhanden sind, entwickelt er im Leben zwischen Tod und neuer Geburt in geistiger Beziehung.

11.1.2.4 Zusammenleben mit anderen Menschenseelen

Wie bereits erwähnt wird der Mensch während der weitaus meisten Phasen im Leben zwischen Tod und neuer Geburt mit vielen anderen Menschenseelen zusammenkommen. Insbesondere wird er ein inniges Beieinandersein mit denjenigen führen können, die zu seinem Schicksalskreis gehören, also insbesondere mit seinen Verwandten und

Freunden. Diese sind gewissermaßen durch ›karmische Fäden‹ miteinander verbunden und können sich nie verlieren. Von den meisten anderen Seelen, die sich dort befinden, hat er überhaupt keine Wahrnehmung, denn diese hängt nicht von der ›räumlichen‹ Nähe ab.

Grundsätzlich ist es so, dass ein Mensch nicht permanent ein solches Zusammenleben pflegen wird. Ähnlich wie sich im Erdenleben Wachen und Schlafen rhythmisch abwechseln, wechseln sich im Leben zwischen Tod und neuer Geburt Phasen der Geselligkeit mit solchen ab, in denen sich der Mensch ganz in sich zurückzieht, in denen er eine gewisse Einsamkeit oder Selbstbesinnung bevorzugt.

Insbesondere im Kamaloka ist nun, was das Zusammenkommen der Seelen anbelangt, noch ein ganz wichtiger Aspekt zu berücksichtigen. Die Verhältnisse, die solche Seelen jetzt untereinander haben, richten sich noch ganz nach denen, die sie im gemeinsamen Erdendasein ausgebildet haben. An diesen Verhältnissen und Beziehungen kann in den übersinnlichen Welten *nichts* mehr geändert, also insbesondere auch nichts mehr verbessert werden; an diese muss angeknüpft werden. Die Seelen wissen sofort, wie ihr Verhältnis im Leben war. Nur haben sie jetzt in den übersinnlichen Welten nicht mehr die Möglichkeit, dieses zu verbessern, wie es noch auf der Erde jederzeit möglich gewesen wäre. Es muss so bleiben, wie es ist; die Konsequenzen müssen ausgelebt werden. Das kann der Seele sehr bedrückende Gefühle bescheren. Wenn wir auf der Erde die Einsicht gewinnen, dass wir etwa einem anderen Menschen ein Unrecht zugefügt oder ihm nicht genügend Liebe und Zuwendung geschenkt haben, so können wir das jederzeit ändern. Wir können unser Verhalten zu diesem Menschen ändern, solange er noch verkörpert ist. Wir können unser begangenes Unrecht oder unser liebloses Verhalten in der einen oder anderen Form wieder ausgleichen, wieder gutmachen. So können wir etwa um Verzeihung bitten oder uns mit diesem Menschen aussprechen. Wir können darüber hinaus diesem Menschen anschließend mehr Zuneigung und Hinwendung schenken. In der Seelenwelt erinnert sich die Seele noch sehr wohl an solche Defizite. Wenn sie jetzt durch ihre Erinnerung die Einsicht erhält, einem anderen Menschen etwas schuldig geblieben zu sein, so fehlt ihr jede Möglichkeit, das wieder auszugleichen, das wieder gutzumachen. Wenn dieser Mensch mittlerweile auch durch die Pforte des Todes geschritten ist, so trifft sie ihn wieder. Der Mensch trifft den anderen so wieder, wie er zu Lebzeiten zu ihm gestanden ist. An diesem Status kann er jetzt nichts mehr ändern; dieser ist wie ›eingefroren‹. Er verspürt in seinem Inneren den Vorwurf, sich zu Lebzeiten falsch verhalten zu haben, ihm nicht genügend Liebe und Aufmerksamkeit geschenkt zu haben. Aber er kann es nicht mehr kompensieren. Dadurch, dass jetzt nach dem Tod nichts mehr gutgemacht werden kann, obwohl der Mensch den dringenden Wunsch dazu verspürt, bildet sich die Kraft aus, es in seiner nächsten Inkarnation besser zu machen, es karmisch wieder auszugleichen. **»Das eben ist das Eigentümliche, dass die Lebensbeziehungen eine gewisse Konstanz haben. Dadurch, dass sie etwas Bleibendes werden, bildet sich in unserer Seele die Kraft aus, durch**

welche sich das Karma ordnet. Wenn wir also einen Menschen fünfzehn Jahre lang zu wenig geliebt haben, so sehen wir dies ein; und während wir es durchleben, bilden wir die Kraft aus, wenn wir wieder inkarniert werden auf der Erde, dieses anders zu machen; dadurch bilden wir die Kraft und den Willen zum karmischen Ausgleich aus. Das ist die Technik des Karma.«[35]

11.1.3 Erlebnisse, Erfahrungen und Aufgaben in der oberen Seelenwelt

Nachdem der Sphärenmensch das Kamaloka durchlaufen und sich dadurch eine bestimmte Reife erworben hat, kann er nun mit voller Hingabe an die höheren Welten eine neue Daseinsstufe betreten. Seine ans Erdenleben gebundenen Begierden und Leidenschaften, die er dort überwinden und zurücklassen musste, bleiben in der Mondensphäre ›eingeschrieben‹.[36] Aber der Mensch nimmt das mit als Kraft und Antrieb für seinen weiteren Weg. Alles, was unrechtmäßig war und in den höheren Welten nicht gebraucht werden kann, muss er hier zurücklassen. Er findet es aber wieder vor, wenn er am Ende seines Rückweges wieder die Mondensphäre erreicht. Er muss also einen Teil von sich hier zurücklassen. Er geht in gewissem Sinne als ›unvollständiger Mensch‹ in die nächste Sphäre.

Er kommt jetzt in die aus drei Regionen bestehende *»obere«* oder *»höhere Seelenwelt«*, in welche die eigentliche Geisteswelt schon hineinleuchtet. Hier beginnt schon eine Art *geistiger* Bezirk der Seelenwelt. Die geistig-seelische Wesenheit des Menschen dehnt sich stufenweise und allmählich immer weiter aus. Zunächst gewinnt er die Anwartschaft für die Merkursphäre, dann für die Venussphäre und schließlich für die Sonnensphäre. Aus *geistiger Sicht* ist nicht unser heutiges heliozentrisches, sondern das *geozentrische Weltbild*, das die Erde als Mittelpunkt betrachtet, maßgebend. Daher werden auch Sonne und Mond als Planeten gewertet, weil sie genau wie die übrigen Planeten für unser *subjektives* Empfinden um die Erde herum zu kreisen *scheinen*. Aus der geozentrischen Sicht liegt die Venus näher zur Erde als der Merkur. Somit scheint hier eine Verwechslung dieser beiden Planeten vorzuliegen. Rudolf Steiner wies aber des Öfteren darauf hin, dass die Namen dieser beiden Planeten von den Astronomen *vertauscht* worden seien, als das heutige heliozentrische oder Kopernikanische Weltbild aufkam.[37]

Das Empfinden und Erleben, das die Seele nun in der oberen Seelenwelt haben kann, hat eine ganz andere Qualität. Während der Kamalokazeit war die Seele noch stark mit sich selbst beschäftigt und in ihre Leiden verstrickt. Nun kann sich für sie mehr und mehr der Horizont für andere Wesen öffnen, insbesondere für andere menschliche Seelen, aber auch für die geistigen Wesen der höheren Hierarchien. Diese geistigen Wesenheiten treten an den Menschen heran, so dass er sie kennenlernen kann, sobald er in die Merkursphäre eintritt.

Für die weitaus meisten Sphärenmenschen wird der Hauptteil dessen, was sich im Erdenleben als Karma auslebt, innerhalb der Sonnensphäre ausgearbeitet. Diejenigen, die schon in der Merkur- oder Venussphäre mit diesen Vorbereitungen beginnen, werden im folgenden Erdenleben oftmals außerordentlich bedeutsame Persönlichkeiten.[38]

Wenn der Mensch in die höchste Region der Seelenwelt, die *»Region des (eigentlichen) Seelenlebens«* – wie Rudolf Steiner sie nannte – eintritt, hat er sich bis zur Sonne ausgedehnt. Er wird zu einem ›Sonnenwesen‹. Sein Erfahrungshorizont umfasst jetzt alles, was von der Erde bis zur Sonnensphäre reicht. Diese Region bzw. Sphäre ist schon ein durchaus *geistiger* Bereich. In dieser Sphäre kann das absolut Böse eines Menschen nicht aufgenommen werden. Daher könnte ein Mensch, der in seinem Leben ein *absoluter* ›Bösewicht‹ war, dieses Dasein gar nicht erst antreten. Ein solcher müsste sich anschicken, baldmöglichst zu einer neuen Inkarnation zu schreiten. Auf die weitaus meisten Menschen wird das ja nicht zutreffen, so dass sie dieses geistige Sonnendasein in der rechten und notwendigen Weise mitmachen können.

Zusammen mit denjenigen Seelen, mit denen der Sphärenmensch im Erdendasein gemeinsame Erlebnisse hatte, mischt er sich unter die geistigen Wesen, die in der Sonnensphäre versammelt sind. Er kommt nun in einen Bereich, in der insbesondere die Exusiai, die in der Bibel Elohim genannt werden, weben und wesen, deren großer Abgesandter der Christus ist. Während die geistigen Wesenheiten der Mondensphäre mehr die Vergangenheit der Erdenentwicklung betreffen, haben diese mit der Gegenwart und der Zukunft der Erdenentwicklung zu tun.[39]

In der Sonnensphäre, in der der Mensch im Normalfall sehr lange verbleibt, steht er gewissermaßen vor einem tiefen Abgrund, den er nur überwinden kann, wenn er es in seinem Erdenleben geschafft hat, eine Verbindung zu dem großen »Sonnenwesen«, dem Christus, zu gewinnen, in dessen Bereich er nun angekommen ist. Er muss verstanden haben, **»wie er uns durch das Mysterium von Golgatha zur Sonne geleitet«**.[40]

Judith von Halle schreibt dazu: *»Der Christus muss im Erdenleben gefunden werden! – nicht nach dem Tod. Er kann nach dem Tod nur gefunden werden, wenn Er im Erdenleben erkannt wurde. Sich mit der Auferstehung im Sinne Christi zu befassen, macht uns mit dem Christus, den wir in uns tragen, vertraut. Das ist der direkteste Weg für ein nachtodliches Christus-Verständnis.«*[41]

Damit ist natürlich in keiner Weise gesagt, dass jemand, der im letzten Erdenleben ein christliches Bekenntnis hatte, nun einen Vorteil haben müsste. Der Christus ist kein ›konfessioneller Gott‹, also ein Gott, der nur den Katholiken, Protestanten usw. ›gehört‹. Seine Taten stellen *objektive Tatsachen* dar, die *allen* Menschen zum Segen gereichen. Seine unermessliche Liebe und Gnade ergießt sich über die gesamte Menschheit.

Der Mensch fühlt sich in der Sonnensphäre der Erde völlig entrückt. Das Interesse für das eigene verflossene Erdenleben und auch für die mit ihm verbundenen Menschen, das er vorher in höchstem Maße hatte, verliert er mehr und mehr. Die Erinnerungen fallen **»gleichsam wie Schuppen von uns ab«**.[42] Er weiß nun, dass die Erinnerungen, die er jetzt behält, kein anderer als der Christus weiterträgt. Würde Christus ihn nicht begleiten, müsste er die Erinnerungen verlieren.

Der Mensch bekommt nun aber ein reges Interesse, das mitzuerleben, was sich *aktuell* auf der Erde zuträgt. Ähnlich wie die übersinnlichen Welten an einen Erdenmenschen herankommen können, kommt jetzt die irdische Welt an den Sphärenmenschen heran. Im Erdenleben hat er die übersinnlichen Welten als »Jenseits« empfunden. Jetzt ist die Erdenwelt für ihn eine jenseitige. Wir haben ja schon gesehen, dass es heute viele Menschen gibt, die von Déjà-vu-Erlebnissen berichten. Es kann durchaus möglich sein, dass in einem solchen Fall wirklich spontan eine Erinnerung aus einem früheren Erdenleben aufblitzt. Wie Rudolf Steiner sagte, seien diese Eindrücke aber in vielen Fällen darauf zurückzuführen, dass der Mensch sich an etwas erinnert, was nach seinem Tod, wenn er in der Sonnensphäre den lebhaftesten Zusammenhang mit dem hat, was sich auf der Erde abspielt, an ihn herangetreten sei, was er also von dem, was auf der Erde in dieser Zeit passierte, wahrgenommen habe. **»Sehen Sie nur einmal hin auf solche intime menschliche Erkenntnis. Es kommt Ihnen irgendetwas bekannt vor in der Vergangenheit, das vor einigen oder vor mehreren Jahrhunderten da war. Sie sagen sich, das müssen Sie erlebt haben. Oberflächlinge reden dann gleich davon, dass sie gerade in diesem Jahr in einem vorherigen Erdenleben waren. Das ist meistens nicht der Fall, sondern es ist meistens dasjenige Jahr, in welchem der Mensch zwischen Tod und neuer Geburt in dem Sonnendasein den lebhaftesten Zusammenhang mit dem Erdendasein hatte, wo das irdische Leben nun jenseits so an den Menschen herantritt, wie auf der Erde umgekehrt das übersinnliche Leben als jenseitiges an den Menschen herantritt.«**[43]

Der Mensch fängt nun langsam an, mit »Geistverstand« dasjenige verstehen zu lernen, was um ihn herum geschieht. Er kann nun immer mehr begreifen, was ihn mit anderen Seelen verbindet. Er bekommt ein Gefühl dafür, dass seine Lebensverhältnisse einen ganz bestimmten Fortgang seines Schicksals zur Folge haben werden. **»Man schaut wie in einer Perspektive, wie sich in die Zukunft hinein diejenigen Lebensschicksalsfäden gestalten werden, die angeknüpft worden sind.«**[44]

Der Sphärenmensch fühlt sich ganz eins mit seinem Schicksal und dem derjenigen Seelen, die im Erdenleben mit ihm verbunden waren. Wenn er das eine gewisse Zeit durchlebt hat, kommt er immer mehr in den Bereich der geistigen Wesen der ersten und höchsten Hierarchie hinein. Jetzt kann er auch ein Interesse für menschliche Seelen entwickeln, mit denen er karmisch bisher nicht verbunden war, mit denen er aber in der Zukunft schicksalsmäßig zu tun haben wird. Für diese Schicksalszusammenhänge entwickelt er mehr und mehr ein Gespür.[45]

Man darf sich das Leben des Menschen in der Sonnensphäre nicht so vorstellen, dass er hier recht passiv oder gar untätig wäre. Das Gegenteil ist der Fall. Er hat hier viele beseligende Aufgaben wahrzunehmen. So ist er bereits in der ersten Hälfte seines Sonnendaseins schon erstmals damit beschäftigt, an dem geistigen *»Urbild«* seines physischen Leibes, der ihn im nächsten Erdenleben umhüllen wird, zu arbeiten. Darüber werden wir an späterer Stelle noch zu sprechen kommen (☞ S. 334f.).

Vorwiegend in der zweiten Hälfte des Sonnendaseins arbeitet der Sphärenmensch im Verein mit den Wesen der höheren Hierarchien, insbesondere mit denen der zweiten Hierarchie, an dem Grundmuster seines nächsten Erdenlebens. Er wird sich mittlerweile immer mehr seiner Unvollkommenheiten und unrechtmäßigen Taten bewusst. Er weiß nun, dass diese im nächsten Erdenleben karmisch ausgeglichen werden müssen. Nun wird gewissermaßen gemeinsam erarbeitet, wie in der nächsten Inkarnation das, was er karmisch verursacht hat, in seinem zukünftigen Schicksal zur Offenbarung kommen kann. Das neue Erdenleben wird in seinen *großen Zügen* geplant. Diese Vorbereitungen der nächsten Inkarnation werden im weiteren Verlauf des nachtodlichen Daseins fortgesetzt und verfeinert.

****

Wie lange der Sphärenmensch in den jeweiligen Regionen der Seelenwelt verbleibt, hängt von den Vorbedingungen ab, die er sich im Erdenleben geschaffen hat. **»Man sieht aus dieser Darstellung, dass die Erlebnisse der seelischen Welt, und damit auch die Zustände des seelischen Lebens nach dem Tode, ein immer weniger der Seele widerstrebendes Aussehen gewinnen, je mehr der Mensch von dem abgestreift hat, was ihm von der irdischen Verbindung mit der physischen Körperlichkeit an unmittelbarer Verwandtschaft mit dieser anhaftet. – Je nach den im physischen Leben geschaffenen Vorbedingungen wird die Seele länger oder kürzer der einen oder anderen Region angehören.«**[46]

11.1.4 Erlebnisse, Erfahrungen und Aufgaben in der Geisteswelt

Nachdem der Sphärenmensch die Seelenwelt durchlaufen hat, was im Durchschnitt sehr viele Jahrzehnte dauern wird, ist er reif, in die eigentliche geistige Welt, die in den meisten Religionen als »Himmel« bezeichnet wird, einzutreten. Rudolf Steiner verwandte für diese Welt meistens die Begriffe *»Geisteswelt«* oder *»Devachan«*, was wörtlich übersetzt »Gottesgebiet« heißt. Manchmal sprach er auch vom »Geisterland«.

In der Seelenwelt hat der Mensch alles abgestreift, was ihn noch an sein letztes Erdenleben gekettet und was in der Geisteswelt keine Berechtigung hat. Auch sein künftiges Schicksal wurde schon keimartig veranlagt. Mittlerweile hat er alle Impulse und Willenskräfte aufbringen können, durch die er sich das nächste Erdenleben so gestalten kann, dass er in diesem im Sinne eines Ausgleichs und seiner geistig-seelischen Evolution wirken kann.

Die durchschnittliche Verweildauer in der Geisteswelt ist stark davon abhängig, wie weit der Mensch schon in seiner geistig-seelischen Entwicklung vorangekommen ist. Wenn er nur wenig an spirituellen Gedanken und Vorstellungen mitbringt, so kann die Geisteswelt ihm nicht viel bieten. Je höher er bereits entwickelt ist, desto länger und intensiver wird sein Aufenthalt in diesen Sphären sein. Während er in der Seelenwelt noch vorwiegend mit sich und der Verarbeitung seines letzten Lebens beschäftigt war, kann er sich jetzt ›öffnen‹ und völlig Neuartiges erleben und dieses Erleben aktiv mitgestalten. Insbesondere muss er hier die Kräfte erringen, die er zum Aufbau und zur Gestaltung seiner Leiblichkeit für die nächste Inkarnation benötigt. Auch wird er hier die Ausgestaltung des Planes seiner nächsten Inkarnation weiter verfeinern. Alle Fähigkeiten, die er sich aufgrund seiner irdischen Erlebnisse und deren Aufbereitung in der Seelenwelt erworben hat, verbleiben ihm als eine Essenz. Diese unvergängliche Essenz nimmt er auch in die Geisteswelt mit.

Genau wie in der Seelenwelt können in der Geisteswelt sieben Regionen unterschieden werden, die der Sphärenmensch stufenweise durchläuft, nachdem er die dazu jeweils nötige Reife bzw. Anwartschaft erworben hat. Die ersten drei Regionen korrespondieren mit den obersonnigen Planeten Mars, Jupiter und Saturn. In den vier höchsten Regionen überschreitet der Mensch den planetarischen Kosmos und kommt in den Bereich des *»Fixsternhimmels«* bzw. in die *»Tierkreisregion«* (☞ auch Anhang A.2, Tabelle 4, S. 385 und Tabelle 7, S. 388), die man als Herrschaftsgebiet der Cherubim und Seraphim bezeichnen kann. Der Mensch dehnt sich also, wenn er in die Geisteswelt kommt, über die Sonnensphäre hinaus weiter aus.

Es ist für die Zwecke dieses Buches nicht erforderlich, auf die mannigfaltigen Erlebnisse und Erfahrungen, die der Mensch in den Sphären der Geisteswelt macht, *detailliert* einzugehen. Wir wollen hier nur ein paar Aspekte anführen.

Wie wir in Kapitel 10 im Zusammenhang mit dem Leben zwischen Tod und neuer Geburt, das diejenige Individualität geführt hat, die sich dann als Goethe inkarnierte, geschrieben haben, ist der Jupiter das Herrschaftsgebiet der Kyriotetes, der Geister der Weisheit, die das oberste Reich der zweiten Hierarchie bilden. Wenn es dem Sphärenmenschen gelingt, mit diesen in der rechten Weise zusammenzukommen, dasjenige zu erkennen, was sie ihm reichen wollen und hier sein Karma in besonderem Maße zu gestalten, *kann* das dazu führen, dass er im nächsten Erdenleben mit einer großen Begabung geboren wird.

Wenn der Mensch in der Saturnsphäre ist, erkennt er selbst dann, wenn er ein einigermaßen moralisches Leben geführt hat, wenn er sich mit Religiosität und Spiritualität durchdrungen hat, wie wenig sein ganzes Leben und alles, was er da durchgemacht hat, den höheren moralischen Forderungen und dem majestätischen göttlich-kosmischen Sein angemessen war. **»Wie ein Vorwurf berührt uns das Leben, das wir hinter uns gelassen haben.«**[47]

Dann tritt ein bedeutsames Ereignis auf: Der Mensch sieht noch einmal sein abgelaufenes Erdenleben von einem höheren, kosmischen Standpunkt aus. Er erkennt alles, was sich karmisch gebildet hat und fühlt deutlich, was er an der letzten Inkarnation auszusetzen und zu bemängeln hat.

Über das Leben in der Saturnsphäre kommen die meisten Menschen noch nicht hinaus. Sie werden zwar auch der Saturnsphäre entwachsen, aber während dieser Zeit notwendigerweise in einem dämmerigen Bewusstseinszustand und ganz mit sich selbst beschäftigt sein. Von dem, was um sie herum geschieht, bekommen sie nichts mit. Dennoch können sie die benötigten Kräfte aus dem Kosmos empfangen. Nur wer in hohem Maße fähig ist, objektive und vorurteilsfreie Selbsterkenntnis zu üben, kann sich in den noch höheren Gebieten der Geisteswelt einfinden. Die Anwartschaft, um diese hohen Sphären *bewusst* und fruchtbringend durchlaufen zu können, muss sich der Mensch in seinem Erdenleben errungen haben. Wenn er nur immer in dem Alltäglichen und Vergänglichen aufgegangen ist, wenn er den Blick nie auf das Ewige im Weltensein zu richten vermochte, wird er sich keine besondere Anwartschaft für diese hohen Sphären erworben haben. Wer es aber dazu bringen konnte, durch seine Gedanken und Vorstellungen oder durch seine Hingabe an die Umwelt und Mitmenschen die Absichten der Geisteswelt zu verwirklichen, der hat die notwendigen Voraussetzungen, um nun hier seine Früchte zu ernten. Dabei ist gar nicht so sehr an solche Menschen zu denken, die sich im Erdendasein Ruhm erworben haben. Es geht vielmehr um solche, die in ihrem engen Lebenskreis mit dem Bewusstsein, dass alles, was sich im Dasein abspielt, eine Bedeutung für den ewigen Werdegang hat, wandelten und wirkten. Die anderen gehen unbewusst bzw. in einem Dämmerzustand durch diese Sphären hindurch. Die Seelen, die die Reife für diese Sphären haben, können von hier dann später dasjenige mitbringen, was den wahren Fortschritt im Erdendasein bewirkt. Wenn nicht genügend Seelen mit Bewusstheit über das Saturndasein hinauskommen könnten, so würde es auf der Erde niemals einen wirklichen Fortschritt geben können. Nur dadurch, dass sich genügend viele Seelen aus diesen kosmischen Gefilden die entsprechenden Kräfte mitbringen, kann es im Erdenleben neue Einschläge und Kulturimpulse geben.

11.2 Spezielle Aufgaben im Leben zwischen Tod und neuer Geburt

Bevor wir den Abstieg des Menschen durch die Planetensphären, also das Leben vor der Geburt betrachten werden, wollen wir zunächst in diesem Abschnitt auf zwei ganz zentrale Aufgaben, welche der Sphärenmensch im Verein mit den erhabenen geistigen Wesen der höheren Hierarchien fast in der gesamten Zeit oder wenigstens in einem langen Zeitraum seines Daseins zwischen Tod und neuer Geburt wahrzunehmen hat, zu sprechen kommen. Diese sind erforderlich, um sein künftiges Erdenleben in der rechten Weise vorzubereiten.

11.2.1 Die Bildung des Karma

Wie wir bereits ausführlich erläutert haben, hat der Sphärenmensch in seinem abgelaufenen Erdenleben durch seine Lebenstaten, die in der Akasha-Chronik eingetragen sind, Ursachen geschaffen, die sich in seiner nächsten Inkarnation auswirken, die eine Wirkung nach sich ziehen *müssen*. Denken Sie etwa nur daran, was er alles karmisch ausgleichen muss. Es muss also im Leben zwischen Tod und neuer Geburt dafür gesorgt werden, dass sich dieses Schicksal erfüllen kann. So müssen – um nur ein Beispiel anzuführen – die Voraussetzungen geschaffen werden, dass er wieder mit denjenigen Individualitäten, denen gegenüber er etwas gutzumachen hat oder die ihm gegenüber etwas ausgleichen müssen, zusammentrifft. Es muss also das notwendige Karma veranlagt und gestaltet werden.

Bei dieser überaus wichtigen Aufgabe handelt es sich um unvorstellbar großartige Tätigkeiten, die miteinander verzahnt und verwoben sind und ganz entscheidend von den geistigen Wesen der drei höheren Hierarchien wahrgenommen werden. Über diese unglaublich komplexen Tätigkeiten, welche die Götter in diesem Zuge zu leisten haben, soll nur in einiger Kürze in einer Art Zusammenfassung und mehr aphoristisch geschrieben werden.

Zunächst einmal ist es sehr wichtig, dass dem Menschen *selbst* bewusst wird, durch welche Taten, Worte und Gedanken er Ursachen geschaffen hat, die in der folgenden Inkarnation ausgeglichen werden müssen. Dazu diente ganz wesentlich die Tatsache, dass er sich in der ersten Zeit seines nachtodlichen Lebens dreimal mit seiner eigenen Biografie auseinandersetzen musste. Dadurch konnten ihm alle seine Verschuldungen und Versäumnisse sowie sein Fehlverhalten aus seiner letzten Inkarnation deutlich werden. Namentlich durch das erneute Durchleben seines letzten Erdenlebens ist ihm offenbar geworden, welchen Mitmenschen gegenüber er sich lieblos und ungerecht verhalten hat. Das hat zur Folge, dass in ihm mehr und mehr der Wille erwächst, alles wieder gutzumachen, was in den übersinnlichen Welten nicht möglich ist. Der Mensch beginnt zu ahnen, dass er diesen Individualitäten im folgenden Erdenleben wieder begegnen muss. Nur auf der Erde kann er seine Verschuldungen karmisch ausgleichen. Dadurch wird schon sein Karma, also alles, was er im nächsten Leben auszugleichen hat, keimartig veranlagt.

Wie bereits angedeutet arbeitet der Mensch vorwiegend in der zweiten Hälfte des Sonnendaseins im Verein mit den Wesen der höheren Hierarchien, insbesondere mit denen der zweiten Hierarchie, an dem Grundmuster seines nächsten Erdenlebens. Er wird sich mittlerweile immer mehr seiner Unvollkommenheiten und unrechtmäßigen Taten bewusst. Er weiß nun, dass diese im nächsten Erdenleben karmisch ausgeglichen werden müssen. Nun wird gewissermaßen gemeinsam erarbeitet, wie in der nächsten Inkarnation das, was er karmisch verursacht hat, in seinem zukünftigen Schicksal zur

Offenbarung kommen kann. Das neue Erdenleben wird in seinen großen Zügen geplant. Diese Vorbereitungen der nächsten Inkarnation werden im weiteren Verlauf des Daseins zwischen Tod und neuer Geburt verfeinert. Wenn der Mensch schon sehr häufig die höchsten Regionen der Geisteswelt *bewusst* durchlaufen hat, so wird das Geistselbst sich schon so weit entwickelt haben, dass es sich in diesen Sphären frei ausleben kann. Es wird sich mehr und mehr als ein Glied der göttlichen Weltenordnung empfinden, so dass die Anforderungen und Absichten der geistigen Welt für es immer maßgebender werden. Diese kann es dann in zunehmendem Maße – meist noch mehr unbewusst – in die folgenden Erdenleben tragen und verwirklichen.

Der Mensch erkennt immer mehr, wie er aus den ewigen Tatsachen des Weltenseins die Richtung für die Zukunft bestimmen kann. Wenn er diese Entwicklungsstufe erreicht hat, kann er sich immer mehr selbst die Ziele für seine zukünftigen Verkörperungen geben.

Der Mensch wird sich auch seine Lebensaufgabe vornehmen, und er weiß auch, welche Schicksale er haben muss, um in seiner geistig-seelischen Evolution voranschreiten zu können. Freilich könnte der Mensch allein niemals dafür sorgen, dass sich sein Karma in seiner nächsten Inkarnation erfüllen könnte. Dazu bedarf es der entscheidenden Mitwirkung der geistigen Wesen der höheren Hierarchien, die sein Karma gewissermaßen in den Kosmos und später in seine neue Leiblichkeit, die ihn im nächsten Erdenleben bekleiden wird, ›einschreiben‹.

An dieser Schicksalsbildung sind alle drei Hierarchien beteiligt. **»Da** [in der Geisteswelt] **werden nun diese ins Gerechte umgesetzten Erdentaten aufgenommen in die Tätigkeit der ersten Hierarchie. Da gelangen sie in den Bereich der Seraphim, Cherubim und Throne. Da tritt der Mensch ein in ein Reich, bei dessen Betreten er fühlt: Was auf der Erde durch mich geschehen ist, das nehmen in ihr eigenes Tatenwesen auf Seraphim, Cherubim und Throne.**

Bedenken Sie nur, meine lieben Freunde, wir denken richtig über dasjenige, was mit dem Toten vorgeht im weiteren Leben nach dem Tode, wenn wir den Gedanken hegen: Das, was er hier auf der Erde am Schicksalsnetz gesponnen hat, das wird zunächst aufgefangen von Angeloi, Archangeloi, Archai. Die tragen es hin, in dem nächsten Abschnitt zwischen dem Tod und einer neuen Geburt, in den Bereich der Exusiai, Dynamis, Kyriotetes. Diese werden umfangen, umsponnen von den Wesenheiten der ersten Hierarchie. Und immer wird in diesem Umspinnen, Umfangen in das Wesen, in das Tatenwesen, in das Tun der Throne, Cherubim und Seraphim des Menschen Tun auf Erden aufgenommen.«[48]

Rudolf Steiner gab zu dieser kosmischen Tatsache den folgenden Meditationsspruch, mit dem man sich an Verstorbene aus seinem Schicksalskreis wenden kann:

Es empfangen Angeloi, Archangeloi, Archai
im Ätherweben
das Schicksalsnetz des Menschen.

Es verwesen in Exusiai, Dynamis, Kyriotetes
im Astralempfinden des Kosmos
die gerechten Folgen des Erdenlebens des Menschen.

Es auferstehen in Thronen, Cherubim, Seraphim
als deren Tatenwesen
die gerechten Ausgestaltungen des Erdenlebens des Menschen.[49]

Wenn unser Karma von einem Erdenleben zum andern sich entwickelt, dann bedeutet das, dass Taten, wirkliche Taten übergehen von einer Hierarchie auf die andere, dass im geistigen Kosmos etwas ungeheuer Bedeutungsvolles geschieht.

Allein wenn man an den karmischen Ausgleich denkt, ist es ja erforderlich, dass die betreffenden Individualitäten sich im nächsten Erdenleben begegnen. Was bringt nun die Menschen zusammen, welche Kräfte bewirken das? Wie ist die ›Technik‹ des Karma? **»Die Technik des Karma ist folgende: Das Böse, das ich einem Menschen angetan habe, ist geschehen, dadurch hat er gelitten. Nun sterbe ich, gehe ins Kamaloka. Zunächst unmittelbar nach dem Tode muss ich es im Erinnerungstableau sehen; das schmerzt nicht. Dann lebe ich mein Leben zurück. Komme ich in der Kamalokazeit wieder an den Punkt, da muss ich den ausgehaltenen Schmerz des anderen Menschen nun selbst erleiden. Da kommt also der Gefühlsinhalt hinzu; der prägt sich wie ein Stempel in den Astralleib ein. Ich nehme etwas von diesem Schmerz als Ausbeute ins Devachan mit, es bleibt davon eine Kraft in mir als Ergebnis dessen, was ich an dem anderen Menschen erlebt habe. Ich muss in des anderen Menschen Schmerz oder auch Freude hineinschlüpfen, die er durchleben musste; das zieht gewisse Kräfte in den Astralleib, so dass ich eine große Menge von Kräften mitnehme ins Devachan. Komme ich nun zurück zu einer neuen Verkörperung, so ziehen mich diese Kräfte wieder zu dem betreffenden Menschen hin, zum Ausgleich des Karma. So werden alle Menschen zusammengeführt, die einmal etwas miteinander erlebt haben; sie haben während der Kamalokazeit sich diese Kräfte einverleibt.«**[50]

Diese ›Technik‹ widerspricht nicht der in Kapitel 9 geschilderten Tatsache, dass die Engel der in Frage kommenden Individualitäten oftmals deren Zusammentreffen durch entsprechende Impulse oder Eingebungen ›arrangieren‹ müssen. Den Engel könnte man etwas plakativ als ›Erfüllungsgehilfen‹ des Schicksals bezeichnen.

11.2.2 Das Schaffen am Geistkeim des neuen physischen Leibes

Wenn der Mensch sich in der Zukunft wieder inkarnieren wird, benötigt er eine neue Leiblichkeit. Wenn diese Seele bzw. dieses Ich-Wesen wieder als verkörperter Mensch auf dem irdischen Schauplatz erscheint, muss es erneut ein viergliedriges Wesen sein, wie es in seinen vorigen Erdenleben auch der Fall war. Von diesem viergliedrigen Wesensgefüge ist nur das Ich vollständig erhalten geblieben. Von dem ätherischen und astralischen Leib ist jeweils nur ein Extrakt übriggeblieben. Der physische Leib, den der Mensch bei seiner letzten Inkarnation trug, hat sich längst komplett in der Erde aufgelöst. Von ihm ist nichts mehr vorhanden. Nun benötigt das Ich-Wesen für sein folgendes irdisches Dasein nicht nur einen neuen und *vollständigen* Ätherleib und Astralleib, sondern insbesondere auch einen *gänzlich neuen* physischen Leib. Dieser neue physische Leib muss natürlich so beschaffen sein, dass er zum einen der bisherigen geistig-seelischen Entwicklung des Menschen entspricht und dass er zum anderen bestmöglich geeignet ist, um seiner weiteren notwendigen Entwicklung sowie der Erfüllung seines Karma und seiner Lebensaufgabe dienen zu können.

Also stellt sich die Frage, wann und wie dieser Leib gebildet bzw. urbildlich veranlagt wird. Auch muss man sich fragen, *wer* diesen bildet. Die Antwort mag viele Leser erstaunen: Es ist im Grunde der Sphärenmensch selbst, der diese beseligende Arbeit leistet. Um Missverständnissen vorzubeugen, muss betont werden, dass der Mensch natürlich nicht seinen späteren *stofflich-mineralischen* Leib erschafft, der ja erst sehr viel später im Schoße der Mutter entsteht und heranreift. Dieser ensteht aber nicht auf rein biologischem Wege, wie die materialistisch gesinnten Wissenschaftler glauben. Vielmehr basiert dieser auf einem rein *geistigen Urbild.* An diesem Urbild, an diesem *»Geistkeim«*, man könnte auch von einem *»geistigen Modell«* bzw. von einer *»geistigen Anlage«* des physischen Leibes sprechen, arbeitet der Mensch in der Zeit zwischen Tod und neuer Geburt. Um einen etwas plakativen Vergleich zu haben, kann man an einen Künstler, einen Bildhauer denken, der plant, eine Skulptur zu schaffen. Dieser wird im Vorfeld ebenfalls erst einmal ein Modell des geplanten Kunstwerkes anfertigen, das er auf Papier aufzeichnet oder mit einer Plastilinmasse plastiziert. Später benötigt er dann einen geeigneten Stein, den er mit geeigneten Werkzeugen so lange bearbeitet, bis dieser bearbeitete Stein dem Modell *weitestgehend* entspricht.

Mit dieser Arbeit hatte der Sphärenmensch bereits begonnen, als er noch in der Sonnensphäre weilte. Nur wenn ein Mensch in der richtigen Weise die Sonnensphäre durchlaufen kann, ist es ihm auch möglich, die notwendigen Kräfte aus dem Kosmos zu ziehen, die er für den Aufbau seiner neuen Leiblichkeit benötigt.

Diese Arbeit wird nun nach der Weltenmitternacht (☞ S. 336f.) fortgesetzt und nach und nach vervollständigt. Diese gewaltige Aufgabe könnte der Mensch niemals allein erfüllen. Auch wenn er jetzt eine viel größere Weisheit besitzt, als es im Erdenleben jemals der Fall sein könnte, würde sein Vermögen dazu niemals ausreichen. Die Tatsache, dass der Mensch dabei von anderen Menschenseelen, mit denen er karmisch verbunden ist, unterstützt wird, ändert daran ebenfalls nicht viel. Es handelt sich hierbei schließlich um eine ungleich großartigere und gewaltigere Arbeit als jede, die Menschen auf der Erde auf irgendeinem Gebiet jemals verrichten könnten. Selbstverständlich wird er bei dieser unermesslich großen Aufgabe, die mit den menschlichen Verstandeskräften nicht zu fassen ist, von hohen und höchsten Wesen der verschiedenen Engelreiche, also den Wesen der höheren Hierarchien, den Göttern angeleitet, gelenkt und geführt. **»Es würde etwas Klägliches herauskommen, wenn der Mensch im Zusammenhang mit anderen Menschenseelen allein an diesem Wunderbau, den er darstellt im Erdenleben, arbeiten würde. Da muss er zusammenarbeiten mit allen höheren Hierarchien. Denn dasjenige, was durch die Mutter des Menschen geboren wird, das ist ja nicht auf der Erde entstanden, nur sozusagen der Schauplatz ist auf der Erde entstanden.«**[51]

Es kommt für den Menschen bei diesem schöpferischen Prozess ganz wesentlich darauf an, all dasjenige, was er sich in der geistigen Welt an Kräften und Fähigkeiten erworben hat, in diesen Geistkeim, in dieses geistige Modell seiner zukünftigen Leiblichkeit, mit der er sich im nächsten Erdenleben umhüllen wird, hineinzuarbeiten.

Bei der späteren Wahl der Eltern (☞ S. 340ff.) muss natürlich neben vielem anderen darauf geachtet werden, dass diese ihm aus den Vererbungsströmen alles dasjenige mitgeben können, was benötigt wird, damit seine spätere *physische* Leiblichkeit möglichst gut dem *geistigen* Modell entsprechen kann.

»Niemals würde einen für uns geeigneten physischen Leib ein Elternpaar gebären können als physischen Leib, wenn dieser physische Leib nicht vorbereitet wäre durch lange Zeiten, durch eine Arbeit mit höchsten, erhabenen geistigen Wesenheiten im Geistkosmos. Und unsere Arbeit im Geistkosmos besteht im Wesentlichen darinnen – und sie ist wahrlich größer, umfangreicher als dasjenige, was wir im kleinen Erdendasein tun –, all das zu besorgen mit den Wesen höheren Grades zusammen, was in diesen Wesenheiten als Geist-Ereignisse sich abspielt wie hier die Naturereignisse, als Geistkunst sich abspielt wie hier die Naturkunst, und was uns zuletzt in den Stand bringt, all dasjenige, was da gearbeitet ist, zusammenzuschließen in einem mächtigen geistigen Urbilde, das aber der Geistkeim, gewissermaßen der vorhergeworfene Schatten ist desjenigen, was dann als unser physischer Leib auf Erden geboren wird.«[52]

11.3 Das Leben vor der neuen Geburt – der Abstieg durch die Planetensphären

Wir wollen in diesem Abschnitt das Leben eines Sphärenmenschen, das er in der zweiten Hälfte seines nachtodlichen Daseins, also im Leben vor der neuen Geburt führt, mit einigen Strichen zeichnen.

Irgendwann kommt für die weitaus meisten Menschen auf ihrer großen ›kosmischen Wanderung‹ der Zeitpunkt, dass sie kein helles Bewusstsein mehr aufrechterhalten können, dass ihre Leuchtkraft schwächer und schwächer wird. Es wird jetzt *etwa* die Hälfte des nachtodlichen Lebens vorüber sein. Mittlerweile *können* durchaus ein paar Jahrhunderte vergangen sein, seitdem die Pforte des Todes passiert wurde. Es kommt schließlich zu der *»Mitternachtsstunde des geistigen Daseins«*, kurz *»Weltenmitternacht«*, wie Rudolf Steiner es nannte.

Die Seelen, die sich hierzu nicht besonders vorbereitet haben, werden jetzt keine hinreichenden Kräfte mehr finden, um ihr Bewusstsein bewahren zu können. Sie werden gewissermaßen ›schlafen‹. Es handelt sich hierbei allerdings nicht um einen Zustand, der mit dem Schlafen im Erdendasein vergleichbar wäre, sondern eher um ein ›Benommensein‹. Für einen Menschen, der in seiner geistig-seelischen Entwicklung noch nicht sehr weit vorangekommen ist, kann dieser Zustand des Benommenseins bereits beim ersten Durchgang durch die Saturn- oder gar schon durch die Jupitersphäre beginnen. Diejenigen, die sich in der rechten Weise im Erdenleben vorbereitet haben, können auch jetzt in der Weltenmitternacht noch bei wachem Bewusstsein bleiben. Eine solche wache Seele kann nun außergewöhnlich bedeutsame und tiefgreifende Ereignisse erleben. Sie hört nun alles, was sie an Selbsterkenntnis in sich findet, alles, was sie als noch unvollkommen in sich erkennt, **»wie verwoben in hinrollendem Weltendonner«**.[53]

Trotz dieses Dämmerzustandes, in dem sich die weitaus meisten Menschen befinden, können dennoch die notwendigen Kräfte des gesamten Kosmos auf sie wirken. Sie können diese Kräfte aufnehmen, obwohl ihnen das nicht zu Bewusstsein kommt. Der Mensch ist in dieser Phase ganz auf sich konzentriert und hat ein sehr starkes und erfülltes Erleben in seinem Inneren. Aber es fehlt ihm die Leuchtkraft, um die geistige Welt beleuchten zu können. Er hat nur noch ein Bewusstsein von sich selbst. Von dem Sein anderer Wesenheiten hat er jetzt kein Bewusstsein mehr. Das, was in den höheren Regionen der Geisteswelt erlebt und erfahren werden kann, ist nur den wenigen Seelen vorbehalten, die aufgrund ihres hohen geistig-seelischen Reifegrades die Weltenmitternacht *bewusst* durchleben können. Der Mensch behält aber alles in der Erinnerung, was er in der geistigen Welt in der Zeit, als seine Leuchtkraft noch stark genug war, erfahren konnte. Alles, was er erleben konnte, wird nun zu einem Wissen verdichtet.[54]

Wenn die Weltenmitternacht überschritten ist, hat der Mensch ein Erlebnis, dessen Erhabenheit und Eindruckstiefe ihn gewaltig berührt. Es kommt zum Höhepunkt dessen, was er in der Geisteswelt erleben kann: Seinem Blick enthüllt sich nun immer deutlicher das großartige *Menschheitsideal.* Vor seinem Geistesauge offenbart sich in einer mächtigen, gloriosen Imagination, wie der Mensch nach den Absichten der Schöpfermächte eines ur-urfernen Tages sein *kann.*

Dieses Menschheitsideal, dieses Götterziel ist gewissermaßen die Religion der göttlichen Wesen. Es ist unmöglich, diese Imagination zu übersehen. Zu deutlich taucht sie jetzt für lange Zeit vor dem Geistesauge des Sphärenmenschen auf. Er kann erkennen, was die Götter mit ihm vorhaben, wie er in fernster Zukunft *selbst* sein kann. Die göttlich-geistigen Wesen der höheren Hierarchien sprechen eindringlich in sein Inneres, um ihn mehr und mehr darin zu bestärken und zu befeuern, diesem Ideal nachzueifern.

Dieses Schauen des erhabenen Menschheitsideals ist in gewisser Weise das ›Schauen Gottes‹. Der Mensch schaut also Gott *»von Angesicht zu Angesicht«*, wie es in der Bibel heißt. Er erkennt jetzt, dass die Schöpfermächte seit unerdenklich langen Zeiten *an ihm* gewirkt haben und jetzt *in ihm* wirken. Er spürt aber auch, wie weit er noch von dem Erreichen dieses Ideals, ein Ebenbild Gottes sein zu können, entfernt ist.

Nachdem der Mensch wieder aus seinem Dämmerzustand erwacht ist, wenn also die Weltenmitternacht vorüber ist und das Menschheitsideal vor seinem Geistesauge aufgeleuchtet ist, tritt er sozusagen seinen ›Rückweg‹ an, der ihn schließlich – nach langer Zeit – wieder zu einer neuen Inkarnation führen wird. Er durchläuft noch einmal alle Planetensphären, jetzt natürlich in umgekehrter Reihenfolge, beginnend mit der Saturn- und endend mit der Mondensphäre. Während in der ersten Hälfte des nachtodlichen Lebens von einem *›Aufstieg‹* durch die Planetensphären gesprochen werden konnte, findet jetzt ein *›Abstieg‹* statt. Während der Mensch sich bei diesem Abstieg immer mehr in sich zusammenzieht, geht er durch die einzelnen Sphären zurück (☞ auch Anhang A.2, Tabelle 8, S. 389). Die zeitliche Dauer dieses Rückweges ist von seinem Karma abhängig.

Erstmals keimt nun in dem Sphärenmenschen der Drang auf, sich wieder auf der Erde zu inkarnieren. **»Aber zu gleicher Zeit erleben wir auch am stärksten in uns: Da unten in der Planetensphäre steht ja alles dasjenige, was du als Mensch verrichtet hast; das darfst du nicht verlassen – sagt man sich –, das kannst du hier nicht ändern, das kannst du nur ändern, wenn du wieder auf die Erde hinuntersteigst. Da beginnt der Drang, der Trieb, wiederum nach der Erde hinunterzusteigen, gewissermaßen die Entscheidung zu treffen zwischen Saturn und Mond. Man folgt wiederum den aufdämmernden Mondenkräften, um den Weg nach der Erde zurück anzutreten, bei einem Menschen, der im vorigen Leben erwachsen war** [als er starb]**, eben nach Jahrhunderten.«**[55]

So wie der Mensch sich nach seinem Tod immer mehr in den planetarischen Kosmos ausgedehnt hat, so zieht er sich jetzt langsam mehr und mehr zusammen. Es findet also bei diesem ›Abstieg‹, der mit einer langsamen und ganz allmählichen Herabdämpfung seines Bewusstseins verbunden ist, eine permanente Verdichtung seines Wesens statt. Beim Rückgang durch die Sphären wird sein überaus helles Bewusstsein, das er *nach* der Weltenmitternacht hatte, stufenweise abgedämpft. Aber selbst dann, wenn er in der Merkursphäre angelangt ist, ist dieses immer noch viel heller, als es im Erdenleben jemals der Fall sein könnte.

Auf seinem Rückweg kommt er in der Saturnsphäre in Gemeinschaft mit den höchsten geistigen Wesen, denen der ersten Hierarchie, also den Thronen, Cherubim und Seraphim. Er kann nun miterleben, wie diese Götter sein Karma konkret ausgestalten, das er aufgrund seiner Biografie veranlagt hat. Er kann nun in aller Deutlichkeit sehen, warum er mit bestimmten Menschen wieder im nächsten Erdenleben zusammenkommen muss, um die Verhältnisse fortführen zu können, die er angeknüpft hat. Er erlebt also, wie sich sein Karma erfüllen muss.

Als der Mensch noch mit recht dämmerhaftem Bewusstsein in den Tierkreisregionen verweilte, wurden bereits die geistigen Anlagen am Geistkeim seines späteren physischen Leibes *differenziert.* Diesen Geistkeim muss er tatsächlich aus allen Einzelheiten des Weltalls aufbauen. Wenn man in der Sinneswelt von einem »Keim« – denken Sie etwa an den einer Pflanze – spricht, so stellt man sich darunter etwas vor, was zunächst ganz winzig ist und dann immer größer wird. Bei dem Keim des physischen Erdenmenschen ist das umgekehrt. Dieser Geistkeim ist zunächst, wenn der Mensch noch in der Geisteswelt ist, so majestätisch groß wie das gesamte Weltenall. Während er langsam den Rückweg durch die Seelenwelt antritt, wird er immer kleiner, bis er schließlich wiederum zur Erde zum nächsten Leben heruntersteigt. **»Das ist das große Geheimnis, dass die Himmelsbeschäftigung des Menschen darinnen besteht, den großen Geistkeim für den späteren Erdenmenschen selber zu weben mit den Geistern der höheren Hierarchien zusammen. Und jeder weben wir – aber in riesiger Geistgröße in dem Geistkosmos darinnen – das Gewebe unseres eigenen Erdenmenschen, der wir dann sind, wenn wir wiederum zum Erdenleben heruntersteigen. Unsere Arbeit ist eine mit den Göttern gemeinsam geleistete Arbeit an dem Erdenmenschen.«**[56]

Die Gestaltung der einzelnen Partien dieses Geistkeims hat der Mensch unter Führung und Anleitung der göttlich-geistigen Wesen ausgeführt, die im Zusammenhang mit den zwölf Sternbildern stehen. So hat er etwa im Bereich der geistigen Wesenheiten, deren physischer Abglanz das Sternbild des Widders ist, mit diesen zusammen an seinem zukünftigen Haupt gearbeitet. Dieses Haupt ist zunächst gewissermaßen ein Kosmos, das sich dann erst später im physischen Leibe zusammenzieht. Während er im Bereich der geistigen Wesen des Stieres weilte, arbeitete er mit ihnen an der Kehlkopf- und Lungenpartie usw. (☞ auch Anhang A.2, Tabelle 9, S. 390).

Der Sphärenmensch durchläuft jetzt zunächst noch einmal die Regionen der Geisteswelt. Dann kommt er wieder in die Sonnensphäre. Bei seinem *ersten* Durchgang, also beim Aufstieg durch die Sonnensphäre, der höchsten Region der Seelenwelt, und die Sphären der Geisteswelt hat der Mensch sich immer mehr in die geistige Welt und ihre Verhältnisse einleben können. Er hat sich ganz eins mit ihr und den geistigen Wesen gefühlt. Er lebt jetzt noch ganz in der Erinnerung dessen, was er dort erfahren und erleben konnte. Die Erinnerung an sich selbst, an seine Biografie, kommt erst später wieder.

Wenn der Mensch erneut die Sonnensphäre durchlebt, beginnt er langsam wieder, sich als eine einzelne Wesenheit zu begreifen. Er fühlt, dass er sich wieder allmählich aus der geistigen Welt, aus dem Kosmos herausgliedert. Er erlebt sich wieder als ein

Selbst. Dieses Gefühl geht einher mit der Tatsache, dass ihm die geistige Uranlage des Herzens eingegliedert wird. Das geschieht schon recht lange Zeit, bevor er wieder ins Erdenleben eintritt. Während nun über einen längeren Zeitraum die Geistesanlage für das spätere Herz veranlagt wird, tritt für ihn ein wichtiger Schicksalszusammenhang auf. Die Anlage des Herzens ist verbunden mit allem, was er sich in all seinen bisherigen Erdenleben an Wert erworben hat, wie er sich bisher in moralischer, seelischer und geistiger Hinsicht entwickelt hat. Wir kennen doch alle Redensarten wie »ein gutes Herz haben«, »Herzensgüte zeigen« usw. Es ist wohl anzunehmen, dass diese Redensarten von einer alten Ahnung zeugen, dass das menschliche Herz in der Tat einen Zusammenhang mit der moralisch-sittlichen Gesinnung hat. Diese moralisch-seelisch-geistige Herzanlage verbindet sich dann später mit der Embryoanlage des künftigen Menschenleibes. Diesen Vorgang, dieses Schaffen an der geistigen Herzanlage, erlebt er in Gemeinschaft mit den hohen Sonnenwesen. In sein geistig-seelisches Wesen dringt nun hinein, wie hohe geistige Wesen ihn richtend beurteilen. Er blickt jetzt auch schon erstmals auf die Generationenreihe, an deren Ende seine zukünftigen Eltern stehen.

So wie in der Sonnensphäre das Herz und der Blutkreislauf geistig veranlagt werden, steht die Veranlagung der übrigen inneren Organe auch im Zusammenhang mit den anderen Planetenregionen. Der Mensch bringt aber auch bestimmte Kräfte dieser Planeten – je nachdem in welchem Maße und mit welcher Intensität er ihnen begegnet ist – als *seelische Eigenschaften* mit ins neue Erdenleben. Der Einfluss der Planeten auf den Menschen ist bei seinem Abstieg äußerst komplex, zumal die Kräfte der Planeten mit denen des Tierkreises zusammenwirken. Diese bestimmenden Einflüsse sorgen ganz wesentlich dafür, dass der zuvor ausgearbeitete karmische Plan verwirklicht werden kann. Beim Aufstieg durch die Planetensphären hat sich alles, was der Mensch in Folge seines Erdenlebens nach dem Tod durchzumachen hatte, in den Planetenregionen eingeschrieben. Jetzt beim Rückweg kommt es wieder auf ihn zurück, so dass er die Einflüsse und Kräfte erhält, die von ihm selbst verursacht worden sind (☞ auch Anhang A.2, Tabellen 9 und 10, S. 390).

Schließlich durchläuft der Mensch noch die letzten drei Planetensphären, zunächst die Venus-, dann die Merkur- und schließlich die Mondensphäre. Dem hellsichtigen Blick erscheint er jetzt als trichter- oder glockenförmiges Seelenwesen, das in seinem Inneren sein Ich trägt, und das sich mit rasender Geschwindigkeit durch den Astralraum bewegt. **»Und je mehr wir uns wiederum der Planetensphäre nähern, und namentlich in die Sphäre von Merkur, Venus und Mond kommen, desto mehr schwindet uns das Bewusstsein, das wir gemeinsam mit den geistigen Wesen der höheren Hierarchien haben, dahin. Das heißt, wir bekommen ein Bewusstsein, das jetzt nur die Offenbarungen dieser geistigen Wesenheiten enthält. Früher fühlten wir uns unter diesen geistigen Wesen darinnen. Wenn wir vorbereitet haben das menschliche Haupt für das spätere Leben, so fühlen wir: Wir arbeiten zusammen mit den geistigen Wesenheiten. Jetzt erscheinen uns die**

geistigen Wesenheiten wie in Bildern. Dafür aber tritt auch die Wirkung der Mondenkräfte in uns auf. Wir fühlen uns sozusagen wiederum als ein Wesen, das eigentlich in sich leben sollte.«[58]

Damit sich das notwendige Karma, dessen Plan ja schon ausgearbeitet worden ist, im nächsten Erdendasein erfüllen kann, ist es erforderlich, dass diese Notwendigkeiten zusammenpassen müssen mit den äußeren Gegebenheiten, etwa mit dem Volk und der Familie, in die der Mensch hineingeboren wird. Während der Mensch erneut durch die Venus- und Merkursphäre geht, kann er hierbei mitbestimmen und mitarbeiten. In diesen Sphären wird also ganz wesentlich entschieden, in welches Volk, in welche Kultur und in welche Familie er geboren wird.

Vor dem erneuten Eintritt in die Mondensphäre wählt die Seele sich ihr Geschlecht für die neue Inkarnation aus. **»Ein Menschenwesen, das im früheren Erdenleben in einer bestimmten Weise gelebt hat, das bekommt beim Heruntersteigen zu einem neuen Leben die Impression: Es ist gut für mich, wenn ich das nächste Mal als Frau auf die Erde heruntersteige, wenn ich mich also in einem weiblichen Körper verkörpere. – Das ist durchaus ein Gegenstand der Erwägungen für die heruntersteigende Menschenseele, ob sie Mann oder Frau werden will. Denn davon hängt natürlich das ganze Schicksal im wesentlichen auf der Erde ab. Es ist nicht einerlei, ob man als Mann oder Frau in einem Erdenleben sein Dasein zubringt. Aber für die Menschenseele ist es nicht genügend, einfach sich zu überlegen: Ich werde Mann oder Frau! – Das muss vorbereitet werden.«**[59]

In der Mondensphäre wird das Bewusstsein des Menschen noch weiter herabgedämpft. In dieser Sphäre verbleibt er nur sehr kurze Zeit. Der Eintritt in diese Sphäre fällt zusammen mit dem Zeitpunkt der Empfängnis. Somit wird er sich hier zehn Mondenmonate lang aufhalten. Es ist dieselbe Zeit, die auf der Erde zwischen Empfängnis und Geburt eines Menschen verläuft. In dieser Sphäre wird sein Bewusstsein so weit herabgedämpft, dass es jetzt bloß noch Wachstumskraft sein kann. Seine Entwicklung in dieser kurzen Zeit besteht also darin, sein Bewusstsein, das in der Merkursphäre noch recht hell war, zu jenem Traumbewusstsein herabzudämpfen, das ein Mensch hat, wenn er ins Erdenleben eintritt.[60]

11.3.1 Die Auswahl der Eltern

Man kann im ganz alltäglichen Leben immer wieder feststellen, dass viele Kinder ihren Eltern recht ähnlich sehen. Manche sind ihrem Vater oder ihrer Mutter geradezu wie ›aus dem Gesicht geschnitten‹. Die Begründung scheint auf der Hand zu liegen: Die Ähnlichkeit ist eine Folge dessen, was sie von ihren Eltern an Erbgut mitbekommen haben.

Aus der begrenzten Sicht der Sinneswelt ist diese Argumentation durchaus richtig. Der wahre, geistige Grund schaut aber anders aus: Die Ähnlichkeit ist deshalb vorhanden, weil das Kind sich in der vorgeburtlichen Zeit für diejenigen Eltern entschieden hat, die *ihm* am meisten ähnlich sind! So unglaublich es zunächst auch immer klingen mag, ist es wirklich so, dass der Mensch sich vor der Empfängnis seine Eltern auswählt! Er empfindet insbesondere für den Erdenmenschen, der die Mutter werden soll, schon lange Zeit, bevor er ins erneute irdische Dasein heruntersteigt, eine extrem starke Sympathie und Liebe.

Die Auswahl der ›richtigen‹ Eltern ist natürlich nicht so einfach, da sie mit sehr vielen Anforderungen zusammenstimmen muss. Zunächst einmal müssen die Kräfte aus den Vererbungsströmen der Eltern möglichst gut geeignet sein, damit der neue Erdenbürger das geistige Modell seines physischen Leibes, an dem er in der vorgeburtlichen Zeit so lange gearbeitet hat, bestmöglich im Physischen ausgestalten kann. Dann müssen die ganzen karmischen Notwendigkeiten sowie die Lebensaufgaben – *sowohl* die des Kindes *als auch* die der Eltern – berücksichtigt werden. **»In einer Familie, in der viel Musik gepflegt wird, gibt es also gute, für die Musik ausgebildete Ohren. Wenn sich nun eine Seele mit stark ausgebildeten Anlagen für Musik verkörpert, da ist es verständlich, dass sie nicht in eine Familie hineingeboren wird, wo gar keine Musik getrieben wird – da müsste sie ja verkümmern –, sondern da hinein, wo geeignete physische Organe vorhanden sind. Es stimmt das ausgezeichnet mit dem Karmagesetz zusammen. Ebenso kann es mit dem moralischen Mut sein. Findet eine Anlage dazu nicht das geeignete Blut, so verkommt sie. Sie sehen, man muss also vorsichtig sein in der Wahl seiner Eltern! Nicht das Kind sieht den Eltern ähnlich, sondern es wird da geboren, wo ihm die Eltern am meisten ähnlich sind. Nun wird gefragt: Wird dadurch nicht die Mutterliebe beeinträchtigt? – Das ist durchaus nicht der Fall. Gerade weil die tiefste Sympathie schon vor der Geburt besteht, geht dieses Kind zu der Mutter hin, so dass die Liebe ihrem Ursprung nach eigentlich noch weiter zurückverlegt wird; sie setzt sich nach der Geburt nur fort. Das Kind hat die Mutter schon geliebt vor der Geburt; kein Wunder, dass nachher die Mutter diese Liebe erwidert. So wird die Mutterliebe nicht etwa hinweggeleugnet, sondern erst ihren richtigen Ursachen nach erklärt.«**[61]

Wie bereits erwähnt könnte der Mensch alle diese Planungen und Arbeiten in der vorgeburtlichen Zeit niemals durchführen, wenn er jetzt nicht viel weiser wäre, als er es später im Erdenleben sein wird, und wenn er insbesondere dabei nicht von den hohen und erhabenen geistigen Wesen der verschiedenen Engelhierarchien angeleitet und geführt würde. Dennoch wird er fast immer gewisse Kompromisse eingehen müssen. Dasjenige Elternpaar, das geeignet wäre, *allen* Anforderungen gerecht zu werden, wird es oftmals nicht geben. Der Mensch muss also regelrecht selektieren. Das kann zu heftigen inneren Kämpfen führen.

Es ist durchaus möglich, dass der ungeborene Mensch die richtigen Menschen, die seine Eltern werden sollen, zusammenführt. Wenn sich zwei Menschen im Leben auf ›wundersame‹ Weise begegnen, die dann später eine Lebensgemeinschaft eingehen, so können es natürlich deren Engel sein, die diese Begegnung ›arrangiert‹ haben. Es könnte aber auch diejenige Seele sein, die Jahre später als deren Kind auf dem physischen Plan erscheint, die durch entsprechende Impulse für das Zusammenkommen gesorgt hat.

In vielen Fällen verhält es sich sogar so, dass der Mensch Jahrzehnte oder gar Jahrhunderte, bevor er geboren wird, durch seine Kräfte auf die Ahnen wirkt. Er wirkt dann so, dass jeweils die richtigen Menschen zusammenkommen, die dann nach langer Zeit, über viele Generationen hinweg, diejenigen Kräfte geben können, die dieser Mensch benötigt. An dieser Arbeit sind natürlich auch alle dadurch betroffenen Menschenseelen, die ja selbst noch in der geistigen Welt sind, beteiligt. Diese Seelen müssen mitwirken, müssen sich verständigen. **»Nehmen Sie die Seele Goethes. Lange, lange, ehe sie geboren wird, wirkt sie schon aus den übersinnlichen Welten heraus auf ihre Ahnen, steht schon durch ihre Kräfte mit den Ahnen in Beziehung. Sie wirkt sogar so, dass in entsprechender Weise zusammenkommen diejenigen Männer und Frauen, die nach langer Zeit die richtigen Eigenschaften geben können, die die Seele braucht. Es ist dies keine leichte Arbeit, denn es sind viele Seelen daran beteiligt. Wenn Sie sich vorstellen, dass von den Seelen des sechzehnten Jahrhunderts im achtzehnten Jahrhundert Menschen abstammen und dass alle diese schon vorher zusammenarbeiten, so müssen Sie begreifen, dass eine solche Verständigung eine wichtige Sache ist. Seelen, die im achtzehnten, neunzehnten Jahrhundert geboren werden, müssen sich schon im sechzehnten Jahrhundert verständigen, damit die ganzen Netze von Verwandtschaften hergestellt werden können.«**[62] Mit all diesen Seelen der Generationenfolge, an deren Ende schließlich die Eltern stehen, fühlt der Mensch sich schon lange Zeit vor der Empfängnis verwandt.

Vielen Zeitgenossen, die ein sehr schwieriges Verhältnis zu ihren Eltern haben, die vielleicht andauernd mit ihnen im Streit liegen oder sogar von ihnen abgelehnt werden, mag die Vorstellung, dass sie sich diese selbst ausgesucht haben, wie ein Hohn erscheinen. Es muss aber auch hier wieder darauf hingewiesen werden, dass die Menschen in der geistigen Welt, wenn sie diese Entscheidung treffen, ungleich weitsichtiger sind als im Erdenleben und dass sie bei ihrer Wahl von geistigen Wesen angeleitet werden, deren Weisheit ein Menschenverstand nicht begreifen kann. Wenn sie im Vorgeburtlichen zusammen mit den geistigen Wesen der höheren Hierarchien ihre Auswahl treffen, ist ihnen klar, dass *genau diese* Eltern ihnen später das geben können, was sie zur Erfüllung ihrer Lebensaufgabe und zu ihrer geistig-seelischen Evolution benötigen.

11.3.2 Im Umkreis der Empfängnis

In diesem Abschnitt wollen wir noch einen kurzen Blick auf die äußerst komplexen Geschehnisse werfen, die sich kurz vor, während und kurz nach der Empfängnis ereignen.

Wir haben ja bereits erläutert, dass es insbesondere in der zweiten Hälfte des nachtodlichen Daseins, also im vorgeburtlichen Leben, für den Menschen ganz wesentlich zu seinen Aufgaben gehört, zusammen mit den geistigen Wesen der höheren Hierarchien an dem Geistkeim bzw. dem geistigen Modell des physischen Leibes, der ihn im folgenden Erdenleben bekleiden soll, zu arbeiten.

Wenn der Mensch von den Mondenkräften ergriffen wird, entfällt ihm der Geistkeim des physischen Leibes, an dem er selbst so lange mitgearbeitet hat. Kurz darauf tritt auf der Erde die Empfängnis für den physischen Leib ein. Da hinunter strömt nun sein geistig-physischer Organismus, der sich in den winzigen physischen Menschenleib zusammenzieht.[63] Er zieht sich so zusammen, dass er sich vereinigen kann mit dem Menschenkeime im mütterlichen Schoß, der ein Abbild des gesamten Kosmos darstellt. **»Und dann verkleinert er sich immer mehr. Und wir machen das durch in der Zeit, die wir zwischen dem Tode und einer neuen Geburt durchmachen, dass wir zuerst als Weltenall groß den Geistkeim des Menschen bilden, der wir werden. Dann wird dieser Geistkeim immer kleiner und kleiner, er involviert seine Wesenheit immer mehr und mehr, und er ist es, der dann im Leibe der Mutter sein Abbild schafft.«**[64]

»Für die Mondensphäre sind wir nicht empfänglich, wenn wir aus dem Kosmos zurückkommen; wir gehen sozusagen unberührt und ungehemmt durch sie hindurch, und dann sind wir so, dass wir uns zusammenziehen und zusammenziehen, so dass wir uns vereinigen können mit dem kleinen Menschenkeime, der dann seine Entwickelung durchmacht vor der Geburt. Und in aller Physiologie und Embryologie wird gar nichts Wahres enthalten sein, wenn ihr dies nicht aus der okkulten Forschung, nicht aus diesen Tatsachen zukommt; denn der Menschenkeim ist ein Abbild des großen Kosmos. Er trägt den ganzen Kosmos in sich; was zwischen Empfängnis und Geburt materiell geschieht und als Mensch sich bildet, aber auch was der Mensch im Weltenschlafe [während der Weltenmitternacht] **durchgemacht hat, trägt er als Kraft im Keimzustande in sich.«**[65]

Wenige Tage nachdem der Mensch durch die Pforte des Todes geschritten war, hatte er seinen Ätherleib und am Ende der Kamalokazeit seinen Astralleib abgelegt. Er hat diese beiden Leiber aber nicht zur Gänze abgelegt. Sowohl von seinem ätherischen als auch von seinem astralischen Leib hat er einen Extrakt behalten und auf seinen weiteren nachtodlichen Weg mitgenommen. Diese beiden unvergänglichen Extrakte, bei denen es sich um die bereits umgearbeiteten Teile des Äther- bzw. Astralleibes handelt, stellen gewissermaßen die Früchte seiner bisherigen Inkarnationen dar. Nur über diese Teile ist er Herr. **»Aber das, was er noch nicht umgearbeitet hat, das muss ihm von außen her ankristallisiert werden. Andere Wesenheiten müssen ihm das angliedern.«**[66]

Wenige Tage nach der Empfängnis steigt das Ich, das dem Menschen als einziges Wesensglied immer vollständig erhalten bleibt, mit den bis dahin erworbenen Extrakten des Äther- und Astralleibes, in denen alle Resultate seiner früheren Erdenleben stecken, aus der Astralwelt herab. **»Zunächst zieht es naturgemäß alle astralen Qualitäten zu**

seinem neuen Astralleibe zusammen, die seiner bisherigen Entwickelung entsprechen, und dann erst [etwas später] **in derselben Weise die ätherischen Qualitäten.«**[67] Diese müssen natürlich seiner bisherigen Entwicklung und dem, was er sich bis dahin erarbeitet hat, entsprechen. Der neue Astral- und Ätherleib kristallisieren sich um den astralischen und ätherischen Extrakt herum. **»Wir sind ja noch nicht in einem physischen Leibe, aber wir haben ein Vorgefühl von einem In-sich-Leben, von einem Wiederum-dem-Kosmos-Entfremdetsein. Wir haben nicht mehr den Anblick der geistigen Wesenheiten, wie sie sind, sondern wir haben ihre Abbilder. Und während wir diese Abbilder durchgehen, entschwindet uns immer mehr und mehr dasjenige, was wir als den Geistkeim unseres physischen Organismus auferbaut haben, und wir müssen wahrnehmen: dieser Geistkeim des physischen Organismus ist uns entfallen und ist nun hinuntergegangen zu einem physischen Elternpaar und lebt sich ein als die Kräfte der Fortpflanzungsströmung auf der physischen Erde. Es ist wirklich so, dass dasjenige, was wir als den physischen Leib vorbereiten, zusammenschrumpft und in die Fortpflanzungsströmungen eines physischen Elternpaares fällt. Und wir sind zurückgelassen als geistig-seelisches Wesen, das seine Zugehörigkeit zu dem, was ihm da hinunter entfallen ist, empfindet, aber sich nicht unmittelbar damit vereinigen kann. Es kann sich erst vereinigen, wenn es jetzt in diesem Zustand die Ätherkräfte, die im ganzen Kosmos sind, zu seinem Ätherleibe heranzieht. Und nachdem uns der Geistkeim unseres physischen Leibes entfallen ist, der nun unten unseren physischen Leib im Körper der Mutter vorbereitet, sammeln wir die Kräfte, um unseren Ätherleib zu bilden. Und mit diesem Ätherleib vereinigen wir uns dann, nachdem der menschliche Keim schon eine Zeitlang im Leibe der Mutter war. Das ist der Vorgang des Wieder-Zurückkehrens zum Erdendasein. Und indem wir vorher nur die Bilder der geistigen Wesenheiten gehabt haben, gliedern wir uns alles dasjenige ein, was wir nur durch die Mondenkräfte uns eingliedern können, was Erinnerung war an unser Karmawesen. Das gliedern wir uns jetzt wiederum ein als wirkliche Kräfte. Die nehmen wir mit auf in den Ätherleib, gliedern sie auch ein. Deshalb erscheinen wir auf dieser Erde so, dass wir das Ausleben unseres Schicksals, unseres Karma bewirken; während des Durchgehens durch die Mondenkräfte entwickeln wir die Sehnsucht, unser Karma auf der Erde auszuleben.«**[68]

Wir haben ja bereits erwähnt, dass der Mensch im Verein mit den höchsten geistigen Wesen seinen karmischen Plan mit allen Schicksalsoptionen für die anstehende Inkarnation ausgestaltet hat. Judith von Halle schreibt: *»Der Mensch webt im Vorgeburtlichen – aus der Überschau des reinen Geistgebiets und in Freiheit – ein bestimmtes Schicksalsnetz, um das, was er sich vorgenommen hat, in dem von diesem Netz durchzogenen, ja von diesem Netz gewissermaßen konstruierten physischen Leib erreichen zu können. Sein karmisches Netz hat er aus der vollständigen Freiheit veranlagt. Nämlich aus jener Weisheit und Schaffenspotenz heraus, die ihn durchdringt und ausmacht, wenn er im reinen Geistgebiet im Zustand seiner göttlichen Vollkommenheit lebt, wo sein ewiges Ich* [höheres Selbst] *auch stets verbleibt. Dort, in jenem Zustand, ist* *es ihm ein Bedürfnis, sich unter den von ihm selbst (infolge der Taten seines vorherigen Lebens) geschaffenen Bedingungen wieder zu inkarnieren.«*[69]

Dieses karmische Netz wird dem Ätherleib einverwoben. Diese zunächst noch rein geistige individuelle karmische Information wird dann auf den physischen Menschenkeim übertragen. Dadurch wird bewirkt, dass im Erdenleben das Karma ausgelebt werden kann.[70]

Werfen wir noch einen Blick darauf, wie die Wesensglieder des Menschen aufgrund seines Karma gestaltet werden, wie sich also sein Karma auf seine neuen Wesensglieder auswirkt (☞ auch Kapitel 10, S. 236ff.): **»Alles, was er gedacht, gefühlt und empfunden hatte, hatte sich als bleibend eingegliedert in die astrale Welt. Viele Spuren hat es da hinterlassen. War es viel Wahres, was er gedacht hatte, so setzen diese Spuren ihm einen guten Astralleib zusammen. Was er eingegliedert hat in die untere Devachanwelt als sein Temperament und so weiter, das setzt den neuen Ätherleib zusammen, und was er vollbracht hat an Taten, wirkt mit von den höchsten Partien des Devachan aus, wo schon die Akasha-Chronik zu finden ist, auf die Stationierung und Lokalisierung des physischen Leibes. Hier liegen die Kräfte, die einen Menschen an einen bestimmten Ort hinbringen. Hat man jemandem Böses angetan, so ist das eine äußere Tatsache, die hinaufgeht in die höchsten Devachan-Partien. Sie wirkt bei der neuen Eingliederung in einen physischen Leib als Kräfte, welche der Mensch zurückgelassen hat, und drängt ihn, allerdings unter Leitung höherer Wesenheiten, zu dem Orte hin, wo er die Wirkung seiner Taten nunmehr in der physischen Welt erfahren kann. Alles, was wir äußerlich erfahren, ohne dass es uns innerlich besonders berührt, wirkt bei der nächsten Verkörperung auf unseren Astralleib und zieht entsprechende Gefühle, Empfindungen und Gedanken-Eigentümlichkeiten heran. Hat man sein Leben gut angewendet, sich viel angeschaut, reichliche Kenntnisse erworben, so ist die Folge davon, dass der Astralleib im nächsten Leben mit besonderen Begabungen nach diesen Richtungen hin wiedergeboren wird. Erlebnisse und Erfahrungen also prägen sich in der nächsten Verkörperung im Astralleib aus. Was man aber empfindet, fühlt, Lust und Leid, was inneres Erleben der Seele ist, das wirkt in der nächsten Verkörperung bis auf den Ätherleib und bewirkt eine bleibende Neigung in ihm. Wer viel Freude erlebt, dessen Ätherleib wird ein zur Freude neigendes Temperament haben. Wer sich bemüht, viele gute Taten zu vollbringen, der wird durch die Gefühle, die dabei entwickelt werden, im nächsten Leben geradezu ein Talent an guten Taten ausgeprägt haben. Er wird auch ein sorgfältig entwickeltes Gewissen haben und wird ein moralisch angelegter Mensch sein.«**[71]

Wenn man weiß, wie kompliziert alle diese ›Verrichtungen‹ sind, damit ein Menschenwesen den irdischen Schauplatz betreten kann, erscheint sowohl die Ansicht der Materialisten, dass alles durch einen reinen Zufall geschehe, als auch die vieler religiös orientierter Mitmenschen, dass Gott die menschliche Seele aus dem Nichts erschaffe, geradezu absurd.

11.3.3 Die Vorschau auf das neue Erdenleben

Unmittelbar bevor die zur neuen Inkarnation schreitende Individualität Besitz von dem physischen Leib im Schoße der Mutter ergreift, besteht der Mensch aus den gleichen Wesensgliedern, die er unmittelbar nach Eintritt des Todes hatte: Ich, Astralleib und Ätherleib. **»Daraus wird Ihnen leicht verständlich sein, wie im Moment, da der Mensch seinen neuen physischen Leib betritt, etwas Analoges zu dem Moment auftritt, wo er diesen ablegt.«**[72]

Als der Mensch im Augenblick des Todes den physischen Körper ablegte, tauchte ein riesiges Panorama vor ihm auf, das ihm alle Bilder seines abgelegten Erdenlebens zeigte. Analog zu dieser Lebens*rückschau* erlebt er jetzt – wie bereits in Kapitel 10 erwähnt wurde – eine Lebens*vorschau*, eine Vorschau auf sein kommendes Erdenleben. Diese Vorschau zeigt ihm insbesondere, welche Schicksale ihm bevorstehen *könnten*. **»Wieder sieht der Mensch ein solches Gemälde, das jetzt all die Hindernisse zeigt, welche der Mensch hinwegzuräumen hat, wenn seine Entwickelung weitergehen soll. Und das, was er so sieht, wird der Ausgangspunkt von Kräften, welche der Mensch ins neue Leben mitnehmen muss. Das Bild des Schmerzes, den er dem andern zugefügt hat, wird zur Kraft, die das Ich, wenn es nun wieder ins Leben eintritt, antreibt, diesen Schmerz wieder gutzumachen. So wirkt also das vorgängige Leben bestimmend auf das neue. Die Taten dieses neuen Lebens sind durch jene des vorigen in einer gewissen Weise verursacht.«**[73]

Dem Menschen wird sowohl gewahr, welche leidvollen als auch welche freudigen Erlebnisse er im künftigen Erdensein haben wird. Es herrscht eine große Gewissheit über das kommende Erdenleben. Er wird alles, was auf ihn zukommen wird, bejahen. Schließlich hat er an der Ausarbeitung seines Schicksalsplanes selbst mitgewirkt. Er weiß, warum er in seiner bevorstehenden Inkarnation bestimmte Erfahrungen machen muss. Dennoch könnte nun in etwas extremen Fällen eintreten, dass er, wenn er etwa sehen sollte, dass ihn ein besonders hartes Schicksal erwartet, einen Schock bekommt. Dann könnte es sein, dass sich der Ätherleib nicht in der richtigen Weise mit dem physischen Leib vereinigt. Dadurch *könnten* schwere ›geistige‹ Behinderungen auftreten. **»Ein konkretes, greifbares Beispiel: Es kommt vor, dass bestimmte Menschen das Unglück haben, Idioten zu bleiben. Das kommt daher, dass sie einen ganz besonderen Anprall oder Schreck bekamen. Wie in den Augenblicken nach dem Tode die Rückerinnerung gleichsam als Panoramabild vor die Seele tritt, so tritt für die Seele, die sich einverleiben will, ein Ähnliches ein, sie hat ein gewisses Vorgesicht. Sie sieht nicht die Einzelheiten, aber hat einen Überblick. Es sind Fälle bekannt, dass Seelen vor ihrer Einverleibung über ihr zukünftiges Los erschraken. Sie bekamen einen solchen Schreck, dass der Ätherleib sich nicht voll eingliederte, und das Gehirn außerhalb blieb. Es sind zwei Fälle bekannt, einer eines vierjährigen und ein anderer eines sechsjährigen Kindes, wo solches sich ereignete. Man hat versucht, sie psychisch zu beeinflussen, und ein wenig ist es auch gelungen. Also nur im Vorgesicht ist das Schicksal bekannt.«**[74]

Wenn der Mensch dann geboren wird, hat er diese Vorschau wieder vergessen, weil die derzeitige Konstitution des physischen Leibes eines Durchschnittsmenschen noch nicht geeignet ist, sie im Gedächtnis zu behalten. Die Kräfte, die zu Erinnerungskräften werden könnten, gehen allerdings nicht verloren. Sie werden benötigt, um den physischen Leib zu organisieren.

Der Mensch wird sich in seinem Erdenleben – zumindest im Normalfall – weder an dasjenige erinnern, was er in den übersinnlichen Welten erlebt hat noch an seine frühere Inkarnation...

****

Zum Abschluss dieses Kapitels möchten wir uns noch insbesondere an junge Eltern oder Großeltern wenden.

Viele Eltern kommen, wenn sie ihr Neugeborenes in den ersten Stunden, Tagen und Wochen oder auch später liebevoll anschauen, bei aller Freude nicht darüber hinaus, in diesem ein noch ›dummes Wesen‹, ein völlig unbeschriebenes Blatt, das zufällig durch die Zeugung entstanden ist und noch keinerlei Erfahrungen, Vorleistungen, Verdienste und dergleichen mitbringt, zu sehen.

Eltern, die über spirituelle Erkenntnisse, so wie sie in diesem Buch zu geben versucht wurden, verfügen, werden jedoch ihr Kind mit ganz anderen Augen betrachten. Sie werden nicht nur von großer Freude, für die es eigentlich gar keine Worte gibt, erfüllt sein, sondern mit großer Ehrfurcht auf den neuen Erdenbürger schauen. Jede durch die Geburt in die Erdenwelt herabgestiegene Seele muss als ein großes Wunder bezeichnet werden. **»Das Kind, indem es geboren wird, ist ja wirklich das größte Wunder, das es überhaupt innerhalb des Erdenlebens geben kann. Man muss es als solches größtes Wunder anerkennen, wenn man unbefangenes Verständnis dafür hat.«**[75]

Die Eltern können sich klarmachen, dass ihr Kind noch vor kurzer Zeit in den geistigen Welten weilte, wo es im Verein mit erhabenen geistig-göttlichen Wesen seine Geburt geplant und vorbereitet sowie großartige Arbeiten verrichtet hat, die den menschlichen Verstand übersteigen. Dann kann ihnen bewusst sein, dass das Ich-Wesen, das ihr Kind beseelt, sich *genau sie* als seine Eltern ausgesucht hat. Ihr Kind liebt sie schon seit langem. Die Liebe der Eltern ist im Grunde eine unbewusste Erwiderung dieser Kindesliebe.

Diese Seele bzw. diese Individualität hat mit der Erdenwelt keine neue unbekannte Sphäre betreten. Vielmehr hat dieses Wesen schon viele Inkarnationen hinter sich, in denen es womöglich schon Großes geleistet hat. Selbst ein Mensch, der nicht spirituell gesinnt ist, müsste eigentlich, wenn er ganz unbefangen ein Neugeborenes oder ein noch ganz kleines Kind sieht, ganz unmittelbar *empfinden*, dass es eine himmlische Welt geben muss, aus der dieses kleine Wesen vor kurzer Zeit herabgestiegen ist!

Die Seele dieses Kindes bringt unfassbar viele Erfahrungen mit, die sie in früheren Inkarnationen, die sich über einen Zeitraum von vielen Millionen Jahren erstreckt haben, gesammelt hat. Sie hat vielleicht sogar ein viel ›dickeres‹ und ›ausgefüllteres‹ Lebensbuch und ist schon viel reifer und steht womöglich auf einer höheren Stufe ihrer geistig-seelischen Entwicklung als die Eltern.

Alle Eltern können übrigens mit an Sicherheit grenzender Wahrscheinlichkeit davon ausgehen, dass sich in ihrem Kind keine ihnen unbekannte Individualität verkörpert hat. Es ist – wie bereits erläutert wurde – eine Folge des Karmagesetzes, dass wir in jedem Erdenleben immer wieder mit denjenigen Individualitäten zusammenkommen, die wir schon aus früheren Inkarnationen kennen. Die Seele, die sich jetzt wieder verkörpert hat, war bereits in einer früheren gemeinsamen Inkarnation in dem Lebensumfeld ihrer jetzigen Eltern. Vielleicht war sie dort deren Großmutter, Bruder, Lehrer, Freund, Arbeitskollege oder Nachbar.

Eltern, die sich diese Tatsachen so recht bewusst machen, werden die Entwicklung ihres Kindes *besonders* liebevoll verfolgen und unterstützen und ihr Kind auf dem von ihm selbst gewählten Weg bestmöglich begleiten und fördern.

Ein kleines Kind hat auch noch gewisse Erinnerungen an seine vorgeburtliche Zeit. Sie können ja einmal das ›Experiment‹ wagen und Ihrem zwei-, drei- oder vierjährigen Kind oder Enkelkind die Frage stellen, *wo* es vor seiner Geburt war.

Die Antwort wird Sie möglicherweise überraschen; auch wenn diese freilich kindgemäß ist, so kommt sie aber den Tatsachen häufig erstaunlich nah. Zahlreiche Zeitgenossen berichten von solchen Antworten wie etwa: »im Himmel«, »beim lieben Gott«, »bei den Sternen«, »da, wo die Engel sind«, »im Licht« o.ä.

Kapitel 12

Wie heute den Schicksalsmächten ›ins Handwerk gepfuscht‹ wird

(Exkurs)

> *Der Mensch selbst ist eine kultische Formel,*
> *von Göttern selbst in die Welt gesprochen.*
> *Wenn er die Götter vertreibt,*
> *ergreifen ihn Dämonen.*
> **Friedrich Doldinger**[1]

Wie bereits ausführlich dargestellt wurde, tritt der Mensch nicht als ein ›unbeschriebenes Blatt‹ ins irdische Dasein. Vielmehr bringt er alle seine Erfahrungsschätze, die er in seinen früheren Inkarnationen gesammelt hat, sowie insbesondere auch sein ganz individuelles Schicksal mit ins Erdenleben.

Dieses Schicksal, also sein Karma, hat er sich in seinem vorgeburtlichen Leben weitgehend selbst gewählt. Er konnte es im Verein mit den geistigen Wesen der höheren Hierarchien planen bzw. veranlagen, weil er in dieser Zeit noch wusste, welche Erlebnisse und Erfahrungen er im kommenden Erdenleben benötigt, um für die vielen karmischen Ausgleichstaten zu sorgen und um in seiner geistig-seelischen Entwicklung vorwärtsschreiten zu können. Selbst wenn er kurz vor der Empfängnis in der Lebensvorschau gesehen haben sollte, dass ihm auch leidvolle, schlimme und schlimmste Schicksale bevorstehen, so hat er es doch voll bejaht. Es ist von großer Bedeutung, dass jeder Mensch in seinem irdischen Dasein dieses aus einer höheren Warte selbst gewählte Schicksal lebt, damit es sich verwirklichen kann.

Nun gibt es aber in unserem heutigen Zeitalter, das auf allen Ebenen stark von der materialistischen Ideologie durchzogen ist, eine ganze Reihe von technischen Errungenschaften, medizinischen Möglichkeiten und Bestrebungen, die einem materialistisch gesinnten Zeitgenossen als erstrebenwert und sogar als ein großes Ideal erscheinen.

Wer sich jedoch zu einer spirituellen Weltanschauung erheben konnte und die Gesetze der Reinkarnation und des Karma anerkennt und einigermaßen versteht, wird erkennen, dass es sich in vielen Fällen um sehr bedenkliche, ja fatale Entwicklungen handelt, die zum Teil sogar dazu führen, dass die Menschen ihr Schicksal *nicht* leben können und dass ihnen ihre notwendige geistig-seelische Evolution unmöglich gemacht oder zumindest gewaltig erschwert wird.

Auf einige dieser Entwicklungen, bei denen man plakativ durchaus davon sprechen könnte, dass man den Schicksalsmächten, also den geistigen Wesen der höheren Hierarchien, die an der Ausarbeitung und Erfüllung des Karma arbeiten, regelrecht ›ins Handwerk pfuscht‹, wollen wir zum Abschluss dieses Buches in einem kleinen Exkurs einen Blick werfen.

12.1 Einseitigkeiten der modernen Schulmedizin

Wenn man nach dem Ursprung der Schulmedizin sucht, wird man in die Mitte des 19. Jahrhunderts zurückgeführt. Als ihr Begründer kann der deutsche Arzt und Pathologe Rudolf Virchow (1821 bis 1902) betrachtet werden, der nicht zuletzt wegen seiner Begründung der Zellularpathologie Weltruf erlangte. Er vertrat die These, dass die Zelle das letzte Formelement aller lebendigen Erscheinungen sowohl im Gesunden als auch im Kranken sei, von welchem alle Tätigkeit des Lebens ausgehe. Gemäß dieser Lehre basieren Krankheiten auf Störungen der Körperzellen bzw. ihrer Funktionen. Auch wenn diese Anschauung gewiss nicht als falsch zu bewerten ist, muss man sehen, dass sie nur das Physisch-Materielle in Betracht zieht und alles Geistig-Seelische ignoriert. Diese Ansicht hat sich dann in den folgenden Jahrzehnten immer mehr etabliert und gilt heute als wissenschaftlicher Konsens.

Freilich darf man die Errungenschaften unserer heutigen Schulmedizin nicht geringschätzen. Die Leistungen der modernen Medizin sind zunächst einmal aus zwei Gründen sogar absolut anerkennenswert. Zum einen gibt es mittlerweile zahlreiche – zumeist technologische – Möglichkeiten, mit denen die meisten *gängigen* Krankheiten oder Beschwerden recht zuverlässig diagnostiziert werden können. Zum anderen gibt es Operationstechniken, mit denen vielen Menschen das Leben gerettet oder lebenswerter gemacht werden kann. Auch die Leistungen der Notfallmedizin und der Palliativmedizin sind äußerst lobenswert.

Dass unsere Schulmedizin aber als absolut einseitig bezeichnet werden muss, ist eine zwangsläufige Folge davon, dass man ein völlig falsches Menschenbild hat. Im Grunde sehen die wohl weitaus meisten Mediziner in dem Patienten ein reines Körperwesen. Zwar faseln einige von »seelischen« bzw. »psychischen« Faktoren, an die Existenz einer Seele bzw. übersinnlicher Wesensglieder glauben sie allerdings nicht ernsthaft.

Nun basiert aber jedwede Heilung, die in vielen Fällen durch therapeutische Maßnahmen unterstützt oder angeregt werden muss, letztlich auf einer Selbstheilung. Die dazu benötigten Kräfte befinden sich im Ätherleib; er ist der eigentliche Heiler in unserem Organismus. **»Der bloße physische Organismus könnte niemals einen Selbstheilungs-Vorgang hervorrufen. Ein solcher wird in dem ätherischen Organismus angefacht. Damit aber wird die Gesundheit als der Zustand erkannt, der im ätherischen Organismus seinen Ursprung hat. Heilen muss daher in einer Behandlung des ätherischen Organismus bestehen.«**[2]

Wie kann man einen *Menschen* behandeln oder gar wirklich heilen, wenn man nicht weiß, was der Mensch ist, was ihn ausmacht, welche Wesensglieder er hat?! Wie kann ein Arzt, der den Ätherleib nicht berücksichtigt, unterstützend auf den ätherischen Organismus einwirken?

12.1.1 Behandlung und Prävention von Krankheiten in der Schulmedizin

Zur Bekämpfung vieler Krankheiten – man kann hier im Grunde eigentlich nicht von Behandlung oder gar von Heilung sprechen – verabreicht man heute vorwiegend ›chemische Keulen‹, die das Auftreten fataler, kaum zählbarer Nebenwirkungen zur Folge haben können, was letztlich nur den Pharmakonzernen und deren Aktionären nützt. Bekanntlich kann weder die Ärzteschaft noch die Pharmaindustrie an einem gesunden Menschen verdienen. Viele unserer Mitmenschen sind nicht mehr bereit, gewisse Krankheiten, etwa eine Erkältung oder eine leichte Grippe, auf natürlichem Wege ausheilen zu lassen, sondern greifen gleich zu pharmazeutischen Präparaten.

Judith von Halle schreibt dazu: *»Man kann sich denken, dass die Krankheit, wie sie einmal als Gabe der guten Götter im Hinblick auf einen karmischen Ausgleich oder als eine Hilfe zum Fortschreiten auf geistigem Felde dem Menschen zugeführt wurde, nicht mehr voll zum Tragen kommen kann und womöglich sogar in verschlimmerter Weise in ein nächstes Leben hinübergeführt werden wird.«*[3]

Homöopathische Arzneimittel werden von vielen Schulmedizinern als nutzlos verworfen, da man im Labor feststellen könne, dass diese nicht einmal Spuren der betreffenden Substanz enthalten. Damit beweisen diese Mediziner nichts anderes, als dass sie das *geistige* Prinzip der Homöopathie nicht verstanden haben oder nicht verstehen wollen.

Was die Prävention von Krankheiten angeht, ist insbesondere an die heutige Impfpolitik zu denken. Neben vergleichsweise wenigen Gegnern gibt es heute viele glühende Verfechter einer allgemeinen Impfpflicht für Kleinkinder. Diese Impfungen sollen im Grunde den Ausbruch *aller* Kinderkrankheiten verhindern.

Allen typischen Kinderkrankheiten wie etwa Masern, Röteln, Windpocken, Scharlach, Mumps und Keuchhusten ist gemein, dass sie mit hohem Fieber und zum Teil mit unterschiedlichen Hautausschlägen einhergehen. Schon der Begriff »*Kinder*krankheit« macht deutlich, dass sie *vorwiegend* im Kindesalter auftreten und somit etwas mit der *Entwicklung* eines Kindes zu tun haben.

In der modernen Schulmedizin sieht man in ihnen lediglich ein Übel, das es – möglichst schon im Vorfeld durch Impfungen – zu bekämpfen gilt. Welche Interessensgruppen dabei ihren Einfluss geltend machen, muss wohl nicht erwähnt werden.

Wie sind nun Kinderkrankheiten aus geisteswissenschaftlicher Sicht zu bewerten?

Es wurde bereits gesagt, dass der Mensch in seiner vorgeburtlichen Zeit im Verein mit den erhabenen geistigen Wesen der höheren Hierarchien ein *geistiges* Modell seiner späteren physischen Leiblichkeit ausarbeitet. Nun ist er aber darauf angewiesen, dass die von ihm erwählten Eltern ihm das bestmöglich passende Erbgut mitgeben können, so dass die Leiblichkeit, die er benötigt, um sein Karma und seine Lebensaufgabe erfüllen zu können, *möglichst genau* diesem Modell entsprechen kann. Das wird aber in den weitaus meisten Fällen nicht möglich sein! Die Leiblichkeit, in die er sich bei der Geburt einkleidet, weicht zunächst von diesem Ideal noch mehr oder weniger stark ab, so dass man auch hier noch von einem Modell, einem »physischen Modell«, sprechen kann, das in den ersten sieben Lebensjahren heranwächst.

Nach diesem Modell muss sich das Kind richten. Darauf ist es angewiesen. Als vergleichendes Beispiel könnte man wieder an einen Bildhauer denken, der plant, eine Skulptur zu schaffen. Der Künstler wird zunächst ein ›geistiges‹ Modell der Skulptur aufzeichnen oder plastizieren. So wie die Seele im Vorgeburtlichen ihre Eltern auswählt, wählt er einen geeigneten Stein, den er gemäß seinem Modell bearbeiten kann. Nun wird er, nachdem das Kunstwerk ausgearbeitet ist, oftmals mit dem Ergebnis noch nicht zufrieden sein. Zu sehr weicht das jetzige ›physische‹ Modell noch von dem ›geistigen‹ ab. Vielleicht war der Stein, den er bearbeitet hat, an manchen Stellen doch zu spröde oder rissig, vielleicht hatte er ihn an einigen Stellen noch nicht genügend ausgemeißelt. Somit muss er womöglich noch über einen langen Zeitraum Hand anlegen, um die Skulptur doch noch so zu gestalten, dass sie zumindest weitestgehend dem geistigen Modell entspricht.

Dieses Nacharbeiten am physischen Modell muss in den wohl meisten Fällen auch die Seele des Kindes leisten. Darin kommen die Kinderkrankheiten zum Ausdruck. **»Nun, sehen Sie, meine lieben Freunde, alle Dinge haben ihre geistige Seite. Was der Mensch da hat als seinen Körper in den ersten sieben Lebensjahren, das ist eben einfach ein Modell, nach dem er sich richtet. Entweder es gehen seine geistigen Kräfte in einem gewissen Grade in dem unter, was ihm da durch das Modell aufgedrängt wird, und er bleibt ganz vom Modell abhängig, oder er arbeitet in den ersten sieben Lebensjahren durch das Modell dasjenige durch, was das Modell verändern will. Dieses Arbeiten, dieses Durcharbeiten findet seinen äußeren Ausdruck. Denn es handelt sich ja nicht bloß darum, dass da gearbeitet wird und dass dieses hier das ursprüngliche Modell ist; sondern das ursprüngliche Modell löst sich ja los, schuppt sich ab sozusagen, fällt ab, wie die ersten Zähne abfallen; alles fällt ab. Es handelt sich da wirklich darum, dass von der einen Seite die Formen, die Kräfte das Modell drücken; auf der anderen Seite will der Mensch ausprägen, was er heruntergebracht hat. Das gibt einen Kampf in den ersten sieben Lebensjahren. Vom geistigen Gesichtspunkte aus gesehen, bedeutet dieser Kampf dasjenige, was dann äußerlich symptomatisch in den Kinderkrankheiten zum Ausdrucke kommt. Kinderkrankheiten sind der Ausdruck dieses inneren Kampfes.«**[4]

12.1.2 Die geistigen Ursachen bestimmter Krankheiten im Kindesalter

Wir wollen nun noch zwei spezielle Krankheiten betrachten, die meistens im Kindesalter auftreten. Die Tatsache, dass viele Kinderkrankheiten im Allgemeinen eine Folge des Kampfes gegen das nicht hinreichend passende physische Modell des Leibes sind, der aus der elterlichen Vererbung stammt, widerspricht ja nicht derjenigen, dass es eine geistige Ursache dafür geben muss, dass sich nicht irgendeine, sondern eine ganz bestimmte Krankheit geltend macht.

Nehmen wir zunächst die Masern. Rudolf Steiner erforschte eine sehr häufige Ursache für das Auftreten der Masernerkrankung. Auch hier ist die wahre, die geistige Ursache für diese Wirkung (Masern) in einem früheren Leben zu finden. Oftmals ist es so, dass die Individualität, die jetzt an Masern erkrankt, in einer früheren Inkarnation jemand war, der sich nicht sonderlich um die äußere Welt gekümmert hat, der sich vorwiegend mit sich selbst beschäftigt hat und ein gewisses Maß an Egoismus zeigte.

Wenn dieser nun Masern bekommt, so ist das freilich nicht als eine Strafe aufzufassen. Vielmehr ist es der vorgeburtliche Entschluss der Seele, durch das Durchmachen dieser Krankheit eine organische Selbsterziehung zu üben. **»Und was ich jetzt gesagt habe über eine Masernerkrankung, das kann zu Gesichtspunkten führen, die erklären, warum Masern gerade zu den gebräuchlichen Kinderkrankheiten gehören. Denn die Eigenschaften, die genannt worden sind, kommen in sehr vielen Leben vor. Insbesondere in gewissen Zeitperioden haben sie in vielen Leben grassiert. Und wenn dann eine solche Persönlichkeit ins Dasein tritt, wird sie so schnell wie möglich Korrektur üben wollen auf diesem Gebiet und in der Zeit zwischen der Geburt und dem gewöhnlichen Auftreten der Kinderkrankheiten, um organische Selbsterziehung zu üben, die Masern durchmachen; denn von einer seelischen Erziehung kann ja in der Regel in diesem Alter nicht die Rede sein.«**[5]

Wie sieht die heutige gesellschaftliche Realität aus? Obwohl die Wahrscheinlichkeit, dass ein Kind an Masern stirbt, gegen Null konvergiert, werden Kinder geimpft, damit die Masernkrankheit nicht zum Ausbruch kommen kann. Seit 2020 gibt es sogar eine Impfpflicht! Man will dadurch mittelfristig eine Elimination der Masern in Deutschland erreichen. Damit entzieht man den Kindern die so wichtige Möglichkeit, ihr im Vorgeburtlichen selbst gewähltes Schicksal zu leben und sich durch das Durchmachen der Masern in dem skizzierten Sinne selbst zu erziehen. Es ist sehr wahrscheinlich, dass diese Kinder später andere – vermutlich viel schwerere – Schicksale erleben werden, um das Ziel eben auf andere Weise doch noch zu erreichen.

Über das Dilemma der Impfung schreibt Judith von Halle: *»Bei der Impfung wird in den menschlichen Leib ein Keim derjenigen Krankheit hineingegeben, die es zu bekämpfen gilt. Das Kind soll sich dadurch immunisieren lernen. Und doch trägt dieses Kind, das sich selbst nicht schützen kann, diesen Krankheitskeim fortwährend in sich. So wird etwas von außen her kommend in den einzelnen Menschen hineingelegt, was* *ohne die Impfung unter Umständen gar nicht hineingekommen wäre. Die Idee der Impfung ist ja nicht von vornherein schlecht zu heißen, entspricht ja geradezu dem homöopathischen Ansatz, ein Ähnliches mit dem Ähnlichen zu therapieren. Doch die Art, wie dieses heute praktiziert wird – nämlich nicht nach Auftreten der Krankheit wie in der Homöopathie, sondern bereits vor ihrem Ausbruch, so dass man im Grunde von einer ›Therapie‹ gar nicht sprechen kann –, berücksichtigt eben kaum die geistigen Hintergründe der Krankheiten in den einzelnen Menschen.*

So kann ein Kind heute durch die Impfpflicht mit einem Schicksal konfrontiert werden, das gar nicht sein eigenes ist – entweder dadurch, dass es einen Krankheitskeim eingepflanzt erhält, der aus karmischen Gründen gar nicht mit ihm in Berührung gekommen wäre, oder dadurch, dass durch die Immunisierung sein Schicksal gar verhindert wird, weil die für ihn aus karmischen Gründen vorgesehene Krankheit gar nicht erst zum Ausbruch kommt und so für ein nächstes Leben aufgespart werden muss, in welchem sich eigentlich bereits ganz anderes vollziehen sollte durch neue, im gegenwärtigen Leben verursachte Verhältnisse.«[6]

Die Idee einer flächendeckenden Masernimpfung, die von vielen als große Errungenschaft gefeiert wird, kann nur auf dem Boden einer durch und durch materialistisch infizierten Gesellschaft erwachsen. Verschärfend hinzu kommt noch, dass es keinen Einzelimpfstoff mehr gibt. Es gibt nur noch Kombinationsimpfstoffe, die vor mindestens drei Krankheiten (Masern, Mumps und Röteln) schützen sollen. Eine weitere Verschärfung ist darin zu sehen, dass geplant ist, mRNA-Impfstoffe zu verwenden. Diese Substanzen, bei denen es sich im Grunde gar nicht um Impfungen, sondern um eine »prophylaktische Gentherapie« handelt, haben schon im Zusammenhang mit Corona ihre Unschuld verloren. Man kann nur hoffen, dass genügend viele Eltern vor Gericht ziehen, damit die Impfpflicht gekippt werden kann.

Vermutlich erleben wir heute den Beginn einer Zeit, auf die Rudolf Steiner vor gut 100 Jahren hinwies. Er sagte in mehreren Vorträgen, dass in nicht so ferner Zukunft eine Zeit kommen werde, in der man jeden Gedanken daran, dass ein Mensch einen Geist und eine Seele hat, als krankhaft abstempeln werde. Als gesund werde man nur diejenigen bezeichnen, die ausschließlich vom Körper reden. Weiter prophezeite er, dass die materialistische Wissenschaft Arzneimittel und Impfstoffe erfinden werde, mit denen man den ›kranken‹ Menschen den Glauben an Geist und Seele sowie an alles Spirituelle austreiben werde. **»Die Seele wird man abschaffen durch ein Arzneimittel. Man wird aus einer ›gesunden Anschauung‹ heraus einen Impfstoff finden, durch den der Organismus so bearbeitet wird in möglichst früher Jugend, möglichst gleich bei der Geburt, dass dieser menschliche Leib nicht zu dem Gedanken kommt: Es gibt eine Seele und einen Geist. – So scharf werden sich die beiden Weltanschauungsströmungen gegenübertreten. Die eine wird nachzudenken haben, wie Begriffe und Vorstellungen auszubilden sind, damit sie der realen Wirklichkeit, der Geist- und Seelenwirklichkeit gewachsen sind. Die andern, die Nachfolger der heutigen Materialisten, werden den Impfstoff suchen, der den**

Körper ›gesund‹ macht, das heißt so macht, dass dieser Körper durch seine Konstitution nicht mehr von solch albernen Dingen redet wie von Seele und Geist, sondern ›gesund‹ redet von den Kräften, die in Maschinen und Chemie leben, die im Weltennebel Planeten und Sonnen konstituieren. Das wird man durch körperliche Prozeduren herbeiführen. Den materialistischen Medizinern wird man es übergeben, die Seelen auszutreiben aus der Menschheit.«[7]

»Das materialistische Zeitalter strebt danach aus gewissen Kreisen heraus, alle spirituelle Entwickelung der Menschheit zu paralysieren, unmöglich zu machen; die Menschen dahin zu bringen, dass sie ablehnen, einfach durch ihre Temperamente, durch ihren Charakter ablehnen alles Spirituelle, es für Narretei ansehen. Solch eine Strömung – bei einzelnen Menschen ist sie heute schon bemerkbar – wird sich immer mehr und mehr vertiefen. Es wird die Sehnsucht entstehen, dass allgemeines Urteil wird: Das Spirituelle, das Geistige ist Narretei, ist Wahnsinn! – Das wird man dadurch zu erreichen versuchen, dass man dagegen Impfmittel herausbringt, dass man, so wie man auf Impfmittel gekommen ist zum Schutz gegen Krankheiten, nun auf gewisse Impfmittel kommt, die den menschlichen Leib so beeinflussen, dass er den spirituellen Neigungen der Seele keine Wohnung gewährt. Man wird die Menschen gegen die Anlage für geistige Ideen impfen. Das wird man wenigstens anstreben; man wird Impfmittel versuchen, so dass die Menschen schon in der Kindheit den Drang zum geistigen Leben verlieren.«[8]

Es soll noch kurz ein weiteres Beispiel betrachtet werden, das auch wieder zeigt, wie kontraproduktiv etliche Ansätze der modernen Schulmedizin sind.

Seit einigen Jahrzehnten leiden immer mehr Kinder an dem sogenannten »Aufmerksamkeitsdefizit-Syndrom« (kurz: »ADS«). Wie Judith von Halle schreibt, sei diese *vermeintliche* Krankheit aber in durchaus vielen Fällen die Folge von etwas im Grunde höchst Erfreulichem: Die betroffenen jungen Erdenbürger haben Wahrnehmungen aus geistigen Welten. Wie bereits erwähnt sind die meisten Kleinkinder noch in der Lage, ihren Engel wahrzunehmen, mit dem sie sich bisweilen angeregt ›unterhalten‹. Insbesondere dann, wenn ihre Eltern nicht verstehen, um was es sich handelt, und ihren Kindern sogar ihre Wahrnehmungen ausreden, kann es den Kindern schwer fallen, diese richtig einzuordnen und mit ihrem normalen Leben in Einklang zu bringen, so dass sie sich unruhig, unaufmerksam, unkonzentriert und bisweilen hyperaktiv gebärden. *»[...] so wird man finden, dass die Behandlung selbst kleiner Kinder mit einer Dauerverabreichung von chemischen Beruhigungsmitteln dazu dient, die zarten, dem überwiegenden Teil der Elterngeneration fremd oder ›anormal‹ anmutenden Bekundungen und Wahrnehmungen geistiger Welten zuzudecken, herabzudämpfen, statt wohltuend zu kanalisieren und zu fördern. [...] Der Schaden, welcher der Menschheit in Zukunft entstehen wird dadurch, dass einem ganzen Teil einer Generation durch die Verabreichung chemischer Mittel etwas in die Seele gepflanzt wird, das demjenigen, was schon in ihr zu keimen begann und man als kostbares geistiges Gut hätte hegen und pflegen kön-*

nen, vollkommen entgegensteht, ist heute noch nicht absehbar für denjenigen, der die Zusammenhänge nicht sieht.«[9]

Zum Abschluss dieses Themas sei noch erwähnt, dass mittlerweile viele unserer Mitmenschen aus gut nachvollziehbaren Gründen die Dienste der Schulmedizin nur dann noch in Anspruch nehmen, wenn es – wie etwa im Falle einer notwendigen Operation – unerlässlich ist. Ansonsten bevorzugen sie es, einen Arzt, der anthroposophisch, naturheilkundlich oder nach dem Prinzip der traditionellen chinesischen Medizin arbeitet, oder einen Heilpraktiker, zu konsultieren.

12.2 Abtreibung

Das Töten eines werdenden Lebens, das man mit dem recht neutral klingenden Wort »Schwangerschaftsabbruch« benennt, ist zumindest unter gewissen Voraussetzungen in den meisten Staaten schon legalisiert worden. Selbst in kirchlichen Kreisen gibt es einige Befürworter der Abtreibungspraxis.

Schon vor Jahrzehnten sind in Deutschland Tausende Frauen auf die Straße gegangen, um für die Abschaffung des Paragraphen 218 zu demonstrieren. Ihre Parole lautete: »Mein Körper gehört mir!« Dabei ›vergaßen‹ sie offensichtlich, dass in ihrem Körper ein menschliches Wesen seine temporäre Wohnstatt bezogen hatte, das sich während eines langen Zeitraums in der geistigen Welt gründlich auf seine Geburt sowie das darauf folgende Erdenleben vorbereitet hat.

Mittlerweile bleibt in unserem Land eine Abtreibung straffrei, sofern sie in den ersten zwölf Schwangerschaftswochen erfolgt und die Frau sich zuvor einer Beratung unterzogen hat. Obwohl in Frankreich die Abtreibung schon vor geraumer Zeit legalisiert wurde, hat man im März 2024 die Verfassung geändert und dieses Recht dort verankert. Dadurch bekam das Abtreibungsrecht Verfassungsrang. Das wurde von 80 Prozent der Bürger befürwortet und als großer Erfolg sowie als Vorbild für andere Länder gefeiert. Schwangere Frauen können in unserem Nachbarland bis zur 14. Woche ihr Ungeborenes abtreiben lassen.

In Frankreich werden etwa 200.000 Abtreibungen *pro Jahr* durchgeführt. In Deutschland waren es im Jahre 2022 immerhin 100.000. Die Kosten übernehmen die Krankenkassen. Diese Zahlen klingen sehr abstrakt. Wenn man sich aber einmal klarmacht, dass das größte Fußballstadion der Welt nicht so viele Menschen fassen könnte, werden sie etwas plastischer.

Seit einiger Zeit kann ein Arzt im Zuge einer pränatalen Diagnostik feststellen, dass eine schwangere Frau mit sehr hoher Wahrscheinlichkeit ein behindertes Kind zur Welt bringen wird. Diese Untersuchung nehmen die wohl meisten Schwangeren in

Anspruch. Bei einer ungünstigen Prognose entscheiden sich dann viele für eine Abtreibung.

Freilich ist es für die Eltern alles andere als leicht, ein behindertes Kind zu betreuen. Aus einem gewissen Blickwinkel kann man eine solche Entscheidung durchaus nachvollziehen. Man vergisst dabei aber völlig, dass die ungeborene Seele sich vielleicht gerade dieses Schicksal, das sie nun nicht leben kann, ausgesucht hat! Auch die Eltern entziehen sich der Aufgabe, an *ihrem* Schicksal, ein behindertes Kind auf seinem Erdenweg bestmöglich zu begleiten, zu wachsen und zu reifen (☞ auch Anhang A.3, S. 394ff., Geschichte *»Das Kind, das sein Schicksal nicht leben durfte«*).

Freilich gibt es Fälle, in denen auch aus spiritueller Warte eine Abtreibung als angemessen betrachtet werden kann. Ein solcher liegt vor, wenn man nur auf diese Weise das Leben der werdenden Mutter retten kann. Die Frage ist, wie sich das auf das Karma der drei betroffenen Individualitäten auswirkt, auf das der Mutter, des Ungeborenen und des Arztes, der den Eingriff vornimmt. **»Auf die Frage, ob man bei Schwangerschaftsunterbrechung, die man zur Rettung der Mutter vornimmt, in das Karma der Mutter und in das Karma des Kindes eingreift, ist zu sagen: dass beide Karmas zwar in kurzer Zeit in andere Bahnen gelenkt, aber bald wieder durch den Eigenverlauf in die entsprechende Richtung gebracht werden, so dass von dieser Seite von einem Eingreifen in das Karma kaum gesprochen werden kann.**

Dagegen findet ein starker Eingriff in das Karma des Operierenden statt. Und dieser hat sich zu fragen, ob er vollbewusst auf sich nehmen will, was ihn in karmische Verbindungen bringt, die ohne den Eingriff nicht dagewesen wären. Fragen dieser Art sind aber nicht generell zu beantworten, sondern hängen von der Besonderheit des Falles ab, gleich manchem, das ja auch im rein seelischen Kulturleben einen Eingriff in das Karma bedeutet und zu tiefen, tragischen Lebenskonflikten führen kann.«[10]

12.3 Aktive Sterbehilfe

Ohne jeden Zweifel gibt es zahlreiche Mitmenschen, die ihr Leben kaum mehr ertragen können, weil sie an einer schlimmen unheilbaren Krankheit leiden, die zu so starken Beeinträchtigungen und so extremen Schmerzen führt, dass diese auch durch die Möglichkeiten, welche die Palliativmedizin bietet, nicht mehr in erträglichen Grenzen gehalten werden können, oder weil sie nahezu bewegungsunfähig sind und nur noch im Bett liegen können und von anderen Menschen wie ein Säugling gepflegt werden müssen. Aus *weltlicher* Sicht ist es durchaus verständlich, dass manche von ihnen ihr leid- und qualvolles Leben nicht mehr aushalten können und den Tod herbeisehnen, dass sie von ihren Leiden erlöst werden wollen.

In einigen europäischen Ländern, so in den Niederlanden, in Luxemburg und in Belgien, ist die sogenannte »aktive Sterbehilfe« schon vor Jahren legalisiert und zu einer üblichen Praxis geworden. Hierunter versteht man, dass einem Patienten, der ausdrücklich nach der Tötung seiner selbst verlangt, eine tödliche Substanz durch einen anderen Menschen, bei dem es sich im Normalfall um einen Arzt handelt, verabreicht oder injiziert wird, wodurch unmittelbar der Tod herbeigeführt wird. Wie Statistiken zeigen, werden es von Jahr zu Jahr mehr Patienten, die in diesen Ländern um aktive Sterbehilfe bitten. So stieg in den Niederlanden die Anzahl der Menschen, die sich auf diese Art ›ins Jenseits katapultieren‹ ließen, von ca. 1.900 im Jahre 2007 auf über 6.000 im Jahre 2019.

Bei der aktiven Sterbehilfe muss man eigentlich von einem ›Einschläfern‹ sprechen, wie es bei Tieren üblich und bei diesen auch durchaus vernünftig ist, um sie von Leiden zu erlösen. Dass viele diese Vorgehensweise auch bei einem Menschen für angemessen halten, zeigt wieder einmal, dass im Unterbewusstsein zahlreicher Zeitgenossen die absurde Ansicht, der Mensch wäre nichts weiter als ein hochentwickeltes Tier, fest verankert ist. Wie bei so vielen anderen Themen auch kann man bei der aktiven Sterbehilfe nur dann zu einem *wirklichen* Urteil gelangen, wenn man die spirituellen Hintergründe kennt. Es ist verständlich, dass jemandem, der nicht an ein Leben nach dem Tod glaubt, die aktive Sterbehilfe als ein Ideal erscheint. Das Gleiche gilt für jemanden, der zwar an ein Leben nach dem Tod glaubt, aber keine Ahnung davon hat, wie das postmortale Leben verläuft, wie sich diese Art des *widernatürlichen* Sterbens auf das nachtodliche Leben auswirken kann. Ein Mensch, der auf diese künstliche Art vorzeitig stirbt, wird sich nach dem Tod in den übersinnlichen Welten nicht leicht zurechtfinden können. Er wird immer noch eine Sehnsucht nach seinem abgelegten Leib haben und geraume Zeit an die irdische Welt gebunden bleiben. Er wird nicht zum rechten Zeitpunkt in die höheren Sphären aufsteigen können. Auch das Schicksal des Arztes, der die tödliche Spritze aufzieht und verabreicht, darf nicht unberücksichtigt bleiben. Schließlich ist er es, der den Schicksalsmächten ins Handwerk pfuscht.

Wir haben ja bereits erläutert, dass auch schlimme und schlimmste Erfahrungen, die wir im Erdenleben machen müssen, ihren Sinn haben. So unendlich leid- und qualvoll die Situation einiger Menschen, die den Wunsch nach aktiver Sterbehilfe äußern, auch immer sein mag, kann selbst eine solche Phase für die geistig-seelische Entwicklung des Betreffenden von unermesslicher Bedeutung sein. Auch die Angehörigen, die den schwerkranken Menschen pflegen und begleiten, können durch diese Aufgabe, so beschwerlich sie auch sein mag, reifen. Dann haben wir gesehen, dass sich die Seele in ihrer vorgeburtlichen Zeit ihr Schicksal gewissermaßen selbst wählt. In dieser Zeit ist sie ungleich weiser, so dass sie weiß, welche Erlebnisse und Erfahrungen sie benötigt, um sich vervollkommnen zu können. Es ist durchaus *möglich*, dass sie sich sogar vornimmt, ein solch krasses Leiden zu durchleben. Sie hat es also quasi selbst bestimmt.

Was das nachtodliche Schicksal eines Menschen, der auf diese angeblich so humane Weise entleibt wird, anbelangt, lässt der Bericht des niederländischen Arztes Dr. Zoltán Schermann in ganz besonderer Weise aufhorchen. Dr. Schermann sprach in einem

Vortrag am 16. November 2014 in Dornach im Rahmen einer Ärztetagung über eine ganz außergewöhnliche Erfahrung, die er mit der aktiven Sterbehilfe machte.

Er schilderte zunächst, dass in seiner langjährigen Praxis als Hausarzt die Frage oder gar der Wunsch nach aktiver Sterbehilfe regelmäßig aufgetaucht sei, die er als Anthroposoph stets mit einem klaren »Nein« beschieden habe. Im Rahmen seiner ärztlichen Tätigkeit hat Dr. Schermann natürlich sehr viele Menschen sterben sehen. Da er einen gewissen Grad an Hellsichtigkeit aufweist, konnte er stets imaginativ wahrnehmen, wie sich im Augenblick des *natürlichen* Todes der Ätherleib vom physischen Leib trennt.

Er beschrieb diesen Prozess folgendermaßen: *»Wenn ich den Ätherleib anschaue, kann ich wahrnehmen, dass der Ätherleib genauso groß oder vielleicht etwas größer ist als der physische Leib. Physischer Leib und Ätherleib sind in meiner Anschauung fast gleich groß. Das ist während des ganzen Lebens so. Während meiner Arbeit als Hausarzt habe ich etliche Male das Sterben eines Menschen miterleben können, meistens nach einer tödlichen Krankheit. Immer habe ich wahrnehmen können, dass der Ätherleib im Sterbemoment sich auf eine bestimmte Art ändert. In dem Moment, da die Seele den Körper verlässt, ändert sich der Ätherleib. Er dehnt sich einigermaßen, sodass er sich über den physischen Leib ausdehnt, aber die Form des menschlichen Leibes beibehält. Ungefähr auf Nabelhöhe beginnt der Ätherleib sich zusammenzuziehen und gleich einem Faden aufzusteigen, aufzuströmen. Als dünner Faden fließt der Ätherleib hinauf und verschwindet irgendwo in der Höhe.«*

Dann erläuterte Zoltán Schermann, wie die aktive Sterbehilfe in Holland konkret durchgeführt wird: *»Es ist genau vorgeschrieben, wie der Arzt vorzugehen hat. Man muss dazu zwei Medikamente verwenden, welche sonst für die Narkose und bei Operationen verwendet werden. Das eine, Thiopental, ist ein Barbiturat, während das andere, Rocuronium, ein muskelrelaxierendes Mittel ist. Zuerst wird eine sehr hohe Dosis (2 Gramm) Thiopental eingegeben. Damit wird eine Narkose induziert. Danach wird ebenfalls intravenös eine sehr hohe Dosis Rocuronium gespritzt. Bald nach der Eingabe dieser Mittel stirbt der Patient.«*

Nachdem Dr. Schermann sich jahrelang geweigert hatte, Patienten den Wunsch nach aktiver Sterbehilfe zu erfüllen, gab er in einem Fall nach. Diese Patientin befand sich in einer derart unerträglichen und ausweglosen Lage, wie man sie sich kaum vorstellen kann und wie sie nur ganz wenige Menschen jemals ertragen müssen.

Die Situation dieser 67-jährigen Frau schilderte er wie folgt: *»Sie war in meiner Praxis eingeschrieben und ich kannte sie seit vielen Jahren. Eigentlich kam sie nicht wegen der anthroposophischen Medizin zu mir. Die Patientin hatte vielerlei Beschwerden, aber wiederholte Untersuchungen waren immer ohne Befund. Deshalb war sie von der Schulmedizin enttäuscht und fühlte sich von den Spezialisten nicht ernst genommen. Sie war hager, immer sehr blass, aber vital und energisch. Unsere Vertrauensbeziehung war immer gut. Ihre Familie bestand aus zwei Söhnen und ihrem Mann, zu dem sie immer eine sehr gute Beziehung hatte. Sie war nicht sehr interessiert an*

Spiritualität, war auch nicht kirchlich engagiert, aber trotzdem irgendwie fromm und immer heiter. Zwei Jahre vor ihrem Tod wurde bei ihr ein Vulva-Karzinom festgestellt. Es hatte eine schöne Weile gebraucht, bevor sie sich untersuchen ließ und dann nochmals längere Zeit, bis der Frauenarzt die richtige Diagnose stellte. Es gab ständig Kommunikationsstörungen zwischen der Patientin und dem Frauenarzt. Dann wurde sie auf die Warteliste für eine Operation eingetragen. Erst nach fast drei Monaten wurde sie operiert. Eine weitere Behandlung, wie etwa Bestrahlung, Chemotherapie wurde nicht empfohlen, da die Ärzte davon ausgingen, dass die Operation den Krebs völlig entfernt hätte. Meinerseits hatte ich eine Behandlung mit Viskum empfohlen, was sie aber abgelehnt hatte. Durch die Operation wurde sie ziemlich verstümmelt. Sie konnte zum Beispiel nachher nicht mehr ordentlich urinieren. Der Urin spritzte überall hin, so dass sie nur noch im Bad urinieren konnte. Drei Monate später aber fing der Tumor von innen her wieder zu wachsen an. Die Geschwulst wuchs nach und nach aus ihrer Bauchwand heraus und es entstand eine offene Wunde, welche sich nicht mehr schloss. Diese war immer feucht, blutete und roch sehr unangenehm. Sie hatte seither auch keinen regulären Stuhlgang mehr und musste alles unter quälenden Schmerzen im Bad erledigen. Zudem bekam sie eine ausgeprägte Allergie und vertrug Medikamente kaum mehr, vor allem keine allopathischen – und keine Analgetika. Die Patientin musste alles ertragen, ohne dass man ihr groß helfen konnte, außer einer möglichst guten Versorgung zu Hause. Trotzdem war sie noch sehr vital und hatte bestimmt noch viele Monate zu leben. Sie behielt immer noch eine Art Heiterkeit, wie ich bei regelmäßigen und ausführlichen Gesprächen erleben konnte. Es wurde alles Mögliche an unterstützenden Maßnahmen eingesetzt, was allerdings zumeist an ihrer ausgeprägten Allergie scheiterte. Nach und nach konnte sie ihre Lage nicht mehr ertragen und wollte wiederholt mit mir über die Sterbehilfe sprechen.«

Dr. Schermann ging noch einmal in sich: *»Die Situation mit dieser Frau war aber irgendwie anders. Nie zuvor hatte ich erlebt, dass jemand so litt an seiner Krankheit. Es gab keine wirksamen Mittel, um ihr das Leiden etwas zu erleichtern, nicht einmal ein bisschen. Ihre Bitte konnte ich nachfühlen. Weil ich sie so lange betreut hatte, fand ich es auch nicht richtig, sie an einen andern Arzt zu überweisen. Ich stand mit leeren Händen da. Eine wirklich schicksalhafte Situation. Ich konnte der Frage einfach nicht ausweichen. Ich habe mich dann ausführlich mit ihrer Bitte auseinandergesetzt. Warum wollte ich bei ihr keine Sterbehilfe ausüben? Nur, weil wir anthroposophischen Ärzte das einfach nicht tun? Oder, weil ich fürchtete, dass sie dann nicht im richtigen Moment sterben würde? Oder, dass ich in ihr Karma eingreifen würde? – Aber, was konnte ich davon eigentlich wirklich wissen? Schob ich jetzt ihre klar nachzufühlende Bitte nicht nur von mir weg und versteckte mich hinter einer Rationalisierung? Hatte ich Angst davor, das zu erfüllen, was die Patientin von mir forderte? War ich im Grunde genommen nur feige? Es verblieb mir keine Alternative. Notgedrungen und noch immer widerwillig hatte ich schließlich zugestimmt. Die Frau war sehr erleichtert.«*

Nach weiteren Gesprächen mit der Patientin und ihrem Gatten entschied sich Zoltán Schermann dann schließlich, die tödliche Spritze zu injizieren. Anschließend wartete er auf den Sterbemoment und auf das, was passieren würde. *»Da geschah aber etwas völlig anderes, als was ich erwartet hatte. Statt dem leisen Lösen des Ätherleibes, wie ich es vorher beschrieben habe, quoll der Ätherleib auf. Wuchtvoll quoll er auf und explodierte in zahllose Stücke. Das Zimmer war voll von schimmernd leuchtenden und durcheinander wirbelnden Fetzen. Der Vorgang dauerte nur kurz, weniger als eine Minute, dann löste sich alles auf und verschwand.«*

Dann fuhr Dr. Schermann fort: *»Man glaubt, barmherzig zu sein, jemandem zu helfen, der sein Leiden an der Krankheit nicht mehr ertragen kann. Und nachher sollen alle zufrieden sein. Ihr Mann ist es bis heute. Aber tatsächlich passiert etwas völlig anderes. Man tut etwas, was äußerlich gesehen hilfreich und human erscheint. Was passiert aber? Dieser Mensch wird ohne nachtodliche Erinnerung, ohne nachtodliches Lebenspanorama und ohne geistiges Licht in den Kosmos katapultiert, weil sein Ätherleib explodiert.«*

Es geschah aber noch mehr, wie Zoltán Schermann weiter schilderte: *»Auf einmal wurde ich einer Engelgestalt gewahr. Sie stand links neben der toten Frau. Eine hohe und ernste Gestalt, furchterregend und machtvoll. Ich konnte spüren, wie seine Kraft und Macht über die menschliche Kraft weit hinausragte und damit nicht zu vergleichen war. [...] Es war mir klar, er hatte darauf gewartet, dass ich ihn bemerkte. Er sagte aber nichts, schaute mich nur ernst an. Es wurde mir dadurch klar, dass ich sein Werk durchkreuzt hatte. Er trat auf mich zu, streckte seine Hand aus und zeigte auf mich. Und er schrieb in mir. Ich spürte, dass er in meine Knochen schrieb. Er sah auf mich, prägte etwas in meine Knochen und verschwand dann. In diesem Moment hatte ich gar nicht verstanden, was er in meine Knochen geschrieben hatte. Aber ich fühlte mich irgendwie schon erleichtert, dass er das getan hatte. Ich spürte wörtlich bis in meine Knochen, dass ich einst die Chance bekommen würde, hier etwas wieder gutzumachen. Die Fäden sind schon gesponnen. Er wird uns* [in einem nächsten Erdenleben] *zusammenbringen.*

Ich habe die Überzeugung, dass das Explodieren des Ätherleibes unmittelbar zu tun hat mit diesen Medikamenten. In allen anderen Situationen, in denen es mal notwendig war, im Endstadium der Krankheit auch schulmedizinische Medikamente zu verwenden, habe ich nie etwas dergleichen gesehen. Ich meine zum Beispiel Morphin, starke Schlafmittel, Beruhigungsmittel etc. Hier [bei der Prozedur der aktiven Sterbehilfe] *kann man sehr genau erkennen, wie das Ahrimanische wirkt. Die Gesellschaft entwickelt eine Prozedur, ein System. Man hat ein genau festgelegtes Verfahren, das ordentlich aussieht und sogar gesetzlich anerkannt ist. Es ist eine Prozedur, die eine Lösung bietet für aussichtsloses Leiden. Sie ist sowohl effektiv, zuverlässig und elegant als auch intelligent, vernünftig und sauber. Wer kann da überhaupt etwas dagegen haben? – Aber im Verborgenen, im Unsichtbaren passiert etwas ganz anderes. Die Menschen, die diesem Verfahren ausgesetzt sind, werden aus ihrem Karma gestoßen, verirren sich im nachtodlichen Bereich. Das Ahrimanische wirkt umso mehr, weil die Prozedur zwingend vorschreibt, dass genau die Mittel verwendet werden müssen, welche das Auseinandersprengen des Ätherleibes bewirken. Aber gerade die materialistische Weltanschauung wird dies nie bemerken. Man kann auch beobachten, wie das System sich verselbständigt und ausdehnt. Es gleicht der computergesteuerten Automatisierung, die niemand aufhalten kann.«*

Möglicherweise werden dieses ›Explodieren‹ des Ätherleibes und die daraus resultierenden dramatischen Folgen für das nachtodliche Leben von der konkreten tödlichen Substanz, die dem Menschen injiziert wird, abhängig sein und somit nicht in jedem Fall eintreten.

Zum Abschluss seines Vortrages stellte Dr. Schermann eine ganz zentrale Frage in den Raum: *»Wie könnte Sterbehilfe im richtigen Sinne aussehen? Nicht den Tod herbeizuführen, sondern jemandem so beizustehen, dass er im Stande ist, vertrauensvoll und im richtigen Moment seinen physischen Körper abzulegen. Das ist bestimmt nicht nur eine medizinische Frage. Ich denke, dass es sehr notwendig ist, ein Gegengewicht zur aktiven Sterbehilfe zu schaffen.«*

Dieser Vortrag Dr. Schermanns, der im Oktober 2017 in der Zeitschrift *»Der Europäer«* (Jahrgang 21, Nr. 12) ungekürzt veröffentlicht wurde, sollte zur *Pflichtlektüre* aller Menschen, welche die aktive Sterbehilfe befürworten, und insbesondere für alle Ärzte, die sie praktizieren, erklärt werden. Nun ja, falls diese Materialisten sind, werden sie die Ausführungen wohl für einen Unsinn halten...

Die aktive Sterbehilfe ist in Deutschland übrigens *noch* verboten. Seit einem Urteil des Bundesverfassungsgerichts aus dem Jahre 2020 ist allerdings die »Beihilfe zur Selbsttötung«, die man auch »assistierter Suizid« nennt, legal. In der Schweiz ist diese Form der Sterbehilfe schon vor Jahrzehnten legalisiert worden. In diesem Fall wird die tödliche Substanz *nicht unmittelbar* durch eine andere Person verabreicht oder injiziert. Der Patient wird lediglich bei seinem Suizid durch einen Anderen unterstützt, der ihm das tödliche Medikament anreicht, so dass er es dann eigenständig einnehmen kann. Das ›Recht‹, sich auf diese Weise zu töten, haben nicht nur alte und schwerstkranke Menschen, sondern alle, die aus welchen Gründen auch immer nicht mehr leben wollen, selbst dann, wenn diese noch im Jugendalter sind.

Im Grunde handelt es sich hierbei um eine bestimmte Form des Selbstmords. Ein solcher gewaltsamer und unnatürlicher Tod wird im nachtodlichen Leben, insbesondere im Kamaloka, gravierende Folgen haben. Davon berichten auch einige Menschen, die Nahtod-Erlebnisse hatten. Sie konnten die Seelen von Selbstmördern wahrnehmen, die ihre Hinterbliebenen verzweifelt um Verzeihung bitten wollten. Eine Frau schildert: *»Sie hätten gerne rückgängig gemacht, was sie getan hatten, konnten es aber nicht. Sie* *kannten die ganze Wahrheit, den Zweck des Lebens und waren sich der Schmerzen bewusst, die ihre Entscheidungen, als sie noch auf der Erde waren, ihnen selbst und anderen verursacht hatten. Sie waren sich des großen Leides bewusst, das sie erzeugt hatten.«*[11]

George Ritchie nahm ebenfalls einige dieser bedauernswerten Menschen wahr: *»In einem Haus folgte ein junger Mann einem älteren von einem Raum in den anderen. ›Es tut mir leid, Pa!‹, sagte er immer wieder. ›Ich wusste nicht, dass es Mama so treffen würde! Ich habe es nicht besser verstanden.‹ Aber obwohl ich ihn ganz klar hören konnte, war es offensichtlich, dass der Mann, zu dem er sprach, ihn nicht verstand. Der alte Mann trug ein Tablett in einen Raum, in dem eine ältere Frau im Bett saß. ›Es tut mir leid, Pa‹, sagte der junge Mann wieder. ›Es tut mir leid, Mama.‹ Ohne Ende, immer wieder, in Ohren, die nicht hören konnten.«*[12]

»Ein Junge verfolgte ein Mädchen durch die Gänge der Schule. ›Es tut mir leid, Nancy!‹ Eine junge Frau in mittleren Jahren bat einen grauhaarigen Mann, ihr zu vergeben. ›Was tut ihnen so leid, Jesus?‹, bat ich. ›Warum hören sie nicht auf, mit Menschen zu reden, die sie nicht verstehen können?‹ Von dem Licht neben mir kam der Gedanke: ›Sie sind Selbstmörder, gebunden an die Folgen ihres Handelns.‹ Dieser Gedanke schockierte mich, obwohl ich wusste, dass er von ihm und nicht von mir kam, denn ich sah keine Szenen dieser Art mehr, so, als ob ich die Wahrheit gelernt hatte, die er mich hatte lehren wollen.«[13]

Das, was Iris Paxino aufgrund ihrer jahrelangen geistigen Forschungen über das Schicksal von Selbstmördern schreibt, passt genau zu obigen Nahtod-Schilderungen: *»Nicht nur auf der ätherischen Ebene, sondern auch in der Seelenwelt haben sie* [Selbstmörder] *meist große Schwierigkeiten, die Auswirkungen ihrer Tat auszuhalten und sich selbst zu vergeben. Sie realisieren, dass sie sich durch die Selbsttötung von der geistigen Welt abgewandt und das Schöpfungsprinzip missachtet haben. [...] Ihre verdunkelte Innenwelt umgibt sie über längere Zeiträume in düsteren, erschreckenden Bildern, gleichzeitig erleben sie ›am eigenen Leib‹ den tiefen Schmerz der Hinterbliebenen. Das erfüllt sie mit Trauer und Bedauern und zieht sie häufig zu ihren Angehörigen zurück.«*[14]

Es gehört nicht viel Phantasie dazu, um zu erahnen, wozu die gesetzlichen Regelungen der Sterbehilfe in Zukunft führen könnten. Möglicherweise wird man allen alten und kranken Menschen geradezu *raten*, sich auf diese Art ins Jenseits zu befördern bzw. befördern zu lassen, um beispielsweise die Kranken- und Rentenkassen zu entlasten. Auch der Euthanasie-Gedanke liegt dann nicht mehr fern. In Kanada scheint man schon auf diesem Wege zu sein.

12.4 Organspende

Auch das Thema »Organspende« wird in unserer Gesellschaft recht einseitig betrachtet und diskutiert. Viele begrüßen diese medizinische Möglichkeit. Mitmenschen, die keinen Organspende-Ausweis haben, werden in manchen Kreisen als unmoralisch oder gar unmenschlich diffamiert.

Wir wollen hier die Modalitäten und möglichen Folgen einer Organtransplantation aus spiritueller Sicht erörtern.

12.4.1 Wann ist der Mensch wirklich tot?

Die Frage, wann ein Mensch *wirklich* tot ist, lässt sich gar nicht so leicht beantworten, wie man das vielleicht glauben könnte. Es gibt keine internationalen Standards für die Feststellung des Todes. So sind etwa in den USA die Ärzte schnell bei der Hand, den Totenschein auszustellen. Das erfolgt oftmals schon wenige Minuten nach dem Herzstillstand. Die Gefahr, dass ein Lebender für tot erklärt wird, ist nicht so gering, wie man das annehmen könnte – und das nicht nur in den USA.

Eine *eindeutige* Definition kann im Grunde nur die Geisteswissenschaft liefern: Ein Mensch ist tot, wenn sich sein Ätherleib *komplett* vom physischen Leib getrennt hat. Der ätherische Leib ist durch ein ›feinstoffliches Band‹, das meistens als »Silberschnur« oder »Lebensfaden« bezeichnet wird, mit dem physischen Leib verbunden. Wenn sich der Ätherleib bis zu einem gewissen Grad aus dem physischen Leib herauszieht – wie das etwa in lebensbedrohlichen Situationen oder auch bei geistigem Schauen der Fall sein kann – so bleibt die Verbindung über die Silberschnur erhalten.

Erst bei definitivem Eintritt des Todes wird die Silberschnur irreversibel durchtrennt. Um das aber wahrnehmen und beurteilen zu können, bedürfte es eines Hellsehers. Da es viel zu wenig zuverlässige Hellseher gibt und da die Wissenschaft solche spirituellen Fakten für einen Unsinn hält, muss man also nach irgendwelchen äußeren Kriterien suchen. Wann gilt also heute ein Mensch aus wissenschaftlicher Sicht als tot?

Die sicherste Definition dafür, dass ein Mensch die Schwelle des Todes unwiderruflich überschritten hat, bezeichnet man als »biologischen Tod«. Das ist der Fall, wenn alle lebenswichtigen Organe und damit der gesamte Organismus *endgültig* versagen. Der biologische Tod kann von einem erfahrenen Arzt recht sicher diagnostiziert werden, wenn bestimmte Merkmale beobachtet werden können: Die Pupillen sind breit und reagieren nicht auf Licht; es fehlt die Atmung; auf den Hauptarterien ist kein Puls mehr zu spüren; die Körpertemperatur sinkt ab. Des Weiteren entstehen etwa 30 Minuten nach Eintritt des Todes meistens Totenflecken. Wenige Stunden später tritt die Leichenstarre ein, die zwei bis drei Tage anhält. Nach ungefähr 24 Stunden beginnt der Zersetzungsprozess.

Dem biologischen Tod können zwei andere Zustände, welche von den heutigen Medizinern unterschieden werden, vorausgehen.

1. Der klinische Tod

Ein Mensch wird als *klinisch tot* bezeichnet, wenn die sogenannten Vitalfunktionen, also lebenswichtige Vorgänge wie Atmung und Funktion des Herz-Kreislauf-Systems versagen. Das Herz hat aufgehört zu schlagen, es wird kein Blut mehr durch die Adern gepumpt, und der Körper wird nicht mehr mit Sauerstoff versorgt. Die Kriterien sind: Bewusstlosigkeit, Atemstillstand, Herzstillstand und fehlende Pupillenreflexe bei Lichteinfall. Bei einem klinisch toten Menschen besteht innerhalb der ersten etwa zehn Minuten die Möglichkeit, die Vitalfunktionen durch Herzmassage, künstliche Beatmung oder Elektrodefibrillation zu reaktivieren. Viele Menschen, die klinisch tot waren und noch reanimiert werden konnten, hatten während dieser Minuten Nahtod-Erlebnisse.

2. Der Hirntod

Seit erst verhältnismäßig kurzer Zeit gibt es die Definition des »Hirntodes«. Das Gehirn ist das erste Organ, das seine Funktion einstellt, wenn Blutversorgung und Sauerstoffzufuhr abbrechen. Schon nach wenigen Sekunden schwindet das Bewusstsein und es fallen die Sinneswahrnehmungen aus. Der Stoffwechsel hört auf zu arbeiten, die Atmung setzt aus. Nach ca. fünfzehn Minuten beginnen die Gehirnzellen abzusterben. Der Mensch fällt in ein tiefes Koma. Im Elektroenzephalogramm sind keine Hirnströme mehr messbar.

Man darf aber den Hirntod *nicht* mit dem biologischen, also definitiven und endgültigen Tod gleichsetzen. Bestimmte Organe bzw. Zellkomplexe können noch eine Weile überleben. Darüber hinaus können die meisten Organfunktionen durch Anschluss an bestimmte Apparate, zum Beispiel an ein Beatmungsgerät, sogar noch sehr lange aufrecht erhalten werden.

Es wäre also völlig falsch zu behaupten, dass in einem Menschen, der als hirntot diagnostiziert wird, kein Leben mehr wäre! So wird etwa häufig berichtet, dass eine Frau, die als hirntot galt, noch ein gesundes Baby zur Welt gebracht hat!

Einen schlagenden *Beweis* dafür, dass »hirntot« alles andere als »tot« bedeutet, liefert der bereits in Kapitel 3 erwähnte amerikanische Neurochirurg und Havard-Dozent Dr. Eben Alexander. Er war jemand, der ein völlig materialistisches Weltbild hatte und alles Geistige für einen Unsinn hielt. Nahtod-Erfahrungen bezeichnete er als Phantasien, die durch bio-chemische Prozesse im Gehirn ausgelöst würden.

Im November 2008 erkrankte er an einer bakteriellen Hirnhautentzündung und fiel für sieben Tage ins Koma. Er wurde als hirntot diagnostiziert. Während dieser Zeit hatte er selbst ganz außergewöhnliche Nahtod-Erlebnisse, über die er in seinem Buch *»Blick in die Ewigkeit«* berichtet. Dann wachte er wie durch ein Wunder auf und kann seitdem ein normales Leben führen. Er, der vorher ein Leben nach dem Tod für Unfug gehalten hat, ist heute von der Existenz einer geistigen Welt und einem Leben nach dem Tod überzeugt. Er wurde gewissermaßen vom Saulus zum Paulus. Es gibt im Übrigen nicht wenige Menschen, die als hirntot galten und dann Nahtod-Erfahrungen machten, bevor sie wieder ins Leben zurückgeholt wurden.

Etliche Komapatienten hatten zwar im Gegensatz zu Eben Alexander keine Nahtod-Erlebnisse, bekamen aber alles mit, was die Menschen, die an ihrem Bett standen, sprachen. So ist der Fall einer Frau überliefert, die in einem tiefen Koma lag und für hirntot erklärt wurde. Trotz ihres komatösen Zustands konnte sie ein Gespräch, das ihr Ehemann mit dem Arzt führte, ›hören‹: *»Während sie offensichtlich in tiefem Koma lag und keine Gehirnaktivität mehr zu erkennen war, führten der zuständige Facharzt und ihr Ehemann an ihrem Bett ein Gespräch. Der Facharzt prognostizierte seiner Patientin ein Leben wie eine ›Treibhauspflanze‹ und schlug ihrem Mann vor, in Betracht zu ziehen, sie von den lebenserhaltenden Geräten zu trennen. Ihr Mann hatte noch Hoffnung, dass sich ihr Zustand bessern würde, daher blieb sie an den Geräten angeschlossen.*

Trotz der düsteren Prognose erwachte die Frau nach einigen Monaten aus dem Koma. Da trat zutage, dass sie fast die ganze Zeit ihres Komas alles wie gewohnt gehört hatte, auch das Gespräch zwischen dem Arzt und ihrem Mann über die passive Sterbehilfe! Sie erzählte, wie schrecklich das gewesen sei. Während sie herausschreien wollte, dass sie noch da ist, dass sie leben möchte, dass sie bei ihrem Mann und ihren Kindern sein möchte, wurde über ihr mögliches Sterben gesprochen.«[15]

Dass es heutzutage eine übliche Praxis geworden zu sein scheint, einen hirntoten Menschen für tot zu erklären, gehört zu den Auswüchsen des materialistischen Weltbildes, das sich die meisten Wissenschaftler zu eigen gemacht haben. Man geht ja in dieser Ideologie – wie wir bereits geschildert haben – davon aus, dass alle geistig-seelischen Betätigungen eines Menschen lediglich Funktionen seines Gehirns seien. Die Existenz übersinnlicher Wesensglieder wird als Produkt der Phantasie abgestempelt. Der Mensch wird also quasi mit seinem Gehirn gleichgesetzt. Aus dieser verworrenen Sicht ist es natürlich verständlich, dass ein Mensch, dessen Gehirn nicht mehr funktionsfähig ist, als tot bezeichnet wird.

Einem Menschen, der im obigen Sinne als hirntot diagnostiziert wird, können Organe entnommen werden, die einem anderen Menschen gespendet werden können. Das macht ja schon deutlich, dass ein hirntoter Mensch *nicht* biologisch tot ist. Schließlich könnte man keine toten Organe transplantieren. Außerdem wäre es, wenn der Mensch wirklich tot wäre, sinnlos, die Organentnahme unter *Vollnarkose* durchzuführen, was absolut gängig ist.

Über die Modalitäten der Organspende wird heute heftig diskutiert und gestritten. Bisher gilt, dass nur dann von einem hirntoten Menschen Organe entnommen werden dürfen, wenn dieser dem vorher ausdrücklich zugestimmt hat oder wenn seine engsten Angehörigen die Zustimmung erteilen. Im Moment wird debattiert, ob man nicht die Organe eines jeden hirntoten Menschen verwenden darf, sofern dieser der Entnahme nicht vorher explizit widersprochen hat.

Wenn jemand für den Fall seines Hirntodes die Erlaubnis zur Organentnahme erteilt, so scheint das ja zunächst einmal ein großes und durchaus brüderliches Opfer für einen anderen Menschen, der ansonsten vermutlich sterben müsste, zu sein. Das ist ganz gewiss der Fall, wenn ein *Lebender* einem anderen etwa eine Niere spendet. Eine solche »Lebendspende« dürfte sich karmisch sehr positiv für den Spender auswirken. Wenn allerdings einem Menschen an der Schwelle des Todes, also einem sogenannten Hirntoten, Organe entnommen werden, so ist das aus geisteswissenschaftlicher Sicht sehr kritisch zu bewerten. Man muss hierbei an alle drei beteiligten Personen denken: den Spender, den Empfänger und den Entnehmer der Organe.

Sicher ist zunächst einmal, dass eine Organentnahme einen unzulässigen Eingriff in das *Leben* des Spenders darstellt. Sein Sterbeprozess, der sich ansonsten vielleicht noch über einen längeren Zeitraum erstreckt hätte, wird auf abrupte und künstliche Weise beendet. Es wird der Seele die Chance genommen, sich zum *richtigen Zeitpunkt* aus den körperlichen Hüllen zu lösen. Dadurch wird die erste Zeit des nachtodlichen Lebens sicherlich nicht unerheblich erschwert. Schließlich hatte es ja gewiss eine gute karmische Bedeutung, dass der Mensch ins Koma gefallen ist. Alles, was er während seines Komas noch hätte erleben können und vielleicht sogar noch hätte erleben *müssen* sowie die Möglichkeit, eines Tages doch noch aufzuwachen, wird ihm entzogen.

Beim Organempfänger ist zu berücksichtigen, dass er mit dem gespendeten Organ auch in gewisser Weise das entsprechende Ätherorgan empfängt. Zumindest wird er, insbesondere wenn es um die Verpflanzung des Herzens geht, eine Verbindung zu einem Teil des Äther- und auch des Astralleibes des Spenders haben. Es wohnen also quasi zwei Seelen in seiner Brust. Dadurch können sich ätherische und auch astrale Qualitäten bzw. Eigenschaften auf den Empfänger übertragen. Der Empfänger kann also plötzlich beispielsweise Neigungen oder Begierden annehmen, die mit ihm gar nichts zu tun haben. Ohne zu Spekulationen greifen zu wollen, muss man sich schon die Frage stellen: Wie wird sich das auf dessen weiteres Erdenleben und insbesondere auf dessen nachtodliches Leben auswirken?

Schließlich muss man noch den Arzt, der die Organe entnimmt, berücksichtigen. Das, was er macht, ist natürlich gesetzlich abgesichert, also de jure legal, aber de facto tötet er den Spender! Auch das Karma des Arztes dürfte sich durch diese Tat nicht gerade positiv gestalten.

12.5 Einsatzgebiete und Gefahren der Künstlichen Intelligenz

Die sogenannte »Künstliche Intelligenz« (kurz: »KI«) stellt ihrem Ursprung nach eine ganz erhebliche und entscheidende Erweiterung der prozeduralen Programmierung dar. Ein Computer-Programm, das mit der herkömmlichen Methode erstellt wurde, kann kein Jota von dem abweichen, was der Programmierer messerscharf vorgegeben hat. Das schaut bei einem KI-basierten Programm anders aus.

Um die Technik einer auf künstlicher Intelligenz basierenden Applikation ein wenig verstehen zu lernen, wollen wir auf ihre ersten zarten Anfänge vor ungefähr 60 Jahren zurückblicken und auf Schachcomputer bzw. Schachprogramme schauen. Diesen wurden zunächst die elementaren Spielregeln einprogrammiert, so dass sie wissen konnten, welche Figuren es gibt, welche Züge erlaubt sind, was es bedeutet, eine Figur des Gegners zu schlagen, wann ein Spiel als beendet gilt usw. Bei den ersten paar Hundert Einsätzen hatten sie nicht die geringste Chance, gegen einen Gegner aus Fleisch und Blut zu gewinnen, selbst dann nicht, wenn dieser ein lausiger Schachspieler war.

Doch nun kommt der entscheidende Unterschied zu konventionellen Applikationen: Die Schachprogramme sind ›lernfähig‹. Sie merkten sich jeden Fehler, jeden ungünstigen Zug, jede nicht zielführende Strategie, die sie zukünftig vermieden. Somit wurden sie immer leistungsfähiger, immer ›intelligenter‹, so dass sich ein guter Schachspieler schon anstrengen musste, um zu gewinnen.

Im Jahre 1997 erregte das von der Firma *»IBM«* entwickelte Schachprogramm *»Deep Blue«* in New York großes Aufsehen, als dieses den Schach-Weltmeister Garry Kasparov besiegte. Das war nicht nur ein Schock für die gesamte Schachwelt, sondern auch eine einschneidende Wende in der Computer-Technik. Maschinen bzw. Programme zeigten, dass sie auf einem bestimmten Gebiet ›Intelligenteres‹ zu leisten imstande sind als ein Mensch.

Die Entwicklung der künstlichen Intelligenz ging natürlich weiter. Heute ist sie in vielen Bereichen gar nicht mehr wegzudenken. Auch bei der Steuerung von Maschinen und Robotern spielt sie eine entscheidende Rolle. Und die Entwicklung hat gewiss noch lange nicht das Ende der Fahnenstange erreicht. Ein Fass, das einmal aufgemacht wurde, lässt sich so leicht nicht wieder verschließen.

Es soll ja nicht der geringste Zweifel daran geäußert werden, dass technologische Innovationen – wie auch die KI – nicht nur als eine außerordentliche Leistung der Entwickler betrachtet werden müssen, sondern dass sie – zumindest bis zu einem gewissen Grad – auch sinnvoll und notwendig sind. Dabei darf man allerdings nicht außer Acht lassen, dass jede Erfindung immer Fluch *und* Segen zugleich ist. Nehmen wir ein sehr einfaches Beispiel: Die Erfindung des Messers führte dazu, dass man ein Werkzeug hat, mit dem man beispielsweise Brot schneiden kann (Segen). Man kann es allerdings auch dazu verwenden, um einen Menschen zu verletzen oder gar zu töten (Fluch).

Dass es für die Künstliche Intelligenz sehr viele sinnvolle Einsatzgebiete gibt, kann nicht bestritten werden. Das ist insbesondere immer dann der Fall, wenn beispielsweise Roboter den Menschen stupide, zeitaufwendige oder gefährliche Arbeiten abnehmen können. Wenngleich es *möglicherweise* zu den Schicksalsnotwendigkeiten eines Menschen gehören *könnte*, mit nur einem Arm zurecht zu kommen, so ist grundsätzlich auch beispielsweise gegen KI-Armprothesen, die ihm ermöglichen, wieder seiner beruflichen Tätigkeit nachzugehen, nichts einzuwenden. Es gibt aber mindestens ebenso viele höchst bedenkliche Möglichkeiten, diese Technologie einzusetzen. Wir wollen im Folgenden nur ein paar betrachten, die namentlich mit der Einmischung ins menschliche Karma zusammenhängen.

Wenn etwa Maschinen Maschinen herstellen, wie das im Automobilbau, wo Roboter die vorgefertigten Teile zu einem funktionsfähigen Fahrzeug zusammensetzen, der Fall ist, so ist aus spiritueller Sicht wohl nichts dagegen einzuwenden.

Ganz anders schaut das aus, wenn Roboter operative Eingriffe am *Menschen* vornehmen, wie das heute schon vielerorts gehandhabt wird. Freilich kann man sich diese Vorgehensweise schönreden. Ein Roboter arbeitet schließlich nicht so fehlerhaft wie ein menschlicher Chirurg. Ärztliche Kunstfehler wird es nicht mehr geben. Aber macht es nicht einen gewaltigen Unterschied, ob man sich von einem Menschen oder von einer Maschine, die keine Empathie kennt und weder ein Gewissen noch Verantwortungsgefühl besitzt, operieren lässt?! Könnten während einer Operation nicht Komplikationen oder Situationen eintreten, die nur ein Ich-Wesen angemessen beurteilen und lösen könnte? Möglicherweise wird sogar der Arzt, an dessen Stelle der Roboter zum Einsatz kommt, der Chance eines notwendigen karmischen Ausgleichs an dem Patienten beraubt.

Dann wird die Künstliche Intelligenz heute schon in etlichen Bereichen eingesetzt, in denen sie die aus spiritueller Warte unersetzliche Kommunikation und Interaktion von Menschen, also von Ich-Wesen ersetzt und letztlich zu einer erheblichen Reduktion der zwischenmenschlichen Beziehungen führt.

Ein besonders krasses Beispiel stellen die Pflegeroboter dar, die zwar noch in eher geringem, aber deutlich zunehmendem Maße in Pflege- und Altenheimen zum Einsatz kommen. Auch wenn diese Roboter immer ›menschenähnlicher‹ werden, indem sie sprechen, Gefühle des Patienten deuten und eigene ›Gefühle‹ simulieren, so kann man diese nicht einmal halbwegs als Ersatz für einen echten Menschen betrachten. Jedweder Austausch zwischen Patient und Pfleger, der für beide aus vielen, namentlich auch aus karmischen Gründen, überaus wertvoll und notwendig ist, wird im Keim erstickt.

Ein weiteres Beispiel dafür, dass die so eminent wichtige Begegnung von Mensch zu Mensch nicht zustande kommt, sind Bewerberauswahlen. Sehr viele Unternehmen setzen diese Technologie ein, um Menschen, die sich für eine Anstellung in diesem Unternehmen beworben haben, auszuwählen. Der Bewerber sitzt vor einem Computer oder einem Roboter und führt ein ›Gespräch‹ mit einer entsprechenden KI-basierten

Software, die letztlich darüber entscheidet, ob der Kandidat in die engere Auswahl kommt oder nicht. Eine ahrimanische Technologie entscheidet also über die Zukunft und das Schicksal eines Menschen! Somit wird auch verhindert, dass ein Mensch, dadurch dass er durch dieses Auswahlverfahren fällt, mit den Menschen zusammenkommen kann, die in diesem Unternehmen arbeiten und mit denen er womöglich karmisch verbunden ist.

Selbstverständlich gibt es noch etliche weitere Einsatzgebiete der Künstlichen Intelligenz, die man zumindest als fragwürdig betrachten muss.

12.6 Verschmelzung von Mensch und Maschine – Trans- bzw. Posthumanismus

Zum Abschluss wollen wir noch etwas näher auf eine besonders dystopische Intention zu sprechen kommen, die wir schon an früherer Stelle kurz angedeutet haben, den sogenannten »Transhumanismus«.

Das Zeitalter, in dem wir uns jetzt inkarniert haben, ist ein äußerst wichtiges, ein ganz entscheidendes! Das ist – wie bereits erwähnt wurde – auch *ein* Grund dafür, dass in den letzten Jahrzehnten so viele menschliche Individualitäten ins Erdenleben gestiegen sind, weil sie die gegenwärtigen Entwicklungen, die wir in diesem Abschnitt thematisieren wollen, ganz bewusst aus der diesseitigen Perspektive miterleben und mitgestalten müssen. Leider ›verschlafen‹ die weitaus meisten Zeitgenossen die aktuellen Bestrebungen.

Besonders prägend für das 20. und 21. Jahrhundert ist, dass sich der Übergang zum Intellektualismus vollzogen hat. Der Mensch empfängt aus dem Makrokosmos heraus die Kraft, abstrakte Begriffe zu bilden. Allerdings sind die Menschen heute noch nicht fähig, ihre abstrakten Begriffe mit der Wirklichkeit in Einklang zu bringen.

Wir leben also in der Zeit des Intellektualismus. Die intellektuellen Fähigkeiten der heutigen Menschen haben einen großen Höhepunkt erreicht. Diese führten schließlich dazu, dass der Mensch Maschinen bis hin zu den heutigen technischen – zum Teil sehr fragwürdigen – ›Wunderwerken‹ bauen konnte. Diesen Intellektualismus nutzt Ahriman, der nicht nur der Vater der Lüge, sondern auch der Herr des Intellekts ist, als seinen Anknüpfungspunkt. Dieser ist gewissermaßen ein ›Haken‹, an dem er uns packen kann. Wenn man sieht, wie sehr die materialistische Weltanschauung mittlerweile einen großen Teil der Menschheit ergriffen hat, wie kalt und geradezu untermenschlich schon heute viele der technologischen Errungenschaften auf allen Gebieten sind, deren die Menschen sich so rühmen, muss man konstatieren, dass er nicht mehr weit von seinem Ziel entfernt ist, eine völlig geist- und seelenlose Welt, deren Herrscher er sein möchte, zu schaffen. Denken Sie etwa nur an die Auswüchse und Gefahren der Künstlichen Intelligenz, die Genmanipulation, die abstrakt-intellektuelle Förderung im Vorschulalter, die pränatale Diagnostik und vieles mehr. **»Auf unsere jetzige Kultur, auf unsere reine Verstandeskultur, auf alles das, was sich in der Gegenwart immer mehr und mehr nach dem Abgrund des Verstandes hin entwickelt — und das können Sie auf allen Gebieten des Lebens erfahren —, wird eine Zeit kommen, in welcher der Mensch ein Sklave der Intelligenz sein wird, in der er als Persönlichkeit untergehen wird. Es gibt heute nur ein einziges Mittel, die Persönlichkeit zu bewahren, das ist die Spiritualisierung.«**[16]

Einen möglichen Höhepunkt aller Verirrungen stellt die Idee des Transhumanismus dar. Wie bereits erwähnt treten in neuerer Zeit immer mehr Wissenschaftler auf, die in dem Menschen nichts anderes als eine komplizierte ›Maschine‹, als einen ›biologischen, emotionsbegabten Roboter‹ sehen. Auf dieser These basieren die Ideen, Forschungen und Bestrebungen der Wissenschaftler und Technokraten, die auf dem Gebiet des Transhumanismus tätig sind. Wenn der Mensch nichts weiter als eine Maschine ist – sagen sie –, so sei es doch ganz naheliegend, dass man die ›Maschine Mensch‹ mit anderen Maschinen verbindet oder dass man elektronische Bauelemente in den menschlichen Körper einpflanzt. Schließlich habe man beispielsweise mit der Implantation von Herzschrittmachern schon große Erfolge erzielt.

Wenn hier von einer angestrebten Verbindung oder gar Verschmelzung von Mensch und Maschine die Rede ist, so geht das allerdings weit über die Implantation eines Herzschrittmachers, die durchaus als sinnvoll bezeichnet werden kann, hinaus. Es geht dabei um viel mehr.

Wie alle Materialisten identifizieren die Transhumanisten das Wesentliche des Menschen mit seinem Gehirn. Sie gehen davon aus, eines nicht allzu fernen Tages einen ›perfekten‹, vielleicht sogar unsterblichen ›Menschen‹ konstruieren zu können, indem sie das menschliche Gehirn in einen hoch-leistungsfähigen Roboter einpflanzen, der nie müde und nie krank werden kann. Diese Forschungen sind schon weiter gediehen, als man vielleicht glauben mag. Die Verschmelzung von Mensch und Maschine schreitet zügig voran, wenngleich man in der Öffentlichkeit davon eher wenig erfährt. Ray Kurzweil, Chefentwickler des IT-Giganten *»Google«* sagte schon vor Jahren: *»Ich wage vorauszusagen, dass die Maschinen der Zukunft wie selbstbewusste Wesen auftreten.«* Weiterhin prognostizierte er: *»Wir werden uns mit nicht-biologischer Intelligenz vermischen.«*[17]

Diese Entwicklung wird sich nicht aufhalten lassen.

Die Transhumanisten vertreten die Anschauung, dass der Mensch von der ›Natur‹ *unzureichend* ausgestattet sei und dass man ihn *perfektionieren* könne und müsse, indem man ihn mit entsprechenden elektronischen Bauteilen verschmelze oder gar zu einer Maschine umfunktioniere. Damit unterstellen sie de facto den guten Göttern, deren Weisheit den menschlichen Verstand um Lichtjahre übersteigt – und an die sie freilich nicht glauben –, dass diese nicht in der Lage gewesen seien, den Menschen so zu schaffen und zu entwickeln, wie es im göttlichen Weltenplan vorgesehen ist. Auch ignorieren sie die Notwendigkeit, dass der Mensch sich vermöge seiner Ich-Kräfte, von denen sie ebenfalls keine Ahnung haben, in der Zukunft *selbst* weiter vervollkommnen kann und muss.

Rudolf Steiner wies bereits im Jahre 1917 mehrfach darauf hin, dass es zu einem Verschmelzen zwischen Mensch und Maschine kommen werde. **»Der Mensch wird gewissermaßen seine Intentionen, seine Gedanken hineinleiten können in die Maschinenkräfte. Noch unentdeckte Kräfte in der Menschennatur werden entdeckt werden, solche Kräfte, welche auf die äußeren elektrischen und magnetischen Kräfte wirken.«**[18]

Weiter sagte er, dass diese Entwicklung *sicher* kommen werde und dass die entscheidende Frage sei, wie und zu welchem Zwecke dieses Ziel in Angriff genommen werde: **»An solchen Stellen ist der Wille dazu vorhanden, die Menschenkraft zusammenzuspannen mit Maschinenkraft. Diese Dinge dürfen nicht so behandelt werden, als ob man sie bekämpfen müsste. Das ist eine ganz falsche Anschauung. Diese Dinge werden nicht ausbleiben, sie werden kommen. Es handelt sich nur darum, ob sie im weltgeschichtlichen Verlaufe von solchen Menschen in Szene gesetzt werden, die mit den großen Zielen des Erdenwerdens in selbstloser Weise vertraut sind und zum Heil der Menschen diese Dinge formen, oder ob sie in Szene gesetzt werden von jenen Menschengruppen, die nur im egoistischen oder im gruppenegoistischen Sinne diese Dinge ausnützen. Darum handelt es sich. Nicht auf das Was kommt es in diesem Falle an, das Was kommt sicher; auf das Wie kommt es an, wie man die Dinge in Angriff nimmt. Denn das Was liegt einfach im Sinne der Erdenentwickelung. Die Zusammenschmiedung des Menschenwesens mit dem maschinellen Wesen, das wird für den Rest der Erdenentwickelung ein großes, bedeutsames Problem sein.«**[19]

Wenn es ›nur‹ um eine Verbindung oder ›Zusammenschmiedung‹ des Menschen mit Maschinen geht, so kann man etwa daran denken, dass Menschen in gesundheitlichen Notsituationen nur dadurch noch künstlich am Leben gehalten werden, dass sie an entsprechende Maschinen angeschlossen werden. In diesem Fall kann man gewiss nicht grundsätzlich davon sprechen, dass diese Maßnahme schlecht wäre. Insbesondere bei einem jungen Menschen, bei dem eine gewisse Wahrscheinlichkeit besteht, dass er wieder aus seinem komatösen Zustand erwacht und anschließend ohne diese Maschinen weiterleben kann, ist ja gegen diese Vorgehensweise nichts einzuwenden.

Etwas anders schaut es bei älteren und alten Menschen aus, namentlich dann, wenn die Prognose nicht so günstig ist. Sofern der Patient für diesen Fall im Vorhinein nicht festgelegt hat, wie verfahren werden soll, stellt sich Ärzten und Angehörigen die Frage, ob bzw. wann die Maschinen abgeschaltet werden sollen, damit er sterben kann. Auch aus spiritueller Warte ist die Frage nach dem Sinn und Nutzen dieser lebensverlängernden Maßnahmen kaum eindeutig zu klären. Auf der einen Seite wird dadurch in den natürlichen Sterbeprozess eingegriffen. Der Patient wird daran gehindert, die Schwelle zum möglicherweise für ihn richtigen Zeitpunkt zu überschreiten. Mit technischen, also ahrimanischen Mitteln, geht man damit einen *kleinen* Schritt auf dem Weg zu Ahrimans Ziel, den Menschen unsterblich zu machen und ihn an die Erdenwelt zu ketten. Andererseits kann ein solcher Mensch – wie wir bereits erörtert haben – auch in dieser Phase großartige übersinnliche Erlebnisse haben. Vermutlich ist es so, dass eine gewisse Anzahl von Menschen auch diese Situation einmal durchleben muss, um diese außergewöhnliche Erfahrung später in die geistige Welt tragen zu können.

Jeder Mensch sollte sich *rechtzeitig* mit dieser Frage beschäftigen und nach reiflicher Überlegung seine Entscheidung, die er mit seinem Gewissen vereinbaren kann, treffen und schriftlich festlegen oder seinen Angehörigen mitteilen. Freilich kann er bei diesem Entscheidungsprozess auch seinen Engel bitten, ihm bei seinem Entschluss zu helfen.

Während man den heutigen medizinischen Errungenschaften noch durchaus positive Aspekte abgewinnen kann, sieht es bei den meisten der aktuellen Intentionen der Transhumanisten anders aus. Bei diesen kann weder davon die Rede sein, dass sie selbstlos noch dass sie zum Heil der Menschheit sind.

Das gilt in noch stärkerem Maße für die Bestrebungen des sogenannten »Posthumanismus«, den man nicht messerscharf vom Transhumanismus abgrenzen kann. Man kann ihn als eine weitere Ausbaustufe auffassen. Die Posthumanisten gehen nämlich noch einen Schritt weiter. Sie beschäftigen sich mit etwas ganz Absurdem: mit einem Entwicklungszeitalter *nach* der Menschheit. Auch wenn die Forscher hier noch nicht wesentlich über erste Ansätze hinausgekommen zu sein *scheinen*, muss man ihre Intentionen schon heute kennen und sehr ernst nehmen. Im Posthumanismus hat man als völlig pervertiertes Ideal einen »posthumanen Menschen«, dessen intellektuelle Fähigkeiten die eines heutigen Menschen bei weitem übertreffen. Man plant einen ganz neuen Menschen, einen »Mensch 2.0« oder »Homo Deus«. Ein posthumaner Mensch – besser gesagt eine solche Kreatur – soll ähnlich, wie es das Ziel der Transhumanisten ist, durch Verschmelzung von menschlicher und künstlicher Intelligenz geschaffen werden. Sein Bewusstsein soll nach Belieben in einen fremden Körper oder Rechner geladen werden können. Erreichen will man das durch modernste Nanotechnologie oder eine Kombination aus Gentechnologie, neuraler Schnittstellen, Internet-Schnittstellen, gedächtniserweiternder Drogen und implantierter KI-basierter Computertechnologie. Eine solche Kreatur, ein solcher ›Homunkulus‹, wäre natürlich auch unsterblich. Jeder halbwegs gesund fühlende Mensch müsste schon bei der bloßen Vorstellung dieses ›Zukunftsideals‹ von schauderhaftem Ekel erfüllt werden. Aber genau das gehört zu den Intentionen der ahrimanischen Wesen. Sie möchten aus den Menschen maschinenartige Wesen machen, die immer der materiellen Erdenwelt, also der Sphäre Ahrimans, verhaftet bleiben. Außerdem wollen sie verhindern, dass die heutige Erde eines Tages in die neue Jupiter-Erde übergeht. Wenn man die folgende Aussage Rudolf

Steiners heranzieht, kann man vermuten, dass er dieses Szenario schon vor über 100 Jahren vorausgeschaut hat. **»Es könnte zum Beispiel auch folgendes eintreten: Es könnten die ahrimanischen Mächte, welche unter dem Einfluss der gegenwärtigen Menschenimpulse sehr stark werden, die Erdenentwickelung verkehren; sie könnten die Erdenentwickelung in gewissem Sinne pervers machen. Dadurch würde – gar nicht zum Menschenheile – über diese Jahre im 6. Jahrtausend hinaus die Menschheit in demselben physischen Leben erhalten werden können. Sie würde nur sehr stark vertieren; aber sie würde in diesem physischen Leben erhalten werden können. Das ist eine der Bestrebungen der ahrimanischen Mächte, die Menschheit länger an die Erde zu fesseln, um sie dadurch von ihrer Normalentwickelung abzubringen.«**[20]

Interessanterweise wird der deutsche Philosoph Friedrich Nietzsche (1844 bis 1900) als ›Ahnherr‹ des Trans- und Posthumanismus bezeichnet. Das ist deshalb so interessant, weil wir von Rudolf Steiner wissen, dass Nietzsche zeitweise von Ahriman besetzt war, wodurch er auch in den Wahnsinn getrieben wurde. **»Dann erst wurde man bekannt mit dem, was Nietzsche in der Zeit seines Verfalles geschrieben hat. Da sind vor allen Dingen zwei Werke, ›Antichrist‹ und ›Ecce homo‹: das sind zwei Werke, die Ahriman geschrieben hat – nicht Nietzsche, sondern ein ahrimanischer Geist, in Nietzsche inkorporiert. Da trat zuerst Ahriman als Schriftsteller auf Erden auf. Er wird das fortsetzen. Nietzsche ist daran zerschellt. Man denke, welchen Impulsen man gegenübersteht, wenn man jenen Ideen gegenübersteht, die in Nietzsche gelebt haben in der Zeit, wo er aus jenem Geiste heraus jene glänzenden, aber teuflischen Werke geschrieben hat, die Werke ›Antichrist‹ und ›Ecce homo‹ – intelligente Werke!«**[21]

Wie die Wissenschaftler und Technokraten, die auf dem Gebiet des Trans- bzw. Posthumanismus tätig sind, über den Menschen denken und welche menschenverachtende Zukunftsvisionen sie haben, kann man dem Buch *»Homo Deus: Eine Geschichte von Morgen«* von Yuval Noah Harari, der zu den Vordenkern der Transhumanisten gehört und bekennender Atheist ist, entnehmen. In diesem Pamphlet bezeichnet er die Mehrheit der Menschen als »nutzlose Masse«, »nutzlose Fresser« und »hackable animals«. Das könnte Ahriman höchst persönlich geschrieben haben! Die Bestrebungen dieser Wissenschaftler basieren gewiss auf Ahrimans Inspirationen. Natürlich benötigt er Menschen, die seine perfiden Pläne in die Tat umsetzen. Diejenigen Technologen, Wissenschaftler und Politiker, welche letztlich Ahrimans Pläne verwirklichen, merken gewiss nicht, dass sie wie Marionetten an den Fäden des großen ›Puppenspielers‹, an dessen Existenz sie als ›ordentliche‹ Materialisten ohnehin nicht glauben, hängen.

Könnte es eigentlich auf irgendeinem Gebiet des Weltenseins einen gewaltigeren Unterschied geben als auf dem soeben erwähnten: auf der einen Seite das widerwärtige Ziel Ahrimans, den Menschen zu einer untermenschlichen, roboterartigen Kreatur verkommen zu lassen, und auf der anderen Seite das erhabene Götterziel, dass der Mensch sich zu einem göttlichen, schaffenden Geistwesen entwickeln kann?

Allein schon die Bestrebung, einen *unsterblichen* Menschen zu ›konstruieren‹, kann nur als ein völlig pervertiertes Ideal, als Dystopie bezeichnet werden. Würde der Mensch nicht – oder vielleicht auch erst nach einigen Hundert Jahren – sterben, so würde er sich immer mehr seiner wahren geistigen Heimat und allem Geistigen entfremden. Es ist in der Tat eine Gnade, dass wir überhaupt sterben und anschließend wieder in die geistige Welt gehen *dürfen*!

Heute umgarnen uns die ahrimanischen Wesen vorwiegend noch mit eher ›softer‹ Technologie wie etwa intelligente Handys, »Smart Home«, virtuelle Internetwelten und dergleichen. Diese bringen zum Teil durchaus Vorteile mit sich und können das Arbeits- und Alltagsleben erleichtern. Viele Zeitgenossen sehen diese technischen ›Wunderwerke‹ völlig unkritisch und begrüßen sie uneingeschränkt. Das ist Luzifers ›Verdienst‹, der den Menschen suggeriert, dass diese ihnen das Leben leichter, angenehmer, erfreulicher und erfolgreicher gestalten könnten. Wenn die Menschheit aber nicht langsam aufwacht, wird sie auch den Schritt, den die Trans- und Posthumanisten anstreben, gern mitmachen.

Vor wenigen Monaten wurde vermeldet, dass das Unternehmen *»Neuralink«* erstmals einem Menschen einen Computerchip ins Gehirn eingepflanzt hat. Die entsprechenden Forschungen und Experimente laufen schon seit Jahren auf Hochtouren. Man möchte durch solche Implantate Menschen, bei denen beispielsweise alle Gliedmaßen gelähmt sind, ermöglichen, Geräte mit ihren Gedanken zu steuern. Unternehmenschef Elon Musk schreibt dazu: *»Es erlaubt nur durch das Denken die Kontrolle über Handy oder Computer, und darüber über fast jedes Gerät.«*

Dass diese Technologie für Menschen, die bestimmte Krankheiten oder Behinderungen aufweisen, ein Segen sein kann, ist sicher richtig. Aber diese altruistische Intention ist vermutlich nur ein Köder, um bei der Masse der Bevölkerung eine Akzeptanz erreichen zu können. Unter dem Deckmäntelchen der Gesundheit und des medizinischen Fortschritts lässt sich alles gut verkaufen.

Es bedarf allerdings nicht allzu viel Phantasie, sich vorzustellen, zu welchen perfiden Zwecken diese Technologie eines Tages flächendeckend eingesetzt werden *könnte*. Es könnte sogar dazu führen, dass nicht mehr genügend viele *natürliche* menschliche Leiber, in denen sich die Seelen verkörpern können, vorhanden sind.

****

Viele unserer Mitmenschen, die all diese Entwicklungen ebenfalls für sehr bedenklich halten, fühlen sich ihnen gegenüber hilflos und ohnmächtig und vertreten die Ansicht, dass ein Einzelner ohnehin nichts verändern könne. Das entspricht aber nicht den Tatsachen! Jeder Einzelne von uns kann sehr viel bewirken. Dabei muss es sich gar nicht einmal darum handeln, etwas im Äußeren zu tun.

Wir sollten uns zunächst einmal bewusst machen, dass es kein Zufall ist, dass wir uns in eben dieser so schicksalsträchtigen Zeit inkarniert haben. Das war vielmehr unser Plan. Wir haben uns genau diese Zeit ausgesucht, weil wir in unserem vorgeburtlichen Dasein wussten, dass wir diese Erfahrungen benötigen. Die Konfrontation mit diesen Entwicklungen und Bestrebungen gehört ganz gewiss zu den großen und besonders herausfordernden Lernaufgaben der heutigen Menschheit. Es liegt ganz wesentlich an uns, ob diese Technologien zum Heil oder zum Verderben der Menschheit eingesetzt werden.

Wir sollten nicht die Augen vor diesen Dystopien verschließen. Andererseits sollten wir nicht wegen all dieser Entwicklungen, Bestrebungen und Tendenzen verzweifeln!

Sie kennen sicher den Liedtext *»Die Gedanken sind frei, [...] Kein Mensch kann sie wissen, kein Jäger erschießen.«* Entspricht das wirklich den Tatsachen? Nun, dass kein Jäger die Gedanken erschießen kann, ist freilich richtig, da sie nichts Physisches sind. Dass kein Mensch sie wissen kann, gilt nur für Menschen, die nicht hellsichtig sind. Alle geistigen Wesen – auch die sogenannten Toten – können sie ebenfalls sehr wohl wahrnehmen. Die Gedanken sind allerdings in dem Sinne, dass sie keine Folgen hätten, keineswegs frei! Vielmehr sind sie sogar sehr mächtig und können vieles bewirken. Man sollte die Kraft der Gedanken nicht unterschätzen. Gedanken sind ganz reale Wesenheiten, *»Gedankenwesen«*. Allein wenn wir das Richtige und Wahre denken, so hat das eine gewaltige und außerordentlich segensreiche Wirkung für den Kosmos.

Mut kann uns auch machen, was Paulus im Brief an die Epheser schrieb, als er von einer »geistigen Waffenrüstung« sprach, die sich jeder Mensch anlegen könne:

»Lasset euch, die ihr dem Herrn dienen wollt, durchströmen von der gewaltigen Stärke seiner Sonnen-Macht. Ziehet die volle Waffenrüstung Gottes an, damit ihr bestehen könnt gegen die zielbewussten Angriffe des Widersachers. Was uns obliegt, ist nicht ein Kampf gegen irdische Mächte von Fleisch und Blut, sondern gegen Geistwesen, mächtig im Zeitenstrom, gegen Geistwesen, gewaltig in der Erdenstoffgestaltung, gegen Wesen, die über eine verhärtete Welt als Herren der Finsternis herrschen, gegen Wesen, die in den Geisteswelten die Macht des Bösen selber sind.

Darum ergreifet mutig die Waffenrüstung Gottes, damit ihr Widerstand leisten könnt an dem Tage, da das Böse seinen höchsten Stand erreicht. Ihr sollt bestehen als solche, die alles gottgewollte Werk vollbringen.

Stehet fest an den Hüften umgürtet mit strengster Wahrhaftigkeit. Leget den strahlenden Brustpanzer des wahren höheren Seins an. Beschuhet eure Füße, so dass ihr im Dahinschreiten Frieden verbreitet als die Botschaft, die von den Engeln kommt. In all euren Taten hebet den Schild des Glaubens empor, durch den ihr auslöschen könnt alle Geschosse des Widersachers, die in unreinem Feuer lodern. Nehmt in euer Denken die Gewissheit des Heiles auf, sie bewahrt euer Haupt gleich einem Helm. Lernet das Schwert des Geistes schwingen, welches ist das Wortwirken Gottes.

Diese Rüstung bekleide euch in all eurem Bitten und Beten; euer Inneres möge jederzeit betend im Geiste leuchten. Auf diese Ziele sei eure wache Geisteskraft gerichtet in all euren Seelenübungen und Gebeten, in die ihr alle, die sich heiligen, miteinbezieht.«[22]

Überhaupt sollten wir uns der Kraft des Gebetes anvertrauen. Dieses können wir an unseren Engel, an die gesamte Engelwelt oder insbesondere an Christus richten. Wir können darum bitten, dass diese Technologien, die sich nicht aufhalten lassen, zum *Heile* der Menschheit kommen werden.

Es gibt viele Mitmenschen, die durchaus spirituell oder religiös gestimmt sind, sich aber aus unterschiedlichen Gründen genieren, Engelwesen oder gar den Christus anzurufen und um Hilfe zu bitten. Manche halten das für etwas Kindliches, manche halten sich nicht für würdig, sich an solch erhabene Wesenheiten zu wenden. Aber genau darauf warten die göttlichen Wesen. Christus, der Repräsentant der Menschheit, ist unser aller Helfer, Freund und Bruder. Wir dürfen mit ihm genauso ›sprechen‹, wie wir mit einem menschlichen Freund sprechen. Selbstverständlich kennt der Christus alle unsere Gedanken und Er weiß, was wir ihm sagen bzw. worum wir ihn bitten wollen. Dennoch bedarf es unseres Willensaktes, ihm unsere Bitten vorzutragen.

»Scheuen wir nicht davor zurück, Christus zu unserem vertrautesten Freund zu erwählen! Wenn es auch der irdische Verstand nicht fassen kann, dass der Schöpfer aller Dinge und Wesen seit Seiner Auferstehung geduldig und nachsichtig darauf wartet, dass wir Ihm unser Ich vermählen, so ist es dennoch wahr!«[23]

Wenn sie Seine Liebe wüssten,
alle Menschen würden Christen,
ließen alles andre stehn;
liebten alle nur den Einen.

Novalis[24]

Anhang

A.1 Rudolf Steiner und die Anthroposophie

Der wohl höchste Eingeweihte, der in der neueren Zeit im Abendland aufgetreten ist, war *Rudolf Steiner*, der Begründer der *»Anthroposophie«*. Da viele Ausführungen in diesem Buch ganz stark auf seinen Erkenntnissen und Forschungsergebnissen basieren, soll er hier in aller Kürze vorgestellt werden.

Rudolf Steiner wurde am 25. Februar 1861 in Kraljevec (damals Österreich-Ungarn) geboren. Schon in seiner Kindheit, die er an verschiedenen Orten Österreichs verbrachte, erlebte er, dass sich ihm eine übersinnliche Welt eröffnete, die, wie er bald erkennen musste, für alle anderen Menschen aus seinem Umfeld nicht vorhanden war. Über seine reichhaltigen übersinnlichen Erfahrungen und Erlebnisse hüllte er sich aber vier Jahrzehnte lang in Schweigen. In seinen späteren Lebensjahren sagte er einmal, dass es ein okkultes Gesetz gebe, dass man über geistige Erkenntnisse erst dann öffentlich reden dürfe, nachdem man alles, was andere an solchen Erkenntnissen bereits aufgenommen und dargestellt haben, selbst aufgenommen und verarbeitet habe.

Schon sehr früh wurde ihm klar, dass man alle Erscheinungen und Tatsachen der physischen Welt nur dann im wahren Licht sehen kann, wenn man ihre Ursachen und Hintergründe kennt, die ausschließlich in geistigen Welten zu finden sind.

Nach dem Abitur studierte Rudolf Steiner von 1879 bis 1882 an der Technischen Hochschule in Wien Mathematik, Naturwissenschaft, Literatur, Philosophie und Geschichte. Zehn Jahre später promovierte er zum Doktor der Philosophie an der Universität Rostock. In seinen ersten Lebensjahrzehnten ging er durch mancherlei seelische Prüfungen, bis es um die Wende zum 20. Jahrhundert zu einem für sein weiteres Leben entscheidenden Erlebnis kam, zu dem er in seinem Buch *»Mein Lebensgang«* (GA 28) schreibt: **»Auf das geistige Gestanden-Haben vor dem Mysterium von Golgatha in innerster ernstester Erkenntnis-Feier kam es bei meiner Seelen-Entwickelung an.«**[1]

Wir können uns vorstellen, dass diese innere Christusbegegnung wie eine gewaltige Frage vor seiner Seele stand, die Frage, ob er bereit sei, sein weiteres Leben in den Dienst Christi zu stellen. Wenn man auf seine rastlose Tätigkeit, seinen aufopfernden

Dienst an der Menschheit in den folgenden rund 25 Jahren schaut, ist klar, dass er diese Frage mit einem uneingeschränkten »JA, ich will!« beantwortet hat.

Rudolf Steiner musste sich die Frage vorlegen, wie seine übersinnlichen Einsichten und Erkenntnisse mit den naturwissenschaftlichen Methoden und Ansichten, die das Bewusstsein der modernen Menschen beherrschten, zu vereinbaren seien. Zunächst knüpfte er an die bis dahin nur wenig gewürdigten Erkenntnis-Ansätze in Goethes naturwissenschaftlichen Schriften an, bevor er mit der Darstellung seiner eigenen Erkenntnistheorie begann, die 1894 mit der Fertigstellung seines Werkes *»Philosophie der Freiheit«* ihren Abschluss fand. Mit dieser rein philosophischen Arbeit, in der er noch nicht auf irgendwelche okkulte Tatbestände Bezug nahm, zeigte er einen Weg auf, der die moderne Wissenschaft zur Anerkennung des Übersinnlichen führen könnte.[2]

Erst nach vielen Studien und vorbereitenden Tätigkeiten beendete er kurz nach der Jahrhundertwende im Alter von nun 40 Jahren sein Schweigen über seine übersinnlichen Erfahrungen und Erkenntnisse. Zunächst fand er nur in den Reihen der 1875 von Helena Petrowna Blavatsky, geb. Hahn und H. St. Olcott begründeten *»Theosophischen Gesellschaft«* eine geeignete Zuhörerschaft. Steiner wahrte stets seine völlige Selbständigkeit und stellte im Gegensatz zur üblichen theosophischen Lehre das »Christus-Ereignis« als den Mittelpunkt des Weltgeschehens dar. 1913 trennte er sich von der Theosophischen Gesellschaft und gründete die *»Anthroposophische Gesellschaft«*. Nun konnte er seine geistige Unabhängigkeit und Selbständigkeit auch im Äußeren bewahren. In der Zwischenzeit hatte er eine Reihe von Büchern geschrieben, in denen er seine geistigen Forschungsergebnisse der Öffentlichkeit zugänglich machte. Das Arbeitspensum, das er sich von nun an bis an sein Lebensende auferlegte, übersteigt jedes menschliche Vorstellungsvermögen. Dabei wurde er von der Einsicht angetrieben, dass es eine Notwendigkeit der gegenwärtigen Zeit sei, gesicherte geistige Erkenntnisse in die Welt zu bringen. Neben seinen weiteren permanenten Forschungen in der geistigen Welt und unzähligen anderen Betätigungen und Verpflichtungen fuhr er zu Vortragsreisen durch ganz Europa. Insgesamt hat er rund 6.000 Vorträge gehalten, in denen er seine umfassenden übersinnlichen Erkenntnisse und Forschungsergebnisse darstellte. Die Vorträge, die der breiten Öffentlichkeit zugänglich waren, wurden zum Teil von bis zu 2.000 Menschen besucht. Über intime Erkenntnisse sprach er nur im Kreise der Anthroposophischen Gesellschaft, wo er davon ausgehen konnte, dass die Zuhörer schon durch andere Vorträge oder Kurse für diese Themen vorbereitet waren. Dutzende seiner Vorträge hielt er für bestimmte Berufsgruppen, die ihn darum baten, zu ihnen zu sprechen: Ärzte, Lehrer, Theologen, Landwirte usw. Hier sorgte er immer wieder mit seinem höchst erstaunlichen *Fach*wissen für Verwunderung. Neben allen seinen sonstigen Verpflichtungen nahm sich Rudolf Steiner in seinen letzten Lebensjahren noch nahezu täglich die Zeit, unzählig vielen Menschen, die mit ihren kleinen und großen Sorgen zu ihm kamen, Rat zu geben.

Rudolf Steiner starb am 30. März 1925 in Dornach (Schweiz). Er hinterließ ein so umfassendes Lebenswerk, dass es noch Jahrhunderte dauern wird, bis es in seiner Gänze und all seinen Auswirkungen von der Menschheit überschaut und hinreichend gewürdigt werden kann. Zu seiner Hinterlassenschaft gehören etliche von ihm geschriebene Werke und mehr als 300 Bücher, die mittlerweile herausgegeben worden sind und Mitschriften seines Vortragswerkes darstellen. Mit seiner Anthroposophie hat er der Welt etwas Einzigartiges vermacht.

Dass Rudolf Steiner gerade zu Beginn des 20. Jahrhunderts von der geistigen Welt beauftragt wurde, den Menschen die Geisteswissenschaft zu bringen, ist gewiss kein ›Zufall‹. Im Jahre 1899 endete das sogenannte *»Kali Yuga«*, das *»Finstere Zeitalter«*, wie es in allen okkulten Traditionen genannt wird. Dieses Menschheitszeitalter dauerte insgesamt etwa 5.000 Jahre. In dieser Zeitspanne war es wichtig, dass der ›Schleier‹, der die geistige Welt von der Erdenwelt trennt, immer dichter, immer undurchsichtiger wurde. Die Menschen sollten – wie ja bereits kurz erwähnt wurde – immer mehr vor die Aufgabe gestellt werden, die Erde zu bearbeiten sowie die gesamte physische Welt zu ergreifen und zu verstehen. Somit musste auch das alte Hellsehen, das zuvor noch eine ganz natürliche menschliche Fähigkeit war, nach und nach verloren gehen. Die Menschen mussten von den Göttern unabhängig werden und ihre Selbständigkeit und Verstandeskräfte erringen.

Dazu war es auch notwendig, dass die Naturwissenschaften in die Welt kamen. Vor rund 2.400 Jahren war es Aristoteles, der mit seiner Begründung der »Logik« die Voraussetzungen bzw. Grundlagen für eine präzise und folgerichtige Erforschung der Natur schuf. Die Naturwissenschaften erreichten im 19. Jahrhundert ihren ersten großen Höhepunkt. Nun, nach Ablauf des Kali Yuga, wurde es notwendig, dass auch eine geistige Wissenschaft in die Welt kam.

Das war die gewaltige Lebensaufgabe Rudolf Steiners. Seine Anthroposophie ist keine okkulte Lehre im herkömmlichen Sinne. Sie verbindet das, was man über das Sinnliche wissen kann, mit dem, was an Erkenntnissen nur aus geistigen Welten geholt werden kann. Anthroposophie stellt gewissermaßen die *Synthese* zwischen den Lehren der großen christlichen Kirchen (These) und denen der Wissenschaften (Antithese) dar. Im Gegensatz zu den anderen Wissenschaftlern war Steiner einer, der die Grenze, welche die übersinnliche von der sinnlichen Welt trennt, zu überschreiten vermochte. Seine Darstellungen sind daher nicht nur wissenschaftlich, sondern *über*-wissenschaftlich. Somit kann die Anthroposophie auch mit Recht als »Geistes*wissenschaft*« bezeichnet werden. Sie ist eine ebenso präzise Geisteswissenschaft wie die Mathematik.

Rudolf Steiner sprach sich immer wieder in aller Entschiedenheit gegen Dogmatismus aus, weil er jedwede Form von autoritativen Belehrungen als unzulässigen Eingriff in die menschliche Freiheit ansah. Daher wollte er für seine Anhänger auch niemals als ›Guru‹ gelten, dem man alle Aussagen nur aufgrund seiner persönlichen Autorität abnehmen sollte. Er forderte vielmehr immer wieder auf, seine Schilderungen mit allen zur Verfügung stehenden Mitteln kritisch zu hinterfragen und zu überprüfen. Die Lehren der Anthroposophie stehen weder im Widerspruch zu den Erkenntnissen der modernen Naturwissenschaften noch zu den Lehren des Christentums. Sie machen ganz im Gegenteil letztere erst so recht verständlich. Die Anthroposophie vermag es somit, die eingangs geschilderte Kluft zwischen Wissen und Glauben zu überbrücken.

Es gibt heute im Übrigen eine ganze Reihe von Errungenschaften und Einrichtungen, die aus der Anthroposophie geflossen sind. Hierzu sind insbesondere die »Waldorfpädagogik« und die »Waldorfschulen«, die »anthroposophisch orientierte Medizin«, die »Eurythmie«, der »biologisch-dynamische Anbau« in der Landwirtschaft und die »Christengemeinschaft« (»Bewegung für religiöse Erneuerung«) zu zählen. In all diesen Fällen stand Rudolf Steiner denjenigen, die als Gründer auftraten, mit Rat und Tat zur Seite.

A.2 Tabellarische Darstellungen

Hierarchie	Reich (Stufe)	christliche Bezeichnung	*alternative* Bezeichnung (*vorwiegend* nach Rudolf Steiner)	Herrschaftsgebiet bzw. Wirkungskreis
1.	1	**Seraphim**	Geister der Liebe	Tierkreis
	2	**Cherubim**	Geister der Harmonien	Tierkreis
	3	**Thronoi** (Throne)	Geister des Willens	Saturnsphäre
2.	4	**Kyriotetes** (Herrschaften)	Geister der Weisheit, Weltenlenker	Jupitersphäre
	5	**Dynamis** (Mächte, Tugenden)	Geister der Bewegung, Weltenkräfte	Marssphäre
	6	**Exusiai** (Gewalten, Obrigkeiten)	Geister der Form, Offenbarer, Elohim (gemäß Genesis)	Sonnensphäre
3.	7	**Archai** (Urbeginne, Fürstentümer)	Geister der Persönlichkeit, Urengel, Urkräfte, Jamim (gemäß Genesis), **Zeitgeister**	Venussphäre
	8	**Archangeloi** (Erzengel)	Engel des Anfangs, Feuergeister, **Volksgeister**	Merkursphäre
	9	**Angeloi** (Engel)	Söhne des Lebens, Genius, Götterboten, **Schutzengel**	Mondensphäre

Tabelle 1: **Die geistigen Wesen der höheren Hierarchien** (Hierarchie, Stufe, Bezeichnungen und Herrschaftsgebiet)

So wie der Mensch heute auf der Erde wandelt und vor uns steht, kann er als ein ***4-gliedriges Wesen*** betrachtet werden, das aus

physischer Leib,
Ätherleib,
Astralleib und
Ich(-Leib)

besteht.

Die 3 höheren Wesensglieder *durchdringen* den physischen Leib in einer ähnlichen Weise, wie sich etwa die **übersinnlichen Welten** durchdringen.

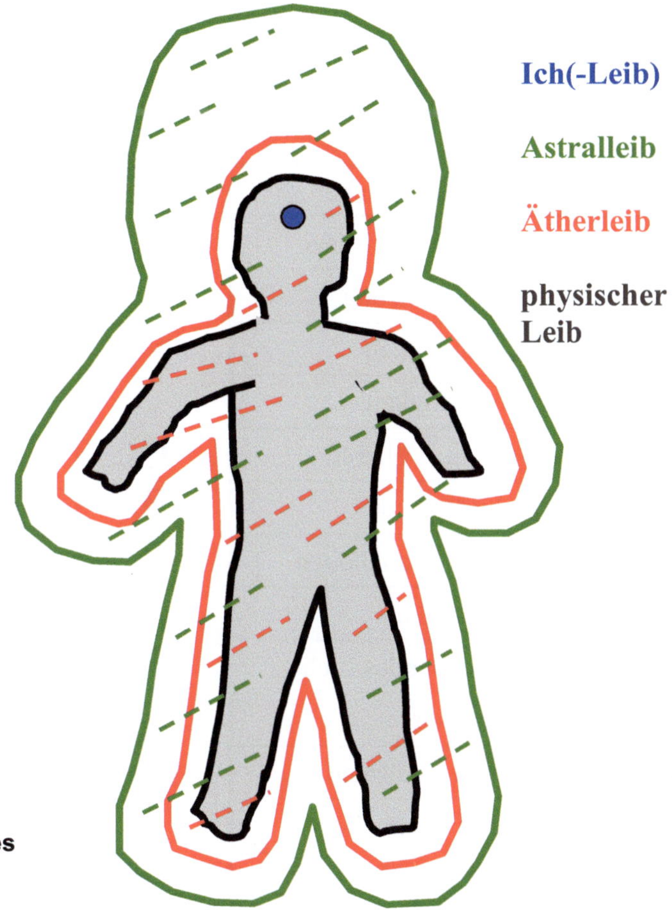

Ich(-Leib)

Astralleib

Ätherleib

physischer Leib

Skizze1: **Die Wesensglieder des heutigen Menschen**

<table>
<tr><td rowspan="3">Die drei zukünftigen Wesensglieder des Menschen</td><td>Geistesmensch</td><td colspan="4">umgewandelter physischer Leib</td></tr>
<tr><td>Lebensgeist</td><td colspan="4">umgewandelter Ätherleib</td></tr>
<tr><td>Geistselbst</td><td colspan="4">umgewandelter Astralleib</td></tr>
<tr><td rowspan="4">Die vier Wesensglieder des heutigen Menschen</td><td>Ich</td><td></td><td></td><td></td><td></td></tr>
<tr><td>Astralleib</td><td></td><td></td><td></td><td></td></tr>
<tr><td>Ätherleib</td><td></td><td></td><td></td><td></td></tr>
<tr><td>physischer Leib</td><td></td><td></td><td></td><td></td></tr>
<tr><td></td><td></td><td>Mineral</td><td>Pflanze</td><td>Tier</td><td>Mensch</td></tr>
</table>

Tabelle 2: **Heutige und zukünftige Wesensglieder des Menschen**

Die *luziferische* Ausprägung des Bösen	Die ›Goldene Mitte‹ des Guten	Die *ahrimanische* Ausprägung des Bösen
Verschwendungssucht		Geiz
Phantasterei, Illusionismus		abstraktes, trockenes Denken
Selbstüberschätzung		Minderwertigkeitskomplex
Unordentlichkeit		Pedanterie
Sprunghaftigkeit		Starrheit
Genusssucht, Völlerei	**C**	Askese
Geschwätzigkeit	**H**	Einsilbigkeit
Fieber, fiebrige Krankheiten	**R**	sklerotische Krankheiten
Blauäugigkeit	**I**	Pessimismus, Negativismus
überhelles, blendendes Licht	**S**	Finsternis
manisch	**T**	depressiv
himmelhoch jauchzend	**U**	zu Tode betrübt
Leichtsinn, Tollkühnheit	**S**	Feigheit
sengende Hitze		Eiseskälte
Leidenschaftlichkeit		Sturheit, Trockenheit
(blinder) Aktionismus		Behäbigkeit, Trägheit
Tendenz: **Erdflucht**		Tendenz: **Erdsucht**

Tabelle 3: **Beispiele für luziferische und ahrimanische Ausprägungen des Bösen**[3]

<table>
<tr><th colspan="2">Welt</th><th>Region</th><th>Sphäre</th></tr>
<tr><td rowspan="7">Geisteswelt (Devachan, Himmel)</td><td rowspan="3">obere Geisteswelt (höheres Devachan)</td><td>7. Region</td><td rowspan="4">Tierkreisregion, Fixsternhimmel</td></tr>
<tr><td>6. Region</td></tr>
<tr><td>5. Region</td></tr>
<tr><td rowspan="4">untere Geisteswelt (niederes Devachan)</td><td>4. Region</td></tr>
<tr><td>Luftregion</td><td>Saturnsphäre</td></tr>
<tr><td>Meeresregion</td><td>Jupitersphäre</td></tr>
<tr><td>Kontinentalregion</td><td>Marssphäre</td></tr>
<tr><td rowspan="7">Seelenwelt (Astralwelt)</td><td rowspan="3">obere Seelenwelt</td><td>Region des eigentlichen Seelenlebens</td><td>Sonnensphäre</td></tr>
<tr><td>Region der tätigen Seelenkraft</td><td>Venussphäre</td></tr>
<tr><td>Region des Seelenlichtes</td><td>Merkursphäre</td></tr>
<tr><td rowspan="4">untere Seelenwelt (Kamaloka)</td><td>Region von Lust und Unlust</td><td rowspan="4">Mondensphäre</td></tr>
<tr><td>Region der Wünsche</td></tr>
<tr><td>Region der fließenden Reizbarkeit</td></tr>
<tr><td>Region der Begierdenglut</td></tr>
</table>

Tabelle 4: **Die Regionen in der Seelen- und Geisteswelt sowie die Planetensphären**

Aus *geistiger Sicht* ist nicht unser heutiges heliozentrisches, sondern das *geozentrische Weltbild*, das die Erde als Mittelpunkt betrachtet, maßgebend. Daher werden auch *Sonne* und *Mond* als *Planeten* gewertet, weil sie genau wie die übrigen Planeten für unser *subjektives* Empfinden um die Erde herum zu kreisen *scheinen*. Aus der geozentrischen Sicht liegt die *Venus* näher zur Erde als der *Merkur*. Somit scheint in dieser Darstellung eine Verwechslung dieser beiden Planeten vorzuliegen. Rudolf Steiner wies aber des Öfteren darauf hin, dass die Namen dieser beiden Planeten von den Astronomen *vertauscht* worden seien, als das heutige heliozentrische oder Kopernikanische Weltbild aufkam.[4]

Die Planeten Pluto, Neptun und Uranus spielen für das nachtodliche Leben des Menschen keine Rolle.

↑ *alte (vorherige) Planetenkette* ↑

derzeitige Planetenkette			
1. **alter Saturn**	Kosmos des Seins	tiefes Trance- oder Allbewusstsein	physischer Leib
2. **alte Sonne**	Kosmos der göttlichen Allmacht	Tiefschlaf- oder traumloses Schlafbewusstsein	Ätherleib
3. **alter Mond**	Kosmos der Weisheit	Traum- oder Bilderbewusstsein	Astralleib
4. *heutige* **Erde**	Kosmos der Liebe	helles Tages-, Wach- oder Gegenstandsbewusstsein	Ich
5. **neuer Jupiter**	Kosmos des göttlichen Feuers	selbstbewusstes Bilder- oder psychisches Bewusstsein	Geistselbst
6. **neue Venus**	●	inspiriertes oder überpsychisches Bewusstsein	Lebensgeist
7. **Vulkan**	●	intuitives oder spirituelles Bewusstsein oder selbstbewusstes Allbewusstsein	Geistesmensch

↓ *neue (zukünftige) Planetenkette* ↓

Tabelle 5: **Inkarnationsstufen der Erde** (höchstes menschliches Bewusstsein und erste Veranlagung der Wesensglieder)

● Nach unseren Recherchen hat Rudolf Steiner hier keine besonderen Namen gewählt.

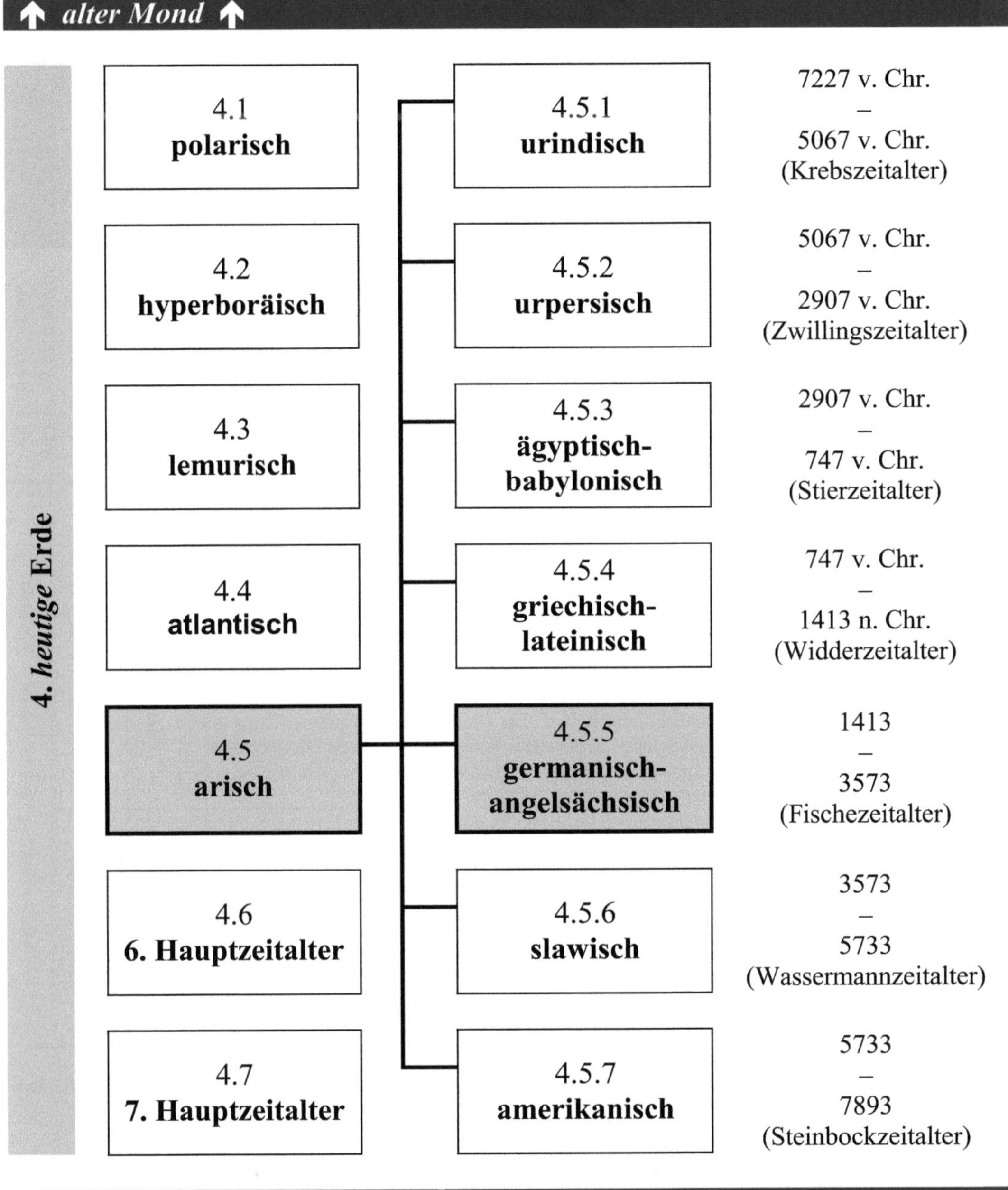

Tabelle 6: **Hauptzeitalter der Erde und Kulturepochen unseres heutigen Hauptzeitalters** (mit zeitlicher Einordnung)

Welt	Sphäre	Region	Erlebnisse	
Geisteswelt (Devachan, Himmel)	**Tier-kreis-region** (Fixstern-himmel)	4. bis 7. Region	stark abgedämpftes Bewusstsein bei den meisten Menschen; Mensch ist ganz auf sich konzentriert und hat ein erfülltes Erleben in seinem Inneren; die Kräfte des gesamten Kosmos können auf ihn wirken; alles, was er bisher erleben konnte, wird zu Wissen; der **Heilige Geist** erweckt ihn wieder; geistige Anlagen (›***Geistkeim***‹) des physischen Leibes werden bereits differenziert	**Erwerb des Rüstzeugs für neues Erdenleben**; **Weltenmitter-nacht**
	Saturn-sphäre	3. Region	**Selbsterkenntnis** entscheidet über Geselligkeit; Enthüllung des ***Göttergedächtnisses***; Blick aufs letzte Erdenleben vom kosmischen Standpunkt; etwa die Hälfte des nachtodlichen Daseins ist vorüber	**Geistiges Hören nimmt immer mehr an Bedeutung zu**
	Jupiter-sphäre	2. Region	Ausweitung des ›Bekanntenkreises‹; Wahrnehmung der ***Göttergedanken***	
	Mars-sphäre	1. Region	**Spiritualität** entscheidet über Geselligkeit; alle Beziehungen zu Menschen werden hier noch einmal durchlebt; Vernehmen der ***Göttersprache***; **Luzifer** wird zum Lichtträger	
Seelenwelt (Astralwelt)	**Sonnen-sphäre**	7. Region	Verständnis für das **Allgemein-Menschliche** entscheidet über Geselligkeit; allgemein-menschliches Zusammenleben; **Chris-tus-Impuls** entscheidet über Helligkeit des Bewusstseins; **Christus** bewahrt die Erinnerungen; Beginn der Arbeit an den Urbildern der physischen Leiblichkeit; Arbeiten am Grund-muster des nächsten Erdenlebens	**letzte Läuterungen**; **Ausbildung der Kraft, durch welche sich das Karma ordnet**; **Wahrnehmung anderer Seelen in Visionen**
	Venus-sphäre	6. Region	**Religiosität** und **Liebesfähigkeit** entscheiden über Gesellig-keit; Zusammenleben mit Menschen aus gleichen religiös-spirituellen Gemeinschaften	
	Merkur-sphäre	5. Region	**Moralität** entscheidet über Geselligkeit; Zusammenleben mit nahestehenden Menschen; Wesen der **höheren Hierarchien** kommen mehr heran; mögliches Erleben einer ›Scheinwelt‹ gemäß den irdischen Vorstellungen	
	Monden-sphäre (Kama-loka) Dauer: etwa ein Drittel der Lebzeit	4. Region	**Läuterung** von der Illusion, dass der physi-sche Körper das Selbstwertgefühl vermittelt; Ablegen des **Astralleibes**	**Erneutes Durchleben des letzten Erdenlebens**; **karmische Impulse werden keimartig veranlagt**; **Zusammenkunft mit Menschen aus gleichem Schicksalskreis**
		3. Region	**Läuterung** von Wünschen, die nur auf Sinn-liches bezogen sind	
		2. Region	**Läuterung** vom Denken, das nur auf Sinnli-ches bezogen ist	
		1. Region	**karmisches Gericht**; **Läuterung** von groben sinnlichen Begierden (wie z.B. Genusssucht)	
Ätherwelt	**Die ersten Tage nach dem Tod** (ca. drei Tage)		**Innenwelt** wird ab jetzt zur **Außenwelt** und umgekehrt; **Lebensrückschau** (emotionslos); Blick auf den Todesaugenblick als erhabenes Erlebnis; Ablegen des **Ätherleibes** nach etwa drei Tagen	
	Todesaugenblick		helles Bewusstsein; **Engel** führt ins neue Dasein; mögliche Begegnung mit **Christus**	

Tabelle 7: **Die wichtigsten Erlebnisse nach dem Tod bis zur Weltenmitternacht**

<table>
<tr><td rowspan="4">Geisteswelt
(Devachan, Himmel)</td><td>Tierkreis-
region</td><td>Blick auf das Menschheitsideal; Mensch hat überaus helles Bewusstsein</td><td colspan="2">nach der Welten-
mitternacht</td></tr>
<tr><td>Saturn-
sphäre</td><td>Wesen der 1. Hierarchie gestalten das Karma aus; Welten- bzw. Göttergedächtnis wird in Menschengedächtnis umgewandelt</td><td rowspan="5">weiteres Schaffen am geistigen Modell der physischen Leiblichkeit sowie am karmischen Plan</td><td rowspan="5">Bewusstsein wird stufenweise herabgedämpft</td></tr>
<tr><td>Jupiter-
sphäre</td><td>Göttergedanken werden in Menschengedanken umgewandelt</td></tr>
<tr><td>Mars-
sphäre</td><td>Geistanlagen des Oberkörpers und der Gliedmaßen werden angesetzt; Göttersprache wird in Sprachfähigkeit und Ich-Kraft umgewandelt; Luzifer will den Menschen dazu verführen, in der Geisteswelt zu bleiben; es kommt zum ›Götterkampf‹ um die Seele</td></tr>
<tr><td rowspan="3">Seelenwelt
(Astralwelt)</td><td>Sonnen-
sphäre</td><td>Mensch erlebt sich wieder als ein Selbst; er verspürt immer größer werdende Sehnsucht, sich wieder zu verkörpern; geistige Anlage des Herzens wird eingegliedert; erstmals Blick auf die Generationenreihe; Beurteilung durch Wesen der 2. Hierarchie</td></tr>
<tr><td>Venus-
und
Merkur-
sphäre</td><td>Auswahl der Eltern; trotz der allmählichen Herabdämpfung des Bewusstseins ist es in diesen Sphären noch sehr hell</td></tr>
<tr><td>Monden-
sphäre</td><td colspan="3">Eintritt in diese Sphäre fällt zusammen mit der Empfängnis; daher verbleibt der Mensch hier zehn Mondenmonate; Blick auf das kommende Erdenleben (Lebensvorschau); er zieht sich so zusammen, dass er sich mit dem physischen Menschenkeim vereinigen kann; Bewusstseinskräfte schwinden und werden in Wachstumskräfte umgewandelt</td></tr>
</table>

Tabelle 8: **Die wichtigsten Erlebnisse nach der Weltenmitternacht bis zur Empfängnis**

Anmerkung:

In den Tabellen 7 und 8 sind noch einige Stichworte eingefügt worden, die in *diesem* Buch nicht näher erläutert worden sind.

Sternbild	Geistige Anlagen des Menschenkörpers
Widder	Kopf
Stier	Kehlkopf- und Lungenpartie
Zwillinge	Schultern
Krebs	Brust
Löwe	Herzbereich
Jungfrau	Bauchbereich
Waage	Beckenbereich
Skorpion	Reproduktionsorgane
Schütze	Oberschenkel und Oberarme
Steinbock	Knie und Ellbogen
Wassermann	Unterschenkel und Unterarme
Fische	Füße und Hände

Tabelle 9: **Geistige Anlagen des menschlichen Körpers**

Beim Durchgang durch die *Tierkreisregion* werden bereits die geistigen Anlagen des Menschenkörpers differenziert. Diese Arbeit leisten diejenigen geistigen Wesenheiten, deren physischer Abglanz die jeweiligen Sternbilder sind.[5]

Welt	Sphäre	Innere Organe	Seelische Fähigkeiten
Geisteswelt	Saturn	Milz	Tiefsinn
	Jupiter	Leber	weisheitsstrahlende Tätigkeit
	Mars	Galle	aggressive Fähigkeit
Seelenwelt	Sonne	Herz, Blutkreislauf	harmonisierendes Wesen
	Venus	Nieren	liebendes, hingebendes Wesen
	Merkur	Lunge	Aufrichtekraft, Ich-Kraft
	Mond	Gehirn, Fortpflanzungsorgane	schöpferische Fähigkeit

Tabelle 10: **Geistige Veranlagung der inneren Organe und seelischer Eigenschaften**

Im Zusammenhang mit den *Planetenregionen* werden die inneren Organe geistig veranlagt. Außerdem werden durch die Kräfte der Planeten bestimmte seelische Eigenschaften veranlagt.[6]

A.3 Geschichten

Die folgenden Erzählungen sind unserem Büchlein *»Über das Leben und Wirken der sogenannten Toten – Spirituelle Erzählungen aus dem Reich der Toten«* entnommen. Sie handeln von Menschen, die noch auf der Erde verkörpert sind (*»Erdenmenschen«*), von verstorbenen Menschen (*»Sphärenmenschen«*) und von geistigen Wesen der Himmelswelten (*Engel*).

Es mag dem Leser überlassen sein, ob er die Geschichten für phantastische Fiktionen oder aber für in leicht verständliche Bilder verpackte Erlebnisse, die in Einklang mit geistigen Tatsachen stehen, zu halten geneigt ist.

Das selbst gewählte Schicksal

Die 16-jährige Magdalena war ein höchst aufgewecktes und kluges Mädchen, das auf dem Gymnasium gut vorankam und von allen wegen ihrer Freundlichkeit und Liebenswürdigkeit sehr geschätzt wurde.

Sie wurde von ihren Lehrern und Mitschülern ein wenig bewundert, weil sie ihre schlimme Krankheit mit so großer Geduld und Ergebenheit zu ertragen verstand.

In der Tat hatte Magdalena ein schweres Schicksal zu tragen. Schon in ihrer frühen Kindheit wurde bei ihr eine chronische Muskelschwäche diagnostiziert. Die damit verbundenen Beschwerden und Einschränkungen nahmen stetig zu. Seit ihrem sechsten Lebensjahr konnte sie kaum noch laufen. Schließlich war sie ganz auf einen Rollstuhl angewiesen. Zudem konnte sie ihren linken Arm nicht mehr gut bewegen.

So marode ihr Leib auch war, so klar war ihr Geist. Sie war eine vorzügliche Schülerin, die an allem Interesse zeigte, was das Leben zu bieten hat. Magdalena beschäftigte sich in ihren jungen Jahren auch recht intensiv mit spirituellen Themen. Für sie gab es nicht den geringsten Zweifel daran, dass jeder Mensch aus einer geistigen Welt ins Erdenleben hinabsteigt, in die er nach dem Tod wieder aufgenommen wird. Für sie war es eine Selbstverständlichkeit, dass das vorgeburtliche, das irdische und das nachtodliche Leben einen gemeinsamen Lebensstrom bilden. Gerne hätte sie sich mit anderen Menschen über diese Themen ausgetauscht. Aber weder ihre Eltern noch ihre Schulfreundinnen konnten damit etwas anfangen. Für ihren Vater waren Magdalenas Gedanken jugendliche Spinnereien.

Besonders enttäuschte es sie, dass sie auch mit dem Pfarrer ihrer Kirchengemeinde nicht über ihre Anschauungen reden konnte. Als sie ihm einmal ihre Sichtweise schilderte, sagte dieser: »Wo hast du denn dieses Märchen aufgeschnappt, dass eine Menschenseele vor der Geburt bereits in einer geistigen Welt gelebt hat?! Davon steht nichts in der Bibel, und die kenne ich weiß Gott sehr gut. Also, bei der Zeugung wird die Seele von Gott erst neu erschaffen!«

Magdalena verlor daraufhin ein wenig die Fassung und entgegnete in einem für sie ungewöhnlich scharfen Ton: »Halten Sie mich für ein Kleinkind, das solche Dinge noch nicht verstehen kann, oder glauben Sie wirklich an den Unsinn, den Sie mir soeben gesagt haben?!«

Der Pfarrer bekam einen hochroten Kopf und beendete die Unterredung mit der Bemerkung: »Sei mir nicht böse, liebe Magdalena, aber du bist wohl wirklich noch zu jung, um so schwierige Dinge begreifen zu können.«

***V**iele Jahre trug Magdalena ihre körperliche Behinderung und alle damit verbundenen Beeinträchtigungen in ganz bewundernswerter Weise. Niemals hat sie sich beschwert; niemals hörte man sie klagen.*

Doch das sollte sich in zunehmendem Maß ändern, als sie jetzt ins Jugendalter kam. Es war die Zeit, in der ihre Schulkameradinnen am Wochenende zum Tanzen oder auf eine Party gingen. An den Werktagen suchten sie bei schönem Wetter oftmals ein Freibad auf. Alle diese Aktivitäten, die jedem Jugendlichen großen Spaß machen und viel bedeuten, waren ihr verwehrt. Mit einer gewissen Wehmut hörte sie dann am nächsten Schultag, wie ihre Mitschülerinnen begeistert von ihren Unternehmungen erzählten und in Erinnerungen schwelgten.

Eines Abends machte sie sich noch einmal so ganz bewusst, dass sie alle diese Freuden, die ihre Freundinnen regelmäßig genossen, niemals erleben könnte.

Sie war so traurig, enttäuscht und geradezu wütend, dass sie sich an Gott wandte: »Oh mein Gott! Wie gerne würde ich auch alles machen können, was meine Freundinnen machen! Aber, wie du weißt, geht es nicht wegen meiner blöden Krankheit. Warum hast du mir ein so hartes Schicksal bereitet? Was ist der Sinn? Habe ich dieses Los etwa verdient? Willst du mich damit bestrafen? Ich kann mich nicht erinnern, dass ich als Kind etwas Böses getan hätte, was eine solche Strafe rechtfertigen könnte. Wenn ich Fehler gemacht habe, dann zumindest nicht in diesem Leben. Hat mein Schicksal etwa mit einer Schuld aus meinem letzten Leben zu tun? Ich würde so gern verstehen, warum ich dieses Schicksal zu tragen habe. Bitte lieber Gott, lasse es mich verstehen! Ich flehe dich an, lasse es mich begreifen, damit ich es besser akzeptieren kann!«

***D**ann geschah das Unverhoffte und ganz Unfassbare: Magdalena hatte plötzlich den Eindruck, als wenn sie träumte. Aber es war kein Traum.*

Ihr wurde die höchst ungewöhnliche Gnade zuteil, einen Blick in die Zeit zu werfen, in der sie noch in der geistigen Welt war und ihre gegenwärtige Inkarnation vorbereitete.

Sie sah ihre ewige Seele in einer ganz außergewöhnlich lichten Sphäre, umgeben von einigen anderen Menschenseelen, die zu ihrem Schicksalskreis gehören und von denen sie sofort wusste, um wen es sich handelte. Auch ihr Schutzengel und weitere Engelwesen, die höheren Reichen angehören, waren bei ihr.

Dann hörte sie, wie ihr Engel sprach: »Es ist bald an der Zeit, dass du wieder als Menschenkind auf die Erde kommen wirst. Wir müssen jetzt alle zusammen einen Plan für dein nächstes Leben entwerfen.«

Magdalena fühlte, dass ihre Seele ihrem Erdenleben entgegenfieberte und sie gar nicht abwarten konnte, wieder auf der Erde zu wandeln.

Ihr Engel sprach: »Du hast in deinen vielen bisherigen Leben schon eine gewisse geistig-seelische Reife erworben. Auch in deinem folgenden Leben musst du wieder einen weiteren Schritt auf dem langen Wege deiner Vervollkommnung machen.« Dann schien er sich mit den Engeln der höheren Reiche zu beraten.

Schließlich fuhr er fort: »In deinen bisherigen Inkarnationen warst du meistens ein Mensch, der sein Leben im Griff hatte, der alles unter Kontrolle hatte. Es könnte dich weiterbringen, wenn du im folgenden Leben einmal die andere Seite der Medaille kennenlernst.«

Magdalenas Seele schien nicht recht zu verstehen, was ihr Engel meinte. »Nun, es gibt viele Möglichkeiten, um das zu bewerkstelligen. Wir sind der Meinung, dass es am besten gelingt, wenn du schon als Kind eine schwere Krankheit bekommst, die dein weiteres Leben gewaltig einschränkt. Dann wirst du nicht mehr wie bisher alles allein regeln können. Dann wirst du auf die permanente Hilfe deiner Mitmenschen angewiesen sein. Auch werden dir viele Dinge verwehrt bleiben, die anderen Kindern Freude bereiten.«

***S**olange ein Mensch noch in der geistigen Welt verweilt, ist er ungleich weiser und weitsichtiger, als er es im späteren Erdenleben jemals sein könnte. Außerdem wird er von hohen und höchsten Engelwesen unterstützt.*

So sah Magdalena jetzt auch, dass ihre Seele dem Vorschlag freudig zustimmte. Sie nahm ihr geplantes Schicksal dankbar an, wissend, dass es letztlich zu ihrem eigenen Wohl ist.

»Dein schweres Schicksal, das du bereit bist, auf dich zu nehmen, wird auch deinen Eltern etwas bringen. Dadurch, dass sie sich intensiv um dich kümmern müssen und immer in Sorge um dich sein werden, können auch sie in ihrer geistig-seelischen Evolution einen großen Schritt weiterkommen«, fuhr der Engel fort.

Magdalenas Seele war ganz glücklich und freute sich auf ihre Erdenmission.

Es kommt nur äußerst selten vor, dass einem Erdenmenschen die Gnade erwiesen wird, dass Ausschnitte seines vorgeburtlichen Daseins die Bewusstseinsschwelle überschreiten. Magdalena gehörte zu diesen Ausnahmen. Gott hatte ihr Bitten und Flehen erhört...

***M**agdalena benötigte noch eine kurze Weile, bis sie wieder im Hier und Jetzt war. Sie konnte noch nicht recht fassen, was genau geschehen war. Dennoch hatte sie nicht den leisesten Zweifel daran, dass ihr in der kurzen Geistesschau Tatsachen gezeigt worden waren.*

Sie war jetzt ganz glücklich, die wahre Ursache ihres schweren Schicksals verstanden zu haben, das sie sich aus gutem Grund in der geistigen Welt selbst ausgesucht und voll akzeptiert hatte.

Da ihr jetzt der Sinn ihrer Krankheit klar vors Seelenauge getreten war, konnte sie ihre Einschränkungen wieder mit Geduld, Demut und sogar mit Dankbarkeit tragen.

****

Das Kind, das sein Schicksal nicht leben durfte

Eine Menschenseele stand unweit des Himmelstores und schaute auf die Erde herab. Die Seele wusste, dass es bald wieder an der Zeit sein wird, als Menschenkind auf der Erde geboren zu werden.

In der langen Zeit, die sie in den himmlischen Gefilden verbracht hatte, ist ihr vieles von dem, was sie im letzten Erdenleben an nützlichen und weniger nützlichen Taten vollbracht hatte, klar vors Seelenauge getreten.

Ihr Engel trat an die Seele heran und sprach: »Jetzt wird es nicht mehr lange dauern, bis du wieder auf die Erde geschickt wirst.«

Die Seele hüpfte voller Vorfreude. Der Engel sagte: »Es ist schön, dass du dich freust, wieder als Menschenkind geboren zu werden. Aber dein nächstes Leben wird nicht ganz einfach werden.«

»Das ist mir ganz egal!«, erwiderte die Seele. »Hauptsache ich kann wieder auf die Erde, um mich weiterzuentwickeln.«

Der Engel fuhr fort: »Es ist gut, dass du das so siehst! Aber dein neues Erdenleben wird wirklich sehr, sehr hart werden. Um einen wirklich großen Schritt in deiner Entwicklung machen zu können, musst du ein Leben führen, das dich in vielerlei Hinsicht stark einschränken, das dir etwas sehr Schweres auferlegen wird.«

»Was habe ich denn zu tun?«, fragte die Seele neugierig und sprühend voller Tatendrang.

»Nun, du musst dieses Mal ganz radikale Erfahrungen machen. Du musst mit einer schweren Behinderung zur Welt kommen. In einem solchen Leben wirst du vieles erfahren und lernen, was du bisher noch nicht kennengelernt hast und was dein Erdenleben sehr beeinträchtigen wird«, sprach der Engel ein wenig mitleidig.

»Was sind das für Beeinträchtigungen?«, wollte die Seele wissen. »Nun, du wirst in der Schule nicht gut vorankommen. Vielleicht kannst du auch gar nicht zur Schule gehen. Einen Beruf wirst du wohl auch nicht ausüben können. Dann musst du gewiss häufig mitleidige Blicke oder gar Spott deiner Mitmenschen ertragen. Und du wirst dein ganzes Leben lang auf die Hilfe anderer angewiesen sein. Aber ein solches Leben ist für dich eine Notwendigkeit, um in deiner geistig-seelischen Entwicklung ein großes Stück vorwärts kommen zu können«, antwortete der Engel.

»Das ist doch alles nicht schlimm! Das ist doch der Sinn unserer gesamten Existenz, dass wir Menschenseelen uns weiterentwickeln«, platzte es aus der Menschenseele heraus.

»Also gut!«, sagte der Engel. »Dann komme einmal ganz nah ans Himmelstor und schaue auf die Erdenmenschen herunter! Vielleicht sehen wir ein Menschenpaar, das für dich als Eltern in Frage kommen könnte.«

Die Menschenseele schaute voller Neugier und ganz aufgeregt auf etliche Paare. Doch schon erstaunlich schnell schien sie ihre Entscheidung getroffen zu haben. »Die beiden da unten, die gerade daheim beim Abendessen sitzen, die sollen meine Eltern werden! Schicke mich bitte sofort zu ihnen!«

Der Engel zögerte ein Weilchen und meinte dann: »Ich glaube, das könnte schwierig werden! Ich bin mir nicht ganz sicher, ob die beiden wirklich für deine große Mission die richtigen Eltern sind.«

»Ach bitte!«, flehte die Menschenseele, die jetzt schon eine tiefe Liebe zu der als Mutter erkorenen Frau empfand und fuhr fort: »Genau die beiden möchte ich als meine Eltern! Bitte, lieber Engel, erfülle mir diesen Wunsch!«

Der Engel schwieg eine ganze Weile. Er zweifelte daran, dass die gewählten Menschen für das Vorhaben geeignet seien. Er beriet sich noch kurz mit einem Engel höherer Ordnung. Der Engel zögerte immer noch. Doch dann sprach er: »Nun gut, geliebte Seele, so soll es denn geschehen!«

Er nahm seinen Schützling noch einmal behutsam und liebevoll in seine Flügelarme und entließ ihn auf die Erde.

Die von der Seele als neue Eltern erwählten Menschen waren Werner und Karin Prigge. Das Ehepaar wünschte sich schon seit ein paar Jahren nichts sehnlicher als ein Kind. Herr Prigge wollte unbedingt einen Sohn, der später einmal die Leitung seiner Firma übernehmen könnte.

Die beiden hatten die Hoffnung, Eltern zu werden, fast schon ein wenig aufgegeben, als Frau Prigge plötzlich das Gefühl hatte, schwanger zu sein. Sie eilte zur Apotheke und besorgte sich einen Schwangerschaftstest, den sie noch am gleichen Tage machte. Das Ergebnis war eindeutig: Frau Prigge war schwanger. Die Freude des Paares war riesengroß. Sie konnten ihr Glück kaum fassen.

Mittlerweile war Frau Prigge schon in der zehnten Schwangerschaftswoche. Die Seele fühlte sich im Leib ihrer Mutter pudelwohl und konnte ihre Geburt kaum erwarten. Bei einer Vorsorgeuntersuchung sagte der Arzt Frau Prigge, dass sie einen Jungen bekommen werde. Das beglückte insbesondere Herrn Prigge, der sich ja so sehr einen Sohn wünschte.

Immer wieder malten sich die angehenden Eltern aus, wie schön es wohl sein würde, ein Kind haben und aufwachsen sehen zu dürfen. Schon recht bald richteten sie für ihr Kind ein Zimmer ein, in dem es an nichts fehlte.

Eines Abends meinte Herr Prigge zu seiner Frau: »Du Liebling, irgendwie habe ich Angst, dass unser Kind krank oder mit einer Behinderung zur Welt kommen könnte. Vielleicht solltest du noch einmal deinen Arzt aufsuchen und von meiner Sorge berichten. Es gibt doch heute schon so viele Möglichkeiten, das im Vorfeld zu diagnostizieren.«

Frau Prigge konnte diese Befürchtung eigentlich nicht so ganz teilen, befolgte aber dann doch den Rat ihres Mannes.

Nachdem sie ihrem Arzt von ihrer Besorgnis, die ja im Grunde nur eine Besorgnis ihres Mannes war, berichtet hatte, sprach er: »Ja, es gibt heute in der Tat Methoden, um herausfinden zu können, ob ein Kind mit einer Krankheit oder mit einer Behinderung zur Welt kommen wird. Diese Verfahren sind sehr zuverlässig.«

So entschloss man sich zu einer pränatalen Diagnostik.

Das Ergebnis, das der Arzt den Eheleuten Prigge kurze Zeit später mitteilte, war niederschmetternd: Bei dem Embryo wurde ein genetischer Defekt, eine Chromosomenstörung festgestellt. Der Arzt meinte: »Ihr Ungeborenes hat einen schweren Gendefekt. Es tut mir sehr leid! Es ist Ihre Entscheidung, ob sie das Kind zur Welt bringen wollen!«

Das Ehepaar war entsetzt und todtraurig. Sie konnten es einfach nicht fassen, dass ausgerechnet sie so viel Pech hatten. Ein paar Tage waren sie wie paralysiert. Auch die kleine Seele merkte, dass irgendetwas nicht stimmte.

***E**ines Abends, als die beiden beieinander saßen, versuchten sie, ihre Gedanken und Gefühle zu ordnen und in Worte zu fassen.*

Herr Prigge begann: »Es ist für mich immer noch wie ein Alptraum. Ich kann es nicht verstehen, dass ausgerechnet unser Kind nicht gesund sein soll! Keiner von uns, unseren Eltern und Geschwistern hat so einen Gendefekt! Warum trifft es ausgerechnet unser Kind? Es gibt so viele Paare, die kerngesunde Kinder bekommen haben und sich anschließend gar nicht um sie kümmern. Wir könnten einem Kind alles bieten.«

Frau Prigge entgegnete: »Ja, es ist ganz furchtbar. Ich kann es auch nicht verstehen. Aber wir können doch auch ein behindertes Kind lieb haben und alles für es tun!«

Ihr Mann schwieg eine Weile. »Das ist sicher richtig, aber es sagt sich auch sehr leicht! Weißt du eigentlich, was dieser genetische Defekt bedeutet?«, sagte er dann.

»Ja, ich glaube schon«, meinte sie.

Herr Prigge fuhr fort: »In den ersten Jahren mag das alles noch gar nicht einmal so dramatisch sein. Aber das Kind wird ja auch älter. Es wird wohl nie eine normale Schule besuchen können. Es wird nie ein eigenständiges Leben führen können. Und ich hätte, wie du weißt, so gerne einen Sohn gehabt, der später einmal die Leitung meiner Firma übernehmen könnte.«

Dann schwieg er eine Weile, um schließlich fortzufahren: »Du darfst es auf gar keinen Fall zur Welt bringen!«

Seine Frau war schockiert. »Wie könnte ich ein Kind abtreiben lassen, das ich schon seit Wochen unter meinem Herzen trage und bereits sehr liebgewonnen habe«, dachte sie und verließ wortlos den Raum.

An den folgenden Tagen musste sie sehr häufig an das Gespräch mit ihrem Mann denken. »Vielleicht hat er ja doch nicht ganz unrecht. Aber ich könnte eine Abtreibung niemals mit meinem Gewissen vereinbaren«, dachte sie manchmal.

***D**ann beschloss sie, sich noch von einigen anderen Menschen Rat zu holen.*

Schon am folgenden Tag suchte sie den Pfarrer auf und berichtete ihm von ihrem Gewissenskonflikt. Der Pfarrer sprach: »Liebe Frau Prigge, wie Sie wissen, liebt Gott natürlich auch ein behindertes Kind. Nur Er allein weiß, warum gerade Ihrem Kind ein solches Schicksal bevorsteht. Ob Sie das Kind behalten wollen, ist ausschließlich Ihre Entscheidung. Gott wird es verstehen, egal wie Sie sich entscheiden.«

Frau Prigges Hoffnung, dass der Pfarrer ihr eindeutig zureden würde, das Kind auszutragen, wurde jäh zerstört.

Ein paar Tage später traf sie sich mit ihrer besten Freundin, deren Meinung ihr immer sehr wichtig war. Nachdem sie ihr alles erzählt hatte, nahm ihre Freundin sie in den Arm und sagte: »Ach Karin, das ist ja alles ganz furchtbar! Das tut mir so leid für dich! – Willst du denn das Kind bekommen?« Frau Prigge antwortete zögerlich: »Eigentlich war ich mir sehr sicher, dass ich es austragen möchte, aber mittlerweile wachsen meine Bedenken mehr und mehr.«

Die Freundin entgegnete: »Ja Karin, überlege dir das gut! Eine meiner Arbeitskolleginnen hat vor vielen Jahren ein Kind zur Welt gebracht, das wohl den gleichen Gendefekt hatte. Ich weiß wie viele Einschränkungen und Probleme das für die ganze Familie nach sich gezogen hat. Das Kind kam später in ein Pflegeheim. Die Kosten, für die die Eltern zumindest teilweise aufkommen mussten, waren gigantisch. Dieses Schicksal hat letztlich die ganze Familie zerstört.«

Frau Prigge war nun schon sehr nahe dran, ihre Meinung, das Kind austragen zu wollen, zu ändern.

***S**ie vereinbarte noch einen Termin bei ihrem langjährigen Hausarzt, dessen Einschätzung sie auch hören wollte.*

Ohne sich groß mit der Vorrede aufzuhalten, sagte ihr Arzt: »Vermutlich wissen Sie ja schon, was dieser Gendefekt bedeutet. Ihr Kind wird mit an Sicherheit grenzender Wahrscheinlichkeit nie ein selbstbestimmtes Leben führen können. Es wird aller Voraussicht nach lebenslang ein Pflegefall sein und früher oder später in einem Heim untergebracht werden müssen. Bei dieser genetischen Störung kommt noch erschwerend hinzu, dass Ihr Kind möglicherweise einen schweren Herzfehler und die eine oder andere Fehlbildung aufweisen wird. Auch wird sein Immunsystem so geschwächt sein, dass es zu permanenten Infektionen kommen dürfte. Das ist doch kein Leben, weder für Ihr Kind noch für Sie. Also ganz ehrlich, Frau Prigge, wenn ich an Ihrer Stelle wäre, würde ich das Kind wegmachen lassen!«

Tieftraurig und hemmungslos weinend verließ Frau Prigge die Praxis.

Aber die Entscheidung, die sie sich wirklich nicht leicht gemacht hatte, war gefallen: Sehr zur Zufriedenheit ihres Mannes ließ sie ein paar Tage später die Abtreibung in einer Klinik durchführen.

***G**anz traurig und unter Schmerzen löste sich die Seele ihres Kindes aus der mütterlichen Organisation.*

Wieder in der Himmelswelt, die sie ja noch gar nicht zur Gänze verlassen hatte, angekommen wurde sie von ihrem Engel, der schon auf sie am Himmelstor gewartet hatte, auf das Herzlichste in Empfang genommen.

Der Engel nahm seinen Schützling in seine Flügelarme und sprach: »Meine geliebte Menschenseele, sei nicht traurig! Leider wurde meine Befürchtung bestätigt, dass die von dir gewählten Eltern kein behindertes Kind haben wollten. Aber irgendwie hatte ich die Hoffnung nicht ganz aufgegeben, so dass ich mich letztlich doch deinem Wunsch gebeugt habe.«

»Jetzt war alles umsonst!«, schluchzte die Seele, die immer noch ganz enttäuscht und tieftraurig war.

»Nicht ganz!«, korrigierte der Engel. »Es ist richtig, dass du dein vorbestimmtes Leben, das für dich sehr wichtig gewesen wäre, nicht leben konntest. Das musst du später in einer ähnlichen Form nachholen. Aber die eigentlich ungeplanten Erfahrungen, die du einige Monate lang im Mutterleib machen konntest und insbesondere diese brutale Abtreibung waren auch nicht vergeblich. Auch sie werden dich weiterbringen.«

Das tröstete die Menschenseele ein wenig, deren Tränen langsam trockneten.

Frau Prigge fiel nach der Abtreibung in eine monatelange tiefe Depression. Sie machte sich große Vorwürfe, dass sie den Meinungen anderer Leute gefolgt war, statt auf ihr eigenes Gewissen zu hören.

Frau Prigge wurde nie wieder schwanger. Fünf Jahre später wurde ihre Ehe geschieden.

****

Das Kreuz des Menschen

Wenn wir Menschen auf diese Welt kommen, gibt uns Gott unser ganz persönliches Kreuz mit auf den Weg. Dieses Kreuz gehört zu uns. Wir haben es unser Leben lang wie einen schweren Rucksack zu tragen. Bei manchen Menschen ist das Kreuz eher klein und leicht, bei manchen ist es ziemlich groß und schwer. Bei wiederum anderen, die sehr viele Prüfungen zu bestehen und viele Leiden und Schmerzen zu ertragen haben, kann es sogar so schwer sein, dass sie manchmal Mühe haben, es überhaupt zu tragen.

Es war einmal ein Mann, dessen Kreuz, das Gott ihm mitgegeben hatte, ganz besonders schwer war. Viele Male war er in seinem Leben unter der Last des Kreuzes zusammengebrochen. Aber immer wieder stand er auf und nahm es erneut geduldig auf sich. Als er dann schon recht betagt war, hatte er den Eindruck, der schweren Last des Kreuzes nicht mehr gewachsen zu sein. Da er fühlte, dass das Kreuz mit ihm selbst zu tun hatte, wollte er sich nicht des ganzen Kreuzes entledigen. So kam ihm die Idee, ein ganz kleines Stück von diesem abzusägen, so dass das, was er jetzt noch auf seine Schultern zu laden hatte, ein wenig leichter war und er weniger Mühe hatte, es zu tragen.
Gesagt – getan!

Auf diese Art kam er dann noch recht gut durch seine letzten Lebensjahre.

Eines Tages starb der Mann. Er sah in einiger Entfernung bereits das Himmelreich. Freudig lief er auf diese Region zu. Um letztlich ins Reich der Himmel gelangen zu können, musste er jedoch noch einen eher schmalen, aber sehr tiefen, reißenden Fluss überqueren, der die Grenze zwischen dem Dies- und dem Jenseits bildete. Wie sollte er nur den Fluss überqueren können? Da hatte er eine Idee: Das Kreuz könnte ihm als Brücke dienen. Gesagt – getan!

Doch das Kreuz war ein ganz kleines Stück zu kurz...

****

****

****

****

****

Quellennachweis

Bei den Werken Rudolf Steiners sind im Quellennachweis die offiziellen Nummern der Gesamtausgabe (GA-Nr.) angegeben worden. Titel und Erscheinungsjahr aller Werke finden sich im Literaturverzeichnis.

Vorspann

1 entnommen aus Zürrer, S. 13
2 Steiner, GA 240, S. 268

Kapitel 1: Einführung

1 Steiner, GA 40, S. 270
2 Axel Burkart hat seine Vorträge auf YouTube bereitgestellt:
https://www.youtube.com/c/AxelBurkart/videos (vom 23.02.2024)
3 vgl. von Halle: *»Das Wort in den sieben Reichen der Menschwerdung«*, S. 2.443
4 Steiner, GA 120, S. 25f.
5 Steiner, GA 34, S. 93
6 Steiner, GA 127, S. 36

Kapitel 2: Der Glaube an die Reinkarnation – früher und heute

1 entnommen aus Zürrer, S. 167
2 Steiner, GA 118, S. 21
3 Steiner, GA 118, S. 22
4 vgl. Steiner, GA 52, S. 79
5 Steiner, GA 196, S. 161f.
6 entnommen aus Zürrer, S. 140
7 entnommen aus Zürrer, S. 143
8 entnommen aus Zürrer, S. 290
9 Frieling, S. 10f.
10 entnommen aus Zürrer, S. 289
11 vgl. Steiner, GA 52, S. 343
12 entnommen aus Zürrer, S. 166
13 entnommen aus Zürrer, S. 184
14 Frieling, S. 69
15 entnommen aus Zürrer, S. 202
16 https://wendezeit.ch/zitate-ueber-reinkarnation-wiedergeburt-tod-und-sterben/ (vom 22.02.2024)
17 entnommen aus Zürrer, S. 181
18 entnommen aus Zürrer, S. 210
19 Steiner, GA 137, S. 27f.
20 entnommen aus Zürrer, S. 241
21 entnommen aus Zürrer, S. 228
22 entnommen aus Zürrer, S. 227
23 entnommen aus Zürrer, S. 40

24 entnommen aus Zürrer, S. 224
25 entnommen aus Zürrer, S. 228
26 entnommen aus Zürrer, S. 229
27 entnommen aus Zürrer, S. 232
28 Steiner, GA 196, S. 162

Kapitel 3: Welche Argumente *scheinen* gegen die Reinkarnationslehre zu sprechen und wie können diese entkräftet werden?

1 *»Katechismus der katholischen Kirche«*, Nr. 1013, S. 290
2 https://anthrowiki.at/Unfehlbarkeitsdogma (vom 29.02.2024)
3 Steiner, GA 174, S. 233
4 Steiner, GA 184, S. 192
5 Steiner, GA 140, S. 95
6 Psalm 90, 3f.
7 Maleachi 3, 23f.
8 2. Könige 2, 11
9 Johannes 1, 6f.
10 Lukas 3, 22
11 Matthäus 16, 14; Markus 8, 28; Lukas 9, 19; Johannes 1, 21
12 Matthäus 16, 13
13 Johannes 9, 2
14 Matthäus 17, 1ff.
15 Steiner, GA 52, S. 78
16 vgl. Steiner, GA 97, S. 21
17 vgl. Steiner, GA 52, S. 78f.
18 Steiner, GA 52, S. 78f.
19 Johannes 16, 12
20 vgl. Steiner, GA 93a, S. 65
21 Steiner, GA 93a, S. 65f.
22 Steiner, GA 97, S. 22
23 Steiner GA 62, S. 76f.
24 vgl. Burkart, S. 42
25 von Halle: *»Das Wort in den sieben Reichen der Menschwerdung«*, S. 1.852f.
26 Alexander, S. 19f.
27 Alexander, S. 55ff.
28 Steiner, GA 175, S. 241
29 https://anthrowiki.at/Max_Planck (vom 02.03.2024)
30 Steiner, GA 62, S. 99
31 vgl. Steiner, GA 140, S. 46
32 entnommen aus Zürrer, S. 77
33 entnommen aus Zürrer, S. 79
34 Johannes 1, 21
35 vgl. Steiner, GA 346, S. 185
36 vgl. Steiner, GA 244, S. 88

Kapitel 4: Welche Indizien könnten für die Reinkarnationslehre sprechen?

1 https://www.reinkarnation.de/beispiele-deja-vu.html (vom 18.02.2024)
2 entnommen aus Zürrer, S. 115

3 entnommen aus Zürrer, S. 228f.
4 entnommen aus Zürrer, S. 111
5 entnommen aus Zürrer, S. 113
6 https://www.miss.at/wiedergeburt-diese-skurrilen-faelle-sollen-beweisen-dass-reinkarnation-existiert/ (vom 18.02.2024)
7 Justen: *»Zeitreise durch meine früheren Erdenleben«*, S. 30ff.

Kapitel 5: Übersinnliche Welten, Hellseher, Eingeweihte und übersinnliche Wahrnehmungen

1 Steiner, GA 10, S. 16
2 Lukas 17, 21
3 Alexander, S. 74
4 Steiner, GA 140, S. 152
5 vgl. Paxino, S. 143
6 Steiner, GA 93a, S. 145
7 2. Korinther 12, 2
8 Steiner, GA 88, S. 107
9 Steiner, GA 51, S. 209
10 Steiner, GA 12, S. 71f.
11 Steiner, GA 150, S. 93
12 Steiner, GA 12, S. 36
13 Markus 1, 10f.
14 Steiner, GA 12, S. 69
15 Matthäus 1, 20f.
16 Markus 1, 11
17 Apostelgeschichte 8, 26
18 Steiner, GA 12, S. 81f.
19 Steiner, GA 12, S. 22
20 vgl. Steiner, GA 115, S. 53ff.
21 Steiner, GA 53, S. 230
22 Steiner, GA 53, S. 217
23 Steiner, GA 99, S. 44
24 Steiner, GA 54, S. 136f.
25 vgl. Johannes 21, 25
26 vgl. Lukas 2, 6ff.
27 vgl. Matthäus 2, 1ff.
28 vgl. Lukas 2, 41ff.

Kapitel 6: Wie kann die Reinkarnationslehre erkenntnis-theoretisch hergeleitet und begründet werden?

1 Steiner, GA 9, S. 73f.
2 vgl. https://www.zeit.de/1999/52/Ein_Kind_zum_Anbeten (vom 10.01.2024)
3 vgl. https://schwabach.de/de/wissenswertes/neuigkeiten/neues-aus-den-aemtern/5111-1740-wunderkind-gestorben.html (vom 03.09.2023)
4 vgl. *»Meyers Enzyklopädisches Lexikon«*, Band 10, S. 42
5 Steiner, GA 120, S. 115
6 *»Meyers Enzyklopädisches Lexikon«*, Band 14, S. 311
7 *»Katechismus der katholischen Kirche«*, Nr. 366, S. 124

8 entnommen aus Zürrer, S. 297
9 Steiner, GA 348, S. 193
10 vgl. Steiner, GA 34, S. 84f.
11 Steiner, GA 9, S. 59f.
12 Steiner, GA 9, S. 60f.
13 Steiner, GA 9, S. 61
14 vgl. etwa *»Katechismus der katholischen Kirche«*, Nr. 1023, 1024, 1042
15 Zitat aus Goethes Werk *»Zahme Xenien – 4. Buch«* aus dem Jahre 1821; entnommen aus *»Weisheiten der Welt – Deutsche Dichter und Denker«*, S. 90
16 vgl. Archiati, S. 7
17 Kolosser 1, 16
18 Römer 8, 38f.
19 Epheser 1, 20f.
20 vgl. Steiner, GA 93a, S. 97
21 Steiner, GA 344, S. 53
22 1. Mose 1, 1
23 Johannes 1, 3
24 Johannes 10, 30
25 1. Mose 1, 26
26 vgl. Steiner, GA 34, S. 240
27 Lukas 1, 5
28 Lukas 2, 2
29 vgl. Steiner, GA 122, S. 89ff.
30 vgl. Steiner, GA 105, S. 100
31 vgl. Steiner, GA 107, S. 164f.
32 1. Mose 3, 5
33 vgl. Steiner, GA 109, S. 236f.
34 1. Mose 3, 11; vgl. auch Steiner, GA 163, S. 36
35 Das Mysterium der Menschwerdung Christi hat Rudolf Steiner insbesondere in GA 131 ausführlich erläutert.
36 Johannes 10, 34
37 Matthäus 5, 48
38 vgl. Steiner, GA 140, S. 139
39 entnommen aus Frieling, S. 85
40 vgl. Steiner, GA 98, S. 194
41 Dieser Ausspruch geht wohl auf Jakob Böhme zurück; Novalis greift ihn in seinem Werk *»Heinrich von Ofterdingen«* auf.
42 vgl. 1. Korinther 15, 45 und 47
43 vgl. Frieling, S. 33; Steiner, GA 153, S. 114f.

Kapitel 7: Die unsterbliche ›Instanz‹ im Menschen

1 Zitat aus Christoph Martin Wielands Rede *»Über das Fortleben im Andenken der Nachwelt«* aus dem Jahre 1810; entnommen aus *»Weisheiten der Welt – Deutsche Dichter und Denker«*, S. 74
2 Über die Wesensglieder des Menschen hat Rudolf Steiner sehr häufig geschrieben und gesprochen; vgl. etwa Steiner, GA 9, S. 24ff. und GA 13, S. 41ff.
3 Steiner, GA 88, S. 111f.
4 Steiner, GA 143, S. 49f.
5 Steiner, GA 143, S. 163
6 Steiner, GA 103, S. 73

7 vgl. Steiner, GA 93a, 29f.
8 Steiner, GA 13, S. 66f.
9 Goethe-Zitat entnommen aus Reuschle, S. 15
10 Steiner, GA 155, S. 228
11 vgl. Steiner, GA 175, S. 172f.
12 Steiner, GA 99, S. 73
13 Steiner, GA 9, S. 16
14 Steiner, GA 9, S. 44
15 Steiner, GA 9, S. 68
16 Steiner, GA 9, S. 17
17 https://www.aphorismen.de/zitat/63154 (vom 04.03.2024)
18 Bock, S. 160
19 Steiner, GA 13, S. 76f.
20 Steiner, GA 175, S. 53

Kapitel 8: Besondere Gesichtspunkte der Reinkarnationslehre

1 entnommen aus Reuschle, S. 27
2 Offenbarung 21, 1f.
3 von Halle: *»Der Abstieg in die Erdenschichten – auf dem anthroposophischen Schulungsweg«*, S. 128
4 Steiner, GA 346, S. 185f.
5 Steiner, GA 300c, S. 70
6 Steiner, GA 300c, S. 70f.
7 vgl. https://anthrowiki.at/Ichlose_Menschen (vom 27.03.2024)
8 vgl. Steiner, GA 346, S. 186f.
9 Steiner, GA 185, S. 42
10 Steiner, GA 235, S. 53
11 vgl. Steiner, GA 140, S. 157
12 Steiner, GA 196, S. 90
13 entnommen aus Zürrer, S. 183
14 Frieling, S. 69f.
15 Steiner, GA 100, S. 94f.
16 Steiner, GA 62, S. 177f.
17 Steiner, GA 130, S. 191
18 Steiner, GA 350, S. 21
19 vgl. Steiner, GA 244, S. 105
20 Steiner, GA 202, S. 153
21 Steiner, GA 202, S. 125
22 Steiner, GA 202, S. 150
23 Steiner, GA 202, S. 152
24 Steiner, GA 63, S. 168
25 vgl. Schröder: *»Der Mensch und das Böse«*, S. 23ff.
26 Goethe: *Faust I* (Auerbachs Keller)
27 Steiner, GA 266c, S. 178
28 vgl. Steiner, GA 124, S. 246
29 Goethe: *Faust I* (Studierzimmer)
30 von Halle: *»Und wäre Er nicht auferstanden«*, S. 103f.
31 Steiner, GA 266c, S. 168
32 vgl. Matthäus 6, 19

33 Steiner, GA 54, S. 301
34 vgl. Steiner, GA 181, S. 324
35 Steiner, GA 166, S. 133f.
36 Steiner, GA 130, S. 190f.

Kapitel 9: Karma – das große kosmische Schicksalsgesetz

1 Steiner, GA 34, S. 92
2 Steiner, GA 34, S. 92f.
3 Steiner, GA 120, S. 13f.
4 Steiner, GA 53, S. 76
5 Steiner, GA 34, S. 405
6 Steiner, GA 53, S. 65
7 vgl. Steiner, GA 94, S. 117
8 Steiner, GA 99, S. 78f.
9 vgl. Steiner, GA 9, S. 68
10 Steiner, GA 34, S. 93
11 vgl. Steiner, GA 178, S. 177
12 Steiner, GA 239, S. 188
13 Steiner, GA 238, S. 37
14 Steiner, GA 99, S. 69
15 Steiner, GA 235, S. 143f.
16 vgl. Steiner, GA 240, S. 52ff.
17 Steiner, GA 133, S. 141
18 Steiner, GA 239, S. 245f.
19 vgl. Steiner, GA 234, S. 53
20 Steiner, GA 234, S. 56
21 Steiner, GA 235, S. 97
22 Steiner, GA 130, S. 254
23 Steiner, GA 235, S. 94f.
24 Steiner, GA 235, S. 78f.
25 vgl. Steiner, GA 110, S. 92f.
26 Steiner, GA 157a, S. 11
27 Steiner, GA 141, S. 62
28 Steiner, GA 99, S. 69f.
29 vgl. Steiner, GA 237, S. 172
30 Justen: *»Eine Brücke zwischen Lebenden und Verstorbenen«*, S. 69f.
31 https://medialenschule.de/0207-josef-die-organisation-von-ereignissen-mit-massencharakter-im-jenseits-am-beispiel-vom-world-trade-center-vom-11-september/ (vom 14.07.2018)
32 Steiner, GA 168, S. 186
33 Justen: *»Eine Brücke zwischen Lebenden und Verstorbenen«*, S. 70f.
34 vgl. Steiner, GA 205, S. 108
35 von Halle: *»Anna Katharina Emmerick«*, S. 143
36 https://www.martinstadtfeld.de/bio (vom 03.04.2024)
37 Johanson, S. 26f.
38 vgl. von Halle: *»Das Wort in den sieben Reichen der Menschwerdung«*, S. 2.331
39 Knebel, S. 452
40 Johannes 8, 32
41 Johannes 8, 44
41a Steiner, GA 9, S. 32

41b Steiner, GA 168, S. 112
42 Steiner, GA 170, S. 237
43 Steiner, GA 53, S. 83
44 vgl. Schröder: *»Das Gebet«*, S. 55f.
45 Steiner, GA 161, S. 107
46 Steiner, GA 238, S. 28
47 vgl. Hausen, S. 168f.
48 Steiner, GA 94, S. 117
49 Matthäus 27, 3ff.
50 Steiner, GA 139, S. 32f.
51 Steiner, GA 139, S. 44
52 vgl. Steiner, GA 112, S. 214ff.
53 Steiner, GA 112, S. 215f.
54 vgl. Steiner, GA 139, S. 32ff.
Über die Tatsache, dass es sich bei Augustinus und Leonardo da Vinci um spätere Inkarnationen des Judas handelt, hat Rudolf Steiner nicht gesprochen. Friedrich Rittelmeyer, einer der Gründer der »Christengemeinschaft« hatte dies als ein inneres Erlebnis, das ihm Steiner vollumfänglich bestätigte. [vgl. dazu *»Der Europäer«*, Februar 2013, S. 9]

Kapitel 10: Besondere Gesichtspunkte des Karmagesetzes

1 Steiner, GA 28, S. 193
2 vgl. Steiner, GA 88, S. 184
3 vgl. Steiner, GA 235, S. 209f.
4 Steiner, GA 240, S. 132
5 Steiner, GA 240, S. 132f.
6 Steiner, GA 238, S. 157
7 Steiner, GA 135, S. 15
8 Steiner, GA 135, S. 15f.
8a Steiner, GA 138, S. 40f.
9 Steiner, GA 97, S. 249
10 Steiner, GA 99, S. 68
11 Steiner, GA 99, S. 68f.
12 Steiner, GA 100, S. 84f.
13 vgl. Steiner, GA 34, S. 405 und Steiner, GA 97, S. 252
14 vgl. Steiner, GA 100, S. 85 und Steiner, GA 97, S. 252
15 vgl. Steiner, GA 120, S. 74
16 Steiner, GA 235, S. 73f.
17 Steiner, GA 97, S. 251
18 Steiner, GA 120, S. 73
19 Steiner, GA 100, S. 86
20 vgl. Steiner, GA 120, S. 58f.
21 vgl. Steiner, GA 100, S. 87
22 Steiner, GA 13, S. 154f.
23 Steiner, GA 318, S. 81
24 Steiner, GA 120, S. 102
25 vgl. Steiner, GA 94, S. 155
26 Steiner, GA 95, S. 68
27 Steiner, GA 120, S. 87
28 Steiner, GA 99, S. 67

29 Steiner, GA 120, S. 82
30 Steiner, GA 34, S. 406
31 Steiner, GA 95, S. 75
32 vgl. Steiner, GA 244, S. 106
33 Steiner, GA 99, S. 51
34 Steiner, GA 35, S. 165
35 Steiner, GA 236, S. 234
36 Steiner, GA 34, S. 404f.
37 Steiner, GA 224, S. 22f.
38 vgl. Steiner, GA 318, S. 43
39 von Halle: *»Das Wort in den sieben Reichen der Menschwerdung«*, S. 2.215
40 Steiner, GA 120, S. 90
41 Steiner, GA 120, S. 90f.
42 Steiner, GA 99, S. 67f.
43 2. Korinther 4, 17f.
44 Römer 8, 18
45 Steiner, GA 120, S. 89
46 Steiner, GA 120, S. 89f.
47 Steiner, GA 120, S. 99
48 Steiner, GA 120, S. 100
49 Steiner, GA 120, S. 100f.
50 2. Mose 20, 5
51 Steiner, GA 264, S. 378f.
52 Steiner, GA 95, S. 70f.
53 vgl. Steiner, GA 99, S. 73
54 vgl. Boogert: *»Wir und unsere Toten«*, S. 108
55 Steiner, GA 95, S. 80
56 Steiner, GA 150, S. 73f.
57 vgl. Steiner, GA 163, S. 136f.
58 vgl. Boogert: *»Wir und unsere Toten«*, S. 110
59 Steiner, GA 140, S. 219
60 vgl. Steiner, GA 157a, S. 29
61 Steiner, GA 163, S. 121
62 Steiner, GA 178, S. 33
63 vgl. Boogert: *»Wir und unsere Toten«*, S. 111f.
64 Steiner, GA 157a, S. 71
65 Steiner, GA 178, S. 36
66 Steiner, GA 63, S. 172
67 vgl. Steiner, GA 153, S. 65f.
68 Steiner, GA 153, S. 85f.
69 von Halle: *»Das Wort in den sieben Reichen der Menschwerdung«*, S. 2.217
70 vgl. Steiner, GA 63, S. 171
71 Steiner, GA 63, S. 171
72 Steiner, GA 94, S. 110
73 Steiner, GA 120, S. 164
74 Steiner, GA 174a, S. 233
75 Steiner, GA 236, S. 297f.
76 Roberts, S. 170ff.
77 Steiner, GA 153, S. 66
78 von Halle: *»Reinkarnation und Karma«,* S. 11

79 Steiner, GA 40, S. 252
80 Steiner, GA 100, S. 59
81 Steiner, GA 130, S. 124
82 von Halle: *»Das Wort in den sieben Reichen der Menschwerdung«*, S. 2.221
83 Moody, S. 100
84 Steiner, GA 244, S. 106
85 https://www.egold-konzept.de/wp-content/uploads/2015/12/Das-Leben-das-ich-selbst-gew%C3%A4hlt-Hermann-Hesse.pdf (vom 13.01.2024)
86 Steiner, GA 239, S. 244f.
87 Steiner, GA 120, S. 163
88 Steiner, GA 120, S. 163f.
89 Steiner, GA 120, S. 29
90 Ladwein, S. 79
91 Ladwein, S. 79f.
92 Steiner, GA 116, S. 126
93 Steiner, GA 143, S. 72f.
94 Steiner, GA 237, S. 157
95 Steiner, GA 237, S. 158
96 Steiner, GA 237, S. 158f.
97 vgl. Steiner, GA 120, S. 33
98 Steiner, GA 107, S. 175f.
99 Steiner, GA 100, S. 87f.
100 vgl. Steiner, GA 107, S. 253
101 Steiner, GA 107, S. 250
102 Steiner, GA 94, S. 117f.
103 Steiner, GA 127, S. 165f.
104 Steiner, GA 107, S. 252f.
105 vgl. Steiner, GA 127, S. 166
106 Steiner, GA 120, S. 205
107 Steiner, GA 155, S. 183f.
108 Steiner, GA 155, S. 186
109 Steiner, GA 155, S. 186f.
110 Johannes 20, 23
111 Steiner, GA 155, S. 188
112 vgl. Steiner, GA 103, S. 133f.
113 Johannes 8, 7
114 vgl. etwa Matthäus 5, 17f.
115 Johannes 1, 17
116 Steiner, GA 112, S. 278
117 Steiner, GA 103, S. 133
118 Steiner, GA 112, S. 278
119 Steiner, GA 107, S. 246
120 vgl. Steiner, GA 143, S. 147f.
121 Steiner, GA 99, S. 78
122 Steiner, GA 275, S. 142
123 vgl. Steiner, GA 135, S. 67
124 vgl. Steiner, GA 140, S. 166f.
125 vgl. Steiner, GA 191, S. 72

Kapitel 11: Das Leben des Menschen zwischen Tod und neuer Geburt im Hinblick auf die Ausgestaltung seines Karma

1 Steiner, GA 238, S. 72
2 Paxino, S. 37
3 Paxino, S. 36f.
4 Moody, S. 69
5 Steiner, GA 99, S. 38
6 Paxino, S. 55
7 Högl, S. 64
8 Moody, S. 82f.
9 Paxino, S. 52f.
10 Ritchie, S. 46ff.
11 Steiner, GA 99, S. 39
12 vgl. Steiner, GA 99, S. 39
13 Steiner, GA 95, S. 38f.
14 Steiner GA 120, S. 67f.
15 Steiner, GA 55, S. 111
16 Paxino, S. 138f.
17 Paxino, S. 139f.
18 Högl, S. 67
19 vgl. Ritchie, S. 46ff.
20 Matthäus 18, 3
21 Steiner, GA 243, S. 64
22 Steiner, GA 94, S. 151
23 Steiner, GA 243, S. 64f.
24 Offenbarung 14, 13
25 Steiner, GA 153, S. 128f.
26 Ladwein, S. 67
27 Ladwein, S. 68
28 Ladwein, S. 287
29 Ladwein, S. 288
30 Steiner, GA 141, S. 173f.
31 vgl. etwa Steiner, GA 9, S. 94
32 Ritchie, S. 54f.
33 Paxino, S. 156
34 Steiner, GA 108, S. 57f.
35 Steiner, GA 140, S. 131f.
36 vgl. Steiner, GA 140, S. 129
37 vgl. etwa Steiner, GA 140, S. 68; Burckhardt, S. 23
38 vgl. Steiner, GA 239, S. 143
39 vgl. Steiner, GA 227, S. 238f.
40 Steiner, GA 140, S. 26
41 von Halle: *»Und wäre Er nicht auferstanden«*, S. 164
42 Steiner, GA 140, S. 25
43 Steiner, GA 231, S. 107f.
44 Steiner, GA 231, S. 83f.
45 vgl. Steiner, GA 231, S. 86
46 Steiner, GA 9, S. 101f.
47 Steiner, GA 140, S. 29
48 Steiner, GA 237, S. 37f.

49 Steiner, GA 237, S. 35ff.
50 Steiner, GA 95, S. 82
51 Steiner, GA 239, S. 106
52 Steiner, GA 227, S. 249f.
53 Steiner, GA 147, S. 20
54 vgl. Burckhardt, S. 36
55 Steiner, GA 218, S. 172
56 Steiner, GA 226, S. 35
57 vgl. Steiner, GA 218, S. 170f.
58 Steiner, GA 218, S. 172
59 Steiner, GA 218, S. 139
60 vgl. Steiner, GA 231, S. 131
61 Steiner, GA 95, S. 71f.
62 Steiner, GA 140, S. 186
63 vgl. Steiner, GA 215, S. 102f.
64 Steiner, GA 226, S. 35f.
65 Steiner, GA 140, S. 77
66 Steiner, GA 109, S. 209
67 Steiner, GA 100, S. 99f.
68 Steiner, GA 218, S. 172f.
69 von Halle: *»Das Wort in den sieben Reichen der Menschwerdung«*, S. 2.229f.
70 vgl. Steiner, GA 218, S. 173
71 Steiner, GA 99, S. 65f.
72 Steiner, GA 100, S. 100
73 Steiner, GA 13, S. 119
74 Steiner, GA 244, S. 106
75 Steiner, GA 304a, S. 166

Kapitel 12: Wie heute den Schicksalsmächten ›ins Handwerk gepfuscht‹ wird (*Exkurs*)

1 Selg, S. 5
2 Steiner, GA 27, S. 24
3 von Halle: *»Von Krankheiten und Heilungen«*, S. 159
4 Steiner, GA 235, S. 85f.
5 Steiner, GA 120, S. 104
6 von Halle: *»Von Krankheiten und Heilungen«*, S. 160f.
7 Steiner, GA 177, S. 97f.
8 Steiner, GA 178, S. 89f.
9 von Halle: *»Von Krankheiten und Heilungen«*, S. 156 f.
10 Steiner, GA 316, S. 228 (Fragebeantwortung)
11 Ladwein, S. 75
12 Ritchie, S. 56
13 Ritchie, S. 57
14 Paxino, S. 161f.
15 Ladwein, S. 155f.
16 Steiner, GA 104, S. 152
17 https://www.spiegel.de/wissenschaft/mensch/interview-mit-computerforscher-kurzweil-wir-werden-uns-mit-nicht-biologischer-intelligenz-vermischen-a-328128.html (vom 12.01.2024)
18 Steiner, GA 178, S. 219
19 Steiner, GA 178, S. 218f.

20 Steiner, GA 196, S. 90
21 Steiner, GA 237, S. 175f.
22 Epheser 6, 10ff.; hier in der Übersetzung von Emil Bock (1895 bis 1959) Gründungsmitglied und Priester der Christengemeinschaft
23 von Halle: *»Das innere Wort«*, S. 47f.
24 entnommen aus von Halle: *»Das innere Wort«*, S. 7

Anhang

1 Steiner, GA 28, S. 388
2 vgl. Frieling, S. 73
3 vgl. auch Schröder: *»Der Mensch und das Böse«*, S. 25
4 vgl. etwa Steiner, GA 140, S. 68; Burckhardt, S. 23
5 vgl. Steiner, GA 218, S. 170f.
6 vgl. Burckhardt, S. 41 f.
7 Steiner, GA 44, S. 135f.

Literaturverzeichnis

I. Werke von Rudolf Steiner

Alle Werke von Rudolf Steiner wurden herausgegeben von der *»Rudolf Steiner-Nachlassverwaltung«* und sind im *»Rudolf Steiner Verlag«*, Dornach/Schweiz erschienen. Dort kann auch der *»Katalog des Gesamtwerks«* angefordert werden.

Die bisher im Rahmen der Gesamtausgabe des Werkes Rudolf Steiners erschienenen Bücher sind im Internet unter

https://steiner.wiki/Die_Rudolf_Steiner_Gesamtausgabe

frei verfügbar. (Stand 23.05.2024)

Im Folgenden sind nur diejenigen Werke aufgeführt, die der Verfasser für dieses Buch herangezogen hat.

GA 9 *Theosophie – Einführung in übersinnliche Welterkenntnis und Menschenbestimmung.* (1904) 2000

GA 10 *Wie erlangt man Erkenntnisse der höheren Welten?* (1904/05) 1993

GA 12 *Die Stufen der höheren Erkenntnis.* (1908) 1993

GA 13 *Die Geheimwissenschaft im Umriß.* (1910) 1989

GA 27 *Grundlegendes für eine Erweiterung der Heilkunst nach geisteswissenschaftlichen Erkenntnissen.* (1924) 1991

GA 28 *Mein Lebensgang.* (1923-25) 2000

GA 34 *Lucifer-Gnosis.* (Grundlegende Aufsätze zur Anthroposophie und Aufsätze aus den Zeitschriften »Lucifer-Gnosis« von 1903 bis 1908) 1987

GA 40 *Wahrspruchworte.* (ca. 1886 bis 1925) 1998

GA 44 *Entwürfe, Fragmente und Paralipomena zu den vier Mysteriendramen.* 1985

GA 51 *Über Philosophie, Geschichte und Literatur – Darstellungen an der Arbeiterbildungsschule und der Freien Hochschule in Berlin.* (1901-05) 1983

GA 52 *Spirituelle Seelenlehre und Weltbetrachtung.* (1903/04) 1986

GA 53 *Ursprung und Ziel des Menschen. Grundbegriffe der Geisteswissenschaft.* (1904/05) 1981

GA 54 *Die Welträtsel und die Anthroposophie.* (1905/06) 1983

GA 55 *Die Erkenntnis des Übersinnlichen in unserer Zeit und deren Bedeutung für das heutige Leben.* (1906/07) 1983

GA 62 *Ergebnisse der Geistesforschung.* (1913) 1988

GA 63 *Geisteswissenschaft als Lebensgut.* (1913/14) 1986

GA 88 *Über die astrale Welt und das Devachan.* (1903/04) 1999

GA 93a *Grundelemente der Esoterik.* (1905) 1987

GA 94 *Kosmogonie. Populärer Okkultismus. Das Johannes-Evangelium. Die Theosophie an Hand des Johannes-Evangeliums.* (1906) 2001

GA 95 *Vor dem Tore der Theosophie.* (1906) 1990

GA 97 *Das christliche Mysterium.* (1906/07) 1998

GA 98 *Natur- und Geistwesen – ihr Wirken in unserer sichtbaren Welt.* (1907/08) 1996

GA 99 *Die Theosophie des Rosenkreuzers.* (1907) 1985

GA 100 *Menschheitsentwickelung und Christus-Erkenntnis. Theosophie und Rosenkreuzertum – Das Johannes-Evangelium.* (1907) 1981
GA 103 *Das Johannes-Evangelium.* (1908) 1995
GA 104 *Die Apokalypse des Johannes.* (1908) 1985
GA 105 *Welt, Erde und Mensch, deren Wesen und Entwickelung sowie ihre Spiegelung in dem Zusammenhang zwischen ägyptischem Mythos und gegenwärtiger Kultur* (1908) 1983
GA 107 *Geisteswissenschaftliche Menschenkunde.* (1908/09) 1988
GA 108 *Die Beantwortung von Welt- und Lebensfragen durch Anthroposophie.* (1908/09) 1986
GA 109 *Das Prinzip der spirituellen Ökonomie im Zusammenhang mit Wiederverkörperungsfragen.* (1909) 2000
GA 110 *Geistige Hierarchien und ihre Wiederspiegelung in der physischen Welt. Tierkreis, Planeten, Kosmos.* (1909) 1991
GA 112 *Das Johannes-Evangelium im Verhältnis zu den drei anderen Evangelien besonders zu dem Lukas-Evangelium.* (1909) 1984
GA 115 *Anthroposophie, Psychosophie, Pneumatosophie.* (1909-11) 2001
GA 116 *Der Christus-Impuls und die Entwicklung des Ich-Bewußtseins.* (1909-10) 1982
GA 118 *Das Ereignis der Christus-Erscheinung in der ätherischen Welt.* (1910) 1984
GA 120 *Die Offenbarungen des Karma.* (1910) 1992
GA 122 *Die Geheimnisse der biblischen Schöpfungsgeschichte.* (1910) 1984
GA 124 *Exkurse in das Gebiet des Markus-Evangeliums.* (1910/11) 1995
GA 127 *Die Mission der neuen Geistesoffenbarung. Das Christus-Ereignis als Mittelpunktsgeschehen der Erdenevolution.* (1911) 1989
GA 130 *Das esoterische Christentum und die geistige Führung der Menschheit.* (1911/12) 1995
GA 131 *Von Jesus zu Christus.* (1911) 1988
GA 133 *Der irdische und der kosmische Mensch.* (1911/12) 1989
GA 135 *Wiederverkörperung und Karma und ihre Bedeutung für die Kultur der Gegenwart.* (1912) 1989
GA 137 *Der Mensch im Lichte von Okkultismus, Theosophie und Philosophie.* (1912) 1993
GA 138 *Von der Initiation – Von Ewigkeit und Augenblick – Von Geisteslicht und Lebensdunkel.* (1912) 1986
GA 139 *Das Markus-Evangelium.* (1912) 1985
GA 140 *Okkulte Untersuchungen über das Leben zwischen Tod und neuer Geburt.* (1912/13) 2003
GA 141 *Das Leben zwischen dem Tode und der neuen Geburt im Verhältnis zu den kosmischen Tatsachen.* (1912/13) 1997
GA 143 *Erfahrungen des Übersinnlichen –Die drei Wege der Seele zu Christus* (1912) 1994
GA 147 *Die Geheimnisse der Schwelle.* (1913) 1997
GA 150 *Die Welt des Geistes und ihr Hereinragen in das physische Dasein – Das Einwirken der Toten in die Welt der Lebenden.* (1913) 1980
GA 153 *Inneres Wesen des Menschen und Leben zwischen Tod und neuer Geburt.* (1914) 1997
GA 155 *Christus und die menschliche Seele. Über den Sinn des Lebens. Theosophische Moral. Anthroposophie und Christentum.* (1912-14) 1994
GA 157a *Schicksalsbildung und Leben nach dem Tode.* (1915) 1981
GA 161 *Wege der geistigen Erkenntnis und der Erneuerung künstlerischer Weltanschauung.* (1915) 1999
GA 163 *Zufall, Notwendigkeit und Vorsehung. Imaginative Erkenntnis und Vorgänge nach dem Tode.* (1915) 1986
GA 166 *Notwendigkeit und Freiheit im Weltengeschehen und im menschlichen Handeln.* (1916) 1982
GA 168 *Die Verbindung zwischen Lebenden und Toten.* (1916) 1995
GA 170 *Das Rätsel des Menschen – Die geistigen Hintergründe der menschlichen Geschichte.* (1916) 1992

GA 174 *Kosmische und menschliche Geschichte – Zeitgeschichtliche Betrachtungen: Das Karma der Unwahrhaftigkeit.* (1917) 1983
GA 174a *Mitteleuropa zwischen Ost und West. Kosmische und menschliche Geschichte, Band VI.* (1914-18) 1982
GA 175 *Bausteine zu einer Erkenntnis des Mysteriums von Golgatha. Kosmische und menschliche Metamorphose.* (1917) 1996
GA 177 *Die spirituellen Hintergründe der äußeren Welt.* (1917) 1999
GA 178 *Individuelle Geistwesen und ihr Wirken in der Seele des Menschen.* (1917) 1992
GA 181 *Erdensterben und Weltenleben. Anthroposophische Lebensgaben. Bewußtseins-Notwendigkeiten für Gegenwart und Zukunft.* (1918) 1991
GA 184 *Die Polarität von Dauer und Entwicklung im Menschenleben.* (1918) 2002
GA 185 *Geschichtliche Symptomatologie.* (1918) 1982
GA 191 *Soziales Verständnis aus geisteswissenschaftlicher Erkenntnis.* (1919) 1989
GA 196 *Geistige und soziale Wandlungen in der Menschheitsentwickelung* (1920) 1992
GA 202 *Die Brücke zwischen der Weltgeistigkeit und dem Physischen des Menschen – Die Suche nach der neuen Isis, der göttlichen Sophia.* (1920) 1993
GA 205 *Menschenwerden, Weltenseele und Weltengeist – Erster Teil: Der Mensch als leiblich-seelische Wesenheit in seinem Verhältnis zur Welt.* (1921) 1987
GA 215 *Die Philosophie, Kosmologie und Religion in der Anthroposophie.* (1922) 1980
GA 218 *Geistige Zusammenhänge in der Gestaltung des menschlichen Organismus.* (1922) 1992
GA 224 *Die menschliche Seele in ihrem Zusammenhang mit göttlich-geistigen Individualitäten. Die Verinnerlichung der Jahresfeste.* (1923) 1992
GA 226 *Menschenwesen, Menschenschicksal und Welt-Entwickelung.* (1923) 1988
GA 227 *Initiations-Erkenntnis. Die geistige und physische Welt- und Menschheitsentwickelung in der Vergangenheit, Gegenwart und Zukunft, vom Gesichtspunkt der Anthroposophie.* (1923) 2000
GA 231 *Der übersinnliche Mensch, anthroposophisch erfaßt.* (1923) 1999
GA 234 *Anthroposophie – Eine Zusammenfassung nach einundzwanzig Jahren.* (1924) 1994
GA 235 *Esoterische Betrachtungen karmischer Zusammenhänge, Erster Band.* (1924) 1994
GA 236 *Esoterische Betrachtungen karmischer Zusammenhänge, Zweiter Band.* (1924) 1988
GA 237 *Esoterische Betrachtungen karmischer Zusammenhänge, Dritter Band.* (1924) 1991
GA 238 *Esoterische Betrachtungen karmischer Zusammenhänge, Vierter Band.* (1924) 1991
GA 239 *Esoterische Betrachtungen karmischer Zusammenhänge, Fünfter Band.* (1924) 1985
GA 240 *Esoterische Betrachtungen karmischer Zusammenhänge, Sechster Band.* (1924) 1992
GA 243 *Das Initiaten-Bewusstsein. Die wahren und die falschen Wege der geistigen Forschung.* (1924) 2004
GA 244 *Fragenbeantwortungen und Interviews.* (1901-1924) 2022
GA 264 *Zur Geschichte und aus den Inhalten der ersten Abteilung der Esoterischen Schule.* (1904-14) 1996
GA 266c *Aus den Inhalten der esoterischen Stunden – Band III* (Gedächtnisaufzeichnungen von Teilnehmern und Meditationstexte nach Niederschriften Rudolf Steiners: 1913, 1914 und 1920 bis 1923) 1998
GA 275 *Kunst im Lichte der Mysterienweisheit* (1914/15) 1990
GA 300c *Konferenzen mit den Lehrern der Freien Waldorfschule in Stuttgart.* (1919-1924) 1975
GA 304a *Anthroposophische Menschenkunde und Pädagogik.* (1923/24) 1979
GA 316 *Meditative Betrachtungen und Anleitungen zur Vertiefung der Heilkunst.* (1924) 2003
GA 318 *Das Zusammenwirken von Ärzten und Seelsorgern – Pastoral-Medizinischer Kurs.* (1924) 1994
GA 344 *Vorträge und Kurse über christlich-religiöses Wirken III – Vorträge bei der Begründung der Christengemeinschaft.* (1922) 1994

GA 346 *Vorträge und Kurse über christlich-religiöses Wirken V – Apokalypse und Priesterwirken.* (1924) 2001
GA 348 *Über Gesundheit und Krankheit – Grundlagen einer geisteswissenschaftlichen Sinneslehre.* (1922/23) 1983
GA 350 *Rhythmen im Kosmos und im Menschenwesen. Wie kommt man zum Schauen der geistigen Welt?* (1923) 1991

II. Werke anderer Autoren

Alexander, Eben: *Blick in die Ewigkeit – Die faszinierende Nahtoderfahrung eines Neurochirurgen.* München: Heyne (2016)
Archiati, Pietro: *Mit Engeln und Verstorbenen leben (Vortragsnachschrift).* München: Archiati 2003
Bock, Emil: *Der Kreis der Jahresfeste.* Frankfurt: Fischer Verlag 1982
Boogert, Arie: *Wir und unsere Toten.* Stuttgart: Urachhaus 1993
Burckhardt, Martin: *Die Erlebnisse nach dem Tod – Der nachtodliche Weg des Menschen durch die übersinnliche Welt.* Dornach: Die Pforte 1998
Burkart, Axel: *Das große Rudolf Steiner Buch.* Kreuzlingen/München: Heinrich Hugendubel 2003
Frieling, Rudolf: *Christentum und Wiederverkörperung.* Christengemeinschaft in der Deutschen Demokratischen Republik, später Urachhaus 1986
von Halle, Judith: *Das innere Wort – Vom täglichen intimen Gespräch der Seele mit Christus.* Dornach: Verlag für Anthroposophie 2024
von Halle, Judith: *Anna Katharina Emmerick – eine Rehabilitation.* Dornach: Verlag für Anthroposophie 2013
von Halle, Judith: *Das Wort in den sieben Reichen der Menschwerdung.* Dornach: Verlag für Anthroposophie 2022
von Halle, Judith: *Der Abstieg in die Erdenschichten – auf dem anthroposophischen Schulungsweg.* Dornach: Verlag für Anthroposophie 2016
von Halle, Judith: *Reinkarnation und Karma – Eine Einführung – Der Sinn des Daseins.* Dornach: Verlag für Anthroposophie 2021
von Halle, Judith: *Und wäre Er nicht auferstanden – Die Christus-Stationen auf dem Weg zum geistigen Menschen.* Dornach: Verlag für Anthroposophie 2009
von Halle, Judith: *Von Krankheiten und Heilungen und von der Mysteriensprache in den Evangelien.* Dornach: Verlag für Anthroposophie 2015
Hausen, Ursula: *Den Tod als Freund erleben lernen – Begleitung im Sterben und darüber hinaus.* Stuttgart: Freies Geistesleben & Urachhaus 2003
Högl, Stefan: *Leben nach dem Tod – Menschen berichten von ihren Nahtod-Erfahrungen.* Rastatt: Moewig (1998)
Johanson, Irene: *Was Engel uns heute mitteilen wollen.* Stuttgart: Urachhaus 2002
Justen, Josef F.: *Zeitreise durch meine früheren Erdenleben – Wie ich mein jetziges Leben verstehen lernte.* Norderstedt: BoD – Books on Demand 2021
Justen, Josef F.: *Eine Brücke zwischen Lebenden und Verstorbenen – Das Erleben und Wirken der Seele nach dem Tod und ihre Beziehung zu den Hinterbliebenen.* Norderstedt: BoD – Books on Demand 2022
von Knebel, Karl Ludwig: *K. L. von Knebel's literarischer Nachlaß und Briefwechsel.*
Ladwein, Michael: *Unsterblich – Über das Leben nach dem Tod.* Stuttgart: Urachhaus 2022
Moody, Raymond A.: *Leben nach dem Tod- Die Erforschung einer unerklärlichen Erfahrung.* Reinbek: Rowohlt Verlag (2021)

Paxino, Iris: *Brücken zwischen Leben und Tod – Begegnungen mit Verstorbenen.* Stuttgart: Freies Geistesleben 2018
Reuschle, Frieda Margarete: *Tod wird Leben.* Stuttgart: J. Ch. Mellinger 1994
Ritchie, George G.: *Rückkehr von morgen.* Marburg: Francke 2021
Roberts, Jane: *Das Seth-Material.* Genf: Ariston (Lizenzausgabe für Bertelsmann Club GmbH, Gütersloh) 1986
Schröder, Hans-Werner: *Das Gebet – Übung und Erfahrung.* Stuttgart: Freies Geistesleben & Urachhaus 1998
Schröder, Hans-Werner: *Der Mensch und das Böse – Ursprung, Wesen und Sinn der Widersachermächte.* Stuttgart: Freies Geistesleben & Urachhaus 2001
Selg, Peter (HG.): *Der Wolkendurchleuchter – Friedrich Doldingers apokalyptisches Widerstandsdrama.* Arlesheim: Verlag des Ita Wegman Instituts 2019
Stevenson, Ian: *Reinkarnation – Der Mensch im Wandel von Tod und Wiedergeburt.* Braunschweig: Aurum
Zürrer, Ronald: *Reinkarnation – Die umfassende Wissenschaft der Seelenwanderung.* Zürich: Sentient Press 1992

Katechismus der katholischen Kirche. Neuübersetzung aufgrund der Editio Typica Latina. München: Oldenbourg 2003
Meyers Enzyklopädisches Lexikon. Mannheim: Bibliographisches Institut AG 1971
Weisheiten der Welt – Deutsche Dichter und Denker. Berlin: Haude & Spenersche Verlags-Buchhandlung (Lizenzausgabe für Bertelsmann Reinhard Mohn OHG) o.J.

Der Autor

Josef F. Justen wurde 1950 in eine Bergarbeiterfamilie in Gelsenkirchen geboren.

Nach der Mittleren Reife absolvierte er eine Ausbildung zum Kaufmann in der Grundstücks- und Wohnungswirtschaft. Dieser Beruf befriedigte ihn in keiner Weise, so dass er nach der Ausbildung nur noch wenige Monate dieser Tätigkeit nachging.

Dann besuchte er das Abendgymnasium in Gelsenkirchen, auf dem er 1973 das Abitur nachholte. Gleichzeitig wurde er in einem Unternehmen zum Programmierer für mathematisch-technische Anwendungen ausgebildet. Anschließend studierte er Mathematik und Informatik an den Universitäten Dortmund und Hagen.

Von 1980 bis 2008 war er bei verschiedenen Unternehmen und Schulen als Dozent, Lehrer und Ausbilder im IT-Bereich tätig.

Schon in seiner Kindheit und Jugend wurde er in seinem privaten Umfeld mit vielen Todesfällen konfrontiert. Die Frage, wie es mit diesen Verstorbenen nun weitergehe, beschäftigte ihn sehr stark und ließ ihm keine Ruhe. Er musste erkennen, dass weder die Lehren der Wissenschaften noch die der katholischen Kirche die ihn bewegende Frage befriedigend zu beantworten vermochten. So machte er sich schon als junger Mann auf den Weg, spirituelle Erkenntnisse zu gewinnen. Auf diesem Weg kam er mit vielen religiösen, okkulten und esoterischen Strömungen in Berührung, deren Lehren er studierte und miteinander verglich. Diese konnten seinen Erkenntnishunger allerdings nicht zur Gänze stillen.

Schließlich kam ihm das Schicksal zu Hilfe. In der Schaufensterauslage eines kleinen Buchgeschäftes fiel sein Blick auf eine völlig unscheinbare Broschüre mit dem Titel *»Rudolf Steiner: Anthroposophie«*. Obwohl ihm weder der Autor noch der Titel etwas sagten, nahm er eine ›innere Stimme‹ wahr, die ihm nahelegte, das Buch zu kaufen. So fand er zur *Anthroposophie*, der Geisteswissenschaft *Rudolf Steiners*, deren Erkenntnisse seinem Naturell, auch spirituelle Themen mit nüchternem Verstand und ohne Schwärmerei zu behandeln, besonders gut entsprechen.

Schon bald wurde ihm klar, dass Rudolf Steiner mit den Resultaten seiner Geistesforschung eine schier unfassbare Fülle spiritueller Weisheiten in die Welt gebracht hat und dass ein einziges Erdenleben kaum ausreichen dürfte, um auch nur annähernd *alles* verstehen zu können.

Aber bekanntlich ist ja oftmals der Weg das Ziel...

Der Verfasser war lange Zeit als ehrenamtlicher Hospiz-Helfer in der Sterbe- und Trauerbegleitung tätig.

Heute sieht er es als seine Aufgabe an, Bücher für Menschen zu schreiben, die Sehnsucht nach wahrhaften spirituellen Erkenntnissen haben und die sich bisher noch nicht mit der so eminent wichtigen anthroposophisch orientierten Geisteswissenschaft Rudolf Steiners befasst haben.

Buchempfehlung

Das Götterprojekt »Mensch«

Entstehung, Wesen und Ziel des Menschen

Einführung in die grundlegenden Erkenntnisse der Anthroposophie Rudolf Steiners

BoD-Books on Demand, Norderstedt
ISBN: 978-3-7534-6343-8
Hardcover; 632 Seiten (17 × 22 cm)
Print: 28,99 €; E-Book 12,99 €

Dieses Buch gibt eine sehr umfangreiche Einführung in die wichtigsten Erkenntnisse der anthroposophisch orientierten Geisteswissenschaft.

Insbesondere werden in diesem auch die Themen *»göttlicher Weltenplan«* bzw. die *»Inkarnationsstufen der Erde«*, *»Leben nach dem Tod«* sowie *»Die Auferstehung Christi«* sehr ausführlich behandelt, welche im vorliegenden Buch nur kurz skizziert wurden.

Themenübersicht

Die Ideologie des Materialismus

Das Wesen des Menschen

Übersinnliche Welten und ihre Wahrnehmung

Übersinnliche Wesen

Reinkarnation und Karma

Der göttliche Weltenplan

Von Jesus zu Christus

Das Leben zwischen Tod und neuer Geburt

Verschaffen Sie sich selbst einen ersten Eindruck, indem Sie die sehr ausführliche Leseprobe auf unserer Autoren-Website studieren.

www.Justen-Buecher.com

Dort finden Sie auch umfassende Informationen zu allen anderen Büchern von Josef F. Justen

Denn es müssen in Zukunftszeiten
die Menschen füreinander sein,
und nicht einer durch den anderen.
Nur so wird das Weltenziel erreicht,
wenn jeder in sich selber ruht,
und jeder jedem gibt,
was keiner fordern will.

Rudolf Steiner[7]